TEORÍA BREVE
DE RELACIONES
INTERNACIONALES

PALOMA GARCÍA PICAZO
Profesora Titular de Relaciones Internacionales
de la Universidad Nacional de Educación a Distancia

TEORÍA BREVE DE RELACIONES INTERNACIONALES

¿Una anatomía del mundo?

CUARTA EDICIÓN
REVISADA Y AMPLIADA

tecnos

Diseño de cubierta:
J. M. Domínguez y J. Sánchez Cuenca

1.ª edición, 2004
2.ª edición, 2006
3.ª edición, 2009
4.ª edición, 2013

Juan Ignacio Luca de Tena, 15 - 28027 Madrid
ISBN: 978-84-309-5929-7
Depósito Legal: M-23.220-2013

Printed in Spain

Dedico este libro a todos los que,
como decía el poeta antillano Aimé Césaire,
nunca inventaron ni descubrieron nada
pero supieron guardar
la *esencia de las cosas*.

ÍNDICE

NOTA DE LA AUTORA A LA CUARTA EDICIÓN

VERSIÓN NUEVA Y REFUNDIDA CON LAS NOTAS DE LAS ANTERIORES EDICIONES

Esta cuarta edición de *Teoría breve de Relaciones Internacionales* nace con igual ímpetu y la misma vocación que la primera. Puede decirse que incluso mayores, pues responden a la gratitud, honda, intensa, de la autora hacia quienes han contribuido a que esto sea posible. En primer lugar, mi agradecimiento se dirige a los estudiantes, a los lectores: por su atención, por su interés, por sus críticas y sus palabras de aliento. No hay, para un profesor de universidad, nada mejor que este reconocimiento, en especial si son personas que, concluido el curso y superada la asignatura, tienen la generosidad de comentar libremente sus impresiones. A estos lectores, que son quienes en definitiva hacen posible este libro, muchas gracias.

Parte de ellos han sido algunos colegas, profesores de Relaciones Internacionales y de Derecho Internacional Público (Facultades de Ciencias Políticas y Sociología, de Derecho, de Periodismo y Comunicación, de Ciencias Sociales en general y de Humanidades, en algunos casos), que han acogido esta obra con el máximo de generosidad posible en el medio académico: en primer lugar, al aceptar abrirlo y leerlo; en segundo lugar, al comentarlo o reseñarlo, si fuese el caso; en tercer lugar, al incluirlo en sus programas, guías didácticas o docentes, resúmenes bibliográficos, etc. A todos ellos, muchas gracias. Y vaya mi gratitud especial a todos aquéllos a quienes no les haya gustado, por su discreción.

Otro sector de estos lectores cualificados han sido los bibliotecarios de numerosas universidades, centros educativos y de investigación, institutos e instituciones, departamentos, etc., de todo el ámbito español y alguno extranjero, que han seleccionado este libro para formar parte de sus catálogos y depósitos bibliográficos. Su experiencia y cualificación profesional hace que mi agradecimiento revista un carácter del todo especial por ser su grado de exigencia superior al promedio: muchas gracias.

Por ser obra humana, ningún libro surge de la nada. Necesita del apoyo de una infraestructura tan importante, comprometida y sólida como es una buena editorial. Mi trayectoria de colaboración con la editorial Tecnos es, modestamente, larga y fructífera, en campos diversos que van desde la participación en obras colectivas hasta la traducción, lo que da cuenta de la que ya es una larga amistad. Pero, desde luego, mucho más importante que esto es la plena certeza, la absoluta confianza respecto de la profesionalidad y el buen hacer de esta editorial, que admiro desde hace muchas décadas por la calidad de sus publicaciones, reflejada en las diversas series y colecciones que componen sus catálogos. El trato que se me ha dispensado, la confianza depositada en la publicación de esta obrita mía, las excelentes edición y distribución de la misma... son sólo algunas de las cosas que puedo agradecer al equipo de la editorial Tecnos, en todos sus órdenes. Lo siguiente y significativo sigue siendo también la siempre providencial solicitud de Manuel González Moreno, Director de Tecnos, que la autora agradece aquí de forma personal y expresa, siendo esta gratitud ampliable a todas las personas que de forma tan excelente trabajan en la editorial. A todos ellos, muchas gracias, extensibles a los departamentos comerciales de las librerías que se encargan de exponer, ofrecer y promover este pequeño libro.

Por fin, todo profesor de universidad forma parte de ella. Esta relación, recíproca, hace que la universidad sea también parte de uno. La calidad del medio académico que forma el entorno laboral habitual —en la docencia y en la investigación— es decisiva para que la eventual calidad de ese trabajo se produzca, si es que eso ocurre. En mi caso, sostengo que mi producción, cualquiera que sea la calificación que merezca, es una respuesta a los medios humanos, materiales, profesionales que la UNED proporciona al personal que en ella, no sólo desempeña un trabajo, sino que también se realiza como ser humano. Vaya mi gratitud especial a mi universidad, a mi departamento, que es el de Ciencia Política y de la Administración de la Facultad de Ciencias Políticas y Sociología y también al fraternal de Derecho Internacional Público de la Facultad de Derecho. Gracias a todas las personas que trabajan en la UNED, colegas del personal docente e investigador, y muy en particular al personal de administración y servicios, al que pertenecen algunos de mis mejores compañeros y amigos.

1. GENEALOGÍAS EDITORIALES

Además de lo ya dicho, esta cuarta edición responde a lo más obvio: el agotamiento de la tercera, que se reimprimió también y que había supuesto una redundantemente breve revisión y ampliación de la segunda, a su vez, sucinta revisión y ampliación de la primera, cuya primera versión se escribió en 2004. La idea original consistía en aportar los hipotéticos beneficios de un libro sencillo, breve de vocación, adaptado al estudio de quienes deben iniciarse en las complejidades de lo que se denomina Teoría Internacional, una parte sustantiva de los programas universitarios que integran cualquiera de las vertientes de los Estudios Internacionales, que comprenden diversas materias como la Ciencia, la Filosofía y la Teoría Políticas, la Sociología, la Historia, el Derecho Internacional, la Economía, el Periodismo…, que representan las asignaturas correspondientes.

A su vez, el establecimiento del Espacio Europeo de Educación Superior (EEES) recomienda elaborar textos de extensión razonable que incorporen una configuración epistemológica y unas determinaciones metodológicas que estimulen entre los estudiantes, lectores y potenciales investigadores un espíritu crítico, activo, dialogante, curioso, reflexivo... dentro de unos parámetros que, además del aprendizaje de unos conocimientos objetivos de calidad, impulsen la adquisición o el desarrollo de destrezas, habilidades, aptitudes y actitudes que propicien una evolución intelectual continua, que no represente, en ningún caso, ciclos cerrados sino espacios abiertos a un crecimiento personal posterior. Ése fue el criterio rector de acometer la segunda edición revisada y ampliada (2006), seguida de una tercera (2009), aún más revisada y ampliada y ya adaptada a un EEES en pleno funcionamiento, de la que se realizó una reimpresión (2010). Esa edición incorporaba una filmografía de Relaciones Internacionales, sistematizada por bloques de temas, destinada a facilitar actividades como las Pruebas de Evaluación Continua (PEC) que deben realizar los estudiantes; asimismo, ese repertorio podía ilustrar a otro tipo de lectores sobre su interesante entidad.

¿Con qué resultados? A título personal, esta autora, tan crítica consigo misma como entusiasta con su profesión/vocación, está muy agradecida por la acogida dispensada a ésta su modesta obra por las instancias atinentes: estudiantes, colegas, profesores, libreros, bibliotecarios, metodólogos educativos o pedagógicos, lectores y curiosos en general. Aparte de haber superado el escrutinio de los evaluadores de sus cualificaciones como libro universitario, esta obra ha sido objeto de algunas reseñas, referencias y críticas, formando parte de las bibliografías que distinguidos colegas y bibliotecarios han tenido a bien elaborar, mencionándola e incluyéndola.

2. CRÍTICAS Y AUTOCRÍTICA EN SENTIDO POSITIVO: UNA «TEORÍA» QUE YA NO ES TAN «BREVE»...

Un valor principal de esta publicación ha sido asimismo la continua e intensa correspondencia con la que tantos lectores han honrado a su autora, lo que ha permitido establecer singulares nexos con personas generosas en tiempo y esfuerzo, que han manifestado lo que unas veces han sido valoraciones tan positivas que sonroja recordarlas, pero que otras han sido críticas. Y aquí es donde radica el esencial y primordial valor del trabajo realizado: esta autora aprecia mucho esas críticas, en particular, si son constructivas, aunque como persona dotada de pragmatismo y también de sentido del humor, de las destructivas sabe sacar el partido necesario para intentar mejorar cuanto sea posible. Parte de ello se refleja del modo dialogante, humilde y humorístico con el que esta autora trata de hacerse la ilusión de ser «socrática».

¿Qué puedo decir ahora de esta cuarta edición? Lo primero es que incorpora lo sustancial de las críticas y reflexiones, tanto de los atentos lectores como propias, que, más que «atenta», ejerzo de centinela conmigo misma.

¿Cómo desempeñar el oficio de enseñar si uno mismo renuncia a aprender? La experiencia de las ediciones anteriores de este libro ha sido tan positiva en su conjunto que lo más fácil habría sido incurrir en complacencias. Con cada comunicación de los lectores surge algo susceptible de ser completado, ampliado, revisado, rebatido, mejorado; cada interpelación suscita respuestas que, merced a los foros académicos del EEES, se convierten en escritura recíproca. Supone un ingente trabajo pero permite tratar a personas inquietas respecto de la situación general del mundo. La experiencia demuestra que estos estudiantes y lectores demandan lo mejor, no lo mediocre. ¿Podría alguien imaginarse cuántos se han emocionado con las obras de Erwin Schrödinger que figuran en unas notas a pie de página que se toman el trabajo de leer? ¿Y qué decir de la curiosidad e interés que suscitan las Teorías Internacionales referidas en su correspondiente constelación histórica? ¿Cabría ignorar el afán de estudiantes y lectores en profundizar no sólo en los conceptos y teorías habituales, sino en las hipótesis, construcciones teóricas, propuestas metodológicas, reflexiones, hechos y datos históricos, personajes y autores más originales e insólitos? ¿Quién, consagrado además a la universidad, podría conformarse con un silencio «administrativo»? Tales condiciones de excelencia no son las que adornan a este modestísimo libro, no; su única cualidad, si es que la tiene, es su preocupación por reflejar lo más honradamente posible lo que autores y obras excelentes han dicho y escrito acerca de la realidad del mundo.

La orientación, génesis y otras finalidades genéricas de este libro se presentan en el capítulo I. Esta edición incorpora una necesaria ampliación bibliográfica como repertorio que acredita las fuentes consultadas: «fuentes de inventario» que ocasionalmente sirven de «fuentes de invención» (Jesús Ibáñez), reflejadas con una mínima honradez[1]. El objetivo es orientar a los lectores con referencias fundamentales que les sirvan para sus propias indagaciones: no se trata de mostrar una erudición inútil —además de imposible— sino de guiar unos primeros pasos. Además agrega la filmografía reseñada previamente, elocuente acerca de aspectos, conceptos, contenidos, períodos históricos, sucesos, personajes… que intervienen en las Relaciones Internacionales. Aparte de como práctica habitual y pedagógicamente calificada de la enseñanza en distintos niveles[2], el recurso al cine es un medio

---

[1] En las notas a pie de página se ha procurado reflejar una síntesis de lo más sustantivo de la ingente producción escrita de los autores relevantes de Teoría Internacional, redirigiendo a textos accesibles en *Internet*. Esto representa una adaptación a las facilidades/complejidades de los tiempos actuales que responde a la demanda de unos estudiantes/lectores que deben formarse también como investigadores noveles, accediendo a las nuevas tecnologías de la información y el conocimiento. Es evidente que habrá mucho que no esté presente en este libro: sólo se ofrece como una llave para abrir las puertas de los intrincados laberintos que, además de en las imprescindibles bibliotecas, discurren por las redes globales.

[2] En un medio como el de la Enseñanza a Distancia (*Distance Teaching*) esto se revela con particular utilidad. Las nuevas tecnologías favorecen este tipo de aprendizaje y desarrollo de trabajos y prácticas. La interrelación entre lenguajes —verbales, visuales y también musicales— ayuda a ampliar las coordenadas cognitivas. El recurso cinematográfico es habitual en la UNED. La Filmoteca Nacional —la «Filmo», de los aficionados— se fundó en 1953; iti-

idóneo para proyectar y recrear de forma personal, autónoma y quizá también creativa lo ya estudiado en los libros, algo que ilustra la célebre frase de Goethe «se ve lo que se sabe». Tanto la selección como los criterios para realizarla, reflejados en los epígrafes que agrupan los títulos y directores propuestos, han sido propios, donde «propio» sólo significa que responde a una afición consolidada por el cine y las sesiones de la Filmoteca Nacional, sin otra pretensión. Las referencias de todas las películas, directores, etc., pueden localizarse en *Internet*, en español y en otras lenguas. Muchas de ellas corresponden a las denominadas «de culto»; otras, de calidad inferior o incluso *kitsch*, se seleccionan como testimonio de épocas y mentalidades. El abaratamiento y las facilidades que brindan las nuevas tecnologías para ver películas, leer críticas, ampliar referencias, elaborar incluso nuevos lenguajes y posibilidades… forman un maravilloso mundo, abierto a todos.

En lo que concierne a los estudiantes, familiarizados en su mayoría con las TICs (Tecnologías de la Información y la Comunicación), una de las ventajas del EEES es que en su forma de trabajar deben ir más allá de los saberes librescos. Los estudios de Grado comportan la realización de diversos trabajos escritos[3]. A este respecto, se les reitera sin cesar que sus escritos sean originales, acreditando el uso honrado de las fuentes empleadas, exhortándoles además a que sean auténticos, creativos, espontáneos y veraces. Por mi parte, les aconsejo siempre que registren legalmente sus escritos si consideran que valen la pena: siendo ellos honrados podría suceder que otros no lo fuesen tanto. Llevo años ayudando a elaborar lo que se denomina el marco teórico y conceptual así como el debate metodológico (*Methodenstreit*) de diversos trabajos estudiantiles que a veces revisten cierta envergadura. Surgiría aquí la divertida pregunta: «Y tú, ¿de quién eres?»[4]. Porque cada persona que escribe algo por sí misma, y más aún si ese escrito es un trabajo universitario, debe ser capaz de definir y enumerar a sus maestros, es decir, de trazar su línea teórica, conceptual, epistemológica, metodológica, aquello con lo que se identifica para elaborar su propio diseño de trabajo y de investigación. Y éste sería otro de los objetivos de este libro: contribuir, como lo han hecho sus ediciones anteriores —que no estaban previstas para eso pero que acabaron haciéndolo, bien a mi pesar, sin reunir las condiciones para ello— a que los estudiantes, investigadores, lectores y curiosos de las Relaciones Internacionales encuentren en él al menos un pequeño depósito de

---

nerante por diversas sedes llegó a su emplazamiento actual en el antiguo cine Doré de Madrid en 1989. Esta nota le rinde homenaje.

3 Parte de mi docencia comprende la tutoría de trabajos escritos: Fin de Grado, Fin de Master, Memorias, Tesis Doctorales…

4 Esta pregunta tan graciosa suele prodigarse en el medio rural para hacerse una idea de las coordenadas del forastero. En el medio universitario ostenta también cierta entidad: los maestros pueden ser venerables y «quevedescos» autores cuyas obras reposan en las estanterías como libros de cabecera, o referencias intelectuales fundamentales de un profesor, o también pueden representar otro tipo de instancias instrumentales, de connotaciones menos gratas: Pierre Bourdieu (*Homo academicus*), de quien se dan referencias bibliográficas más adelante.

información con el que iniciarse para progresar después con otras obras específicas. Ojalá que así sea.

Esto ha supuesto que la cuarta edición de este pequeño libro, destinado a los lectores y estudiantes más críticos, audaces e inquietos, haya significado reescribirlo, lo que incluye un subtítulo entre interrogantes, cual conviene a su propia actualización. Por descontado, incorpora un aparato bastante más consistente de referencias, autores, datos, obras, reflexiones, citas, notas, comentarios, junto con algunas de las aportaciones teóricas más interesantes del presente. Esto ha implicado una revisión y puesta al día de la bibliografía y de la filmografía. Irónicamente, la «teoría breve de relaciones internacionales» debería titularse ahora «teoría no tan breve». La autora confía en que este esfuerzo desencadene una nueva oleada de críticas que le ayuden a mejorar... la obra que el futuro le depare. De momento, aquí está la que se ofrece en este inmediato ahora. Se presenta esta edición con esperanza en quienes la lean, gratitud hacia los que la han hecho posible y reconocimiento expreso de unos límites, los propios. Éstos son análogos, por otro lado, a los que cabe deducir de los que presiden el conocimiento del cosmos, en concreto, la «materia oscura». Dice Stephen Hawking:

> Materia oscura: Materia en las galaxias, los cúmulos de galaxias y posiblemente también entre cúmulos de galaxias, que no puede ser observada directamente, pero que puede ser detectada por su campo gravitatorio. El noventa por ciento de la materia del universo es materia oscura[5].

La Teoría de las Relaciones Internacionales es, para muchos, una «materia oscura». Espero que este pequeño libro ilumine, siquiera un poco, la densidad profunda de una realidad susceptible de investigarse. Como la «luz sobre el candelabro», de Pieter Balling, con la que arranca el prefacio.

---

[5] Stephen HAWKING, «Glosario» de *El universo en una cáscara de nuez*, Crítica-Planeta, Barcelona, 2004, p. 206.

PREFACIO

> Las cosas no son por las palabras, sino las palabras por las cosas. De suerte que, si las cosas fueran bien y convenientemente entendidas por las palabras, eso debería suceder gracias a aquellos que fueran capaces de exponer las cosas mismas a quienes vinieran a ellos. Y por eso sería suficiente servirse de ellas para dar a conocer a otros nuestros pensamientos, tal como los concebimos.
>
> Querer saber todo aquello que uno es capaz, es laudable; pero querer más, es necedad. Siempre quedará una pregunta, siempre un saber será demasiado reducido.
>
> Pieter BALLING, *Het Licht op de Kandelaar*, fragmentos de los epígrafes 1 y 7 del opúsculo (1662)[1].

1. PROLOGUILLO

Sólo los profanos en la edición de libros ignoran que los prólogos son, en realidad, «epílogos de epílogos», pues se escriben una vez que el libro ha sido concluido. Los prólogos suelen ser opúsculos de encargo a los amigos o protectores del autor, que ven cómo les adviene la tarea de realizar una obra de albañilería literaria que provea al libresco edificio de una especie de zaguán o estancia protocolaria que procure una momentánea bienvenida al lector. Hay algunos prólogos con valor intrínseco y vida propia que se erigen en lo más perdurable de un libro, por lo demás, destinado al olvido, pues sólo la historia es juez de la auténtica calidad de una obra. Hay, pues, prólogos y prólogos. En cualquier caso, su función es siempre preliminar; en sentido etimológico, previa al *limen*, el umbral de entrada al edificio. Ningún amigo ha escrito jamás un prólogo para una obra mía. La palabra amistad es, en mí, sagrada, y, por tanto, no instrumento, sino sentimiento. Y desconozco a los protectores, pues sólo conozco a mis amigos. Desde ese rigor, apetecible por apetecido, escribo mis propios prefacios, que no son adorno

[1] Pieter Balling, traductor al holandés de la obra de Baruch Spinoza, amigo personal y defensor frente a detractores: «La luz sobre el candelabro», opúsculo que sirve para ayudar a interpretar a Baruch SPINOZA, *Tratado breve*, Alianza, Madrid, 1990. Texto incorporado como Apéndice en la edición critica de A. Domínguez, pp. 178 y 182.

ni presentación comprometida, sino una explicación historiada sobre la obra que presento.

2. INTERNACIONAL-INTERTEXTUAL

Desde hace unos años —décadas, en realidad— existe una tendencia en el área de conocimiento encargada de estudiar la realidad internacional y las ideas y teorías que sobre ella se proyectan que consiste en reflexionar críticamente sobre los contenidos y los continentes de eso mismo que, con cierto empaque, se presenta como Teoría de las Relaciones Internacionales. He disertado sobre ello en otras obras y no es cuestión de seguir aquí.

Lo único que deseo señalar es algo tan evidente como que la obra que presento no tiene nada de original en la medida en que reproduce el pensar de otros, tanto el pensamiento directo, emanado de las fuentes de los autores, como el elaborado por otros sobre ese pensar «original». Partimos de la base de que, como señalara Martin Heidegger hace ya muchos años, el proceso narrativo del pensamiento —discursivo si se hace medianamente bien— se apareja muy bien con la metáfora de aquel que coge cerezas de un cesto y ve cómo le salen manojos de frutos entrelazados. Un pensamiento llama a otro y un autor es eco —reproductivo o contestatario— del que le precede o acompaña, a veces, sin ninguna voluntad de hacerlo. Así prosigue el conocimiento, en procesos de siglos. Y unos consideran que avanza y otros no[2].

En consecuencia, un libro como éste es una *narrativa*, un *discurso* argüido sobre el discurso general de aquellos que, desde 1919 —fecha simbólica que representa la creación de la primera cátedra de Relaciones Internacionales bajo los auspicios de Zimmern y la cohorte de iusinternacionalistas idealistas, horrorizados por la barbarie de la Primera Guerra Mundial— hasta el presente, se han ocupado de reflexionar sobre eso que, en una de mis obras, califiqué de «cosa» y que son las Relaciones Internacionales[3]. Donde cosa es *res*, derivada de *reri*, pensar, fundamento de algo tan olvidado como la *realidad*, además de *thing* (cosa), íntimamente unida a *think* (pensar). Intento, pues, en mis librillos, que las cosas se entiendan como lo que son: «cosas pensadas». Por otros y por mí.

Este libro es, por origen y destino, intertextual, no en el sentido formal adscrito al término por los practicantes de esta técnica[4], ligada a la lingüística estructural, la semántica y la semiótica, desde una de las más exigentes posiciones teóricas actuales[5], sino desde un mero concepto inicial de humildad socrática. Los contenidos de este libro reproducen, de un modo que sí

---

[2] Gaston BACHELARD, *El compromiso racionalista*, Siglo XXI, Buenos Aires, 1976.

[3] *¿Qué es esa cosa llamada Relaciones Internacionales? Tres lecciones de autodeterminación y algunas consideraciones indeterministas*, Marcial Pons, Madrid-Barcelona, 2000.

[4] Donde técnica es método y no episteme.

[5] Véase el «Prólogo» de Donna U. GREGORY a James DER DERIAN y Michael J. SHAPIRO (eds.), *International/Intertextual Relations. Postmodern Readings of World Politics*, Lexington Books, Nueva York-Toronto, 1989, pp. xiii-xxi.

ha sido articulado por mí en un intento de hacer compatibles las exigencias de los programas universitarios al uso y una mínima calidad de contenidos de valor cognitivo y docente, el pensamiento y la obra de los principales autores de Teoría de las Relaciones Internacionales, encuadrados en sus corrientes respectivas.

Es un libro pensado para ser útil y, como tal, para ser utilizado a fin de adquirir conocimientos sobre lo que ha sido pensado y dicho sobre las relaciones internacionales en general, no en su dimensión práctica, sino teórica. Mi intención al escribir esta obra es la de hacer asequible ese complejo mundo de las Teorías Internacionales a los alumnos que deben conocer sus fundamentos para cubrir la parte del programa de estudios correspondiente, prueba que necesitan superar para algo tan simple y vital como es aprobar, en su caso, una asignatura. Si, además de aprobar, estos alumnos aprenden algo sobre el pensamiento de estos teóricos de lo internacional, el objetivo se habrá cumplido por partida doble.

3. FALSAS MODESTIAS Y AMBICIONES LEGÍTIMAS

Es un lugar común, malévolo y certero, afirmar que la única forma de redimirse del delito de plagio es convertirlo en asesinato[6]. Esto está ligado con la metáfora de las cerezas del cesto de Heidegger. Los que escribimos utilizamos obras de otros para aprender, primero; ordenar lo aprendido, después; e «inspirarnos», las más de las veces, si ello es posible, para redactar nuestras pequeñas composiciones. Una vez que uno ha «escrito» algo tiende a considerar que es «propio», como si emanara de su pobre mollera tal o cual teoría, tal o cual sistematización, tal o cual modelo o planteamiento.

La mayor parte de las veces esto no es así. Y quien ha obrado de tal forma —presentando lo ajeno como propio— suele ser persona de pocos méritos, con grandes ambiciones, y escasa base en la que apoyarse. La cuestión sería baladí si quien juzga a una obra estuviera en condiciones reales de hacerlo. Pero la infinita progresión de las publicaciones hace muy difícil lograr esa posición de autoridad verdadera, no cifrada en criterios político-académicos sino en valores de auténtico conocimiento científico. Por fortuna, ha aparecido *Internet*, lo que ha aumentado la confusión en tal manera que las paternidades de textos, teorías, enfoques y demás, se han vuelto dificilísimas, pues cualquiera accede a ellas. El aprovechamiento del trabajo ajeno se ha vuelto tan fácil... que ha devenido en algo insignificante. Y por eso cobran valor las obras originales y verdaderas, en las que no hay ni trampa ni cartón. En una de sus obras, Jesús Ibáñez —una de las personas a quien más he admirado a lo largo de la vida— habla de «fuentes de inventario», que son los libros citados por haberlos utilizado, y de «fuentes de invención», que son esos actos de intuición y creatividad genuinas con los

---

[6] Manuel Francisco Reina, *El plagio como una de las bellas artes*, Ediciones B, Madrid, 2012.

que la biología premia el cultivo del intelecto[7]. Las células sinápticas del cerebro hacen esos prodigios en algunas personas excepcionales que logran ofrecer algo original y nuevo que hace progresar el conocimiento humano y también que la sociedad en su conjunto mejore un poco, tras muchos esfuerzos y no pocas luchas contra los retrógrados empeñados en aferrarse a lo viejo que, como a sempiternos instalados, les beneficia tanto.

En la composición de este libro han concurrido obras de varios autores principales. Todos están convenientemente referidos en notas. En este sentido, la obra no tiene nada de plagio, ni aún menos de asesinato. El guión argumental es, ya lo he dicho, una elaboración personal que conjuga los requisitos de los programas universitarios al uso con un discurso que pretende ofrecer, en la medida de lo posible, un panorama coherente de las diversas corrientes o escuelas que, a lo largo de un más o menos un siglo, han reflexionado sobre la realidad de un mundo en el que «lo internacional» adquiría una importancia cada vez mayor. La modestia que acompaña al planteamiento inicial de esta obra no es, entonces, falsa. Su ambición sí es legítima, en tanto que no se concibe para otorgar a su autora un brillo de oropel —remedo del oro que representa el valor más preciado— sino, si se cumplen sus objetivos, la cualidad de ser un texto instrumental, una *herramienta*. Y las herramientas, como es sabido, están hechas de madera y hierro, en general tienen poco brillo y son modestas. Pero, sobre todo, son más apreciadas que preciadas.

Por último, en cierta forma se trata de una obra escrita «contra mí misma», puesto que implica reconocer, con absoluta humildad, que otras obras mías más complejas no serían las más idóneas para que unos alumnos apresurados preparen sus pruebas de conocimiento y aptitud —sean éstas exámenes u otros trabajos orales o escritos— en los tiempos que corren, en los que el conocimiento difundido en algunas instancias se asemeja a los alimentos precocinados, que sólo hay que calentar y servir. Este pequeño libro cuenta, en principio, con las garantías de higiene para que nadie se intoxique al consumirlo; ha sido elaborado con ingredientes auténticos.

---

[7] Mi descubrimiento selectivo de autores y textos representativos de Teoría Internacional fue un acto de reconocimiento de su obra, que me hizo evolucionar desde los conocimientos generales transmitidos por Jesús Ibáñez (desde 1986-1987). Al comenzar a estudiar advertí, como cualquiera que lea de forma reflexiva, un desarrollo epistemo-metodológico congruente, establecido mediante un diálogo y debate entre autores que se reconocen entre sí. Dice Jesús IBÁÑEZ en *Del algoritmo al sujeto. Perspectivas de la investigación social*, Siglo XXI, Madrid, 1985, «Fuentes de invención y de inventario»: «Cuando un autor se pone a escribir, sus ojos están fijos en la biblioteca. El referente de su discurso son los otros libros, no la realidad [...] Este diálogo entre autores se desarrollaba en una dimensión más bien semántica, y los componentes relacionales primaban sobre los componentes objetivos. A ver quién prevalece sobre quién» (p. 313). Sobre las «fuentes de invención»: «Fuera del inventario, hecho al fin y al cabo de rutinas, quedan casi todas las fuentes. Lo que se ha escrito y uno no ha leído y mucho de lo leído y olvidado. Los sucesos de los que uno no se ha enterado todavía y los sucesos de los que uno se ha enterado pero ya no recuerda. La memoria de las cosas perdidas y la memoria perdida de las cosas» (p. 338).

4. ALGUNAS NOTAS SOBRE LA DISPERSIÓN

En todos los órdenes de la vida, las prisas son algo muy malo. En especial molestaban a Don Antonio Truyol y Serra (1913-2003), siempre pausado y sereno, atento a la actualidad sin descuidar, nunca, las lecciones de un pasado para él —y a través de él— siempre elocuente. Me comentaba Don Antonio que, una vez, ya en edad avanzada, formó parte de un tribunal —llamado comisión— para juzgar a un aspirante a una cátedra de universidad. El profesor Truyol contaba con una larguísima experiencia en estas lides, marcadas por una gran competencia entre rivales. Por esa razón le llamó la atención la evolución del procedimiento en la España de finales del siglo XX, marcado en cierto sentido por una imitación aproximada de otros estilos de reclutamiento profesional que poco tienen que ver con la universidad. El candidato, un varón, presentó un *curriculum vitae* floridísimo, repleto de datos que pretendían mostrar cuán capacitado estaba para ocupar la plaza a la que aspiraba, siendo la provisión reciente de las cátedras bastante diferente a la antigua. Don Antonio leyó con enorme atención los contenidos de aquel documento. Era una persona cuidadosa y detallista, muy atenta a pormenores que, para otros, son irrelevantes. El profesor Truyol se fijaba en cosas como el lugar en el que uno había nacido, el colegio al que asistió, la trayectoria vital personal... para, de ahí, extraer conclusiones y realizar preguntas, a veces muy incisivas. Preguntas del tipo: «Menciona usted que fue al Liceo Francés de pequeño. ¿Ha leído usted a Víctor Hugo? ¿Recuerda aquel pasaje de *Los miserables* en que Jean Valjean hace tal o cual cosa...?».

Y acto seguido, con entusiasmo, el profesor Truyol recitaba un párrafo completo guardado en la memoria desde su infancia, cuando, desde su Saarbrücken natal, pasó a Francia y allí recibió su educación escolar primaria y secundaria. Esta anécdota refleja, además de un ejercicio de virtuosismo, un acto de seriedad coherente con una actitud general de respeto por un saber que no se improvisa, sino que se almacena con cuidado. Pues bien, en aquel concurso a cátedra de universidad, Don Antonio Truyol y Serra, a la vista del nutrido *curriculum vitae* aportado por el candidato, comentó: «Observo que viaja usted mucho; que ha asistido a muchos congresos, conferencias y simposios, incluso internacionales; que ha ocupado usted una cantidad notable de cargos académicos y de otro tipo, todos, de gran responsabilidad e importancia; que son incesantes los cursos que imparte, y los seminarios y conferencias que ha dictado, supongo que acompañados de una actividad docente regular en su asignatura... Son, asimismo, numerosos los artículos que ha publicado e incluso libros; su actividad es verdaderamente prodigiosa. Es usted una persona muy atareada y productiva. Le felicito por ello, pero a la vez me pregunto, con preocupación, ¿y usted, *cuándo lee*?».

El profesor Truyol se reía de buena gana al contarme esto. Nunca le pregunté por la identidad del sujeto ni por el resultado de la oposición; ninguna de estas cosas es importante. Lo único que importa es la pregunta: «¿Y usted, *cuándo lee*?». El «cuándo lee» remite, directamente, al «qué» y al «cuánto» y éstos, al «cómo», y éste, al «por qué». El leer lleva al estudiar y éste al permanente esfuerzo que todo profesor debe realizar por actualizar su condición de tal, con independencia de promociones, ascensos y premios. En un artículo de prensa, Gregorio Robles hablaba hace años de la «dispersión» como de la condición representativa de la vida de un profesor universitario de hoy. Describe lo que acabo de reflejar a través de la intervención de Truyol, sólo que de forma aún más concreta y apremiante. Relata al lector los pormenores de una vida apresurada y dice:

> Usted creerá que estoy exagerando, que pinto una caricatura de la realidad, que la vida de un profesor tiene que ser tranquila y plácida, dedicada dulcemente a la lectura y concentrada en la actividad principal que es el estudio y la investigación. Pues se equivoca. Lo que la define es la dispersión. [...] El universitario medio es hoy un ser alienado en el sentido estricto de este término: no es él mismo, sino que se halla fuera de sí, esforzándose por cumplir papeles...[8].

¿Qué sentido tiene una digresión semejante en el prefacio, no de *un* libro, sino de *este* libro? Uno y muy simple: esta obra es un esfuerzo de concentración en medio de la dispersión que yo misma padezco por las condiciones generales de la universidad, pero que no busco. Como docente e investigadora aspiro a encontrar un «nicho ecológico» en el que desempeñar mi trabajo con la suficiente calma para que éste sea el adecuado, equilibrado entre la función de leer y estudiar, por un lado, y transmitir los resultados de ello, por otro.

5. LA SACIEDAD IMPOSIBLE

Los fragmentos que he seleccionado como encabezamiento corresponden a un autor holandés del siglo XVII, Pieter Balling, amigo del filósofo y tallador de lentes Baruch (o Benito, o Benedicto) Spinoza (o Espinosa), llamado *Maledictus* por sus detractores y enemigos. El opúsculo, editado por el propio Balling en 1662, versa sobre cuestiones religiosas muy profundas. El título enlaza muy hermosamente con el simbolismo de algunas de las pinturas neerlandesas del período, de inspiración filosófica y mística, relacionadas con la reflexión sobre la «vanidad»[9]. La actualidad de sus frases es indiscutible. Su sencillez, admirable. Sirven, creo que de modo excelente, para señalar una pausa en la actividad y que uno se detenga a pensar en lo que hace.

En mi caso, y por lo que atañe a este libro, es intentar que unos estudiantes que deben conocer la parte teórica de la materia referida como Relaciones Internacionales[10], aprendan lo que necesitan para superar esa prueba. Por su

---

[8] Gregorio ROBLES, «Dispersión» en: *La Razón*, 6 de junio de 2003, p. 20. «Alienado» es un galicismo; en español es «enajenado»: debo tal precisión a Mario Bunge, con quien mantuve correspondencia electrónica durante algún tiempo.

[9] Alain TAPIÉ (dir.), *Les vanités dans la peinture au XVIIe siècle*, Museo de Bellas Artes, Caen-Museo del Petit Palais, París, 1990-1991.

[10] El debate afecta de forma un tanto absurda a la terminología: hay quien contrapone las Relaciones Internacionales a la Política Mundial. Se aducen razones ideológicas, doctrinales

complejidad, abstracción y enrevesamiento el apartado de Teoría Internacional no suele complacer demasiado a determinados alumnos, ni tampoco a ciertos supuestos especialistas en Relaciones Internacionales. Una mayoría de autores y corrientes teóricas son desconocidos para el público en general. En cualquier caso, a efectos de una iniciación en el estudio, lo que interesa es dar a conocer, a rasgos generales, lo principal de sus aportaciones. Aunque también es cierto que una vez que uno se adentra en el objeto de estudio, las cosas tienden a cambiar. Los alumnos y lectores en general advierten que lo que se está planteando es la forma que tienen de ver el mundo unos estudiosos dedicados a formular hipótesis sobre algo tan crucial como puede ser el «buen gobierno» de los asuntos internacionales. Esos estudiosos viven en el propio «mundo» que investigan y, en ocasiones, tienen capacidad de decisión para actuar en y sobre él. En ningún caso son neutrales o viven en una de las esferas astrales e inmutables que propuso Platón. A partir de ahí se trata de relatar de forma sistemática lo que recibirían estos estudiantes en unas hipotéticas lecciones impartidas en una clase, evitándoles tener que tomar notas o escribir apuntes. Se pretende que liberen sus mentes de agostarse en labores amanuenses meramente receptivas y pasivas. El relato que es este pequeño libro ha requerido de su autora espíritu de síntesis a la vez que un esfuerzo por transmitir ideas y conceptos, que ha procurado aparejar con el acontecer histórico que los contextualiza. Ha exigido también una imprescindible y saludable renuncia a largas exposiciones argumentales en beneficio de una síntesis de temas, autores, obras y acontecimientos que fuese lo más representativa posible respecto de cada teoría estudiada, conjugando esta necesaria plétora de asuntos con una narrativa elocuente[11]: en suma, se ha tratado de armonizar la condición de suficiente con la de necesario. Por eso este epígrafe habla de la «saciedad imposible». Con la disciplina a la que un profesor está acostumbrado, esta renuncia representa un sacrificio, acompañado además de muchas dudas. Al escribir el libro me preguntaba y me pregunto: «¿Habré conseguido quitar el fárrago innecesario? ¿Habré logrado el necesario equilibrio entre un texto asequible y una calidad exigible? ¿Pecaré de simple? ¿Pecaré de compleja? ¿Me habré deslizado hacia la vanidosa autocomplacencia de un saber que, por naturaleza, siempre es limitado?». Crean mis lectores que todas estas dudas están presentes. Con dudas construyó Descartes su *Discurso del método*. Con dudas concluyo yo este prólogo.

Es costumbre, en textos como éste, expresar la gratitud a las personas que han acompañado su gestación y producción. Y aquí, en términos intelectua-

---

y doctrinarias, de escuelas y corrientes, de intereses corporativo-académicos, etc. Lo que llamamos inter-nacional supera el marco de las relaciones entre Estados, naciones, pueblos... Éstas son algunas de las cosas que se estudian en este libro, expuestas en su evolución histórica e ideológica.

[11] Reitero que acometer la cuarta edición de esta obra, necesaria en virtud de sus nueve años de intenso uso y objeto de una abundante correspondencia, me ha exigido una relativa «renuncia a la renuncia». ¿En qué sentido? Por raro que parezca, a la mayoría de mis lectores suelen gustarles las referencias. Sirva este esfuerzo editorial de homenaje a cuantos me han escrito a lo largo de los últimos años con continuas preguntas sobre referencias más amplias.

les y humanos, yo sólo puedo mencionar a los estudiantes, pues sólo he pensado en ellos mientras escribía. Todos los que, durante dos décadas, me han criticado y apoyado, me han escrito y llamado por teléfono, me han visitado y han charlado largos ratos conmigo. Las mejores muestras de amistad las he recibido de ellos. A todos ellos, gracias[12]. A título personal, por el apoyo y la confianza que implica siempre la edición de un libro —algo costoso y arriesgado por muchas y diversas razones— vaya mi gratitud más honda a las personas de la editorial que lo publica, sin cuyos esfuerzos este texto no vería la luz.

P. G. P.

En Madrid, a 11 de junio de 2013
Festividad de Nuestra Señora de la Capilla, Patrona de Jaén[13]

[12] Uso el masculino genérico propio del español que espero se entienda correctamente; mi compromiso con la causa del género femenino es larga, intensa y vital, siendo mi objetivo que desaparezca para siempre porque carezca de sentido hablar de «las mujeres» como se habla de «bichos raros». Tal determinación es compartida, por lo demás, por otros grupos desplazados al margen de una realidad construida, inventada, legitimada y sancionada por un orden dominante. ¿Referencias? Pierre Bourdieu, *La dominación masculina*, Anagrama, Barcelona, 2005.

[13] Algunos me preguntan por la razón de incluir el «santo del día». Valoro mucho la cultura popular de mis orígenes. Auguste Comte inventó un «Calendario positivista» (1852) que sustituía a figuras divinas, advocaciones y santos de tradición milenaria por «hombres célebres» y diversas efemérides. Entretanto, Clotilde de Vaux le miraba embobada.

CAPÍTULO I

PRAGMATISMO UNIVERSITARIO: UNA INTRODUCCIÓN

Una clasificación posible —por razones que ahora se verán— entre unos seres humanos y otros se deriva de observar una escena bien corriente de la vida cotidiana. Ante esa zanja sempiterna abierta en la calle, rodeada de vallas más o menos tambaleantes que resguardan a incautos y curiosos de precipitarse en los abismos, casi siempre hay un grupo de gente dedicada, no sólo a mirar cómo trabajan los demás, sino a realizar observaciones sobre el modo en que lo hacen. Estas observaciones no suelen ser neutras; la propensión natural de los mirones es la de criticar, aconsejar, exhortar a hacer las cosas de otro modo, y, desde la cómoda y estulta atalaya de su inactividad, hasta reprender a veces a los trabajadores. Por lo demás, entre éstos siempre hay unos individuos que se esfuerzan más y desarrollan mayor grado de destreza, y otros que procuran cumplir con su tarea con el mínimo esfuerzo, a remolque de los demás. A partir de una escena tan común, he aquí una proposición —o «enunciado observacional»[1]— aplicable a la clasificación apuntada al comienzo: «Las personas se dividen entre *las que hacen y las que miran*».

1. DE DOCENTES Y DE DISCENTES

En sentido estricto, «mirar» es una actividad que, en el caso de algunos filósofos, científicos y sabios muy, pero que muy distinguidos y perspicaces, constituye una acción necesaria, útil y provechosa para el resto de la huma-

[1] Quien se extrañe del término: Alan F. CHALMERS, *¿Qué es esa cosa llamada ciencia?*, Siglo XXI, Madrid, 1987, pp. 13 ss. Obra elemental para entender el proceso del conocimiento científico en el siglo XX. Parafraseé el título, justificándolo en nota a pie de página, en uno de mis libros (*¿Qué es esa cosa llamada relaciones internacionales?...*, *op. cit.*). Parece que llamar «cosa» a las relaciones internacionales inquieta un poco. La «cosa», en latín *res*, es el fundamento de la *realidad*. *Res* proviene del verbo *reri*, «pensar», y así *res* es literalmente «aquello acerca de lo cual se piensa». La cosa, *thing*, está vinculada con el «pensamiento», ocupado en «cosas»: *things*. Véase la obra del físico que fuera ayudante de Einstein, David BOHM (y Francis David PEAT), *La totalidad y el orden implicado*, Kairós, Barcelona, 1988, pp. 87-91.

nidad. Pero, respecto de la mayoría de la gente, los que sólo miran, y comentan, y critican, y sancionan..., sin otra cualificación que la de «mirones» instalados, es del todo prescindible. Los profesores de universidad estamos más expuestos que otros grupos sociales a que se nos llegue a considerar prescindibles, al menos *a priori*. La razón estriba en que, como perennes aprendices de investigadores de las cosas que estudiamos, nuestra obligación es la de *mirar* la realidad observable. Se supone, sin embargo, que nuestra mirada debe ser de un tipo especial. La mirada del profesor de universidad —por ley, docente e investigador— debe haber sido adiestrada para captar, de la realidad, y por decirlo de un modo sintético, su estructura y su funcionamiento, cualquiera que sea el campo del saber que haya seleccionado para su estudio. Debe, luego, ser capaz de anotar lo que ve, ordenarlo y sistematizarlo con precisión, establecer sus relaciones, explicar los procesos, predecir los comportamientos, verificar cuanto dice, formular hipótesis, imaginar soluciones a los problemas y despejar las incógnitas, y, en el mejor de los casos, si es lo bastante audaz e inteligente[2] para ello, acometer la concepción de una teoría, a ser posible, general, de la materia en que se ocupa. Es, pues, su mirada *activa* y está contrapuesta a la «actividad mirona» humorísticamente reseñada antes, en tanto que pasiva actividad contemplativa. ¿Cuántos profesores de universidad encajan, desde este grado de exigencia, en los requisitos apuntados? Ya he dicho antes que somos un grupo social bastante expuesto a que se nos considere seres prescindibles, cosa que probablemente no sucede en el grado en que debería.

Los estudiantes forman una parte notable del «espejo» en el que los profesores de universidad se miran a diario, al menos, en lo que concierne a la dimensión docente de su actividad profesional. Desde los albores de la historia humana el sistema educativo impone que quienes están aprendiendo deban superar con cierta periodicidad unas pruebas que certifiquen sus avances. Parto de la base de que el primero que está en perpetuo proceso de aprendizaje y prueba es el profesor, pues sólo de ese modo atestigua su capacidad como tal, ante sí mismo y ante la comunidad universitaria a la que pertenece. La *káthedra*[3] no es un premio, sino un reconocimiento que comporta una responsabilidad. Algunas de las pruebas que superan los alumnos se llaman, como todo el mundo sabe, exámenes. El control de su calidad y su calificación posterior suele llamarse, errónea y eufemísticamente, «corrección», cosa que raras veces responde a la realidad. Es algo bastante parecido a lo que se afirma que sucede en el sistema penal con la denominada «reinserción social de los delincuentes». El padre de la Sociología, Auguste Comte, imbuido de un sentido común totalmente «común», hizo suyo el lema bien

[2] Homenaje a *La Codorniz*; su lema era «La revista más audaz para el lector más inteligente», en tiempos de represión informativa. La gente leía entre líneas... y entendía cosas que incluso no se habían escrito, empezando por los censores.

[3] Empleo el término griego para significar el asiento que ocupaba el maestro de una determinada materia, no el funcionario rampante ni otras perversiones del cargo posteriores a la docta institución original de la *universitas*, cuyos exámenes se celebraban en la catedral: Jacques LE GOFF, *Los intelectuales en la Edad Media*, Gedisa, Barcelona, 1990, pp. 81-83.

conocido de «Vale más prevenir que curar». Lo interesante es que de ahí derivó luego todo un sistema de pensamiento y organización general de la sociedad, basados en la preservación del orden, la consecución del progreso y el ejercicio del altruismo. Tales principios pasaron luego a formar parte de una *quasi*-religión con numerosos adeptos en un lugar tan insólito para ello como el Brasil...

2. CORRECCIONES INCORRECTAS

En puridad, la corrección debería aplicarse antes de una prueba que, en general, es eliminatoria y decisiva en el *curriculum* académico del estudiante. Así, es bastante corriente leer en cualquier expediente o correspondencia relativa a exámenes: «Me ha *corregido* Vd. el examen y me ha puesto un suspenso, cosa con la que, sin ánimo de ofenderle, no estoy de acuerdo por tal y tal razón...», suena en boca del alumno desencantado. O también: «Cuando le *corregí* su examen, advertí que en el párrafo tal cometía Vd. tal o cual error de concepto o exponía Vd. tal o cual razonamiento equivocado...», si quien escribe es un profesor atribulado por la suerte de su discente. Evidentemente, se llama «corregir» a lo que, «en sí» y «para sí» —parafraseando a un Feuerbach o a un Marx en zapatillas—, es «sentenciar».

El destino natural de todo ser humano que emprende algo es superarlo con éxito[4]. Relacionado con los estudios universitarios, esto no significa sólo obtener buenas calificaciones sino cumplir logros vitales tan importantes como aprender nuevas habilidades, adquirir destrezas o mejorar las que uno posee, ampliar el horizonte de los conocimientos, incrementar la curiosidad, disfrutar con la belleza del pensamiento compartido, desarrollar las capacidades, ejercitarse en el diálogo, y enamorarse, en suma, del saber. Los alemanes del Romanticismo —que algunos ignorantes intentan descalificar llamándoles «idealistas»— denominaban a eso *Bildung*[5], palabra que suele verse citada a menudo sin mayores explicaciones, pero que sería bastante iluminadora si se atendiera a su significado. *Bilden*, el verbo que da pie al sustantivo, quiere decir tanto educar e instruir como formar, construir, figurar y configurar, en sentido material e intelectual, humano y artístico, intelectual y sentimental. La educación así entendida conforma a las personas tanto según un ideal humano y humanístico de las mismas como desde el desarrollo íntegro de sus innatas capacidades y posibilidades. Implica una

[4] Al menos hasta que según el «principio de incompetencia de Peter» el ascenso se detiene merced a que alguien o algo determinan que se ha llegado a un tope (Lawrence J. PETER, *The Peter Principle*, 1969), lo que suele suceder cuando el daño para la organización ya es irremediable…

[5] Otro término es *Erziehung*, afín a una formación semejante al adiestramiento: complace a los técnicos en domesticación animal. Enfoque crítico: Michel FOUCAULT, *Vigilar y castigar. Nacimiento de la prisión*, Siglo XXI, Madrid, 1994; Alice MILLER, *Por tu propio bien. Raíces de la violencia en la educación del niño*, Tusquets, Barcelona, 1985; Enrique GERVILLA, *Valores del cuerpo educando. Antropología del cuerpo y la educación*, Herder, Barcelona, 2000.

participación creativa de la propia persona en el proceso de su educación. Desde esta perspectiva, la universidad no es un corredor, ni un callejón, ni una desembocadura que culmina un virtual trayecto, sino un tránsito más, si bien de irrenunciable calidad y valiosidad, que conduzca a las personas a su mejor destino posible.

Cuando en el ejercicio de mi actividad docente hago eso que se conoce como «corregir exámenes» (o trabajos de cualquier tipo) y que no es nada más que «calificarlos», intento lo que en la filosofía de Martin Heidegger se llama «desplazamiento hermenéutico»; en román paladino, no es otra cosa que ponerse en el lugar del otro e intentar comprenderle. Como algunos de mis lectores deben hacer como que leen a Max Weber, aclaro que esto es lo que él llamaba *Verstehen*, ya como sustantivo, ya como verbo, y que significa también algo tan simple como «comprender». Eso hace que si detecto errores graves en un examen o trabajo no culpo al alumno en primer término sino a mí misma, por no haber hecho bastante para transmitirle lo que debe saber para superar la prueba[6]; también, en cierta medida, lo achaco al propio sistema educativo vigente que deja a la *Bildung* a un lado en beneficio de una maléfica tecnificación de saberes perpetuamente obsolescentes, que condenan a sus adeptos, profetas y seguidores a «actualizarse» en vez de a dedicarse a «aprender». De «saber» más vale ni hablar.

3. EL EXAMINADOR EXAMINADO

En resumidas cuentas, yo «no corrijo exámenes» (o trabajos), sino que procuro, con grandes trabajos, corregirme a mí misma. De mis alumnos aprendo mucho; lo he dicho en más de una ocasión y he dejado constancia escrita de ello. Por eso, cuando en un examen de un determinado curso de un Grado en Ciencias Políticas y de la Administración, por ejemplo, correspondiente a la asignatura referida a la Teoría de las Relaciones Internacionales, leo cosas como las que voy a relatar más adelante, me hago algunas reflexiones. Comenzaré por ellas.

La primera es que, siendo coherente con el «enunciado observacional» de la primera página de este capítulo, no basta con mirar: hay que actuar. El calificador de exámenes y trabajos es, antes que eso, docente, lo que significa que debe enseñar a aprender. Y ésa es mi obligación. La segunda es que debe extraer conclusiones de los errores que detecta en los exámenes, pues los errores de los alumnos son también suyos. Cada «suspenso» —no apto o insuficiente— va dirigido, en primer lugar, a él mismo. La tercera es que la única salida positiva a todo esto es intentar no sólo remediarlo —bien pobre cosa si uno se limita sólo a eso— sino crear las condiciones de una situación mejor, que haga más fácil e interesante el estudio, que genere satisfacción en las personas, que apele a su vertiente más constructiva y dinámica.

[6] Virtual paliativo de lo antedicho: *La investigación del medio internacional. Fundamentos teóricos y conceptuales, métodos y técnicas*, Tecnos, Madrid, 2012.

A) Un poco de orden...

Paso ahora a la asignatura que imparto, con las necesarias y lógicas variaciones, desde hace bastantes años[7], y a exponer algunas de sus características. Su programa es similar a otros correspondientes a esta misma materia, habitual en los estudios de Ciencias Políticas, Ciencias Jurídicas, Ciencias de la Información y Estudios de Humanidades en general, tanto en Europa como en el resto del mundo. Ya como especialidad de Estudios Internacionales, ya como mera asignatura inscrita en uno de los Grados que eventualmente la recojan, la Teoría de las Relaciones Internacionales desarrolla los fundamentos teóricos de una materia que en su dimensión académica universitaria nació en 1919, en la Universidad galesa de Aberystwyth, además de en Oxford y en la *London School of Economics and Political Science*, como repetimos sin cesar todos los autores de libros de este tema. Aspira a que los estudiantes se formen una idea coherente, clara, sintética y completa de las diversas corrientes teóricas que han configurado, entre 1919 y una actualidad aproximada, los estudios principales sobre Relaciones Internacionales, actividad primordialmente política que diversos sujetos y actores con capacidad para ejercerla desenvuelven en una escena internacional que unos conceptualizan como Sociedad, otros como Sistema y otros como Comunidad, aunque suelan combinarlo[8]. A estas corrientes teóricas —que este libro intenta exponer de forma ordenada y sistemática dentro de su contexto histórico e ideológico— se las llama de distinta forma, pues unos prefieren «paradigmas», otros «escuelas», otros «teorías», otros «concepciones teóricas», otros «debates», otros «modelos teóricos», etc. Tal plétora de denominaciones induce a una cierta confusión entre lectores no familiarizados con las controversias académicas particulares.

Por otro lado, en algunos libros y manuales se entretejen las aportaciones específicas de determinados autores destacados con el núcleo rector de ideas principales de la corriente teórica a la que se haga referencia. A veces es difícil deslindar una cosa de otra, es decir, no se sabe dónde empieza un autor y dónde lo hace una escuela o corriente. Por ejemplo, en el caso de realistas clásicos del siglo XX como Morgenthau se mezclan sus propios conceptos con los caracteres generales del Realismo político, muy anteriores en el tiempo y proseguidos después en otras corrientes posteriores. Sucede además que, en ocasiones, un mismo autor pertenece a una determinada escuela en cuanto a sus fundamentos teóricos, pero individualmente se significa por defender una ideología particular en un momento determinado. Y, para aumentar la

---

[7] Variaciones debidas a mi propia trayectoria profesional y académica (desde 1993), que hoy se somete a la normativa del Espacio Europeo de Educación Superior (EEES). La primera edición de este libro (2004) se propuso como avance hacia una adaptación pedagógica, de contenidos, de extensión, de forma de redacción y exposición de la materia, de sistema de enseñanza y relación más directa y abierta con los estudiantes. En el curso 2012-2013 culminó la primera promoción de graduados de la UNED en Ciencia Política y de la Administración.

[8] En este sentido, pueden ampliarse contenidos en mi libro, *El Sistema Mundial: perspectivas políticas y sociológicas*, UNED, Madrid, 2010.

confusión, sus métodos y técnicas de investigación pueden corresponderse con otro sistema, sin mencionar que ha podido nacer y educarse en Europa, desarrollarse profesionalmente y triunfar en América y concluir su vida, al menos en hipótesis, en África o en Oceanía... A todo ello se une que ese mismo autor ha podido tener veleidades políticas y haber sido un asesor destacado de algún gobierno u organización internacional, o de varios, o bien ha podido ejercer una oposición política contundente frente al gobierno de su nación, con lo que su dimensión teórica se amplía en la práctica institucional, siendo conocido por sus apariciones en los medios de comunicación a los que accede el gran público. Un ejemplo de esta situación lo dan autores tan conspicuos como Henry Kissinger, Raymond Aron, Noam Chomsky o Toni Negri, cada uno por sus razones.

¿Qué se desprende de esto? Algo bastante simple y ciertamente molesto a la hora de explicarle a un estudiante que determinado autor encaja con dificultad en los diversos compartimentos que en teoría le corresponden, lo que lleva a que el profesor parezca incoherente, a que la asignatura parezca mal establecida e institucionalizada, a que los conocimientos que se imparten parezcan irrelevantes. Es un tópico presente en todos los manuales de Ciencias Sociales decir que las tipologías no sirven demasiado si son rígidas... pero que son útiles para ordenar sumariamente la vasta realidad del campo del saber que se esté estudiando. Por eso se usan y sirven, entre otras cosas, para dar la impresión de un mínimo de orden a un programa de Teoría de las Relaciones Internacionales, sistematizando las escuelas o corrientes con arreglo a una cronología, siempre relativa, y ordenando unos contenidos teóricos, a veces oscilantes, que permitan acometer la tarea de evaluar a los alumnos con alguna solvencia. Suele así preguntarse en las diversas pruebas por el Idealismo, el Realismo, el Marxismo, el Behaviorismo, etc., siempre referidos a las teorías de las Relaciones Internacionales. Pero éstas son cosas que, más que exactas y precisas, son aproximadas y confusas. Porque hay «idealistas» que son «behavioristas» —o, por lo menos, «funcionalistas»— en cuanto a métodos, como Johan Galtung, aunque él no admitiría ser llamado «idealista» porque es «materialista» convencido. Hay «realistas» que son «marxistas», como Lenin o Mao Zedong, formalmente defensores de la solidaridad internacional de la clase obrera pero firmes partidarios del interés nacional y de las estructuras y prerrogativas del Estado, característicos del Realismo a la antigua usanza. Hay «realistas» que, en el fondo, son «idealistas», como Martin Wight, profundos conocedores y practicantes de las tradiciones más benéficas de la humanidad...[9].

En primer lugar, ni siquiera los teóricos internacionales están de acuerdo con las clasificaciones que utilizan. Muchos autores de estudios sobre Relaciones Internacionales se sienten desalentados por este uso abusivo de las etiquetas que rubrican corrientes teóricas que tienen a menudo más de

[9] Un repaso de cincuenta autores principales, agrupados por «escuelas» o «posturas»: Martin GRIFFITHS, Steven C. ROACH y M. SCOTT SOLOMON, *Fifty Key Thinkers in International Relations*, Routledge, Nueva York, 2009.

ideología que de otra cosa, con manuales y tratados que hipertrofian la metodología para encubrir su escasa capacidad teórica —o epistémica— real, por no hablar de las «modas pseudo-teóricas» que en este campo también se agitan con cierta recurrencia. Por otro lado, los debates doctrinales sólo interesan a los expertos; no son cosa que concierna a los pobres estudiantes, que ya tienen bastante con asimilar un cuerpo de doctrina relativamente profuso, ligado a personajes que no les interesan nada porque son desconocidos en su mayoría, pero también vinculado frecuentemente a otras figuras, ésas sí muy visibles, por las que a veces no se tienen simpatías políticas.

Y es que, como materia académica de estudio, con las Relaciones Internacionales sucede algo bastante parecido a lo que ocurre con la Economía, vista en iguales condiciones. Como relataba en su sólido manual *Curso de Economía Moderna* (1948) alguien tan pragmático como Paul A. Samuelson, «nadie puede entender una materia complicada como la Química sin realizar antes largos y concienzudos estudios», pero, prosigue, «en cambio, desde nuestra infancia, todos sabemos ya algo sobre economía, lo que, si bien es conveniente, ya que así pueden darse por sabidas muchas cosas, resulta, por otra parte, nocivo a causa de que es natural y humano aceptar incondicionalmente como verdaderas las verosímiles perspectivas superficiales»[10]. ¿Quién, en la parte del mundo occidental en la que estamos, no ha leído alguna vez el periódico, no ha visto la televisión, no ha escuchado la radio? La generalidad de las personas —occidentales y occidentalizadas— ha recibido noticias internacionales, que suelen catalogarse como aquellas que suceden «en el extranjero», es decir, más allá de las fronteras del Estado nacional en el que a uno le haya caído en suerte nacer y vivir (cosa que no siempre sucede). En consecuencia, casi todo el mundo cree que sabe algo —muchos consideran que bastante o incluso mucho— de las «cosas internacionales», cosas algo «raras» porque ocurren en el ya citado «extranjero» donde se hablan tantas lenguas incomprensibles y se tienen costumbres tan extrañas, pero, a la vez, cercanas porque «salen» en la televisión o «en los papeles» o incluso se conocen porque el «extranjero» se visita con motivo de un viaje de novios o de negocios o de vacaciones[11]. Si estas ironías molestan a alguien, le pido disculpas. Pero también le recuerdo que cuerpos electorales tan vastos y significativos como el estadounidense se ven afectados por estas percepciones, cuando incluso algunos de sus Presidentes ignoran el nombre de ciertos mandatarios o el régimen político de determinados Estados aliados.

¿Cómo encaja el alumno corriente los acontecimientos internacionales que le salen al encuentro en los medios de comunicación con la asignatura

---

[10] Paul A. SAMUELSON, *Curso de Economía Moderna*, Aguilar, Madrid, 1950, pp. 6-7, en versión estupenda de José Luis Sampedro, cuya obra macroeconómica debería figurar en el *corpus* de Teoría Internacional en lengua española.

[11] Y desde la crisis global/globalizada de 2007, a causa de la migración forzosa de los «españoles por el mundo»..., nuevamente en busca de Eldorado y bastantes, guiados por la singular *Fata Morgana*, el hada de los espejismos.

de Relaciones Internacionales, a menudo obligatoria, de su Grado universitario? El estudiante, salvo excepciones, es una persona normal y corriente, simple receptora de un alud de noticias, que, en el mejor de los casos, están sometidas a nada más que someros análisis e interpretación, no siempre objetivos, en los medios de comunicación habituales.

Escribí la primera versión de estas líneas en plena guerra de Irak (principios de abril de 2003). La segunda se hizo en el verano de 2008. Ésta de ahora en 2013. Desde entonces no he dejado de escuchar en la radio y la televisión sartas de cosas como: las tropas —invasoras o resistentes, pues da lo mismo— «*sesgaron* muchas vidas» (por «segaron»); estas mismas tropas «*infringieron* graves daños al enemigo» (por infligieron); «un *organismo* internacional como Naciones Unidas debe encargarse de la labor humanitaria» (por organización, esto en boca de ministros, funcionarios, periodistas especializados y contertulios de diversa condición); «los Estados Unidos —o "aliados" en general— deben, *cuanto menos*, impedir el pillaje (o la confrontación con la población civil, o el caos, o lo que sea...)» (por «cuando menos»); se han obtenido *evidencias sólidas* de la participación de tal o cual sujeto en una acción represora (en vez de «pruebas consistentes»)... No pretendo hacerle ninguna competencia a Fernando Lázaro Carreter, ni al estupendo programa «Hablando en plata» de Amelia Fernández en Radio-5 (RTVE), ni a la Fundación del Español Urgente (Fundéu-BBVA)[12]; lo único que hago es refrendar su labor en tanto que he aprendido mucho de ellos. Y me pregunto por la porción de gente corriente que escucha estas barbaridades lingüísticas y las acepta tal cual, porque su vida es difícil y tiene poco tiempo para educarse y perfeccionarse, y, que, aún más, es adiestrada en la ignorancia sistemática por parte de un sistema que parece regido por el analfabetismo funcional[13].

El motivo fundamental de este libro es el de *hacer* algo útil para contribuir a resolver estos desastres. Me he propuesto escribir un texto sencillo, accesible a la gran mayoría de las personas ajetreadas y corrientes, concebido para los estudiantes que deben superar una asignatura. Y esto no significa claudicar, sino todo lo contrario. Intento que sea un texto que no les induzca a engrosar la masa inerte de analfabetos funcionales que pueblan las más diversas instancias de la sociedad. Ya he dicho que considero que sus errores son los míos, en tanto que, desde la responsabilidad que implica haber superado una oposición pública para ocupar un puesto de profesora de universidad, mi obligación es prestarles la ayuda, el servicio, la atención, que necesitan para formarse.

---

[12] Enlaces: Hablando en plata *online* - RTVE.es A la Carta; consultas@fundeu.es

[13] Hans-Magnus ENZENSBERGER, «Loa del analfabetismo», «Una modesta proposición para proteger a la juventud frente a los productos de la poesía» en: *Mediocridad y delirio*, Anagrama, Barcelona, 1991, pp. 54-65, 22-37; André GLUCKSMAN, *La estupidez. Ideologías del postmodernismo*, Península, Barcelona, 1985, pp. 79-102, 117-152; Wilhelm REICH, *Listen, Little Man!*, Farrar, Straus, and Giroux, Nueva York, 1974 (ilustrado por William Steig); Woody ALLEN, *Cómo acabar de una vez por todas con la cultura*, Tusquets, Barcelona, 1991.

B) ¿Quién sabe algo de «Mr. Behaviour»?

La primera tarea que se me «encomendó» al ingresar como docente en la universidad fue la de «corregir» una pila de exámenes. Me gusta mucho leer. Me interesan las personas. No terminaré nunca de admirarme ante los logros del sistema educativo que ha generalizado la alfabetización a cantidades cada vez mayores de seres humanos desde la Ilustración. En consecuencia, me regocijo al ver cuántas personas estudian. Pertenezco a una generación que todavía practicó la caligrafía en el colegio, como parte básica de la enseñanza primaria. Como es obvio, prefiero descifrar letras legibles, aunque me inclino más hacia el valor de los contenidos. Hay textos caligráficos que lo único que hacen es desvelar con mayor nitidez la profunda imbecilidad del escribiente[14]. Entiendo que el manejo de una lengua revela, en las personas, bastantes cosas de su acervo intelectual, de su capacidad discursiva y de razonamiento, de su historia individual. Leer exámenes para calificarlos no es una actividad neutral; en sí, ninguna lo es. Otra cosa son la objetividad y la imparcialidad que deben presidir el acto mismo de la calificación, seguido, si es necesario, de una revisión de la misma, algo a lo que siempre estoy dispuesta, como saben mis alumnos. Cuando era estudiante, a menudo me hacía reflexiones, muchas de ellas intempestivas, sobre el modo en que podían estar siendo calificados mis exámenes. Me recuerdo haciendo «rogativas» a toda clase de santos innominados para que el profesor hubiera desayunado bien ese día, le fueran bien las cosas, hubiera cobrado atrasos, y cosas por el estilo[15]. En mi condición actual procuro ser coherente con mi memoria; en caso de duda favorezco a la parte asimétricamente más débil, según la conocida máxima latina del Derecho penal: *in dubio pro reo*. En páginas previas he mencionado algunas cosas que he leído a veces en los exámenes y otro tipo de pruebas escritas. Advierto que estos errores no tienen nada de particular entre estudiantes que, en ocasiones, lo único que hacen es repetir, agigantándolos, los de los autores de los libros que algunos hacen como que estudian, memorizando las cosas, sin analizarlas ni reflexionar sobre ellas. Por otro lado, este comportamiento es idóneo para superar los exámenes de determinados profesores, imbuidos de una *auctoritas* acientífica que prescribe actitudes acríticas e irresponsables entre sus educandos.

Ya he dicho que entre la nomenclatura vulgar de las corrientes teóricas internacionales suele aparecer una, denominada Behaviorismo. Los aspirantes a graduados en Ciencias Políticas y de la Administración —y de otras titulaciones semejantes— superan diversas asignaturas relacionadas con dis-

---

[14] Sin las connotaciones actuales. En el siglo XVII la *imbecillitas* designaba el «desvalimiento» de las humanas criaturas, lo que les hacía cultivar la virtud afectiva de la *sociabilitas*, en la obra de un jurista internacional tan apreciable como Samuel Pufendorf: Víctor Hell, *La idea de cultura*, FCE, México, 1986, pp. 26-46; Samuel Pufendorf, *De los deberes del hombre y del ciudadano según la ley natural, en dos libros*, Centro de Estudios Políticos y Constitucionales, Madrid, 2002.

[15] No es falta de respeto sino *realismo* existencial y el weberiano *Verstehen* (comprender). Lo dice quien ahora está al otro lado y lo aplica sobre sí misma.

tintas ramas del conocimiento. En consecuencia, suelen familiarizarse con la Sociología, la Psicología, la Ciencia Política, el Derecho, la Economía... cada una en sus respectivas áreas, sectores, métodos y escuelas. La tendencia «behaviorista» —en español, conductista, pues, como es sabido, *behaviour* significa conducta o comportamiento[16]— impregnó los estudios de muchas universidades norteamericanas, constituyendo una moda académica corriente, sobre todo entre quienes se adhirieron a la rama más positivista del Funcionalismo. Las Relaciones Internacionales no se quedaron al margen[17].

Una de las principales cualidades humanas es la inventiva, en especial, en los momentos difíciles. Sin duda, el alumno cuyo examen «corregí» en aquella ocasión memorable estaba bastante apurado. La pregunta versaba sobre «El Behaviorismo en las Relaciones Internacionales» y es una de ésas que suelen considerarse una «lotería», pues permiten ensartar toda una serie de banalidades y salir del paso de ese modo tan triste que se conoce como «digno», forma caritativa de decir que algo es ramplón. Lo más probable es que el alumno hubiera preparado sólo algunos temas de la asignatura y que éste le cogiera de sorpresa. En consecuencia, hiló un discurso improvisado sobre Marx y el marxismo, a saber por qué, se encarriló después —y creí que iba a acertar en gran medida, pues iba más lejos que el libro de texto entonces al uso— por la Sociología positivista de Spencer, donde se sitúa el verdadero origen del interés por el conductismo, en pleno siglo XIX, y terminó con la gloriosa afirmación de algo tan insólito y divertido como esto: «El *behaviourismo* es la escuela fundada por el Sr. Behaviour». Si de Marx proviene el Marxismo, de Behaviour, el Behaviourismo: el razonamiento era impecable. Era, por otro lado, muy parecido a los que propone Lewis Carroll en sus juegos lógico-matemáticos[18]. Me reí tanto que se me saltaban las lágrimas. El alumno no era un ignorante integral. Era sólo alguien confuso, ingenioso y pícaro. Demostraba, además, que su conocimiento del inglés debía de ser de fuente británica, que no suprime el «*-our*» de las terminaciones de palabras como *harbour* o *labour* (puerto, trabajo)…

Algunas veces he relatado esta anécdota a algún colega. Lo más sorprendente ha sido la generalizada actitud de falta de sentido crítico, autocrítico, en una mayoría, unido a la condena del alumno. Me pregunto por el sistema que lleva a esto. Casi me preocupa más la arrogancia de algunos profesores, síntoma de su inseguridad, que la ignorancia de los estudiantes. No pude aprobar a aquel alumno, de letra redondilla y minuciosa, en aquella ocasión. Pero aquello me sirvió para reflexionar sobre mi profesión, a la que amo profundamente, y a proponerme impedir, no este tipo de cosas —inevitables, humanas y graciosas, por otro lado— sino otras, que sí son atribuibles al profesorado, como es la propagación de un conocimiento instrumental, irres-

[16] En inglés «americano» se escribe *behavior*.

[17] Una versión de sus contenidos en mi libro *Las relaciones internacionales en el siglo XX: la contienda teórica. Hacia una visión reflexiva y crítica*, UNED, Madrid, 1998 (4.ª reimpr., 2007), pp. 127-140.

[18] Lewis CARROLL, *El juego de la lógica y otros escritos*, Alianza, Madrid, 1990.

petuoso con la comunidad universitaria en su conjunto. Este —y otros errores— me indujeron a intentar explicarle la asignatura a «mis»[19] estudiantes con otros criterios que los meramente descriptivos, enumerativos, opacos. Y entonces me dediqué a escribir, a intentar publicar aquello que honradamente me parecía necesario y exigible. El balance es positivo. Creo que quizá sean pocos los alumnos que utilizan mis libros para estudiar. Entre otras cosas, no los recomiendo como obligatorios; son, tan sólo, una oportunidad de estudiar de forma quizá diferente. Pero con algunos alumnos he llegado a establecer la mejor, la óptima relación entre seres humanos preocupados por el mundo en el que viven. Son, ellos tanto o más que yo, *lectores*. Hermanos e iguales.

Y así han pasado los años. Cada cierto tiempo, me enfrento a la tarea de «corregir» exámenes y trabajos y pruebas diversas. No estoy lo que suele llamarse «quemada», la traducción española del *burn out* inglés, sino todo lo contrario. Por eso contaré otra pequeña historia.

C) *Terminator* y *El Libro de la Selva*

Por norma personal y profesional intento aproximarme a los estudiantes tanto como es posible dentro de los márgenes de un trabajo universitario que implica docencia e investigación, cuando no otras funciones de gestión. Las denominadas nuevas tecnologías facilitan las cosas; por otro lado, las tradicionales del diálogo directo siguen siendo útiles. Mi actividad tiene un alcance limitado, pero me produce la satisfacción de sentir que estoy luchando de modo positivo contra los vicios del sistema. En ocasiones, incluso llego a creerme la ilusión de estar cambiando algo. Como no puedo conseguir que algunos alumnos abandonen arraigados hábitos —como el aprenderse las cosas de memoria y repetirlas en serie, con los errores de los manuales incluidos más otros nuevos que surgen por generación espontánea— espero, con cada convocatoria, a las sorpresas que sin duda me traerá la marea de exámenes, trabajos y pruebas de evaluación diversas. Y así he descubierto un par de tesoros, que reflejo aquí con algunos breves comentarios.

Un autor bastante nombrado en los manuales de Relaciones Internacionales es George Schwarzenberger. Es uno de los impulsores del uso de la Sociología para estudiar las relaciones internacionales[20], si bien su esquema ideológico subyacente tiende a las tesis realistas de la Política Internacional: la asociación del término *Power Politics* lo denota y resulta elocuente para cualquier conocedor de la materia[21]. En un número relativamente abundan-

---

[19] Posesivo no «patrimonial»: lo son porque se matriculan en la asignatura que imparto en una universidad pública.

[20] Relaciones Internacionales en mayúscula cuando me refiero a ellas como materia; si las trato como la «cosa» o «realidad» que sucede, como actividad, entre los sujetos y actores que las practican en la escena internacional, van enunciadas tal cual.

[21] Véase Celestino del Arenal, *Introducción a las Relaciones Internacionales*, Tecnos, Madrid, 2007 (4.ª ed.).

te de exámenes, junto a un revoltillo de nombres varios, este ilustre autor —del que no se exponen contenidos, porque se desconocen, como es lógico— aparece como «Schwarzenegger», el forzudo actor de origen austríaco, afincado en los Estados Unidos, casado con una Maria Shriver pariente de los Kennedy, otrora notorio símbolo político del Partido Republicano, gobernador de California, y además intérprete de *Conan*, *Terminator*, *Predator*... Misteriosamente, las premisas de las *Power Politics* vendrían a encajar en este icono cinematográfico tan visible. Por supuesto, ningún alumno ha leído nada de la obra original de Schwarzenberger, obsoleta ya por ser de circunstancias, y yo añadiría castizamente un «ni falta que le hace». Lo que quiero señalar es que es bastante mejor que los estudiantes conozcan la época y el contexto en que se concibieron las obras de autores como Schwarzenberger, o Kaplan —y ahora se verá lo que sucede con éste— y que expongan sus caracteres generales, sus contenidos principales... y eviten, sobre todo si no comprenden a qué se están refiriendo, citar nombres de personas.

He hablado de Morton A. Kaplan. Cuando preparaba la Tesis Doctoral recuerdo que leí, con tedio interesado, su *System and Process in International Politics* (1957), que comenté luego[22]. Como discípula de Jesús Ibáñez he leído bastante sobre Teoría General de Sistemas y admiro sin reservas a Ludwig von Bertalanffy, un intelectual de primer orden al que cito mucho. Ver en qué pueden quedar convertidas —han sido trituradas más bien— algunas de sus teorías cuando pasan por las mentes de otros, como el susodicho Kaplan, es desolador. Por eso, si en un escrito un alumno cita a este último, suelo inquietarme un poco y me fijo; normalmente, dado que sólo repite listados de nombres que ha memorizado y que intenta que encajen dentro del repertorio corriente de la «Sociología aplicada a las Relaciones Internacionales», sin más, no me preocupo demasiado. Lo notable es que este «Kaplan» aparece a veces en el amasijo en el que figura también «Schwarzenegger» aunque escrito como «Kipling»... Y esto sí que es divertido.

Algunos alumnos son jóvenes y hace relativamente poco que dejaron de ser niños. Otros alumnos ya son padres y llevan a sus hijos al cine o les ponen vídeos y *dvd*'s de Walt Disney para que se entretengan. En la UNED, además hay alumnos que son abuelos. Y es que con Rudyard Kipling uno debe referirse, necesariamente, a su obra más difundida, *El Libro de la Selva* (*The Books of Jungle*, 1894 y 1895). Este brillante relator de historias breves, magnífico prosista, y persona admirable y singular por diversas razones, es, entre cosas, conocido por haber sido uno de los padres ideológicos del imperialismo británico, impregnado de prejuicios de superioridad racial y civilizatoria, así como de lo que se conoce como «darwinismo», es decir, la vulgarización oportunista de algunas de las teorías de Darwin relativas a la «supervivencia

[22] Véase el ya citado, *Las relaciones internacionales en el siglo XX...*, pp. 109-115, un libro de texto que los estudiantes a mi cargo *no deben estudiar*, pero que pueden hojear de vez en cuando; algunos hablan de «ojear» y también tiene gracia.

de los más fuertes» (los más «aptos», en realidad: *fittest*) y la «ley de la jungla» basada en la «lucha por la vida» (*struggle for life*)[23].

En tiempos de la Guerra Fría (1949-1989) los postulados agresivos derivados de la aplicación generalizada del «darwinismo vulgar» —útiles para los dos bloques enfrentados aunque con distintas formulaciones, pues, desde Stalin, la URSS optó por el «lamarckismo» adaptado al sistema por el biólogo oficial del régimen, Trófim Denisevich Lysenko— eran algo corriente. Sólo a mentes privilegiadas como la de Hannah Arendt se les ocurría reflexionar sobre estas cosas y esclarecer los orígenes intelectuales y sociales de tanta barbarie y estupidez. Reflejé esto en *Las relaciones internacionales en el siglo XX: la contienda teórica* (1998), versión abreviada de un primer original más completo. Ahí remitía a Hannah Arendt, la gran maestra: *The Origins of Totalitarianism* (1951)[24]. Kipling es superior a Kaplan, en todo. Por lo menos, escribe estupendamente y es ameno y brillante. No emplea subterfugios y no engaña a nadie: dice lo que piensa y lo dice bien. A mí no me gusta demasiado su forma de pensar, pero eso es otro asunto. En tanto que su explícita brutalidad los hace «políticamente incorrectos», Kaplan aplica con disimulo los postulados de Kipling para ensayar un análisis de la realidad internacional en la que priman los conceptos de poder e interés nacional, los criterios de la agresividad y el dominio, la rivalidad entre potencias y demás cosas habituales de la Guerra Fría. Pero todo esto es algo que los alumnos *no saben*. Por eso me importa lo que escriben en los exámenes, donde se refleja *lo que no saben* y es mi obligación enseñarles. No tanto para que aprueben, cosa muy importante, sino para que aprendan.

4. LO BUENO, SI BREVE...

Este tópico[25] es una de las cosas que suelen aprenderse en la enseñanza secundaria o el bachillerato merced al tino de algún profesor a la antigua usanza, empeñado en que las generaciones que a él le toque educar no olviden la tradición cultural que es su origen y que se conoce, genéricamente, como «Occidente», en sí, un acúmulo histórico de sedimentos y argamasas prove-

---

[23] Esta tendencia aumentó en su vejez; fue gran amigo de Cecil Rhodes, magnate de los diamantes y dirigente surafricano. Al respecto, la casuística «hermenéutica» hizo que durante el primer curso de Grado de Ciencias Políticas y de la Administración, un aventajado lector que se presentó como especialista se dignase a escribirme algo soliviantado porque alguien ajeno a las «Ciencias» osase mencionar las teorías de Darwin («socio-darwinismo»: no lo inventó él). Lo interesante es que, además de alegar como apoyo argumental fuentes electrónicas «de andar por casa» (quizá pensó que eran las idóneas para mí), este inopinado censor desconocía todo, a saber por qué, del título de los capítulos III y IV de la obra original: Charles DARWIN, *El origen de las especies*, Espasa-Calpe, Madrid, 1987. Esto remite a la obra de Enzensberger consignada *supra*.

[24] Hay edición española reciente, en Alianza Editorial: 2006.

[25] Corresponde al *Oráculo manual y arte de prudencia* (1647) de Baltasar Gracián, se completa con «y aun lo malo, si poco, no tan malo»: *El Arte de la Prudencia. Oráculo manual*, Temas de Hoy, Madrid, 1993, edición de José Ignacio Díez Fernández, p. 61.

nientes de diversas culturas que han dado lugar a una síntesis singular. Sobre ese trasfondo se han ido tejiendo las diversas culturas particulares que constituyen las facetas de esa mónada que es el Occidente actual. En el caso de España evidencia una riqueza y un valor extraordinarios. Uno de esos valores fundamentales es la lengua, vehículo primordial para establecer, fijar, conservar y transmitir algo que, por resumir, prefiero ahora denominar el «saber».

Si en aras del espíritu de síntesis y de la precisión lingüística y de todo tipo, en una redacción escolar es deseable que se sepa abreviar y «decir más con menos» —lo que confirma el dicho «lo bueno, si breve, dos veces bueno»— es preciso reconocer que lo principal es que sea «bueno». Sin embargo, ésta no parece ser la tendencia dominante en determinados estamentos intelectuales, obsesionados con una brevedad que no garantiza la bondad. Sí es cierto que aligera la lectura de textos manifiestamente malos, pero nada más. No sé si es fruto de una ineptitud congénita o adquirida mediante el sistema educativo, que, perfeccionado en su maquinaria, genera que en los últimos tiempos no sea infrecuente encontrarse con lectores, de supuesta primera categoría, que son incapaces de seguir una frase construida en español (o castellano, según se prefiera) y que comporta que existan, gracias al legado latino, frases coordinadas, yuxtapuestas, subordinadas... en un mismo párrafo. Obviamente, esto implica que se respeten normas gramaticales que establecen la existencia de sujetos, verbos y predicados en esas mismas frases, concatenados entre sí por reglas admirables que traducen la nitidez de un pensamiento bien ordenado. Una persona educada *debe* saber esto y ponerlo en práctica, midiéndose su destreza en estas cosas a través de su forma de hablar, de los textos que escribe y que, de forma eventual, publica.

Alegando pretextos fáciles como el «pragmatismo americano» —alusivo a andanzas biográficas personales en alguna universidad de los Estados Unidos, en el mejor de los casos— que impone, según esta falaz premisa, un aparato discursivo elemental, en la actualidad vemos abundantes textos académicos escritos en una «neo-lengua» híbrida, imprecisa, inculta y soberanamente pobre, pero que a los implicados en el proceso debe de parecerles inteligible. La norma básica es la de construir frases rudimentarias, que, a lo sumo, lleven un apéndice mínimamente coordinado, repletas de malas traducciones de términos ingleses. Los beneficiarios de esta situación son los analfabetos funcionales, que así consagran y perpetúan su posición crecientemente dominante en la sociedad. Y así, cuando se topan con textos que, no es que sean complejos, sino que son claros y precisos en tanto que están redactados en buen español (o castellano), los califican de «incomprensibles» —pues el término «ininteligible» tanto como el de «inextricable» les son ajenos por completo— y los descalifican. Si estas personas ocupan puestos de responsabilidad, la situación es grave. Su ignorancia establecida como sapiencia es perjudicial para toda la sociedad, que es inducida a *creer que sabe* en tanto que, en realidad, sólo es *informada* y *adoctrinada*. ¿A qué viene esta digresión? A algo tan simple como es el respeto que todo profesor debe tenerse a sí mismo, a sus colegas, a sus alumnos. La obsesión por la denominada «frase corta» no responde casi nunca a preferencias estilísticas derivadas de una lectura atenta de Azorín, por ejemplo, sino a la incapacidad inconfesable de hilar discursivamente el lenguaje con arreglo a las normas y posibilidades que este mismo brinda. Todo esto se trasluce luego en los exámenes y otros trabajos escritos, en el desaliento comprensible de las personas responsables y conscientes, tanto profesores como alumnos.

5. APROBADOS Y DESAPROBADOS

Hace bastantes años «corregí» el examen de una mujer. Su nombre era el de algunas de esas advocaciones marianas españolas tan singulares como, por ejemplo, «María de los Llanos» o algo así. Su origen era inequívocamente rural o campesino; se había examinado en una pequeña capital de una provincia a donde había acudido desde su lugar de residencia[26]. Me fijé en su letra, indicativa de una educación en una escuela primaria, con un maestro que se había tomado grandes trabajos en enseñar a los niños a escribir bien. La caligrafía era esmerada. Las letras eran hermosas, inclinadas, rizadas como bordados, un poquito artificiosas, de un gusto anticuado y conmovedor. Sin duda, estaba orgullosa, con motivo, de ello. Imaginé el esfuerzo vital que habría supuesto aquel aprendizaje, tanto para ella, como para su familia, conociendo las circunstancias políticas, sociales, económicas y culturales de España durante el siglo XX. Y esta mujer, ya no joven, había accedido a la universidad, gracias a sí misma, en primer lugar, y gracias a los beneficios sociales y culturales con los que la sociedad española se ha provisto como fruto del esfuerzo colectivo de un pueblo atormentado durante siglos por gobiernos regidos por el abandono, la incuria y el desprecio a sus gobernados. Era, con verosimilitud, alguien que había llegado a ser estudiante universitaria gracias al programa de Acceso a la Universidad para mayores tanto de veinticinco como de cuarenta años, personas de las que a veces otras, con mayores privilegios y fortuna, y menores méritos y capacidad, se permiten hablar *a priori* en tono despectivo[27]. Nunca olvidaré aquel examen. Aquella alumna tenía problemas de asimilación de conceptos, en especial, en lo referido a cuestiones abstractas. Sus esfuerzos por presentar una argumentación eran ímprobos, pero los hacía, a pesar de todo. Y tenía otras cualidades; poseía un genuino sentido común, que iba más allá de los tópicos corrientes que suelen caracterizar este término en sentido vulgar. Demostraba un alto grado de elevación ética, manifiesta en unos razonamientos claros, coherentes y sólidos, perfectamente articulados sobre la base de premisas bien enunciadas. Su análisis de la política internacional era sen-

---

[26] Digo esto porque una parte de mis orígenes son los mismos. El nombre, aleatorio, no señala proveniencia alguna.

[27] No pretendo ningún análisis demagógico; sólo intento constatar un hecho corriente. El «mayor de equis años» que accede a la universidad puede ser un zoquete, pero porque lo es, no por sus orígenes ni por su forma de ingreso. De igual modo, el privilegiado puede ser tanto un genio como un imbécil... sólo que le ha costado bastante menos esfuerzo alcanzar el punto de partida de su Licenciatura o Grado.

cillo, lo que es un valor frente al alambicamiento ambiguo de algunos supuestos expertos, cuya complicación —antítesis de la «complejidad», como veremos luego— apenas encubre deficiencias básicas de formación académica. Aquella alumna escribía bien, en un estilo poco común, con una correcta sintaxis, lo que hacía que se pudiera seguir su texto con toda facilidad. Aplicaba conocimientos generales, oriundos de otras asignaturas, a la exposición de los temas de Relaciones Internacionales y lo hacía bien. Posiblemente improvisaba un poco, pero con acierto. Su examen estaba en el límite del «aprobado», pues, como es obvio, mostraba carencias. Éstas eran del tipo de no saber establecer con precisión cuáles son las diferencias entre escuelas de las Relaciones Internacionales como la «interdependencia» y la «dependencia», y cosas de este estilo, sin haber recibido ninguna noción previa de conceptos fundamentales como la distinción entre «pueblo», «nación» y «Estado», por ejemplo. No recuerdo su calificación de entonces. Pero, en los varios lustros transcurridos desde entonces, no la he olvidado. Otros casos similares han reforzado mi preocupación por este asunto, en especial, cuando a través de tantas lecturas y estudios de especialistas en teoría internacional me he llegado a convencer de que estas distinciones, necesarias y convenientes, deben ir acompañadas de un esfuerzo pedagógico mucho mayor para transmitirlas a los alumnos. Llegamos así a un punto crucial del razonamiento: la paradójica relación entre *lo simple* y *lo complejo*.

6. LO SIMPLE Y LO COMPLEJO

En 1905, Einstein publicó la llamada Teoría Especial de la Relatividad, destinada a resolver una paradoja científica que oponía las leyes de Newton sobre la Mecánica y la Teoría de Maxwell sobre la electrodinámica, que daban descripciones mutuamente contradictorias del movimiento relativo. Su famosa ecuación $E = mc^2$, donde E es la energía, m es la masa y c es la velocidad de la luz, reemplazó, en 1915, la Teoría de la Gravitación de Newton por la Teoría General de la Relatividad.

En términos puramente formales, lo que acabo de exponer es algo dicho de un modo muy *simple*, pero, ¿quién, incluida yo misma, en primer y humildísimo lugar, es capaz de *explicarlo* bien y dar cuenta de su extremada *complejidad*, que resume siglos enteros de avance científico de la humanidad? En 1910, Planck intentó que las Teorías de la Relatividad fuesen aceptadas porque resolvían problemas de la Física clásica; un valor principal de su principio era que «elimina de la imagen física del mundo anteriormente existente los constituyentes no esenciales introducidos sólo por razón de la percepción y los hábitos humanos, y por tanto purga a la física de impurezas antropomórficas que tienen su origen en la naturaleza individual del físico» (*Physikalische Zeitschrift*, 1910)[28].

---

[28] Véanse P. C. W. DAVIES y J. BROWN, *Supercuerdas ¿una teoría de todo?*, Alianza, Madrid, 1990, esp. pp. 21-45 y Lewis PYENSON, *El joven Einstein. El advenimiento de la relatividad*, Alianza, Madrid, 1990, pp. 280-281.

Una proposición cierta para cualquiera es que la realidad del mundo físico es *compleja*. Su estudio e investigación requieren de unas mentes, unas teorías, unos instrumentos, cada vez más refinados, potentes y certeros. Sin embargo, en medio de esa apabullante complejidad, un principio básico del lenguaje científico, habitualmente matematizado, es conseguir «decir más con menos», y decirlo mejor y más verosímilmente cada vez. Esto se refrenda con la conocida anécdota —ignoro si cierta— de la defensa de la Tesis Doctoral de Gauβ [Gauss] (1799), que presentó en un simple folio, siendo el objeto de su disertación la prueba de un teorema fundamental de álgebra que establece que toda ecuación algebraica con coeficientes complejos tiene soluciones también complejas. Gauss formuló y probó este teorema, con inmenso talento, a los veintidós años, sin emplear números complejos[29]. El pensamiento que se conforma con la realidad aparente, sin penetrarla —la *Einsicht* de Karl R. Popper— será siempre un «pensamiento simplificado» y, coherentemente, simplificador[30].

El «pensamiento complejo» va más allá, se adentra en la realidad de la que forma parte, pues es consustancial con ella, e intenta desentrañarla para, al recomponerla, averiguar sus leyes, su funcionamiento, sus elementos, sus cualidades. A una realidad intrínsecamente compleja le corresponde un pensamiento complejo[31]. Edgar Morin señala las virtudes originales del método cartesiano —abstracto, analítico, disyuntivo— para los avances del racionalismo en las ciencias, pero también describe sus insuficiencias actuales, que conducen a los profetas del «oscurantismo científico» a una «inteligencia ciega», reduccionista y destructora de

> [...] los conjuntos y las totalidades, aislando a los objetos de sus ambientes. No puede concebir el lazo inseparable entre el observador y la cosa observada. Las realidades clave son desintegradas. [...] Y los ciegos pedantes concluyen que la existencia del hombre es sólo ilusoria. Mientras los medios producen la cretinización vulgar, la universidad produce la cretinización de alto nivel. La metodología dominante produce oscurantismo porque no hay más asociación entre los elementos disjuntos del saber y, por lo tanto, tampoco posibilidad de engranarlos y de reflexionar sobre ellos[32].

¿Qué es la complejidad? En principio, responde a la percepción cuantitativa de una cantidad extrema de interacciones e interferencias entre un número muy grande de unidades que desafían las posibilidades de cálculo. Esto comprende también incertidumbres, indeterminaciones, fenómenos aleato-

---

[29] Carl Friedrich Gauβ fue uno de los primeros en cuestionar los principios de la geometría euclídea. Sesenta años tras su muerte, su discípulo Georg Friedrich Bernhard Riemann formuló la revolucionaria base matemática para la Teoría de la Relatividad de Einstein. Su curva o campana de Gauss es esencial para la descripción de datos estadísticamente distribuidos.

[30] Síntesis de su pensamiento, Karl R. POPPER, *En busca de un mundo mejor*, Paidós, Barcelona, 1994.

[31] Jesús IBÁÑEZ, *Del algoritmo al sujeto. Perspectivas de la investigación social*, Siglo XXI, Madrid, 1985, pp. 281 ss. Específico: Edgar MORIN, *Introducción al pensamiento complejo*, Gedisa, Barcelona, 1994; Grégoire NICOLIS e Ilya PRIGOGINE, *La estructura de lo complejo*, Alianza, Madrid, 1994.

[32] MORIN, *Ibidem*, pp. 30-31.

rios. No se trata de ir de lo simple a lo complejo, sino de avanzar desde lo complejo hacia lo aún más complejo. Lo simple no es más que un momento o un intervalo entre complejidades[33].

Visto con mirada superficial, y aplicado sobre la pedagogía de las Relaciones Internacionales como materia académica vigente en un Plan de Estudios universitarios, este principio de la complejidad *asusta*. En principio, para aprender aquello de lo que van a ser evaluados periódicamente bastantes alumnos afirman necesitar libros de texto o manuales *simplificados*. Y recurren, no ya libros simplificados, sino a la simplificación de los libros mediante «apuntes», en el mejor de los casos. Y aquí radica un error, conceptual y pragmático. Todo libro, en tanto que continente limitado de un conjunto de conocimientos ordenados, es una simplificación de un orden más vasto y más complejo reflejado en sus contenidos, en tanto que reduce las dimensiones del inmenso horizonte cognitivo. Pero esa reducción no implica necesariamente una simplificación redundantemente reduccionista, sino que debe aproximarse a las cualidades formales de la ecuación matemática de Einstein, que, con una máxima concisión, expresa toda una teoría general del universo de un modo elegante, preciso e inequívoco. La pedagogía de las Relaciones Internacionales, por respeto a los estudiantes y a los profesores, debe enseñar a aprender, donde «facilitar» las cosas no significa, en ningún caso, «simplificarlas», empobreciendo sus contenidos.

7. LA «SUBVERSIÓN IMAGINARIA»

En octubre de 1986 acudí, por primera vez en lo que era una etapa más de mi vida, a la Facultad de Ciencias Políticas y Sociología de la Universidad Complutense de Madrid. Divisé a un grupo de estudiantes, vestidos algunos de ellos con indumentarias estrafalarias, que se dirigía hacia una puerta entreabierta de aquel espantoso edificio, una añadidura arquitectónica de los estertores políticos finales de la agonía del régimen de Franco a un conjunto de instalaciones concebido originalmente por Miguel Fisac para ser Escuela Normal[34]. Me uní a aquellos estudiantes y me adentré en un aula instalada en lo que un día fueron retretes, que aún conservaba un alicatado azul celeste muy deteriorado que cubría sus paredes y dificultaba la acústica. Aun así, escuché una voz que no iba a olvidar nunca. En una silla de hierro y plástico, un hombre de unos sesenta años, con gruesas gafas de miope, pelo riza-

---

[33] *Ibidem*, pp. 30-31.

[34] Sede actual de la Escuela Universitaria de Estadística de la UCM. Sus contornos ajardinados lindan con las edificaciones del Palacio de la Moncloa. En los años setenta se trasladó allí la Facultad de Ciencias Políticas, recién desgajada de la licenciatura de Ciencias Económicas y Comerciales —llevada al recién inaugurado *campus* de Somosaguas para controlar mejor a los estudiantes revoltosos— luego ampliada a Políticas y Sociología. El edificio que menciono se atribuye, en su diseño, a la inventiva de la policía del régimen de Franco; escalonado sobre una ladera, es un engendro amorfo de cemento y ladrillos. El régimen de la transición debería haber acometido su demolición.

do y canoso, vestido de lana y pana grises, sosteniendo una pipa ante la boca, musitaba su pensamiento en frases lentas, dichas con sosiego, que hilaba sobre la marcha, con la mirada perdida en un punto para concentrarse mejor. Era Jesús Ibáñez, un desconocido entonces para mí. Avancé como pude entre las filas de jóvenes, puestos de pie o en cuclillas, para escuchar mejor lo que decía aquel ser humano fascinante. Hablaba de Física cuántica, de Matemáticas avanzadas, de Psicología y Psiquiatría, de Sociología, de literatura, de poesía y poetas, de ciencia-ficción, de arte, de religión, de cosas cotidianas, de personas, de humor... Empleaba los términos más complejos y, sin embargo, hablaba de un modo sencillo, inteligible para una mayoría de los que estábamos allí. Recurría a ejemplos brillantes y graciosos para que entendiéramos lo más difícil. Aprendí, gracias a él, un tiempo después, cuando logré ser su alumna en una asignatura optativa de Cuarto Curso, los elementos básicos de la difícil Teoría de Catástrofes de René Thom, así como los fundamentos de las Teorías sobre los Objetos Fractales de Benoît Mandelbrot, sin mencionar los estudios sobre la esquizofrenia de Ronald D. Laing y sus desarrollos clínicos en España, las aportaciones de Norbert Wiener a la cibernética, el principio de incertidumbre de Werner Heisenberg, los teoremas de la incompletitud de Kurt Gödel...

Aquella mañana de octubre de 1986 escuché, por primera vez, de Jesús Ibáñez, la frase: «Cuando todo lo que haces está mal, hagas lo que hagas, entonces... haz lo que quieras». A algunos esto les sonará, quizás, a tontería. Jesús Ibáñez solía decir de sí mismo que era *listonto*; lo decía con una muy pasiega e insuperable ironía, él, una de las personas más inteligentes de su generación en España[35].

Vayan ahora algunas implicaciones de las teorías de Jesús Ibáñez aplicadas a la vida cotidiana de esa generalidad de personas que se designa —se nos designa— como «la gente». Cuando uno pertenece a un sector o clase de la sociedad «marcado» de antemano por un prejuicio —juicio descalificatorio previo, no siempre explícito en términos verbales, pero siempre efectivo en aspectos pragmáticos u operativos— suele encontrarse con que «todo —o la mayor parte— de lo que hace» está *mal*. El sexo, la raza, la posición económica o social, la edad, la heterodoxia de cualquier tipo... *descalifican* de un modo automático a las personas adscritas socialmente a esa rúbrica, que, en el mejor de los casos, deben hacer un esfuerzo mucho mayor que el de los demás para obtener los mismos resultados, al menos, en términos de éxito o reconocimiento sociales[36]. Esto no es «ley de vida», como se quiere hacer entender, sino una «ley social» articulada sobre el principio del poder que se presenta como orden. A lo largo de la historia de cualquier sociedad humana, los innovadores han debido hacer frente y vencer todos estos obs-

---

[35] Por eso era capaz de decirlo. Como Sócrates, a quien se parecía bastante, sólo que Ibáñez enseñaba a los idealistas a no «beberse la cicuta» sin más, poción que el poder siempre tiene preparada para quienes, simplemente con manifestar su inteligencia, desafían de hecho a los sofistas.

[36] IBÁÑEZ, *Del algoritmo al sujeto...*, *op. cit.*, pp. 35-36.

táculos añadidos como su tarea principal y más agotadora, lo que merma aún más las energías que deberían consagrar a otros fines individual y socialmente más positivos. Está demostrado que, en las grandes compañías, la mayor parte en términos absolutos del esfuerzo de los altos y medianos ejecutivos se dedica a descomponer las artimañas de los competidores[37]. Y estos ejecutivos —en su mayoría varones, adultos, heterosexuales, acomodados, ortodoxos... a causa, entre otras cosas, de los criterios que rigen el procedimiento de selección de personal— no suelen corresponder, en principio, a los «marcados» por la sociedad para ser excluidos de los circuitos del poder.

Si se trasladan los postulados de la frase mencionada —«Cuando todo lo que haces está mal, hagas lo que hagas, entonces haz lo que quieras»— a aspectos concretos de la vida, cotidiana y profesional, entonces su significado se revela de un modo más comprensible. Imaginemos a alguien creativo, inteligente, activo, productivo —un inventor o un descubridor, por ejemplo, de cosas tan variopintas como una nueva receta de una salsa, o un modelo aeronáutico especialmente aerodinámico, o un fármaco eficaz contra una enfermedad fatal, o el desciframiento de una lengua arcaica e ignota...— que no consigue ser creíble a causa de ser demasiado joven o demasiado viejo, de ser una mujer en edad reproductiva o un homosexual, de no ser blanco, de ser tan pobre que su indumentaria sea inadecuada y no sea recibido en ninguna parte, de mostrar alguna carencia o disformidad físicas o alguna enfermedad psíquica que limitan, en apariencia, sus facultades cognitivas a juicio de sus momentáneos examinadores... Esto se conoce como «discriminación» y, en Occidente, se exhibe con orgullo el avance real en favor de su abolición, al menos, en los casos más pintorescos. Pero a nadie se le escapa que existen barreras que, precisamente a causa de que son invisibles, resultan casi insalvables para una mayoría de seres humanos que parecen condenados de antemano a que *parezca* que todo lo que hacen, hagan lo que hagan, está mal.

Creo que no necesito decir que he utilizado esta frase de Jesús Ibáñez a menudo, en términos abstractos y teóricos, y aplicados sobre todo a la realidad de mi vida habitual[38]. Exhorto a mis alumnos a que la pongan en práctica y a que verifiquen los resultados de ello. Es posible que «dejen de gustarle» a personas que nunca les han apreciado y que sólo querían de ellos una sumisión oportunista y vampírica. Es posible que liberen energías que antes derrochaban en obligarse a sí mismos en hacer cosas para las que no estaban dotados y se dediquen a mejorar sus existencias individuales y sus relaciones con las personas verdaderamente afines. Es posible que sus exámenes y demás pruebas mejoren mucho, porque dejarán de obsesionarse con «aprobar» y entonces sacarán notables y sobresalientes en asigna-

[37] Ejemplos extremados: Marie-France HIRIGOYEN, *El acoso moral. El maltrato psicológico en la vida cotidiana*, Paidós, Barcelona, 2002, capítulo II, o Iñaki PIÑUEL, *Neomanagement: jefes tóxicos y sus víctimas*, Aguilar, Madrid, 2004; *Mi jefe es un psicópata: por qué la gente normal se vuelve perversa al alcanzar el poder*, Alienta, Barcelona, 2008.

[38] Semblanza en *Anthropos*, n.º 113, noviembre de 1990; mi recuerdo, «Jesús Ibáñez», *El Mundo*, 11 de agosto de 1992, p. 4.

turas que descubren como más interesantes. Si «suspenden» sabrán, al menos, por qué lo hacen y atribuirán la responsabilidad de ello a la persona adecuada, que, a veces, no es el alumno, sino un profesor que no se toma en serio su trabajo.

Cuando alguien que, totalmente o en parte, es un término marcado, hace algo, tiene muchas probabilidades de que le digan que «hace las cosas mal, haga las cosas que haga». En la universidad, puede consistir en escribir libros para enseñar a los alumnos, o también exámenes que por una u otra causa desbordan las capacidades del profesor que vaya calificarlos. Si el personaje adscrito al término marcado escribe textos teóricos o abstractos es probable que sea acusado de ser ininteligible, confuso e incluso soberbio. Si compone textos sencillos, redactados en un tono accesible, le será reprochado tal vez su talante inconformista e incluso revolucionario, irrespetuoso y, de nuevo, soberbio. Si sus publicaciones son abundantes se le dirá quizá que es ambicioso; si son escasas, será posiblemente tachado de inepto. Si cita a muchos autores y publicaciones extranjeros, en sus lenguas originales, parecerá a algunos pedante y pretencioso; si no lo hace, es probable que le tomen por ignorante, apocado o provinciano. Si menciona con afecto y admiración a determinados profesores, algunos de ellos, maestros de cualquiera de las materias que le interesan, puede ser mal interpretado y considerado adulador; si guarda un discreto silencio, puede parecer arrogante o ingrato. Si el identificado con un término marcado amplía el horizonte de sus intereses intelectuales, pasará por heterogéneo y disperso; si reduce los focos de su atención, corre el peligro de ser tenido por limitado. Si procura incorporar o adaptar innovaciones metodológicas o hasta epistémicas, puede ser visto como insensato y fatuo; si se limita a glosar obras de otros, sin aportar nada propio, le condenarán por vulgar o hasta por plagiario. Si su tono de escritura es formal y riguroso, lo considerarán abstruso e incomprensible y él, el adscrito al término marcado, será tenido de nuevo, por soberbio y fatuo; si emplea un tono llano y un poco humorístico, carecerá de altura y profundidad y pecará de falta de respeto. Si, para evitar todas estas cosas —enunciadas según la táctica disyuntiva hábilmente descrita por Edgar Morin— se atiene en todo a una dorada y pragmática vía media, es decir, la *mediocritas* como norma de vida, y opta por evitar lo que algunas personas pueden considerar excentricidades o exageraciones, tampoco las complacerá, porque entonces dirán que es acomodaticio y oportunista. *Ergo*, personaje adscrito al término marcado, «haz lo que quieras»[39].

La autora de este texto tuvo la gran suerte de contar como maestro —primero de forma accidental y luego elegida— con Jesús Ibáñez, que le enseñó lo que él inventó como «subversión imaginaria», es decir, darle la vuelta al discurso dominante, examinar sus supuestos y trascenderlos, sin

[39] Lo que cabe completar con el ejemplo de quienes tengo por principales filósofos españoles del siglo XX (qué pobre denominación): Juan David GARCÍA BACCA, *Confesiones. Autobiografía íntima y exterior*, Anthropos, Barcelona, 2000, y George SANTAYANA, *Personas y lugares. Fragmentos de autobiografía*, Trotta, Madrid, 2002.

ninguna violencia, empleando tan sólo la imaginación creadora, cuyo motor es la libertad. Es consciente de que muchas de las cosas que hace están mal para algunos, haga lo que haga. Por eso, sin «quererlo», hace lo que quiere, que es lo que le permite el marco legal de la bendita institución universitaria donde trabaja, un ámbito de libertad, de respeto, de conocimiento y de perfeccionamiento de los seres humanos, merced a su esfuerzo. Como profesora universitaria sólo le importa lo que a ella le importó una vez, cuando era una alumna desorientada, en octubre de 1986: que el oficio de profesor sirva para que los estudiantes se formen como personas mejores[40]. Este libro, que, a partir de ahora se encauza por derroteros ya puramente pragmáticos, ha sido escrito para alumnos que quieran «aprobar» —esto es, superar las evaluaciones— la asignatura que trata específicamente de la Teoría de las Relaciones Internacionales en su contexto histórico (e ideológico). Lo que «aprobar» signifique para ellos es asunto suyo.

[40] Por esas circunstancias propiciadas por la falsamente llamada «sociedad abierta» [para entender lo que significa: K. R. POPPER, *Sociedad abierta, universo abierto (conversación con Franz Kreuzer)*, Tecnos, Madrid, 1988], cierto lector de este libro, electrónicamente activo, interpretó que mi escrito responde a esas paranoides prácticas académicas —con perdón de los respetabilísimos pacientes de trastornos psicológicos— que el inopinado comentarista calificó de «*vendetta*». Remito a este lector y a cuantos se adhieran a su postura a la obra original de Jesús Ibáñez, además de a los libros de Hirigoyen y Piñuel aludidos. Pero sobre todo a Pierre BOURDIEU, *Homo Academicus*, Siglo XXI, Madrid, 2008.

CAPÍTULO II

IDEALISMO Y REALISMO EN LA TEORÍA INTERNACIONAL

Toda guerra denigra a los seres humanos que la realizan, por acción, por delegación o por omisión de medidas efectivas que la impidan. Ésta es, obviamente, una opinión personal de algunos, que no todos comparten[1]. Como aseveración constituye el núcleo de la reflexión política de las Relaciones Internacionales, tanto si uno se manifiesta a favor como en contra, tanto si la justifica por motivos que considera superiores como si la condena por principio. Las modalidades que presenta esta reflexión sustancial configuran las líneas generales de la Teoría Internacional. Ésta tiene por finalidad el estudio, análisis, investigación... de un objeto —una cosa o *res*— que podemos llamar «realidad internacional». Se trata de esa parcela de la realidad política que concierne a lo que sucede en lo que podemos denominar Sociedad Internacional, o Sistema Internacional, o Comunidad Internacional, esto es, el escenario en el que las relaciones internacionales se producen, como interacciones estructurales y funcionales de los actores que en ella se desenvuelven[2]. A su vez, como actividad política entre diversos sujetos y actores —Estados, naciones, imperios... sea cual sea la denominación del sistema y régimen políticos que rubriquen jurídicamente la entidad actuante— las relaciones internacionales existen desde el origen de la Historia. Surgen,

[1] Una vez me escribió un lector inquieto por esta frase; a otros les extraña que prefiera «guerra» a «conflicto». Creo que es tan universal que eludirla equivale a negar la realidad. En todo caso, no confundo la agresión con un uso legítimo de la fuerza: para moderar o detener la guerra, para imponer una tutela efectiva de los Derechos Humanos, para apresar a criminales de guerra o genocidas, etc., sancionado por instituciones democráticas (plano estatal y/o internacional). Carlos ECHEVERRÍA JESÚS, *Paz, seguridad y defensa en la Sociedad Internacional*, UNED, Madrid, 2011. Mi posición ante la guerra no ha variado desde que era una niña que seguía los conflictos internacionales en la prensa. Norberto BOBBIO, *El problema de la guerra y las vías de la paz*, Gedisa, Barcelona, 1982; Luigi FERRAJOLI, *Razones jurídicas del pacifismo*, Trotta, Madrid, 2004; Hans KELSEN, *La paz por medio del Derecho*, Trotta, Madrid, 2008; Giorgio DEL VECCHIO, *El Derecho internacional y el problema de la paz*, Bosch, Barcelona, 1959.

[2] Véase *El Sistema Mundial*..., *op. cit.*, pp. 99-144; sobre la guerra, pp. 292-301, o mi «De la guerra perenne a una paz precaria: las relaciones internacionales y el proceso de la civilización» en: *Revista Española de Derecho Internacional*, 2005, vol. LVII, n.º 1, pp. 15-48.

por ejemplo, en el antiguo Oriente Próximo, cuando los viejos reinos e imperios se relacionaban, contendían y negociaban entre sí, tanto la guerra como la paz, tanto acuerdos comerciales como declaraciones bélicas. Así lo refiere Antonio Truyol y Serra:

> Fue en la antigua Mesopotamia donde se concluyó el tratado internacional más antiguo del que tenemos noticia; ocurrió hacia el 3010, en el tránsito del milenio IV al III antes de Cristo, en el límite entre la cronología mítica y la cronología histórica de esta parte del mundo. Es un tratado entre Eannatum, soberano de la ciudad de Lagash, y la ciudad de Umma, cuyo ataque había rechazado. Redactado en lengua sumeria y fijado en una estela descubierta a principios de nuestro siglo, recoge el reconocimiento de la nueva frontera por parte de Umma, sancionado por las divinidades principales del país, a las que el soberano de Umma había prestado juramento...[3].

Por su radicalidad, en la opinión que cada cual exprese sobre el asunto de la guerra y la paz se condensará en gran medida su filosofía de la vida. Y ésta, cuando impregna las concepciones políticas de determinados individuos influyentes y con capacidad de decidir y ejecutar la Política Internacional, así como a ciertas sociedades humanas que en momentos históricos precisos desempeñan, para bien y para mal, un papel crucial en el curso de la evolución de la humanidad, se manifiesta de forma concreta y a menudo dramática, condicionando el destino de millones de personas.

> Inhumana o no, demasiado humana o no, la guerra ha sido compañera inseparable de nuestra especie desde que poseemos memoria histórica de ella. Desde el 3600 a.C. hasta mediados de nuestro siglo [XX] el número de guerras documentadas asciende a 14.351, no habiendo disfrutado la humanidad durante ese vasto período de más allá de 292 años de paz. En el transcurso de 3.357 años se firmaron unos 800 tratados de paz, sin que ninguno de ellos durara, contra lo estipulado, más de 10 años. Se diría que desde la última Gran Guerra [1939-1945], que costó 17 millones de vidas militares y 34 millones de vidas civiles, las cosas han cambiado y que la única guerra digna de ese nombre ha sido «fría». Nada más lejos, sin embargo, de la realidad. Sólo en 1989, por ejemplo, tuvieron lugar 92 conflictos bélicos, unos interestatales, otros debidos al desgajamiento de nuevos Estados a partir de Estados preexistentes de envergadura mayor y no pocos causados por tensiones motivadas por diferencias de religión y etnia[4].

Convencionalmente, el surgimiento de la materia universitaria conocida como Relaciones Internacionales se sitúa en 1919. Nace como reacción frente a la denominada Primera Guerra Mundial, que, más allá de las relativas idealizaciones como la de la «vivencia bélica» (*Kriegserlebnis*) de Ernst Jünger[5], fue estremecedora en todos sus extremos. Evidenció, con el siglo XX

---

[3] Antonio TRUYOL Y SERRA, *Historia del Derecho Internacional Público*, Tecnos, Madrid, 1998, p. 19 para la referencia; véanse las siguientes para ampliar contenidos.

[4] Jacobo MUÑOZ, Introducción a Immanuel KANT, *Hacia la paz perpetua. Un esbozo filosófico*, Biblioteca Nueva, Madrid, 1999, p. 16. Las cifras entre corchetes no figuran en el original.

[5] Ernst JÜNGER, *Tempestades de acero: la memoria de un siglo*, Tusquets, Barcelona, 2005 (*In Stahlgewittern*, Múnich, DTV, 2001); cabe contextualizarlo en Corona HEPP, *Avantgarde. Moderne Kunst, Kulturkritik und Reformbewegungen nach der Jahrhundertwende*, Múnich, DTV, 1987, esp. pp. 148-159; Jost HERMAND y Frank TROMMLER, *Die Kultur der Weimarer Republik*,

recién comenzado, que las guerras iban a tener un carácter adaptado a los tiempos, a su «espíritu»: esto es lo que designa el término *Zeitgeist*, que a veces no se traduce y que significa Espíritu de los Tiempos. De él hizo amplio uso el filósofo decimonónico alemán Georg Wilhelm Friedrich Hegel. Feudatarias de ese «espíritu», destinadas a ser una materia académica impartida en el transcurso de unos estudios universitarios, las Relaciones Internacionales cristalizaron a partir de esa contienda, la *Grand Guerre* de los manuales franceses. Inicialmente, el propósito que guiaba su creación era conjurar que nada semejante volviese a suceder.

En tanto que nada surge de la nada en la historia del ser humano, cada cosa ha de inscribirse en su contexto histórico, sin ningún determinismo pero sí en consonancia con los tiempos, lugares, individuos y sociedades. Por eso es esencial considerar el nacimiento de la asignatura —o materia de estudio— llamada Relaciones Internacionales en sus propias circunstancias, siendo necesario tratar de *comprender* mínimamente tal asunto para abordar las características principales de su evolución. En tal sentido, resulta imprescindible trazar los orígenes teóricos de determinadas posiciones intelectuales, doctrinales e ideológicas que marcan el origen y el desarrollo posterior de las Relaciones Internacionales. En esta obra el término «debate» servirá para ordenar mínimamente tal plétora de contenidos.

1. ¿POR QUÉ EMPLEAR EL TÉRMINO «DEBATE»?

Según se ha apuntado antes, el título del epígrafe siguiente de este capítulo contrapone dialécticamente al Realismo con el Idealismo, entendidos como corrientes teóricas iniciales de las Relaciones Internacionales. Tiene su razón de ser en la circunstancia histórica de que los denominados idealistas internacionales —que se tratarán más adelante con más detalle— nunca se presentaron a la comunidad académica como tales; fueron los realistas —internacionales, de nuevo— quienes los bautizaron así a finales de la década de los años treinta del siglo XX, argumentando sus respectivas posiciones doctrinales, teóricas e ideológicas en respuesta a lo que consideraron los defectos principales de la corriente idealista: exceso de teorización y abstracción, formalismo jurídico, ambigüedad política, debilidad ideológica. Lo cierto es que a finales de la década mencionada los totalitarismos campaban a sus anchas por toda Europa y buena parte del mundo. El clima político se

---

Fischer, Frankfurt del Meno, 1988, pp.14-107; Peter GAY, *La cultura de Weimar*, Argos Vergara, Madrid, 1984, pp. 83-147. Otros testimonios autobiográficos: los del idealista comunista Ernst TOLLER, *Eine Jugend in Deutschland*, Rowohlt, Hamburgo, 1988 y la novela de Odón VON HORVÁTH, *Jugend ohne Gott*, Suhrkamp, Fráncfort del Meno, 1983; imprescindible es la obra de John HEARTFIELD, *Guerra en la paz*, Gustavo Gili, Barcelona, 1976, y su montaje para Kurt TUCHOLSKY, *Deutschland, Deutschland über alles*, Rowohlt, Hamburgo, 1990, así como las cartas políticas de éste, *idem*, *Politische Briefe*, Rowohlt, Hamburgo, 1986. La guerra vista con ironía: Jaroslav HASEK, *Die Abenteuer des braven Soldaten Schwejk*, 2 vols., Rowohlt, Hamburgo, 1988 (historietas publicadas entre 1920 y 1923).

había ensombrecido de forma aún más palpable que a finales de la primera gran contienda mundial. Los denominados realistas se planteaban esta «realidad» como objeto de sus investigaciones y como escenario de las posibles soluciones que imaginaban para resolver sus problemas. Esta dicotomía entre «realistas» e «idealistas» marca el arranque de las Relaciones Internacionales con las consecuencias que se verán a lo largo de este libro. A partir de esta somera reflexión introductoria, y como parte de las muchas sistematizaciones posibles de las corrientes teóricas que estudian las Relaciones Internacionales desde sus orígenes hasta hoy, una de ellas es la opción de clasificar las diversas posturas y planteamientos que se van sucediendo desde principios del siglo XX con arreglo a lo que se denominan «debates». Éstos se ajustan a una definición de características y tópicos fundamentales que constituyen una tipología; eventualmente, se acompañan de una cronología específica. Por lo demás, la elección de otros términos —como paradigmas, modelos teóricos, escuelas, etc.— sería tan válida y legítima como ésta, que aquí se prefiere en tanto que se considera más idónea para tratar de exponer y explicar de forma integrada la complejidad de las teorías, conceptos, asuntos y temas que tratan las Relaciones Internacionales[6].

— *Primer Debate: Realismo* vs. *Idealismo*

En el contexto histórico de la Primera Postguerra Mundial (1919) —o período de entreguerras— hasta el momento en que la Segunda Postguerra Mundial da paso a la denominada Guerra Fría (1949), este Primer Debate enfrenta a los realistas, partidarios del estatocentrismo de las Relaciones Internacionales y defensores de las doctrinas del interés nacional, la política de fuerza, la ausencia de una instancia superior al Estado en la escena internacional —por plantear sólo algunos de sus tópicos principales— con los idealistas, más preocupados con la instauración de un orden internacional sometido al arbitrio de las organizaciones internacionales bajo la primacía del Derecho Internacional público y de una Política Internacional de compromiso, negociación y resolución pacífica de conflictos. El Realismo contempla a la Sociedad Internacional como a una estructura jerarquizada del poder, primordialmente estatal, hipostasiando a veces al Estado nacional moderno en forma de «potencia»; el Idealismo la concibe como una organización cosmopolita presidida por un equilibrio del poder entre sus unidades, esos mismos Estados que se organizan mediante ajustes o equilibrios que regulan sus relaciones mutuas supeditándolas al Derecho Internacional, aun-

[6] Kal J. HOLSTI, *The Dividing Discipline: Hegemony and Diversity in International Theory*, Allen & Unwin, Boston, 1985: este autor ya planteó en 1985 la ausencia de un *corpus* teórico unitario en las Relaciones Internacionales, lo que podía llevar a una inconsistencia manifiesta de los estudios internacionales. Un resumen parcial de esta panorámica: Niall MCCARTHY, «A Critical Analysis of the "Great Debates" That Structured Traditional International Relations Theory» en: *e-International Relations*, 26 de octubre de 2009. Accesible en línea: www.e-ir.info/.../a-critical-analysis-of-the-'great-deb... (consulta: 07/05/2013).

que también a ciertos principios jurídicos generales y a la costumbre internacional.

En sentido teórico y metodológico y como fundamento de sus investigaciones, tanto realistas como idealistas partían de las categorías políticas primordialmente vigentes en Occidente, tal como habían quedado plasmadas en el acervo general de las Humanidades tradicionales, incluidas las Ciencias Sociales: utilizaban por tanto la Filosofía, el Derecho, la Historia, la Ciencia Política, la Geopolítica, la Diplomacia. La cronología propuesta para este Primer Debate se extiende entre 1919 y 1949: entre el fin de la Primera Guerra Mundial y el comienzo de la Guerra Fría[7].

— *Segundo Debate: Ciencias* vs. *Humanidades*

Este Segundo Debate opone a los universitarios y académicos primordialmente anglófonos de ambas orillas del Atlántico, partidarios, unos, de la aplicación del positivismo científico a las Ciencias Sociales (Norteamérica: Estados Unidos), y, otros, de mantenerse fieles a los métodos tradicionales de las Humanidades (Gran Bretaña). Una clave de la discusión reside en el papel que desempeña la Historia[8]. Dicho en forma burda, los positivistas sostendrían que una función básica de la Ciencia es su capacidad de predecir comportamientos y sucesos mediante derivación de leyes o teorías generales. Desde la premisa de la singularidad histórica —en la que nada se repite— negarían a partir de aquí toda validez científica a los estudios, teorías y métodos anteriores. Aplican métodos cuantitativistas, con una matematización que pretende exactificar el discurso. Recurren a tecnologías nuevas como la computación y a la interdisciplinariedad con la Cibernética, la Teoría General de Sistemas, la Psicología, la Economía, la Sociología, la Historia y la Filosofía de la Ciencia. Los partidarios de uno u otro método son, indistintamente, idealistas y realistas, lo que llega a adquirir un cariz ya casi meramente ideológico: entre los defensores del método tradicional hay realistas y, a la inversa, existen positivistas idealistas. En esta fase, la noción que define cada vez en mayor medida a la Sociedad Internacional es su concepción en forma de sistema, si bien en términos bastante simplificados pues es cerrado, en equilibrio y conservador; se adapta al Modelo de Easton (sistema político simplificado: homeostático). En sí, esta visión del Sistema Internacional responde a una reelaboración cientificista que modifica el concepto tradicional de la estructura internacional, contemplada como una realidad anarquizada, interactiva e interdependiente (en relación con los criterios del debate previo). En ella, el poder se mide con arreglo a unos parámetros que

[7] Revísense los acontecimientos relevantes de esta última fecha en cualquier manual de Historia Contemporánea o en un Atlas Histórico. Opción de síntesis en *Las relaciones internacionales en el siglo XX...*, *op. cit.*, pp. 87-89. De por sí, las efemérides de 1919 son lo bastante significativas; una introducción a la relevancia de la cronología, *ibidem*, pp. 38-45.

[8] Lo amplío en «Historia y memoria: la reflexividad crítica en las relaciones internacionales» en: *Idem* (coord.), *La sociedad internacional en el cambio de siglo (1885-1919)*, UNED, Madrid, 2003 (marzo 2009, 3.ª reimpr.), pp. 28-30.

cada vez se definen en mayor medida por variables como la economía y el progreso científico y tecnológico, lo que cuadra con el Funcionalismo dominante en las Ciencias Sociales. Aunque el Estado sigue siendo el núcleo, comparte con otros actores y unidades la regulación del Sistema Internacional: organizaciones, corporaciones, subsistemas, grupos de diversa entidad... Importa, en el Sistema, determinar el funcionamiento, descrito por sus pautas y regularidades, matematizadas y cuantificadas como refrendo de su objetivación. De ahí el interés por las corrientes behavioristas, convenientes para estudiar los procesos de toma de decisiones en la Política Mundial, dentro del contexto de tensión y fricciones constantes de la Guerra Fría. La periodización propuesta comprende los años 1949-1979, es decir, el comienzo de la Guerra Fría y el momento de aparición de los primeros síntomas de descomposición de la hegemonía estadounidense y del sistema soviético: crisis mundial del petróleo, fundamentalismos, liberalismo monetario, revolución conservadora[9].

— *Tercer Debate: Globalidad* vs. *Estatocentrismo*

Al comenzar la década de 1980 se generaliza en el léxico político el término «globalización», optándose en Francia por mundialización. Las teorías funcionalistas del período precedente respondían a la propia situación real de un mundo cada vez más interdependiente, complejo y «desorganizado», esto último en tanto que el número de actores de la escena internacional no sólo crecía sino que se volvía más heterogéneo, tanto en sentido jurídico formal como político, social, económico y cultural: Estados, organizaciones gubernamentales y no gubernamentales, fuerzas transnacionales, regímenes internacionales, etc. Los teóricos de la globalización adquirieron protagonismo, siendo unos, los defensores del sistema económico dominante; otros, sus detractores más conspicuos. El «rearme ideológico» de las dos superpotencias —Estados Unidos y la Unión Soviética— discurrió a la par que las fracturas que se fueron abriendo en los márgenes del Sistema, de las que dieron cuenta conflictos tan significativos como el incidente de los rehenes de Teherán, a partir del ascenso al poder de Jomeini; la invasión soviética de Afganistán; la crisis del despliegue de los misiles en Europa; las huelgas y la represión de los sindicatos en Polonia...

Un eje analítico principal consistió en determinar la colisión entre las estructuras tradicionales de la Sociedad Internacional, basadas en el sistema de Estados, y las dinámicas estructuras emergentes, presionadas por unos factores que, sin ser nuevos, sí eran capaces de acelerar ciertos procesos internacionales: la Economía, la Ciencia y la Tecnología, las cuestiones medioambientales (recalentamiento atmosférico por la destrucción de la capa de ozono, catástrofes químicas y nucleares, contaminación de aguas, regulación de la explotación de recursos naturales, desforestación y deserti-

[9] Panorama de los acontecimientos relevantes de 1979 en *Las relaciones internacionales en el siglo XX...*, *op. cit.*, pp. 235-239.

zación, sequías, plagas...). A esto se agregaron fuerzas, tampoco nuevas, pero más significativas cada vez: la opinión pública internacional, con un creciente interés en cuestiones humanitarias, sociales, ecológicas; los movimientos religiosos, con un ascenso de los fundamentalismos e integrismos y una reviviscencia de la espiritualidad en general; los movimientos sociales, con un incremento de activismo en cuestiones de género, culturales y étnicas, solidaridad, pacifismo, discriminación racial, etc. Un vector decisivo es la institucionalización de la denominada Sociedad de la Información merced a la universalidad del empleo de recursos informáticos entre empresas, instancias públicas e individuos particulares, unida a la evidente revolución tecnológica: esta realidad transforma por completo el mapa de la realidad mundial desde 1979-1980 hasta hoy[10]. Estas circunstancias determinaron una intensa actividad renovadora del aparato conceptual y metodológico de la Teoría Internacional, surgiendo:

— Las Teorías de la Interdependencia, que subrayan el declive del papel de los Estados en la escena internacional y el surgimiento de la transnacionalidad.

— Los Regímenes Internacionales, que auspician el funcionamiento de nuevos subsistemas referidos a la economía, el medio ambiente, los derechos humanos, la comunicación, las nuevas tecnologías, etc. y su interrelación, tanto mutua como con otros actores internacionales.

— Un interés nuevo por las formas de gobierno auto-reguladas —tipo «gobernabilidad» o «gobernanza»— así como por los fenómenos de integración trans- y supranacional.

— Una teorización más consistente destinada, entre otras cosas, a redefinir el cuestionado papel del Estado, núcleo del Realismo, que se rejuvenece con métodos innovadores e hipótesis teóricas avanzadas.

— Un auge de la Postmodernidad, revisora de teorías, métodos, sistemas y lenguajes, que, desde la raíz común del estructuralismo —junto con un marxismo depurado y el psicoanálisis—, utiliza la Lingüística, la Filosofía, la Semiótica... para desconstruir[11] el discurso general de las ciencias y de la política, derivando a veces hacia conservadurismos conspicuos. Se acompaña de revisiones drásticas desde la izquierda intelectual sobre el papel del Estado, el poder y el dominio mundiales, la tensión Centro-Periferia, la hegemonía cultural, el Imperialismo, incorporando un mayor pluralismo metodológico que incluye conceptos y métodos de las Humanidades tradicionales.

---

[10] Con carácter general, Gianni VATTIMO *et. al.*, *En torno a la Posmodernidad*, Anthropos, Barcelona, 1990; Jean-François LYOTARD, *La condición postmoderna*, Cátedra, Madrid, 1989; demoledor frente a ella: Alan D. SOKAL, *Más allá de las imposturas intelectuales. Ciencia, filosofía y cultura*, Paidós, Barcelona, 2008. Una revisión en *El Sistema Mundial*..., *op. cit.*, pp. 31-61.

[11] Para eludir galicismos se omite «*de*-construcción».

Este Tercer Debate se extiende entre 1979 y 1989. Gran parte de sus tendencias sigue vigente. Sin embargo, la caída del Muro de Berlín definió para algunos la conclusión del siglo XX y un corte en la progresión de la Modernidad. A su vez, la definición del nuevo orden mundial por el Presidente estadounidense George Bush (padre) a raíz de la Guerra del Golfo (1990-1991) materializó un hito ideológico, fallido en cuanto intento, pero significativo en cuanto acto de habla (*speech act*)[12]. La cronología que se propone a partir de ahora no tiene otra pretensión que la de enfocar el panorama teórico internacional desde unas coordenadas históricas en torno a la fecha mítica de 1989, *annus mirabilis* que auspició nuevos horizontes, tanto teóricos como pragmáticos, en las Relaciones Internacionales[13]. Por eso se sugiere un Cuarto Debate, abierto entre interrogantes a partir de esa fecha.

— *¿Cuarto Debate?: Anarquía-Caos. Homogeneidad-Heterogeneidad. Inclusión-Exclusión*

La trama discursiva de este virtual Cuarto Debate se escinde en tres líneas dicotómicas, propuestas de modo tentativo. Su base teórica general, común a las tres, arranca de la necesidad de construir una Teoría de las Relaciones Internacionales más consistente, desde diversas posturas y criterios. Los teóricos comprometidos se preocuparon de mejorar los conceptos, la elaboración teórica y los métodos mediante una crítica exhaustiva, abriéndose a otras disciplinas que permitieran definir mejor el propio objeto investigado. En este Cuarto Debate no prevalece la vigencia exclusiva de una racionalidad única ni tampoco una narrativa histórica universal; la multi-, inter- y transdisciplinariedad es sistemática. En línea con el constructivismo, se destaca el interés por contextualizar el conjunto de predicados comunes, con marcado interés hacia los procedimientos de verificación de las teorías (Karl R. Popper). Sobre la base de un cuestionamiento tan intenso, las diversas construcciones teóricas se ven abocadas a partir de premisas complejas e indeterminadas, lo que implica renunciar al dogmatismo o corregirlo con saludables ejercicios de verificación crítica. Esto representó que la teorización internacional avanzase y pudiera despojarse en parte del lastre de su relativa ingenuidad intelectiva, no política, uno de cuyos fines sería emanciparse de la supeditación doctrinal a corrientes ideológicas[14].

---

[12] Jorge LOZANO, Cristina PEÑA-MARÍN, Gonzalo ABRIL, *Análisis del discurso. Hacia una semiótica de la interacción textual*, Cátedra, Madrid, 1986.

[13] Una revisión de sus efemérides en *Las relaciones internacionales en el siglo* XX..., *op. cit.*, pp. 265-268; su fundamento teórico en páginas siguientes, pp. 269-278. La declaración de George Bush, «Toward a New World Order» (*Public Papers of the Presidents of the United States* [1991]) puede leerse en Gearóid Ó TUATHAIL, Simon DALBY y Paul ROUTLEDGE, *The Geopolitics Reader*, Routledge, Londres y Nueva York, 1988, pp. 131-134.

[14] Planteé este Cuarto Debate en *Las relaciones internacionales en el siglo* XX..., *op. cit.* (1998), donde desarrollé lo que entendí como sus principales implicaciones. Reúne parte de la elaboración teórica de mi Tesis Doctoral (1993), ampliada luego en el primer ejercicio del Concurso a la plaza de profesora titular de universidad (desde 1996-1997). Lo menciono para destacar que el proceso del saber es fluido, continuo, abierto y personal: «búsqueda sin térmi-

1. *Anarquía-Caos.*—El concepto de Anarquía Internacional se inicia con los enfoques sistémicos neo-realistas y post-estructuralistas desde comienzos de la década de 1980. Se trata de una noción clásica de las Relaciones Internacionales en perspectiva realista: contempla a la Política Internacional en un «estado de anarquía» en sentido hobbesiano, donde los Estados y demás actores compiten entre sí, sin reconocer instancias superiores, regulándose sus relaciones mediante sistemas de equilibrio dictados por la fuerza. Los autores que definen el sistema actual de anarquía abogan por un orden internacional donde primaría la noción de «seguridad». En consecuencia, buscan la implantación de mecanismos e instituciones estables que garanticen arreglos y acuerdos internacionales para regular la Política Mundial en circunstancias turbulentas o caóticas, en las que irrumpen acontecimientos difícilmente aprehensibles y en gran medida impredecibles, ligados a la aleatoriedad y el «ruido» (Heinz von Foerster: *order from noise principle*). Emplean métodos de las Humanidades y las Ciencias Sociales y de las Ciencias «duras» o positivas, buscando sintetizarlas de un modo a veces creativo. No rehúyen ninguna novedad metodológica (pluralismo metodológico); incorporan avances de la Psicología, la Semiótica y la Cibernética.

2. *Homogeneidad-Heterogeneidad.*—Esta línea se interesa por los rasgos definitorios de la realidad internacional actual primordialmente a través de estudios en los que la Cultura (Historia, Filosofía, Sociología de la Cultura) y la Historia (énfasis en la Filosofía de la Historia) desempeñan un papel fundamental. Destacan los factores identitarios, entre los que la religión, la etnicidad, los nacionalismos, la diversidad cultural, el multiculturalismo, la interculturalidad… constituyen aspectos esenciales. En cierta forma, esta vertiente prosigue los estudios de la Sociología Histórica, pero incorpora planteamientos más audaces en tanto que busca también lo que podría denominar una «modelización» de la realidad internacional —o trazado de mapas o paisajes (*scapes*)— que, además de representar elementos cognitivos, ostenten una virtualidad pragmática, es decir, aplicables sobre el mundo real. En este sentido, la Geopolítica ha encontrado aquí un nuevo campo. La Economía, en particular como Historia Económica, es decisiva también para elucidar las bases estructurales de los complejos procesos que se analizan. Dada la amplitud de esta corriente puede decirse que ninguna rama del saber estaría excluida de sus objetivos, centrados en determinar los factores de homogeneización del mundo contemporáneo, lo que comporta contemplar una heterogeneidad evidente. Desde este enfoque, definir la Sociedad, el Sistema o la Comunidad Internacionales no representaría un asunto nominalista en tanto que profundiza en el surgimiento, la evolución y las condiciones de la actual Sociedad Global.

3. *Inclusión-Exclusión.*—Esta tendencia mostraría el carácter más incisivo en la medida en que intenta desentrañar los fundamentos del discurso

---

no» (K. R. Popper). En términos actuales, por ejemplo, Slávoj Zizek, *El sublime objeto de la ideología*, Siglo XXI, Madrid, 2009, pp. 35-97 (Parte I).

oficial de las Relaciones Internacionales como materia académica a fin de elucidar críticamente lo que serían proposiciones de estricto valor científico —como «predicados de verdad» o «de certeza», según Ludwig Wittgenstein— y lo que serían construcciones semánticas contingentes, dictadas por la conveniencia ideológica, el interés político, la rutina académica o el poder en todos sus aspectos (constructivismo, estructuralismo). Estos estudios se interesan no sólo por «lo dicho» o explícito de las Relaciones Internacionales, sino también por lo tácito o implícito, la trama invisible del discurso, reveladora a su vez de la trama de una realidad internacional intelectual y pragmáticamente construida, que a menudo encubre a la realidad internacional que afecta a los sujetos no aludidos/silenciados. Estos sujetos —«incluidos» y «excluidos»— se relacionan con los estudios vinculados al género (feminismo en las Relaciones Internacionales), a la pertenencia o no al entorno occidental (*The West and the Rest*), a las nuevas formas de imperialismo (neocolonialismo, post-colonialismo), a la crítica de la globalización, a las denominadas «culturas periféricas», al estudio de las minorías de todo tipo (no sólo las étnicas o nacionales), a la relevancia de los movimientos sociales alternativos, a la determinación de los supuestos de la violencia y la dominación en la escena internacional, a la formulación de nuevas fórmulas de convivencia planetaria, etc. Por eso su énfasis es a menudo «textual» y «contextual», con preeminencia de las técnicas de análisis del discurso; el recurso a la trans-, inter- y multi-disciplinariedad es esencial[15].

2. RAZONES —Y SINRAZONES— PARA UN DEBATE AÚN MÁS PROFUNDO: REALISMO *VS.* IDEALISMO

Las nociones de Idealismo y Realismo que se emplean en las Relaciones Internacionales se circunscriben a su uso histórico, adscrito en general al período comprendido entre 1919 y 1949, siendo esta cronología aproximada y simplificada. Pues ni los denominados «idealistas» de esa época lo fueron tanto ni los «realistas» hicieron tampoco excesiva gala de su calificativo, por ejemplo, en términos «científicos». En estas denominaciones arraigan bastantes convencionalismos que, a los ojos de hoy, producen más confusión que claridad analítica. No obstante, la raíz de esta contraposición es bastante más honda; en términos elementales, cualquier persona que haya estudiado algo de Filosofía sabe que un lugar común es considerar a Platón «idea-

[15] En este sentido cabe inscribir el «constructivismo» aplicado a las Relaciones Internacionales: Alexander WENDT, *Social Theory of International Politics*, Cambridge University Press, Cambridge, 1999; Ted HOPF, «The Promise of Constructivism in International Relations Theory» en: *International Security*, vol. 23, n.º 1, verano 1998, pp. 171-200; Maja ZEHFUSS, *Constructivism in International Relations. The Politics of Reality*, Cambridge University Press, Cambridge, 2002; *Idem*, «Constructivism and Identity: A Dangerous Liaison» en: *European Journal of International Relations*, 7, 2001, pp. 315-348; Karin M. FIERKE y Knud Erik JORGENSEN (eds.), *Constructing International Relations: The Next Generation*, M. E. Sharpe, Armonk-Nueva York, 2001.

lista» y a Aristóteles «realista». Pero, ¿acaso es preciso remontarse dos mil quinientos años para efectuar una distinción que en principio es tan sencilla? Sucede que cualquier incursión en la Teoría Internacional lleva a considerar forzosamente nociones fundamentales de la Filosofía y la Teoría Política en general, sin las que resultaría difícil comprender de forma reflexiva y crítica lo que sucede en el mundo, tanto en un plano intelectivo como práctico. En tal sentido no cabe ignorar a ninguno de los pensadores principales que han aportado las diversas ideas políticas con que las diversas sociedades humanas —de Occidente, sí, pero también de Oriente; del Norte, sí, aunque además del Sur— han ido dando forma a una existencia políticamente organizada. Tamaña empresa no es objeto de este libro, pero eso no impide que pueda considerarse este asunto, así como recapitular brevemente lo que implica.

A) Las «tres tradiciones» del pensamiento internacional: Realismo, Racionalismo y Revolucionarismo[15]

Se expone ahora la que a su vez es la maravillosa síntesis del teórico británico Martin Wight —etiquetado como realista— que sirve para iniciarse en la inmensidad del repertorio de ideas o corrientes posibles en la Teoría Internacional —como rama específica de la Teoría o la Filosofía Política general— desde un enfoque que encuadra a sus autores con arreglo a lo que podrían constituir unos «tipos» que aglutinan la serie discreta de rasgos que componen su eje doctrinal. Nótese que ningún tipo representa una descripción nominal de la *realidad*, en sentido científico: sólo la «traduce» o evoca de modo analógico, esto es, indeterminista, abierto y discursivo.

a) *Realismo político*

Dentro del vasto campo de la Teoría Política general y de la Historia de las Ideas Políticas[17], algunos autores —como Aristóteles, Tucídides, Maquia-

[16] Advertencia: este apartado —predilecto de una mayoría de estudiantes desde 2004— no debe tomarse al pie de la letra ni aprenderse cual si de una «Biblia» se tratara. Memorizar los nombres de los autores mencionados (que podrían ampliarse) y «clonar» las características de las «tres tradiciones» en sentido acrítico no es nada recomendable en un examen. Lo mejor sería leer a algún clásico del pensamiento político «en directo». Un panorama general (occidental): Mark V. Kauppi y Paul R. Viotti, *The Global Philosophers. World Politics in Western Thought*, Lexington-Maxwell Macmillan, Nueva York-Toronto, 1992. Asimismo, puede abordarse en *El Sistema Mundial…*, *op. cit.*

[17] Remito a los lectores que estudien un Grado en Ciencias Sociales a la Historia de las Ideas Políticas (o similares): podrán formarse una noción aproximada de lo que estos autores pensaban sobre la realidad internacional. Géraldine Muhlmann (ed.), *Histoire des idées politiques*, PUF, París, 2012 (Évelyne Pisier, François Châtelet, Olivier Duhamel). Éste fue el objeto del Segundo Ejercicio del concurso en que oposité a la plaza de Profesora Titular de Universidad: el modo en que la humanidad ha ido fraguando diversos proyectos organizativos

velo, Bodino, Hobbes, Spinoza, Vattel, Hegel...— considerarán a la naturaleza humana como intrínsecamente egoísta, calculadora, interesada, belicosa. Ésta es la tradición del Realismo político general, que ve en la guerra algo inevitable, inherente a la condición humana, una necesidad e incluso un factor de progreso de las sociedades humanas particulares y de la especie humana en su conjunto, quedando eliminados de ese modo tan poco humanitario los más débiles y menos capaces. La Política Internacional se entiende como una «política de fuerza», siendo el Derecho expresión y sanción del poder (*Right is Might*; *Recht ist Macht*) que ejercen los más fuertes de la escena internacional sobre los más endebles, que, a su vez y en cuanto puedan hacerlo, jugarán la carta de las alianzas oportunistas para sacar cortas ventajas de su relación subordinada con las potencias. Una idea subyacente es la de que «el fin justifica los medios». Y este fin suele ser el de consolidar posiciones dominantes o de fuerza en la escena internacional, perpetuamente agitada por la competencia y la codicia de los actores, donde los menores, exiguos, débiles, no son necesariamente «buenos» o moralmente «mejores»: se sobreentiende que si no emplean la fuerza en la escena internacional es porque no pueden, no porque no lo deseen. Unos y otros persiguen su interés particular. De ese modo, el soberano, personificado en el Estado, asegura la paz de sus súbditos en el interior de su demarcación territorial y emprende la guerra para engrandecer su posición ante los demás Estados, con los que negocia lo más hábilmente que puede en su propio beneficio: tales principios cabe encontrarlos tanto en Nicolás Maquiavelo como en Thomas Hobbes[18].

El escenario de las relaciones internacionales es, en consecuencia, un «teatro bélico de operaciones» perpetuo, en el que «todos luchan contra todos» (*bellum omnium contra omnes*), siendo los Estados los actores principales, siempre a la defensiva, sin reconocer instancias superiores a ellos mismos. La diplomacia se concibe como un ejercicio de astucia y habilidad, con amplias reservas discrecionales respecto de un secretismo tolerado y aun impuesto. Su ámbito de actuación se limita casi en exclusiva a la representación formal de los Estados y al ejercicio de labores de observación que no excluyen el espionaje, sobre la base de una permanente actitud defensiva. Los tratados internacionales tienen un valor y una validez limitados, ciñéndose en exclusiva a establecer las condiciones contingentes de una situación dada; coherentemente, suelen incorporar reservas y cláusulas del tipo *rebus sic stantibus*. En el Realismo internacional la Justicia tiene un cierto carácter de justiciera venganza, de sanción impartida por el vencedor sobre el vencido: *vae victis*. Dentro de su alegoría —una mujer vendada con una balanza y una espada— prima el símbolo de la espada.

---

para regular la convivencia —si no pacífica, armoniosa al menos— entre las diversas unidades políticas que se han sucedido a través de los siglos.

[18] Thomas HOBBES, *Leviatán*, Alianza, Madrid, 1992; Nicolás MAQUIAVELO, *El príncipe*, 1990.

b) *Racionalismo político*

Otros autores —como Platón, Cicerón, Dante, Vitoria, Suárez, Grocio, Pufendorf, Wolff, Kant, Wilson...— se inclinan sin embargo hacia una visión del hombre que, sin ser del todo optimista en cuanto a sus raíces, sí entiende que las situaciones de violencia y necesidad, inherentes a la vida, pueden mejorarse mediante el ejercicio de la razón, la templanza, la sociabilidad y la cultura. Ésta es la tradición del Racionalismo político general. Para él, la guerra puede, bien paliarse con mecanismos que atemperen su crueldad, bien evitarse con dispositivos diplomáticos y de otro tipo —como los económicos, sociales, culturales—, que contribuyan a desmantelar sus causas en origen. Junto a la agresividad y la belicosidad, los racionalistas observan una cualidad humana que las atempera: la llaman sociabilidad, la *sociabilitas* predilecta del estoicismo. En las sociedades —siendo la Sociedad Internacional la más amplia, formada por unos «individuos» que son primordialmente los Estados— existen dispositivos de consenso —*consensus iuris* como base de todo el sistema— y mecanismos de conciliación, sobre la base de una mutua buena fe contractual (*bona fides*), siendo una premisa fundamental la fórmula *pacta sunt servanda*: es decir, los pactos —o tratados, acuerdos, arreglos y convenios— deben ser cumplidos, puesto que por un principio de fidelidad recíproca entre las partes éstas se obligan y comprometen entre sí. En consecuencia, la Política Internacional estaría presidida por el Derecho en mayor medida que por la fuerza. A ello se suma que, siendo la noción de equilibrio de poder inestable por principio, la unión de los débiles o pequeños de la escena internacional puede alterar a los fuertes o hegemónicos y modificar el curso de los acontecimientos: tal fue, por ejemplo, la posición racionalista de Hugo Grocio frente al Imperio coetáneo, o la de John Locke ante la sociedad en general. La morigerada Política Internacional de los racionalistas implica el ejercicio consecuente de la razón, lo que implica un análisis de los intereses, expectativas, ventajas, condiciones y valores de una multiplicidad de sujetos, cuya negociación sirve para lograr acuerdos duraderos y estables que apacigüen las feroces competencia y concurrencia internacionales. Esta situación favorecería un clima de confianza mutua, siquiera relativa, que a su vez sería beneficioso para las relaciones pacíficas y de cooperación. Esto repercutiría, a su vez en la economía, las transacciones, las comunicaciones, etc., lo que generaría potenciales infraestructuras cada vez más sólidas que aminorarían o dificultarían los estallidos de violencia abierta.

A partir de ahí, los conflictos, inevitables, pueden negociarse; se pactan arreglos que satisfagan las aspiraciones legítimas de todas las partes. En sintonía, los Estados reconocen instancias internacionales que, aunque no lleguen a ser políticamente superiores a ellos por falta de unas competencias ejecutivas más claras, sí ostentan una autoridad jurídica y en cierta forma «moral», explícita: las organizaciones internacionales. El simbolismo de la alegoría de la Justicia propia del Racionalismo pone el énfasis en la balanza más que en la espada, dulcificándose con la noción de equidad, en sentido jurídico, o de equilibrio, en su dimensión política.

c) *Revolucionarismo político*

Por último, otros autores heterogéneos —como Agustín de Hipona, Calvino, De las Casas, Campanella, Rousseau, Penn, Payne, Fourier, Marx, Rosenberg, Chomsky, el subcomandante Marcos...— ven en el hombre a una criatura situada en un mundo que le trasciende, bien en sentido espiritual, porque creen o afirman creer en Dios: Ser Supremo, Religión, Filosofía, etc.; bien en sentido material, porque creen o afirman creer en ideales seculares: Historia, Filosofía, Progreso, Raza, Lucha de Clases, etc. Esta compleja tendencia representa la tradición del Revolucionarismo político general, escindido en dos vocaciones: violenta y pacífica. Los pensadores revolucionarios comparten con los realistas un pesimismo existencial, antropológico y cultural. Normalmente denuncian las miserias de la condición humana; unos las atribuyen a la naturaleza perversa del hombre, como Calvino, y otros a la de la sociedad, como Rousseau, ginebrinos ambos. La cualidad que los distingue del Realismo es que los revolucionarios son idealistas en cierta forma, utópicos muchos de ellos, y también optimistas respecto de sus propias posibilidades de transformar ambas cosas, con métodos radicales que excluyen toda tibieza. Tienden a describir la realidad en términos dicotómicos, con nítidas definiciones dogmáticas o maniqueas entre el Bien y el Mal. Sus adeptos suelen responder al tipo de los conversos, sea a una ideología, a una religión, a un cuerpo de creencias, a una filosofía... Su horizonte de acción se proyecta en un genérico futuro, sede de la comunidad utópica —más que sociedad— que realizará sus ideales en él. En esta comunidad se entiende que reinarán la paz, la concordia, la solución de todos los conflictos, la armonía... una vez que la revolución haya hecho su efecto, primando más en ella los criterios de igualdad que los de libertad, una vez cumplido el objetivo de la liberación respecto del poder opresor que los sublevados combaten. Desde ese principio, todos los seres humanos comprendidos en la comunidad revolucionaria se entenderán entre sí, pero no según las normas del racionalismo, que implican ceder y negociar mediante el consenso, sino a causa de se han erradicado los disensos, a veces, con la eliminación física de los disidentes, condenados como «herejes», «apóstatas», «renegados». Primarán, en todo caso, una fe común, una doctrina común, un lenguaje común que gobiernan la vida de unos individuos esencialmente iguales, refractarios a lo diverso, ajeno o extraño. La máxima se simboliza en la conocida y medieval sentencia «*extra ecclesiam nulla salus*», o «fuera de la Iglesia no hay salvación», representando el término «iglesia» —del griego *ekklesia*: asamblea— a la comunidad revolucionaria de que se trate: secta, partido, comuna, nación, pueblo, república... siendo esta tipología ilimitada; basta con repasar ejemplos históricos y actuales.

Entretanto, como sucede en el Realismo, los revolucionarios se consagran a una acción en la que «el fin justifica los medios», cuyo lema más exigente suena: «a grandes males, grandes remedios». Por eso, en su tendencia belicosa, el Revolucionarismo justifica la guerra y el conflicto abierto. Como a nadie se le escapará, el principal peligro político del Revolucionarismo violento y dogmático es su propensión totalitaria, existiendo además revolucionarios de izquierdas y de derechas, ateos y creyentes, seculares y religiosos. Su manifestación actual más visible sería el fundamentalismo, una tendencia que excede lo religioso; los milenarismos escatológicos estarían presentes también[19]. Sin embargo, existe un Revolucionarismo pacífico que Martin Wight denomina «invertido» (*inverted*). Su radicalidad en favor de sus ideales —paz, solidaridad, humanidad, etc.— es también extrema, aunque heroica y benéfica, llegando muchos de sus defensores al martirio y la inmolación en aras de sus ideales: el ejemplo más corriente en los estudios internacionales suele ser el de los cuáqueros, pero cabe incorporar otros más. En cualquier caso, tanto los revolucionarios pacíficos como los violentos no aprecian demasiado los pactos o tratados internacionales pues los tienen por expresión de una situación de compromiso o componenda, dictada por el interés, la codicia o la tibieza, marcada por su ambigüedad o incluso por su falsedad manifiesta. Como resulta lógico desde sus premisas, tampoco valoran demasiado el papel de la diplomacia. Su simbolismo de la alegórica Justicia tiende a preferir las cualidades de la espada antes que las de la balanza, pero ésta es más bien la llameante del querubín encargado de guardar las puertas del Edén bíblico, tras la caída y expulsión de Adán y Eva. Es, pues, una Justicia trascendente, más allá de determinaciones humanas o históricas (*Justice beyond justice,* según Wight).

B) IDEALISMO ¿Y PACIFISMO?

En la vida corriente, por idealistas pasan los soñadores con escaso sentido práctico y de la realidad. De ellos suele pensarse que están, por así decirlo, «en las nubes». Los mejor intencionados los verán como a seres de un tipo ética y moralmente superior aunque también escasamente calificados para poner en práctica sus ideales y, si pese a todo se empeñan en lograrlo, bastante peligrosos en su conjunto. Otros, de índole más maliciosa, dirán que son unos completos imbéciles[20]. Eso sí, en determinadas circunstancias y

---

[19] Los párrafos anteriores sintetizan a Martin WIGHT, *International Theory. The Three Traditions*, Leicester University Press y Royal Institute of International Affairs, Londres, 1991, G. Wight y B. Porter (eds.), con un ensayo introductorio de Hedley Bull (1976). Otras referencias en mi texto, «Historia y memoria: la reflexividad crítica en las relaciones internacionales»..., *op. cit.*, pp. 37 ss. Más contenidos, gráficos y esquemas detallados en *El Sistema Mundial...*, *op. cit.*, pp. 275-292, 312-315. Con carácter general, Fred HALLIDAY, *Revolution and World Politics. The Rise and Fall of the Sixth Great Power*, Macmillan, Houndmills y Londres, 1999. Sobre pensamiento utópico: Raymond TROUSSON, *Historia de la literatura utópica. Viajes a países inexistentes*, Península, Barcelona, 1995; Antonio TRUYOL Y SERRA, *Dante y Campanella. Dos visiones de una sociedad mundial*, Tecnos, Madrid, 1968. Jean SERVIER, *La utopía*, FCE, México, 1995; Thomas MEYER, «Fundamentalismo: la otra dialéctica de la Ilustración» en: *Debats*, n.º 32, junio 1990, pp. 67-69; Paulino CASTAÑEDA y Manuel J. COCIÑA (coords.), *Los milenarismos en la Historia*, Obra Social y Cultural Caja Sur, Córdoba, 1996.

[20] En consecuencia, ciertos padres imbuidos de «sentido común» se preocuparán de apartar a sus tiernos hijos de toda tentación idealista, prefiriendo que se ejerciten en un pragmatismo que los mantenga a ras del suelo, bien controlados.

sobre todo para hablar en público cuando sobreviene una catástrofe internacional, por ejemplo, queda muy bien eso de proclamar un idealismo políticamente correcto[21]. Desde esta premisa vulgar, un idealista entregado a las Relaciones Internacionales será en principio un utópico, dispuesto a luchar y a sacrificarse por las causas perdidas. A veces conviene mantenerle en activo, pues queda muy presentable en ciertos debates ideológicos en tanto que sus palabras exaltadas sirven para elevar el más que a menudo sórdido lenguaje de la política. Su presencia tranquiliza la conciencia de los votantes, que así pueden convencerse incluso de que su opción electoral será moralmente aceptable. Johan Huizinga, el historiador neerlandés, expone las cualidades de estos aguafiestas inopinados (*Spielverderber*), tolerados como bufones en las cortes absolutistas, donde se les consentía que dijeran «las verdades del barquero». Ahora algunos ejercen de comentaristas a sueldo y otros, simplemente, permanecen callados en su apacible rincón[22].

Dicho esto, desde las consideraciones del epígrafe previo —que señala las Tres Tradiciones del pensamiento internacional—, la virtual oposición entre Realismo e Idealismo puede seguir pareciendo confusa, por lo que quizá conviniera matizarlo. En principio, según su temple más o menos ponderado o mesiánico, los idealistas se adscribirían a las rúbricas del Racionalismo y del Revolucionarismo. Los «idealistas racionalistas» serían los partidarios del Derecho Internacional, de la idea de Sociedad Internacional, de la regulación de la vida internacional mediante los principios de buena fe y arreglo pacífico de controversias internacionales, de la promoción de las mejoras económicas y el progreso social y cultural de sectores cada vez mayores de la humanidad, etc. Los «idealistas revolucionarios» serían quienes se empeñan en lograr cosas parecidas, sólo que de forma más expeditiva, y, sobre todo, atacando a las estructuras hasta el fondo. Si se trata de «idealistas revolucionarios» benéficos lo harán aboliendo cualquier condición y manifestación de la violencia institucionalizada en el medio internacional, imponiendo un régimen de justicia, paz, igualdad y solidaridad mundiales, suprimiendo cualquier forma de dominio y hegemonía en la escena internacional, etc. Si no son «benéficos» tratarán de parecerlo y dirán que luchan por estas hermosas causas. Entre idealistas racionalistas y revolucionarios hay un grado de diferencia en virtud de la radicalidad de sus postulados y métodos para lograr sus fines. Es evidente

---

[21] Si se trata de una persona con proyección o ambición públicas lo hará a golpe de talón o de transferencia bancaria, como si así pretendiera aliviar la suerte de los desgraciados que sucumben a los designios de los ejecutores de la Política Internacional. Miguel BRIEVA, *Bienvenido al mundo, Enciclopedia Universal Clismón*, Mondadori, Barcelona, 2007 e *idem*, *Dinero. Revista de Poética Financiera e Intercambio Espiritual*, Mondadori, Barcelona, 2008 (5 números, Ediciones Clismón y Doble Dosis, 2001-2005). Gracias a Javier Izquierdo por el regalo de su amistad.

[22] Por eso cada partido político se cuida de conservar a su idealista particular, único a quien se le admiten todas las estupideces y extravagancias que se le ocurran, incluida la de discrepar abiertamente con el dirigente máximo al que desafiará en debates ficticios, orquestados oportunamente para mostrar «credibilidad». «Aguafiestas» internacional: Epílogo de *¿Qué es esa cosa llamada Relaciones Internacionales…?…*, *op. cit.*, pp. 207-225.

que idealistas ha habido siempre a lo largo de la historia de la humanidad, en cualquier contexto cultural o histórico. Suelen pasar por los grandes benefactores y filántropos de la Política Internacional. Pero, ¿cómo encajarían Spinoza o Kant en este esquema? Wight tiene al segundo por un revolucionario y lo habitual es que se considere a Spinoza un realista.

Sin embargo, esto puede matizarse todavía un poco más. Pues no todos los denominados realistas son perversos dominadores y explotadores de sus congéneres[23]. En bastantes de ellos alienta un hondo sentimiento de preocupación por el bienestar de la humanidad, que intentan promover a través de sus particulares concepciones de la política: el caso de Baruch Spinoza es, en este sentido, meridiano[24]. Los realistas que en la década de los años de 1930 denunciaron los excesos de los totalitarismos eran «maquiavélicos» en el sentido positivo o no convencional del término, que es el que le da Quentin Skinner, gran especialistas en la obra del florentino: pues en política no hay peor mal que ignorar la realidad y no actuar de un modo acorde con sus predicados[25]. El Hans J. Morgenthau —autor principal del Realismo internacional que defendía la política de fuerza por parte de unos Estados Unidos convertidos en potencia mundial— extraía sus principios de la amarga experiencia de un mundo sometido al totalitarismo, tanto el de Hitler como el de Stalin, oponiéndose más tarde a la intervención americana en la guerra de Indochina, después Vietnam, en origen, un conflicto colonial de Francia[26]. Desencantado, Morgenthau consideraba equivocadas las políticas de apaciguamiento y compromiso con regímenes y dirigentes totalitarios; más bien recomendaba ser realista para combatirles con armas efectivas, oponiendo violencia a la violencia, fuerza a la fuerza, astucia a la astucia. Pero esto

[23] Según el estereotipo del supuesto «progre» de los años 1970, imbuido de lecturas unidireccionales, que en todo realista veía una manifestación del «imperialismo yanqui»: por tal motivo no entendería las relaciones entre Mao Zedong y Stalin… sin olvidar la posible *ars combinatoria* que incluye en esa trama a Ho Chi Minh, antiimperialista frente a China, o al sempiterno aliado de Pekín, el príncipe Norodom Shihanuk de la Kampuchea de los jemeres rojos… Los cuatro fueron realistas genuinos.

[24] Propongo al lector que tome alguna de sus obras —los antiguos no escribían los «mamotretos» de ahora— y que se forme su propio juicio al respecto. A título personal, yo considero a ambos racionalistas… pero Toni Negri, un teórico contemporáneo bastante revolucionario lo ha tomado por modelo. No ha sido inusual que ciertos académicos de estrechas miras —docentes y discentes— eximan de realismo político a dirigentes de su gusto, tomando sus soflamas en favor de la humanidad, la paz, etc. como verdaderas. ¿Qué fue Stalin sino un realista político tan desenvuelto como Carlomagno o Luis XIV? Sin embargo, el denostado Federico II de Prusia, amigo de Voltaire, fue el primer soberano que eliminó la tortura en los procesos penales, según la doctrina de Cesare BECCARIA, *De los delitos y de las penas*, Tecnos, Madrid, 2008. La vertiente racionalista de la Teoría Internacional se etiqueta últimamente como «republicanismo»: Nicholas GREENWOOD ONUF, *The Republican Legacy in International Thought*, Cambridge University Press, Cambridge, 1998.

[25] Quentin SKINNER, *Maquiavelo*, Alianza, Madrid, 1995, especialmente, la refutación a Leo Strauss de la p. 110.

[26] Le costó amargas decepciones: *Las relaciones internacionales en el siglo XX…*, *op. cit.*, p. 164. Conste que, por lo demás, no profeso demasiadas simpatías al personaje.

debía ejercerse con la cautela necesaria, sin comprometer más de preciso el interés nacional[27].

C) ¿A QUÉ LLAMAMOS «IDEALISMO» EN LAS RELACIONES INTERNACIONALES?

Ahora bien, ¿a qué responde el Idealismo en la teorización de las Relaciones Internacionales? Los denominados idealistas nunca formaron un movimiento o una corriente definidos como tales, como idealismo, sino que fueron llamados de esa forma por los realistas que les relevaron en el análisis de la Política Internacional a partir del final de la década de 1930. La corriente surge con el fin de la Primera Guerra Mundial, mencionada antes por su carácter «novedoso» en tanto que atroz contienda fratricida entre seres humanos. Parte de esa novedad radicó en los métodos estratégicos, tácticos y tecnológicos que se aplicaron en su curso por parte de las potencias implicadas. Si bien en la Guerra Anglo-Bóer (1899-1902), que enfrentó a tropas británicas, al mando de Horatio Herbert Kitchener, con súbditos surafricanos de Su Graciosa Majestad, descendientes de los holandeses que originalmente poblaron la colonia de El Cabo —junto con alemanes y franceses hugonotes—, al mando de Jan Cristiaan Smuts, ya se habían empleado por primera vez las ametralladoras, las alambradas metálicas y los campos de concentración, como «novedad» corresponde a la Primera Guerra Mundial el abominable honor de haber sido un laboratorio en el que explorar nuevas formas de producir bajas tan masivas que alcanzaron a unos diez millones de muertos, junto a otros diez millones de afectados (heridos, enfermos crónicos, mutilados, desplazados, refugiados y desaparecidos). Comenzó entonces el empleo de la aviación de guerra y el uso de submarinos, los carros de combate y las armas automáticas, la utilización de gases letales de diverso tipo junto con otros sistemas tecnológicos adaptados a usos bélicos y post-bélicos. Las sucesivas Revoluciones Industriales del siglo XIX aportaron abundantes frutos que redundaron en ello. Como respuesta a las necesidades masivas de un avituallamiento eficiente de las ingentes tropas desplazadas a unos campos de batalla repartidos por territorios dispersos e inmensos, hicieron su aparición cosas hoy tan cotidianas como las latas de conserva, las gabardinas y chaquetones (*trench-coat*: de su uso en las trincheras), la margarina, la sacarina y la heroína, un derivado opiáceo destinado en origen, como su propio nombre indica, a alentar a combatientes deshechos en el frente por una guerra de trincheras delirante, sustituyendo al viejo alcohol[28].

---

[27] Esther BARBÉ, «El papel del realismo en las relaciones internacionales (La teoría de la política internacional de Hans Morgenthau)» en: *Revista de Estudios Políticos*, n.º 57, julio-septiembre 1987, pp. 149-176; Hans J. MORGENTHAU, *Escritos sobre política internacional*, Tecnos, Madrid, 1990.

[28] Literatura inabarcable: destaca el relato autobiográfico de Robert GRAVES, *Adiós a todo eso*, Edhasa, Barcelona, 1985, leal patriota británico con antepasados alemanes y vínculos irlandeses, lo que da cuenta de la complejidad de determinadas situaciones críticas a que hacen

La magnitud de los desastres de la guerra fue inmensa. Durante los cuatro años que duró, la voz de algunos intelectuales logró abrirse paso en medio de aquel fragor, si bien con reticencias que tampoco cesaron al advenir el armisticio. Con anterioridad a la guerra, durante el período conocido como la Paz Armada, pacifismos como el del novelista ruso León [Liev Nikoláievich] Tolstói habían influido en las conciencias de algunos dirigentes mundiales como el zar Nicolás II; las Conferencias de Paz de La Haya (1899 y 1907) marcaron un hito en el panorama jurídico internacional[29]. En Gran Bretaña, el denominado Grupo de Bloomsbury, entre cuyos miembros figuraba el economista John Maynard Keynes, destacó de un modo particular[30]. Una nueva asociación entre Idealismo y Pacifismo se manifestó en el terreno de la cultura, con personajes comprometidos tan notables como Sigmund Freud, Robert Graves, Bertrand Russell, Ludwig Wittgenstein, Hermann Hesse, Albert Einstein, Heinrich y Thomas Mann, Romain Rolland, Stefan Zweig, Max y Hedwig Born, Virginia y Leonard Woolf, Clive Bell, Katherine Mansfield, Edward Morgan Forster, Lytton Strachey, Thomas Stearns Eliot, Alfred North Whitehead, George Edward Moore, Ricarda Huch, Ina Seidel, Bertha Suttner, Käthe Kollwitz, la señora Curie... Algunos de ellos formaron parte del Comité de Cooperación Intelectual, cristalizado en el seno de la Sociedad de Naciones (1922)[31]. ¿Un ejemplo de esta producción intelectual? Hermann Hesse escribía así en la *Neue Zürcher Zeitung* (octubre de 1918):

> Sin duda tienen razón quienes dicen que la guerra es el estado original y natural. El hombre, como animal, vive mediante lucha, vive a costa de otros, teme y odia a otros. La vida es, pues, guerra.
>
> Más difícil resulta definir lo que significa la «paz». La paz no es un estado original paradisíaco, ni una forma conseguida por un acuerdo de convivencia organizada Paz es algo que en realidad no conocemos; algo que sólo ansiamos y vislumbramos. La paz es un ideal, amenazado. Basta un soplo para destruirla. Incluso es más raro y difícil que cualquier otro logro ético o intelectual que dos personas, dependientes una de otra, convivan en verdadera paz.
>
> Sin embargo, la paz es muy antigua, como pensamiento y deseo, como objetivo e ideal. [...]
>
> A quien disfrute matando, la guerra no le quitará las ganas. Tampoco servirá de nada la evidencia de los daños materiales que una guerra causa. Las acciones de los hombres no se deben ni en una centésima parte a consideraciones razonadas. Uno

---

frente algunos. Respecto del papel de la inventiva —no sólo bélica— en el progreso tecnológico: Lewis MUMFORD, *Técnica y civilización*, Alianza, Madrid, 1994.

[29] Exposición y análisis: Juan Antonio CARRILLO SALCEDO, *El Derecho internacional en perspectiva histórica*, Tecnos, Madrid, 1991, pp. 27-44.

[30] John Maynard KEYNES, *Las consecuencias económicas de la paz*, Gedisa, Barcelona, 1987; Martin CEADEL, *Pacifism in Britain 1914-1945: The Defining of a Faith*, Clarendon Press, Oxford, 1980; *Idem*, *Thinking About Peace and War*, Oxford University Press, Oxford, 1987.

[31] Listado de nombres que señala su entidad en la ciencia, el arte y la cultura del siglo XX. Sobre la Sociedad de Naciones: Frederick Pollock WALTERS, *A History of the League of Nations*, Oxford University Press, Londres, 1969 (versión española en Tecnos, 1971). Contexto histórico: Walter L. BERNECKER, *Europa zwischen den Weltkriegen 1914-1945*, Stuttgart, Eugen Ulmer, 2002; Martin KITCHEN, *El período de entreguerras en Europa*, Alianza, Madrid, 1992.

> puede estar plenamente convencido de lo absurdo de cualquier acto, y sin embargo, llevarlo a cabo con todo entusiasmo. Toda persona vehemente actúa así.
>
> Por eso mismo, yo no soy pacifista, como muchos de mis amigos y enemigos opinan. Yo creo tan poco en la consecución de una paz mundial por la vía racional, mediante predicación, organización y propaganda, como en el descubrimiento de la piedra de la sabiduría mediante congresos de química.
>
> ¿Cómo podrá llegar al mundo algún día, no obstante, la verdadera paz? No por medio de mandamientos, ni tampoco a través de experiencias materiales. Esa paz, como todo progreso humano, tendrá que venir del conocimiento. [...] Es el conocimiento de la posibilidad de compensar en todo momento, partiendo de este punto más íntimo, todos los pares opuestos, la transformación de lo blanco en negro, de lo malo en bueno, de la noche en día[32].

La paz mundial posterior fue precaria e imperfecta. Y fue en este contexto traumatizado donde surgió la primera corriente teórica de las Relaciones Internacionales llamada Idealismo, aunque no se relacionaba de forma inmediata con los intelectuales y artistas aludidos, salvo con Woolf, Strachey y Keynes en cierta forma[33]. En sí, no nació como corriente, ni como escuela concebida *ex profeso* y un tanto paradójicamente bautizada como «idealista». Constituyó un movimiento —de funcionarios y profesores principalmente— que, aunque sí se esforzó en interpretarlos, no se preocupó de un modo particular por los aspectos morales más profundos de las Relaciones Internacionales. Se crearon por entonces las primeras cátedras de Relaciones Internacionales en la galesa Universidad de Aberystwyth, Oxford y la *London School of Economics and Political Science*. Ya durante la guerra se publicaron obras representativas como *The European Anarchy* (1916) de G. Lowes Dickinson; *International Government* (1916) de Leonard Woolf; *The League of Nations - A Practical Suggestion* (1918) de Jan Cristiaan Smuts, el general surafricano; *The War of Steel and Gold* (1915) de H. N. Brailsford; *Democracy and Diplomacy* (1915) de Arthur Ponsonby. La obra principal fue *The League of Nations and the Rule of Law*, de *sir* Alfred Zimmern, que examina el sistema del período prebélico y lo compara después con los mecanismos previstos en el Pacto de la Sociedad de Naciones, luego puestos en práctica. Otros idealistas británicos, apenas conocidos hoy, fueron John Fisher Williams, Norman Angell, ennoblecidos también con el título de *sir*, seguidos por S. H. Bailey, Philip Noel-Baker y David Mitrany. En Estados Unidos, junto al Presidente Thomas Woodrow Wilson, auspiciador de la Sociedad de Naciones y catedrático de Derecho Internacional público, destacan James T. Shotwell, Pitman Potter y Parker T. Moon[34].

---

[32] Hermann HESSE, «Guerra y paz» en: *Escritos políticos (1914-1932)*, Bruguera, Barcelona, 1981, pp. 144-147. Esencial: Albert EINSTEIN y Sigmund FREUD, *¿Por qué la guerra?*, Editorial Minúscula, Barcelona, 2008.

[33] Antecedentes y consecuencias, por ejemplo, Wolfgang J. MOMMSEN, *La época del imperialismo. Europa 1885-1918*, Siglo XXI, Madrid, 1987 y Robert Alexander Clarke PARKER, *El siglo XX. Europa 1918-1945*, Siglo XXI, Madrid, 1984.

[34] Robert M. A. CRAWFORD, *Idealism and Realism in International Relations. Beyond the Discipline*, Routledge, Londres, 2000; Hedley BULL, «The Theory of International Politics, 1919-1969» en: James DER DERIAN (ed.), *International Theory. Critical Investigations*, Macmi-

D) Algunas características del Idealismo internacional

Las conclusiones de las a menudo voluminosas obras de estos autores no impresionan al lector actual. Ninguna es demasiado profunda ni tampoco merecería hoy una lectura detenida. Su mérito principal estriba en que definieron principios teóricos básicos de las Relaciones Internacionales como futura materia de indagación específica en instancias ya académicas y universitarias. Su aportación sustantiva consiste en que abordaron la discusión abierta del fundamento de las instituciones rectoras del orden internacional vigente hasta el estallido de la Guerra Mundial, de la que entonces se ignoraba que sólo sería la «primera». Ponían en cuestión temas tan enjundiosos como la soberanía del Estado; el principio político del equilibrio del poder (*balance of power*)[35], criterio decisivo de la Política Internacional europea —y mundial, por extensión— desde el Renacimiento, con especial relevancia para Gran Bretaña; la diplomacia tradicional y la masiva fabricación de armamentos, resultado de la Revolución Industrial y de la ciega rivalidad entre potencias occidentales. James T. Shotwell trató el tema de la deslegitimación de la guerra; David Davis propuso la creación de una fuerza policial internacional.

Su preocupación por estos temas llevó a los idealistas a continuos debates sobre la moralidad internacional, cuyos supuestos a veces se confundían en sus análisis con postulados jurídicos, lo que constituyó motivo de honda reflexión para Hans Kelsen:

> […] en tanto que reconocemos al Derecho como la técnica social concreta de un orden coercitivo, podemos percibir agudamente el contraste entre él y los demás órdenes sociales que persiguen en parte los mismos propósitos que el derecho, aunque por métodos distintos. El Derecho es un medio, un medio social y concreto; no es un fin, [añadiendo después que] con todo, aún subsiste la enorme distinción entre Derecho y moral, que consiste en que la reacción del Derecho es una medida coercitiva socialmente organizada, establecida por el orden jurídico mismo, en tanto que la reacción moral contra la conducta inmoral no está establecida por la norma moral, y aun en el caso de que estuviese instituida en ésta, no está organizada en la sociedad[36].

Dado que su objetivo era conseguir la pacificación del mundo, estos autores iniciaron la revisión de los principios generales de la Filosofía Política y del Derecho. Sin embargo, tendieron a perderse en generalidades, tanto en las propias cuestiones que suscitaban como en las respuestas aportadas luego,

---

llan Press, Houndmills y Londres, 1995, pp. 184 ss. Una selección de textos: Marcel Merle (ed.), *Pacifisme et internationalisme XVII-XXe siècles*, Armand Colin, París, 1966.

[35] Esther Barbé, «El "equilibrio del poder" en la Teoría de las Relaciones Internacionales» en: *Afers Internacionals*, n.º 11, 1987, pp. 5-17; Richard Little, *The Balance of Power in International Relations: Metaphors, Myths, and Models*, Cambridge University Press, Cambridge, 2007 (revisa a Morgenthau, Bull, Waltz, Mearsheimer).

[36] Hans Kelsen, *Derecho y paz en las relaciones internacionales*, FCE, México, 1986, p. 31 (los corchetes son míos); con base iusnaturalista, Carlos Corral, *Moral internacional*, Dykinson, Madrid, 2013; Antonio Truyol y Serra, «Ética y Sociedad Internacional» en: *Anales de la Real Academia de Ciencias Morales y Políticas*, año XLVIII, n.º 73, 1995-1996, pp. 89-101.

demasiado tibias respecto del auténtico *statu quo* de la Política Internacional vigente, instituido sobre un equilibrio precario entre potencias occidentales eternamente rivales, poseedoras de vastos dominios coloniales, embarcadas en un capitalismo nacionalista de proyección imperialista, enfrentadas a una crisis general de valores sin precedentes e ignorantes de la terrible condición social a la que estaba sometida la gran masa de las poblaciones que constituían su base material, pero sobre todo, moral. En consecuencia, uno de sus excesos fue la abstracción. En cierta forma puede decirse que estos autores se apartaban de la realidad en tanto que tomaban sus especulaciones, deseos, aspiraciones y «misticismos» por predicados positivos de lo real; ahí radica quizá su descalificación posterior como «idealistas», en sí, ningún elogio.

No obstante, un valor indiscutible de esta corriente residió en la entusiasta devoción que inspiraba sus investigaciones. Por ejemplo, Zimmern perseguía determinar el contraste entre las condiciones del pasado, enunciadas bajo fórmulas como «las causas de la guerra» o «la anarquía internacional» y lo que preveía como el desarrollo futuro de la nueva Sociedad Internacional bajo los auspicios de un orden normativo —jurídico y también político— diferente. Pero esta rectitud bienintencionada, característica común del Idealismo, era totalmente acrítica respecto de los fundamentos más profundos de las instituciones analizadas. En tal sentido, una opción fue, por ejemplo, supeditar el interés de los Estados a lo que se propuso como el «interés internacional», entendido como el de unas organizaciones internacionales aún en fase de consolidación incipiente, aunque sin llegar a definir con claridad las condiciones de ese «interés», toda vez que la realidad de los Estados seguía siendo omnímoda. Tanto en ésta como en otras formulaciones los idealistas adolecieron de audacia. Su concepción del hombre sonaba a tan abstracta e ideal como la de los filósofos de la Ilustración. No fueron capaces de advertir que, en la desolación de la inmediata postguerra, muchos de sus coetáneos se correspondían mejor con «un bolchevique ruso, un nacionalista alemán, un militarista japonés o un anti-imperialista indio» en vez de con el «hombre bueno de Rousseau», en palabras de Hedley Bull[37].

3. EL REALISMO «CLÁSICO» DEL SIGLO XX: UNA REACCIÓN FRENTE A LOS TOTALITARISMOS

En 1939 tuvo lugar una inflexión radical en la política mundial. Como se ha señalado, la Guerra Mundial, comenzada en 1914 y terminada en 1918,

---

[37] BULL, *op. cit*. Estos párrafos glosan en parte *Las relaciones internacionales en el siglo XX..., op. cit.*, pp. 37, 51-62. Los fundamentos de la materia fueron expuestos por Alfred E. ZIMMERN, *The Study of International Relations*, Clarendon Press, Oxford, 1931; revisión del pensamiento de autores principales: David LONG y Peter WILSON (eds.), *Thinkers of the Twenty Year's Crisis. Interwar Realism Reassessed*, Clarendon Press, Oxford, 2003; Vendulka KUBÁLKOVÁ, «The Twenty Years Catharsis: E. H. Carr and International Relations» en: *Idem*, Nicholas ONUF, Paul KOWERT (eds.), *International Relations in a Constructed World*, M. E. Sharpe, Nueva York, 1998, pp. 25-57.

había descompuesto la realidad política internacional en un grado inimaginable. Aunque todavía ignorante al respecto, Europa ya había perdido el protagonismo y la hegemonía en la escena internacional. Sus grandes potencias e imperios aún poseían ingentes poderes y el dominio territorial de gran parte del planeta, pero la contienda había desvelado su debilidad inherente, su incapacidad de adaptarse a los tiempos, su ceguera. Entretanto, lo que un día fue un proyecto revolucionario del siglo XIX, ideado por Friedrich Engels y Karl Marx, había cristalizado en un lugar imprevisto: la Rusia zarista, convulsa, con el cambio de siglo, por una crisis política, social y económica sin precedentes. Tras la inicial «revolución rusa» —en términos de Carr, siendo bolchevique su fase siguiente— la aparición de la Unión Soviética en la escena mundial determinaría el curso de la Política Internacional con un alcance universal, siendo 1917 una fecha decisiva, subrayada además por la intervención estadounidense en la contienda mundial en tanto que imprimió un giro crucial a su desarrollo, sellado con el cierre del frente oriental tras el Tratado de Brest-Litovsk (3 de marzo de 1918). Los rasgos totalitarios que progresivamente adoptó el régimen comunista mediante la implantación de la «dictadura del proletariado», más tarde asociada a un paradójico nacionalismo férreo, obra de un Stalin que pronto se dedicó a perseguir a los artífices originarios del revolucionarismo soviético[38], constituían una señal de alerta sobre el devenir del siglo XX, que sólo algunas mentes más lúcidas que otras detectaron a tiempo... y sin resultado. Los Estados Unidos intervinieron con éxito en la política europea de entreguerras, incluida la Unión Soviética, con la que colaboraron al comienzo en bastantes más asuntos de los que la historiografía divulgativa se ocupa de reseñar. Sin embargo, superada la crisis financiera de 1930, el panorama de su economía distaba bastante de ser saneado o estable, aunque, con todo, era bastante mejor que el de las naciones europeas, empobrecidas y torturadas por una inflación sin precedentes que descapitalizó y desvalorizó a todo el sistema, afectando a millones de personas que vieron cómo sus circunstancias personales y vitales sufrían un giro dramático. Sagazmente, junto con su tradicional ejercicio de un liberalismo económico congruente, los gobiernos estadounidenses sí supieron hacer frente al problema e implantaron medidas sociales de bienestar (*Welfare*): Theodore Roosevelt, *New Nationalism*; Woodrow Wilson, *New Freedom*, y más tarde el famoso *New Deal* de Franklin D. Roosevelt...

En Asia, la situación política general también mostraba signos de transformación radical. Los nacionalismos, inspirados en la filosofía política europea del siglo XIX, habían prendido con fuerza en las naciones asiáticas, sometidas muchas de ellas a dominio colonial y, en cualquier caso, sintiéndose amenazadas por él. Japón, China, India, Indochina e Indonesia, diver-

---

[38] En tal sentido véanse Edward Hallett CARR, *La revolución rusa de Lenin a Stalin, 1917-1929*, Alianza, Madrid, 1988; Annie KRIEGEL, *Los grandes procesos en los sistemas comunistas*, Alianza, Madrid, 1973; Arthur KOESTLER, *Le zéro et l'infini*, París, Calmann-Lévy, 1945; *Idem*, *Euforia y utopía*, Emecé, Buenos Aires, 1955; *Idem*, *En busca de la utopía*, Kairós, Barcelona, 1983. Sobre el golpismo: Jesús DE ANDRÉS, *El voto de las armas. Golpes de Estado en el sistema internacional a lo largo del siglo XX*, Los Libros de la Catarata, Madrid, 2000.

sos países musulmanes y/o árabes, apenas emancipados del Imperio Otomano y sujetos al Sistema de Mandatos de la Sociedad de Naciones... vieron en el nacionalismo una posibilidad efectiva de abordar su modernización política, económica y social, ligada a la creación de estructuras estatales de corte moderno. Los procesos revolucionarios —de élite tanto como populares— a menudo implicaron cambios de régimen político, entremezclados con revueltas en contra del poder imperialista o colonial. Las ideologías nacionalistas de estos países asiáticos eran, a menudo, una síntesis de las viejas tradiciones de pensamiento ancestral y de los nuevos postulados radicales occidentales, tanto de corte comunista, asociado a la política exterior de la Unión Soviética y sus planes de dominio mundial, como de inspiración fascista, desdoblada en múltiples movimientos revolucionarios «conservadores», como el fascismo italiano, el nazismo alemán, y sus derivaciones en otros entornos europeos y norteamericanos, menos conocidos, pero de similar corte[39]. Con la excepción de Etiopía y Liberia, África carecía de Estados soberanos en el sentido literal del término, siendo escenario de los últimos estertores de la fiebre imperialista desatada en el siglo XIX y que culminó con su reparto en la Conferencia de Berlín (1885). No obstante, las potencias coloniales recurrieron entonces a tropas regulares reclutadas entre los africanos, que intervinieron en suelo europeo durante la Gran Guerra: esta experiencia supuso un hito decisivo en la formación de determinadas conciencias nacionales africanas, tanto de tipo local como panafricanistas, con interesantes movimientos de flujo y reflujo entre los diversos continentes concernidos[40].

Las Américas —septentrional, central y meridional— constituían en aquella época un inmenso escenario de redefiniciones políticas, sociales y económicas de lo que, apenas un siglo antes, aún fuera el vasto territorio colonial español y portugués. Bastantes de las naciones americanas que cuajaron a lo largo del siglo XIX poseían unos regímenes políticos precarios, sometidos a la agitación perenne del golpismo, la conspiración y la revolución, en sociedades divididas entre criollos e indígenas, con agudos desequilibrios políticos, sociales, económicos y culturales. Su condición de sempiterna «tierra de promisión» para grandes contingentes de emigrados europeos, así como su ingente disponibilidad de materias primas y territorios despoblados, supusieron un muelle que amortiguó la dureza de la realidad de su condición. No obstante, las naciones iberoamericanas poseían una estructu-

---

[39] Uno de los autores más controvertidos al respecto: Ernst NOLTE, *El fascismo. De Mussolini a Hitler*, Plaza y Janés, Barcelona, 1975; *Idem* y François FURET, *Fascismo y comunismo*, FCE, México, 2007 (fruto del debate entre ambos).

[40] Modestamente, véanse mis aportaciones en Andrés DE BLAS (dir.), *Enciclopedia del nacionalismo*, Alianza, Madrid, 1999, «África y panafricanismo», pp. 14-27; «Asia», pp. 44-51; «China», pp. 100-108; «India, Paquistán y Bangladesh», pp. 353-364; «Panarabismo», pp. 563-574; «Panislamismo», pp. 581-585; «Sureste asiático», pp. 743-752; visión general que ya es un clásico, Eric R. WOLF, *Europe and the People Without History*, University of California Press, Berkeley-Los Ángeles-Londres, 1982. Asimismo, Carlos ECHEVERRÍA JESÚS, «La reconfiguración del orden mundial a comienzos del siglo XX» en: GARCÍA PICAZO (coord.), *La Sociedad Internacional...*, *op. cit.*, pp. 141-162.

ra estatal y jurídica equiparable formalmente a la de las europeas. Esto las convertía en unos sujetos *sui generis* de la escena internacional; de hecho, casi todas pertenecían al sistema de la Sociedad de Naciones[41].

Un núcleo fundamental de la Política Internacional de la época residía en la Alemania maltrecha, surgida del Tratado de Versalles como «víctima» en el sentir de los alemanes, y como «enemiga» en el de buena parte de los aliados. Su crisis política, social y económica era la más radical de Europa, siendo, por otro lado, una nación con un potencial inmenso, tanto en la cultura y la ciencia como en la economía. El empobrecimiento y el desaliento generalizados de la población sirvieron de abono al arraigo de manifestaciones particulares de los totalitarismos de mayor entidad del momento[42]. El comunismo contaba en Alemania con un gran número de adeptos, siendo cualitativamente muy superior al soviético en cuanto a sus programas y formulaciones, con un componente ético y cultural indiscutible y un dogmatismo más fino y elaborado. El nazismo, en origen un movimiento minoritario de marginales, muchos de ellos seres de desecho producto de las alteraciones psicológicas de la guerra, se vio alentado por algunos magnates de la industria —tanto alemana como extranjera— y por ideólogos adscritos al «pesimismo cultural» (*Kulturpessimismus*) vigente entonces[43]. Estos protectores del movimiento consideraron que podía llegar a ser la barrera defensiva más capaz de frenar al comunismo ya rampante y triunfante, no sólo en la antigua Rusia, sino en plena expansión por el resto del mundo sometido al colonialismo e imperialismo. El nazismo logró alcanzar el poder por métodos democráticos en 1933. No era una doctrina unívoca. Su cualidad más notable fue la de ostentar una indudable capacidad de conexión con la desesperación generalizada de millones de personas desorientadas, a las que consiguió convencer de que existía una esperanza posible recurriendo a la manipulación psicológica y al adoctrinamiento de masas. Lo más grave del nazismo fue, como es sabido, su prédica del racismo, ligado al exterminio de las personas consideradas indeseables. Por su parte, el totalitarismo comunista practicaba cosas parecidas, si bien sus víctimas eran los «enemigos de clase».

Con anterioridad al estallido de la Segunda Guerra Mundial (septiembre de 1939), las potencias europeas habían practicado, respecto de los dirigentes totalitarios europeos —Hitler, Mussolini, Stalin... por no mencionar los incipientes dictadorzuelos de las potencias menores y las naciones de segundo orden—, una política que se llamó «de apaciguamiento». Se creía con ello que así iban a desistir de ambiciones mayores, conformándose con la implantación de sus sueños totalitarios en espacios geopolíticos definidos al modo megalomaníaco habitual —la Gran Alemania, la Gran Italia, por ejemplo—

[41] En profundidad: Gustavo y Hélène BEYHAUT, *América latina III. De la independencia a la Segunda Guerra Mundial*, Siglo XXI, Madrid, 1986.

[42] Contemporáneo: Wilhelm RÖPKE, *La crisis social de nuestro tiempo*, El Buey Mudo, Madrid, 2010.

[43] Clásico: Fritz STERN, *The Politics of Cultural Despair: A Study in the Rise and Fall of the Germanic Ideology*, University of California Press, Berkeley-Los Ángeles-Londres, 1974.

aunque sin las connotaciones destructivas de gigantesco alcance que pronto se demostró que iría a hacerse efectivo. Y en esta determinación de «la realidad de lo real» entraron en juego los realistas.

Merced a la filosofía política de Thomas Woodrow Wilson y a su concepción de la «autodeterminación de los pueblos»[44] —ideada entre otras cosas para impedir la anexión territorial por parte de los vencedores— la Europa de entreguerras era un conglomerado de nuevos Estados, surgidos del desmembramiento de los antiguos Imperios Centrales, imbuidos de un nacionalismo virulento muchos de ellos, y también provistos de legítimas aspiraciones de consolidación política perdurable. Estos Estados, bastantes de ellos exiguos, constituían una presa codiciada para los totalitarismos de cualquier tendencia. El sistema de la Sociedad de Naciones, impregnado de un espíritu de compromiso que, sin proscribirlas, buscaba limitar los efectos de las guerras, favorecía posturas tibias, ambiguas y vacilantes. El temor a la expansión del comunismo por todo el mundo moderó mucho las posiciones frente al totalitarismo nazi y fascista.

Los totalitarismos —que se proclamaban revolucionarios sin excepción— predicaban la aparición de un «orden nuevo», de un «mundo nuevo». Denunciaban a los regímenes liberales como decadentes, corruptos y «burgueses». De ese modo lograron la adhesión de sectores heterogéneos de la sociedad, tanto de las clases más pobres como de la pequeña y mediana burguesía, como de los grandes capitalistas y del ejército... así como de muchos intelectuales, sobrecogidos todos por la inmensidad de los males generales de la vida corriente. En ese contexto surge el Realismo de las Relaciones Internacionales, que aquí llamo «clásico» para diferenciarlo de los posteriores[45]. Indica Hedley Bull que los primeros realistas internacionales plantearon abiertamente que su postura constituía una reacción frente a las ensoñaciones de los idealistas, que, como se indicó antes, fueron los teóricos que sustentaron el sistema de la Sociedad de Naciones. El ideal de cooperación y armonía internacionales no encajaba en un mundo regido por el conflicto y la anarquía[46].

---

[44] En origen es un concepto filosófico de Kant referido al individuo, aunque extensible a la sociedad. Internacionalmente, este concepto atañe en sentido literal a «la libertad de los pueblos a disponer de sí mismos»; figura en la legislación internacional descolonizadora: Resoluciones 1514 y 2625 AG de Naciones Unidas (1960, 1970). Cuenta con una larga trayectoria romántica relacionada con las nacionalidades emergentes en los Imperios Centrales europeos; ocupó tanto al austromarxismo (Max Adler, Otto Bauer, Karl Renner) como a Lenin, que polemizó al respecto entendiendo que el nacionalismo era burgués en esencia, aunque dialécticamente podía servir a la revolución proletaria. Derivaciones: William TWINING, *Issues of Self-Determination*, Aberdeen University Press, Aberdeen, 1991.

[45] Que el Realismo sea la tendencia dominante en la teoría y la práctica internacionales no significa que sea la mejor ni tampoco la peor. Está sujeta a rúbricas, etiquetas, evoluciones y enmascaramientos diversos: tan realista puede ser un liberal como un socialista, un americano como un asiático, un cristiano como un musulmán, un funcionalista como un estructuralista, un hombre como una mujer.

[46] Se sigue en líneas generales y de un modo simplificado lo ya expuesto en *Las relaciones internacionales en el siglo XX...*, *op. cit.*: aquí, pp. 71 ss. Anarquía internacional: Hedley BULL, *La sociedad anárquica. Un estudio sobre el orden en la política mundial*, Los Libros de la Cata-

A) Aportaciones del Realismo internacional «clásico»

Este Realismo surge a finales de la década de 1930, pero su afianzamiento se logra en la posterior. Desencantados con las políticas de apaciguamiento, los teóricos realistas habían constatado su inoperancia en lugares tan dispersos como Manchuria, Abisinia o Albania, en donde la Sociedad de Naciones o, en su defecto, las principales potencias occidentales, obraron con mezquindad y cortedad de miras. El siglo XX no sólo prometía ser, sino que era, un «siglo de masas», agitadas por perturbaciones nunca previstas con anterioridad, sometidas a una violencia de caracteres nuevos, pacientes de unos sistemas bélicos y represivos que podían dejar pálidos a los ya conocidos por su atrocidad. Frente a tal situación, el realismo adopta una postura que pretende ser racional y fría, objetiva y desapasionada. Atribuye estas cosas abominables a la naturaleza humana, que es preciso conocer de golpe y de una sola vez, para saber cómo es, pues no varía. La paz no expresa una condición «natural» de la vida humana. Se sustituye con la noción de orden, que garantiza, si no la ausencia de conflictos, sí su eventual resolución reglada. En consecuencia, el realismo propugna el establecimiento de un sistema coercitivo lo más contundente posible —en el puro sentido del *Leviathan* hobbesiano— para disuadir de todo intento de perturbar ese orden representativo de la paz, si bien no asimilable a ella.

La primera corriente de teoría realista de las Relaciones Internacionales surge en Gran Bretaña y se conoce como Escuela Inglesa[47]. Destacan Edward Hallett Carr (*The Twenty Year's Crisis*, 1939), Frederick Augustus Voigt (*Unto Caesar*, 1939), George Schwarzenberger (*Power Politics*, 1941), Martin Wight (*Power Politics*, 1945), Herbert Butterfield (*Christianity, Diplomacy and War*, 1953). Figuran también Charles Manning, Hedley Bull y Fred Northedge, junto con Alan James, Michael Donelan, James Mayall y Adam Watson. De muchos de estos nombres se sigue una trayectoria posterior muy interesante, en tanto que, desde los postulados básicos del Realismo de este Primer Debate se sitúan luego en otras posiciones en el Segundo Debate, como realistas partidarios del método tradicional de las Humanidades frente a los realistas positivistas que emplean los métodos cuantitativos, la matematización y las teorías funcionalistas de las Ciencias Sociales, con especial relevancia al otro lado del Atlántico. A esta primera oleada de realistas, ya enclavados en América como «padres peregrinos» al ser muchos de ellos emigrados desde la vieja y atormentada Europa, se suman autores como Nicholas Spykman (*America's Strategy in World Politics*, 1942), Reinhold Niebuhr (*The Children of Light and the Children of Darkness*, 1945), Hans J. Morgenthau (*Politics Among Nations*, 1948), George F.

---

rata, Madrid, 2005; *Idem*, «Hobbes and the International Anarchy» en: *Social Research*, vol. 48, n.º 4, 1981, pp. 717-738.

[47] Richard Little, «The English School's Contribution to the Study of International Relations» en: *European Journal of International Relations*, vol. 6, n.º 3, septiembre 2000, pp. 395-422. Publicado por: ejt.sagepub.com/content/6/3/395.short. Accesible en línea: reinhardmeyers.uni-muenster.de/.../english%20scho... (consulta: 12/05/2013).

Kennan (*American Diplomacy*, 1952), Arnold Wolfers (*Discord and Collaboration: Essays on International Politics*, 1962), John H. Herz (*Political Idealism and Political Realism: A Study in Theories and Realities*, 1951)[48]. Varios de estos grandes nombres son ubicuos en los manuales y estudios de Teoría Internacional, siendo variables en cuanto a la calidad de su producción escrita. El más citado suele ser Kennan, de origen irlandés y católico —una rareza en medio de las ascendencias nacionales y religiosas dominantes— aunque tanto Spykman, como Herz, como Niebuhr poseyeron mayor entidad intelectual[49].

B) Algunas características del Realismo internacional «clásico»: una Ciencia Social americana... con raíces europeas

¿Qué caracteres básicos pueden señalarse, además de los ya citados, en este Realismo inicial? En primer lugar, es preciso indicar —como advierte Bull— que en momentos de ideologización aguda de la Política Internacional, con la Guerra Fría en ciernes, los Estados Unidos encontraron en el Realismo arribado desde el Viejo Continente una guía de conducta y un faro intelectual. Al tiempo, esta aportación sirvió para que esta nación se despojara de su «inocencia virginal» en materia diplomática, algo coherente en un país que apenas acababa de consolidarse como tal y que sólo desde finales del siglo XIX —con la derrota de España en Cuba y Filipinas, lo que marcó un intervencionismo creciente en otras zonas de América, Asia y el Pacífico— y con la decisiva participación en la Primera Guerra Mundial (1917, en fecha coincidente con la instauración de la Unión Soviética) había tenido ocasión de batirse en esas lides. Su aislacionismo era proverbial y consustancial con su inexperiencia en estos asuntos, hacia los que muchos dirigentes estadounidenses sentían un desprecio evidente, pareciéndoles propios de un oficio sólo adecuado a los corruptos usos de la vieja Europa. Este acceso a las sutilidades del Realismo a la vieja usanza, importado de Europa, permitió a Norteamérica —metonimia de los Estados Unidos— erigirse en rectora de la conducta internacional, ya como incipiente superpotencia[50]. Desde el momento en que concluye la Segunda Guerra Mundial —que bastantes consideran parte integrante de la Primera, siendo el período de entreguerras un simple armisticio— los Estados Unidos se contemplaron a sí mismos como valedores de lo que Spykman y Schmitt consideraban el Hemisferio Occidental, definido como «una nueva línea global que

---

[48] Este largo de listado sólo ilustra la entidad de algunos autores. Figura Schwarzenberger, antes aludido humorísticamente.

[49] Reinhold NIEBUHR, *Ideas políticas*, Editorial Hispano Europea, Barcelona, 1965: líneas generales de su pensamiento.

[50] Por referencia al título de este epígrafe: Stanley HOFFMANN, «An American Social Science: International Relations» en: *Daedalus* (1977) reproducido por DER DERIAN, *International Theory...*, *op. cit.*, pp. 212-241.

ya no se centra en Europa, sino que la pone en duda»[51]. Este hemisferio correspondía al «mundo libre», en pugna con la opresión comunista internacional. La creación de la Organización del Tratado del Atlántico Norte (OTAN: Tratado de Washington, 1949) fue su plasmación visible en la práctica. Los «maestros del pensamiento internacional» del momento fueron, en gran parte, profesores germano-parlantes provenientes de Alemania, Hungría, Austria, Suiza, Bohemia y Moravia, Holanda, Rumania, Rusia... Bastantes ostentaban un origen judío y otros muchos, protestante. Impregnaron de «acento alemán» los departamentos respectivos de las universidades y la administración estadounidenses. Su éxito hizo decir a Stanley Hoffmann —uno de aquellos muchos exiliados— que las Relaciones Internacionales eran una «Ciencia Social americana» (1977). En sus estudios especializados estos autores partieron de materias tan tradicionales como la Historia (Carr), la Geografía (Spykman), el Derecho Internacional Público (Morgenthau), la Teología (Niebuhr) o la Diplomacia (Kennan)[52]. Liberales desde un punto de vista político, fueron partidarios de un utilitarismo generalizado para enfocar los asuntos económicos, regidos por el principio de la libre empresa y una confianza generalizada en el progreso tal como se entendía en la sociedad americana del momento, por lo demás, siempre puritana y bastante circunspecta.

A grandes rasgos y desde una perspectiva realista, se entendería que sobre la urdimbre de una escena internacional carente de instancias reguladoras ajenas a sus unidades principales, los Estados, éstos tejerían la trama de sus relaciones mutuas, marcadas por la desconfianza y la rivalidad, la competencia y la lucha. El uso de la fuerza se admitiría como medio de zanjar diferencias, obtener o consolidar ventajas, imponer situaciones de hecho, satisfacer los propios intereses. El Estado se concibe como un actor racional, que, en tanto que se tiene por «comunidad política perfecta» (Hobbes), no reconoce a ninguna autoridad superior a sí mismo (*political superior*). Congruentemente, sus nociones acerca de la soberanía se parecen bastante a las que acuñaron los legistas franceses del siglo XIV, reinando el Capeto Felipe IV el Hermoso (1268-1314), cuando se perseguía establecer la autonomía de los *regna* (reinos particulares) frente al *imperium* (imperio universal): tales principios son los que vendrían a definir nociones básicas del Estado nacional moderno posterior[53]. Desde la óptica realista, la Sociedad o Sistema de

---

[51] Referencias más amplias, *Las relaciones internacionales en el siglo XX...*, *op. cit.*, pp. 74 y 68-70; *El Sistema Mundial...*, *op. cit.*, pp. 172-178.

[52] Carr es británico; Niebuhr y Kennan son americanos; uno, de origen alemán y confesión luterana; otro, de raíz irlandesa. Spykman nació en Holanda y Mitrany, mencionado antes entre los idealistas, en Rumanía.

[53] Por ejemplo, Antonio TRUYOL Y SERRA, *La Sociedad Internacional*, Alianza, Madrid, 1974, capítulos I, II, III, IV (diversas ediciones). Soberanía: Hermann HELLER, *La soberanía. Contribución a la teoría del derecho estatal y del derecho internacional*, FCE, México, 1995; Thomas J. BIERSTEKER y Cynthia WEBER (eds.), *State Sovereignty as Social Construct*, Cambridge University Press, Cambridge, 1996; Jens BARTELSON, *A Genealogy of Sovereignty*, Cambridge University Press, Cambridge, 1996; Enrique MADRAZO RIVAS, *La soberanía. La evolución del concepto hacia una perspectiva internacional*, Dykinson, Madrid, 2010.

los Estados estarían gobernados a lo sumo por un principio de solidaridad mecánica, dictada por el interés, el cálculo y una previsión racional de las acciones y movimientos. Por eso se establece una peculiar concepción del principio político del equilibrio del poder (*balance of power*), visto como mecanismo de pesos y contrapesos que de forma contingente limitan la capacidad de actuación de ciertos Estados, siendo aquel que sostiene el fiel de la balanza —como Gran Bretaña frente a la política continental de Europa durante los siglos XVIII y XIX, aunque su posición se fraguó en los dos previos— quien determina ese equilibrio, reducido a mera sanción del *statu quo* y en el que las nociones de justicia y equidad internacionales sólo representan un *flatus vocis*. En consecuencia, el Derecho expresa esas relaciones de poder y sumisión, y las sanciona además. Ello determina que el orden internacional, inestable y precario por naturaleza, se jerarquice según esas posiciones relativas. Por eso es predilecta la visión de un mundo hobbesiano que vuelve inexistente, por imposible, cualquier forma de cristalización de una Sociedad Internacional organizada: es en tal sentido concreto en el que se emplea el término de Anarquía Internacional o ausencia de una instancia reguladora superior que concierte las relaciones recíprocas entre los Estados. Tampoco se aprecia demasiado la noción de Relaciones Internacionales, prefiriéndose Política Mundial (*World Politics*) o Política Internacional (*International Politics*).

Vaya ahora una mínima semblanza de algunos realistas clásicos fundamentales, a cada lado del Atlántico. Desde una postura ideológica que fue todo, menos nítida, pertenece al primero el título de «padre fundador» del Realismo internacional contemporáneo: Edward Hallett Carr. Su ensayo *The Twenty Years' Crisis* se proclamó como un intento de contrarrestar el «deslumbrador y peligroso defecto» del conjunto de ideas relativas a la Política Internacional, vigente en los países de habla inglesa desde 1919 hasta 1939, tanto en su proyección académica como vulgar, asunto que evidenciaba una relativa ignorancia del poder. Aun como partidario del ser frente al deber ser, Carr proponía que ambas posiciones se relacionasen en sentido dialéctico. En todo caso, su empeño era desmantelar las categorías internacionales más usuales, ligadas a las anticuadas visiones de las grandes potencias decimonónicas, nostálgicas de lo que consideraban su glorioso pasado imperial. Ahí residió parte de su genuino sentido realista, que, por ejemplo, le llevó a valorar las políticas de pleno empleo impuestas tanto por los comunistas como por los nazis, a quienes contemplaba como artífices del futuro en tanto que eficaces —y despiadados— ejecutores de magnas economías planificadas. Sin embargo, Carr se mostró hostil hacia el nacionalismo rampante derivado de la aplicación política de las vigentes tesis de la autodeterminación nacional. Entendía que la concurrencia manifiesta y latente entre los Estados constituidos y los innumerables aspirantes a serlo constituía un persistente factor conflictivo de las relaciones internacionales, de por sí, un entorno inestable y difícil. No tuvo reparos en recurrir a la Sociología del Conocimiento de base marxista para apuntalar su tesis acerca de la relación existente entre los valores e intereses de las clases sociales que concurren en un plano nacional interno, y de estos mismos, sólo que a escala internacional, respecto de los propios Estados, proceso en todo semejante a los conflictos que en otros contextos enfrentan a grupos sociales opuestos: tal fue el objetivo de su *Nationalism and After* (1945). Siempre alerta ante los profundos cambios del mundo circundante, en vez de aislarse en una «torre de marfil», optó por aproximarse a la realidad con espíritu combativo y fuertemente ideologizado, ajeno a toda apatía estoica. Consideraba que la reinterpretación de los conocimientos históricos podría constituir una fuente de liberación y un instrumento del progreso que no sólo serviría para extraer las enseñanzas del pasado, sino que podía convertir al historiador en un artífice del futuro, o, más modestamente, en un eficaz colaborador de quienes deseasen construir un futuro diferente del pasado[54].

A partir de la obra de Carr fueron varios autores quienes, como nuevos «padres peregrinos» (*Pilgrim Fathers*), llevaron el Realismo a los Estados Unidos de América. Cabe mencionar, siquiera de paso, la obra *America's Strategy in World Politics* (1942) de Nicholas Spykman, un holandés de Ámsterdam que estudió en Norteamérica desde 1920; desarrolló una notable carrera académica en California y Yale. Periodista destacado en el Cercano y Medio Oriente (1913-1916; 1916-1919), luego viajó al Extremo Oriente (1919-1920) donde vivió los cruciales sucesos del momento. Su formación geográfica se reorientó hacia la Geopolítica de Karl Haushofer, puesta al servicio de los aliados vencedores en Europa, luego reagrupados con los Estados Unidos durante la Guerra Fría. Su concepto del Hemisferio Occidental (*Western Hemisphere*) es decisivo en su quehacer teórico[55]. Si Carr emprendió su carrera desde la Historia y Spykman desde la Geografía, el Derecho Internacional fue la base de Hans J. Morgenthau para iniciar su notable carrera intelectual. En sus propias palabras —«soy alemán, soy judío y he crecido durante la postguerra»— este emigrado a Estados Unidos (1937) fue una de las máximas autoridades del Realismo político internacional. Su experiencia vital más decisiva, subraya Esther Barbé, fueron «los desastres que acarrea la debilidad del poder» según lo acaecido en la Alemania de la Europa de entreguerras. Tal vez por ese motivo, su preocupación giró preferentemente en torno al Estado. Desde su perspectiva, el Estado actúa como un ente soberano, garante del orden en el interior de su demarcación, siendo su objetivo expreso la consecución de crecientes márgenes de poder en la escena internacional, la única salvaguardia eficaz de su autonomía e independencia. Tal poder se instituye como un fin, aunque también representa

[54] Edward Hallett CARR, *La crisis de los veinte años (1919-1939). Una introducción al estudio de las Relaciones Internacionales*, Los Libros de la Catarata, Madrid, 2004.

[55] Síntesis de autores clásicos, Kenneth W. THOMPSON, *Masters of International Thought: Major Twentieth Century Theorists and the World Crises*, Louisiana State University Press, Baton Rouge, 1980, pp. 67-79; BULL, «The Theory of International Politics...», *op. cit.*, pp. 188-191; Karl HAUSHOFER, *De la géopolitique*, Fayard, París, 1986; Antonio TRUYOL Y SERRA, «Francia y la geopolítica alemana: una "reconsideración" de Haushofer» en: *Anales de la Real Academia de Ciencias Morales y Políticas*, XLVI, n.º 71, 1994, pp. 125-141; Jaume VICENS VIVES, *Tratado general de Geopolítica*, Vicens Vives, Barcelona, 1981.

un medio de ejercer la Política Internacional. El equilibrio entre Estados se logra a través de ajustes constantes, siendo parte del juego el desafío y la amenaza. A este respecto, Morgenthau propone varios mecanismos de equilibrio, del que el primero es el viejo lema «divide y vencerás» (*divide et impera*). El siguiente cifra la supervivencia de los Estados en su capacidad de defenderse mediante su poder disuasorio. El tercero se basa en el principio de compensación, cuyo ejemplo, a través del denominado Concierto Europeo del siglo XIX, establece un mecanismo mediante el que cualquier cesión o concesión exige a cambio una contrapartida tácita. Por fin, ligado a éste figura el instrumento equilibrador de fuerzas que constituyen las alianzas[56].

Conocido como uno de los «padres» de la Guerra Fría y de la «contención del comunismo», George F. Kennan es presentado a menudo como un teórico, lo que no se compadece con la vertiente eminentemente política de su carrera, siendo más bien un destacado publicista. Como tal, su objeto de atención fue siempre el interés nacional, al que supeditó la Política Exterior de los Estados Unidos. De origen irlandés de clase media, individualista y tenaz, tras graduarse en Princeton en 1925 se incorporó en 1928 al Servicio Exterior, con destinos diversos: Ginebra, Hamburgo, Berlín, Tallin, Riga, Moscú, Viena, Praga, Lisboa, Londres, Yugoslavia... Esta amplia experiencia diplomática le valió para advertir lo que llamó «fallos» de la Política Exterior de su país a lo largo de la primera mitad del siglo XX. Determinó que su causa provenía del enfoque «legalista-moralista» de la Política Exterior que conoció de joven, si bien a esa edad se percibía imbuido de «los atisbos de un vago liberalismo wilsoniano» acorde con una cierta aflicción debida al rechazo senatorial —impulsado por William Borah y Henry Cabot Lodge— a que los Estados Unidos se integrasen oportunamente en la Sociedad de Naciones, ratificando el Pacto (1919). En sí, sus preferencias ideológicas se volcaban en los ideales que auspiciaron la independencia de los Estados Unidos frente a Inglaterra, símbolo de la vieja, decadente y corrompida Europa: clasista y jerárquica, repleta de incomprensibles y pugnaces nacionalidades *contra natura* y de compartimentaciones económicas obstaculizadoras del libre comercio, solar de doctrinas revolucionarias peligrosísimas como el marxismo… Sin embargo, América era la nueva Tierra Prometida: democrática, juvenil, libre y espontánea, partidaria de la economía liberal —*laissez-faire* y competencia— junto con una correlativa aversión a la fiscalidad elevada y a la planificación estatal. Lo cierto es que Kennan fue testigo de excepción de los regímenes de Alemania, Austria, los Países Bál-

---

[56] Varias precisiones de este apartado: Jean-Jacques ROCHE, *Théories des relations internationales*, Montchrestien, París, 1994, pp. 40 ss.; MORGENTHAU, *Escritos sobre política internacional, op. cit.*, con Estudio Preliminar de Esther Barbé; *Idem*, *Politics Among Nations. The Struggle for Power and Peace*, McGraw-Hill, Boston-Nueva York, 1993, ed. abreviada, revisada por Kenneth N. Thompson; *Idem* y Kenneth W. THOMPSON, *Principles and Problems of International Politics. Selected Readings*, Alfred Knopf, Nueva York, 1956. Lo mejor es leer a los autores referidos en el original (algunas referencias en *Las relaciones internacionales en el siglo XX…, op. cit.*). Recopilación de lecturas, John A. VASQUEZ (ed.), *Relaciones Internacionales. El pensamiento de los clásicos*, Limusa, México, 1994.

ticos, Checoslovaquia, Yugoslavia y la Rusia soviética entre 1928 y 1963, convirtiéndose en una especie de experto en la Europa Central y Oriental. El tópico telegrama de ocho mil palabras que envió desde Moscú en febrero de 1946 y su no menos manido artículo firmado por «Mr. X» que apareció en *Foreign Affairs* en julio del mismo año, sintetizan su «programa de contención del comunismo». Ambos escritos contenían ciertas deficiencias que el propio Kennan reconoció después: incapaz de detectar el desgaste que los países satélites podrían infligirle a la Unión Soviética, acelerando su caída, tampoco especificó la diferencia entre la contención militar y la política, ni precisó que esa contención debería ser más flexible y pegada al terreno que la preconizada por la Doctrina Truman. Precisamente en aras del interés nacional, lo más costoso para los Estados Unidos sería ejercer ilimitadamente de gendarme universal. De ahí se derivaron precisamente sus diversas reticencias con Dulles en los tiempos en que las fricciones con la República Popular China y el conflicto de Corea estuvieron en su apogeo[57]. Kennan defendía la contención del comunismo, aunque al menor coste político, militar y económico. Su programa de Política Exterior estadounidense se basaba en finalidades limitadas, realizables y convenientes para lo que constituía el objetivo principal: la grandeza de un país, que, ante todo, debía consolidar su integridad interna y su cohesión nacional. Más allá del interés nacional de su patria, sus prioridades internacionales se limitaron a garantizar la independencia política y la seguridad militar de Europa occidental y de Japón; y, sólo si no implicaba desplazamiento de tropas, también las de Israel[58].

***

Concluye así este balance del Primer Debate de las Relaciones Internacionales. Superado el horizonte bélico de las dos Guerras Mundiales, ¿qué clima histórico auspició el declive del Realismo clásico internacional en la inmediata postguerra? Es evidente que los acontecimientos singulares apenas significan nada si no se inscriben, aunque sólo sea para criticar su selección, en una Historia significativamente narrada. Disponiendo de fecha tan «redonda» como 1945, rúbrica del final de la contienda y del comienzo de Naciones Unidas, ¿por qué elegir 1949 para cerrar el Primer Debate de la Teoría de las Relaciones Internacionales? Otros hitos podrían ser igualmente importantes: 1947 señala al Plan Marshall y la recuperación de Europa occidental, además de la independencia de la India; 1948, la Declaración Universal de los Derechos Humanos y la fundación del Estado de Israel.

---

[57] THOMPSON, *Masters of...*, *op. cit.*, pp. 143-158.

[58] George F. KENNAN, «La diplomacia en el mundo moderno», reimpreso de *American Diplomacy 1900-1950*, University of Chicago Press, Chicago, 1951, pp. 95-103 en: VASQUEZ, *Relaciones internacionales...*, *op. cit.*, pp. 58-62. Véase el análisis de James E. DOUGHERTY y Robert L. PFALTZGRAFF, Jr., *Contending Theories of International Relations*, Harper & Grow, Nueva York, 1990, pp. 100-105. Obra representativa: George F. KENNAN, *The Cloud of Danger. Current Realities of American Foreign Policy*, Little Brown & Co., Boston-Toronto, 1977.

¿Qué ocurrió en 1949? La primera crisis de Berlín aconteció entre 1948 y 1949: mediante el Puente Aéreo, las aviaciones estadounidense y británica transportaron más de un millón y medio de toneladas de alimentos, medicinas y productos de primera necesidad que se distribuyeron entre una población aislada dentro del perímetro de la vieja capital del *Reich*. Las «dos» Alemanias, Occidental y Oriental, surgieron como epifenómenos de dos sistemas ideológicos que —incapaces de sellar una paz que resolviera la partición, no ya de Alemania, sino de Europa[59]— trazaban sombrías estrategias sobre el campo de ruinas de todo el continente. La Ley Fundamental (*Grundgesetz*) se promulgó el 22 de mayo de 1949 en la República Federal de Alemania; el primer Parlamento federal se eligió en agosto, y en noviembre, mediante el acuerdo de Petersberg —firmado por el Gobierno federal con los Altos Comisionados de las Fuerzas de Ocupación occidentales— la RFA lograba ser admitida a participar en varias organizaciones internacionales como la OECE-OCDE, excepto la ONU, en cuya Carta figuraba, junto con Japón, como «Estado enemigo»[60]. La República Democrática Alemana se proclamó asimismo en octubre de 1949 tras entrar en vigor la nueva Constitución, votada a través de una Cámara Popular provisional; días después la nueva nación establecía relaciones diplomáticas con la Unión Soviética y sus satélites de entonces: Bulgaria, Checoslovaquia, Polonia, Hungría, Rumanía, la República Popular China, la República Popular de Corea y Albania. Pero 1949 remite a otras efemérides tan significativas que resulta interesante considerarlas. El 20 de enero de ese año el presidente Harry S. Truman anunció sus Cuatro Puntos (*Four Point Program*): proclamaban a escala planetaria la responsabilidad de los Estados Unidos frente a la pobreza mundial, base de arraigo del comunismo, el nuevo enemigo a batir. El 4 de abril, durante el Bloqueo de Berlín, se creó la Alianza Occidental que reunía a doce Estados que declaraban su solidaridad militar conjunta mediante el Tratado del Atlántico Norte. Además, el 28 de enero, los cinco ministros de Asuntos Exteriores de los Estados parte del Pacto de Bruselas anunciaron la creación de un Consejo de Europa, fundándose éste el 5 de mayo siguiente con la participación de diez de ellos. Y, ¿qué ocurría al otro lado del Telón de Acero, término enunciado por Churchill en 1947? A la muerte de Andréi Zhdánov, otros dirigentes como Georgi Málenkov, Lavrenti Beria y Nikita Krúschev accedieron a puestos superiores en la *nomenklatura* soviética también en 1949; por su parte, el incombustible ministro de Asuntos Exteriores Viacheslav Mólotov fue sustituido por Andréi J. Vichinsky. Stalin visitó la China de Mao Zedong el 16 de diciembre de 1949; tras la Larga Marcha, acababa de consagrarse la victoria sobre la China del nacionalista Chiang Kaichek,

[59] Pierre DE SENARCLENS, *Yalta*, FCE, México, 1988.

[60] Artículo 53.1 y 2 de la Carta. En línea, el comentario: untreaty.un.org/cod/repertory/art53/.../rep_supp3_vol2-art53_s.pdf (consulta: 28/04/2013). Balance en mi «La unidad alemana, clave de la nueva arquitectura europea» en: *CISS/Noticias CEE*, n.º 93, octubre, 1992, pp. 19-30.

obligado a retirarse en la minúscula isla de Taiwán o Formosa: el 1 de octubre se había proclamado la República Popular China[61]. Por su parte, el COMECON iniciaba su política de ayuda económica mutua entre los Estados socialistas, en sí, una respuesta a la acción del Plan Marshall, aunque su demarcación se ampliaba a la virtualidad de la expansión comunista por todo el mundo, en especial, por Asia. Allí, siempre en 1949, se celebró el 2 de enero la Conferencia Asiática en Nueva Delhi, ideada para encauzar los movimientos de liberación nacional de todo el continente: de hecho, bajo su influjo, Indonesia se emancipó de la tutela neerlandesa al finales de año. Tras haberse visto dividida a lo largo del Paralelo 38 como consecuencia de la Guerra Mundial, Corea pasó a convertirse en un país con dos gobiernos tras las elecciones de 1948: uno, pro-comunista, se afincó en el Norte; otro, pro-estadounidense, lo hizo en el Sur. En 1949, tanto los soviéticos —que acababan de firmar un Tratado comercial y cultural con Corea del Norte— como los estadounidenses retiraron sus fuerzas armadas de Corea; meses después, estalló la terrible guerra que concluyó en 1953[62]. El Segundo Debate está punto de comenzar. Es el físico Max Born quien se encarga de abrirle las puertas:

> Si la especie humana no desaparece a causa de una guerra con armas nucleares, degenerará hasta ser una manada de criaturas obtusas y tontas bajo la tiranía de dictadores, que la dominarán con ayuda de máquinas y computadoras electrónicas.
>
> Esto no es ninguna profecía sino una pesadilla. Me siento responsable aunque yo no haya participado en la aplicación de conocimientos científicos naturales con fines destructivos como la bomba H. Si mi filosofía es correcta, el destino de la especie es una consecuencia necesaria de la constitución del hombre, una criatura en la que se entremezclan instintos animales y fuerzas intelectuales.

---

[61] 30 de junio de 1949: Mao Zedong proclamó su adhesión a la Unión Soviética («Sobre la dictadura democrática popular»). 31 de febrero de 1949: Artem Mikoyan (el gran diseñador aeronáutico, junto con Mijaíl Gurevich) acudió a entrevistarse con Mao para informarse del curso de la guerra y la revolución así como para transmitir el apoyo de la URSS al Partido Comunista Chino. 10 de julio-14 de agosto: Liu Shaoqi, número dos del PCCh, visitó a Stalin para plantearle sus criterios de política internacional y la situación interna de China, informándole de sus planes de formar gobierno a comienzos de 1950. Stalin apremió este asunto, ofreciendo la colaboración de 96 expertos soviéticos (reconstrucción económica; creación de fuerzas armadas modernas) así como ayuda material y un crédito de 300 millones de dólares; luego se agregaron otros 200 expertos, creándose la correspondiente comisión chino-soviética. A finales de 1949, China había recibido 185 aviones militares de diverso tipo; entre octubre y noviembre, llegaron 90 asesores navales. China proclamó la República Popular el 1 de octubre de 1949. Véase: «Conversación entre Stalin y Mao Zedong en diciembre de 1949» en: *Crítica marxista leninista*, viernes, 1 de febrero 2013. Accesible en línea: www.criticamarxista-leninista.blogspot.com/.../conversacion-stalin-mao-moscu... (consulta: 29/04/2013).

[62] Repaso de acontecimientos históricos: Peter CALVOCORESSI, *Historia política del mundo contemporáneo*, Akal, Madrid, 1987, 1999; Wolfgang BENZ y Hermann GRAML, *El siglo XX. I y II. Europa después de la Segunda Guerra Mundial (1945-1982)*, Siglo XXI, Madrid, 1986, 2 tomos; *Idem* e *Idem*, *El siglo XX. III. Problemas mundiales entre los dos bloques de poder*, Siglo XXI, Madrid, 1987.

También puede ocurrir que mis reflexiones sean totalmente equivocadas. Espero que así sea. Quizá algún día aparezca una clase de hombre más hábil e inteligente que la de nuestra generación, capaz de sacar al mundo del callejón sin salida en que se encuentra[63].

[63] Max BORN, «Recuerdos y reflexiones de un físico» [1963] en: *Idem* y Hedwig BORN, *Ciencia y conciencia en la era atómica*, Alianza, Madrid, 1971, pp. 71-72.

CAPÍTULO III

SOCIOLOGÍA E HISTORIA EN LAS RELACIONES INTERNACIONALES

Como es obvio, tanto la Sociología como, sobre todo, la Historia, son muy anteriores en el tiempo a las Relaciones Internacionales. La primera data de mediados del siglo XIX, siendo su fundador Auguste Comte (1798-1857); la invención de la segunda se atribuye a Heródoto de Halicarnaso (*ca.* 484-420 a.C.). La única razón de encabezar este capítulo con un título semejante responde al propósito que guía la concepción de este libro: facilitar una lectura de aspectos esenciales de la Teoría Internacional sin incurrir en un reduccionismo excesivo. Por tanto, se intenta abordar el denominado Segundo Debate según la rúbrica convencional, aunque aspirando a una comprensión más profunda[1]. Una clave del Segundo Debate de las Relaciones Internacionales se sitúa pragmáticamente en 1948, fecha en que, además de la Declaración Universal de los Derechos Humanos, se publica la obra *Politics Among Nations* de Hans J. Morgenthau. Su evolución doctrinal se completa, por ejemplo, con la influencia de autores como Nicholas Spykman, geógrafo; Reinhold Niebuhr, teólogo; Arnold Wolfers, politólogo; y Walter Lippmann, periodista[2]. A riesgo de alguna reiteración del capítulo anterior se expone ahora una somera cronología, ilustrativa de las circunstancias mundiales en torno a 1945-1949. La decisiva reconstrucción post-bélica europea —que en el ámbito político se materializó en el Consejo de Europa y en el económico con el Plan Marshall— comenzaba a ser una realidad. Por su parte, en sus áreas de influencia, la Unión Soviética afirmó su presencia política mediante la *Kominform* y la creación de las

---

[1] Dentro de su contexto histórico general se exponen los contenidos principales del Segundo Debate con referencias a algunas corrientes intelectuales e ideológicas del momento. En sentido analítico y reflexivo más avanzado, Martin SHAW, «International System, Globality and Historical Society: State, Revolution and War, Revisited», Stephen HOBDEN, «Historical Sociology Back to the Future of International Relations?», John M. HOBSON, «The Two Waves of Weberian Historical Sociology in International Relations» en: Martin SHAW y Stephen HOBDEN (eds.), *Historical Sociology of International Relations*, Cambridge, Cambridge University Press, 2002, pp. 82-98, 42-60, 63-81, respectivamente.

[2] Pierre DE SENARCLENS, «El paradigma realista y los conflictos internacionales» en: *Revista Internacional de Ciencias Sociales*, n.º 127, marzo 1991, p. 14.

denominadas Democracias Populares; impuso su hegemonía militar a través del Pacto de Varsovia y consolidó su primacía económica a través del COMECON. En 1948 nació el Estado de Israel, determinando una nueva situación en Oriente Próximo y una completa alteración en el Mundo Árabe. Turquía pasó a colaborar con Occidente a partir de su ingreso en la OTAN (1947). La India progresaba en su independencia, lograda a partir de 1947: inauguró así la vía descolonizadora, abriéndola a los pueblos y naciones bajo Administración Fiduciaria; Indonesia (1945), Filipinas (1946), Malasia (1948), la Unión Democrática Africana (1946), el Movimiento de Liberación Argelino (1947) constituyeron logrados ejemplos iniciales. Tras recrudecerse la guerra civil en China, en parte a causa de la ayuda que los Estados Unidos brindaron a los nacionalistas de Chiang Kaichek, la victoria final del ejército comunista proclamó la República Popular en 1949. A esto se suman otros factores cruciales de la constelación geopolítica de la zona, como la partición de Corea a ambos lados del Paralelo 38 y la de Indochina por el Paralelo 16 (1945); la guerra de Corea estalló en 1950; la primera fase de la de Indochina comenzó en 1946.

1. MOMENTOS HISTÓRICOS DECISIVOS: DE LA CONCEPCIÓN DE «UN SOLO MUNDO» A LA VISIÓN DE UN MUNDO BIPOLAR Y AL TERCER MUNDO

En el contexto del período de entreguerras sucintamente referido en el capítulo previo, los realistas previeron las funestas consecuencias de la «política de apaciguamiento» seguida por las potencias aliadas respecto de los dirigentes totalitarios —Gran Bretaña, en particular, con el ministro Neville Chamberlain a la cabeza—, en especial, en lo que concernió a Hitler, Mussolini y otros dictadores menores de parecido signo ejercientes en otras naciones europeas —Austria, Hungría, Rumanía, Eslovaquia, Ucrania, Países Bálticos...— y extremo-orientales, como Japón. El totalitarismo campaba también en la Unión Soviética de Stalin, pero, tras la invasión del régimen nazi acometida en 1941 —después de haber acordado ambos en secreto el reparto de la zona centro-oriental de Europa en 1939, nueve días antes del asalto a Polonia (Pacto Ribbentrop-Mólotov, de 23 de agosto de 1939)—, ésta se unió a las que serían las potencias vencedoras de la Segunda Guerra Mundial en 1945. Las bajas de esta guerra fueron tan monstruosas que algunos creyeron que horrores semejantes no volverían a repetirse. Demostraron ser bastante ingenuos, pero su influencia favoreció logros tan positivos como la Declaración Universal de los Derechos Humanos (1948)[3], que al

[3] Una vez me escribió una lectora alegando que Derechos del Hombre era impropio e incluso inexistente, siendo más correcto «Humanos»; siendo cierto, «hombre» fue el término empleado en las primeras declaraciones históricas, cuyo origen está en el hugonote Jean de Barbeyrac, traductor de *De Jure Naturae et Gentium libri octo* de Samuel Pufendorf (1672). «Hombre» es el *homo* latino y el *ánthropos* griego. Varón es *vir* [*ànér* (*andrós*)] y mujer es *femina* (o *mulier*) [*gyné* (*gynaikós*)]. Aparte de la foto de Eleanor Roosevelt (noviembre, 1949) con

menos sirve para que las generaciones posteriores dispongan de alguna referencia moral para enjuiciar las barbaridades que muestran a diario los medios de comunicación. Más allá de un virtual concepto de humanidad, esta Segunda Guerra Mundial —para algunos una prolongación de la Primera— disolvió fundamentales referencias anteriores del orden internacional. La efectiva redistribución del poder mundial fue un hecho cierto, así como la creación de una organización internacional de carácter universal, Naciones Unidas, *a priori* provista de mayor capacidad política que su predecesora, la extinta Sociedad de Naciones. En este universo de la inmediata postguerra dos naciones se elevaron al rango de máximas potencias con un grado superior de primacía al que pudieran haber ostentado las del siglo XIX europeo[4]: surgieron las «superpotencias». ¿Qué define a una potencia mundial (*Weltmacht*)? Según el autor suizo Urs Schoettli comprende una supremacía en tres dominios: el político, el militar y el económico, sin dejar de lado el cultural, más sutil aunque no menos influyente[5]. Obviamente, los llamados a serlo en esos momentos eran los Estados Unidos, representante del «mundo libre», regido por la economía de mercado y la democracia liberal, al menos, en teoría[6], y la Unión Soviética, emblema del «socialismo real», presidido por la economía planificada y la dictadura del proletariado. La bipolarización del mundo fue un hecho tan tópico hasta la década de 1990 que no parece preciso insistir demasiado sobre él. Dos sistemas políticos, económicos y sociales se oponían entre sí con encarnizamiento, empleando todos los medios para destruirse mutuamente. Que en medio de esa liza anduvieran en vilo la vida y los destinos de millones de seres humanos no pareció importarle demasiado a ninguno de los dos bloques.

Si, casi al finalizar la guerra, bajo la égida de un idealista moderado aunque consecuente, como fue el demócrata presidente norteamericano Francis Delano Roosevelt, fraguó el ideal de «Un Solo Mundo» (*One World*)[7] —ligado a la Carta del Atlántico y a la propia creación de Naciones Unidas— muy pronto esta actitud habría de transformarse en otra más pesimista y negativa, ya bajo el mandato del demócrata aislacionista Harry F. Truman, cuya manifestación política interna más conocida fue la llamada «caza de brujas» por parte del Comité que vigilaba a los sospechosos de actividades «anti-americanas», desencadenándose el llamado *macarthysmo*, derivado del

---

la primera versión española («Derechos del Hombre»), véase la Introducción de Antonio TRUYOL Y SERRA, *Los Derechos Humanos*, Tecnos, Madrid, 2000, esp. pp. 21-22.

[4] «Angloamericanos» y «rusos»: lo profetizó (1831) Alexis DE TOCQUEVILLE, *La democracia en América*, Alianza, Madrid, 1985, 2 vols., t. I, p. 385.

[5] Distinción entre gran potencia y superpotencia/potencia mundial: Urs SCHOETTLI, *China. Die neue Weltmacht*, Paderborn-Múnich-Viena-Zúrich, Ferdinand Schöningh, 2007, pp. 157-185; Paul M. KENNEDY, *The Rise and Fall of the Great Powers - Economic Change and Military Conflict from 1500 to 2000*, Random House, Nueva York, 1988.

[6] No hace mucho, en varias zonas del mundo occidental la efectividad de la economía de mercado y la democracia liberal no era tan evidente: John MARKOFF, *Olas de democracia. Movimientos sociales y cambio político*, Tecnos, Madrid, 1999.

[7] Evocado por Zygmunt BAUMAN, *Múltiples culturas, una sola humanidad*, Katz, Buenos Aires-Madrid-Barcelona, 2008, p. 25.

senador Joseph McCarthy. Un detonante de este cambio puede resumirse en la pérdida de la hegemonía nuclear absoluta por parte de Estados Unidos[8] a partir de 1949, cuando la Unión Soviética realiza con éxito sus primeras pruebas. Comienza, en ese instante, la Guerra Fría y se instaura la visión de un «mundo bipolar». Ligada a la posibilidad de inminentes ataques nucleares de destructividad y consecuencias aún en vías de precisarse con mayor exactitud —a pesar del experimento bélico en Japón y las pruebas sistemáticas en los desiertos del Medio Oeste americano y la taiga siberiana, que procuraban elocuentes indicios— se originaron nuevas percepciones psicológicas asociadas a un comprensible terror nuclear. En esas circunstancias, el realista Kennan predicó la política de contención, uno de cuyos textos fundamentales fue el conocido artículo de la revista *Foreign Affairs* firmado por «Mr.-X» (*The Sources of Soviet Conduct*). Ese mismo año, 1946, Winston Churchill dictó en Fulton (Missouri) la famosa conferencia en la que habló por primera vez del Telón de Acero (*iron curtain*). La Doctrina Truman, cuyo objetivo principal era prestar apoyo a todas las naciones bajo amenaza comunista, cuajó en 1947. En estas coordenadas se hicieron perceptibles, pues, dos «mundos» enfrentados. El llamado Primer Mundo, adscrito al liberalismo, más o menos *sui generis*, coexistía con el denominado Segundo Mundo, defensor de un socialismo también peculiar[9]. El Plan Marshall (*European Recovery Program* - ERP, 1947), inspirado en la Doctrina Truman y obra del Secretario de Estado George C. Marshall, fue creado para financiar y organizar la reconstrucción de Europa y frenar el avance del comunismo, cuando ya las denominadas Democracias Populares cristalizaban en los Estados bajo «zona de influencia soviética», un eufemismo para disfrazar su condición de sojuzgados. Desde esta base se definen las líneas de lo que se entendió que eran dos modelos de sociedad y dos sistemas de desarrollo. Pronto surgiría la noción de una más que virtual tercera condición, la del llamado Tercer Mundo, pero habría que esperar a la década de 1950[10]. A incrementar la sensación de inseguridad estadounidense contribuyó la «pérdida» de China, es decir, el triunfo del ejército comunista bajo el mando de Mao Zedong, tras la Larga Marcha o epopeya de sus fuerzas populares, que proclamó la República Popular China (1949) —pronto enfrentada, sin embargo, a la Unión Soviética— y el destierro del dirigente

[8] Las bombas de Hiroshima y Nagasaki, arrojadas sobre estas populosas ciudades japonesas en agosto de 1945, sancionaron aquella supremacía de un modo que los historiadores revisan en la actualidad: no se trataba tanto de someter a un Japón a punto de rendirse como de demostrar ante el mundo —la URSS de Stalin en particular— que no quedaban, de momento, más territorios e influencias que repartir: el Realismo predica una política internacional «disuasoria».

[9] Bajo la protección del «mundo libre» pronto hubo dictaduras autárquicas e intervencionistas en lo económico, supresoras de las libertades individuales y represoras de cualquier asociación política; por otro lado, bajo pretendidas señas de identidad socialistas se cobijaron viejas y nuevas élites corruptas que siguieron explotando a sus poblaciones como desde antaño.

[10] Un resumen cronológico en *Las relaciones internacionales en el siglo* XX..., *op. cit.*, p. 102.

nacionalista Chiang Kaichek a la isla de Taiwán-Formosa, donde constituyó otro Estado[11].

Esto sucedía en un panorama mundial sometido a fortísimas tensiones que no habían concluido con el final de la Guerra Mundial y que daba evidentes muestras de estar cambiando de un modo impredecible[12]. Pueblos, naciones, antiguos imperios y reinos, por supuesto, no occidentales, sometidos a dominación colonial, habían asimilado los discursos nacionalistas, por un lado; socialistas y comunistas, por otro; liberales y demócratas, por otro, propagados por una creciente alfabetización del sector de población que ayudaba, las más de las veces como auxiliar subalterna, en la administración colonial de sus territorios. Además, algunos individuos de las clases pudientes acudían a formarse en las metrópolis. Así se habían constituido élites instruidas en ciencias, técnicas y modos de vida occidentales, que empleaban la lengua de los colonizadores para predicar la «buena nueva» de la liberación de los dominados desde diversas ideologías, ya desde principios del siglo XX. Su conciencia y organización fraguaron a veces de forma muy consistente, buscando una síntesis entre tradición y modernidad.

Las potencias aliadas, vencedoras de la guerra, todavía poseían —como el Reino Unido, Francia, Bélgica, Países Bajos, Portugal...— un imperio colonial cuyo dominio y explotación, en razón de los Principios y Propósitos de la propia Carta de Naciones Unidas (1945), se hicieron condenables[13]. En aquellos años iniciales la ONU instituyó una Administración Fiduciaria para aquellos territorios y poblaciones con la vista puesta en una futura emancipación política definitiva, acompañada de un desarrollo material de las condiciones de vida. No obstante, aunque mejorado, su espíritu rector era el mismo del surafricano Jan Cristiaan Smuts, impulsor ideológico del Sistema de Mandatos de la Sociedad de Naciones: artículo 22 del Pacto. Incluso los autores realistas de Teoría Internacional no dudan en calificar de «paternalista» a este «espíritu». A pesar de su amable apariencia, una mayoría de aquellos pueblos y naciones no estaba dispuesta a aguardar una liberación otorgada ni tampoco a soportar de forma indefinida tutelas de tal especie. Comienza entonces un proceso gigantesco y decisivo en la historia universal: la descolonización. Guiada por el pronto asesinado Mohandas Karamchand

[11] Miembro permanente del Consejo de Seguridad de la ONU hasta 1971; relevado con la denominada «diplomacia del ping-pong» de Henry Kissinger, asesor de Richard Nixon. Lucien BIANCO, «La China Popular de 1949 a 1974» en: *Idem* (comp.), *Asia Contemporánea*, Siglo XXI, Madrid, 1984, pp. 203-237; José FRÈCHES, *Érase una vez China. Desde la Antigüedad al siglo XXI*, Espasa-Calpe, Madrid, 2006, p. 416; Paul J. BAILEY, *China in the Twentieth Century*, Oxford, Blackwell, 2001, p. 192; Jean-Luc DOMENACH, *¿A dónde va China?*, Paidós, Barcelona, 2006, cap. IV, pp. 205-219.

[12] Sigo a BENZ y GRAML, *El siglo XX. III. Problemas mundiales entre los dos bloques de poder…*, *op. cit.*; Frank R. PFETSCH y Christoph ROHLOFF, *National and International Conflicts: 1945-1995. New Empirical and Theoretical Approaches*, Routledge Chapman & Hall, Georgetown, 2000.

[13] Aparte de los textos (*web* de Naciones Unidas), Manuel DIEZ DE VELASCO y José Manuel SOBRINO HEREDIA, *Las Organizaciones Internacionales*, Tecnos, Madrid, 2013; CARRILLO SALCEDO, *El Derecho Internacional en perspectiva histórica…*, *op. cit.*

Gandhi[14], el papel simbólico de la India fue esencial, logrando su completa independencia política del Imperio británico en 1947, si bien sólo tras una cruenta guerra contra sus vecinos musulmanes, los actuales Estados de Pakistán y Bangladés, una de cuyas secuelas es el irresuelto conflicto de Cachemira.

En ese clima de efervescencia política y de agitación de masas a escala planetaria, el comunismo del anterior aliado bélico, la Unión Soviética, comenzó a ser tenido en la administración estadounidense por algo incluso más peligroso y dañino que el nazismo, encarnación del mal supremo hasta ese momento. Entre otras cosas, podía resultarle atractivo a los que algo después, Frantz Fanon, un ideólogo principal del tercermundismo (*tiers-mondisme*), llamó los «condenados de la Tierra»: *Les damnés de la Terre* (1961). La clara referencia eran los millones de personas pobres, analfabetas, explotadas, que podían sentir la tentación de entregarse a un revanchismo irreprimible, tomando a la Unión Soviética —y luego a la China comunista— como modelo, guía y salvadora. En el marco ideológico de la Guerra Fría, la hoy obsoleta noción de Tercer Mundo designa a aquella porción de la humanidad que no podía ser incluida ni en el Primer ni en el Segundo Mundos. En general, el Tercer Mundo comprende a las poblaciones y territorios que un día fueron objeto de dominación colonial, con grados de desarrollo cultural, social, educativo y político muy diferentes ya en origen. Como es obvio, China, India, Egipto... no eran comparables, ni siquiera entonces, a mediados del siglo XX, con Nueva Guinea, Honduras o Zambia. Ni entonces ni aún menos ahora. Y no sólo por razones de tamaño, población o poderío de cualquier tipo, sino por aspectos más profundos, de índole antropológica, histórica, cultural. Ideológicamente, el Tercer Mundo fue un término útil que permitía simplificar las cosas y meter en un mismo saco a realidades distintas y heterogéneas; fue creado por el demógrafo Alfred Sauvy al comparar el Tercer Estado del Antiguo Régimen (Emmanuel-Joseph Sieyès) con la situación de los desfavorecidos del mundo en un artículo —«Trois mondes, une planète», *L'Observateur* (14 de agosto 1952)— que repudió posteriormente. Se atribuye al antropólogo africanista Georges Balandier la invención de «subdesarrollado», otro tópico recurrente[15].

Como es evidente, en el Tercer Mundo se confunden, sin mezclarse, culturas, pueblos, naciones... de lo más diverso, cuya única condición común en el siglo XX —además de compartir el mismo «saco» terminológico— fue una pobreza generalizada, sumada al atraso tecnológico, la corrupción política, la explotación económica, la desigualdad social, la malversación de recursos, la elevada mortalidad, la ausencia de sanidad; es decir, la «violencia estructural» de Johan Galtung[16]. Sin embargo, en este siniestro panorama que

---

[14] Louis FISCHER, *Gandhi. La vida del líder espiritual más grande del siglo XX*, Vergara, Buenos Aires, 1983.

[15] Georges BALANDIER, *L'Anthropologie appliquée aux problêmes des pays sous-developpés*, Universidad de París-Institut d'études politiques, París, 1955.

[16] Estos supuestos y realidades se verán en el capítulo siguiente. Acerca del Tercer Estado: Emmanuel-Joseph SIEYÈS, *¿Qué es el Tercer Estado? Ensayo sobre los privilegios*, Alianza, Madrid, 2008.

comprende a por lo menos dos tercios de la humanidad existen diversos grados e intentos más o menos logrados de superación[17], sin olvidar en ningún caso que la designación de Tercer Mundo es paternalista e insultante. En realidad fue un tópico movilizador que a una parte de la izquierda intelectual occidental le sirvió para construir una ética secular de solidaridad inespecífica, impregnada a menudo de un mesianismo que, a la vista de algunos resultados, tampoco fue del todo inocente. Autores como Jean-Paul Sartre, Pierre Jalée, Jean Ziegler… formaron su vanguardia en lengua francesa, extendiéndose luego de un modo universal[18].

Las consecuencias políticas internacionales de la descolonización se reflejaron enseguida en la composición de la Asamblea General de las Naciones Unidas, que en unas pocas décadas triplicó y casi cuadruplicó el número de sus Estados miembros. Las sucesivas incorporaciones de Estados a esta organización se sucedieron también al socaire de la Guerra Fría, pues las dos superpotencias procuraban asegurarse de que los nuevos miembros engrosasen las filas de sus aliados para servirse de ellos luego como peones de su mutua rivalidad internacional[19]. Hubo así Estados del Tercer Mundo afines a Occidente, como Costa de Marfil, dirigido por el

---

[17] Con independencia de juicios precipitados y fantasías megalómanas en cualquier dirección ideológica, en este tercer milenio la incidencia de los llamados BRICS (acrónimo de Brasil, Rusia, India, China: 2006 + Suráfrica: 2010) en los últimos tiempos supone un vuelco real que no permite mantener el tópico del Tercer Mundo bajo los parámetros del siglo XX; a ello se agregan los G-: G-8 (Canadá, Francia, Alemania, Italia, Japón, Estados Unidos, Reino Unido + Rusia); G-5 (Brasil, China, India, México, Suráfrica); G-8+5 (suma de los anteriores); G-20 (Suráfrica, Estados Unidos, Canadá, México, Brasil, Argentina, China, Japón, Corea del Sur, India, Indonesia, Rusia, Turquía, Unión Europea, Alemania, Francia, Reino Unido, Italia, Arabia Saudita, Australia)… Otras «economías» —curiosa denominación para designar a Estados— como Suiza, Irán, Noruega y Taiwán no están incluidas; España, los Países Bajos, Suecia, Polonia, Bélgica y Austria participan como Estados miembros de la Unión Europea.

[18] Dentro de la inabarcable bibliografía, Jean LACOUTURE y Jean BAUMIER, *Le poids du Tiers Monde*, Artaud, París, 1962; Pierre JALÉE, *Le pillage du Tiers Monde*, Maspero, París, 1965; *Idem*, *Le tiers monde dans l'économie mondiale*, Maspero, París, 1967. Una tentativa renovadora es la de Martin GALLIÉ, «Les théories tiers-mondistes du droit international (TWAIL): Un renouvellement?» en: *Études internationales*, vol. 39, n.º 1, marzo 2008, pp. 17-38. Accesible en línea: www.erudit.org/revue/ei/2008/ v39/…/018717ar.html (consulta: 26/04/2013). Una crítica desconstructiva en las conclusiones de Nouredinne LAMOUCHI, *Jean-Paul Sartre et le Tiers Monde. Rhétorique d'un discours anticolonialiste*, L'Harmattan, París, 1996, pp. 311-318.

[19] Basta con mirar en un buen libro o en la documentación de la ONU las correspondientes fechas de ingreso de los nuevos Estados en la organización para advertir «lotes» de socios de uno u otro lado, influyentes en los consiguientes resultados en las votaciones de la Asamblea General. Tal fue, entre otros, el propio caso de España (miembro de la ONU desde 1955), proscrita por los aliados tras la II Guerra Mundial por su adhesión al Eje, que, merced al giro de su Política Exterior con el ministro Alberto Martín Artajo, que auspició buenas relaciones con los EEUU gobernados por el general Dwight E. Eisenhower (Acuerdos de 1953), autorizando, entre otras cosas, la instalación de bases militares en su territorio, normalizó su presencia internacional. Carácter general: Jorge MONTAÑO, *Las Naciones Unidas y el orden mundial, 1945-1992*, México, FCE, 1992. Perspectiva actual: Antonio BLANC ALTEMIR (ed.), *El proceso de reforma de Naciones Unidas*, Tecnos-Asociación para las Naciones Unidas de España-Universitat de Lleida, Madrid, 2009.

independentista africano Félix Houphouët-Boigny, y otros, como el Vietnam comunista de Ho Chi Minh o la India socialista de Jawaharlal Nehru, aliados de la Unión Soviética; la China Popular protegió a una Camboya comunista, dirigida por el singularísimo príncipe Norodom Shihanuk, miembro de la antigua dinastía real[20]. Durante aquellos primeros momentos de la Guerra Fría, logra su apogeo doctrinal el pensamiento de los realistas «clásicos», expuesto en el capítulo previo. Sin embargo, el alcance de sus percepciones, teorías y métodos pronto se vería superada por una realidad internacional avasalladora, desconocida en varias de sus facetas y, contemplada desde una óptica realista, amenazante o al menos desafiante, por tanto. De ese modo, ese Realismo clásico dio paso a nuevos planteamientos y, sobre todo, métodos.

2. EL CIENTIFICISMO EN LAS RELACIONES INTERNACIONALES[21]

En un mundo en el que las fronteras de todo tipo iban a verse transformadas de un modo radical, una clave del análisis político internacional de este período residía en la imposibilidad de mantener inalteradas las viejas nociones, de raigambre medieval, acerca de la soberanía del Estado. Basada en la territorialidad, la concepción clásica de la soberanía se desplaza hacia una visión más sutil del espacio, que, merced a la potencia destructiva de las nuevas armas, se relativiza en sus supuestos básicos, modificándose las percepciones geopolíticas, geoestratégicas y estructurales de las relaciones internacionales desde el momento en que los anteriores espacios terrestres y marítimos se amplían a los aéreos desde la Primera Guerra Mundial y luego —sólo en aparente y redundante paradoja— a los «aeroespaciales», considerándose esta carrera espacial ya no sólo como virtualidad sino como una dimensión al alcance de la ciencia y la técnica coetáneas[22].

En tal sentido, el avance científico y tecnológico asomaba como un factor de magnitud inconmensurable en la escena internacional. El sistema de equilibrio entre Estados soberanos, vigente desde el siglo XVII (Paz de Westfalia y Osnabrück, 1648) y consagrado en el XIX (Congreso de Viena, 1815), se transforma en el denominado «equilibrio del terror» que instaura un tipo de

---

[20] En muchas de estas rivalidades y alianzas pesaban elementos históricos como la memoria o la evidencia de agravios, amenazas e invasiones, desafíos latentes, intereses opuestos, ajenos a afinidades o discrepancias ideológicas. Reveladoras las entrevistas a esos dirigentes: Indro MONTANELLI, *Personajes*, Plaza y Janés, Barcelona, 1966; Oriana FALLACI, *Entrevista con la historia*, Noguer, Barcelona, 1986, y *Nada y así sea*, Círculo de Lectores, Barcelona, 1973.

[21] También se usa «cientifismo».

[22] Penetrante al respecto: Carl SCHMITT, *El* Nomos *de la Tierra en el Derecho de Gentes del* «Ius Publicum europaeum», Comares, Granada, 2002, pp. 301 ss. y 348 ss., que conviene preceder de *Tierra y mar. Consideraciones sobre la historia universal*, Instituto de Estudios Políticos, Madrid, 1952.

«paz» sostenida estructuralmente por los contrapesos de las coaliciones entre los «grandes» y los «pequeños». Apenas inaugurada, tal vez se creyó que esta nueva *pax americana*, ensayada en 1945 y dramáticamente cuestionada en 1949, sería la sucesora de la vieja *pax britannica*, evocadora —como en cualquier emulación imperial— de la originaria *pax romana*[23]. Aunque, más allá del sensacionalismo de un titular periodístico, estas proclamas retóricas carecen por lo general de todo interés real.

A) El Behaviorismo, o del empirismo conservador y sus métodos

La difícil aprehensión de esta realidad internacional sometida a una radical innovación tecnológica —en un proceso imparable que apenas había comenzado— llevó en determinados círculos científicos y políticos de los Estados Unidos a negarse a admitir la validez de los supuestos de la Historia y el Derecho Internacional, por ejemplo, como disciplinas eficaces para el gobierno del mundo. Los análisis económicos y sociológicos, impregnados de funcionalismo —una de cuyas vertientes es el behaviorismo— se conjugaron con una matematización que buscaba exactificar el discurso de la Teoría Internacional, sometida a los dictados del positivismo científico. Este enfrentamiento doctrinal es el que se conoce como Segundo Debate de las Relaciones Internacionales. Se inicia con la década de 1950.

Los manuales al uso suelen agrupar a estos dos bandos contendientes bajo las rúbricas simplificadoras de «tradicionalistas» y «behavioristas». Desde esa premisa, los behavioristas figuran como «innovadores». Su objetivo fue conseguir un cuerpo de doctrina que fundamentase a la Teoría Internacional sobre los postulados del positivismo científico aplicado a las Ciencias Sociales, según una tendencia que siguió la mayoría de los científicos sociales americanos del momento, activos en la Ciencia Política y la Sociología, con métodos que ya se empleaban en la Psicología y la Economía. En cualquier caso, la denominación de «behaviorista» relacionada con esta corriente es sesgada, pues toma a la parte para designar el todo (sinécdoque). El Behaviorismo o conductismo designa sólo a una rama de la Psicología, inscrita en el viejo utilitarismo del siglo XIX. He aquí una cita textual de un manual de Relaciones Internacionales *comme il faut* que refleja una concepción corriente del Behaviorismo [*sic*]:

> Durante la década indicada anteriormente [comienzos de 1960], los tradicionalistas se vieron amenazados por un creciente número de seguidores de la posición «behaviorista» tales como Karl Deutsch, J. David Singer y James Rosenau, quienes buscaron

---

[23] Desencantadas reflexiones del creador de Paneuropa, Richard Nikolaus COUDENHOVE-KALERGI, *De la guerra permanente a la paz universal*, Editorial Hispano Europea, Barcelona, 1958; perspectiva actual, Caterina GARCÍA SEGURA y Ángel J. RODRIGO (eds.), *El Imperio inviable. El orden internacional tras el conflicto de Irak*, Tecnos, Madrid, 2004; específico: Josep IBÁÑEZ, «El desafío a la *Pax Americana* desde el 11 de septiembre de 2001», pp. 33-66.

hacer de las relaciones internacionales un campo más *científico*. Por tanto, su meta fue construir un cuerpo acumulativo de conocimiento basado en métodos más sofisticados y rigurosos, prestados de las ciencias biológicas y físicas. La literatura acerca de este marco del comportamiento consistía en escritos que enfatizaban el desarrollo sistemático y la comprobación puesta a prueba de *teorías* que pudiesen *explicar* la dinámica de las relaciones internacionales[24].

Este planteamiento se completa con la descripción siguiente de los behavioristas o conductistas [*sic*]: «teóricos de las relaciones internacionales que emplean rigurosos métodos de las ciencias sociales, tales como la obtención y el análisis de datos para desarrollar y poner a prueba teorías que expliquen el comportamiento de los actores en las relaciones internacionales»[25]. Como no se le escapará a un lector avispado, conviene señalar que cuando aquí se habla de un «cuerpo acumulativo de conocimiento» se piensa en un concepto de ciencia que opera por agregación, siguiendo un esquema positivista y utilitario, por completo acrítico acerca del progreso humano. Cuando se habla de un «un campo más científico» se piensa realmente en un conocimiento aplicado, es decir, en «técnicas». Cuando se habla de supuestos «métodos más sofisticados y rigurosos» se piensa en realizar un análisis, normalmente cruzado, de datos combinados, introducidos en un ordenador, para lo que es necesario seleccionarlos, cuantificarlos y «operativizarlos» previamente. Cuando se habla de «desarrollo y comprobación puesta a prueba» se piensa en una presunta verificación empírica de postulados o proposiciones científicas derivados de teorías. Cuando se habla de «teorías» se piensa en «métodos», puesto que en aquella época las Relaciones Internacionales carecían de una teorización sólida[26]. Cuando se habla de «explicar» se piensa en intentar «predecir» comportamientos y funcionamiento; por eso se menciona la «dinámica», relacionada con los procesos más que con las estructuras[27]. Toda esta construcción semántica se presenta formalmente como algo regido por criterios objetivos, por lo tanto «inobjetables» o «incontrovertibles», pues, según las premisas behavioristas, los datos son hechos (*facts*) y éstos hablarían por sí mismos; serían evidentes y no precisarían otra comprobación que la fáctica. Combinados en la memoria de un ordenador se supone que estos datos proporcionarían una visión desapasionada de la realidad, lo que permitiría a los científicos aconsejar a los políticos sobre las decisiones que habrían de tomar. Y esto eximiría a los políticos de tener que

---

[24] Frederick S. PEARSON y J. MARTIN ROCHESTER, *Relaciones internacionales. Situación global en el siglo XXI,* McGraw-Hill, Santa Fe de Bogotá, 2000, p. 23: texto susceptible de ser examinado por un teórico internacional experto en análisis intertextual. Una mera lectura superficial revelaría ciertas actitudes del ciudadano estadounidense medio: potencial poder prospectivo de los criterios elementales de la Política Exterior de esta superpotencia («elemental» significa varias cosas).

[25] *Ibidem*, p. 630.

[26] Esto es lo que se propuso remediar un realista como Kenneth N. Waltz. Harto de tanta irrelevancia teórica, arremetió contra estas pretensiones de cientificidad aparente desde el propio conservadurismo norteamericano.

[27] Siempre dentro de la primitiva concepción de la teoría, consecuente con ese positivismo poco elaborado.

dar demasiadas explicaciones sobre aquello que deciden, porque, en principio, obran guiados por «La Ciencia», sustituto positivista de «Dios» o de «La Historia».

Como parece claro, estas apreciaciones son, en el mejor de los casos, ingenuas en grado sumo, cuando no intrínsecamente falaces. En primer lugar, los datos que un investigador selecciona deben ser relevantes. Por lo tanto, se supone que para él son significativos, es decir que su selección responde a que previamente ha establecido y acotado el campo que piensa estudiar, marcado como «interesante» por alguna razón, que puede ser científica, sí, pero también política. Desde esta premisa correctora, los datos (*data*) o «cosas dadas» son en realidad «captados» (*capta*), luego eso significa que alguien ha salido en su búsqueda. Y tal acción implica una intención, un objetivo, una guía. Pues no es la realidad la que suministra datos por sí misma sino que es el sujeto que estudia esta realidad quien los averigua y recopila. Para que esos datos sean relevantes y signifiquen algo, el criterio que guíe la investigación debe ser científico, es decir, debe centrarse en averiguar cómo es la realidad en sí misma, no como el investigador (o su patrocinador) desearía o pretendería que fuese por razones acientíficas (o extra-científicas). Tal procedimiento exige rigor teórico previo, probidad metodológica continua y verificación empírica posterior; además, los experimentos deben poder reproducirse cuantas veces sea preciso para que cualquiera competente para ello pueda cerciorarse de su veracidad dentro de los límites del conocimiento vigente. Esto parece normal y razonable aplicado al estudio de las bacterias, las expediciones espaciales o la estructura atómica de la materia: si teoría, métodos y técnicas fallan en este terreno las medicinas no curan, los cohetes explotan y se producen catástrofes nucleares. Sin embargo, tal exigencia parece menos común cuando se habla de Política Internacional y hay intereses de todo tipo en juego. Ahí, los pretendidamente sólidos conocimientos de cuño behaviorista se revelan «interesados».

Pues, ¿qué sucede cuando la «realidad» (real) contradice los prejuicios, sentimientos, valores, hipótesis, del investigador o de quien financia su trabajo? Ambos pueden sentirse tentados de seleccionar sólo aquellos datos que refuercen sus hipótesis, o también de reacomodarla semánticamente para que la realidad ofrezca un aspecto diferente al que tiene. Los datos no hablan por sí mismos; se les hace hablar. Pero aún puede haber más. Si la sanción de su supuesta veracidad sólo viene otorgada de forma mecánica por un ordenador —y éste, por principio, «no se equivoca», puesto que su tecnología es matemática y ésta es una ciencia exacta— resulta relativamente fácil suprimir cualquier reflexión crítica, en particular si la investigación se realiza dentro de las coordenadas de una institución que, más que la verdad científica, persigue el poder político. Por otro lado, incluso si se siguen postulados teóricos correctos, se introducen datos relevantes y significativos en un ordenador y se planifican bien las operaciones que éste deba realizar, la realidad mundial —repleta de fenómenos y sucesos aleatorios que modifican el curso de los acontecimientos— será siempre más compleja que cualquier abstracción. No debería extrañar, por tanto, que las predicciones y análisis de los investigadores behavioristas hayan fallado tanto. Su alcance sólo llega, en el mejor de los casos, al corto plazo[28].

Dicho esto, también es cierto que habría que alegrarse de que determinadas predicciones de aquella era del terror nuclear no se cumplieran, toda vez que cabe conjeturar las consecuencias de las profecías auto-cumplidas (*self-fulfilled prophecies*) de tanto vate paranoide como se registró por entonces. Pues de hecho existe un nexo —tanto teórico como práctico— entre los planteamientos generales del Behaviorismo, en su acepción de estudio de la conducta, y las crisis y conflictos internacionales. Por su propia naturaleza, estos últimos ostentan un carácter colectivo, como expresión de una rivalidad o enfrentamiento entre grupos humanos que persiguen intereses y objetivos incompatibles o contrapuestos. Su grado de violencia es, obviamente, variable. Va desde una tensión previa hasta la apertura de hostilidades, bélicas o de otro tipo, pasando por diversas fases como las de hostigamiento, acoso, amenazas, sabotajes, etc. Aunque no de forma necesaria, una crisis internacional puede revelar la existencia de un conflicto o dar lugar a él. En cualquier caso, la aplicación del Behaviorismo al estudio de las crisis y conflictos internacionales se vuelca en analizar el comportamiento de los actores implicados, individuales (gobernantes y demás personajes responsables, gestores...) y colectivos (grupos participantes y afectados). Como es lógico, la rama conductista de la Psicología desempeña un papel fundamental en tal vertiente. Capital es, siempre, la determinación de la normalidad o de la «conducta normal» en circunstancias que, en muchos casos, exceden los parámetros de la vida cotidiana[29]. Pero, ¿cómo establecer la normalidad ante situaciones de miedo extremo o de amenaza contundente?

El supuesto de la racionalidad del comportamiento humano es un postulado un tanto voluntarista implícito en ciertas versiones ilustradas del Behaviorismo. Por otro lado, la inclinación hacia teorías y pseudo-teorías que abogan por la primacía de los instintos, las pulsiones inconscientes, los complejos (inferioridad, superioridad...), las fobias, manías y delirios (de grandeza, de persecución...) y demás afecciones del alma humana, presentándolos como factores determinantes de la actuación de los sujetos de las relaciones internacionales, proporcionan en general unos análisis impregna-

---

[28] Disquisiciones que no entrañan crítica alguna a la Cibernética, sino sólo al uso behaviorista aludido, en el contexto reseñado. Fascinantes son, entre otros, Hilary PUTNAM, *Repräsentation und Realität*, Suhrkamp, Fráncfort del Meno, 1999; Alan M. TURING, Hilary PUTNAM, Donald DAVIDSON, *Mentes y máquinas*, Tecnos, Madrid, 1985; Heinz VON FOERSTER, «Bases epistemológicas» en: *Anthropos*, suplemento n.º 22, octubre 1990, pp. 85-89.

[29] En este campo se desarrollaron notablemente las investigaciones sobre la percepción, aspecto esencial en los procesos de toma de decisiones. El autor más destacado y competente es el incombustible Robert JERVIS, *The Logic of Images in International Relations*, Princeton University Press, Princeton, 1970; *Idem*, «Cooperation under the Security Dilemma» en: *World Politics*, vol. 30, n.º 2, enero 1978, pp. 167-174; *Idem*, *Perception and Misperception in International Politics*, Princeton University Press, Princeton, 1976; *Idem*, *System Effects. Complexity in Political and Social Life*, Princeton University Press, Princeton, 1997. Rubén HERRERO DE CASTRO, *La realidad inventada. Percepciones y proceso de toma de decisiones en Política Exterior*, Plaza y Valdés, Madrid, 2006, con prólogo de Robert Jervis.

dos de un psicologismo de dudosa validez. La patología psicológica de los dirigentes de la Política Mundial —con ser notoria en más casos de los necesarios— constituye un argumento bastante peligroso, en tanto que, de alguna forma, a veces parecería eximirles de una parte de su responsabilidad histórica sobre la base del dilema moral en torno a la excepcionalidad del mal o su regularidad[30]. Para efectuar un análisis serio de Política Internacional no basta con decir que tal o cual dirigente ordenó aquel bombardeo o aquella matanza simplemente porque padecía determinada presión psicológica, o le ofuscaba una pasión amorosa contrariada, o sufrió de niño un cierto trauma, o sufría un complejo de inferioridad mal compensado. Muchas personas tienen problemas de esta índole, algunos profundos y terribles, y son perfectamente honradas y decentes. Si estos problemas afectan al gobernante en el sentido de volverle cruel, incompetente, irresponsable, inepto, maníaco, obsesivo, vengativo, agresivo, inestable… ¿por qué la tendencia psicologista no se preocupa más de prevenir estos desastres, denunciando e inhabilitando al dirigente perverso, que de analizarlos *a posteriori*, cuando se acomete la racionalización del mal ya cometido?[31]. Por lo que hace al entorno de las Relaciones Internacionales, el Behaviorismo busca sustituir el cuerpo de doctrina tradicional, elaborado en el plano teórico e ideológico, del Realismo clásico, por una construcción formalmente matematizada de proposiciones empíricas impregnadas de un voluntarismo utilitario y conservador. Dos de los autores representativos de esta tendencia, a los que Kenneth N. Waltz sometió a demoledoras críticas, fueron Richard N. Rosecrance (*Action and Reaction in World Politics*, 1963) y Morton A. Kaplan (*System and Process in International Politics*, 1957)[32].

B) Estrategias teóricas y Ciencias Sociales aplicadas: Teoría Estratégica del Conflicto, Teoría de Juegos, Teoría del *Linkage*

En el contexto de un mundo aterrorizado por la amenaza nuclear sobrevenida a raíz del arrasamiento de Hiroshima y Nagasaki (1945) y ampliada hacia otros escenarios con la adquisición de la tecnología necesaria por parte de la Unión Soviética (1949), se produjeron también los primeros ensayos

---

30 Véase Tzvetan Todorov, *Frente al límite*, Siglo XXI, Madrid, 1998.

31 Posición emancipadora: Erich Fromm, *El miedo a la libertad*, Paidós, Barcelona, 1989, pp. 141-230; Alice Miller, *Por tu propio bien. Raíces de la violencia en la educación del niño*, Tusquets, Barcelona, 1985, pp. 143-195; *Idem*, *El cuerpo nunca miente*, Tusquets, Barcelona, 2005, pp. 83 ss.; Theodor W. Adorno, *Studien zum autoritären Charakter*, Suhrkamp, Fráncfort del Meno, 1973, pp. 105-174. Una reflexión psicológica general sobre el siglo xx, sus dirigentes y compromisos, Till Bastian, *Das Jahrhundert des Todes. Zur Psychologie von Gewaltbereitschaft und Massenmord im 20. Jahrhundert*, Vandenhoeck & Ruprecht, Göttingen, 2000, pp. 110-148 y 189-216; Alain Finkielkraut, *La humanidad perdida. Ensayo sobre el siglo xx*, Anagrama, Barcelona, 1998, esp. pp. 42-49.

32 Análisis extenso en *Las relaciones internacionales en el siglo xx…*, *op. cit.*, pp. 109-115 y 132-140.

de lo que luego fue la «carrera espacial», es decir, la concurrencia entre las dos superpotencias mundiales por lograr el dominio de la exploración del espacio extraterrestre. Ciencia y tecnología iban de la mano con la economía y los sistemas sociales para ofrecer a la atónita humanidad la imagen nueva de un mundo transformado en sus fundamentos más profundos. Se desarrollaron fuertes aparatos, corporaciones y organizaciones gubernamentales, estatales y privadas, destinados a servir de cauce a estas gigantescas iniciativas, de impresionante valor estratégico a escala global. Parecía cumplirse así el postulado de Cecil Rhodes, magnate imperialista surafricano de origen británico que, hacia 1900, sostenía que había llegado el momento de «pensar en continentes» y «contar en siglos», obviamente, en lugar de «en naciones» y «en años». Tras constatar los efectos de la devastación atómica en 1945, numerosos científicos, con Albert Einstein a la cabeza, realizaron propuestas en favor del ideal de «Un Solo Mundo» (*One World*), sintetizadas en la obra *The Anatomy of Peace* de Emery Reves (1947). Otros, entre quienes estaba el sociólogo Edward Shils de la Escuela de Chicago, sostuvieron que el arma nuclear podría convertirse en la gran pacificadora del mundo precisamente por su mortífera capacidad disuasoria. En la Universidad de Yale, primero, y en la de Princeton, después, se formaron grupos de estudio e investigación en esta línea, sintetizables en la obra *The Absolute Weapon* (1946)[33].

Sin embargo, la función más destacada corresponde a otra organización que se fundó en los Estados Unidos reunida bajo el acrónimo RAND, consagrada a la investigación y desarrollo de armamento innovador para las fuerzas aéreas: en inglés *Research ANd Development*. Patrocinadora inicial fue la compañía aeronáutica Douglas, a la que se agregaron la Fundación Rockefeller, la Corporación Carnegie y el Banco Wells Fargo de San Francisco. La mayor remesa económica provino, sin embargo, de la Fundación Ford. La pérdida del monopolio nuclear por parte de los Estados Unidos en 1949 llevó a desarrollar nuevas estrategias y armamentos como la bomba de hidrógeno, en cuyo proyecto cooperaron la RAND y los Secretarios de Estado de Defensa (Robert A. Lovett) y Exteriores (Dean Acheson), junto al Presidente Truman. La pequeña isla de Elugelab fue borrada del mapa del Océano Pacífico durante una prueba (1952). En el enrarecido clima del macarthysmo cualquier crítica significaba «alta traición». Esto afectó incluso al «padre» de la bomba atómica Julius Robert Oppenheimer (1953). La RAND, convertida en la principal instancia asesora en materia de Políticas de Defensa, Seguridad y Asuntos Exteriores de los Estados Unidos a partir de la década de 1950, creó una división dedicada a las Ciencias Sociales y otra a la Economía en 1947. Junto con destacadas aportaciones en diversos campos

[33] Emery REVES, *The Anatomy of Peace*, Harper, Nueva York, 1946; Bernard BRODIE, Frederick Sherwood DUNN, Arnold WOLFERS, Percy Ellwood CORBETT, William THORNTON, Rickert FOX, *The Absolute Weapon: Atomic Power and World Order*, Harcourt, Brace and Company, Nueva York, 1946.

del saber, surgieron decisivos enfoques aplicados a las Relaciones Internacionales, resumidos en lo que se conoce como Teoría Estratégica del Conflicto[34].

a) *Teoría Estratégica del Conflicto*

La clave conceptual —y psicológica— de esta teoría radica en dos premisas conexas, enunciadas primero por Bernard Brodie (1948) y refrendadas luego por Albert Wohlstetter (1959): la impredictibilidad de un ataque por sorpresa y la capacidad de represalia o respuesta masiva inmediata (*massive retaliation*). A este respecto, un objetivo principal en términos primarios consistía en estacionar una red de puntos estratégicos que circundase a la URSS, capaz de efectuar operaciones preventivas. Esta noción era decisiva en tanto que se derivaba de la hipótesis, elevada a axioma, de que fuesen las fuerzas soviéticas las que iniciasen un ataque «preventivo» con armas nucleares, obviamente, de máxima destructividad. Esta situación, conocida como «equilibrio del terror», trasladó el análisis a un territorio más allá de cualquier concepción política tradicional, según aquellos autores conocidos como *defense intellectuals*. Abstrajeron su esquema al máximo hasta reducirlo a un cálculo de «costes-beneficios»; en él, el análisis cruzado de la cuantificación de determinadas magnitudes concretas se convirtió en un criterio principal de la toma de decisiones. Se partía de la base de la impredictibilidad absoluta del temible ataque nuclear por sorpresa, recomendándose una acomodación psicológica a la tensión permanente, en un clima de confrontación perpetua con el «enemigo absoluto». Frente a los nostálgicos de aquella pretendida era de estabilidad internacional —que, aunque parezca extraño, existen y son relativamente numerosos aun a pesar de que el Muro de Berlín se les cayera encima en 1989, sin abrirles sus duras molleras— es preciso decir, siquiera por prurito intelectual, que su característica más visible era la inestabilidad radical de todo[35]. Sobre la trama conceptual del dilema entre «pasividad total» y «guerra total» se teje la virtualidad de la represalia masiva (*massive retaliation*) conducente a un exterminio de la humanidad eje-

---

[34] Los siguientes apartados se basan en Kees VAN DER PIJL, *Vordenker der Weltpolitik. Einführung in die internationale Politik aus ideengeschichtlicher Perspektive*, Leske + Budrich, Opladen, 1996, autor que me indicó Wolfgang Kophamel, Profesor Tutor de Relaciones Internacionales, Centro Asociado de la UNED en Valencia; así como Martin LIST, Maria BEHRENS, Wolfgang REICHARDT y Georg SIMONIS, *Internationale Politik. Probleme und Grundbegriffe*, Leske + Budrich, Opladen, 1995, pp. 87-126 (para las siguientes cuestiones de seguridad). Peter GOODCHILD, *Oppenheimer*, Salvat, Barcelona, 1988; Frank R. PFETSCH y Rüdiger BUBNER, *Konflikt*, Springer, Berlín-Heidelberg, 2005; Frank R. PFETSCH, *Negotiating Political Conflicts*, Palgrave-Macmillan, Basingstoke-Nueva York, 2007. Un testimonio coetáneo: Karl JASPERS, *Die Atombombe und die Zukunft des Menschen*, Piper, Múnich-Zúrich, 1957.

[35] En aquella Europa —campo de batalla potencial de la contienda entre potencias rivales— cristalizó el existencialismo. Leer a Martin Heidegger (*Sein und Zeit*, 1927), Albert Camus (*La peste*, 1947) o Jean-Paul Sartre (*L'être et le néant*, 1943; *La Nausée*, 1938) tiene un sentido propio, donde la noción de «náusea» o «angustia existencial» es clave. Pietro PRINI, *Historia del existencialismo: de Kierkegaard a hoy*, Herder, Barcelona, 1992.

cutado por la *Doomsday Machine* (máquina del día del Juicio Final) —hipótesis de un arsenal nuclear accionado por una computadora— y además otras dimensiones de la Teoría Estratégica del Conflicto, que, aunque nuclear, es visto ya como «limitado». El físico Herman Kahn, inventor de esta pesadilla, desarrolló la «doctrina de la escalada nuclear» según el principio teórico de Carl von Clausewitz que establece que la conducción de una guerra constituye una operación orientada a unos ciertos fines, siendo susceptible de un manejo o un gobierno, es decir, estando sometida a un proceso racional. La escalada de la guerra nuclear se estableció en cuarenta y cuatro grados, cuyo curso podía seguirse y reconducirse mediante una gradación de medidas de disuasión (*deterrence*), dosificadas según criterios de destrucción y mortalidad variables.

Además de esta estrategia de escalada, pensada para controlar las fases de un conflicto armado, se crearon otras estrategias de respuesta como la denominada *counterforce strategy*, dirigida a destruir fuerzas militares operativas sin atacar enclaves civiles, considerados «rehenes» de los enemigos. Se pensó asimismo en utilizar recursos disuasorios de carácter «compulsivo» (constrictivo), fundados en acciones tácticas no exclusivamente territoriales sino de tipo más psicológico, que permitieran ciertos márgenes de maniobra y comunicación incluso en mitad del conflicto como un medio político de utilización indirecta de la fuerza nuclear. En tal dirección, las amenazas se acompañarían de ofertas de negociación. Esta estrategia comportaba un despliegue informativo contundente, pensado para impresionar al enemigo y que éste desistiera del ataque al quedar informado de los riesgos a los que se exponía en caso de amenaza o agresión. Ahora ya no se trataba de ocultar las fuerzas, sino de exhibirlas sobre la base de una superioridad científica, tecnológica y estratégica demostrada con hechos objetivos y tan visibles como los submarinos y silos nucleares, los dispositivos automatizados de accionamiento y control operativos incluso en condiciones extremas, etc., así como con una exposición sistemática de las intenciones, respuestas y contraofensivas previstas en caso de ataque.

A partir de ahí y en lógica consecuencia se avanzó en el desarrollo de armamentos de creciente capacidad mortífera y destructiva, lo que se realizó a costa de unos presupuestos estatales de Defensa en constante crecimiento. Se inicia así la manida «carrera de armamentos», que, a juicio de algunos, forzó a la larga el colapso de la Unión Soviética al no poder ésta hacer frente al vertiginoso ritmo de inversiones y gastos militares impuesto por el Presidente Ronald Reagan con su proyecto de Guerra de las Galaxias a partir de 1980, que implicaba la fusión de las dos carreras estratégicas, la armamentística y la espacial, en la competencia por el dominio del mundo.

La Teoría del Conflicto Estratégico tenía por principal cometido el diseño de escenarios bélicos, por encargo de lo que luego se llamó el «complejo militar-industrial», es decir, un sector dominante en la política de los Estados Unidos —y de la Unión Soviética— tanto en la vertiente económica y social como en la dimensión intelectual de los universitarios consagrados a los estudios estratégicos desde las más variopintas ramas del saber. Los vínculos entre el Pentágono —o el Kremlin, en el lado contrario— y la industria militar, con todas sus adyacencias, poseía connotaciones estatales y monopolísticas, que contradecían principios fundamentales tanto del capitalismo como del socialismo. En paralelo, las críticas al «imperialismo nuclear» se realizaron desde todos los campos ideológicos, de los que uno de los más llamativos ha sido siempre el de China Popular, si bien estas reticencias se disuelven en el momento en que la potencia menor o incluso tercermundista en cuestión —Francia, India, Pakistán, Argentina, Irak, Irán, Corea del Norte...— accede o trata de acceder a su uso como *Nuclear Weapons States* (NWS), lo que intenta justificar por ser inicialmente —siempre inicialmente— «pacífico»[36].

Como parece evidente, el núcleo funcional —«operativo», dirían sus partidarios incondicionales— de la Teoría del Conflicto Estratégico es ganar la guerra, algo, de por sí, tan viejo como la Biblia, por no salir del ámbito judeo-cristiano-occidental. Críticamente, tratándose de algo que todos los pueblos han conocido y practicado con tantísima afición y, en el caso de algunos individuos, con particular deleite, es razonable preguntarse por la necesidad de envolver algo tan elemental con tantos neologismos y rudimentos teóricos. En términos abstractos, los conflictos en general tienen mucho de juego, como definió a la perfección el historiador holandés Johan Huizinga en su estudio *Homo ludens* (1938)[37].

b) *Teoría de Juegos*

Las situaciones e interacciones de la Política Internacional pueden estudiarse desde enfoques abstractos que reducen sus elementos y actores a un sistema matematizable, cuya exactitud formal «corrige» y «alisa» la complejidad y las paradojas de la realidad[38]. Se supone además que este tipo de

---

[36] VAN DER PIJL, *op. cit.*, pp. 233-249. Se debe considerar aquí la evolución inicial y posterior de los Estados signatarios del Tratado de No Proliferación Nuclear (TNP) [*Nuclear Non-Proliferation Treaty*: NPT, 1968] y sus entrelazamientos: Inmaculada MARRERO ROCHA, *Armas nucleares y Estados proliferadores*, Universidad de Granada, Granada, 2004. 188 Estados son signatarios, con la excepción de uso concedida a Estados Unidos, Reino Unido, URSS-Rusia (firmantes en 1968), y a Francia y República Popular China (1992). Aun con armas nucleares, India, Paquistán [e Israel] se mantienen aparte del tratado; Corea del Norte renunció en 2003. Algunos Estados como Argentina y Brasil se adhirieron tardíamente, sobre la base de reticencias a verse excluidas de esa dotación. Véase Miguel AGUIRRE DE CÁRCER, «La Conferencia de Examen del TNP (ARI)» en: Real Instituto Elcano, Área Seguridad y Defensa, ARI 81/2010 (05/05/2010): www.realinstitutoelcano.org/wps/portal/rielcano/ (consulta: 26/04/2013). Ejemplo representativo: Cesáreo GUTIÉRREZ ESPADA y Romualdo BERMEJO GARCÍA, «El programa nuclear iraní en el ojo del huracán» en: *Revista Española de Derecho Internacional*, vol. LVII, n.º 1, 2005, pp. 105-119.

[37] Un desarrollo teórico bastante abstracto en *Las relaciones internacionales en el siglo XX...*, *op. cit.*, pp. 109-115, 132-140. Reiteradas referencias en mis escritos a Johan HUIZINGA (*Homo ludens*, Alianza, Madrid, 1987): *ibidem*, pp. 192-195.

[38] En los márgenes del juego que es el *puzzle* cabe ver como regularidades las pautas alternativas entre guerra y paz: John A. VASQUEZ, *The War Puzzle*, Cambridge University Press,

análisis, formulados con extremo rigor y adaptados a criterios de una racionalidad depurada, estarían exentos de subjetividad y pasión, lo que los situaría *a priori* por encima del resto de las corrientes teóricas. Pero en el contexto histórico y social en que comenzó y se desarrolló esta tentativa de racionalizar el estudio de las Relaciones Internacionales es evidente que las pasiones, los intereses, la ideología, el afán de poder y de dominio estaban, no sólo presentes, sino que eran sus promotores. Considero ilustrativo reproducir un texto de Johan Huizinga, perfecto para definir el juego, que él sitúa en la dimensión «agonal» de la existencia humana, en la porfía y en el afán de culminar proezas que caracterizan al hombre:

> El juego se aparta de la vida corriente por su lugar y su duración. [...] Se juega dentro de determinados límites de tiempo y de espacio. Agota su curso y su sentido dentro de sí mismo. [...] Todo juego se desenvuelve dentro de su campo, que, material o tan sólo idealmente, de modo expreso o tácito, está marcado de antemano. [...] Dentro del campo de juego existe un orden propio y absoluto. He aquí otro rasgo positivo del juego: crea orden, es orden. Lleva al mundo imperfecto y a la vida confusa una perfección provisional y limitada. El juego exige un orden absoluto. La desviación más pequeña estropea todo el juego, le hace perder su carácter y lo anula [...]. Entre las calificaciones que suelen aplicarse al juego mencionamos la tensión. Tensión quiere decir: incertidumbre, azar. Es un tender hacia la resolución. [...] Estas cualidades de orden y tensión nos llevan a la consideración de las reglas de juego. Cada juego tiene sus reglas propias. Determinan lo que ha de valer dentro del mundo provisional que ha destacado. Las reglas de juego, de cada juego, son obligatorias y no permiten duda alguna[39].

A partir de tan penetrantes observaciones no creo necesario insistir en las determinaciones filosóficas del juego; bastaría con lo subrayado para revelar la estructura implícita de toda teorización basada en él. Indudablemente, el planteamiento de la Teoría de Juegos (*Game Theory*) constituye un hábil ejercicio de virtuosismo racionalista. Como método puede ser útil para descomponer facetas de la realidad previamente acotadas. Sin embargo, un método constituye un instrumento auxiliar de la teoría, sin alcanzar su rango. Aquí podría encajar el arranque analítico de la denominada Teoría de Juegos aplicada a las Relaciones Internacionales[40]. Pero esto requiere de cierta contextualización histórica. En 1953, Edward Teller, otro

---

Cambridge, 1993; otro clásico representativo es Joel David SINGER y Melvin SMALL, *The Wages of War 1816-1965: A Statistical Handbook*, John Wiley, Nueva York, 1972: estos autores derivaron su obra de los estudios de Pitirim A. Sorokin, Lewis Frye Richardson y Quincy Wright.

[39] HUIZINGA, *ibidem*., pp. 22-24; se refleja y expone en *Las relaciones internacionales en el siglo XX...*, *op. cit.*, pp. 192 ss. Por favor, que *nadie se aprenda de memoria* las tesis de Huizinga: sólo se exponen como ejercicio reflexivo y analítico.

[40] Examen avanzado de las Teorías de Juegos (neo-realismo y sistema mundial) fijándose en el esencial problema estructural de los actores o agentes: Alexander WENDT, «The Agent-Structure Problem in International Relations Theory» en: *International Organization*, n.º 41, 3, verano 1987, pp. 335-370. Publicado por: *The MIT Press*. Accesible en línea: http://www.jstor.org/stable/2706749 15/10/2011) (consulta: 26/04/2013).

Ejemplos y contexto histórico con bibliografía, Thomas S. FERGUSON, «Game Theory» en: *Zero-Sum Game Theory*-UCLA Department of Mathematics. Accesible en línea: www.math.ucla.edu/~tom/Game-Theory/mat.pdf (consulta: 26/04/2013).

«padre» de la bomba atómica, planteó la posibilidad de un sistema estratégico de cohetes dirigidos, provistos de cabezas nucleares. Su oponente dialéctico fue el matemático americano de origen húngaro John von Neumann, fundador de la Teoría de Juegos. Aun convencido de que llevaría a una conflagración exterminadora de amplios sectores de la humanidad, Von Neumann —cibernético destacadísimo y participante esencial en el proyecto de la bomba de hidrógeno— no tenía especiales prevenciones morales en contra de la guerra nuclear. Su objetivo era diseñar una estrategia óptima que sirviera para considerar las diversas posibilidades de actuación y, tras su valoración racional, proceder así a decisiones acertadas. Cada variable y cada variante de las diversas situaciones «de juego» podían ser analizadas con arreglo a una lógica estricta. Esto facilitaría la solución de cualquier tipo de conflicto. Junto con los matemáticos Oskar Morgenstern, John D. Williams y Anatol Rapoport, Von Neumann creó una auténtica escuela de doctrina que, en el caso de las Relaciones Internacionales, más que como Teoría de Juegos habría que denominar Teoría Racional del Conflicto.

Y, de nuevo, convendría situar ahora el desarrollo de esta perspectiva en sus coordenadas históricas, atendiendo al hecho fundamental de que estos enfoques, sujetos desde su inicio a fuertes críticas intelectuales de escasa repercusión fáctica, siguen vigentes en buena parte de los estamentos académicos oficiales, así como en las escalas principales y decisivas de la política, la administración y, por supuesto, la milicia, en casi cualquier país del mundo. Por otro lado, si bien esas coordenadas históricas han variado de forma sustancial desde mediados del siglo XX hasta ahora, las actitudes psicológicas y axiológicas subyacentes a las tomas de decisiones de los políticos y dirigentes internacionales —por ascender de rango a los de los Estados nacionales, trasladados desde lo local a lo universal sin otra calificación que, en el mejor de los casos, el voto de unas masas por lo general ignorantes de los contenidos reales de lo que sucede en el mundo— siguen siendo parecidas a las de Sargón I de Acad o Asurbanipal, reyes mesopotámicos que destacaron por su ferocidad... pero también por su inteligencia, su valentía y su capacidad, lo que no caracterizaría igualmente a otros gobernantes actuales[41].

La Teoría Racional del Conflicto —sobre la que se aplican los métodos de racionalización contenidos en la más general Teoría de Juegos—

[41] A título irónico, valoro a estos desenvueltos monarcas, que cuando emprendían una guerra eran claros en sus intenciones. No pretextaban «intervenciones en favor de los derechos humanos» o de «reinstauración de la democracia» en lugares donde éstos y aquélla no han existido jamás. Como defensora de la Historia —remedio de la barbarie— recomiendo leer a Paul GARELLI, *El Próximo Oriente asiático desde los orígenes hasta las invasiones de los Pueblos del Mar*, Labor, Barcelona, 1987; *Idem* y Valentin NIKIPROWETZKY, *El Próximo Oriente asiático. Los imperios mesopotámicos. Israel*, Labor, Barcelona, 1985, sin desdeñar el *Código de Hammurabi*, Tecnos, Madrid, 2008 (edición de Federico Lara Peinado) y Manuel MOLINA (ed.), *La ley más antigua. Textos legales sumerios*, Trotta-Universitat de Barcelona, Madrid-Barcelona, 2000.

se sustenta sobre la cuestión siguiente: basándose en su inmensa capacidad devastadora, ¿es posible conducir la guerra nuclear de un modo racional? Implícita está la suposición, ya enunciada antes al hablar de la Teoría del Conflicto Estratégico, de la «situación de conflicto permanente». Y aquí deben considerarse elementos ya expuestos en el capítulo previo, es decir, la «política de fuerza» (*Power Politics*), núcleo doctrinal del Realismo político[42]. Es Rapoport, científico de origen ruso, quien acomete esta síntesis de Realismo y cientificismo. Utiliza el método histórico comparativo y analiza diversas situaciones en las que la humanidad, merced a avances tecnológicos o revoluciones políticas y sociales, ha debido hacer frente a conflictos transformadores de la realidad bélica. Un ejemplo lo dio Napoleón y su revolucionaria combinación del principio de la *levée en masse* —reclutamiento masivo obligatorio— con importantes innovaciones técnicas de la ingeniería militar en sus victoriosas guerras de conquista por buena parte del mundo. La repercusión de tales hitos se manifiesta, por ejemplo, en las secuelas de los nuevos conflictos bélicos sobre la población civil, que fueron una constante a lo largo de todo el siglo XIX; lo sucedido en el XX desbordó cualquier pronóstico anterior[43].

En sí, la Teoría de Juegos representa una estratagema pragmática dentro del Realismo, que propone ver a los contendientes internacionales como jugadores. Por principio, ninguno puede ni debe confiar en el otro. Pueden, asimismo, evadirse de la situación de juego o decidir, estratégicamente, no jugar todas sus bazas y retrasar el desenlace de la partida. Desde esta premisa, a la paz sólo le resta un margen residual. Existe, no obstante, una posibilidad racional de arbitrar un interés común entre los contendientes, lo que en ningún caso significa una confianza mutua. En su aspecto formal, la Teoría de Juegos se presenta como una matriz o modelo matemático en donde la posición de cada jugador recibe un valor numérico. Sobre este tablero cruzado se establece la que podría ser la estrategia óptima de cada adversario, siempre dentro de una estructura simplificada del conflicto. Los dos modelos más comunes en el análisis de casos de Política Internacional son el archiconocido «dilema del prisionero» (*Prisoner's Dilemma*) y el no menos ubicuo «juego de la gallina» (*Chicken's Game*), que se aplican sobre situaciones de toma de decisión estratégica o en la valoración racional de riesgos[44]. La conjunción de intereses políticos, económicos, militares, estratégicos, sociales e ideológicos junto con los sofisticados desarrollos científicos y tecnológicos puestos a su servicio, reunidos

---

[42] Martin WIGHT, *Power Politics*, Leicester University Press, Leicester, 1978 [Hedley Bull y Carsten Holbraad (eds.), Royal Institute of International Affairs, 1946].

[43] Balances: Dan SMITH, *Atlas de la guerra y la paz*, Akal, Madrid, 1997; Johan GALTUNG, *50 Years. 100 Peace & Conflict Perspectives*, Bergen, Kolofon, 2008.

[44] En el «dilema del prisionero» dos cautivos tienen la posibilidad de verse liberados, pero ambos deben confiar por completo entre sí, en un medio de implícito recelo. En el «juego de la gallina» dos conductores de automóvil se lanzan a toda velocidad el uno sobre el otro para averiguar cuál de los dos desiste y abandona primero: ése es el «gallina».

en algunas de las instituciones de mayor calificación académica y administrativa de los Estados Unidos, produjo un ambicioso auge de este tipo de programas y proyectos, sostenidos con la mayor cantidad de recursos imaginable. Fraguaron en actuaciones como el *Political Military Exercise* dentro del Instituto de Tecnología de Massaschusetts (MIT), el *Inter-Nation Simulation Project* o la *Technological, Economic, Military and Political Evaluation Routine* (TEMPER) de la Oficina Conjunta de Juegos de Guerra (*Joint War Games Agency*) adscrita al Pentágono.

c) *Teoría del* Linkage

Esta teoría supone una evolución de compromiso dentro de las coordenadas anteriores y abre en cierta forma la vía a planteamientos de tipo más cooperativo en la Política Internacional. Implícita está siempre la *Machtpolitik* (*Power Politics*) o «política de fuerza» del Realismo, que en este caso se combina con una Teoría de Sistemas rudimentaria destinada a procurar renovados instrumentos conceptuales y operativos a la diplomacia tradicional, rama de la Política Exterior que los realistas clásicos siempre miraron con recelo, cuando no con aversión.

La Teoría del *Linkage* establece la existencia de un nexo o vínculo —*link*, en inglés— entre la Política Internacional y la interna, que hace que ambas interactúen y se influyan mutuamente. Por eso, una de sus formas de actuación o de aplicación más frecuente en términos prácticos se observa en aquellos casos de conflicto internacional, a menudo enquistado, en los que un grupo de actores relevantes —estadistas de renombre que actúan a título individual o como representantes de sus Estados o gobiernos, funcionarios internacionales, delegados o plenipotenciarios de organizaciones internacionales, etc.— que se instituye como *contact group* o grupo de contacto, emprende acciones de mediación, negociación, diálogo, intervención, que, desde el exterior, intenta influir sobre lo que sucede en el interior. Las presiones de los grandes y poderosos determinan que, por su propio interés, los menores arreglen —o al menos se dispongan a hacerlo— sus controversias civiles internas o las luchas de vecindad. La pacificación y normalización política efectivas del África Austral (Namibia, República Surafricana, Mozambique...) o la intervención en las guerras de Bosnia y Kosovo o en Centroamérica tienen este carácter, en el que la política de fuerza ejerce un papel policial internacional, en el más viejo estilo de Clemens von Metternich, Henry Robert Stewart Castlereagh, Charles Maurice de Talleyrand y sus demás socios y aliados. Fallidos, aunque acordes con el mismo modelo, han sido en gran medida los intentos de negociación en los sucesivos conflictos de Oriente Próximo por parte de las potencias con intereses explícitos y tácitos en la zona, ya desde 1973. Y es que Henry Kissinger, continuador de la línea conservadora e intervencionista inaugurada en el Congreso de Viena de 1815 —tema de su disertación doctoral, publicada en 1957 con el título *A World Restored: Metternich, Castlereagh and the Problems of Peace 1812-1822*— es quizá el político más representativo de esta corriente[45].

Su teórico más conspicuo es el ya aludido James N. Rosenau, de larga trayectoria académica, creador de toda una serie de estudios que analizan y descomponen los procesos internacionales en busca de esos vínculos que puedan contribuir a resolver conflictos. Los articula sobre dos líneas estructurales, la horizontal, que es la que se da entre Estados de forma más o menos paritaria, y la vertical, que es la que supuestamente existiría entre ciertos niveles superiores de la Política Internacional y el nivel inferior de los Estados. Sobre este eje se entrecruzarían tres tipos posibles de nexos o *links*: el de «penetración», que tautológicamente supone una penetración política, militar y económica de una unidad política en otra; el de «reacción», que en nueva tautología implica una reacción en el seno de una determinada unidad política frente a los acontecimientos que se producen en otra, aun sin participación directa en ellos; el de «emulación», que comporta una reacción que emula o imita dentro de una unidad política —o varias— los acontecimientos que se producen en otra. Como behaviorista, Rosenau se fija en las secuencias regulares del comportamiento internacional de los actores; de ahí selecciona preferentemente para su análisis los casos interconectados, desechando los que acontezcan de forma aislada: busca determinar la regla que elimina las excepciones. Desde esta premisa, la conducta política de los Estados, plasmada por ejemplo en sus acciones de Política Exterior, podría calificarse de adaptativa (*adaptative behavior*) o no, lo que evocaría de inmediato a la Psicología conductista y sus diagnósticos sobre la violencia juvenil y la marginalidad social, por ejemplo. Adaptativa sería aquella Política Exterior que se ajusta a los límites normativos o convencionales que establece el entorno internacional; «no adaptativa» es la que los ignora, sobrepasa o contraviene, creando una consiguiente inestabilidad[46].

Una síntesis entre los apartados desarrollados en las páginas precedentes, que conecta la noción general de conflicto estratégico con la Teoría de Juegos y la Teoría del *Linkage*, se constituye sobre la denominada Teoría de la Negociación, de corte behaviorista, concebida por Thomas C. Schelling. Tal teoría implica que en esa misma negociación —que a su vez se desarrolla en medio de una grave situación de conflicto que se descompone en sus elemen-

---

[45] Menciono aquí a Kissinger como político, no como teórico; tiene tratamiento aparte. Su obra: *A World Restored: Metternich, Castlereagh and the Problems of Peace, 1812-1822*, Peter Smith, Gloucester-Mass., 1973.

[46] James N. ROSENAU (ed.), *Linkage Politics*, Free Press, Nueva York, 1969. Algunas dimensiones actuales de la polemología: Monografías del CESEDEN, Centro Superior de Estudios de la Defensa-Ministerio de Defensa, Madrid: *Las nuevas guerras y la polemología*, n.º 111, Ministerio de Defensa, Madrid, 2009; *La violencia del siglo XXI. Nuevas dimensiones de la guerra*, n.º 112, Ministerio de Defensa, Madrid, 2009; *Evolución del concepto del interés nacional*, n.º 115, Ministerio de Defensa, Madrid, 2010. Helena TORROJA MATEU (dir.) y Sonia GÜELL PERIS (coord.), *Los retos de la seguridad y la defensa en el nuevo contexto internacional*, Universitat de Barcelona, Barcelona, 2007; Caterina GARCÍA SEGURA y Ángel J. RODRIGO (eds.), *La seguridad comprometida. Nuevos desafíos, amenazas y conflictos armados*, Tecnos-Universitat Pompeu-Fabra, Barcelona, 2008.

tos para formalizarlo como un juego estratégico— es posible armar otro juego, también estratégico, que propiamente es el de la negociación, actuación destinada a amortiguar los riesgos de una confrontación radical expresada mediante lo que se conocen como «juegos de suma cero» (*Zero Sum Games*), en los que la ganancia de las partes equivale a cero (nadie gana). La negociación —que prefiere los «juegos de suma variable» a los de «suma constante»— amplía los márgenes de actuación y aumenta las bazas de los actores o jugadores, pues sus determinaciones psicológicas convierten las nociones de poder y de fuerza en algo bastante más sutil[47].

C) Funcionalismo, Teorías de la Integración y aplicaciones de la Teoría de Sistemas

Para ser consecuente en términos de una coherencia discursiva del conocimiento, este capítulo debería haber comenzado con un excurso breve y claro sobre los fundamentos del Funcionalismo y cómo se efectuó su aplicación a las Ciencias Sociales en el entorno académico estadounidense a partir de los años cincuenta del siglo XX, pasando de allí al resto de las universidades occidentales, que reaccionaron de diversa forma ante semejante eventualidad. He saltado este escalón sólo en parte, porque este libro está concebido para facilitar la tarea a estudiantes apresurados. Sin embargo, para avanzar en su trayectoria teórica internacional, estos potenciales interesados deben conocer las características principales del Funcionalismo, comenzando por una mínima aproximación a sus premisas y desarrollos en las diversas ramas de las Ciencias Sociales, centrándose en su proyección positivista.

a) *Funcionalismo*

Procurando no incurrir en excesivas divagaciones es preciso advertir que el origen de esta tendencia radica, por un lado, en la influencia del sociólogo americano Talcott S. Parsons, que, al haber estudiado en Alemania, se vio muy influido por Werner Sombart y sobre todo por Max Weber, cuya obra tradujo al inglés, divulgándola. Entre 1930-1940 concibió su Teoría del Funcionalismo Estructural, centrada en el estudio de las instituciones y los procesos normativos entendidos como elementos de integración y adaptación del medio social[48]. Por otro lado, resulta ineludible mencionar a David Easton, autor de una obra capital del Funcionalismo como fue *The Political System* (1953)[49], que traslada algunos principios formales de la Teoría General de Sistemas a

---

[47] VAN DER PIJL, *Vordenker...*, *op. cit.*, pp. 246-254.

[48] Ronald KURT, «Die ästhetische Dimension des parsonschens Voluntarismus» en: *Zeitschrift für Soziologie*, vol. 20, n.º 1, 1991, pp. 64-76.

[49] David EASTON, *A Framework for Political Analysis*, Prentice Hall, Englewood Cliffs, 1965.

una visión integradora, conservadora y positivista de la sociedad. A él se deben las famosas nociones de *input* y *output* aplicadas a un sistema político homeostático, es decir, mantenido en equilibrio mediante las exigencias (*inputs*) y las decisiones (*outputs*) que se generan en su entorno[50].

Siendo éstas algunas de sus manifestaciones del siglo XX, una base de las concepciones funcionalistas de la sociedad —que en este caso siempre será internacional— se sitúa en un organicismo inespecífico, de muy antiguas raíces intelectuales, que discurre, por ejemplo, desde estoicos como Zenón de Citio o Cicerón hasta el positivista decimonónico Herbert Spencer, pasando por el historiador romano Tito Livio o por el apóstol san Pablo. En esta línea, la sociedad es contemplada como un cuerpo vivo, formado por órganos en mutua relación e interacción, siendo algunos de ellos vitales y otros secundarios, aunque conjugados en un todo armónico que los va equilibrando. En este sistema cada órgano cumple su función, a veces de un modo imperceptible, pero eficaz. Además, ya dentro de una consideración del proceso evolutivo general que comprende a la naturaleza en su totalidad, a menudo se advierte que serían las propias funciones las que desarrollasen a los órganos, a la vez que éstos son susceptibles de atrofiarse y desaparecer en múltiples especies de seres vivos, por simple falta de uso. Consecuentemente con estas premisas y siempre de un modo analógico, los funcionalistas consideran que sería posible regular el funcionamiento de la sociedad y optimizar sus condiciones potenciando aquellas funciones más deseables y amortiguando o disolviendo lo que resultase incorrecto (disfuncional); esto daría lugar a unos órganos sanos, integrados en cuerpos u organismos adecuados: funcionales. De nuevo por comparación, se entiende que los sistemas sociales —que son cuerpos, órganos, organismos…— evolucionan y, en este sentido, los funcionalistas no establecerían *a priori* juicios de valor sobre sus cualidades o valores, actuando como si se limitaran a constatar lo existente, al modo cientificista y positivista que les caracteriza[51]. Sin embargo, como ya evidenció el propio Parsons al infundir un fuerte componente normativo y axiológico a sus estudios sobre la sociedad estadounidense, esos pretendidos distanciamiento e imparcialidad funcionalistas serían sólo aparentes[52].

Otra derivación lógica de las teorías funcionalistas es su tendencia a fomentar el concepto de integración, en sentido tanto social y psicológico

[50] Como aviso de ciertos lectores demasiado pegados a lo literal (que a veces se comunican), se advierte que el Funcionalismo y sus orígenes, tal como aquí se detallan, trascienden el marco de las Relaciones Internacionales, una más de las Ciencias Sociales. Por lo tanto, salvo que se quiera filosofar un poco, no conviene convertir automáticamente a Parsons, Easton, Cicerón, Tito Livio, Saulo de Tarso/San Pablo, Herbert Spencer… en audaces teóricos internacionales *avant la lettre*. En ese caso habría que incluir a bastantes de los filósofos chinos y a todos los organicistas en general.

[51] Véase la selección de textos de Robert L. CARNEIRO (ed.), *The Evolution of Society. Selections from H. Spencer's Principles of Sociology*, University of Chicago Press, Chicago, 1967.

[52] Gerhard WAGNER, «Parsons, Hobbes und das Problem sozialer Ordnung. Eine theoriegeschichtliche Notiz in systemischer Absicht» en: *Zeitschrift für Soziologie*, vol. 20, n.º 2, 1991, pp. 115-116.

como económico, político y cultural. No debe olvidarse que la mayoría de estos teóricos se enfrentaron entre 1950 y 1970 a la problemática de sociedades desintegradas por graves conflictos, como por ejemplo la de la Europa de la Segunda Post-Guerra Mundial, donde las tesis funcionalistas triunfaron en el entonces inminente proceso de Unión Europea[53]. Por su parte, en los Estados Unidos se asistía, en medio de un período de excepcional bonanza económica y de optimismo generalizado, a una cierta crisis del sistema, vista como virtualmente peligrosa para su estabilidad y su potencia como nación. Algunos de estos factores discordantes se atribuyeron a la presión de ciertos contingentes de inmigrantes no adaptados suficientemente al *american way of life* (modo de vida americano) que formaban bandas antisociales en amplios barrios marginales de los núcleos urbanos e industriales de grandes ciudades como Chicago, por ejemplo, lo que se sumaba a la incipiente contestación de intelectuales y artistas *underground* que cuestionaban el *american dream* (sueño americano), a la agitación de movimientos políticos en favor de los Derechos Civiles de la población afroamericana, etc. Esto llevó a los científicos sociales a formular hipótesis tan difundidas como el mito del *american melting pot* (crisol americano), es decir, la visión ideal de una sociedad integrada, sólidamente institucionalizada y provista de un cuerpo de valores firme, con el que los ciudadanos pudieran identificarse de inmediato.

En el entorno de la Política Internacional el Funcionalismo ha ejercido una gran influencia desde la década de 1950. Ha evolucionado mucho desde sus primeras formulaciones y hoy, vinculado a los liberalismos de diverso corte y tendencia, impregna las visiones dominantes del discurso institucional de la globalización. Concibe a la Sociedad Internacional de un modo sistémico, inicialmente según el esquema de Easton antes descrito. Esta Sociedad es vista como una totalidad cuya estructura estaría compuesta por diferentes miembros o actores (estatales y no estatales), integrados en ella de un modo orgánico más que estructural. Consecuentemente, en ella se producirían ciertas dinámicas que responden al impulso de factores (demografía, economía, ciencia y tecnología, cultura...). Estas dinámicas obedecen también a la influencia de fuerzas (movimientos sociales, ideológicos y religiosos, opinión pública...). Todos ellos, factores y fuerzas, evolucionan en el tiempo y se transforman. En su conjunto, la Sociedad Internacional representaría a la humanidad políticamente organizada o al menos en vías de ello. En tanto que lo propio del funcionalismo es su búsqueda de una integración creciente de esta Sociedad Internacional fracturada y heterogénea, el objetivo de unirla o integrarla se realizaría de forma progresiva, configurando paso a paso diversas regiones mundiales —o subsistemas— que operarían por afinidades varias dentro de los diversos procesos de esa integración regional,

---

[53] En tal sentido es reveladora y principal la obra de George ALMOND y Sidney VERBA, *The Civic Culture*, Princeton University Press, Princeton, 1963, reflejo coetáneo de la situación de algunas de las principales naciones europeas.

siendo este procedimiento de unión redundantemente «funcional», es decir, el más pragmático[54].

Ejemplo del pensamiento anterior lo dieron los «padres fundadores» de la Unión Europea —Jean Monnet, Alcide de Gasperi, Konrad Adenauer y Robert Schuman— al promover la cooperación entre las industrias alemana y francesa del carbón y el acero, unidas en la CECA (Comunidad Europea del Carbón y el Acero, 1951) junto a los seis Estados originarios del Mercado Común Europeo, embrión de la actual organización continental, la Unión Europea. En aquel momento y en contra de otros proyectos federalistas, se relegó la unión política y se optó por la cooperación económica, intuyéndose que ésta crearía las bases de una sociedad europea más integrada, cuando, en 1951, aún quedaban profundísimas heridas bélicas por restañar, fruto de siglos de las llamadas «enemistades hereditarias» entre naciones europeas (*Erbfeindschaften*)[55] que apenas acababan de sellar una paz dificilísima.

Implícitas en las visiones funcionalistas de la realidad internacional están las nociones de transnacionalidad y supranacionalidad, en tanto que se considera que las tradicionales concepciones del Estado hobbesiano[56], propias del Realismo clásico y que primarían en una idea de Sociedad o Sistema inter-nacional, inter-estatal o intergubernamental, *sensu stricto*, se ven efectivamente desbordadas por las fuertes dinámicas de un Sistema Mundial y «mundializado» en el que el actor estatal deja de prevalecer como protago-

---

[54] Un panorama meridianamente elocuente de tales supuestos, hoy bastante obsoletos, no expuestos en sentido puramente teórico, sino adaptados de forma convencional: Marcel MERLE, *Les acteurs dans les relations internationales*, Economica, París, 1986; *Forces et enjeux dans les relations internationales*, Economica, París, 1985; *Idem*, *La vida internacional*, Tecnos, Madrid, 1965; *Idem*, *Sociología de las Relaciones Internacionales*, Alianza, Madrid, 1986 y 1991 (las dos últimas, una de ellas en 2.ª edición, son una sola, con diversas reelaboraciones).

[55] Se propone una somera bibliografía sobre Europa. Contexto histórico-institucional: Henri BRUGMANS, *Historia de la idea europea (1920-1970)*, Moneda y Crédito, Madrid, 1972; Araceli MANGAS MARTÍN y Diego Javier LIÑÁN NOGUERAS, *Instituciones y Derecho de la Unión Europea*, Tecnos, Madrid, 2002; Antonio TRUYOL Y SERRA, *La integración europea I*, Tecnos, Madrid, 1999, esp. pp. 37-45; Charles ZORGBIBE, *Histoire de la construction européenne*, PUF, París, 1993; Joseph H. H. WEILER, *The Constitution of Europe*, Cambridge University Press, Cambridge, 2002; René LEJEUNE, *Robert Schuman. Padre de Europa (1886-1962)*, Palabra, Madrid, 2000; Jorge USCATESCU (dir.), *Creadores de Europa*, Ediciones de la Universidad Complutense, Madrid, 1990; Ludwig ERHARD, *Economía social de mercado. Su valor permanente*, Rialp, Madrid, 1994; Alberto SAVINIO, *El destino de Europa*, Bruguera, Barcelona, 1984; Robert SCHUMAN, *Por Europa*, Madrid, Encuentro-San Pablo CEU, sin fecha. Análisis político: Maurice DUVERGER, *La Europa de los hombres. Una metamorfosis inacabada*, Alianza, Madrid, 1994; Luigi CARACCIOLO (ed.), *La democracia en Europa*, Alianza, Madrid, 1993; Edgar MORIN, *Penser l'Europe*, Gallimard, París, 1990 (hay otras ediciones, pero ésta es mi preferida); *Culture et barbarie européennes*, Bayard, Montrouge, 2009. Exposición histórica, cultural, política: mi libro *La idea de Europa: Historia, Cultura, Política*, Tecnos, Madrid, 2008. Un ejemplo de cómo terminar «enemistades hereditarias»: Albert CAMUS, *Lettres à un ami allemand*, Gallimard, París, 1972, inseparable de James D. WILKINSON, *La resistencia intelectual en Europa*, FCE, México, 1989.

[56] José María HERNÁNDEZ LOSADA, *El retrato de un dios mortal. Estudio sobre la filosofía política de Thomas Hobbes*, Anthropos, Barcelona, 2002.

nista exclusivo[57]. El impulso expansivo de la economía, las transformaciones tecnológicas fruto del avance científico, el decisivo influjo de una educación cada vez más generalizada, el acceso a programas de desarrollo, salud y bienestar, la innovación en el ámbito de las comunicaciones y transportes... fueron hechos históricos que conmocionaron en sus fundamentos a un mundo que se «encogía» rápidamente, bautizándose el proceso como *shrinking of the world* (encogimiento del mundo). Desde esta perspectiva, esencialmente optimista, el Funcionalismo aparece teñido de un filantropismo economicista, utilitario y paternalista, al estilo del Despotismo ilustrado del siglo XVIII. No en vano se le suele atribuir una filiación grociana, es decir, de Hugo Grocio, iusinternacionalista holandés del siglo XVII que abogaba por una visión más liberal y cooperativa del Sistema Internacional que la de su coetáneo británico Thomas Hobbes. Por lo demás, la noción funcionalista de sistema —propia de esta época de mediados y tercer cuarto del siglo XX— es bastante primaria en la medida en que lo concibe como sistema cerrado o en equilibrio, es decir, homeostático: las entradas (*inputs*) y las salidas (*outputs*) se compensan mutuamente para darle estabilidad. Desde esos parámetros, este sistema se autorregularía de un modo casi automático en los casos de desequilibrio, que se califica —descalifica— como «disfuncional». Caso de no lograr el resultado apetecido, los científicos sociales contribuirían a reequilibrarlo, aplicando medidas a su vez funcionales[58]. Como es evidente, un conservadurismo político, social, económico y cultural subyacente caracteriza a este Funcionalismo, que, no obstante, presenta diversos grados y calidades.

b) *Teorías de la Integración*

En la trama histórica común con que se tejen las Teorías de la Integración aparecen varios puntos o nodos destacados que conviene considerar mínimamente. Uno de ellos es la influencia de la compañía Ford —ya vista como promotora de la RAND— en el mundo laboral e industrial no sólo estadounidense sino mundial, sistema que se conoce como «fordismo» y que implica, por un lado, la transnacionalización de los procesos económicos y productivos a escala mundial, y, por otro, la concepción de nuevos métodos de trabajo, incentivos y retribuciones. A su vez, esto se inscribe en el panorama del *New Deal* y el keynesianismo, es decir, las políticas estatales concebidas en el Occidente capitalista a raíz del *crack* de 1929 para paliar, corregir o impedir desastres sociales de magnitud semejante. Denostado todo esto

[57] Esther BARBÉ, «El Estado como actor internacional: crisis y consolidación del sistema de Estados» en: *Papers*, 41,1993, pp. 33-54; Martin WIGHT, *Systems of States*, Leicester University Press, Leicester, 1977 (edición de Hedley Bull).

[58] Entonces el Sistema de Easton se propuso para «visualizar» el Sistema Internacional. Merle señaló que carecía de «entorno exterior» —salvo si se admitía la existencia real de los extraterrestres— sin aportar solución al dilema: se desdijo del enfoque sistémico estricto, pero mantuvo su aparato metodológico-semántico: *El Sistema Mundial...*, *op. cit.*, capítulo IV.

como «intervencionismo estatal» por la Escuela de Chicago (1950), se sobreentendía que la estabilidad de las sociedades, ligada a un bienestar general y a una seguridad garantizada, constituía el mejor antídoto de los procesos revolucionarios; este modelo dista mucho, por tanto, de ser «socialista» en sentido estricto, aunque sí sería socialdemócrata y también demócrata cristiano, así como liberal en su dimensión estadounidense tópica (no equivalente a la generalizada coloquialmente en los pagos hispánicos). Junto a la institucionalización regulada de las fuerzas sindicales apuntaron las primeras manifestaciones de lo que luego sería la denominada «sociedad de consumo de masas», en la que una demanda constante de bienes y servicios aseguraba el dinamismo de la economía, lo que se completaba mediante tasas de inflación controladas, políticas fiscales progresivas y redistributivas, notables coeficientes de inversión pública y sistemas de ahorro e inversión seguros. Junto al corporatismo, vigente en amplios sectores sociales, aparecieron también las corporaciones transnacionales, conocidas vulgarmente como empresas multinacionales (*multinationals*), cuya influencia no cesaría de aumentar.

Con estas armas, el Occidente capitalista emprendía un rearme material y moral para combatir al comunismo desde su base. La creación de situaciones y expectativas objetivas de bienestar para sectores crecientes de la sociedad anulaba, como un antídoto, el revolucionarismo. Varias organizaciones e instituciones —objeto material de toda Teoría de la Integración— se encargaron de realizarlo. Siendo el Plan Marshall, destinado a la reconstrucción europea de posguerra, un fruto del *New Deal*, el ya citado *European Recovery Program* (ERP) fue algo más que un programa de ayuda económica. Significó el relanzamiento económico de una Europa maltrecha que debía imitar los modos de producción americanos, modernizando sus instalaciones y sistemas a fin de incrementar la productividad. Por otro lado, ello favorecía a los Estados Unidos, que aumentaron su influencia y su prestigio internacionales, aun a costa de inversiones multimillonarias. La organización gestora de la ayuda americana fue la OECE (Organización Europea de Cooperación Económica). Logró imponer un sistema de solidaridad entre los Estados europeos, que implicó un mecanismo de coordinación de políticas económicas nacionales, un sistema multilateral de pagos en una situación de inconvertibilidad de las monedas nacionales y una liberalización de los intercambios. Doce años después se convirtió en la OCDE (Organización de la Cooperación y el Desarrollo Económicos), de la que Estados Unidos forma parte.

¿Qué subyacía a toda esta actividad, simplemente enunciada en algunos de sus ejemplos más visibles? Se trataba de la imposición generalizada de macro-concepciones económicas y sociológicas de fuerte implicación tecnocrática, que embrionariamente dieron lugar a los masivos fenómenos y realidades posteriores de la denominada *governance* (gobernanza). A partir de sus premisas, se entiende que el gobierno de los asuntos mundiales debe dejarse en manos de expertos, provistos de una visión general que los capacita para relacionar entre sí inmensas magnitudes y vastos procesos. Estas élites de funcionarios, empresarios y técnicos formarían un nuevo cuerpo social transnacional, provisto de una sólida y también concreta formación académica, que compartiría intereses y valores semejantes y que se dirigiría en busca de un medio favorable donde desenvolver sus talentos, aptitudes y capacidades. Un método organizativo predilecto de estas instancias es la cooperación, desde un plano que, sobre una densa red de interacciones y comunicación, conjuga lo público-estatal con lo privado y empresarial.

Son bastantes los teóricos de Relaciones Internacionales de esta tendencia que encajan en tal modelo. Como sucedía con sus predecesores idealistas y realistas, entre ellos hay una notable presencia de germano-parlantes en origen o por educación, muchos nacidos en Alemania o en los antiguos dominios del Imperio Austro-Húngaro y aledaños, es decir, la zona conocida como Europa Central (*Mitteleuropa*), nada parecida al mosaico territorial posterior. En una mayoría hay antecedentes judíos, en el sentido transnacional que esta particularidad étnica representaba en la vieja Europa: es decir, el segmento más dinámico, emprendedor, políglota, flexible y culto de aquellas sociedades tradicionales. Una interpretación posible de las preferencias teóricas por la integración se derivaría precisamente de una cierta «nostalgia» de tipo funcional —sólo raras veces política— por el espacio integrado que los antiguos Imperios brindaban al desarrollo de la economía, las transacciones, las comunicaciones, el comercio, el intercambio cultural... por descontado, siempre que se hubieran acometido reformas administrativas de tipo ilustrado como las de José I o, más aún, Francisco José, en Austria, o las de Federico II o Bismarck, en Prusia[59].

Teóricos célebres de la integración son David Mitrany, rumano emigrado a Gran Bretaña durante la Primera Guerra Mundial, idealista señalado y luego muy influido por el *New Deal* a raíz de una estancia en la Universidad de Harvard donde colaboró con la famosísima institución *Tennessee Valley Administration* (TVA), así como vinculado a la Fundación Carnegie. Su obra capital es *A Working Peace System* (1943)[60]. Como idealista inicial, sus tesis integradoras son de tipo federalista e inspiración kantiana, si bien las adapta a las exigencias de la economía moderna y la innovación tecnológica dentro de una concepción organicista, *quasi* biológica, de la sociedad. Considera que la cooperación entre expertos cualificados puede llegar a disolver las percepciones belicistas del Estado nacional. En consecuencia, su hipótesis principal consiste en plantear si la institución de nexos funcionales de tipo pragmático y dinámico, basados en la economía y la técnica, podrá eliminar progresivamente las rígidas determinaciones políticas territoriales de los Estados, centra-

---

[59] Contextos generales: Robert BIDELEUX, Ian JEFFRIES, *A History of Eastern Europe. Crisis and Change*, Routledge, Londres y Nueva York, 1998; William M. JOHNSTON, *Österreichische Kultur- und Geistesgeschichte: Gesellschaft und Ideen im Donauraum 1848 bis 1938*, Böhlau, Viena-Colonia-Graz, 1980; análisis político en mi trabajo «La ampliación de la Unión Europea. ¿Integración o reintegración de Europa? Algunas cuestiones del debate ideológico, en: VVAA, *La Unión Europea ante el siglo XXI: los retos de Niza*, BOE, Madrid, 2003, pp. 319-338 (Actas de las XIX Jornadas de la AEPDIRI) (se profundiza en *Mitteleuropa*).

[60] David MITRANY, *A Working Peace System*, Quadrangle Books, Chicago, 1966.

dos en la preservación de una soberanía inmanente. Otro autor señalado es Ernst B. Haas, nacido en Alemania y luego profesor en la Universidad de Berkeley, ligado a la Fundación Rockefeller. Su estudio más célebre es *The Uniting of Europe* (1958), donde analiza la nueva comunidad surgida de la inspiración funcionalista de sus promotores, preguntándose si el innovador proceso dará lugar a una auténtica comunidad política. Para ello expone las ventajas y defectos del que ya entonces era un proceso difícil, sujeto en aquellos años a enormes tensiones internacionales como consecuencia de la bipolaridad de la Guerra Fría, por un lado, y, por otro, a la descolonización, que afectaba directamente a varios Estados europeos (Francia, Reino Unido, Países Bajos, Bélgica...), así como la cuestión de la cooperación militar transatlántica (OTAN) y los intentos de creación de una defensa europea conjunta (CED, UEO), etc. A Haas le preocupan los aspectos políticos de todo proceso integrador, definidos sobre el hecho material de trascender las fronteras de los viejos Estados nacionales, así como la modalidad que tal procedimiento pueda adoptar: federalismo, confederalismo, intergubernamentalidad, supranacionalidad... Todo ello sin descuidar los importantes componentes pragmáticos que conciernen a las que, en definitiva, son las élites que los emprenden y ejecutan, en tanto que efectivamente vinculadas con el proyecto[61].

Por fin, un teórico capital de la integración es Karl W. Deutsch, nacido en Praga y emigrado a Estados Unidos con el ascenso del nazismo, donde fue profesor en Harvard. Provisto de una sólida formación académica, innovó las visiones sistémicas corrientes con aportaciones de la Cibernética y la Teoría de las Comunicaciones, siendo el primer teórico internacional en suscitar la noción de «redes» (*net*, *Netz*); prestó además una atención especial a los elementos culturales de las relaciones sociales. Una de sus ideas centrales es la de «transacción», precisamente, la que determina los hilos que tejen esas redes que conectan de un modo cada vez más denso, complejo y dinámico a las diversas sociedades que configuran el mundo, contribuyendo a crear nuevas comunidades provistas de sistemas de valores asumidos, lo que, llegado el momento, logra convertirlas en entornos de convivencia más seguros y predecibles. Como buen centroeuropeo, Deutsch es muy penetrante al subrayar la artificialidad de bastantes formaciones estatales, establecidas sobre perímetros territoriales impuestos por acciones bélicas o componendas diplomáticas, en cuyo seno no llega a articularse ninguna comunicación social y cultural eficaz, puesto que el proceso político constituyente no ha respondido históricamente a una construcción identitaria coherente. ¿Cómo esperar o demandar estabilidad en unidades políticas carentes de integración real?[62]. Su obra decisiva fue *Nationalism and Social Communication* (1953), cuyos supuestos amplió a la escena internacional en *Political Community at*

[61] Ernst B. HAAS y Allen S. WHITING, *Dynamics of International Relations*, Greenwood Press Publishers, Westport-Connecticut, 1975.

[62] Karl W. DEUTSCH, *Las naciones en crisis*, FCE, México, 1981, pp. 173-175, 176-181, 314-339; *Idem*, *Nationalism and Social Communication - An Inquiry Into the Foundations of Nationality*, MIT Press, Cambridge-Mass., 1966.

the International Level (1954). Como respuesta a esas demandas Deutsch propone procesos integradores que operen, como mínimo, en dos planos: el inferior o nacional, correspondiente a la necesaria comunicación entre las personas o individuos corrientes que integran la ciudadanía de unos Estados que constituyen el referente de su identidad real, y el superior o internacional, correspondiente a los vastos procesos generales ligados al desarrollo de la economía, la ciencia, la tecnología... que obligan a integrar las unidades políticas menores en otras mayores, regionales, precisando que, para fructificar, tales integraciones deberían articularse sobre la base de afinidades e intereses cooperativos también reales entre los sujetos comprometidos en su consecución.

En tal sentido es como hay que entender la colaboración de Deutsch con el proyecto de cooperación transatlántica cristalizado en el Tratado de Washington (1949) que dio lugar a la OTAN (Organización del Tratado del Atlántico Norte), ligada ideológicamente a las visiones de Cecil Rhodes ya apuntadas. Esta organización evolucionó desde una especie de «anglofonía» —formada por una *Commonwealth* renovada— hacia una «comunidad ideológica» más extensa, alineada en favor de la defensa del liberalismo económico y los valores democráticos occidentales, que inicialmente estaría destinada a comprender a diversos Estados de Europa occidental, apenas pacificados tras la Segunda Guerra Mundial —como Francia, Alemania Federal, Noruega...— y a otros aliados frente al comunismo como Turquía y Grecia, enemistados secularmente entre sí y sometidos a graves tensiones internas e internacionales a causa de su inmediatez con el Bósforo, zona de máxima importancia geoestratégica para las dos superpotencias. Éste fue otro ejemplo claro de integración regional de Estados en una organización internacional efectiva, si bien no debe olvidarse que el objetivo de este tipo de integración no renuncia en ningún caso al protagonismo de la actuación estatal, esencial en aspectos tan críticos como los de seguridad y defensa: su determinación es siempre intergubernamental, no supranacional.

c) *Aplicaciones de la Teoría de Sistemas*

La Teoría General de Sistemas se deriva en gran medida de las investigaciones del biólogo austríaco Ludwig von Bertalanffy, opuesto a las concepciones mecanicistas del mundo natural. Tras el advenimiento del nazismo emigró, como tantos otros, a América, con una ayuda de la Fundación Rockefeller. Allí, en la década de 1950, fundó con el emigrado ruso Anatol Rapoport la *Society for General Systems Theory*. Contrario a la simplificación y el reduccionismo, Von Bertalanffy ideó la noción de «sistemas abiertos», es decir, totalidades dinámicas susceptibles de evolucionar y adaptarse a la aleatoriedad de entornos variables, capaces de organizarse con autonomía y sin determinismo dentro de una visión fundada en la constatación básica de la «complejidad» del mundo real, sujeto a cambios constantes de evolución incierta. Al concepto primario de «sistema» como conjunto de elementos entre los que se producen interacciones, Von Bertalanffy agrega ideas mucho más ricas que no desdeñan complejas teorías medievales sobre el «arte combinatoria» (*ars combinatoria*: Ramon Llull) y la complementariedad de los contrarios unidos por elevación en grados superiores de abstracción (Nicolás de Cusa), o también las visiones evolutivas y estéticas del Romanticismo alemán, en especial, las de Goethe y la posterior escuela de Filosofía Natural. Von Bertalanffy no sólo es autor de una teoría sino de todo un sistema de pensamiento extremadamente fértil y de difícil catalogación ideológica. No extraña entonces que fuera incomprendido por bastantes de sus coetáneos, neopositivistas incluidos, y, a título propio, entiendo que por las mentes estrechas en general, cual corresponde a quienes se enfrentan a «sistemas abiertos», evolutivos *sensu stricto*[63]. En cualquier caso, de su Teoría General de Sistemas se extrajeron principios esenciales aplicados a la Cibernética en cuanto estudio de la elaboración automática de la información: un ejemplo es el de *feedback* o retroalimentación de los procesos, factor informacional sustantivo acerca de los efectos de una determinada operación. Por este motivo, la Teoría de Sistemas adquirió enorme relevancia en ciertas investigaciones asociadas a estudios estratégicos. Es en este sentido en el que se configura la precisa orientación del título de este epígrafe, que reduzco a meras «aplicaciones» de la Teoría General de Sistemas a fin de subrayar la generalizada pobreza teórica de los planteamientos que aquí se recogen.

Un iniciador de la tendencia fue Quincy Wright, internacionalista de la Universidad de Chicago, que, en busca de un modelo analítico que determinara las causas de la guerra, abordó la concepción de un modelo general al comparar seis grandes contiendas en su libro *A Study of War* (1942). En su diseño están presentes las nociones de «proceso» y «equilibrio», genuinamente sistémicas. Sin embargo, cabe consignar una teorización más profunda que subyace en sus investigaciones; pertenece a Lewis F. Richardson, un británico pacifista reputado por Rapoport como primer autor en aplicar la Teoría de Sistemas a los estudios estratégicos. Su tesis consiste en demostrar que los procesos de competencia armamentística engendran entre los Estados una dinámica propia, susceptible de estudiarse con métodos estadísticos, a los que Richardson agregó audaces hipótesis económicas y psicológicas que rompían cualquier determinismo. Sus trabajos, popularizados por Wright, influyeron muchísimo en los proyectos de la RAND a finales de la década de 1950, preocupada por situar a los Estados Unidos a la cabeza del mundo dentro de una amplia concepción estratégica que cubría todos los terrenos de la actividad humana. Por otra parte, los postulados sistémicos obtuvieron enorme predicamento en econometría, lo que de un modo un tanto paradójico llevó a formular hipótesis de una posible convergencia final entre el sistema capitalista y el comunista como proceso resultante de su in-

---

[63] Ludwig VON BERTALANFFY, *Perspectivas en la Teoría General de Sistemas*, Alianza, Madrid, 1986; *Idem*, *Teoría General de los Sistemas*, FCE, México, 1993. Tanto Edgar Morin como Jesús Ibáñez han efectuado síntesis muy creativas a partir de este autor.

trínseca paridad estructural, basada en último término en la vigencia de un sistema tecnocrático igualmente efectivo en ambos.

Otra de las aplicaciones de la Teoría de Sistemas se utilizó además para tratar de definir la estructura o núcleo profundo de la realidad internacional, ahora conceptuable como Sistema Mundial. Iniciada la tarea por Charles A. McClelland, corresponde a Morton A. Kaplan el ensayo más célebre: *System and Process in International Politics* (1957). Se propuso como una aproximación «auténticamente científica» a las Relaciones Internacionales, en tanto que «una teoría inicial o introductoria de la política internacional». No obstante, como se subraya en su prefacio, esta obra «no constituye un marco (*framework*) para una teoría» aunque «incluye uno [...] si se aligeran algunos de los requerimientos de una teoría», lo que se materializa mediante la renuncia a una plenitud sistemática, a una prueba de consistencia lógica, a una interpretación inequívoca de los términos y a una confirmación empírica. En términos positivistas, el autor toma a la Historia como escenario general a la par que como virtual «laboratorio» para describir sus ubicuos seis modelos del Sistema Internacional, que trata de presentar mediante «variables» interrelacionadas y combinadas entre sí para constituir las diversas formaciones que configuran su tipología. Ésta —articulada mediante esos seis modelos, de los que se ha perpetuado semánticamente el bipolar— se define sobre unos principios estructurales descritos a partir de las hipotéticas normas o pautas de comportamiento de los actores dentro de los propios sistemas; incluye también las modalidades de su transformación (paso de unos modelos a otros), todo lo cual se supuso que facilitaría la aprehensión de la complejísima realidad internacional[64]. Esta hipótesis, jamás «verificada», suscitó desde el comienzo grandes críticas a su autor, que pronto rebajó sus pretensiones teóricas calificando su trabajo de «enfoque» o «método». De su trivialización proviene que las sufridas generaciones posteriores de lectores de prensa y oyentes de discursos varios deban padecer el abuso de la «bipolaridad» y «multipolaridad» en cualquier análisis de la Política Internacional[65].

---

[64] Morton A. KAPLAN, *System and Process in International Politics*, John Wiley & Sons, Nueva York, 1957, p. 11 del Prefacio; *Idem*, «Balance of Power, Bipolarity and Other Models of International Systems» en: *The American Political Science Review*, vol. 51, n.º 3, septiembre 1957, pp. 684-695. Publicado por: *JSTOR*.

Accesible en línea: http://www.jstor.org/stable/1951855 (consulta: 28/04/2013). En el contexto de la Guerra Fría: *Idem*, *Strategic Thinking and Its Moral Implications*, The University of Chicago Center of Policy Study, Chicago, 1973.

[65] Sobre la base de cinco variables (normas básicas del sistema, reglas de su transformación, clasificación de los actores, capacidades respectivas, información respectiva) se establecen seis sistemas internacionales: equilibrio de poder; bipolar laxo; bipolar estricto; universal; jerárquico (en su modalidad directiva o no directiva); unidad de veto. Los dos primeros poseerían una representación histórica: el Occidente moderno y la Guerra Fría real; los demás serían heurísticos, conjeturándose como: enfrentamiento bipolar extremo entre Occidente/Comunismo; la confederación probabilística de Estados; el Estado Mundial (democrático o tiránico); el sistema en el que todos los Estados serían potencias nucleares. En 1969 agregó cuatro más: bipolar muy laxo; *détente*; bloque inestable; difusión nuclear incompleta.

Es preciso señalar, sin embargo, que en su momento —los años sesenta del pasado siglo— el debate respectivo fue vivaz e interesante, entre otras cosas porque comprometió a un neorrealista tan incisivo como Kenneth N. Waltz. Si la concepción de Kaplan, aun behaviorista, es relativamente abstracta, Richard N. Rosecrance emprende una formulación sistémica más concreta, que paradójicamente aplica a la denostada Historia. Utiliza el lenguaje sistémico para hablar de *inputs* y *outputs*, variables, procesos, equilibrio... y demás factores influyentes en diversos períodos históricos, que selecciona por su significación respecto de la Política Internacional, previa advertencia de la inutilidad de sus teorizaciones para predecir futuros acontecimientos. En su *Action and Reaction in World Politics: International Systems in Perspective* (1963), describe un período histórico de doscientos veinte años según un modelo interpretativo de lo que establece como nueve sistemas internacionales existentes en Europa (1740-1960). Su esquema analítico se basa en una «fuente perturbadora o de entrada», un «regulador» y una «tabla de limitaciones contextuales»; con los dos primeros forma un cuarto elemento: «resultados». A partir de ahí se propone determinar las bases de una «estabilidad internacional» sujeta a los «trastornos» provocados por las perturbaciones de las entradas (ideologías, inseguridad interna, desigualdades internacionales, intereses nacionales enfrentados). Ello hace que las entradas (*inputs*) no se deriven de un factor único, siendo así que los Estados, elementos principales del sistema, también son perturbadores en tanto que concurren por el poder. Los reguladores, encarnados en las instituciones y sus procesos asociados (organizaciones, ligas, pactos, etc.) son mecanismos que imponen límites y restricciones a las entradas, lo que condiciona consensos informales. Éstos se ven influidos por otros «determinantes», variables según las épocas, que pueden vincularse al papel de las élites gobernantes capaces de controlar los procesos internacionales, o basarse también en las propias condiciones con las que el sistema se asegura la estabilidad necesaria para subsistir. El contexto es un medio circunscrito a la efectividad de los recursos materiales disponibles. Por fin, los resultados provienen del cálculo derivado de la combinación de los factores. Waltz criticó este «análisis sistemático empírico» alegando que sus cambios responden a una agregación mecánica y no a la propia dinámica sistémica interna; ello concuerda con la principal preocupación de Rosecrance, consistente en determinar la estabilidad de los sistemas, afín a la ideología dominante que traducía el sistema bipolar de Kaplan: «detención en un estado de equilibrio»[66].

---

[66] Estos apartados —según se ha indicado antes— combinan aportaciones y referencias de VAN DER PIJL, *op. cit.*, pp. 233-258, 263-283, 286-290, 309-313 y de *Las relaciones internacionales en el siglo XX*..., *op. cit.*, pp. 126-140 y 99-115. Otras referencias: ROCHE, *Théories*..., *op. cit.*, pp. 45 ss.; Kenneth N. WALTZ, *Teoría de la política internacional*, GEL, Buenos Aires, 1988, pp. 65-68; DOUGHERTY y PFALTZGRAFF, *Contending Theories*..., *op. cit.*, pp. 154-155. En perspectiva actual véase David J. SARQUÍS, *Relaciones Internacionales: una perspectiva sistémica*, Porrúa, México, 2005.

3. LAS HUMANIDADES EN LAS RELACIONES INTERNACIONALES

Toda compartimentación del saber es contraria a su propia naturaleza. En consecuencia, la redacción del título de este epígrafe sólo se justifica en razón del enunciado del Segundo Debate de las Relaciones Internacionales: «Ciencias *vs.* Humanidades»[67]. Ahora se verá por qué.

A) Enfoques desde la Sociología y la Historia

Aun en medio del rechazo generalizado a la Historia como matriz y escenario de los acontecimientos de las relaciones internacionales[68] por parte del Behaviorismo, en tanto que considera que su estudio no permite predecir evoluciones futuras, lo cierto es que ni siquiera sus teóricos pudieron prescindir de ella por completo[69]. Como predican los behavioristas, cada situación internacional se inserta en un contexto, cuantificable y operativizable, pero también dispone de una especie de naturaleza o índole más profunda, heredada del pasado, cuyo conocimiento y cuya eventual comprensión ayudarían a entenderla y a manejarla. Los enfoques sistémicos de las Relaciones Internacionales —en su dimensión reseñada hasta ahora, es decir, simplificada— se propagaron desde los Estados Unidos al resto del mundo. En Europa gozaron de un éxito considerable, tanto en la por entonces «americanizada» Alemania Federal —en los tiempos en que John F. Kennedy y Willy Brandt, entonces alcalde de Berlín, sellaban una profunda amistad en medio de la grave crisis del Muro: «¡Soy un berlinés!», exclamó Kennedy en 1963— como en la Francia «contestataria», donde el general Charles de Gaulle y el escritor

---

[67] Inserto esta nota confiando en que algún despistado se distraiga en leerla. Hay quien interpreta Humanidades en sentido literal, a modo de hipotéticos conjuntos de un «género humano» multiplicado no se sabe por qué cifra, como si esto fuera posible: «la humanidad es una». La expresión corresponde a «estudios humanísticos»: Filosofía, Historia, Derecho, Sociología, Ciencia Política, Literatura, Artes, etc. Produce algún sonrojo tener que precisarlo.

[68] Thomas W. SMITH, *History and International Relations*, Routledge, Londres y Nueva York, 1999.

[69] Toda obra representa una «narrativa», como tal, contingente, y ésta no escapa a tal determinación. Referencias: Jan ASSMANN, *Das kulturelle Gedächtnis. Schrift, Erinnerung und politische Identität in frühen Hochkulturen*, C. H. Beck, Múnich, 2007 (o cómo la memoria cultural contribuyó a fijar identidades ya en las culturas antiguas); Marc BLOCH, *Introducción a la Historia*, FCE, México, 1985: imprescindible maestro de la Escuela de los *Annales*; Reinhart KOSELLECK y Hans-Georg GADAMER, *Historia y hermenéutica*, Paidós, Barcelona, 2002; Reinhart KOSELLECK, *Futuro pasado. Para una semántica de los tiempos históricos*, Paidós, Barcelona, 1993 (imprescindible para reflexionar en profundidad); *Idem*, *historia/Historia*, Trotta, Madrid, 2004; Fernand BRAUDEL, *La Historia y las Ciencias Sociales*, Alianza, Madrid, 1990; Pierre CHAUNU, *Histoire et imagination*, PUF, París, 1980; Jacques LE GOFF y Pierre NORA, *Faire de l'Histoire*, Gallimard, París, 1974 [*Constructing the Past. Essays in Historical Methodology*, Cambridge University Press, Nueva York, 1987].

y periodista Jean-Jacques Servan-Schreiber eran las voces tonantes frente a Norteamérica[70].

Precisamente en Francia destacaron varias aportaciones sistémicas que establecieron una especie de puente doctrinal entre la aplicación de la Teoría de Sistemas al estilo americano y las formulaciones desde la Sociología de la Historia. Sistémico se mostró entonces Philippe Braillard (*Théorie des Systèmes et Relations Internationales*, 1977), que admite lo limitado de su ensayo, más metodológico que puramente teórico. En cualquier caso, su obra es significativa porque Braillard se preocupó de definir cartesianamente los conceptos propios de la Teoría de Sistemas aplicados a las Relaciones Internacionales: subsistema, entorno, estructura, función, equilibrio, estabilidad y adaptación, sin que por otro lado deba extrañar que se sigan usando sin demasiado discernimiento, lo que no fue su caso.

En continuidad con estas coordenadas, Marcel Merle concibió sus sucesivas obras consagradas a una Sociología de las Relaciones Internacionales: *Sociologie des Relations Internationales* (1974). En ellas elaboró y adaptó los principios metodológicos antes expuestos a una visión tradicional de la escena internacional, de raíz cultural europea, o aún mejor, de la «vida internacional», en los propios términos de su obra germinal: *La vie internationale* (1965). Merle ofrece una visión de conjunto de la totalidad de esta escena, en la que los actores desempeñan sus respectivos papeles y los factores y fuerzas ejercen su influencia dentro de un Sistema Internacional un tanto pintoresco pues, en puridad lógica según las premisas adoptadas, no le queda más remedio que señalarlo como carente de «entorno exterior»[71]. Provistos pese a todo de singular excelencia académica, los estudios de Merle no lograron un reconocimiento en el entorno de habla inglesa, ni siquiera a este lado del Atlántico, donde predomina un intenso interés por los enfoques históricos desde 1919, con la denominada Escuela Inglesa de Relaciones Internacionales. Fue ahí donde se consolidó el frente de batalla contra el Behaviorismo vigente en los Estados Unidos[72]. Sin un carácter tan «militante» en favor de los estudios históricos, al otro lado del Canal de la Mancha, es decir, en Francia, los estudios consagrados a la denominada Historia de las Relaciones Internacionales constituyeron una de las más clásicas líneas de análisis de los asuntos mundiales. En origen, a causa de su vínculo con la Historia Diplomática, esta materia mantuvo estrechos lazos con el Derecho Internacional, vínculo que se deriva de la obra sistemática de recopilación

---

[70] Jean-Jacques, SERVAN-SCHREIBER, *El desafío americano*, Plaza y Janés, Barcelona, 1968.

[71] Véanse las notas correspondientes de este mismo capítulo.

[72] Por ejemplo, en el sentido de los estudios de Herbert BUTTERFIELD y Martin WIGHT (eds.), *Diplomatic Investigations: Essays in the Theory of International Politics*, George Allen & Unwin, Londres, 1966; Paul SHARP, *Diplomatic Theory of International Theory*, Cambridge University Press, Cambridge, 2009; una visión de conjunto: Iver B. NEUMANN, «The English School on Diplomacy» en: Spencer MAWBY (ed.), *Discussion Papers on Diplomacy*, Netherlands Institute of International Relations «Clingendael», 2002, 32 pp.

Accesible en línea: www.clingendael.nl/.../20020300_cli_paper_dip_iss... (consulta: 07/05/2013).

abordada por autores ilustrados como el suizo francófono Emmerich [Emer] de Vattel (1714-1767) y análogos. Sus estudios, con aspiraciones de rebasar esta limitación inicial, han sido numerosos: dos autores principales, Jean-Baptiste Duroselle y Pierre Renouvin, representan esta corriente, que sitúa su interés absoluto en la Historia con mayúsculas, contemplada como una especie de depósito o de almacén que conservara la materia prima que sirve para elaborar la teoría. En tanto que tal, como registro, estos autores consideran que la Historia es la gran suministradora de datos, elementos y experiencia para abordar una pretendida Teoría de las Relaciones Internacionales, enunciada curiosamente como un conjunto compuesto de una descripción, una clasificación y una explicación general (Duroselle). Tal planteamiento da idea de sus limitaciones y de su práctica ausencia de sentido crítico. A modo de sistematización rutinaria, el campo de la Historia es dividido en parcelas en donde se seleccionan determinadas «regularidades, reglas y recetas», ordenadas según que los datos sean «fundamentales» o «accidentales». Su nula implicación teórica se deriva, como parece obvio, de este inductivismo sometido a la casuística, a la acumulación meticulosa de datos «empíricos» en tanto que se presentan como «factuales». Sin embargo, ya como analistas más ambiciosos, Renouvin y Duroselle enunciaron lo que bautizaron como las «fuerzas profundas de la historia en las Relaciones Internacionales», un enfoque que se articula sobre un conjunto de elementos que comprende las condiciones geográficas, los movimientos demográficos, los intereses económicos, el carácter de las mentalidades colectivas y las corrientes sentimentales, todo ello unido en ocasiones a la personalidad extraordinaria y las ideas de algunos estadistas. Sus obras, prolijas en datos, tienen un fuerte componente de relato e interpretación históricos, lo que hace que su lectura sea amena entre un público cultivado aunque no experto, que, sin embargo, puede discrepar con su trasfondo de opinión[73].

Ya en otro terreno intelectual más fértil, aunque también bajo la rúbrica de la Sociología Histórica, suele figurar un autor singular como es Stanley Hoffmann, en su día, maestro de Rosecrance; de nuevo, es un centroeuropeo germano-parlante de origen judío, emigrado a los Estados Unidos, incluido, no obstante, *ad maiorem gloriam*, en la selección de «críticos» de las Relaciones Internacionales por James Der Derian (1995). Profesor de Civilización Francesa en la Universidad de Harvard, este dato sería revelador. Su larga trayectoria académica muestra una evolución desde un empirismo sistémico inicial hacia posiciones reflexivas más profundas. Su inicial aproximación al Sistema Internacional trató de delimitar sus características observables, para, a partir de ahí y de forma inductiva, delimitar y aprehender su estructura y sus variables, siempre desde la base

[73] Pierre RENOUVIN, *Historia de las relaciones internacionales*, 2 vols., Aguilar, Madrid, 1969; Jean-Baptiste DUROSELLE, *Histoire diplomatique de 1919 à nos jours. Études politiques, économiques et sociales*, Dalloz, París, 1974; *Idem* y André KASPI, *Histoire des relations internationales de 1919 à 1945*, tomo 1, Armand Colin, París, 2000; *Histoire des relations internationales de 1945 à nos jours*, tomo 2, Dalloz-Sirey, París, 2002.

de «atrapar el fondo de la política» (*capture the stuff of politics*). Pero además, por encima de este apetecido conjunto de teorías derivadas de la observación científica de lo real, Hoffmann propuso que el investigador no permaneciera al margen de proyectos que como «utopías realizables» mejorasen las condiciones reales del mundo, aunque sin incurrir, como ironiza, en la «ingeniería social» (*social engineering*) propia del Behaviorismo. Inicialmente desde la Sociología Histórica, este autor aceptó el modelo sistémico como modelo teórico (o de análisis), y también como modelo real (o de comprobación). A partir de esa propuesta, el Sistema Internacional serviría como «esquema analítico» o método para ordenar y organizar datos prolijos y complejos, articulados en modelos de relaciones y variables observables que cabría definir con arreglo a criterios racionales. Basándose en un método comparativo, Hoffmann trató de observar las partes, o unidades básicas de la Política Mundial, para inferir el todo o estructura del sistema a fin de precisar luego su «funcionamiento normal» y sus «desviaciones», siendo su estructura determinante la «configuración de poder» fundada en la «disposición de las partes», provistas de características propias, por ejemplo, la homogeneidad o heterogeneidad de los Estados y sus regímenes de gobierno. A este respecto, el implacable Waltz le objetó una notoria incapacidad predictiva, que invalidaría su enfoque como «teoría»[74]. Su preocupación sustancial se proyectó, en todo caso, en lograr lo más parecido a una auténtica Teoría Internacional capaz de asegurarle a la propia disciplina una autonomía «científica». Pues, ¿cómo concebir una Ciencia carente de Teoría? Si lo que se pretende es construir una teoría válida, fundamentada sobre principios generales, ¿cómo es que el *establishment* académico admite una casuística tan irrelevante de asuntos de Política Exterior en una mayoría de las obras tachadas de «fundacionales»? Por otro lado, Hoffmann argumentó en favor de una cierta audacia interpretativa, capaz de atravesar la opacidad de la realidad aparente. Para ello abogó en favor de la Historia y el estudio de las mentalidades y percepciones, es decir, el análisis del discurso implícito en la Política Internacional, lo que comprende aspectos complejos, penetrantes, difícilmente cuantificables, ajenos a simplificaciones y reduccionismos. Además predicó el necesario distanciamiento epistémico del observador respecto de la realidad internacional que contempla, operación que desde esa perspectiva le incluye a él mismo como sujeto observante, origen de unos análisis más sagaces y oportunos[75].

---

[74] WALTZ, *Teoría de la política internacional...*, *op. cit.*, pp. 68-77.

[75] *El Sistema Mundial...*, *op. cit.*, pp. 115, 184-187; Stanley HOFFMANN, *Jano y Minerva. Ensayos sobre la guerra y la paz*, GEL, Buenos Aires, 1991; *Idem*, *Duties Beyond Borders. On the Limits and Possibilities of Ethical International Politics*, Syracuse University Press, Nueva York, 1981; *Idem*, *Teorías contemporáneas sobre las relaciones internacionales*, Tecnos, Madrid, 1963 [*Contemporary Theory in International Relations*, Prentice Hall, Englewood Cliffs-New Jersey, 1960].

B) Perspectivas desde la Sociología y Filosofía de la Historia

Dentro de las siempre difíciles catalogaciones de corrientes, tendencias, métodos y autores de la Teoría Internacional, este apartado se caracteriza por incluir la noción de Filosofía de la Historia asociada a una Sociología no tan imbuida de empirismo como las revisadas antes. Este matiz no apunta en ningún caso a una auténtica versión o construcción de la Teoría Internacional desde una exigencia filosófica en sentido puro, sino más bien a lo que de nuevo representa una adaptación de algunos supuestos de la Filosofía de la Historia —hegeliana, en concreto— al estudio de la realidad internacional.

La referencia a Hegel es capital. Para no extenderme, resumiré el argumento mencionando sólo algunas precisiones. Una de ellas consiste en que, además de como capital creación filosófica de Occidente durante el siglo XIX, cabe enjuiciar el pensamiento de Hegel como fuente nutricia de múltiples ideologías que, sin ser su expresión inmediata, sí constituyen su derivación. Al respecto, es conocida la filiación hegeliana de las tesis de Ludwig Feuerbach, Karl Marx y Friedrich Engels, junto con las demás corrientes del determinismo historicista. Además, una parte del nacionalismo e imperialismo alemanes, incluida la variante «idealista» del nazismo, se identificó con algunas tesis hegelianas sobre el «espíritu de los tiempos» (*Zeitgeist*), la naturaleza del Estado y las cualidades eternas e inmanentes de los pueblos y naciones, etc.: *Volksgeist*. Hegel es también un filósofo predilecto del Realismo político en general, entre otros motivos por su ya tópica apología de la guerra, considerada la «partera de la Historia» o, como mínimo, ejecutora de imprescindibles funciones «higiénicas», en tanto que impregnaría de dinamismo renovador a las aguas estancadas del devenir[76]. Desde ese esquema simplificado, la guerra permitiría que en el curso universal del Espíritu de los Tiempos se manifiesten los cuerpos históricos «elegidos» —pueblos, naciones, etc.— para asumir el papel de protagonistas momentáneos de la Historia, cumpliéndose así un destino que de otro modo quedaría truncado. Esa misma guerra auspiciaría el paso de *objeto* o elemento pasivo e inerte, a *sujeto*, o elemento activo y dinámico del devenir, favoreciendo que los pueblos y naciones —indeterminados— culminasen su existencia histórica «ascendiendo» al grado de Estados: determinados, auto-determinados. Con métodos «quirúrgicos» la diligente guerra eliminaría lo caduco y abonaría el terreno de una nueva siembra.

Después de Hegel, una «arqueología» de las Relaciones Internacionales debería incluir a Oswald Spengler, inspirador relevante de la perspectiva

[76] Obra esencial: Georg Wilhelm Friedrich HEGEL, *Vorlesungen über die Philosophie der Geschichte*, Suhrkamp, Fráncfort del Meno, 1986 (*Lecciones sobre Filosofía de la Historia*: *ca.* 1830). Predecesores nada belicosos fueron Immanuel KANT, *Filosofía de la Historia*, FCE, México, 1979 y Johann Gottfried HERDER, *Ideen zur Philosophie der Geschichte*, 2 vols., Aufbau Verlag, Berlín-Weimar, 1965. El romanticismo evolucionó luego hacia el lema «la historia del mundo es el juicio [tribunal] del mundo»: Ottmann HENNING, «Die Weltgeschichte ist das Weltgericht» en: *Hegel-Jahrbuch 1995*, Akademie Verlag, Berlín, 1996, pp. 204-209.

sociológico-filosófico-histórica de las Relaciones Internacionales en clave de un Realismo político imbuido de «pesimismo cultural» (*Kulturpessimismus*), condicionado por las tesis de la «*décadence*» de Friedrich Nietzsche: su influencia fue determinante en la primera mitad del siglo XX. En tal sentido, como autor de una magna y universal obra al respecto, destaca el británico Arnold J. Toynbee, un realista que subraya el papel de la minoría cultural, creadora, aislada en medio de una humanidad donde se manifiestan amplios grupos de «proletarios» —exteriores e interiores— que, al rebelarse, provocan sucesivos declives civilizatorios. En toda civilización coexistirían un Imperio, o poder temporal, y una Iglesia, o poder espiritual; el temporal puede decaer sin que eso signifique que el espiritual perezca; por el contrario, éste sería capaz de renacer con nuevas fuerzas en tiempos de crisis o miseria[77].

Pero el teórico por excelencia de esta corriente fue Raymond Aron, otro autor de origen judío, esta vez de nacionalidad francesa y profundo conocedor de la cultura y el pensamiento alemanes. Combinó la Filosofía de la Historia, tema de su Tesis Doctoral (1961), con la Sociología, de la que tomó la noción de «sistema» para abordar una visión de las Relaciones Internacionales impregnada, por un lado, de hegelianismo, y, por otro, del racionalismo sociológico de Max Weber. Consideraba que la Sociología y la Filosofía de la Historia eran esferas del conocimiento mutuamente intercambiables.

A pesar del etiquetaje por corrientes o escuelas, un rasgo dominante de su pensamiento es su vínculo inequívoco con el Realismo político, alineado expresamente junto al General Charles de Gaulle, de quien fue asesor durante la Segunda Guerra Mundial, y plasmado en su intensa labor periodística como columnista de *Le Figaro* desde 1947[78]. Buen conocedor y comentador de Von Clausewitz, Aron manifiesta una preocupación intensa por la guerra. Otra de sus constantes intelectuales radica en la difícil conciliación de sus inclinaciones personales hacia el individualismo y la necesidad de adaptarlas al holismo un tanto determinista imperante en el clima intelectual político de su época[79]. Autor fértil, su obra capital para las Relaciones Internacionales fue *Paix et guerre entre les nations* (1970). Como realista, su visión del Sistema Internacional se sustenta en la noción de «potencia», que comprende tanto las fuerzas como los recursos de una nación. La escena internacional es un «teatro de grandes guerras». En él se conjuga la lucha por defender intereses racionales concretos o «materiales» —como territorios, riquezas, recursos, posesiones en general...— y abstractos o «inmateriales» —como valores, gloria, prestigio, influencia— y la indudable realidad de un amplio margen de actuaciones irracionales, fruto de las pasiones que tan a menudo conducen a que dirigentes y pueblos se embarquen en aventuras insensatas. En este escenario se revela como algo esencial la definición de la

[77] THOMPSON, *Masters of...*, *op. cit.*, pp. 225-249, autor de la monografía *Toynbee's Philosophy of World History*, publicada por la Universidad estatal de Louisiana.

[78] Charles de GAULLE, *Memorias de esperanza*, Taurus, Madrid, 1971; Raymond ARON, *Ensayo sobre las libertades*, Alianza, Madrid, 1990.

[79] Raymond ARON, *Los últimos años del siglo*, Espasa-Calpe, Madrid, 1984, capítulo «La sociedad internacional», pp. 15-28.

conducta diplomático-estratégica, entendida como un par complementario más que excluyente, toda vez que se enuncia sobre principios de racionalidad política. De ahí se deriva que lo decisivo para el éxito de cualquier actuación internacional no sea tanto medir ostensiblemente las fuerzas con los rivales como calcular los riesgos y obrar con prudencia, cuando «sobrevivir» ya significa «vencer». Estas actuaciones se desenvuelven en un Sistema Internacional heterogéneo, formado por unidades políticas que, como es evidente, no se adscriben ni responden a unas mismas concepciones de la política. Por tal motivo, un objetivo principal de la Política Internacional debería ser la edificación de un Sistema Internacional cada vez más homogéneo, único medio por el que cabría predecir los comportamientos de los actores tanto en la vertiente diplomática como en la estratégica, lo que garantizaría grados muy superiores de seguridad y estabilidad tanto para los sujetos individuales como para el conjunto.

Desde este panorama general, ¿qué es la denominada «praxeología»? Aron titula así la cuarta y última parte de la voluminosa obra antes aludida, donde intenta extraer las consecuencias de los principios ya expuestos, buscando el modo de ponerlos en práctica según una derivación lógica del término griego *praxis*; la praxeología representa su estudio racional. Para ello, en sentido puramente pragmático —o no filosófico ni metafísico— Aron examina y sistematiza las implicaciones normativas presentes en su propia teoría a fin de establecer y definir una determinada serie de pautas, normas, reglas, preceptos, que se fundamentan sobre las regularidades observadas. Frente a las concepciones liberales del «equilibrio del poder» —principio y mecanismo regulador de la anarquía internacional— a Aron le interesa bastante más, por ejemplo, determinar el efectivo papel regulador de la Política Mundial que representa el nuevo factor «pacificador» materializado en la amenaza constante de una guerra nuclear, es decir, analizar la emergencia del conflicto total como un potente elemento de disuasión a la par que herramienta decisiva en una guerra psicológica. En este sentido, su teoría de la paz es completamente «negativa»: se reduce a un margen residual derivado de aquellas situaciones en que no exista un conflicto abierto[80].

Aludido como político en el apartado consagrado a exponer la Teoría del *Linkage* de este mismo capítulo, Henry Kissinger figura a partir de aquí como teórico internacional en compañía de Aron en la medida en que ambos comparten características comunes: son realistas y conocedores de la Historia. Asimismo, conjugan en cierta forma y en grados variables la condición de diplomático y estratego, al menos, como asesores destacados e influyentes de las máximas instancias políticas de sus respectivos países. Influenciados

[80] Jean-Jacques ROCHE, «Raymond Aron: un démi-siècle après "Paix et guerre entre les nations"» en: *Cahiers de la Revue de Défense nationale*. Publicado por: *Chaos international*, Centre de Études et des Recherches Transnationalistes, Universidad de la Sorbona, París. pp. 736-737, 2011.

Accesible en línea: www.chaos-international.org/index.php?...aron...pai... (consulta: 28/04/2013). Raymond ARON, *Paz y guerra entre las naciones*, 2 vols., Alianza, Madrid, 1985, tomo I, pp. 373-407, 197-223, 438-439, 408-435, 687-692.

de un modo circunstancial e inevitable por diversas teorías sociológicas de base empírica, sin embargo las aplicaron de manera diferente sobre sus concepciones del equilibrio internacional. Además, compartieron orígenes al provenir familiarmente del estamento judío «emancipado»[81] y burgués, propio de la Europa ilustrada.

Más allá de estas condiciones —que serían bastantes— Aron y Kissinger no coinciden en nada sustantivo, siendo superior el primero en cuanto a excelencia intelectual y académica y el segundo en cuanto a resonancia política y pública, como uno de los dirigentes internacionales más activos del siglo XX. Asesor significado de equipos de notables políticos —McGeorge Bundy, Nelson Rockefeller, Dean Rusk...— así como de gabinetes presidenciales y miembro del gobierno de los Estados Unidos con Richard Nixon o Gerald Ford, su postura acerca del papel hegemónico de su nación de adopción[82] es meridiana: al igual que lo habrían hecho otras potencias e imperios a lo largo de los siglos, los Estados Unidos estarían llamados en la actualidad a ser los conspicuos defensores de la legitimidad internacional frente a cualquier otro sistema rival. Pero, ¿cuáles serían las bases de esa legitimidad internacional? El Realismo de este autor un tanto camaleónico combina los enfoques funcionalistas y sociológicos propios de su época con una formación histórica de raíz europea que caracteriza los rasgos fundamentales de su trayectoria intelectual. Ya desde sus primeras aportaciones —década de 1950— Kissinger destacó por su crítica a la doctrina de la represalia masiva, que efectuó no ya desde un estricto enfoque teórico sino ideológico. El arranque de su teoría se sitúa en el núcleo germinal de sus análisis y reflexiones acerca de la Europa de comienzos del siglo XIX, devastada por la Revolución francesa y las campañas napoleónicas, en plena era de la Restauración conservadora del Congreso de Viena (1815). Éste consagró los principios de la Santa Alianza, fundamento de un orden internacional —por entonces restringido al continente europeo— sacudido por constantes estallidos revolucionarios hasta el triunfo de la Revolución Bolchevique casi cien años después (1917). Según las coordenadas de tales parámetros ideológicos, la consecución de la paz internacional no debería constituir una norma rectora decisiva de la Política Exterior de ningún Estado; lo que sí interesaría para construir, mantener e imponer esa «paz» instituida como «orden y concierto» sería el logro de una legitimidad fundamentada sobre un Sistema Internacional de potencias aliadas, organizado sobre ciertas premisas —principios, normas, reglas, procedimientos, valores...— y en cuyo seno cupiera entablar procesos negociadores y eventualmente intervencionistas dirigidos a restaurar un «equilibrio de fuerzas» siempre en precario, símbolo y expre-

[81] Dentro de la *Aufklärung* (Ilustración) se llamó «emancipados» a los judíos que, como Mendelssohn, se adhirieron a las doctrinas de la tolerancia: secularización y un cierto relativismo religioso. Integrados progresivamente en la sociedad civil, sus descendientes pudieron creerse a salvo de las persecuciones del siglo XX, pero el totalitarismo sigue otras pautas: Moses MENDELSSOHN, *Jerusalem o acerca del poder religioso y judaísmo*, Anthropos, Barcelona, 1991.

[82] Nacido en Alemania (1923).

sión del juego del poder internacional. Siempre supeditada al concepto de «orden» y aun dentro de unas tesis más defensivas que ofensivas, esta idea de paz kissingueriana sería, pues, muy precaria y relativa.

De su examen histórico acerca de la diplomacia europea entre 1812 y 1822 Kissinger extrajo la noción capital de la necesidad de impulsar y organizar negociaciones constantes, desarrolladas incluso —o hasta primordialmente— con los sistemas y regímenes políticos más opuestos y enfrentados. Esta actuación estaría respaldada, no obstante, por ciertos mecanismos de resguardo y de una reserva precautoria ante la eventualidad de inevitables conflictos armados: en tal sentido y adaptándolo a su época, Kissinger se mostró partidario de la intervención atómica limitada[83].

[83] Mayor amplitud e implicaciones en *Las relaciones internacionales en el siglo XX..., op. cit.*, capítulo III y una parte del II. Otra de sus obras clave: *Diplomacy*, Simon & Schuster, Nueva York, 1994 (hay edición española).

CAPÍTULO IV

EL IMPERIALISMO Y SUS CRÍTICOS

Los contenidos de este capítulo corresponden al estudio de las denominadas «posiciones críticas» de la Teoría Internacional[1]. En sí, éstas forman un conglomerado de corrientes no sólo teóricas sino ideológicas que cuestionan los propios fundamentos del Sistema Internacional. En unos casos, las críticas se dirigen al *ser* del sistema, es decir, intentan analizar su estructura y funcionamiento y determinar la trama del poder real que lo gobierna, a modo de un diagnóstico médico aplicado sobre el «cuerpo político». En otros, estas posiciones avanzan hacia un *deber ser* orientado hipotéticamente a solucionar los problemas principales desde posturas que no descartan la oportunidad de la lucha revolucionaria en determinados casos, esto es, mediante una «curación» a veces «quirúrgica». La Historia ha mostrado que bastantes de estas corrientes, inicialmente revolucionarias, tienden a volverse reaccionarias una vez que se afirman en el poder real, cuando adoptan actitudes políticas nacionales e internacionales que apenas se diferencian —salvo en un plano retórico y semántico— de las que propugna el Realismo más conspicuo.

1. DEL IMPERIALISMO Y DE ALGUNOS DE SUS TÓPICOS: UNA INTRODUCCIÓN

Desde un punto de vista intelectual, las posiciones críticas de la Teoría Internacional se inscriben en una denominada «izquierda»[2], a veces inespecífica, congregada en torno a ciertos postulados o creencias seculares básicas como serían, sin proponer una lista exhaustiva, la idea de humanidad, en-

[1] A menudo, frente al Imperialismo —imperialismos— se simplifica la cuestión hablando en exclusiva de «marxismo» en las Relaciones Internacionales», cuando éste no es unívoco. A veces sólo se mencionan las Teorías del Centro y la Periferia, las Teorías de la Dependencia o el Tercermundismo en general… lo que daría una idea pobre e incompleta del asunto.

[2] Concepto sujeto a intensas revisiones críticas. Data de la Revolución francesa: el 28 de agosto de 1789, en el curso del debate acerca del veto real a la nueva Constitución, los diputados contrarios a la medida se situaron a la izquierda del presidente del congreso; los partidarios, a la derecha, siendo así que la sala no tenía la convencional forma de hemiciclo.

tendida como unidad del género humano; el progreso, como camino de perfectibilidad de la especie humana, accesible a todos los individuos y/o colectividades, según los casos; la igualdad, vista como ausencia de discriminación hacia los diferentes; y la justicia, comprendida en su noción más social y distributiva, igualadora de las diferencias y rectificadora de las arbitrariedades. La postura frente a la libertad suele ser más ambigua, en tanto que, como liberación, es algo que se persigue como fin hasta que se logra el poder político; luego, ya en la práctica, puede verse desechada como «individualista», «burguesa» y «reaccionaria»[3]. En este amplio movimiento hacia posiciones críticas respecto del Sistema Internacional convergen ideologías y grupos de opinión muy diversos, que van desde el marxismo en sus variadas vertientes y líneas de evolución, hasta significadas corrientes de cristianos y otros grupos religiosos comprometidos con causas políticas y sociales, no sólo occidentales, pasando por muchos anarquismos y socialismos de variadísimo corte. En general, las mayores coincidencias se dan en los fines que se persiguen —de nuevo, el *deber ser* de las Relaciones Internacionales— aunque se diverge profundamente en cuanto a los medios empleados para transformar esa realidad. Respecto de los análisis que se realizan sobre el *ser* o, en términos marxistas, «la cosa en sí», que pueden constituir el Sistema y las Relaciones Internacionales también existen diferencias, pues unos diagnostican el mal radicándolo en la economía, otros en el sistema político, jurídico o legal, otros en las mentalidades que en último término gobiernan los procesos, etc., sin olvidar los diferentes grados de pesimismo u optimismo antropológicos que impregnen en su caso los respectivos discursos oficiales y oficiosos.

Convencionalmente, un lugar común que congrega el debate de estas posiciones críticas es el Imperialismo. Como término tópico, le convino a los Estados Unidos para «ayudar» a las colonias españolas en su emancipación de la metrópoli durante el siglo XIX, así como para que, más tarde, Fidel Castro y sus seguidores lo empleasen, por ejemplo, para señalar a la globalización como postrero ejemplo imperialista en el que los Estados Unidos se erigirían como cabeza visible. Por otro lado, ya en los márgenes históricos de la segunda mitad del siglo XX, cabe constatar que entre las potencias formalmente anti-imperialistas de la Guerra Fría se dieron continuas y mutuas acusaciones de imperialismo flagrante en el momento en que cualquiera de ellas, a través de sus dirigentes personalistas, intentaba monopolizar procesos revolucionarios o emancipadores internacionales. Tal fue el caso de la China comunista de Mao Zedong frente a la Unión Soviética estalinista y post-estalinista, o de algunos Estados africanos soliviantados frente a lo que consideraron injerencias de un Egipto gobernado por Nasser o de una Ghana regida por Nkrumah, o del Vietnam de Ho Chi Minh frente a la China maoísta, sucesora del Imperio hegemónico en la zona… Asimismo, ya en la última etapa de su vida política activa como representante de la Revolución

---

[3] Norberto BOBBIO, *Igualdad y libertad*, Paidós, Barcelona, 1993.

Cubana ante las supremas instancias internacionales, Ernesto Che Guevara acusó de imperialismo a la Unión Soviética a mediados de la década de 1960.

Frente a tal cúmulo de contradicciones, ¿qué es el Imperialismo? Coloquialmente, es un término que como tantos se presta a usos ambiguos y equívocos, en tanto que a veces se emplea como calificativo de actitudes y actuaciones reales que evidenciarían el espíritu o ánimo de dominio que una determinada comunidad política ejerce sobre otra, a la que a menudo ni siquiera reconoce como tal. Tomo de Edward Said la siguiente definición del Imperialismo: «la práctica, la teoría y las actitudes de un centro metropolitano dominante que rige un territorio distante», seguida de la que él, a su vez, recoge de Michael Doyle: «el Imperialismo es, sencillamente, el proceso o política de establecer o mantener un imperio». Esto último puede «lograrse por la fuerza, por la colaboración política, por la dependencia económica, social o cultural»[4]. Said parte de la base de que todas las culturas que se definen desde parámetros nacionales demuestran «una aspiración a la soberanía, a la absorción, a la dominación»[5]. Se trataría pues, de una especie de hipertrofia o desarrollo exagerado de una determinada conciencia nacional la que en el fondo alentaría en la idea de Imperialismo, visto como una expansión de una comunidad política que somete a otras poblaciones y territorios a su soberanía mediante la imposición de un dominio efectivo, lo que se aseguraría no sólo con medios militares, políticos, económicos y sociales, sino con procedimientos ideológicos y culturales. El hecho de trascender las fronteras nacionales originarias e imponerse a poblaciones que en principio no aceptan de buen grado tal soberanía serían típicos de cualquier política imperialista. Una consecuencia derivada de ello es la necesidad del uso de la fuerza por parte de la potencia imperialista, que desencadena las comprensibles resistencias y condenas morales por parte de los detractores o de los meros sujetos pacientes. A la inversa, sus partidarios lo defienden con varios argumentos, envueltos de una propaganda que justifica la dominación imperialista: los más repetidos invocan la superioridad de su dinamismo y su potencia imbatibles o también su capacidad unificadora de formaciones políticas menores, incluso estatales: tal sucedería con la *Kleinstaaterei* (estatalidad exigua), denostada por el imperialista alemán Heinrich von Treitschke (1834-1896)[6].

El Imperialismo es casi tan viejo como la humanidad: apenas ninguna comunidad política constituida con alguna solidez está exenta de su tentación. En Roma, el *imperium* encarnaba el supremo poder ejecutivo que comprendía

---

4 Edward W. SAID, *Cultura e imperialismo*, Anagrama, Barcelona, 1996, p. 43; la cita de Michael W. DOYLE, *Empires*, Cornell University Press, Ithaca, 1986, p. 45, *ibidem*. Clave del proceso: Daniel R. HEADRICK, *Los instrumentos del Imperio. Tecnología e imperialismo europeo en el siglo XIX*, Alianza, Madrid, 1989.

5 SAID, *ibidem*, p. 51.

6 Sus peores derivaciones se evidenciaron luego: Reinhard OPITZ (comp.), *Europa Strategien des deutschen Kapitals 1900-1945*, Pahl Rugenstein, Colonia, 1977; Hans GESER, «Kleinstaaten im internationalen System» en: *Kölner Zeitschrift für Soziologie und Sozialpsychologie*, vol. 44, n.º 4, 1992, pp. 627-654.

tanto la autoridad militar como la judicial. El *imperator*, en origen un general victorioso, pasó a designar a la autoridad suprema del Estado. A lo largo de la Historia, varios imperios, junto con sus respectivos imperialismos, se han sucedido en todo el globo. China, Mesopotamia, Persia, el Mediterráneo oriental... vieron surgir los primeros, cuya culminación antigua más universal fue el Imperio Romano. Su caída fue seguida de otros intentos de reconstituirlo, más o menos logrados, como Bizancio o el Sacro Romano Imperio, luego también Germánico, que otros imperialismos reformularon desde el Renacimiento. Los Imperios europeos occidentales ya modernos —español, portugués, inglés, holandés, francés, alemán, austro-húngaro, ruso...— compitieron en la escena internacional con los también tradicionales Imperios mongol, chino, japonés, otomano... A finales del siglo XIX aparecieron nuevas potencias aspirantes a un estatuto ya propiamente imperialista en sentido moderno, bien desde premisas imperiales anteriores (Gran Bretaña, Alemania, Francia, etc.), bien desde pretensiones inéditas como las de los Estados Unidos que, bajo la Doctrina Monroe (1830), lanzaron el lema de «América para los americanos». Hay quienes ven en los diversos movimientos «pan-» —paneuropeísmo, paneslavismo, panarabismo, panislamismo, panafricanismo, incluso panserbismo...— una implícita vocación de corte imperialista, aunque no sería exacto. En todo caso, los totalitarismos, florecientes desde 1920-1930, fueron imperialistas sin excepción. Por su parte, ya finalizada la Segunda Guerra Mundial, tanto Estados Unidos como la Unión Soviética, so capa de «liberar» a los pueblos sojuzgados por la parte contraria —sujeta a cambios según evolucionase el sistema de alianzas respectivo— ejercieron cada uno nuevas formas de imperialismo. Estas intervenciones —bélicas o para-bélicas en su inmensa mayoría, disfrazadas con el eufemismo de «conflictos por delegación» o también «de baja intensidad»— fueron denunciadas machaconamente por las partes agraviadas, pero también ensalzadas como «liberación» por las que se consideraban beneficiadas en algo.

2. ALGUNAS NOCIONES GENERALES SOBRE EL IMPERIALISMO

En términos generales, las corrientes de análisis sobre el fenómeno imperialista pueden agruparse en torno a cuatro variables. La primera sitúa el énfasis en los aspectos económicos del Imperialismo y comprende tanto la posición liberal como la marxista. La segunda conecta al Imperialismo con un complejo ideológico que vincula lo que se supone que son actitudes básicas del ser humano, como el afán de dominio y la lucha por la supervivencia, con teorías y pseudo-teorías sobre biología, superioridad racial, valores éticos y normas estéticas. La tercera se sustenta en consideraciones militares y estratégicas ligadas al conjunto de teorías y prácticas comprendidas bajo una genérica noción de Geopolítica. La cuarta es ya puramente ideológica y cultural: desarrolla connotaciones de tipo mesiánico, fundadas en creencias como el providencialismo político, la superioridad de una determinada civilización sobre las demás, la conversión religiosa a determinados credos, etc.

Sobre esta urdimbre interpretativa cabría considerar brevemente el momento histórico en que surge el término. A mediados del siglo XIX la ya milenaria tradición imperial se amplía en otras dimensiones. Su primera asociación terminológica se da en Francia con los partidarios del bonapartismo, Napoleón I y su dinastía; un régimen político que se reanuda después con el Segundo Imperio de Napoleón III. Las connotaciones se prolongan a los defensores del viejo Imperio alemán, aunque su versión más concreta se produce en Gran Bretaña hacia 1850, donde el calificativo imperialista se usa para designar al régimen de Luis Napoleón, fundado en la gloria nacional y el prestigio militar. Pasados veinte años se empieza a aplicar en la propia Gran Bretaña para señalar sus lazos con el Imperio de que es titular. De hecho, se articula sobre una querella política interna: desde las filas liberales, William Ewart Gladstone se opone a la política colonial de Benjamin Disraeli, a la que descalifica como imperialista en su deriva «bonapartista». Aun partidario de la política imperial de Gran Bretaña, Gladstone se opuso a los fastos patrioteros de Disraeli.

No obstante, el significado del vocablo evoluciona entre los propios liberales británicos —Robert Arthur Talbot Gascoyne-Cecil, más conocido como *lord* Salisbury y Joseph Chamberlain— y pronto adquiere connotaciones más complejas, entendiendo que el Imperio —o red de estrechas relaciones entre la metrópoli y las colonias— forma un marco idóneo para difundir valores como el orden democrático y la «sagrada misión civilizadora», formalmente ligada a un humanismo genérico que haría de esta empresa una tarea incluso digna de admiración. Desde tal premisa, contribuir al engrandecimiento del Imperio Británico implicaba también mejorar de paso las condiciones de vida de las poblaciones agregadas a su tutela, formalizada en el principio colonial del *indirect rule* (gobierno indirecto). Tal principio fue más eficiente en términos de conveniencia nacional británica que la costosísima política colonial de los católicos Imperios Portugués y, sobre todo, Español, que gestionaban de forma directa el gobierno de unos territorios considerados parte integrante de la metrópoli, lo que —sin darse un racismo encubierto, como en el caso de las potencias colonizadoras protestantes— propició matrimonios y uniones de hecho entre colonos e indígenas (mestizaje), originando la nueva clase «criolla», élite aburguesada que emprendería la emancipación nacional de las colonias a comienzos del siglo XIX, en particular, las españolas. En cualquier caso, el Imperialismo pasaba por un término popular y respetable entre amplios sectores sociales de la Gran Bretaña de 1898[7].

A) Enfoques ideológicos del Imperialismo

Las características de la ya mencionada Guerra Anglo-Bóer (1899-1902) determinaron la primera inflexión crítica hacia una nueva percepción del

[7] Pierre BRAILLARD y Pierre DE SENARCLENS, *El imperialismo*, FCE, México, 1981, pp. 7-10, 19-27, 79-105, 50-71.

Imperialismo. Proviene de la obra de John A. Hobson, *Imperialism - A Study* (1902), desplazado como periodista al escenario de la contienda, donde observa sobre el terreno los efectos de la política imperialista y esboza sus primeras reflexiones. De ese modo aborda una aproximación teórica al fenómeno. En su búsqueda de fundamentos que expliquen el Imperialismo, Hobson adopta una perspectiva que asocia elementos ideológicos —nacionalismo expansionista y patriotero, teorías de la superioridad civilizatoria, mesianismo religioso y humanitario— con otros de índole económica, derivados de su visión de la situación interna de la Gran Bretaña coetánea, que describe como marcada por un incremento considerable de las inversiones ultramarinas coincidente con un estancamiento del mercado nacional. Cristaliza así la denominada Teoría Económica del Imperialismo, regida por la idea de que, pronto o tarde, al agotarse su capacidad de absorber los mercados existentes el desarrollo del capitalismo alcanzaría una especie de barrera natural insuperable. Con sus connotaciones de prestigio nacional y militar a ultranza, para Hobson la empresa del Imperialismo fue económicamente ruinosa y políticamente peligrosa[8].

En el contexto del liberalismo europeo vigente, entre 1885 y 1914 surge un nacionalismo agresivo que cristaliza en la creación de Estados nacionales de corte más o menos hegeliano, imbuidos de una irrefrenable creencia en la nación como comunidad política activa y homogénea en la que, unidos por una lengua y una cultura comunes, tomarían parte todos los ciudadanos políticamente maduros, que, siendo por entonces sólo incipiente el sufragio universal, eran los que cabía reunir bajo el principio del «voto censitario» por lo demás[9]. A fin de no verse constreñida en la realización de lo que concibe como su proyecto histórico universal, esa nación ambiciona un creciente e incluso desmedido poder, tanto interno como internacional. Busca así convertirse en una unidad política lo mayor posible, liberada de las restricciones de un Estado exiguo que, a la vez que proyecta hacia el exterior una poderosa voluntad de dominio, aspira a consolidarse en un Sistema Internacional cada vez más competitivo y por tanto más tenso. La adquisición de nuevos territorios está cargada de simbolismo en tanto que expresa el deseo de pasar de ser «sólo» una potencia europea a constituirse en gran potencia mundial (*Weltmacht*). En los megalómanos parámetros de la apetecida aura de prestigio a escala mundial no se persigue tanto la rentabilidad material de las colonias —bien por su explotación, bien como reducto territorial—

[8] John A. Hobson, *Estudio del imperialismo*, Alianza, Madrid, 1981; antecedentes históricos de las grandes potencias europeas: David K. Fieldhouse, *Los imperios coloniales desde el siglo XVIII*, Siglo XXI, Madrid, 1987.

[9] Rudolf Rocker, *Nacionalismo y cultura*, Ediciones de la Piqueta, Madrid, 1977; Hans Kohn, *Historia del nacionalismo*, FCE, México, 1984; Eric J. Hobsbawn, *Naciones y nacionalismo desde 1780*, Península, Barcelona, 1991; Clifford Geertz, *Cultura, identidad y política. El nacionalismo y los nuevos cambios sociales*, Gedisa, Barcelona, 1993; *Idem*, *Naciones y nacionalismo*, Alianza, Madrid, 1988; Anthony D. Smith, *Las teorías del nacionalismo*, Península, Barcelona, 1976; Benjamin Azkin, *Estado y Nación*, FCE, México, 1983; John Breuilly, *Nacionalismo y Estado*, Pomares-Corredor, Barcelona, 1990; Anne-Marie Thiesse, *La creation des identités nationales. Europe XVIIIe-XXe siècle*, Seuil, París, 1999.

como, además de las ventajas económicas en una concurrencia mundial por mercados y recursos, la obtención de posiciones estratégicas y la movilización de lo que Wolfgang J. Mommsen designa como el «material humano». Y este material constituye una base principal del proceso, como luego se verá.

Se entiende así que esta frenética concurrencia servirá para fortalecer la posición internacional de la potencia imperialista, que proyecta sobre sí misma una adaptación espuria del darwinismo a través de la ideología de la «supervivencia de los más aptos» (*survival of the fittest*) dentro de la «lucha por la vida» (*struggle for life*). En un Occidente en el que, mediante la divulgación periodística, triunfan además las tesis evolucionistas de Herbert Spencer —parte constitutiva de la «ideología del progreso»[10]— el Imperialismo adquiere resonancias filosóficas, visibles en la obra del aludido Rudyard Kipling, autor de la visión que tiene al Imperialismo por la pesada, heroica y gloriosa «carga del hombre blanco» (*white man's burden*), marcado por el destino «natural» de difundir su cultura superior entre las llamadas «razas inferiores» aun a costa de «grandes sacrificios». O de Friedrich Nietzsche, inopinado formulador de lo que luego fue la «teoría del superhombre», basada en la consideración de algunos individuos —y pueblos— como «naturalmente» esclavos (*tschandalas*) o como «naturalmente» señores, que alcanzó su elaboración sistemática y radical en la obra de Houston Stuart Chamberlain (*Los fundamentos del siglo* XIX, 1899). Los escritos, discursos y panfletos de la época están preñados de este espíritu, que, dentro de ciertas oscilaciones en el tono y la racionalidad de los argumentos, todo el mundo consideraba inocuo y legítimo. Personajes de la talla de Jakob Burckhardt, Max Weber, Friedrich Naumann, Cecil Rhodes, Joseph Chamberlain, Jules Ferry, Francesco Crispi... fueron moderados defensores de un engrandecimiento nacional acorde a las demandas reales de un crecimiento capitalista incuestionado. Sin embargo, el Imperialismo militante adoptó un lenguaje halagador de las más bajas tendencias políticas, difundido por medio de una prensa accesible a millones de personas apenas alfabetizadas a quienes el social-darwinismo, tenido por respetable a causa de su filiación cientificista, les sonaba a una especie de panacea universal de todos los males sociales. La conciencia política europea de lo que se apuntaba como «masas»[11] se transformó esencialmente. El Imperialismo liberal, cuyo artífice fue Archibald Philip Primrose, *lord* Rosebery, nutría los componentes emocionales de la pretendida superioridad británica, cohesionada en una nación fuerte y unida, providencial para el destino del mundo en unos momentos en los que las teorías raciales comenzaban a estar en pleno auge. En Alemania, el ya aludido Von Treitschke imprimió un giro imperialista al

---

[10] John BURY, *La idea del progreso*, Alianza, Madrid, 2009; Robert NISBET, *Historia de la idea de progreso*, Gedisa, Barcelona, 1981.

[11] Elias CANETTI, *Masse und Macht*, Fischer, Fráncfort del Meno, 1990 (hay traducción española); José ORTEGA Y GASSET, *La rebelión de las masas*, Espasa-Calpe, Madrid, 1994; Sigmund FREUD, *Psicología de las masas. Más allá del principio del placer. El porvenir de una ilusión*, Alianza, Madrid, 1994.

peculiar liberalismo germano al proclamar que el *Reich* necesitaba emprender una «política mundial» (*Weltpolitik*); Friedrich von Naumann y Theodor Barth sentaron las bases de un imperialismo nacional basado en principios democráticos de izquierda. En Francia, la idea de la «*grande nation française*», exaltada tras la desolada conmoción de la derrota en la Guerra Franco-Prusiana (1870) y el posterior episodio antisemita conocido como «*affaire* Dreyfus» —en que participó Émile Zola con su artículo «*J'accuse*!»— cuajó en el amplio movimiento autoritario y corporatista que Charles Maurras congregó en el entorno de la revista mensual *Action Francaise*, eje de un nacionalismo expansionista y racista con amplio eco popular aunque también intelectual. En Italia, teóricos de las élites como Gaetano Mosca y Vilfredo Pareto transformaron el pensamiento político y sociológico al plantear como objeto de sus análisis la cuestión de la lucha, de índole *quasi* biológica, que enfrenta a los sectores dominantes en su pugna por el poder[12]. Este ambiente general, presente en gran parte del pensamiento político europeo, suscitó fuertes tendencias hacia el irracionalismo, el biologismo y el autoritarismo, lo que pudo abonar el terreno de la evolución totalitaria posterior.

Concluida la Primera Guerra Mundial, en pleno debate entre el discurso imperialista nacionalista y su contestación desde el marxismo —que se expone más adelante— surge la interesante obra del austríaco Joseph A. Schumpeter, quien emprende una audaz Sociología del Imperialismo que por primera vez sustrae a éste del capitalismo. Su penetrante estudio rastrea en la evolución histórica del fenómeno desde los viejos Imperios —Egipto y Asiria— hasta el presente. Uno de sus argumentos mantiene que las fuerzas motoras del Imperialismo discurren en paralelo con los valores e intereses de la sociedad que lo sustenta; no son, pues, ajenos a ella. Por lo tanto, si en ésta prima un gusto irracional por la lucha, las propias condiciones sociales y culturales propiciarán que desarrolle actitudes imperialistas, con independencia de que existan propósitos políticos concretos que lo propugnen de forma expresa. Schumpeter define al Imperialismo como una «propensión, sin objetivo, por parte de un Estado, a la expansión violenta ilimitada». Esto supone que en él alienten ciertos impulsos que no se corresponderían en principio con el espíritu de cálculo racional propio del capitalismo: subyacerían componentes tan atávicos como el deseo de dominio, el afán de conquista y de lucha victoriosa, el instinto bélico, la agresividad, todos ellos legitimados y encauzados mediante una política expansionista y militarista.

---

[12] Wolfgang J. MOMMSEN, *La época del imperialismo. Europa 1885-1918*, Siglo XXI, Madrid, 1987; Hannah ARENDT, *Los orígenes del totalitarismo. 2. Imperialismo*, Alianza, Madrid, 1987; un contexto ideológico con extractos de obras originales, Marcel MERLE y Roberto MESA, *El anticolonialismo europeo. Desde Las Casas a Marx*, Alianza, Madrid, 1972. Una base: Bartolomé DE LAS CASAS, *Brevísima relación de la destruición de las Indias*, Tecnos, Madrid, 1992. Fundamentos ideológicos y filosóficos del racismo, George L. MOSSE, *Die Geschichte des Rassismus in Europa*, Fischer, Fráncfort del Meno, 1990; una revisión general en mi «Racismo y nacionalismo» en: DE BLAS, *Enciclopedia del nacionalismo*..., *op. cit.*, pp. 664-675. Aproximación posterior, Étienne BALIBAR e Immanuel WALLERSTEIN, *Race, Nation, Class: Ambiguous Identities*, Verso, Londres, 1991.

Sus análisis fueron denostados por cierta ortodoxia marxista —la de los ideólogos doctrinarios— en tanto que se sustraían de un determinismo dialéctico economicista que inculpaba de forma automática y exclusiva a las naciones «occidentales» como únicas fautoras de tamaño desastre. Las controvertidas tesis de Schumpeter permitían atisbar tendencias imperialistas en cualquier pueblo, sociedad y cultura, occidental o no: objeto del calificativo podían serlo también varios imperialismos coetáneos como el otomano o el japonés. Por otro lado, sus tesis resultaban incómodas al no eximir de compromiso a la pretendida misión liberadora de los pueblos asiáticos apenas emprendida por la recién creada Unión Soviética, heredera material del viejo Imperio zarista expandido sistemáticamente por Siberia y otras regiones del Asia Central desde finales del siglo XVI[13].

B) IMPERIALISMO Y COLONIALISMO

Este repaso de las tesis de Schumpeter puede servir de base a lo que, a modo de momentánea conclusión, cabría dejar siquiera apuntado en esta somera revisión del Imperialismo como fenómeno de intensas y decisivas repercusiones internacionales, con fuertes implicaciones ideológicas. Subyace aquí la diferencia —discutible para algunos— entre Colonialismo e Imperialismo. Una síntesis entre ambos podría enunciarse como el par llamado «Imperio Colonial». Entre finales del siglo XV y principios del siglo XVI el imperio colonial europeo nace con la conquista de América y el establecimiento de las primeras sucursales en Asia y África. La toma de Constantinopla por los turcos (1453) determinó un cierre efectivo de las rutas comerciales orientales a las flotas y expediciones europeas; en buena medida, esto impulsó el hallazgo de nuevas vías marítimas que encauzaran la economía del Viejo Continente. Junto con el extraordinario auge del espíritu del Re-

[13] Véase BRAILLARD y DE SENARCLENS, *El imperialismo…*, *op. cit.*, y sobre todo el propio Joseph A. SCHUMPETER, *Imperialismo. Clases sociales*, Tecnos, Madrid, 1986, con un estudio preliminar de Fabián Estapé. Implícitos están también Immanuel WALLERSTEIN, *El moderno sistema mundial. I. La agricultura capitalista y los orígenes de la economía-mundo europea en el siglo XVI*, Siglo XXI, Madrid, 1991; *Idem, El moderno sistema mundial. II. El mercantilismo y la consolidación de la economía-mundo europea, 1600-1750*, Siglo XXI, Madrid, 1984; *Idem, El moderno sistema mundial. III. La segunda era de gran expansión de la economía-mundo capitalista, 1730-1850*, Siglo XXI, Madrid, 1999; Perry ANDERSON, *El Estado absolutista*, Siglo XXI, Madrid, 1994; Malcolm ANDERSON, *Frontiers, Territory and State Formation in the Modern World*, Polity Press, Cambridge, 1996. Versión más completa en *Las relaciones internacionales en el siglo XX…*, *op. cit.*, pp. 149 ss.; su contexto totalitario, pp. 38-45. Ilustra la penetración rusa en Siberia: Antonio TRUYOL Y SERRA, «El Padre Tomás Pereira y la negociación del primer Tratado internacional de China con una potencia occidental (el de Nerchinsk, con Rusia, 1689)» en: *Academia Internacional de Cultura Portuguesa*, Boletín n.º 25, Lisboa, 1998, pp. 239-257. Los expedicionarios rusos arribaron a la frontera manchú por Siberia; en 1644 penetraron en el valle del Amur, creando una «provincia» asolada por refriegas fronterizas hasta 1689: firma del Tratado de fronteras de Nerchinsk que auspició el comercio. Crónica posterior del jefe de la misión científica del conde Golovkin (1805-1806), que ironiza sobre la jactancia europea: Jan POTOCKI, *Viaje al imperio de China*, Laertes, Barcelona, 1998.

nacimiento, fundamento de una era de inventos y descubrimientos en los terrenos científico y tecnológico, los recién constituidos Estados nacionales de Occidente desplegaron una ingente actividad que culminó con la conquista y colonización de nuevos territorios. La cristalización del capitalismo —iniciado históricamente en las ciudades de los Países Bajos durante el «otoño de la Edad Media» (Johan Huizinga)— vinculada a la formación de su clase social representativa —burguesía o Tercer Estado— y también a una creciente secularización del pensamiento son los demás factores inextricables que configuran una nueva era en la política mundial[14]. Occidente, como entidad cultural, civilizatoria, política, económica y social, surge para la Historia como un decisivo motor de transformación del sistema, aceleración de procesos y cambios estructurales[15].

Este desarrollo, revolucionario desde cualquier punto de vista, fue inicialmente precario en cuanto a desplazamiento de poblaciones europeas a los nuevos asentamientos conquistados, una de las claves distintivas de la política colonial y/o imperialista. Subyace aquí la atávica diferencia entre potencias/imperios territoriales y potencias/emporios marítimos (talasocracias), que ya distinguió a fenicios y griegos, por un lado, tendentes a establecer enclaves comerciales y factorías sin mezclarse apenas con la población indígena, y a romanos, por otro, partidarios de ejercer un dominio territorial extenso (provincia dentro del *orbis romanus*) que incorporaba el asentamiento de colonos —legionarios retirados tras veinticinco años de servicio— que, al igual que los macedonios helenizaron en su día a las poblaciones conquistadas, constituyendo el Imperio Helenístico de Alejandro Magno, romanizaban a las gentes subyugadas mediante un complejo sistema político, jurídico, legal, social, económico y cultural[16]. En cualquier caso, antes de 1700 Euro-

---

[14] Johan HUIZINGA, *El otoño de la Edad Media. Estudios sobre la forma de la vida y del espíritu durante los siglos XIV y XV en Francia y en los Países Bajos*, Alianza, Madrid, 1985; una visión general en mi «Una idea dialéctica de Europa: un ensayo crítico metodológico. Arte y cultura popular en una pintura de Brueghel» en: *Boletín de la Real Academia de la Historia*, tomo 209, cuaderno II, mayo-agosto 2012, pp. 197-239.

[15] Esenciales, sin carácter exhaustivo: WALLERSTEIN, *El moderno sistema mundial. I…*, *op. cit.*; Eric L. JONES, *El milagro europeo. Entorno, economía y geopolítica en la historia de Europa y Asia*, Alianza, Madrid, 1990; John H. PARRY, *Europa y la expansión del mundo, 1415-1715*, FCE, México, 1992; Robert STRAUSZ-HUPÉ y Harry W. HAZARD (eds.), *The Idea of Colonialism*, Praeger, Nueva York, 1958.

[16] Existen «enciclopedias» al respecto. Coetáneos: Werner SOMBART, *Händler und Helden: patriotische Besinnungen*, Duncker & Humblot, Múnich, 1915, el ya aludido *Tierra y Mar* de Schmitt, u Oswald SPENGLER, *La decadencia de Occidente*, Espasa-Calpe, Madrid, 1991, 2 vols. Aproximación ideológica general en mi «Totalidad y fragmentación: el mundo de la cultura, el universo de la civilización» en: *Revista Española de Investigaciones Sociológicas (REIS)*, n.º 64, octubre-diciembre 1993, pp. 81-104 (www.reis.cis.es/REIS/jsp/REIS.jsp?opcion...PALOMA... PICAZO); aportación interesante: Richard N. ROSECRANCE, *La expansión del Estado comercial*, Alianza, Madrid, 1987. Para Roma véase Pierre GRIMAL, *La civilización romana*, Editorial Juventud, Barcelona, 1965. La romanización incluye el concepto de *gentes*, de donde se deriva el Derecho de Gentes, patronímico originario del posterior Derecho Internacional: véase TRUYOL Y SERRA, *Historia del Derecho internacional…*, *op. cit.*, pp. 27-30, y Pilar RODRÍGUEZ, Gens*: una forma de agrupación antigua mal conocida*, Universidad del País Vasco, Vitoria-Gasteiz, 1996.

pa no poseía aún el monopolio del comercio o de los imperios de Ultramar. Por ejemplo, el Imperio Turco se extendía desde el Mediterráneo hasta el Océano Índico. A su vez, los indios controlaban desde hacía varios siglos amplias áreas del Asia suroriental, las habían colonizado y controlaban su comercio. Por su parte, desde el siglo XVII conquistadores musulmanes dominaban en la India y en decisivas zonas de Asia meridional, donde implantaron soberanos islámicos que perviven hasta hoy. El Imperio Chino ejercía el dominio en Asia suroriental, con relaciones de vasallaje hacia los reinos conquistados —que aún manifiestan este antiguo resentimiento— y su política era claramente expansionista, si bien articulada sobre su característica idea de centralidad imperial. En este contexto, la primera expansión europea —entre los siglos XV y XVIII— es, aunque notable en cuanto a sus múltiples repercusiones de todo tipo, relativa en lo que concierne a su efectivo dominio del orbe, principalmente a causa de la irregularidad de la distribución geográfica de sus posesiones. Ésta se salvaba merced a la superioridad de sus artes de navegación, fruto de una aplicación sistemática de los descubrimientos científicos a cuestiones de orden práctico, que hacían posibles las rutas transoceánicas mediante ingeniosos instrumentos (brújulas magnéticas, cuadrantes, astrolabios y ballestillas), mapas y almanaques náuticos precisos, flotas preparadas para largas travesías (carracas, carabelas). Si bien era posible calcular la latitud con bastante precisión, la longitud no pudo determinarse correctamente hasta la aparición del cronómetro en el siglo XVIII. Por otro lado, las naves no bastaban para establecer, en propiedad, «imperios mundiales», con la excepción del Imperio Español, fundamentalmente en América.

España sí creó colonias de asentamiento al otro lado del Atlántico. Allí inauguró una nueva era de la Historia mundial al instituir procedimientos sobre cómo gobernarlas, administrarlas y obtener rendimientos económicos y fiscales de ellas. Por espacio de tres siglos, la América colonial española tuvo unas leyes comunes, una administración central, una única religión y una cultura homogénea. El sistema económico fue el del mercantilismo iniciado en la Europa de la Baja Edad Media, es decir, la reserva y el aprovechamiento exclusivos de los recursos por parte de la metrópoli, sustrayendo cualquier beneficio a otras flotas. La recaudación fiscal se hacía directamente desde Madrid, sede depositaria de todos los excedentes coloniales[17]. A lo largo de los siglos siguientes otras potencias provistas de armadas y flotas eficaces —Gran Bretaña, Francia, Holanda— consolidaron asentamientos coloniales, enclaves comerciales, rutas marítimas... en las zonas del mundo que aún permanecían relativamente exentas de presencia europea: aquí encajan las controversias jurídicas en torno al denominado *mare clausum*, que

[17] El Imperio Portugués presenta evidentes rasgos comunes con el Español, pero también difiere, sobre todo en lo atinente a la descentralización política y administrativa y a la dispersión geográfica; aparte de otras consideraciones —el papel precursor de Enrique el Navegante y la Escuela Naval de Sagres, por ejemplo— son referencias fundamentales el Tratado de Tordesillas, precedido del de Alcáçovas (1479 y 1494), véase TRUYOL Y SERRA, *Historia del Derecho público…*, *op. cit.*, pp. 51-53.

tanto ocupó a los tratadistas de los siglos XVI y XVII, así como las querellas en torno a la piratería y el corso, siendo capital al respecto la obra de Hugo Grocio *De la libertad de los mares* (1609)[18]. Lo hicieron bien a través de una durísima concurrencia con los Imperios ya instalados, tanto europeos como foráneos; bien por medio de viajes de exploración y conquista, precedidos o seguidos de establecimiento de misiones, primero religiosas y luego filantrópicas, científicas o humanitarias; bien a través del asentamiento de diversas Compañías comerciales, acompañadas de contingentes de población metropolitana en cantidad variable[19].

En lo que concierne a los Imperios Coloniales, la supremacía real de Europa —principalmente frente al Imperio Turco— se consolida en el siglo XIX, a partir de 1800, mediante lo que se conoce como «segunda expansión europea», coincidiendo con la emancipación de la mayor parte de los territorios bajo dominio español, que pasan a convertirse en zonas bajo influencia de otras potencias rivales. El monopolio comercial, fundamento fáctico del viejo Imperialismo colonial de base mercantilista, quedó abolido progresivamente mediante un gran número de tratados comerciales internacionales suscritos a iniciativa británica, lo que liberalizó las transacciones y reconduje a la larga a la trayectoria imperialista por diferentes derroteros, en los que las sucesivas revoluciones industriales y los movimientos migratorios internacionales desempeñarían un nuevo papel[20]. En 1800 Europa y sus posesiones coloniales comprendían un cincuenta y cinco por ciento de la superficie terrestre. En 1914 su extensión abarcaba más de un ochenta por ciento. Los únicos países libres de dominación colonial europea en aquel momento fueron Turquía, algunas zonas de Arabia, Etiopía, Persia, China, Tíbet, Mongolia y Siam.

Desde la perspectiva de la Geopolítica, conjunto de saberes que empezaba a adquirir relevancia política y académica por entonces, a cada nación convertida en potencia colonial le correspondía una determinada área de influencia, lo que ampliaba, siquiera en términos simbólicos, su propia proyección territorial, política y cultural. Al socaire de esta nueva percepción del dominio del mundo asomaron potencias coloniales emergentes como Italia, Bélgica, Estados Unidos y Rusia. Ciertos países europeos como Gran Bretaña, Holanda, Francia, Italia, Rusia... empezaron a desplazar contingentes considerables de población a los territorios coloniales, cuyos lazos con

---

[18] Hugo GROCIO, *De la libertad de los mares*, Centro de Estudios Constitucionales, Madrid, 1979, Estudio Preliminar de Luis García Arias; *Idem*, *Del Derecho de presa. Del Derecho de la guerra y de la paz*, Centro de Estudios Constitucionales, Madrid, 1987, edición de Primitivo Mariño Gómez, y los estudios del Grotius Committee, *The World of Hugo Grotius (1583-1645)*, APA University Press, Ámsterdam y Maarsen,1984; TRUYOL Y SERRA, *Historia del Derecho internacional...*, *op. cit.*, pp. 54, 64-70, 87-90, 96.

[19] Por ejemplo, el libro de FIELDHOUSE antes citado, así como WALLERSTEIN, *El moderno sistema mundial. I. La agricultura capitalista y los orígenes de la economía-mundo europea en el siglo XVI...*, *op. cit.*; *Idem*, *El moderno sistema mundial. II...*, *op. cit.*; *Idem*, *El moderno sistema mundial. III...*, *op. cit.*

[20] Síntesis enciclopédica: TRUYOL Y SERRA, *Historia del Derecho internacional...*, *op. cit.*, pp. 48-127.

la metrópoli se estrecharon aún más en razón de esa especie de «consanguinidad» entre los que partían hacia los Nuevos Mundos y los que permanecían en el Viejo Continente, vinculados por una común cultura nacional e intereses compartidos[21].

Antes de 1800 ninguna nación europea planteó el Colonialismo como «exigencia». Pero los desarrollos de la ciencia, de la industria, del comercio, de la técnica, con las consiguientes aceleración e intensificación de los procesos de todo tipo, llevaron a Europa a desempeñar un nuevo papel en la escena internacional. Las máquinas de vapor, aplicadas a la navegación de buques con casco de metal; el afán científico, religioso y humanitario que guiaba al sinnúmero de exploraciones emprendidas bajo los auspicios de las más diversas Sociedades; los revolucionarios avances en las telecomunicaciones (telégrafo); los progresos médicos, sanitarios e higiénicos imparables; el perfeccionamiento del armamento y la técnica militar; los astronómicos incrementos de la producción industrial y el rendimiento mayor de las fuerzas de trabajo; las gigantescas operaciones económicas y financieras ligadas a las nuevas empresas; el tendido de líneas continentales de ferrocarril... sirvieron, todos, para aumentar las diferencias comparativas no ya sólo entre naciones, sino entre ámbitos de cultura y civilización hasta entonces bastante paritarios o igualados. Ningún viejo Imperio tradicional podía resistirse a semejante empuje, ni en términos políticos ni en ningún otro. Una clasificación habitual entre unos pueblos y otros comenzó a ser la de «atrasados» o «avanzados», fundándose en una idea genérica de progreso acumulativo e imparable. Algunas naciones, como el Japón de la Revolución Meiji, de inspiración elitista, o la Turquía sacudida en su ancestral concepción imperial por el espíritu de los denominados Jóvenes Turcos, lograron, en un período de tiempo relativamente breve, dar pasos notables hacia su modernización[22], el primer e imprescindible grado para ser incluidos en lo que se conocía desde 1815 como el Concierto de las Potencias, reclasificadas éstas a su vez por categorías.

El movimiento colonialista, desarrollado de manera discontinua desde el siglo XVI —es decir, con etapas de expansión y de retraimiento— comienza, como hemos visto, en América y en los establecimientos —costeros en su mayoría— de África y Asia, creándose así los Imperios Español y Portugués. A principios del siglo XIX los dominios de Gran Bretaña comprenden una buena parte de la India, África del Sur, Canadá, con posesiones en Australia, Nueva Zelanda, el Caribe y el subcontinente de América del Sur (Guyana). Holanda, con presencia en África del Sur (1652-1815), controla la explota-

---

[21] Dimensión de las «comunidades imaginadas» de Benedict ANDERSON, *Comunidades imaginadas. Reflexiones sobre el origen y la difusión del nacionalismo*, FCE, México, 1993.

[22] Con carácter general, John WHITNEY HALL, *El imperio japonés*, Siglo XXI, Madrid, 1973, junto con el fascinante estudio antropológico de Ruth BENEDICT, *El crisantemo y la espada*, Alianza, Madrid, 1974 (surgido como medio de integrar el pensamiento japonés en la difícil comprensión de las fuerzas ocupantes estadounidenses tras la II Guerra Mundial). VAN DER PIJL, *Vordenker...*, *op. cit.*, pp. 169-172; Bassam TIBI, *Arab Nationalism. A Critical Inquiry*, Macmillan, Londres, 1990: elocuente semblanza de los orígenes de los diversos movimientos.

ción de Indonesia. Francia, presente en zonas de América del Norte —Canadá, el Sur de los Estados Unidos— y del Caribe y áreas aledañas, inicia los primeros intentos de penetración en el Norte de África, seguidos de las expediciones hacia el Sureste de Asia en la segunda mitad del siglo XIX (Annam y Tonkín, 1883). Gran Bretaña, cuyo principal objetivo colonial es la India, sigue consolidando posiciones que aseguren el acceso y control de la «Joya de la Corona»; por eso ocupa Egipto (1882), se establece en Beluchistán (1879) y Birmania (1885). El continente africano —con la excepción de Liberia y Etiopía— se divide entre las potencias europeas, que sancionan ese reparto en la Conferencia de Berlín (1884-1885) a iniciativa de Otto von Bismarck. El detonante fue la empresa colonizadora privada iniciada en el Congo por Leopoldo II, rey de los belgas, que era preciso encauzar en la trama de intereses encontrados de unas potencias que habían sustituido el viejo Colonialismo por un Imperialismo ya declarado, de base militar y estratégica más que geográfica o económica, impregnada de nacionalismo. Francia controla la mayor parte del Magreb y el África occidental así como sustanciosas regiones del África ecuatorial y, en su totalidad, la isla de Madagascar. Gran Bretaña busca posiciones estratégicas para la navegación de su flota militar y mercante, la más importante de su tiempo. Desde El Cairo hasta El Cabo extiende un eje vertical que atraviesa el continente africano, con posesiones en Egipto, Sudán, Uganda, Kenia, Somalia, la posterior Rhodesia —llamada así en honor de Cecil Rhodes— y toda la región del África Austral. En África occidental el dominio británico comprende Nigeria, Costa de Oro, Sierra Leona y Gambia. Bélgica coloniza y explota la inmensa región central del Congo. Italia se apodera de Libia, Eritrea y una parte de Somalia. Portugal permanece en Angola y Mozambique y ostenta alguna otra posesión de menor tamaño; España, algunas posesiones en el Sahara occidental y en Guinea, así como otras plazas conquistadas en el siglo XV. En Alemania, la última en llegar a la denominada «rebatiña» imperialista, obtiene Togo y Camerún, en Guinea, además de territorios del África suroriental y suroccidental.

Las rivalidades entre potencias crecen y estallan en crisis como la de Fachoda, que enfrenta a británicos y franceses (1898) y la de Marruecos, que enemista a franceses y alemanes (1911). La competencia máxima se da entre las Marinas respectivas de Gran Bretaña y Alemania, expresión decisiva del poderío mundial de ambas naciones. El Imperialismo de los Estados Unidos se evidencia en las Antillas (Cuba y Puerto Rico) y en las Filipinas y otras islas del Pacífico (Marianas, Carolinas, Palaos) cooperando al desmantelamiento de los restos del Imperio colonial español mediante una artera guerra; prosigue luego atacando los intereses coloniales de Alemania y Gran Bretaña en el continente suramericano. Japón y China, dos de los más viejos Imperios del mundo, se convierten en piezas muy codiciadas por el Imperialismo europeo y americano. Japón, por su parte, desarrolla ambiciones imperialistas de corte moderno al triunfar sobre Rusia en la guerra de 1904-1905, proyectando sus ambiciones sobre el continente asiático: Corea, Manchuria, China, Indonesia... Rusia, frenada en Europa occidental por los

Imperios Alemán y Austro-Húngaro, consolida posiciones imperialistas continentales frente a Turquía, Gran Bretaña, China y Japón para consolidar el dominio absoluto de las vastas tierras euroasiáticas y realizar una expansión territorial gigantesca, unida a una colonización teñida de un espíritu penitenciario asociado a las deportaciones que le permite arribar a Alaska, que vende en 1862 a los Estados Unidos por unos siete millones de dólares.

***

Esta revisión panorámica, en modo alguno exhaustiva, refleja la situación general de un mundo sometido a un proceso de aceleración, insólita hasta entonces. Una clave de este fenómeno —por un lado, consecuencia del mismo y por otro, razón de su origen— fue el ingente crecimiento demográfico acaecido en Europa entre 1850 y 1900, con tasas del cincuenta por ciento. El genérico espíritu de progreso que impulsaba a las naciones europeas a lanzarse a aventuras sin precedentes creó una sensación de optimismo y omnipotencia generalizados en las diversas poblaciones, que llegaron a considerar las empresas coloniales, luego imperialistas, como una especie de expresión de la innata superioridad propia, tanto frente a las potencias rivales como frente a los pueblos sometidos. Esta cuestión está muy bien explicada por Hannah Arendt en su obra *The Origins of Totalitarianism* (1951), donde aborda la ideología imperialista que, desde las propias instancias del poder, abonó el patrioterismo y el chauvinismo que obnubilaron a las masas populares europeas durante este período. El más modesto empleado colonial, posiblemente un auténtico «paria» en su país, pasaba a convertirse en una especie de «patricio» de la más pura casta en su nuevo destino, mostrándose despótico o cuando menos despectivo con los súbditos del Imperio colonial que contribuía a administrar. La palabra esnobismo —de *snob*, en inglés, acrónimo de *sine nobilitate*, es decir, carente de linaje— halló entre las clases medias europeas —desde la baja nobleza hasta la alta burguesía, pasando por todas las capas inferiores hasta tocar el populacho— un terreno privilegiado para que arraigara su conjunto de prejuicios, complejos, estulticia y estrechez de miras característico. Quienes tuvieron que padecerlo fueron los colonizados, acostumbrados por su parte al despotismo local, no menos cruel y rapaz, aunque siquiera un poco menos ridículo.

En tal contexto, la posesión de colonias empezó a ser considerada una exigencia acorde con la autopercepción glorificada de la nación concernida, aunque también fue vista como una obligación y una necesidad irrenunciables e incluso «vitales». Desde mediados del siglo XIX, y en especial durante su último cuarto, se desató en Europa una especie de «hambre» colonial, acompañada de vivísimos debates políticos con intensas repercusiones en la prensa, reunidos bajo la rúbrica de la «cuestión colonial». Tal fue el contexto en el que Karl Marx planteó su postura frente al Colonialismo, que los marxistas posteriores proyectaron sobre el Imperialismo. El inicial anticolonialismo de inspiración socialista del siglo XIX —Henri de Saint-Simon, Pierre-Joseph Proudhon, Louis Fourier— fue un conglomerado confuso de juicios preconcebidos y contradictorios así como de predicciones gratuitas que se amalgamó en un cierto espíritu visionario que magnificaba la Historia, pero que sin embargo prescindía de analizar con rigor las fuerzas que operaban en el mundo de su tiempo, según Marcel Merle. Al entender que radicaba en la propia base del capitalismo, la «cuestión colonial» fue central en el pensamiento de Marx. Sin darse por enterado de la crítica liberal al Colonialismo, que lo condenaba por su escasa y aun nula rentabilidad económica, se aplicó a analizar una de las paradojas de la colonización, que señalaba a uno de sus principales problemas: éste apuntaba hacia un inevitable aplazamiento de la implantación definitiva del sistema capitalista por todo el globo, derivado de que aún subsistían territorios «vacíos», inexplorados todavía. ¿Qué razón llevaba a considerar esto un problema? En el sentido dialéctico del materialismo histórico, tanto el Colonialismo como su secuela, el capitalismo impulsor del Imperialismo, se tenían por «beneficiosos» a largo plazo para las poblaciones que los hubieran de padecer, enfrentadas a ese destino inevitable en razón de la tesis de la «inexorabilidad histórica»[23]. Se suponía que en virtud de tal proceso estas gentes «atrasadas» accederían a la amplia marea histórica que podía hacerlas avanzar de golpe desde los arcaicos «modos de producción asiáticos», por ejemplo, hacia formas económicas que, aunque nefandas, eran más progresistas: los «modos de producción capitalista». Este paso aceleraría su ingreso en la futura revolución del proletariado mundial, culminada en la utópica sociedad socialista del futuro. Merced a este gigantesco desarrollo histórico, ciertos pueblos —«primitivos», «atrasados», «sin Historia»— podrían saltarse de golpe las etapas históricas evolutivas de la vieja y decadente Europa, lugar donde Marx tenía previsto que triunfase en primera instancia la revolución proletaria... ¡justo en Inglaterra![24]. En síntesis, tales serían las mencionadas etapas:

— *Prehistoria*: anterior al surgimiento de la civilización, la humanidad habría consistido en una serie de agrupaciones de cazadores y recolectores nómadas, carentes de otra propiedad que sus rudimentarias herramientas, intercambiando productos y bienes excedentarios mediante el trueque. Gradualmente, éstos evolucionaron hacia:

— *Culturas primitivas*: familias extensas, tribus y clanes comenzaron a practicar la agricultura, lo que vinculó a esos grupos humanos con diversos territorios; de ahí se conjugaron formas de vida nómadas con sedentarias; ciertos grupos consiguieron instituir, formalizar, legalizar y legitimar la posesión de esos bienes, de la tierra en particular, mediante sistemas super-estructurales como el Estado, el Derecho o las religiones. Junto al trueque

[23] Lúcido análisis sobre esa superstición secular: Hannah Arendt, *Essai sur la révolution*, Gallimard, París, 1967; una reflexión necesaria sobre la alteridad: Ryszard Kapuscinsky, *The Other*, Verso, Londres-Nueva York, 2008.

[24] Además de las obras de los citados Mommsen, Arendt, Braillard y De Senarclens, Wallerstein, Fieldhouse..., Merle y Mesa, *El anticolonialismo europeo...*, *op. cit.*, pp. 354 ss.

surgen también el comercio y la guerra (ofensiva y defensiva). Esta situación condujo a:

— *Feudalismo*: el anterior sistema de propietarios genera una clase guerrera dominante, defensora y protectora de un orden político, económico y social vinculado a la figura de un monarca, constituyendo una sociedad que cifra su mantenimiento en una explotación económica derivada de unas exacciones fiscales que se articulan mediante un sistema vertical y jerarquizado, cuya base social ínfima es la de los campesinos carentes de tierra que alquilan su fuerza de trabajo como jornaleros. La progresiva formación de una nueva clase social —clase de los burgueses o burguesía— a base de artesanos, industriales, comerciantes y profesionales liberales asentados en las ciudades, que comienzan a multiplicarse, erosiona los poderes feudales, si bien algunos de esos burgueses, aliados con los viejos poderes, pasan a convertirse en los nuevos magnates de la fase siguiente, que lleva al:

— *Capitalismo*: el proceso previo consolida la urbanización y una economía industrial, comercial, emprendedora, innovadora y monetaria que permite acumular ingentes cantidades de riqueza denominada «capital», lo que se consigue al expropiar la plusvalía (o valor añadido derivado del proceso productivo, desde la materia prima hasta la manufactura, del que se descuenta el salario pagado a los obreros o trabajadores, que es de mera subsistencia); todas las rentas, intereses y beneficios constituyen plusvalías. Su acúmulo concentrado en manos de unos pocos —los capitalistas— incrementa las diferencias sociales entre propietarios (del capital y de los medios de producción) y los trabajadores (que sólo poseen su fuerza de trabajo, reproducida en su prole: de ahí que sean «proletarios»). Esta situación genera otra nueva clase social —la de los obreros o proletarios— enfrentada a la de los burgueses o capitalistas con unos conflictos y contradicciones tan extremos que llevan a la «lucha de clases» y, en su caso, al triunfo final de la revolución proletaria u obrera, cuya consolidación conduce a la etapa provisional de:

— *Dictadura del proletariado*: esta fase contempla la nacionalización de todos los recursos productivos y las industrias, asumiendo esta acción el gobierno revolucionario que, ya en el poder, los sustrae a los capitalistas y los pone al servicio de la única clase subsistente, la proletaria, en la que cada trabajador recibe tan sólo la compensación material que corresponde a su exclusivo esfuerzo, sin posibilidad de acumular capital alguno, siendo éste el único medio de impedir la reproducción del proceso capitalista anterior; esta actuación se acompaña, en su caso y respecto de los remanentes heredados de la fase previa, aún capitalista, de una fiscalidad progresiva (rentas, salarios y cualquier beneficio). Gradualmente, todas las necesidades sociales llegan a ser subvenidas por los poderes públicos, hasta el punto de alcanzar la definitiva etapa que es:

— *Comunismo o socialismo*: representa la fase o estadio superior del desarrollo social y económico en todos los órdenes (siendo el económico el principal); las clases son abolidas en beneficio de una comunidad que provee a sus miembros de cuanto necesitan, siempre de acuerdo con una relación económica básica: cada cual recibirá lo que precise en relación con su propia capacidad de producirlo. De ahí se augura una inmensa felicidad potencial para la mayoría[25].

C) Primera etapa de las visiones marxistas del Imperialismo

Vemos así que a finales del siglo XIX el Imperialismo designa a la política expansionista británica, entendida como una dimensión más arrogante y agresiva del nacionalismo romántico o liberal. En tal sentido es criticada en los medios socialistas de la época. Algo después, a comienzos del siglo XX, es la extrema derecha la que asocia al Imperialismo con el capitalismo, al considerar al primero como «política mundial» supeditada a la lucha por la conquista de mercados y nuevas áreas de inversión. La II Internacional —1889, con sede permanente en Bruselas y disuelta con la Primera Guerra Mundial— debatió ampliamente sobre el Imperialismo, lo que dio lugar a una teorización abundante al respecto sobre una línea general que vinculaba el ansia de expansión colonial con la rivalidad desatada entre las potencias concurrentes, dentro de las condiciones globales del capitalismo rampante.

Sin embargo, en la concreta visión marxista, el Imperialismo es una consecuencia directa del funcionamiento y la evolución del capitalismo; por tanto, sus estudios se dirigen a analizar el capitalismo como un proceso económico que engendra sus propias contradicciones a lo largo de su propio desarrollo. Una parte de los enfoques marxistas se centra en estudiar las causas del Imperialismo; otra se fija más en sus consecuencias, si bien ambas son complementarias. Los autores destacados de esta etapa son el ya aludido Otto Bauer, fundador del «austromarxismo», defensor de las nacionalidades y el principio de autodeterminación; Karl Kautsky, redactor del Programa de Erfurt (1890), texto capital del Partido Socialista Alemán, articulado frente al radicalismo de izquierdas; Karl Renner, delegado austríaco en Saint-Germain; Rudolf Hilferding, posteriormente ministro de Hacienda durante la República de Weimar y luego asesinado; Rosa Luxemburg, militante polaca de origen judío, luego afiliada al grupo espartaquista de la Social-Democracia alemana junto con Karl Liebknecht, también asesinado junto a ella en Berlín por oficiales de la extrema derecha durante la represión del movimiento en 1919; Nikolai Bujarin, víctima luego de las purgas de Stalin por considerarlo un opositor de «derechas», ejecutado tras retractarse de sus «errores»; y Vladimir Ilích Uliánov, Lenin, que es, con mucho, el

---

[25] Fernand Braudel, *La dinámica del capitalismo*, Alianza, Madrid, 2006; *Idem*, *Los juegos del intercambio*, Alianza, Madrid, 1984. El esquema, aparte de otras lecturas, puede completarse en: «Marxist Ideology»: *Economicae. An Illustrated Encyclopedia of Economics*. Accesible en línea: www.unc.edu/depts/econ/.../marxistideology.html (consulta: 30/04/2013). Antonio Gramsci asumió una pronta revisión del determinismo: Stephen Gill (ed.), *Gramsci, Historical Materialism and International Relations*, Cambridge University Press, Cambridge, 1993.

crítico de mayor resonancia política, popular y editorial, por razones evidentes, al originar la corriente conocida como «marxismo-leninismo»[26].

Para un sector del marxismo de esta época, la causa corriente del Imperialismo se basa en el concepto de «capital financiero». Bujarin, Hilferding y más tarde Lenin entienden que la formación del capital financiero define una etapa esencial del capitalismo, que pasa de ser un sistema de competencia a ser uno de monopolio, favorecido mediante la fusión entre capitales bancarios e industriales. De ese modo, la industria llega a ser controlada por las altas instancias financieras, lo que propicia una imparable tendencia hacia la concentración, que por un lado implica la eliminación de la propia competencia y, por otro, la absorción o destrucción de las empresas o industrias más débiles. La organización del capital, sometida a los dictados de los intereses financieros —especulativos, por tanto— conduce a la creación de cárteles, consorcios, sindicatos bancarios, etc., formándose una trama que a su vez permea todas las estructuras del Estado, convertido así en mero gestor y administrador de esos intereses. La política del libre cambio, genuina expresión del liberalismo clásico de Adam Smith[27], es sustituida por políticas proteccionistas, altamente defensivas mediante prácticas arancelarias revestidas de un nacionalismo que, en el ámbito internacional, impulsa políticas expansionistas y agresivas. Mediante el Imperialismo y a fin de asegurarse «mercados protegidos», los monopolios amplían sus fronteras económicas que trascienden todo concepto tradicional de los límites territoriales de los Estados nacionales. Las ganancias se obtienen no sólo con la exportación de la sobreproducción interna sino con la de los excedentes de capital, siempre en busca de inversiones seguras. Por otro lado, es preciso considerar que en el capitalismo la exacción básica de la plusvalía se obtiene a costa del factor trabajo; esto requiere de una organización laboral precaria mantenida a costa de un «mercado de reserva» laboral cautivo, que se logra y perpetúa mediante una constante incorporación al mismo de mano de obra barata, dócil y no excesivamente cualificada. Por último, la obtención de materias primas es también decisiva; debe ser segura y sus precios han de ajustarse a los intereses monopolísticos.

Las tesis de Rosa Luxemburg difieren de las anteriores en cuanto a la determinación del valor de las plusvalías y también en cuanto a las relaciones del sistema capitalista con las áreas mundiales aún no sometidas a él. Para ella, la clave reside en la necesidad de obtención de plusvalías por parte de los monopolios no ya dentro de mercados nacionales sino en la amplia esfera internacional, es decir, mediante la búsqueda deliberada de compradores de los excedentes de producción, que a su vez deben contar con suficientes y necesarios medios de pago. Tal fue el caso de la India bajo tutela colonial

[26] Vladimir Ilich LENIN, *Textos sobre el imperialismo*, Miguel Castellote, Madrid, 1976; *Idem*, *Obras Escogidas*, Editorial Progreso, Moscú, 1976; Máxim GORKI, *Lenin*, Aguilar, Madrid, 1988.

[27] Adam SMITH, *La riqueza de las naciones*, Alianza, Madrid, 2002, edición a cargo de Carlos Rodríguez Braun.

británica, en donde la potencia imperial, monopolizadora desde antaño de las materias primas, comenzó a desarrollar también el monopolio sobre un mercado local subordinado, adquirente obligatorio de las manufacturas metropolitanas; de ahí emergió parte de la reivindicación que Gandhi articuló a través del movimiento *swaraj*, que propugnaba una industria nacional india, por ejemplo, en el decisivo sector textil, de donde se derivó que el símbolo central de la bandera de la India emancipada —la rueda kármica del destino o *samsâra*— significase también y además la propia rueca de hilar. Pero esto aún no formaba parte de las tesis de Luxemburg. Su diagnóstico a finales del siglo XIX estableció que el capital y su acumulación dependen por completo de la expansión imperialista. Sin embargo, también observó agudamente que el proceso tendría un límite, pues, ¿qué sucedería cuándo en el mundo ya no quedasen zonas vírgenes sobre las que el capitalismo pudiera extender sus redes?

Este panorama refleja una escena internacional cada vez más polémica, belicosa y compleja, contemplada como un teatro en el que depredadores varios compiten entre sí en una lucha feroz para conseguir sus fines al precio de una explotación sin límites del planeta, de sus pobladores y de sus recursos. En el marco de la II Internacional y hasta 1914, los análisis marxistas se centran en el colapso final del capitalismo, previsto por Marx como su destino inexorable. Se considera que el sistema capitalista simplemente «sobrevive» en medio de luchas imperialistas desatadas entre potencias coloniales, en un clima prebélico generalizado. Su existencia es, pues, «provisional». Esta tesis está clara en Rosa Luxemburg aunque no tanto en Hilferding, Bujarin o Lenin, que no le auspician un fin tan cercano mientras las políticas imperialistas, consecuencia del capitalismo, lo retroalimenten y contribuyan a su supervivencia. Por ejemplo, Lenin diagnostica en este sentido el riesgo de «aburguesamiento» de una parte del proletariado, al que tiene por muy capaz de identificarse en determinado momento con los respectivos imperialismos nacionalistas y patrioteros. Por otro lado, entre los autores marxistas de este período tampoco existe plena unanimidad respecto del que consideraban un inevitable aumento de la conflictividad entre los diversos imperialismos, enzarzados en su campaña de rivalidades por el reparto del mundo. Al respecto, Hilferding y Kautsky, cada uno según sus propios criterios, plantean la posibilidad de una *entente* interesada entre potencias imperialistas destinada a prolongar la existencia de un sistema que, en definitiva, les resultaba beneficioso *per se*.

La globalización, término desconocido entonces, queda anticipada en cierta forma. Significativa a este respecto es la consideración de la cuestión colonial, en particular, en lo concerniente al hipotético punto de vista de los colonizados. Dicho en términos hegelianos, la radical transformación de sus condiciones de vida implicaría su «inclusión» en la «Historia», siquiera como sujetos pasivos de la misma: éstos son los que el marxismo denomina «pueblos sin Historia». A este respecto, Rosa Luxemburg fue la defensora más coherente de lo que ella llamaba la «economía natural» de los pueblos colonizados, a los que situaba un tanto rousseaunianamente en «comunidades aldeanas comunistas», una generalización idealista bastante difícil de sostener en la práctica. Es preciso destacar, no obstante, que en estos autores marxistas idealistas —condición que gran parte de ellos pagó con sus propias vidas, ejecutados por enemigos que tanto podían ser adversarios políticos como supuestos correligionarios— existía una genuina y valiosa preocupación humanitaria por el destino de unas gentes a las que, por otro lado, miraban con ojos que hoy serían llamados «logocéntricos»[28]. En ciertas posiciones del marxismo pragmático, es decir, el trasladado a la política efectiva, se da un talante paternalista que en el presente se denuncia por parte de los descolonizados que, una vez constatados los excesos demagógicos de tanta retórica tercermundista, corrupta en el terreno de la vida política y económica real, lo enjuician críticamente desde el post-colonialismo.

3. EVOLUCIÓN DE LAS POSICIONES CRÍTICAS FRENTE AL IMPERIALISMO

Si se toma por base el esquema desarrollado en los títulos previos, en perspectiva mundial se habría asistido a lo largo de los últimos siglos a un proceso de acumulación concentrado en lo que se designaría como el *centro del sistema* —es decir, el núcleo político, ideológico, económico y cultural representado por las potencias europeas, con su cúspide visible en el Imperio Británico— en torno al que giraría, en situación dependiente, una *periferia del sistema*. Por su entidad determinante, las líneas estructurales que articulan esta situación son difícilmente amovibles, reforzándose entre sí además en un sentido funcional. Se trataría, pues, de un claro sistema, provisto de mecanismos de retroalimentación.

Para empezar, ¿qué se entiende por acumulación? Se considera un proceso que, en origen, arranca de una división social entre quienes son propietarios del suelo y sus recursos y los que carecen de ellos, lo que comporta una distribución desigual de la riqueza, acumulada como excedente en forma de capital[29]. Desde esa determinación estructural, las sociedades se desarrollan mediante procesos acumulativos en los que intervienen el comercio y la apropiación, factores que acrecientan esa riqueza capitalizada, depositada en manos de una minoría que además es quien crea los mecanismos super-estructurales —políticos, ideológicos, religiosos, culturales, legales-jurídicos...— que a su vez coartan y suprimen toda posibilidad de transformar la situación. El siguiente paso consistiría en trasladar estas tesis a las sociedades surgidas en los países sometidos a dominación colonial, eventualmente

[28] Por ejemplo, el testimonio implícito en los escritos de Rosa LUXEMBURG, *Cartas a Karl y Luise Kautsky*, Galba Edicions, Barcelona, 1970, con proemio de Dominique Dessanti «La obra y la vida de Rosa Luxemburg». No puedo eludir un comentario sobre la inclinación de algunos escribientes a nombrarla como «Rosa de Luxemburgo», lo que evocaría el título de una fotonovela: Abraham S. MOLES, *El kitsch. El arte de la felicidad*, Barcelona-Buenos Aires-México, 1990.

[29] Véase el esquema simplificado de las seis etapas evolutivas del marxismo expuesto *supra*.

emancipados ya de sus metrópolis. Ahí, a lo largo de esos amplios procesos descolonizadores, junto a la clase de los poderosos tradicionales —propietarios de la riqueza en términos absolutos, desde las materias primas hasta los medios de producción—, surge un estrato burgués, situado en una posición relativamente privilegiada como agente principal de la propia emancipación, que se materializa en la constitución de Estados nacionales modernos; en este contexto preciso, ese estrato es denominado genéricamente la «clase de los compradores», mostrándose estrechamente vinculado con los intereses y objetivos de las políticas de expansión comercial imperialista[30]. En tanto que ya en origen su perspectiva es transaccional, estas clases sociales burguesas, asociadas al comercio y a los intercambios de todo tipo con otras metrópolis, se inclinan hacia visiones interdependientes de la Sociedad Mundial. Obviamente, estas clases —que no son interdependientes respecto de las metrópolis dominantes a escala mundial o regional sino dependientes en términos tanto económicos como culturales— no cuestionan el viejo esquema de poder sino que viven a su remolque, instaladas como sufragánea clase dominante en la nueva nación descolonizada. Estas burguesías «compradoras» de las sociedades dependientes se mantienen en el entorno de un centro de acumulación capitalista que, a su vez, es externo a su sistema de origen. Por lo demás, esta «periferia capitalista» es incapaz de librarse de su propia dependencia, que es estructural en sentido estricto.

En lógica consecuencia de tales premisas analíticas, la única salida efectiva para los sujetos pacientes de esa condición dependiente sería acometer procesos revolucionarios que rompieran los nexos estructurales. Sin embargo, además de una radical conmoción social, acompañada o no del uso de la fuerza, lo único que demostraría ser verdaderamente eficaz a este respecto sería un proceso revolucionario que, trascendiendo la violencia y provisto de miras superiores, emprendiera hondas transformaciones intelectuales, culturales y sociales entre los sujetos comprometidos. En esta dirección, el Revolucionarismo internacional dispone de una larga trayectoria, no lineal, excesiva para verse aquí[31].

A) Tercer Mundo y Tercermundismo

Existen términos que hacen fortuna y se convierten en lugares comunes o tópicos que todo el mundo emplea para designar cosas que de ninguna

[30] Según este criterio, estas clases burguesas «compradoras» serían los criollos emancipados del Imperio colonial español a comienzos del siglo XIX, incapaces de desarrollar una economía propia (nacional, subcontinental) en tanto que feudatarios del apoyo de las potencias rivales de España, que a cambio de su «ayuda» ejercieron un colonialismo imperialista nuevo. O, ya en el siglo XX, las élites de descolonizadores de las diversas naciones del Tercer Mundo, convertidas en interesados gestores de un neocolonialismo aún más brutal en tanto que ya no es obra manifiesta de los Estados sino de las «anónimas» corporaciones transnacionales, sin olvidar las redes de «terrorismo-delincuencia (tráfico de armas, personas, narcóticos)» internacionales.

[31] Remito a Halliday, *Revolution and World Politics..., op. cit.* Obras sustantivas: Celso Furtado, *Teoría y política del desarrollo económico*, Siglo XXI, Barcelona, 1974, y Mario Bunge, *Economía y filosofía*, Tecnos, Madrid, 1985.

manera están tan claras ni significan lo mismo para todos. Uno de ellos, como se ha referido, es el denominado Tercer Mundo, inventado en los años cincuenta del siglo XX para señalar a las zonas del mundo que, sometidas al Colonialismo e Imperialismo aludidos, iniciaban, al amparo de la recién constituida Organización de Naciones Unidas (1945) y la inspiración de la Declaración Universal de los Derechos Humanos (1948), el gigantesco proceso conocido como «descolonización». Se trataba de que aquellos pueblos, sumamente heterogéneos en sus orígenes étnicos y nacionales, implantación geográfica, confesión religiosa, tradición cultural, trayectoria política, memoria histórica, recursos naturales y sociales, dimensiones demográficas..., sometidos a modos de explotación por completo ajenos a sus intereses —exceptuando los de las ya mencionadas «clases compradoras», connivientes con los poderes fácticos— salieran de unas condiciones pésimas, aunque bien conocidas, para acceder a otras nuevas, carentes de todo precedente y experiencia. En estos términos, habría que llamar a la descolonización una «aventura», puesto que entonces se ignoraba por completo la mayor parte de sus determinaciones. Cabe decir, sin embargo, que en bastantes de sus agentes significados —tanto occidentales como tercermundistas— existió una buena voluntad manifiesta, aunque también concurrió mucha política de intereses, sucia, violenta y bastarda, en particular, considerando el compromiso moral y ético retóricamente proclamado en toda suerte de manifiestos.

En el «cajón de sastre» de lo que se llamó Tercer Mundo entraban sociedades, naciones, pueblos y culturas tan dispares como la vieja China o la milenaria India junto a las comunidades indígenas de medio mundo —desde la Oceanía hasta la Amazonía, desde el África Austral o Central hasta Alaska o Groenlandia— o el vastísimo Mundo Árabe-Musulmán, por poner sólo algunos ejemplos extremos[32]. ¿A qué se debe tamaña miopía semántica? ¿En qué medida los «progresistas» occidentales u «occidentalizados», si se trataba de miembros de las élites comprometidas con la causa descolonizadora, pretendidos liberadores de tantos millones de sojuzgados, no estaban pecando de un paternalismo parecido al de los antiguos defensores de la «sagrada misión civilizadora», colocando a todos los pretendidos «salvajes» bajo una misma rúbrica?[33].

En 1945, sobre los escombros de la Segunda Guerra Mundial y apenas fundada la Organización de Naciones Unidas, surgida en el rescoldo de las cenizas de la Sociedad de Naciones, hubo quienes, como Roosevelt, concibieron la posibilidad de pensar en «Un Solo Mundo» (*One World*), como se

---

[32] Orígenes doctrinales del debate: Lewis HANKE, *La humanidad es una*, FCE, México, 1974; facetas de su progresión: Jorge MADRAZO CUÉLLAR (ed.), *Aspectos nacionales e internacionales sobre Derecho Indígena*, Instituto de Investigaciones Jurídicas-Universidad Nacional Autónoma de México, México, 1991; Soledad TORRECUADRADA GARCÍA-LOZANO, *Los pueblos indígenas en el orden internacional*, Dykinson, Madrid, 2001; John BEAUCLERK, Jeremy NARBY y Janet TOWNSEND, *Indigenous Peoples. A Fieldguide for Development*, Oxfam, Oxford, 1988.

[33] Mark B. SALTER, *Barbarians and Civilization in International Relations*, Pluto Press, Londres y Sterling, 2002; Phillipe BRAILLARD y Mohammed REZA-DJALILI, *Tiers Monde et Relations Internationales*, Masson, Friburgo, 1984.

ha dicho. Desde los ideales más o menos liberales auspiciados por las diversas asociaciones, instituciones y organismos estadounidenses referidos en el capítulo previo, se pensaba que, consecuentemente, el modelo de reconstrucción de la postguerra sería también más o menos uniforme, entre otras cosas porque la hegemonía americana era todavía indiscutible desde la base de su absoluta supremacía militar, sancionada por el poder atómico nuclear. Pero ya en la constitución de Naciones Unidas, precedida como es sabido por variadas negociaciones y acuerdos políticos, geoestratégicos, militares..., definidores de un nuevo orden internacional conocido como el «orden de Yalta» —vigente para unos hasta noviembre de 1989, con la caída del Muro de Berlín, y para otros hasta agosto de 1991, con el colapso soviético— se advirtió que la Unión Soviética iba a ejercer un papel decisivo en la escena mundial.

La primera reacción soviética se produjo con la aplicación del Plan Marshall en la maltrecha Europa a partir de 1947, sustrayendo a los Estados, pueblos y territorios comprendidos en el área de influencia obtenida en Yalta, y garantizada por los propios acuerdos, a los proyectos de reconstrucción financiados por el Occidente liberal. El Plan Marshall soviético se llamó COMECON, acrónimo de la organización Consejo de Mutua Ayuda Económica, creada en 1949 para promover la colaboración y planificación económica entre los Estados bajo su égida, sujetos a la denominación de democracias «populares» por oposición a las «liberales» o «burguesas». El sistema se reforzaba con el Pacto de Varsovia, acuerdo de cooperación y ayuda militares, simétrico al Tratado del Atlántico Norte que aglutinaba al mundo occidental. Algunos de sus Estados miembros fueron incorporados con el propio avance de las tropas soviéticas sobre territorio europeo en el curso de la Guerra Mundial: Bielorrusia, Moldavia, Carelia, Letonia... Otros fueron absorbidos tras el final de la Guerra a partir de lo determinado por los aliados en las Conferencias de Teherán y Yalta, lo que sancionó entre 1945 y 1949 el destino de Polonia, Checoslovaquia, Ucrania, Rumanía, Bulgaria, Hungría, República Democrática Alemana... en un proceso seguido de levantamientos populares, con recidivas siempre reprimidas de forma brutal[34].

La bipolaridad del mundo de la Guerra Fría, escindido entre el bloque occidental o «demócrata-liberal», bajo hegemonía estadounidense, y el bloque comunista o «socialista real», bajo dominio soviético, halló su correlato semántico en la expresión Primer Mundo, correspondiente al primero, y en la de Segundo Mundo, perteneciente al otro. En ese contexto, ¿qué significó el Tercer Mundo? Por mera evidencia, era lo no comprendido entre ambos «mundos», es decir, aquella parte del planeta que aún no era ni «liberal» ni «socialista» y que, en los términos de la ONU, estaba sujeta en su mayoría al Régimen de Administración Fiduciaria, un sistema pensado para que los que entonces comenzaron a llamarse «pueblos subdesarrollados» —un eufemismo— iniciaran un acercamiento progresivo a los «beneficios de la civili-

[34] VAN DER PIJL, *Vordenker...*, *op. cit.*, plantea la virtualidad de una URSS «hobbesiana»: pp. 173-198.

zación», que, liberal o socialista, siempre sería acorde al proceso y a la mentalidad occidentales.

Ideológicamente y en sentido metafórico, los miembros del Tercer Mundo —pueblos, naciones… en fase de descolonización— pasaron a representar una especie de Tercer Estado, análogo al que, erigido en clase dirigente, emprendió la Revolución francesa de 1789, según la tesis propuesta por Albert Sauvy en 1952, creador del término según se ha visto. Aunque, en paralelo, este Tercer Mundo asomaba también como un terreno propicio para lo que más o menos entre 1950 y 1980 comenzó a designarse como una «tercera vía», alternativa entre las dos opciones contrapuestas, capitalismo y comunismo, instituyéndose en sus programas una especie de socialismo nacionalista que conjugara los propósitos de una gestión económica planificada con unas aspiraciones de independencia política por parte de los países recién emancipados. En sentido positivo, ésta parecía una solución razonable. *A priori*, aseguraba transformaciones tan necesarias como las derivadas de la exigencia de una modernización cultural, social y política congruente, aplicada sobre unas sociedades por lo demás ancestrales, sin que, al menos en principio, eso supusiera renunciar a la propia idiosincrasia, sojuzgada e ignorada por el régimen colonial precedente. Se entendía también que esta vía ofrecía posibilidades de una imprescindible modernización económica que garantizase un reparto más justo de la riqueza mediante la apropiación necesaria de los recursos nacionales por aquellos Estados apenas constituidos. Aunque estas acciones se proponían sin llevar a cabo una colectivización total, propia del comunismo, lo que permitiría que los agentes no se marginasen del sistema capitalista liberal imperante, del que esperaban las correspondientes ayudas.

Sin embargo, esta postura también ofrecía un posible aspecto negativo. Completada la fase inicial de la descolonización política formal, constitutiva de un nuevo y flamante Estado que añadir a la palestra mundial, era plausible que la élite instalada en el poder, con fuertes vínculos militares y a menudo oligárquicos, se apropiase de las estructuras de ese mismo Estado para acapararlas como un dominio propio donde establecer a perpetuidad a familiares, prebendados y clientelas, impidiendo cualquier transformación política y cultural real, y apoderándose, a semejanza del viejo poder tiránico ancestral, de todos los medios de producción, operación encaminada a favorecer subrepticias transacciones con empresas transnacionales mediante una corrupción generalizada. A menudo, so capa de las dificultades reales de la descolonización y bajo una vergonzante fachada de democracia y libertad siempre aplazadas a un incierto futuro, lo que los regímenes descolonizados instauraron en demasiados casos fueron dictaduras personalistas, autoritarias y represoras, extremadamente violentas, que, como muestra la historia posterior, fundaron dinastías gobernantes y sistemas clientelares del más rancio estilo[35].

---

[35] Philip ALLOT, *International Law and International Revolution. Reconceiving the World*, Hull University Press, Hull, 1989 (Lección en memoria de Josephine Onoh - 21 de febrero de

A raíz de la Conferencia de Bandung (1955), que reunió a dirigentes ansiosos de eludir la rivalidad entre ambas superpotencias —cuya ayuda podía ser asfixiante— nace el denominado Movimiento de los No-Alineados[36]. Cruciales en esta etapa fueron las figuras del general Gamal Abdel Nasser, dirigente nacional egipcio y *raïs* panárabe; Ahmed Sukarno, artífice del complejísimo Estado indonesio; Jawaharlal Nehru, Primer Ministro de la India, y el mariscal Tito (Josip Broz), Presidente de la República de Yugoslavia[37]. Su práctica común fue la de ocupar sus cargos de modo vitalicio, solicitando y obteniendo tanto de Occidente como de la Unión Soviética amplias ayudas para sus proyectos políticos y económicos al vaivén de los intereses enfrentados de la Política Internacional. En términos ideológicos impusieron en sus países unas políticas formalmente secularizadas bajo las que, pese a todo, crecieron fermentos religiosos de imposible desarraigo. En tales regímenes la tutela efectiva de los Derechos Humanos dejó bastante que desear: en general, defendieron la espuria distinción entre «derechos sociales, económicos y culturales» y «derechos civiles y políticos», quedando pospuestos estos últimos al fallecimiento del dictador de turno[38]. En su época, la retórica que acompañó a estas figuras fue más que notable al presentarlos como carismáticos y providenciales salvadores, no sólo de sus pueblos, sino de la causa de los desfavorecidos en general, siendo autócratas del viejo estilo. En su favor cabe decir que fueron personajes de gran temple, obligados a desenvolverse en circunstancias dificilísimas, tanto internas como internacionales. Su herencia, no obstante, parece hoy pésima. La inestabilidad, las contradicciones y la violencia estructurales aún presentes en las sociedades egipcia, indonesia, india y ex-yugoslava, todas con irresueltos conflictos abiertos y latentes, civiles e internacionales, darían la prueba.

Pero el concepto de Tercer Mundo todavía admite otra versión. Recién ingresada en la ONU —donde incluso ostenta desde entonces un puesto de miembro permanente en el Consejo de Seguridad tras quedar desbancada la China nacionalista de Taiwán por efecto de la jugada diplomática de Henry Kissinger— la comunista República Popular China, dirigida por el «gran

---

1989): irónica y pasmosa síntesis del proceso; hay varias versiones del «Cuarto Mundo»: Bruno Fritsch, *Die Vierte Welt. Modell einer neuen Wirklichkeit*, DTV, Múnich, 1973.

[36] A. P. Rana, *The Imperatives of Non-Alignment*, Macmillan, Delhi, 1976; Robbie Shilliam (ed.), *International Relations and Non Western Thought. Imperialism, Colonialism and Investigations of Global Modernity*, Routledge, Londres, 2011.

[37] Aproximación a su contexto en mis trabajos «Panarabismo», «Panislamismo», «India, Paquistán y Bangladesh», «Sureste Asiático» en: De Blas, *Enciclopedia del nacionalismo…*, *op. cit.*, a los que se añade «Países Balcánicos» (pp. 546-562).

[38] Esto era, por lo demás, común en la España del general Franco, donde los derechos civiles y políticos plenos se aplazaron a la consecución del bienestar económico y social (Estabilización Económica de 1959 y los sucesivos Planes de Desarrollo). Un análisis jurídico y político específico: Bobbio, «Sobre el fundamento de los derechos del hombre» y «Presente y futuro de los derechos del hombre» en: *El problema de la guerra y las vías de la paz…*, *op. cit.*, pp. 117-155; Antonio Cassese, *Los derechos humanos en el mundo contemporáneo*, Ariel, Barcelona, 1991, capítulos I, II, III; Truyol y Serra, *Los Derechos Humanos…*, *op. cit.*, pp. 37-52; Juan Antonio Carrillo Salcedo, *Dignidad frente a barbarie. La Declaración Universal de los Derechos Humanos, cincuenta años después*, Trotta, Madrid, 1999.

timonel» Mao Zedong, formuló su denominada Teoría de los Tres Mundos en 1974. En plena crisis por la críptica sucesión de Mao, Deng Xiaoping, antiguo Secretario General del Partido Comunista chino (1954), reapareció tras la purga de la Revolución Cultural y estableció que su Tercer Mundo era el de los «proletarios auténticos» de la escena internacional, a los que la China comunista se proponía redimir del yugo tanto americano como soviético. Obviamente, esto respondía a iniciativas intervencionistas en Política Exterior, incluido el apoyo a lo que se llamaban «conflictos por delegación» o también «de baja intensidad»[39]. Éstos eran guerras abiertas entre facciones rivales de países del Tercer Mundo, alineadas con las respectivas potencias sustentantes y que dirimían conflictos propios y ajenos con un armamento convencional cuya única limitación atañía al uso de armas del tipo A (*atomic*), tolerándose con el cinismo característico las B y C (*biological, chemical*). En tal contexto, la China comunista apoyó sin complejos a las facciones convenientes, eventualmente hastiadas de soportar los dictados estadounidenses o soviéticos[40].

Por su parte, desde 1973 y 1979, los cárteles del petróleo —«nacionalizado» tras la emancipación colonial en Asia, África y algunos enclaves de América Latina que entonces querellaban para liberarse de otros flagelos— comenzaron a ejercer también un papel intervencionista en los asuntos internacionales. En este contexto se asistió a una flamante Cooperación Sur-Sur —pues comprendió varias iniciativas heterogéneas— que, vista con ojos de hoy resulta bastante peculiar, más allá de la retórica de muchas de sus proclamaciones y más allá de los discursos bienintencionados que formularon valiosas propuestas, institucionalizadas del modo más respetable[41]. Formalmente, se trataba de que los recursos generados en el Sur revirtiesen cooperativa y solidariamente en el propio Sur, idea benéfica por principio que habría podido invertir las asimetrías estructurales del sistema económico mundial. Pero un problema esencial lo determinó la realidad de los Estados y grupos de poder intervinientes en el proceso: ¿cuántos de ellos eran «democracias»? ¿En cuáles se ejercía una tutela efectiva de los Derechos Humanos? ¿Qué intereses, explícitos y tácitos, subyacían a las diversas acciones, alianzas, prestaciones y contraprestaciones… que se fuesen acordando? ¿Qué «amistades» y «enemistades», muchas de ellas enquistadas, se dirimían? Si por entonces Samir Amin era uno de los profetas de la causa, basta con leer sus obras más recientes para colegir algún diagnóstico, pues

---

[39] Araceli MANGAS MARTÍN, *Conflictos armados internos y Derecho Internacional humanitario*, Salamanca, Ediciones Universidad de Salamanca, 1992: esta obra plantea varias tipologías así como las modalidades de intervención existentes hasta llegar a la fase humanitaria.

[40] En Europa, por complejísimas razones geoestratégicas ligadas al principio: «¿Quién es tu amigo?»... «El enemigo de mi enemigo», el aliado de la China Popular era la Albania de Enver Hoxha. Dos ejemplos literarios, Ismaíl KADARE, *El año negro*, Alianza, Madrid, 2001; *Idem*, *El Expediente H.*, Alianza, Madrid, 2001. Como nadie es profeta en su tierra, los albaneses con quienes he hablado a veces —tampoco demasiados— no suelen valorarlo, ignoro por qué.

[41] Por ejemplo, Lynn K. MYTELKA (ed.), *South-South Cooperation in a Global Perspective*, OCDE, París, 1994.

ahora sus tesis se inclinan más hacia una ética de la responsabilidad asociada a un equilibrio cooperativo con un Norte solidario[42].

En tales circunstancias, retratadas aquí de forma general y limitada, el Tercermundismo sería concebible como un conjunto de teorías, posturas intelectuales y propuestas, a menudo de orígenes heterogéneos, reunidas bajo el tópico o lugar común del complejo concepto de Tercer Mundo, elevado retóricamente a supuesta bandera ideológica de los «desfavorecidos», un calificativo que considero obsceno para nombrar a los pobres, que no lo son por carecer de «favores» sino por causas mucho más graves. Si bien desde un principio ha existido un Tercermundismo honrado, cabal, comprometido e incluso heroico, también es cierto que a su cobijo han crecido oportunismos y anteojeras varios que un autor tan penetrante y molesto como Alain Finkielkraut reúne bajo el denominador del «calor maternal del prejuicio», característico de aquellos descolonizados y sus pretendidos simpatizantes a quienes se les indigestó el, por otro lado, loable y necesario proceso[43]. En sí, el Tercermundismo acoge versiones y adaptaciones varias del socialismo y el comunismo, pero también concurren en él varias especies de nacionalismos, integrismos, totalitarismos, utopismos, idealismos, fundamentalismos, revisionismos... Un breve repaso de alguna de sus figuras representativas quizá ilustre esta confusión.

Esencial es Frantz Fanon, médico psiquiatra martiniqués, autor de la obra clave *Les damnés de la Terre* (1961). Vivió en las Antillas francesas, donde acumuló una experiencia clínica sobre los problemas psicológicos de las sociedades mestizas y su vivencia del racismo; también ejerció en un hospital durante la revolución independentista de Argelia (1954-1962). Luego fue representante oficial de esta nación ante diversas Cumbres africanas. Diagnosticó que el Colonialismo expresa el odio racial y sanciona el despotismo, interiorizándose en las conciencias de colonizadores y colonizados como un criterio asumido que coarta cualquier transformación. Su visión trasciende al marxismo, al que moteja de estrechez de miras en tanto que no resuelve, en su opinión, la violencia estructural de tantas sociedades humanas. Uno de sus objetivos intelectuales consistió en proponer que la humanidad consiguiera un reparto equitativo del bienestar y la riqueza, es decir, igualando las condiciones de una mayoría hacia arriba en vez de rebajar las

---

[42] Samir AMIN, *El fracaso del desarrollo en África y en el Tercer Mundo. Un análisis político*, IEPALA, Madrid, 1994; *Idem*, *Maldevelopment. Anatomy of a Global Failure*, Pambazuka, Ciudad de El Cabo-Dakar-Nairobi-Oxford, 2011, esp. pp. 281 ss. (Inter-African and South-South Cooperation); el repertorio de su extensa bibliografía en: *Miradas a un medio siglo: 1945-1990. Itinerario intelectual*, Plural-IEPALA, Madrid, 1999, pp. 219-223; *Idem*, *La accumulation à l'échelle mondiale*, Anthropos, París, 1988; *Idem*, *Le développement inégal - Essai sur les formations sociales du capitalisme périphérique*, Éditions de Minuit, París, 1973. Puede completarse con: Willy BRANDT y Anthony SAMPSON (eds.), *North-South: A Program for Survival. Report of the Independent Comission on International Development Issues* (Brandt Comission), MIT Press, Cambridge-Mass., 1980; Jagdish N. BHAGHWATI (ed.), *The New International and Economic Order: The North-South Debate*, MIT Press, Cambridge-Mass., 1977.

[43] Alain FINKIELKRAUT, *Die Niederlage des Denkens*, Rowohlt, Hamburgo, 1989, pp. 29-35, 72-92 [*La derrota del pensamiento*, Anagrama, Barcelona, 1988].

de todos; con notable adelanto para su época insistía en reorganizar la economía internacional. En cualquier caso, Fanon otorga efectos purificadores y catárticos a la violencia revolucionaria, que defiende como virtual escenario de un cambio insoslayable[44]. Pronto condenó el «aburguesamiento» de la revolución argelina; no así el castrismo cubano. Obviamente, su muerte prematura impide averiguar su evolución intelectual posterior. Lo cierto es que los procesos revolucionarios en el Mundo Árabe, en África, en Asia, en América Latina… fascinaron a la «izquierda» intelectual europea, con Jean-Paul Sartre a la cabeza, y con el suizo Jean Ziegler o el paradójico Roger Garaudy, convertido a la causa islamista posteriormente, a la zaga[45].

Desde la eliminación política y luego física de Leon Trotski, favorable a la internacionalización de la revolución bolchevique, la tesis principal de la Unión Soviética fue la del «socialismo en un solo país», que le hizo esforzarse más en su propio proceso de consolidación interna que involucrarse a fondo en la causa de la liberación de los pueblos oprimidos. En tal sentido, la URSS fue intervencionista en los territorios y Estados incorporados a lo que consideraba su área de influencia geopolítica y geoestratégica en tanto que su control efectivo reforzaba su posición euroasiática, y se contuvo en

---

[44] Hannah ARENDT, *Macht und Gewalt*, Piper, Múnich, 2009, p. 67.

[45] El panorama de intelectuales es amplísimo. Sugiero su repaso en Roland N. STROMBERG, *Historia intelectual europea desde 1789*, Debate, Madrid, 1991, pp. 422-476. Textos representativos son Aimé CÉSAIRE, *Discours sur le colonialisme. Suivi de Discours sur la Négritude*, Présence africaine, París, 2004; Albert CAMUS, *Crónicas argelinas (1938-1958)*, Alianza, Madrid, 2006; Jean-Paul SARTRE, *Colonialismo y neocolonialismo. Situations V*, Buenos Aires, 1968. Respecto de África propongo: Pierre BERTAUX, *África, desde la prehistoria hasta los Estados actuales*, Siglo XXI, Madrid, 1984; Hubert DESCHAMPS, *Las instituciones políticas del África negra*, Oikos-Tau, Barcelona, 1971; Victor C. FERKISS, *África, en busca de una identidad*, Uteha, México, 1967; Thomas Lionel HODGKIN, *Nationalism in Colonial Africa*, New York University Press, Nueva York, 1957; Fernand VAN LANGENHOVE, *Consciences tribales et nationales en Afrique noire*, Martinus Nijhoff, La Haya, 1960; Joseph KI-ZERBÓ, *Historia del África negra*, Alianza, Madrid, 1980, 2 vols.; Hans KOHN y Wallace SOKOLSKY, *El nacionalismo africano en el siglo XX*, Paidós, Buenos Aires, 1968; Jean ZIEGLER, *Sociologie de la nouvelle Afrique*, Gallimard, París, 1964; *Idem, Saqueo en África*, Siglo XXI, México, 1979; Bartolomé BURGOS, *Culturas africanas y Desarrollo. Intentos africanos de renovación*, Fundación Sur-Cooperación de la Ciudad de Madrid, Madrid, 2007; Alicia CAMPOS SERRANO (ed.), *Ayuda, mercado y buen gobierno. Los lenguajes del desarrollo en África en el cambio del milenio*, Icaria, Barcelona, 2005. Respecto del Mundo Árabe y Musulmán (además de los ya citados): Fouad AJAMI, *Los árabes en el mundo moderno*, FCE, México, 1983; Olivier CARRÉ, *L'Islam et l'État dans le monde d'aujourd'hui*, PUF, París, 1982; *Idem, Le nationalisme arabe*, Arthème Fayard, París, 1993; Abdou FILALY-ANSARY, *Réformer l'islam? Une introduction aux débats contemporains*, Éditions La Découverte, París, 2003; Chris HORRIE y Peter CHIPPINDALE, *¿Qué es el islam?*, Alianza, Madrid, 1994; William MONTGOMERY WATT, *Islamic Fundamentalism and Modernity*, Routledge, Londres-Nueva York, 1988; Hussein A. HASSOUNA, *The League of Arab States and Regional Disputes*, Oceana-A. W. Sitjhoff, Nueva York-Leiden, 1975; Gilles KEPEL, *Faraón y el Profeta*, Muchnik, Barcelona, 1988; *Idem, Fitna. Guerra en el corazón del islam*, Paidós, Barcelona, 2004; *Idem, La Yihad. Expansión y declive del islamismo*, Península, Barcelona, 2001; Bernard LEWIS, *El lenguaje político del islam*, Taurus, Madrid, 1990; *Idem, Kultur und Modernisierung im Nahen Osten*, Passagen Verlag, Viena, 2001; Maxime RODINSON, *La fascinación del islam*, Júcar, Madrid, 1989; Carmen RUIZ BRAVO, *La controversia ideológica nacionalismo árabelnacionalismos locales*, IHAC, Madrid, 1976; GUTIÉRREZ ESPADA, C. (dir.), CERVELL HORTAL, M. J. (coord.), *Nosotros y el Islam*, Diego Marín, Murcia, 2012.

otros ámbitos, en donde su influjo fue más ideológico y cultural que político y militar. Eso se hizo evidente en las décadas de 1930-1940 con su actitud ante la Guerra Civil española (1936-1939) o la Guerra Civil china, comenzada hacia 1927 con las primeras matanzas de comunistas por los nacionalistas, concluida en 1949 con la victoria de Mao Zedong. Como aliado inicial, Stalin llegó a aconsejar a Mao que se aliara con el Kuomintang —partido del nacionalista Chiang Kaichek, formado en la Unión Soviética, por raro que parezca— mostrando un visible desdén hacia las fuerzas guerrilleras de partisanos revolucionarios.

Pero un factor decisivo de la Revolución china se sustentó en la clase campesina, aspecto que Mao —él mismo descendiente de labradores y ambicioso aspirante juvenil a convertirse en un letrado erudito, miembro de la respetadísima administración pública, lo que significaba un profundo conocimiento de los clásicos— advirtió sagazmente ya de joven, dejándolo plasmado en sus numerosas obras escritas, una doctrina de síntesis entre su interpretación del marxismo-leninismo y varias ancestrales formas de organización, movilización y pensamiento chinos. Esto se conoce como *sinificación* —traducción intelectual y pragmática a la cultura y el pensamiento chinos— del marxismo, es decir, su adaptación creativa a situaciones por completo distintas a aquéllas para las que fue ideado. La varias veces milenaria tradición revolucionaria de China se integró en una epopeya de liberación nacional plasmada en la Larga Marcha —trayectoria de las fuerzas comunistas a lo largo de la frontera tibetana hacia el Norte hasta lograr la victoria definitiva— que, unida a la peculiar ideología del maoísmo, llevó a consolidar como nuevo Estado a una nación antiquísima que hacía frente de este modo al reto de su modernización efectiva. Esencial en el pensamiento de Mao es el planteamiento y resolución de las contradicciones inherentes a todo proceso de cambio. Sin escrúpulos ni cortapisas a la hora de ejercer un poder omnímodo, Mao utilizó las viejas estructuras comunitarias de la China rural para implantar gigantescos planes de industrialización y urbanismo, acompañado de un férreo control del pensamiento. El denominado Gran Salto hacia Delante fue su mayor acción de colectivización económica en un país de abrumadora demografía. Su éxito, aun a pesar de ingentes costes humanos, llevó a que el maoísmo fuese considerado una vía de emancipación de zonas del mundo sometidas a los dos imperialismos, estadounidense y soviético, llamadas a emularlo; el régimen soviético fue denigrado por el Partido Comunista Chino con el término de «social-imperialismo» en tanto que con Estados Unidos las relaciones diplomáticas fueron cordiales desde 1971[46]. Su creciente activismo internacional fue palpable a partir de 1965, cuando Lin Piao, un superviviente de la Larga Marcha, diseñó su Teoría General de la Lucha Popular y Revolucionaria, pronto inscrita en el proceso ideológico radical de la Revolución Cultural (1966-1969). Su visión internacional concebía a Norteamérica y Europa como «urbes» mundiales rodeadas de la

---

[46] Inmarcesible idilio patente en la voluminosa obra de Henry KISSINGER, *China*, Debate, Barcelona, 2012.

vasta extensión de un universo «rural» formado por Asia, África y América Latina, agentes futuros de la Revolución Mundial. China, en cualquier caso, ejerció una Política Exterior centrada en su interés nacional, aun a pesar de acciones como su apoyo a Tanzania, donde subrayó la necesidad de que primara la «confianza en sus propias fuerzas» para salir adelante. Su alianza con Camboya-Kampuchea, dirigida por el príncipe Norodom Shihanuk en contra de un Vietnam del Norte comunista aunque alineado con la URSS; o sus constantes conflictos y diatribas, no sólo fronterizos, con la India, también aliada circunstancial e interesada de los soviéticos; su entendimiento con los Estados Unidos en la década de 1970 para lograr fines concretos y muy ventajosos en la esfera internacional, etc., dan cuenta de ese pragmatismo, por otro lado, típicamente chino[47].

Una curiosa síntesis, de singularidad extrema, es la del nacionalismo-socialismo de la Corea del Norte gobernada por Kim Il Sung[48], propulsor de fuerzas revolucionarias comunistas defensoras de una celosa idea de la independencia nacional, plasmado todo ello en un régimen autoritario y cerrado, formalmente combatiente del «imperialismo cultural».

Otro personaje que destaca en esta heterogénea corriente es Ho Chi Minh, hombre de acción y estadista a la par que estratego e ideólogo fundamental del nacionalismo vietnamita, revolucionario y comunista. En su pensamiento, que saludó la desestalinización con alivio, se combina una aguda conciencia de los padecimientos de los colonizados con intensas reflexiones

---

[47] BIANCO, «La China Popular de 1949 a 1974» en: *Idem*, *Asia contemporánea…*, *op. cit.*, pp. 203-237; Mao ZEDONG (Mao Tse Tung), *Escritos sociológicos y culturales*, Laia, Barcelona, 1974; Luther CARRINGTON GOODRICH, *Historia del pueblo chino*, FCE, México, 1978. Quizá el mejor enfoque desde Occidente en perspectiva amplia: Joseph NEEDHAM, *La Gran Titulación. Ciencia y sociedad en Oriente y Occidente*, Alianza, Madrid, 1972; *Idem*, *Dentro de los Cuatro Mares. Diálogo entre Oriente y Occidente*, Siglo XXI, Madrid, 1975. Enfoques actuales: BAILEY, *China in the Twentieth Century…*, *op. cit.*; John GITTINGS, *The Changing Face of China. From Mao to Market*, Oxford University Press, Oxford, 2005; James KYNGE, *China Shakes the World. The Rise of a Hungry Nation*, Phoenix, Londres, 2006; respecto de los antecedentes del Sureste asiático, aparte de lo ya reseñado, John VILLIERS, *Asia sudoriental antes de la época colonial*, Siglo XXI, Madrid, 1987; excepcional para comprender sus procesos, aparte de ANDERSON, *Comunidades imaginadas…*, *op. cit.*, es GEERTZ, *Cultura, identidad y política. El nacionalismo y los nuevos cambios sociales*, *op. cit.*; *Idem*, *La interpretación de las culturas*, Gedisa, Barcelona, 1990.

[48] Y hoy por su hijo Kim Jong Il y su nieto Kim Jong Un, según el sistema del «republicanismo hereditario», presente en la Siria de la dinastía El-Asad, en la India de la dinastía Nehru, en el Pakistán de la dinastía Bhutto (interrumpida en 2013 con Sharif) o en los Estados Unidos de la dinastía Kennedy o Bush, por no mencionar a otras. Tras repudiar a Joséphine de Beauharnais, Napoleón obró igual casándose con María Luisa de Habsburgo-Lorena (1810), logrando perpetuarse mediante una alianza con la rancia dinastía imperial cuyo derrocamiento —en términos de régimen monárquico absolutista— había implicado las innumerables víctimas de la mortífera Revolución francesa de 1789, con sus secuelas, junto con las posteriores consecuencias del Imperio napoleónico y sus guerras de conquista por toda Europa y el Mediterráneo. Fruto de aquellas nupcias fue el pequeño Napoleón II. Entretanto, los miembros de la dinastía se repartieron por las naciones sometidas; sólo los hermanos fueron: José (Nápoles y España), Luis (Westfalia y Holanda), Jerónimo (Westfalia), María Ana Elisa (Toscana), Paulina (Guastalla). Quien ignore la Historia estará destinado a equivocarse, en mi propia y siempre discutible opinión.

sobre el racismo, la explotación de todo tipo y la impotencia de los sometidos a un orden injusto. En tal sentido proyecta sus críticas no sólo sobre las potencias coloniales occidentales —Francia, en particular—, sino sobre el imperialismo chino tradicional y coetáneo. Su núcleo teórico radica en la tesis de que el Imperialismo corrompe de hecho a las clases trabajadoras que, aun sojuzgadas, podrían considerarlo hipotéticamente beneficioso, pudiendo llegar a desactivarse entonces los procesos revolucionarios mundiales mediante una deliberada promoción de la insolidaridad internacional entre unas clases sociales fanatizadas por el chauvinismo, pese a encontrarse todas ellas igualmente explotadas y enajenadas. En esta dirección se orientaron sus teorías sobre el internacionalismo, que llevó a efecto a través de constantes peticiones de ayuda a la causa de su pueblo, enfrentado al régimen sur-vietnamita apoyado primero por Francia (1953) y luego por los Estados Unidos durante una larga guerra de más veinte años que se saldó con unas bajas estimadas de sesenta mil caídos norteamericanos frente a dos millones de vietnamitas. Concluyó en el Año del Gato de 1975 con la retirada un tanto vergonzante de unos Estados Unidos lastrados además por el desgaste de su moral bélica, acuciada por una desafección ciudadana generalizada, algo que, desde el bando opuesto, el de los defensores de la doctrina del interés nacional, también auspiciaron realistas tan señeros como Morgenthau o Aron, reprendidos por parte de sus atónitos y menos lúcidos partidarios. El conocido como «síndrome de Vietnam» todavía altera a la Política Exterior estadounidense.

Por fin, como última muestra de esta somera revisión de las teorías anti-imperialistas surgidas de las propias entrañas del Tercer Mundo asoma el pensamiento de la Revolución Cubana de 1959, cuyas figuras capitales son el argentino Ernesto Che Guevara, asesinado en Bolivia (1967), y Fidel Castro, gobernante en Cuba desde el triunfo del ejército rebelde de Sierra Maestra y la subsiguiente toma del poder en 1959. Las tesis de la denominada Revolución Permanente propugnada por Trotski —ejecutado por sicarios de Stalin en México (1938)— hallaron en Castro una reformulación propia que eliminaba a las burguesías nacionales como potenciales agentes históricos de la lucha general contra el Imperialismo, tesis que avivó en su día la polémica entre Lenin y los austromarxistas, por ejemplo. Mayor entidad intelectual ostentan las propuestas de Guevara, quien conjugó su formación académica en Economía con un activismo político genuinamente internacional, predicando un mesianismo revolucionario capaz de socavar al capitalismo desde su propia base. Partidario de la lucha de guerrillas ampliada a dimensiones continentales americanas, aunque también planetarias, unida a la subversión permanente, propugnaba una política radical que conmoviera a las masas mediante el ejemplo de los propios dirigentes, en sí una combinación de ardor revolucionario y ascesis personal rayanos en la inmolación, que pronto le advino a él mismo. Como es evidente, el modelo de Guevara se asienta en un esquema revolucionario extremo, sin otros compromisos que los determinados por la propia ideología. Además de símbolo de un movimiento continuo hacia un futuro imaginariamente mejor sobre la base de constituir la expresión objetiva de una situación dada, la revolución fue para él una especie de «estado de ánimo» particular, siempre al acecho de los avances y progresos que ella misma engendra entre las fuerzas contrarrevolucionarias. Convertida en mito, la figura del Che se diluyó entre seguidores retóricos que nunca podrían estar a su altura. Su imagen inspira los movimientos contraculturales y revolucionarios de todo el mundo como icono comercializado de un sueño —a través de la mítica fotografía de Alberto Díaz (Korda) tomada en 1960— en el que probablemente sólo creyó, de verdad, él mismo.

Las décadas transcurridas desde la muerte de Guevara muestran que la revolución no fue derrotada por completo en América Latina, si bien sus connotaciones, envergadura, implantación y alcance han variado bastante. Marginal y asociada a corrientes y prácticas sumamente dudosas en ocasiones —juzgada con los propios criterios intelectuales y éticos derivados de una estricta pureza ideológica marxista— la revolución latinoamericana ostenta con demasiada frecuencia una vocación golpista, terrorista y militarista que anularía sus pretensiones de legitimidad democrática y su valor emancipador real como opción política solvente que garantice el bienestar y el progreso de los pueblos a los que pretendería liberar. Estos pueblos se han visto, por lo demás, terriblemente destrozados por feroces campañas represoras ejercidas por dictaduras, ejecutoras de designios de exterminio de opositores tanto propios como por encargo; por políticas neoliberales aplicadas sin restricciones de ningún tipo, articuladas sobre hipotéticos planes de «reajuste económico» dictados por instituciones internacionales al servicio de un sistema económico de explotación, más que de desarrollo; por una corrupción generalizada y abominable, inducida por grupos de poder, corporaciones, redes de delincuencia transnacionales, con enorme capacidad «infecciosa» y presupuestos a menudo superiores a los estatales; por situaciones de violencia estructural extrema, constituida en forma de «círculos viciosos» de ruptura imposible; por un expolio emprendido por las propias clases dirigentes en su exclusivo beneficio, so capa de ideologías varias teñidas de un populismo conspicuo; por una indiferencia de la pomposamente denominada Comunidad Internacional que, en este como en tantos otros casos, da muestras de ser tan sólo la costra de un mundo putrefacto[49].

B) Teorías Estructurales de la Dependencia

Este epígrafe reúne varias teorías y modelos analíticos que se articulan en torno a una revisión del viejo esquema marxista del Imperialismo. La base teórica parte de la premisa de lo que se conoce como el Modelo Latinoame-

---

[49] Parte expositiva de estos apartados: Van Der Pijl, *Vordenker…*, *op. cit.*, pp. 297-308 y *Las relaciones internacionales en el siglo* xx*…*, *op. cit.*, pp. 166-195, con otras lecturas fundamentales como base. Aspectos de la perpetuación de la violencia: David Bondía García y Manuel Ramiro Muñoz, *Víctimas invisibles, conflicto armado y resistencia civil en Colombia*, Huygens, Barcelona, 2009.

ricano, que, en síntesis, expone la situación de unas naciones emancipadas del poder colonial español y en parte portugués a comienzos del siglo XIX[50], cuyos agentes modernizadores fueron burguesías locales criollas —las denominadas «compradoras»— conniventes con nuevas potencias imperialistas como Estados Unidos y Gran Bretaña, asociadas a unos cuerpos militares golpistas y oportunistas, sin que llegasen a desaparecer tampoco las estructuras semi-feudales heredadas del colonialismo previo, ligadas a los grandes propietarios latifundistas y a la jerarquía del clero.

Estos países vivieron en ocasiones procesos revolucionarios dirigidos desde las altas instancias, sin que se lograran cambios sustanciales en la situación general de la mayoría de la población. La economía, a menudo supeditada a los intereses corporativos del capitalismo internacional, desarrolló monocultivos y extracción de materias primas destinados a la exportación, con mano de obra en condiciones rayanas en la esclavitud. Las sociedades nacionales, escindidas dramáticamente entre un campesinado indígena y una burguesía criolla, a menudo carecían de otra articulación ideológica que no fuese un populismo inespecífico, paternalista y sofocante, inflamado de retórica y megalomanía, sometido a los dictados de un partido único o a los de una alternancia política ficticia, impregnada de caciquismo. Una medida económica paliativa frecuente y predilecta de tales regímenes consistió en implantar una especie de sistema autárquico a fin de cerrar los mercados de importación y favorecer una mínima industria local, destinada en exclusiva al consumo interno. Entre tanto, los «compradores» sí adquirirían productos del extranjero. La disociación entre los valores e intereses de la minoría oligárquica y la mayoría explotada se afirmó como un hecho incuestionable de la realidad política, social, económica y cultural de gran parte de la América Central y del Sur.

En la primera mitad del siglo XX se produjeron algunos destacados logros modernizadores, no obstante, lo que permitió augurar un futuro menos sombrío para algunas partes de América Latina, en especial, al comparar su situación con la de otras áreas del mundo, incluida la vieja y belicosa Europa. Siempre dentro de parámetros corporatistas, autoritarios y populistas —como, por ejemplo, el peronismo en Argentina— se realizaron algunos avances notables, que sin embargo no llegaron a cuajar en lo que el marxismo denomina «cambios estructurales» de esa economía dependiente de determinaciones externas. La influencia de los Estados Unidos, preocupados sobre todo por la expansión revolucionaria en su área prioritaria de influencia geopolítica —enunciada así desde la Doctrina Monroe (1830) bajo el lema de «América

---

[50] Pero no de otros: señal clara de cómo funciona el Imperialismo. El «poder ibérico» —español, portugués— cedió a las apetencias coloniales e imperialistas de Gran Bretaña, Francia, los Países Bajos. La actual Unión Europea mantiene territorios de Ultramar… Antecedentes históricos: BEYHAUT, *América Latina III - De la independencia a la Segunda Guerra Mundial…*, *op. cit.*; Pierre CHAUNU, «Croissance ou développement. A propos d'une véritable histoire économique de l'Amérique latine aux XIXe et XXe siècles» en: *Revue historique*, n.º 496, octubre-diciembre 1970, pp. 357-374.

para los americanos»[51]— se ha manifestado fundamentalmente en forma de control sobre las estructuras políticas y económicas generales de unas naciones que ha procurado atraer además hacia su área de influencia ideológica, haciendo válido el principio de que «el fin justifica los medios». Su intervencionismo sin escrúpulos, declarado y tácito, ha supeditado el desarrollo de las sociedades latinoamericanas a los intereses de una Política Exterior determinada por los dictados del interés y la seguridad nacionales... de los Estados Unidos. Por su parte, las naciones europeas con intereses en Latinoamérica han tenido dificultades para lograr otros objetivos más amplios, sólo plausibles en tanto que destacados sectores de la población, descendientes de emigrantes, poseen raíces familiares en el Viejo Continente, lo que da lugar a más retórica culturalista que a efectivos proyectos de desarrollo, siquiera asimétrico y desigual. Sobre este magma se ha ido tejiendo a lo largo de más un siglo una trama de intereses locales e internacionales, por lo general envuelta en un lenguaje diplomático y un tanto vacuo, que hace difícil un estudio objetivo y, sobre todo, operativo, de la realidad latinoamericana. En paralelo, los análisis fuertemente ideologizados provenientes de un marxismo evolucionado poseen de modo indudable una calidad superior, si bien el contexto político general, dominado por la Doctrina de la Seguridad Nacional impuesta por los asesores militares y políticos de las numerosas dictaduras —principalmente estadounidenses, aunque soviéticos y maoístas no faltaron tampoco, en sentido contrario—, los hizo pasar como «subversivos» o como «revisionistas», según la polarización ideológica respectiva.

Desde finales de la década de 1950 irrumpe en este contexto la amplia corriente de analistas que, desde una concepción marxista de las relaciones sociales, se interroga sobre las mutaciones de un Sistema Internacional en el que todavía pervive el Imperialismo como nexo estructural; esta escuela intenta explicar las Relaciones Internacionales en general, junto a la situación del Tercer Mundo, en particular. Sus autores conciben el subdesarrollo como condición inherente del sistema capitalista internacional, visto como una consecuencia de sus mecanismos de reproducción a escala planetaria. Autores de esta línea —como Raúl Prebisch, Samir Amin, Paul Baran, Paul Sweezy, Arghiri Emmanuel, Fernando Henrique Cardoso, Enzo Faletto, André Gunder Frank, Pierre Jalée, Ernest Mandel, Osvaldo Sunkel, Johan Galtung, Dieter Senghaas, Celso Furtado, Theotónio Dos Santos...— diseñaron múltiples teorías con amplia repercusión intelectual a partir de la segunda mitad del siglo XX[52].

---

[51] En donde podría ironizarse que se proponía una «Norteamérica del Norte» y una «Norteamérica del Sur»...

[52] Con carácter general, véase Fernando Henrique CARDOZO y Enzo FALETTO, *Dependency and Development in Latin America*, University of California Press, Berkeley, 1979; Rigoberto GARCÍA, Fernando CORDERO, A. IZQUIERDO, *Economía y geografía del desarrollo en América Latina*, FCE, México, 1987.

a) *Teorías del Centro-Periferia y el Intercambio Desigual*

Dentro del enfoque teórico del Imperialismo correspondiente a la segunda mitad del siglo XX se conjugan dos conceptos analíticos clave: el de *centro*, denominado también metrópoli, y el de *periferia*, que designa al conjunto de los países dominados. A su vez, este esquema simplificado puede subdividirse cuando en el interior del centro se configuran y manifiestan los que, por su parte, son otro centro y otra periferia. Tal proceso se singularizaría a partir del momento en que la propia metrópoli representa el entorno más amplio en el que unas determinadas élites ejercen el poder, constituyendo este propio entorno el medio más idóneo para que éstas dominen y exploten a las clases subordinadas mediante los mecanismos políticos, jurídicos, económicos, sociales y culturales puestos a su servicio. Pero además cabría detectar esta misma diferenciación en la periferia, donde a su vez se constituye un centro, núcleo del poder de las clases dirigentes —convertidas en instancias vicarias del imperialismo foráneo sobre sus propios territorios— que se rodea de una periferia propia, erigida así en una «periferia de la periferia»[53]. El argumento principal de este esquema se desglosa como sigue, en palabras textuales de Philippe Braillard y Pierre de Senarclens: «la creación, la reproducción y el desarrollo de una relación estructural de interdependencia asimétrica en el centro y la periferia, en el marco del sistema capitalista mundial, tienen como consecuencia el subdesarrollo y la explotación de la periferia por el centro»[54].

De ese modo, el desarrollo del centro y el subdesarrollo de la periferia constituyen dos aspectos indisolubles de una misma realidad, que a su vez es el fiel reflejo de la estructura profunda que rige los procesos del sistema capitalista mundial. Además de perversa, esta relación estructural es cerrada, sistémica y retroalimentaria, puesto que no hace sino reforzar el desarrollo del centro a costa del subdesarrollo de la periferia. Estrechamente ligadas a la noción de «dependencia» que encabeza el título general de este apartado, las Teorías del Centro-Periferia y del Intercambio Desigual intentan mostrar los medios de los que se serviría el Imperialismo para asegurarse la perpetuación de una estructura del sistema favorable a sus intereses. En tal sentido, el Intercambio Desigual es uno de los medios que utiliza el centro para controlar la periferia, lográndolo al impedir que ésta produzca y exporte otra cosa que no sean materias primas o productos semielaborados, con bajo valor añadido y supeditados a redes de distribución y comercialización que le resultan ajenos o que incluso le son inaccesibles. Se asiste así a una relación de intercambio en la que los socios son dispares ya en origen, lo que incluye los propios términos de su transacción, siempre asimétrica. Esto genera una verticalidad intrínseca den-

---

[53] O «periferia periférica», término que podría constituir el título de un poema cantado por *Les Luthiers* en uno de sus recitales, al estilo de su regocijante «[Es]Terpsícore-Ester Pìscore»... la «Escaramuz/sa» o «Musa de los Escarabajos».

[54] BRAILLARD y DE SENARCLENS, *El imperialismo*..., *op. cit.*, p. 109.

tro de lo que ya es una división internacional del trabajo así como de la producción. Junto a este planteamiento, que es el más generalizado, Arghiri Emmanuel subraya el indiscutible papel de los salarios y las retribuciones, notablemente variables a escala internacional, cuya tendencia es a no igualarse entre los países ricos y los países desfavorecidos; esto permite que las potencias del centro obtengan una tasa apreciable de beneficio a costa de la explotación del factor trabajo en la periferia. Desde este particular enfoque, otros factores inciden además en la perpetuación de la dependencia estructural de la periferia respecto del centro:

— Una inversión selectiva de capitales en sectores y producciones que determinan y consolidan de hecho una determinada constelación de circunstancias estructurales, impidiendo que los afectados puedan salir de ellas.

— Una ayuda y una cooperación también selectivas, destinadas a paliar o a amortiguar las reiteradas y agudas crisis de la periferia, cuya quiebra total perjudicaría al centro. Ayuda y cooperación que por lo demás, también desempeñan una función utilitaria que sirve para encauzar y liquidar los excedentes de producción del centro, agobiado a veces por el problema de los costes de almacenamiento (*stock*) o por otras dificultades de comercialización.

— La acción de determinadas organizaciones y organismos internacionales (Fondo Monetario Internacional, Banco Mundial, Organización Mundial del Comercio, etc.), que, en razón de sus programas, podrían contemplarse como instituciones al servicio de los grandes intereses económicos de las corporaciones, empresas y élites mundiales, más que como instancias de regulación imparcial.

— La actuación de las sociedades, corporaciones y empresas transnacionales, comúnmente conocidas como «multinacionales», que, además de asegurarse el aprovisionamiento de materias primas y de mano de obra a costes irrisorios, buscan garantizarse así una oportuna eliminación de competidores en cualquiera de los campos que puedan afectar a sus intereses vitales.

— La penetración cultural, informacional y comunicativa del centro, lograda a través de redes a su vez culturales, informativas y comunicativas que con un discurso ideológico no siempre explícito sancionan la transmisión de unos valores que legitiman el sistema de explotación vigente: este aspecto compromete especialmente a las políticas educativas, infiltradas en las sociedades dependientes como trama subliminal de adiestramiento en determinados usos y costumbres, de los que el consumismo es una de sus facetas económicamente más rentables.

Todo esto se reúne en dos estrategias básicas: la penetración y la fragmentación, acometidas por el centro respecto de la periferia.

— La penetración se refiere a la colusión de intereses o complicidad entre élites de diversas naciones, tanto centrales como periféricas, que mantienen entre sí relaciones privilegiadas a costa de las clases o naciones subordinadas.

En esas relaciones serían esenciales las denominadas «cabezas de puente»[55], establecidas mediante los mecanismos descritos en el párrafo precedente.

— La fragmentación se logra aplicando el conocido principio *divide et impera* (divide y vencerás), que desarticula la precaria solidaridad transversal entre desfavorecidos, cooptándoles mediante simulacros de alianzas con las metrópolis coloniales, convertidas en su mayoría en nuevas potencias económicas.

Las principales consecuencias extraíbles del análisis derivado de tales enfoques se resumen como:

— Permanencia y reforzamiento de la dependencia estructural: se asiste a la creación de auténticos «círculos viciosos» de los que resulta imposible salir sin recurrir a la violencia; cuando esto ocurre —lo que agrava los problemas— la represión es brutal.

— Explotación y saqueo de la periferia: el centro no se plantea una reversión de los capitales invertidos en beneficio, siquiera mínimo, de la sociedad que explota. Según el modelo capitalista predatorio, sólo se preocupa de asegurarse un beneficio máximo a un mínimo coste.

— Mantenimiento y desarrollo del subdesarrollo: el sometimiento a una pobreza endémica constituye una forma perversa y eficaz de «gobierno», pues las poblaciones subdesarrolladas —depauperadas y por tanto desmovilizadas— llegan a ser incapaces de rebelarse o de intentar al menos un cambio positivo de su situación.

— Heterogeneización y fragmentación de las formaciones sociales de la periferia: la estructura social periférica —a veces, milenaria— es subvertida en sus cimientos, borrándose los lazos familiares, las formas tradicionales de asentamiento y producción, la formación de grupos sociales homogéneos, las redes de solidaridad y ayuda, etc. Tales desestructuración, aculturación y atomización favorecen los procesos capitalistas de explotación al dejar al individuo solo, aislado e inerme frente al sistema (anomia).

— Enajenación cultural y auto-colonización: éstas son consecuencias claras de lo anterior y se vinculan con procesos de despersonalización, anomia, aculturación, mimetismo cultural y esquizofrenia psicosocial, tanto en términos individuales como colectivos.

— Incremento de los conflictos, internos e internacionales: la violencia estructural, basada en la explotación, la desigualdad, la injusticia, la violación de derechos humanos fundamentales, la corrupción, lleva a situaciones insostenibles que estallan, bien en forma de conflictos internos, reprimidos con brutalidad o enraizados de forma permanente como terrorismo y lucha

---

[55] Expresión estratégica, militar en origen (defensa fortificada del extremo de un puente más próximo al campo enemigo), que en el mundo económico se usa para nombrar las operaciones de avanzadilla, por ejemplo, al aventurarse en un segmento del mercado aún inexplorado. Algún lector ha tomado este término en sentido literal, conjeturando al respecto toda clase de cuestiones fantasiosas: sólo es una expresión figurada que emplean, entre otros, Braillard y De Senarclens.

de guerrillas, bien en su modalidad de conflictos internacionales, eternizándose a menudo con el apoyo de diversas formaciones políticas o ideológicas foráneas. En cualquier caso, se suceden las revoluciones y golpes de Estado, activos y reactivos, progresistas y reaccionarios, así como los desplazamientos de población, los genocidios y la práctica de las «desapariciones» individuales y masivas[56].

Un formulador teórico muy destacado de esta corriente es Raúl Prebisch, asesor económico y Ministro de Trabajo argentino tras el derrocamiento del general Perón. Su bagaje proviene, pues, de una amplia experiencia práctica de gran compromiso. Además de primer Secretario General de la UNCTAD (*United Nations Conference of Trade and Development*), Prebisch fue director de la ECLA (*Economic Comission for Latin America*). Desde esas bases se desarrollan sus análisis, fundados en la práctica, que realizan una crítica contundente de algunos de los postulados clásicos de la Teoría Económica del Comercio Internacional. En concreto, cifra su interés sobre aquel que sostiene que las economías nacionales sólo deben especializarse en aquellos productos que requieran los menores costes de producción; la consecuencia es que esto convierte a los productores de materias primas en eternos subordinados del sistema económico, relegándolos a una perpetua periferia. Desde esta premisa, la relación de intercambio entre la producción primaria de la periferia y la manufacturera del centro será siempre asimétrica y desventajosa para la primera, pues, en contra de las tesis liberales de un hipotético mercado que se ajusta «automáticamente», la presencia de consorcios, carteles, *holdings*, *trusts*, etc. a escala mundial, que controlan todo el proceso haciendo caso omiso de las reglas y normas que dicen seguir, hace que los precios de materias primas tiendan por lo general a la baja. Ello conduce a un empeoramiento de los «términos de intercambio» (*terms of trade*), lo que lleva a un «intercambio desigual». La situación no admite mejoras, pues su determinación es estructural. En los países subdesarrollados o dependientes se agrega la constante necesidad de importación de manufacturas, que por lo demás sólo resulta accesible a la clase «compradora», imitadora de las modas y pautas de consumo de los países del centro, lo que aumenta las fisuras e injusticias sociales que padecen los desfavorecidos. Este panorama se completa con la exportación de capitales más o menos clandestina por parte de esa misma clase «compradora», que los coloca en agencias de inversión extranjeras y elude emplearlos para desarrollar a su propia nación. A escala interna, cualquier intento de cambio de esta situación será condenado por «subversivo» y reprimido con violencia mediante unas fuerzas armadas subordinadas a tal propósito, a menudo asesoradas, adiestradas y guarnecidas por instancias tanto oficiales como oficiosas del centro. Estos aspectos, que subrayan otros caracteres ya más sociales y políticos, quedan marginados en cierta forma en el análisis de Prebisch, aunque no en el de Celso Furtado.

---

[56] Elaboración propia de los corolarios sobre esquemas de Braillard y De Senarclens, *op. cit.*, pp. 120-150.

Éste, que fue Ministro de Desarrollo Económico de Brasil, instauró allí un sistema de planes trienales, frustrado por un golpe militar en 1964. Durante su mandato intentó en vano concertar a los bloques formados, respectivamente, por las fuerzas reaccionarias brasileñas, coaligadas con los asesores estadounidenses, y la cada vez más radical oposición a este sistema. Sus estudios destacan el dualismo cultural imperante en la «clase compradora», subyugada por los hábitos de consumo europeos y norteamericanos, cuya consecuencia inmediata deriva en imponer a sus economías la creación de industrias poco productivas, entre las que por su carácter especulativo destaca la construcción. Esto lleva a que las estrategias económicas de desarrollo emprendidas por estas capas sociales, apenas o nada comprometidas con la población que forma la base material de sus países, se limiten a satisfacer las necesidades de estas mismas élites, formadas por grandes propietarios de tierras (*façendeiros*), burócratas y profesionales liberales.

b) *Perspectivas críticas sobre las Teorías de la Modernización: el «Desarrollo del Subdesarrollo»*

Hasta aquí, los procesos analizados se vinculan con otro más amplio: la genérica Modernización. Aceptada como dogma de las políticas de desarrollo, fue sometida sin embargo a incisivas críticas desde la década de 1960 —Paul Sweezy y Harry Magdoff, Pierre Jalée— lo que se acentuó más en la siguiente. Sin embargo, el autor más relevante al respecto es André Gunder Frank, nacido en Berlín en 1929 y emigrado de niño a los Estados Unidos. Inició sus investigaciones en Chicago y Michigan. En el Centro de Estudios Internacionales del MIT (*Massachusetts Institute of Technology*) accedió a las formulaciones teóricas de modernizadores como Walter Whitman Rostow, lo que le llevó, tras analizar los supuestos y principios de tales concepciones, a proponer sus propias tesis[57]. Estableció así que los programas de desarrollo norteamericanos no sólo no eran capaces de solucionar los problemas del subdesarrollo sino que contribuían a mantenerlos y perpetuarlos en gran medida. Tras residir en Cuba, Ghana y Guinea, Frank se asentó en Chile, desde donde recorrió el continente suramericano con especial detenimiento en Brasil. Desde allí tomó parte en notables debates en el contexto ideológico de los años sesenta del siglo XX. Adoptó del peruano Aníbal Quijano las tesis sobre la marginalización de las economías locales en beneficio de las hegemónicas; participó en las discusiones sobre las estrategias de la ECLA (*European Comission for Latin America*); se alineó con Pekín frente a Moscú a causa de lo que él consideraba «revisionismo» de la Unión Sovié-

[57] Aidan FOSTER-CARTER, «From Rostow to Gunder Frank: Conflicting Paradigms in the Analysis of Underdevelopment» en: *World Development*, vol. 4, n.º 3, marzo 1976, pp. 167-180. Publicado por: *Elsevier-ScienceDirect*.

Accesible en línea: http://dx.doi.org/10.1016/0305-750X(76)90025-5 (consulta: 03/05/2013). Otra línea: Angus MADDISON, *La economía mundial. Una perspectiva milenaria*, Mundi-Prensa, Madrid-Barcelona-México, 2002.

tica; fue crítico con Furtado, ministro brasileño por entonces; y, por fin, denunció, en un artículo —«Ayuda o saqueo», *Jornal do Brasil*— las pretendidas virtudes de la ayuda estadounidense al desarrollo, al señalar su cara oculta. Como crítico de la Modernización su aportación principal es el desmantelamiento de las tesis de los «estadios» o «etapas» evolutivos del desarrollo, en tanto que establece que si los países pobres tuvieran que recorrerlas una por una para lograr al fin el bienestar de los ricos esto supondría que, en clara imitación de un modelo histórico violento y explotador, deberían acometer la expoliación y el saqueo correspondientes de otros pueblos y sociedades, cosa inaceptable en términos intelectuales y éticos (*The Development of Underdevelopment*, 1966; *Sociology of Development and Underdevelopment of Sociology*, 1967)[58]. Su exhaustivo estudio de las estadísticas gubernamentales oficiales estadounidenses le permitió establecer que, al contrario del tópico aceptado de que la ayuda supone un supuesto flujo «generoso» de capitales de los países ricos hacia los países pobres, el proceso es justamente el inverso, revelándose mucho más sustancial la transferencia de capitales provenientes de la periferia hacia el centro: entre 1950 y 1965 la cifra de capital neto aportada por la periferia a los Estados Unidos alcanzó la cifra de 16,6 miles de millones de dólares, con lo que su beneficio fue más simbólico que real.

Tales parámetros generales definen el estudio más fundamental de André Gunder Frank, centrado en la noción de «desarrollo del subdesarrollo» (*On Capitalist Underdevelopment*, 1963). La tesis principal desconecta la convencional asociación entre subdesarrollo y desarrollo como etapas o estadios necesarios de un proceso lineal y acumulativo, de progresión simplista, al establecer que ambas situaciones forman por el contrario un par que no es evolutivo, sino simbiótico: se refuerzan mutuamente. Fundado en tal premisa, el estado de subdesarrollo carecería de esperanza pues no representa ninguna especie de estadio primitivo del apetecido desarrollo sino su lado oscuro, intrínseco e ineluctable. Los denominados pueblos o países subdesarrollados se hallarían en tal posición de dependencia y sometimiento estructural que, en tanto permanezca el moderno sistema capitalista mundial, será imposible que salgan adelante. Como buen berlinés, Frank apela oportunamente al término *Lumpen* (andrajo)[59] para señalar las características de la burguesía y el desarrollo que esta misma impone en las naciones pobres,

---

[58] Versión en inglés (revisada: febrero, 1991) Andre GUNDER FRANK, «The Underdevelopment of Development. From a Personal Preface to the Author's Intentions». Accesible en línea: www.druckversion.studien-von-zeitfragen.net/The%... (consulta: 02/05/2013); *Idem*, *Crisis in the Third World*, Nueva York, Holmes & Meyer, 1981.

[59] Desde aquí rindo un mínimo homenaje a los obreros, proletarios y luego *lumpenproletarios*, hacinados en las casas de elegantes fachadas exteriores, de hasta cinco lóbregos patios interiores (*Hinterhöfe*) del Berlín de los siglos XIX y XX: alcanzó la dudosa fama de ostentar la mayor densidad demográfica por edificio de todo el mundo, cuyas condiciones de vida eran, como poco, terroríficas. Hoy es difícil representárselo: el único testimonio lo fue el hoy ignoto *Museum Berliner Arbeiterleben um 1900* (Museo de la Vida Obrera berlinesa hacia 1900), sito en una vieja *Mietskaserne* de Prenzlauer Berg, en la calle Husemann, hoy remodelada. En tiempos de la RDA el Museo sirvió ideológicamente para demostrar la mejoría de las condiciones de vida con el régimen comunista, algo llamativo al haber podido observar, con mirada

calificándolos como *lumpenburguesía* y un *lumpendesarrollo* en tanto que agentes y factores que operan en los márgenes de un sistema determinado por criterios ajenos a valores de mera humanidad. Cuando Frank habla de *lumpenburguesía* se refiere en concreto al sector social de los «emprendedores» de los países subdesarrollados, cuya actividad económica carece de verdadera autonomía para establecer mecanismos idóneos o medios de desarrollo eficaz, acordes con los auténticos intereses y necesidades de la sociedad concernida. El resultado coherente de tal intervención económica sólo puede ser un *lumpendesarrollo*, o desarrollo miserable, visible en las cuadrillas de indigentes que rebuscan su sustento entre montañas de basura en las megalópolis del denominado Tercer Mundo, acúmulo de los residuos despilfarrados por las burguesías populistas que integran las élites de sus gobiernos[60]. En último término, ¿de qué otra forma que como «conflicto» cabe calificar estas situaciones crónicas de injusticia social, opresión política, persecución ideológica, enajenación cultural y explotación económica, que atormentan a la inmensa mayoría de una humanidad subdesarrollada? Es decir, a unos cinco o seis mil millones de seres humanos[61]. Sin embargo, ciertos analistas no adscriben el vocablo «conflicto» a esas terribles situaciones. Unos obran así porque como hobbesianos —a veces lo son, sin saberlo— conciben que «la vida del hombre es solitaria, pobre, desagradable, brutal y corta» (*Leviathan*, 1651, capítulo XIII). Tal vez creen que ésas son condiciones intrínsecas del «estado de naturaleza» que implica una «lucha de todos contra todos» para sobrevivir; causa risa luego ver cómo estos duros y decididos moralistas, que no dudan en atribuirle a los pobres la culpabilidad de su situación, se escurren como anguilas para escapar de cualquier condición potencialmente conflictiva para ellos. Otros, con una no menos sorprendente tibieza, fruto quizás de un liberalismo o de un socialismo mal digeridos, consideran que la palabra «conflicto» sólo sería aplicable a las situaciones

---

adolescente, algunos aspectos de la vida cotidiana en el Berlín de los años 1970, como fue mi caso.

[60] Los datos y referencias de estas páginas corresponden a VAN DER PIJL, *Vordenker der Weltpolitik...*, *op. cit.*, pp. 319-322, con elaboración y opiniones propias (todas ellas civilizadamente discutibles).

[61] Como evidencia la experiencia histórica, el marxismo aplicado no ha resuelto estos problemas, que son los que además justificaron su aparición en Europa occidental a mediados del siglo XIX, tanto como su éxito político posterior a lo largo del siglo XX en naciones de tan significativo carácter y peso internacional como Rusia o China. El letrero que ondeaba en Moscú el ocho de noviembre de 1989 —víspera de la caída del Muro de Berlín— con el lema «Proletarios del mundo entero, perdonadnos» debería figurar en un monumento que, por una vez, no conmemorara la estupidez humana, lo que suele hacer una mayoría de ellos. Referencia periodística: Pilar BONET, «Proletarios del mundo entero, perdonadnos» en: *El País*, 8 de noviembre de 1989. Accesible en línea: elpais.com/diario/1989/11/08/internacional/626482802_850215.html (consulta: 01/05/2013). El otro lema que ondeaba en la Plaza Roja era: «Nuestro pueblo hizo una elección en octubre de 1917 e iremos firmemente por ese camino», siendo el «octubre» ruso el «noviembre» del resto del mundo occidental, como es sabido. La ironía no faltó al otro lado del Muro: Slawomir MROZEK, *El elefante*, Seix Barral, Barcelona, 1962, ilustrado por Daniel Mròz, por ejemplo, «Homenaje al héroe», «La aventura del tambor», «Sindicato "Uno"», «La lucha»…

que de hecho son *quasi* bélicas, siendo más adecuado el empleo de tensión, crisis, problemas... para caracterizar a la violencia insidiosa y pertinaz en que se desenvuelve la vida de una mayoría. Esta consideración crítica preludia el siguiente epígrafe.

C) TEORÍAS CRÍTICAS DEL CONFLICTO E INVESTIGACIÓN PARA LA PAZ

En el capítulo anterior se mostraron las principales características de las llamadas Teorías del Conflicto, surgidas al compás de la Guerra Fría e impregnadas de Behaviorismo: ¿qué significaría la paz para uno de sus teóricos? Tal vez la equiparase a un armisticio prolongado o un silencio de las armas sellado por la firma de un acuerdo sancionador del *statu quo* impuesto por la contienda previa. Quizá nunca lo expresase así: incluso podría agitar una ramita de olivo y soltar una paloma blanca mientras saludase a los encargados de la reconstrucción posbélica, que estrecharían sus manos tras firmar sustanciosos contratos con que resarcir a los vencedores de sus gastos. Aunque tampoco convendría darlo todo por perdido. En 1945, Theodore F. Lentz fundó el *Peace Research Laboratory* en la ciudad estadounidense de St. Louis. Antes había emprendido trabajos sobre el estudio del carácter (1929) y sobre la democracia (1943); más tarde, en 1955, publicó *Towards a Science of Peace: Turning Point in Human Destiny*, que amplió en 1967 con estudios sobre ética. Nació así el compendio de ciencias cuyo haz, completado con aportaciones multidisciplinares de la mayor variedad dentro de las Ciencias Sociales y Humanas, compone el cuerpo de doctrina conocido como Investigación para la Paz (*Peace Research*). Desde mediados de los años sesenta del siglo XX se institucionalizó en instancias y organismos como el *International Peace Research Institute* (PRIO) de Oslo, seguido en 1966 de su correlato sueco (*Stockholm International Peace Research Institute* - SIPRI), así como en la *International Peace Research Association* (IPRA) londinense, cuya fundación data de 1964. La publicación del *Journal of Peace Research* (Oslo, 1959), a iniciativa de Johan Galtung, es una referencia editorial de estos estudios[62].

Este singular personaje, sorprendente en bastantes de sus expresiones públicas y difícilmente influenciable por intereses que no sean los que se ha fijado como propios, aporta un valor personal a su ingente obra, que suele revisar

---

[62] Un amplio espacio dedica DEL ARENAL a la Investigación para la Paz: epígrafe correspondiente, *Introducción a las relaciones internacionales..., op. cit.* Véase Viçens FISAS, *Introducción al estudio de la paz y de los conflictos*, Lerna, Barcelona, 1987; Butros BUTROS GHALI, *Un programa de paz. Diplomacia preventiva, establecimiento de la paz y mantenimiento de la paz*, Naciones Unidas, Nueva York, 1992; Raymond COHEN, *Negotiating Across Cultures: International Communication in an Interdependent World*, US Institute of Peace, Washington DC, 1991; Oliver P. RICHMOND, *Peace in International Relations: A New Agenda*, Routledge, Nueva York, 2008. Accesible en línea: xa.yimg.com/kq/groups/22143767/1886580169/.../gwDBtzjCFfxU.pdf (consulta: 21/05/2013); Charles ZORGBIBE, *La Paix*, PUF, París, 1984; Joel DAVID SINGER (ed.) y Jody B. LEAR, Diane MACAULAY, Meredith REID SARKEES, *Advancing Peace Research. Leaving Traces, Selected Articles*, Routledge, Nueva York, 2012.

tras autocriticarse. Pragmático, empírico y positivista tanto en lo que atañe al postulado general de sus investigaciones como a sus métodos, Galtung instituye en su trabajo un necesario compromiso ético. Su reflexión teórica central es la noción de violencia como categoría determinante. Partiendo de los fundamentos del comportamiento y la psicología humanos, Galtung avanza hacia formulaciones sociales y políticas más amplias en las que la cultura desempeña un papel principal como entorno básico e inmediato del hombre. La violencia, consustancial a las diversas situaciones existenciales que éste debe afrontar por mera exigencia biológica, no debería instituirse sin embargo como un principio rector de la conducta individual ni tampoco de los procesos sociales, y aún menos quedar sancionado como algo positivo por medio de mecanismos culturales legitimadores. En todo caso, Galtung intenta no perder de vista la realidad empírica de la violencia; sus tesis podrían asemejarse a las de un médico que ante el deterioro, la enfermedad y la muerte, inevitables, lucha por mejorar la condición del paciente, sanando lo posible, paliando el dolor y prolongando una vida aceptable. Sus tesis sobre la violencia estructural desvelan los principales resortes que vuelven infernal la existencia de tantos seres humanos; no sólo señala los factores económicos de los procesos concernidos, como es habitual en el marxismo, sino que destaca otros elementos de índole psicológica y cultural que a menudo disfrazan las situaciones de violencia con legitimaciones engañosas. Uno de sus argumentos establece que la mera aplicación de remedios economicistas no sirve para erradicar la violencia de determinadas sociedades, ancladas sobre sistemas de ideologías y creencias que la retroalimentan. Como parece evidente, su noción de paz es de índole positiva: constituye una afirmación del repertorio de condiciones necesarias para que el bienestar se realice plenamente, más allá de una estricta «ausencia de conflicto» o mero «armisticio». Además de positiva, su propuesta es activa y dinámica. Dado que el conflicto y la violencia son parte integrante de la existencia —tanto humana como cósmica— lo esencial sería aprender a transformarlos, trascendiéndolos. Es decir, convirtiéndolos en factores creativos e innovadores, destinados a hacer progresar el conjunto de las circunstancias vitales que rodean y condicionan a la especie humana en su propio hábitat[63].

D) Teorías Sistémicas y Neo-marxismo

Del mismo modo que en el capítulo precedente se recogía el uso que las generalmente acríticas corrientes teóricas funcionalistas realizaban de la Teoría General de Sistemas, este epígrafe resumirá la evolución teórica de tal en-

---

[63] He escuchado un par de veces a Galtung. Situado en el Tercer Debate, algunas de sus tesis en *Las relaciones internacionales en el siglo XX...*, *op. cit.*, pp. 255-259. Entre otras obras, Johan GALTUNG, *¡Hay alternativas! Cuatro caminos hacia la paz y la seguridad,* Tecnos, Madrid, 1984; *Idem*, *Peace by Peaceful Means: Peace and Conflict, Development and Civilization*, Sage, Londres, 1996; *Idem*, «Violence, Peace and Peace Research» en: *Journal of Peace Research*, vol. 6, n.º 3, 1969, pp. 167-191; *Idem*, «Cultural Violence» en: *ibidem*, vol. 27, n.º 3, 1990, pp. 291-305.

foque en lo que se denomina Neo-marxismo. El propio Galtung, como autor de un modelo de relaciones centro-periferia reflejado en su artículo «Una teoría estructural del imperialismo», dentro de la obra de Dieter Senghaas, *Imperialismus und strukturelle Gewalt. Analysen über abhängige Reproduktion* (1972), realizó en su día un engarce al respecto[64]. Sobre el esquema bien conocido de un centro dominante y autónomo y una periferia sometida y dependiente, Galtung establece que esta relación es sistémica además de estructural: interactiva, dinámica y retroalimentaria por lo tanto. Determina que en su configuración existen cinco dimensiones de interrelación asimétrica entre el centro y la periferia: económica, política, militar, comunicativa y cultural. Éstas se articularían sobre las ya aludidas «cabezas de puente», surgidas de la connivencia entre las élites del centro y de la periferia.

Pero el estudio intelectualmente más valioso, verdadera obra monumental sobre los procesos modernizadores, la historia del capitalismo mundial y la formación del mundo contemporáneo desde el hito de los albores del siglo XVI, es la obra de Immanuel Wallerstein: *The Modern World System* (cuatro volúmenes: 1974, 1980, 1980, 2011). En síntesis, la Historia mundial reflejaría que el destino de los Estados —construcción política evolutiva que cristaliza en sentido moderno a partir de finales del siglo XV en Europa, propalándose desde Occidente por todo el globo como agente principal de las interacciones a escala mundial hasta hoy— está indisolublemente ligado con su función rectora de la Economía Mundial, donde respectivamente puede ocupar un puesto central o periférico. Tal estudio sólo es posible desde una consideración de largos ciclos, lo que historiográficamente designó la Escuela francesa de los *Annales* como *longue durée*. Este método es utilizado tanto en la Economía en general —si se asimila a la Teoría de los Ciclos Económicos de Nikolái Kondratieff— como sobre todo en la Historia Social y Económica. Para Wallerstein el sistema auténticamente global es la Economía-Mundo, término que toma del historiador Fernand Braudel: se origina en el moderno sistema económico capitalista que, entre sus características, contempla una ineluctable expansión planetaria, lo que prefigura el fenómeno llamado globalización (mundialización)[65]. En esta Economía-Mundo sistémica los Estados ostentan un papel funcional; en consecuencia, represen-

---

[64] Título en español, *Imperialismo y violencia estructural. Análisis de una reproducción dependiente*: véase LIST, BEHRENS, REICHARDT y SIMONIS, *Internationale Politik…*, *op. cit.*, pp. 205 ss. y nota; Johan GALTUNG, *A Structural Theory of Imperialism*, Universidad de Berkeley, California, 1971.

[65] Fernand BRAUDEL, *La dinámica del capitalismo…*, *op. cit.*; otras obras: *Idem*, *Civilisation matérielle, économie et capitalisme: XVe-XVIIIe siècle*, Armand Colin, París, 1967, 1979. Las Economías-Mundo históricas han sido: Fenicia (s. VIII a.C.), Atenas (s. V-IV a.C.), Cartago (hasta el s. III a.C.), el Mundo Helenístico (s. III-IV a.C.), el Mundo Romano (desde finales de la República en el s. II a.C. hasta el final del Imperio, s. V d.C.), Alejandría (desde el s. II a.C. hasta el s. II d.C.), el Mundo Árabe-Musulmán (s. XII), la China de los Ming (s. XIV-XVII), Génova y Venecia (s. XII-s. XVI), el Mediterráneo en tiempos de Felipe II de España (s. XVI), Amberes (s. XVI), Ámsterdam (s. XVII), el Imperio británico (s. XIX), Nueva York (s. XX), Shanghái (s. XXI); además, el Imperio azteca, el Imperio inca, y el Occidente en general, que habría relacionado y después unificado en su propio beneficio las diversas economías-mundo

tan subsistemas de la misma. Si en la Antigüedad —bajo la forma de las «totalidades» que fueron los Imperios-Mundo— éstos aspiraron a controlar la propia totalidad del espacio de sus Economías-Mundo, con la creación de los múltiples Estados nacionales que fragmentaron los viejos y anquilosados Imperios la Modernidad impuso que ya no fuese necesaria una centralización política imperial para lograr el dominio económico mundial. Por su parte, al ostentar una índole política, el sistema de los Estados representa a su vez un elemento y un factor de heterogeneidad dentro de la homogeneidad del sistema económico mundial.

Desde esta perspectiva, la Economía-Mundo capitalista se presenta como un sistema autónomo, articulado en forma de centro, semi-periferia y periferia según las relaciones de mutua dependencia, subordinación y explotación que se produzcan entre sus unidades o subsistemas. Los Estados, encuadrados a su vez en cualquiera de estas tres demarcaciones, ejercen por su parte las funciones políticas que aseguran el propio funcionamiento del Sistema Económico Mundial o Sistema de la Economía-Mundo. Estos Estados compiten continuamente entre sí para ocupar el centro del Sistema; a su vez, van evolucionando desde sus posiciones de partida en la Economía-Mundo, gestada como se ha dicho a partir de comienzos del siglo XVI, hasta alcanzar las que vayan logrando en su inestable carrera competitiva. De ese modo, un Estado del centro durante el siglo XVII —como lo fue Holanda— puede pasar a convertirse posteriormente en una potencia media, si bien su posición en el Sistema Económico Mundial podría seguir siendo sólida a causa de que sus conexiones comerciales, financieras y transaccionales poseen un carácter histórico y estructural. Eso permite considerar también cómo ya en su día decayeron por ejemplo otros grandes Imperios coloniales como España y Portugal, incapaces de adaptarse a las exigencias del moderno capitalismo y a los avances científicos y tecnológicos, cosa que sí lograron oportunamente otros nuevos Imperios marítimos como Inglaterra, los Países Bajos o, en otro grado, Francia, controlando las vías de comercio mundiales de un modo estructural que en cierta forma seguiría vigente aún hoy, pese a la alteración sustancial de las viejas primacías que fue uno de los efectos de las catástrofes bélicas mundiales de 1914-1918 y 1939-1945. Por otro lado, ya en la década de 1980 irrumpieron los denominados Dragones Asiáticos (Taiwán, Hong-Kong, Singapur), seguidos después de las potencias económicas emergentes actuales como China Popular, India, Brasil… y cuantos Estados forman parte de los nuevos «G» (G-5, G-8, G-20, etc.).

Según Wallerstein, la jerarquía entre los Estados se establece según su capacidad real de ocupar el centro del Sistema Económico Mundial, siendo así que también existen Estados que, como subalternos, logran ventajas comparativas en la semiperiferia y aun en la periferia. Dado que las condiciones generales son estructurales y sistémicas, sólo un cambio estructural del propio sistema daría lugar a variaciones fundamentales en la posición, no ya

---

que se ignoraban entre sí (primera mundialización: entre 1870 y 1914) (tomado de Suzanne Berger, *Notre première mondialisation. Leçon d'un échec oublié*, Éditions du Seuil, París, 2003).

relativa, sino absoluta de los Estados concernidos. Los procesos económicos actuales, transnacionales en su mayoría, refuerzan la determinación sistémica de todo el proceso al privar a los propios Estados de bastantes competencias reguladoras y ejecutivas en beneficio de otras instancias transnacionales privadas o semi-públicas (corporaciones, empresas, cárteles, *trusts*, organizaciones, grupos de presión, etc.)[66]. El marxismo de Wallerstein no reviste el carácter de mediocre y acrítica profesión de fe habitual en otros: representa una auténtica elección epistémica y metodológica, desarrollada con ímprobo esfuerzo para lograr una obra exenta del peor determinismo economicista en tanto que la amplitud de su horizonte, la hondura de su análisis y la probidad intelectual del autor auspician al clásico contemporáneo[67]. Ante él quedan ensombrecidos otros autores de relativo renombre en los años 1970-1980, afines a planteamientos análogos, como Ekkehart Krippendorff[68]. Otro tanto ocurre con quienes, bajo el lema de «actualizar a Marx», debaten los asuntos de la Economía y la Política mundiales, a insalvable distancia de Wallerstein[69]. Y es que —y ésta es una acendrada opinión personal— no existen sucedáneos del trabajo inteligente, por mucha ideología y buena voluntad más o menos panfletarias que se esgriman a veces. Y esto sí que representa «actualizar» a Marx. Aunque también a otros.

---

[66] Puede ampliarse en *¿Qué es esa cosa llamada relaciones internacionales?...*, *op. cit.*, pp. 189-190; *Las relaciones internacionales en el siglo* XX*...*, *op. cit.*, p. 159; «Historia y memoria: la reflexividad crítica…», *op. cit.*, pp. 32-34, así como en «Globalización y comercio internacional en su perspectiva histórica: una reflexión sobre Immanuel Wallerstein» en: VVAA, *Globalización y comercio internacional*, BOE, Madrid, 2005, pp. 435-446. Referencias sustantivas: Van Der Pijl, *Vordenker der Weltpolitik...*, *op. cit.*, pp. 333-336; List, Behrens, Reichardt y Simonis, *Internationale Politik...*, *op. cit.*, pp. 128-132.

[67] Aparte de *The Modern World-System IV: Centrist Liberalism Triumphant, 1789-1914*, California University Press, California, 2011, además de lo ya citado: *Geopolitics and Geoculture: Essays on the Changing World-System*, Cambridge University Press, Cambridge, 1991; *Las incertidumbres del saber*, Gedisa, Barcelona, 2004.

[68] Ekkehart Krippendorff, *El sistema internacional como historia*, FCE, México, 1985; *Idem*, *Las Relaciones Internacionales como ciencia*, FCE, México, 1985.

[69] Un sumario: VVAA, *El nuevo sistema del mundo*, Coloquio Actuel Marx-Instituto Italiano para los Estudios Filosóficos de Nápoles, Buenos Aires, Kohen y Asociados Internacional, sin fecha (edición francesa, *Le nouveau système du monde*, PUF, París, 1993).

CAPÍTULO V

VISIONES DE UN MUNDO INTERDEPENDIENTE

Comoquiera que queda bastante bien citar a los clásicos[1] y, en su caso, inventarse paternidades legitimadoras para las teorías que uno gusta de presentar como propias —cosa bien difícil de lograr tras varios milenios de inventiva humana en la que sólo descuellan algunos auténticos sabios— es hoy bastante frecuente recurrir para ello a las obras de John Locke. Parecería así que se intenta dar una forma «presentable» a ciertas visiones de la Sociedad y las Relaciones Internacionales. El marchamo que tal vez se pretenda es ampararse bajo una referencia genuina al pensamiento liberal, cosa que no deja de resultar bastante empalagosa desde hace algún tiempo. El truco puede servirle de comodín ideológico tanto a antiguos marxistas, oportunamente reconvertidos tras la caída del Muro de Berlín en audaces defensores del Mercado frente al Estado, como a rancios reaccionarios de derechas que al compás de los sones de la Escuela de Chicago hacen tintinear los volátiles dividendos transnacionales de sus economías y políticas de casino, como a insulsos conformistas de toda índole que se arriman a la moda intelectual del momento en espera, quizás, de algún éxito editorial o de algún puesto de comentarista en un medio de comunicación convenientemente alineado con el poder. ¡Pobre Locke![2].

El caso es que, según parece, la noción de Sistema Internacional derivada de las concepciones transnacionalistas de las Relaciones Internacionales —me disculpo por esta inevitable cacofonía de términos reiterados— sería conceptualizable como el «universo de Locke»[3]. El punto de partida es con-

[1] Cosa que hago tanto como puedo, no por quedar bien, sino por coherencia con un descubrimiento adolescente: cuanto más se lee más se es consciente de cuán poco se sabe en realidad. Los años y las muchas lecturas posteriores lo confirman.

[2] Por otro lado, Locke no está solo en este Parnaso de citas eruditas y visitas y revisitas continuas. Le acompañan Thomas Hobbes, Hugo Grocio, Immanuel Kant o hasta alguien tan poco seductor como ¡Emmerich de Vattel! Véase al respecto el incisivo capítulo I de GREENWOOD ONUF, *The Republican Legacy in International Thought...*, *op. cit.* Otro autor destacable es David BOUCHER, *Political Theories of International Thought*, Oxford University Press, Oxford, 1998.

[3] Otros, más sofisticados, prefieren hablar de Grocio, su coetáneo, pero éste sí que no le suena a nadie, entre otras razones por su difícil lectura. Al ser muy erudito y gozar de una

siderar que el liberalismo lockeano, con sus postulados acerca del pacto social, la constitución de la sociedad civil, la institución de la mutua y buena fe contractual como base de las relaciones humanas (*trust* y *trustee*: confianza y fideicomiso), la superación del anárquico «estado de naturaleza» hobbesiano mediante la instauración de una cooperación que limite los excesos de la guerra, el otorgamiento al pueblo de la soberanía nacional, la garantía del derecho de propiedad, el respeto a los derechos civiles individuales, la generalizada implantación de la tolerancia...[4] sería una matriz ideológica imperecedera. De un plumazo, digamos que esta «conversión» —nada paulina— permitiría que algunos teóricos internacionales establecieran a finales del siglo XX que las crisis y problemas del mundo se pudieran resolver por... «elevación». Bastaría con olvidarse de todas las rencillas teóricas —Idealismo, Realismo, Behaviorismo, Marxismo, Dependencia...— con la excepción de las enseñanzas de una sola escuela, la funcionalista, que, renovada, recibiría el prefijo adecuado: *neo*. De ahí, Neo-funcionalismo. Desde ese instante, animados de un optimista Funcionalismo evolucionado, ¿por qué no creer que la economía y el comercio, como Locke los imaginaba, son una especie de perpetua «consagración de la primavera» en la que los hombres firmarían sin cesar pactos dictados por la buena fe mutua?[5].

A su vez, dentro del siempre difícil etiquetaje de la Teoría Internacional y partiendo de considerar el Transnacionalismo como una característica que define el funcionamiento del propio Sistema Internacional, algunos[6] consideran que las visiones sistémicas del marxismo evolucionado o Neomarxismo —reseñadas en los capítulos previo y siguiente— podrían incluirse también en el apartado de las Teorías Transnacionales. Sin embargo, dado que estas visiones marxistas se fijan sobre todo en la asimetría de las relaciones entre el centro y la periferia y que están determinadas por el dominio y explotación, su propia índole las situaría bajo las inequívocas señas de las Teorías de la Dependencia, a su vez, evolucionadas hacia Teorías Críticas. En contraste, lo que caracteriza a las corrientes tratadas aho-

---

envidiable memoria, llenaba sus obras de citas abstrusas que ningún universitario actual podría seguir con soltura, salvo si fuese un experto en autores griegos, latinos y hebreos, amén de teólogo, jurista y escolástico, como el P. Primitivo Mariño, uno de sus editores españoles contemporáneos.

[4] Un compendio de su pensamiento en Antonio TRUYOL Y SERRA, *Historia de la Filosofía del Derecho y del Estado 2. Del Renacimiento a Kant*, Alianza, Madrid, 1988, pp. 250-255.

[5] Como subraya Carlos Mellizo (cita al editor C. B. MacPherson), éste fue consejero del *Board of Trade* (Consejo de Comercio) en 1696, encargado de dirigir el comercio interior británico. Cuando escribió los *Two Treatises* no era un asceta sino un defensor de las propiedades: tenía muchas, con inversiones cuantiosas en la sedería y en la *Royal Africa Company*, dedicada al tráfico de ¡esclavos! Prólogo, *Segundo Tratado sobre el gobierno civil*, Alianza, Madrid, 1994, pp. 11-12 y nota.

[6] Se trata de la corriente llamada Materialismo Histórico Transnacional, que al comenzar la década de 1970 reelaboró el concepto gramsciano de hegemonía aplicándolo al Estado (Estado hegemónico) y al orden/ordenamiento internacionales. Una referencia es el canadiense Robert W. Cox, activo en el entorno de la Organización Internacional del Trabajo (OIT).

ra es su rúbrica bajo el signo de la Interdependencia: se abre así el Tercer Debate[7].

1. UN POCO DE HISTORIA/HISTORIA «TRANSNACIONAL»...[8]

En 1971 se desató la gravísima crisis monetaria del dólar. Por primera vez se cuestionó el valor real de la moneda en su contravalor declarado, el oro, y entró en flotación, lo que llevó a pasar de un sistema de cambio fijo a otro variable: concluía así el sistema de Bretton Woods (1944) que había definido las reglas económicas de la Segunda Post-Guerra Mundial[9]. En el terreno teórico de las Relaciones Internacionales, esta circunstancia —de inmensas implicaciones estructurales y que originó un tremendo vuelco político, social y económico en todo el planeta— determinó un giro académico crítico respecto de determinadas posturas de Henry Kissinger, entonces Secretario de Estado en la administración de Richard Nixon. Un asalto inicial partió de Susan Strange, profesora de la *London School of Economics*, quien señaló en un artículo («The Dollar Crisis 1971»: *International Affairs*, 1972) que la característica principal que condicionaría a partir de ese momento las relaciones diplomáticas entre Estados económicamente poderosos era su absoluta necesidad de establecer acuerdos mutuos, destinados a evitar los desajustes, rupturas y crisis irreparables que pudiesen perjudicar a la apetecida bonanza generalizada entre todos ellos. Tal propuesta fue llamada «alianza del bienestar». De paso, contribuyó a desbaratar cualquier percepción de amenaza real proveniente de un Tercer Mundo tal vez «incendiario» en términos ideológicos, pero incapaz de constituirse como un enemigo efectivo con poder suficiente para infligir daños sustantivos a los auténticos colosos de la economía mundial[10].

El peligro de catástrofe, por así decirlo, estaba en otra parte. En concreto, radicaba en la que en aquel momento se manifestó como incapacidad de gestionar (*manage*) de forma adecuada las crisis económicas —primero monetarias y pronto financieras— internacionales, cuyos agentes principales

---

[7] Ray MAGHROORI y Benett RAMBERG, *Globalism versus Realism: International Relations Third Debate*, Westview, Boulder, 1982.

[8] *historia/Historia*: juego semántico, invención de Koselleck (obra citada en la bibliografía).

[9] William DIEBOLD, Jr., «The Economic System at Stake» en: *Foreign Affairs*, octubre, 1972, que comienza diciendo: «El sistema de Bretton Woods ha muerto». Accesible en línea: www.foreignaffairs.com (consulta: 09/05/2013).

[10] Susan STRANGE, «The Dollar Crisis 1971» en: *International Affairs*, vol. 48, n.º 2, abril 1972, pp. 191-216. Publicado por: *Wiley-The Royal Institute of International Affairs*. Accesible en línea: http://www.jstor.org/stable/2613437 (consulta: 12/05/2013). Véase la inmediata reacción «liberal»: Stephen D. KRASNER, *Structural Conflict: The Third World Against Global Liberalism*, University of California Press, Berkeley, 1985. En español, Cristián GARAY VERA, «El tema de la seguridad en la comprensión internacional de Susan Strange» en: *Revista de Estudios Internacionales*, n.º 168, 2011, pp. 7-23. Accesible en línea: www.revistaei.uchile.cl/index.php/REI/article/.../12770/16469 (consulta: 12/05/2013).

eran por entonces los Estados más poderosos de la Tierra[11]. Pero, ¿sólo los Estados? No. Al socaire de factores de importancia creciente —económico, científico y técnico, cultural— en el entramado internacional habían surgido otros actores de significativa presencia en una escena no sólo transformada sino también cambiante, más dinámica y acelerada. Se trataba de las empresas y corporaciones transnacionales, de la opinión pública y los nuevos movimientos sociales, de los grupos ideológicos y religiosos activos, que también y además intervenían, y de qué modo, en la escena mundial. Este cambio no cabía atribuirlo a que los factores más convencionales —político y estratégico— y los actores más tradicionales —Estados, Organizaciones Gubernamentales— hubieran perdido importancia, sino a que la trama de relaciones entre unos y otros se había vuelto más compleja, enrevesada y densa, volviendo más impredecible y confuso su comportamiento, al menos, en apariencia. Parecía imprescindible un ajuste epistemológico y se procedió a emprenderlo. Aunque el proceso no fue inmediato. Requirió analizar muchos acontecimientos, todos ellos cruciales. Entre otros, éstos fueron las graves crisis energéticas del petróleo (1973 y 1979), sancionadas con el auge político y económico creciente de la Organización de Países Productores de Petróleo (OPEP), que redefinió el papel de muchos Estados hasta entonces relegados en el escenario de la política mundial: pues no se trataba tan sólo de los Países del Golfo Pérsico (Arabia Saudita, Irán, Irak, Emiratos Árabes Unidos, Kuwait y Catar), sino también de Venezuela (miembro fundacional originario en Bagdad, junto con Arabia Saudita, Irán, Irak, Kuwait: 1960), y de Argelia, Ecuador, Nigeria, Libia o Indonesia, seguidos de los que se incorporarían después.

Al conjuro de esta crisis, que sumió al mundo en una recesión y en una inflación apabullantes, surgió el «eurodólar», pronto acompañado del «petrodólar», monedas de referencia destinadas a orientar el curso fluctuante y extremadamente volátil de las transacciones económicas en un escenario en el que, con respecto al orbe soviético, por ejemplo, se negociaba con el famoso «rublo convertible» que mediaba en operaciones entre Estados socialistas que a veces llegaban a concluirse casi en forma de trueque[12]. El dólar, devaluado, fluctuante y ya no convertible en preciado metal, siguió siendo acaparado pese a todo como unidad de cuenta en la mayoría de los países comunistas como valor de referencia de su comercio internacional, esencial para la determinación de variables como, por ejemplo, la balanza de pagos. Este trasfondo, apenas trazado aquí con gruesas pinceladas, se acompasaba con la peculiar evolución del conflicto de Oriente Próximo,

---

[11] Samuel BRITTAN, «A Very Painful World Adjustment» en: *Foreign Affairs. America and the World*, 1972. Accesible en línea: www.foreignaffairs.com (consulta: 09/05/2013).

[12] Las «disfuncionalidades» del sistema fueron denunciadas e inicialmente corregidas desde la década de 1960 por el economista Evséi LIBERMAN; su raro libro *Plan y beneficio en la economía soviética*, Ariel, Barcelona, 1969, fue uno de los primeros que tuve ocasión de leer al comenzar Ciencias Políticas (1971). Pasadas las mejoras del denominado «centralismo democrático» (hasta *ca*. 1973) la deriva posterior siguió el curso catastrófico que colapsó en 1991.

definido por las inquietantes figuras de Henry Kissinger y Anuar El Sadat, signatarios de un entendimiento —cuestionado por los demás países árabes-musulmanes— que trataba de resolver la guerra del Yom Jippur (o del Ramadán o de Octubre de 1973), cuyos contendientes fueron Israel, Siria y Egipto. En sí, la crisis del petróleo representó el boicot de los Estados árabes de la OPEP, más Egipto, Siria y Túnez, hacia los partidarios, expresos y tácitos, de Israel durante el conflicto.

En lo que respecta a las dos grandes potencias, ninguna de ellas gozaba entonces de una reputación internacional demasiado buena. El *Soviet* Supremo, con un Bréznev provecto, mostraba una imagen anquilosada que sólo concluyó con su muerte, en 1982, siendo sucedido por el efímero Yuri Andrópov (1982-1984), relevado al poco por Konstantin Chernenko (1984-1985). En los Estados Unidos, el descrédito de los dirigentes desde aquel *Watergate* que le estalló en la cara a Richard Nixon en 1972 fue seguido por presidencias tan poco atrayentes como las de Gerald Ford (1974-1977) o Jimmy Carter (1977-1981). A ello se sumaba que la Unión Soviética había conseguido acortar ciertas distancias respecto de su rival, los Estados Unidos, desde 1973, pero esta tendencia no tardaría en invertirse.

Varios Estados europeos, enfrentados directamente por el boicot de la OPEP a un inmediato embargo del crudo, acusaron el golpe a través de diversas crisis políticas internas; sólo en 1974 la organización petrolera puso fin a su castigo. Pero a los seis años volvió a estallar una segunda crisis del petróleo, la de 1979, originándose lo que algunos trataron de ver como una especie de renacimiento del mundo árabe en su vertiente más conservadora, la de los jeques, soberanos y potentados del Golfo Pérsico. Esta demarcación geopolítica y económica llegó a denominarse por entonces el Cuarto Mundo, aunque con un sentido positivo que aludía a su gran prosperidad. El desencadenante de la crisis energética lo determinaron esta vez las revueltas desatadas en Teherán —Viernes Negro del 8 de septiembre de 1978— en contra del *sha* Reza Pahlevi, que huyó en enero de un país aún llamado Persia; tras haberse consumado la revolución, el ayatolá Jomeini regresó desde el exilio en París en febrero de 1979 y fundó la nueva república islámica de Irán, seguida de la larga crisis de los rehenes estadounidenses en noviembre. A su vez, la terrible e incierta guerra de ocho años entre Irak e Irán comenzó en septiembre de 1980. Por su parte, Arabia Saudita también fue objeto de atención internacional, no sólo por el petróleo. La Meca se conmocionó cuando un grupo de beduinos tomó la Gran Mezquita reclamando mayor pureza en la observancia del islam, en sintonía con el éxito de los chiíes del ayatolá Jomeini en el Irán revolucionario. Su ya citada guerra con Irak y el resonante incidente de los rehenes norteamericanos en la embajada de Teherán, que demonizó como respectivas encarnaciones de Satán a los pueblos enfrentados, definieron las trazas geopolíticas y estratégicas de una zona que aún se tornó más compleja con la situación sobrevenida en Afganistán: en los últimos días de ese mismo año de 1979 comenzó la invasión soviética, que concluyó tras cruentos enfrentamientos como su particular «Vietnam»[13], un conflicto inconcluso, en el que además de las partes «oficialmente» enfrentadas, intervinieron desde un principio numerosos agentes vecinos, foráneos, locales... lo que determinó una auténtica maraña de intereses contrapuestos. Por su parte, en la vecina India, aliada tradicional de la URSS, Indira Gandhi obtuvo una importante victoria electoral, retornando al poder al comenzar 1980. Meses después murió su hijo Sanjay en un accidente aéreo cerca de Nueva Delhi[14].

En una Comunidad Europea que había pasado de los seis Estados miembros originarios de 1957 (Francia, Alemania, Italia y Benelux) a nueve (éstos más Reino Unido, Irlanda y Dinamarca) en 1973, se asistió a un proceso integrador en el terreno político y sobre todo económico, entre esa fecha y 1979. En el primero, el sufragio universal se instauró en las elecciones al Parlamento Europeo desde 1979. En el segundo, se partió de un acuerdo comunitario de 1972, la denominada Serpiente Monetaria Europea, ideado para sortear los riesgos de unos tipos de cambio flexibles que podían hundir las cotizaciones monetarias de los seis Estados miembros, sometidas a continuas devaluaciones y revaluaciones. Bajo las tremendas turbulencias de un Sistema Monetario Mundial fluctuante, incierto y altamente arriesgado, el acuerdo evolucionó hacia el Sistema Monetario Europeo (SME) de 1979, que integró a las monedas de los nuevos miembros articulándolas principalmente en torno a la divisa más fuerte y estable, el marco alemán (*Deutsche Mark*: DM), con la excepción de la libra esterlina, algo aún más comprensible en un Reino Unido gobernado por Margaret Thatcher. El sistema «insular» se contraponía al modelo de sociedad «continental» europeo —fraguado como un Estado del Bienestar de inspiración demócrata-cristiana y social-demócrata— que representaba una de las «tercera vías» alternativas al esquema bipolar, siendo ambas tendencias favorables a una progresiva integración comunitaria[15]. En términos

---

[13] David GARCÍA CANTALAPIEDRA, «Afganistán, EEUU y el "síndrome de Vietnam"» en: *Política Exterior*, n.º 132, 2009. Accesible en línea: www.politicaexterior.com/?limit=pe&s=relaciones+transatlanticas (consulta: 07/05/2013); *Idem*, «EEUU, China y Rusia: la lógica inevitable de la militarización del espacio (ARI)» (ARI n.º 46/2008 - 13/05/2008). Publicado por: *Real Instituto Elcano*.

Accesible en línea: www.realinstitutoelcano.org/wps/portal/rielcano/Imprimir?...es/... (consulta: 07/05/2013).

[14] Crónica de Carlos MENDO, «El hijo de Indira Gandhi, muerto al estrellarse la avioneta que tripulaba», calificado de «brazo derecho de su madre y "príncipe heredero" de la dinastía» según la inveterada costumbre de las «repúblicas hereditarias» ya aludidas, y definido como «político sin escrúpulos y con una rara habilidad para realizar las más extrañas alianzas en la complicada y corrompida vida política de la Unión India, Sanjay se convirtió en el centro de las críticas durante la anterior Administración de la señora Gandhi por la forzosa campaña de esterilización, que aumentó el número de éstas en más de seis millones al año, y por la demolición sin compasión de las chabolas de Nueva Delhi, que dejó sin hogar a cientos de miles de personas»: *El País*, 24 de junio 1980.

Accesible en línea: elpais.com/diario/1980/06/24/internacional/330645613_850215.html (consulta: 04/05/2013).

[15] Buen balance, Hans-Georg BETZ, «*Mitteleuropa* and Post-Modern European Identity» en: *New German Critique*, n.º 50, 2, 1990, pp. 173-192.

de ejercer esa vía alternativa, la Europa comunitaria emprendió por entonces lo que podría avizorarse como su papel cooperativo frente a restantes zonas mundiales que eventualmente pudieran quedar al margen del enfrentamiento bipolar, a la par que abría un cauce a la integración de los remanentes del pasado colonial de bastantes de sus Estados miembros: comenzaron así las negociaciones y acuerdos de Lomé (1975-1980), cubriendo significativas áreas de África, el Caribe y el Pacífico (Países ACP)[16]. Por su parte, el Reino Unido hizo compatible todo esto con su tradicional sistema de la *Commonwealth* y su inquebrantable alianza transatlántica.

Y es que la OTAN cumplió treinta años en 1979. A una mayoría de europeos occidentales seguía pareciéndoles una institución defensiva de vital importancia, tanto si eran partidarios como si, por razones de un antiamericanismo, anticapitalismo, chauvinismo, pacifismo, etc. militantes, se mostraban contrarios. Por otro lado, sobrecogidos por la creciente y agresiva retórica de las superpotencias y sus adalides, los movimientos pacifistas de toda Europa se desplazaron y manifestaron por distintos puntos del continente al compás de los sucesivos despliegues de los llamados euromisiles. Tal fue el ambiente que rodeó a la elección de la conservadora Margaret Thatcher como Primera Ministra británica (mayo de 1979-noviembre de 1990); firme partidaria de la OTAN y del neoliberalismo de Von Hayek[17] demostró la mayor resolución frente a la Unión Soviética. En tales fechas, el *Foreign Office* comenzó a elaborar un primer proyecto de renuncia a la soberanía sobre las Islas Malvinas.

Su más eficaz aliado estadounidense fue el Presidente Ronald Reagan, electo en 1981, cuyo triunfo, propiciado por el grupo de republicanos extremistas que apoyó la insólita candidatura de aquel maduro actor cinematográfico de segunda fila, luego gobernador de California (1967-1975), supo infundir en el pueblo americano una renovada confianza en sus propias capacidades, castigadas tras la humillación de Vietnam y el caso *Watergate*. Tanto su personalidad como su política, desplegadas durante dos mandatos sucesivos (1981-1989), despertaron recelos entre algunos dirigentes europeos, que no obstante se plegaron a su influencia. La *débacle* de los partidos de izquierdas en Holanda, Noruega y Bélgica se sumó a que tanto el demócrata-cristiano Helmut Kohl en Alemania como los socialistas François Mitterrand en Francia y Felipe González en España —elegidos los tres entre 1981 y 1982— determinasen un apoyo al despliegue estratégico norteamericano en suelo europeo (Iniciativa de Defensa Estratégica: SDI), frustrándose así el acuerdo SALT II de 1979. Por su parte, Reagan se opuso frontalmente al ambicioso proyecto del gasoducto soviético, baza que era un legado de la

---

[16] Catholic Institute for International Relations, *The Lomé Negotiations*, CHR, Nottingham, 1984; sobre los territorios de Ultramar: Luna BOLÍVAR MANAUT, «El dilema de las Malvinas: colonialismo *vs.* soberanía», 2 de abril de 2007, edición digital *Deutsche Welle*: http://www.dw-world.de/dw/article/0,2144,2425598,00.html (consulta: 08/05/2013).

[17] Friedrich [August von] HAYEK, *Camino de servidumbre*, Alianza, Madrid, 1976: vienés, discípulo de Ludwig von Mises, pariente de Wittgenstein, padre del neoliberalismo; correlativo: Karl R. POPPER, *La miseria del historicismo*, Alianza, Madrid, 1987.

Ostpolitik de Brandt, una vital fuente de energía desde Siberia para una Europa asfixiada por las facturas del petróleo.

Pero, ¿qué fue la *Ostpolitik*? En sí, cabe calificarla de una evolución pragmática de la Política Exterior alemana que, a instancias de Henry Kissinger, hubo de mostrarse más flexible en lo concerniente a los parámetros que en su día definió la Doctrina Hallstein (1955). De éstos, el más significativo consistía en que todo Estado o instancia que *de jure* o *de facto* reconociese a la República Democrática Alemana (RDA) —*statu quo* sancionador de la división de un país vencido en 1945, aún carente de tratados de paz y fragmentado en zonas de ocupación (*Besatzungszonen*)— se convertiría en *non grato* para la RFA, que podría apartarlo de sus intereses y de los indudables beneficios que ya empezaba a reportar el «milagro económico» (*Wirtschaftswunder*) preconizado por Ludwig Erhard, posterior miembro de la famosa *Mont Pèlerin Society*, que le felicitó por sus ideas en 1950[18].

Precedida de la menos conocida «política oriental» de Konrad Adenauer (1955), que fraguó con el establecimiento de relaciones diplomáticas entre la RFA y la URSS que permitió repatriar a los últimos diez mil prisioneros de guerra alemanes supervivientes, la *Ostpolitik* de Brandt culminó en la primera Acta de Helsinki (1975) que, en un clima de distensión con una Unión Soviética regida por un Leonid Bréznev (1964-1982) impulsor de la doctrina de la «soberanía limitada»[19], favoreció una normalización de las relaciones entre los Estados europeos más susceptibles de incurrir en espinosos conflictos territoriales, virtual secuela de una Segunda Guerra Mundial que para algunos pudo haberse cerrado en falso. Los acuerdos de Helsinki, decisivos hasta que la caída del Muro berlinés inauguró una nueva época, mostraron una palpable dimensión política, en concreto, en lo atinente a la intangibilidad de las fronteras europeas sancionada por los acuerdos de Yalta y Potsdam. Los precedió la conclusión de una imponente serie de tratados signados por la RFA: Moscú, 1970; Varsovia, 1970; Berlín, el cuatripartito de las potencias ocupantes (Estados Unidos, Unión Soviética, Francia, Reino Unido), 1971; Berlín, Acuerdo de Tránsito con la RDA, 1972; Berlín, Tratado Fundamental (*Grundlagenvertrag*) con la RDA, 1972; Praga, 1973. Se basaron en un ejercicio consumado de asunción de responsabilidades históricas por parte de la República Federal de Alemania —siendo su símbolo la famosa fotografía de Willy Brandt arrodillado ante el monumento conmemo-

---

[18] Balance coetáneo: Alfred Grosser, *Diez años de Alemania 1945-1954*, Artola, Madrid, 1955; las tesis económicas de Erhard: *Economía social de mercado. Su valor permanente…*, *op. cit.*

[19] Data de 1968, coincidente con el aplastamiento de la Primavera de Praga que lideró Alexander Dubcek: cualquier Estado del área de influencia soviética (sancionada por los vencedores de la Segunda Guerra Mundial como «Europa del Este», término insultante para sus habitantes) que mostrase veleidades de abandonar el «socialismo real» en favor de un régimen «capitalista» u «hostil al socialismo» sería «rescatado» mediante una intervención inmediata de la URSS, por lo general, acompañada de las tropas del Pacto de Varsovia. Un precedente fueron los levantamientos de la Alemania ocupada (junio de 1953) y de Hungría (octubre de 1956), acompañados del de Polonia (junio 1956), gestionado internamente por Vladislav Gomulka, que eludió la intervención soviética.

rativo del levantamiento del gueto de Varsovia (7 de diciembre de 1970)— que además acompañó estas acciones con cuantiosas reparaciones, pagos, indemnizaciones y contribuciones de todo tipo. Asimismo, incorporó medidas tan realistas como la firma de sustanciosos acuerdos de aprovisionamiento de gas y petróleo soviético para calentar a una Europa occidental privada de recursos estratégicos por la crisis energética[20]. Esta *Ostpolitik* sentó parte sustancial de las bases institucionales de lo que luego sería la Conferencia de Seguridad y Cooperación en Europa (CSCE: luego OSCE), a su vez esencial para facilitar las transiciones democráticas devenidas con el colapso de la Unión Soviética (1991), tras la *perestroika* de Mijaíl Gorbachov (1986)[21].

Respecto de los acontecimientos de la Europa meridional —con la excepción de una Italia integrada en la comunitaria y de unos países surorientales o balcánicos adscritos a la órbita socialista: soviética (Rumanía, Bulgaria); maoísta (Albania); *sui generis* (Yugoslavia)— se produjeron diversas transiciones políticas desde regímenes dictatoriales a lo que entonces se auguraba como lo que podían ser precarias democracias: así sucedió en España tras la muerte del general Franco (1975) y en Portugal, con el derrocamiento del salazarismo de Marcelo Caetano y la Revolución de los Claveles (1974), países que iniciaron una trayectoria que normalizó su situación en un orden internacional por lo demás convulso. Otra línea paralela, aunque aún más singular, fue la de Grecia, surgida del régimen de los Coroneles (1967-1974) como tercera República Helénica, que, pese a la crudelísima guerra civil (1944-1949) que siguió a su liberación del dominio nazi, había sido aceptada como respetable miembro de las más significadas organizaciones internacionales occidentales —entre otras, el Consejo de Europa y la OTAN, creadas ambas en 1949— cuya pertenencia sólo permaneció en suspenso durante ese interregno. Grecia pasó a integrar la Comunidad Europea en 1981, seguida de España y Portugal en 1986, con lo que el número de Estados miembros alcanzó la cifra de doce, completándose un mapa europeo más heterogéneo, desigual y complejo. Ciertas instancias observaban con recelo los coqueteos —en Francia, Italia y España, particularmente— con el que entonces se llamó «eurocomunismo», asunto alarmante para el capitalismo mundial, temeroso de una recrudescencia de la temible influencia de la ideología comunista en las sociedades occidentales, bastantes de cuyos ciudadanos reclamaban

---

[20] Otra consecuencia fue el ingreso de las «dos» Alemanias como Estados miembros en la ONU (1973); Israel protestó porque la RDA no había asumido responsabilidades por los crímenes del Tercer *Reich*. Debate capital: Pierre MERTENS, *L'imprescriptibilité des crimes de guerre et contre l'humanité. Étude de droit international et de droit pénal comparé*, Éditions de l'Université, Bruselas, 1974. Mayor desarrollo, con bibliografía y datos en mis: «Willy Brandt: personaje y persona» en: *Tiempo de Paz*, n.os 29-30, otoño 1993, pp. 112-121 y «La unidad alemana, clave de la nueva arquitectura europea» *op. cit.*, pp. 19-30; ambas «Alemanias»: Werner WEIDENFELD y Hartmut ZIMMERMANN (eds.), *Deutschland-Handbuch. Eine doppelte Bilanz*, Bundeszentrale für Politische Bildung, Bonn, 1989.

[21] Valoración posterior: Antonio BLANC ALTEMIR, *La herencia soviética. La Comunidad de Estados Independientes y los problemas sucesorios*, Tecnos, Madrid, 2003; *Idem* (ed.), *Europa Oriental: en la encrucijada entre la Unión Europea y la Federación Rusa*, Universitat de Lleida, Lleida, 2008.

la posibilidad de una «tercera vía» —ya aludida— que rompiera la bipolaridad imperante. Como suele suceder, la capitalización de estas tendencias fue una mezcla de buena voluntad evidente, en algunos casos, junto con bastante oportunismo, pragmáticamente ligado a la consabida y cínica «ética de circunstancias»; referencias ideológicas principales del momento fueron el italiano Enrico Berlinguer, el francés Georges Marchais y el español exiliado en la URSS y luego retornado, Santiago Carrillo[22].

La influencia de la Unión Soviética en los asuntos mundiales se apoyaba en diversos puntos estratégicos distribuidos por todo el globo. En 1979 se produjo su intervención conjunta con fuerzas cubanas en la recién descolonizada Angola[23], extendida a lugares como Etiopía (guerra de Ogadén: Somalia con apoyo estadounidense) y Afganistán (1978-1989), este último, el sumidero de sus peores espejismos intervencionistas en Asia[24]. Esta constelación podría completarse con la definitiva retirada estadounidense de Vietnam en 1979 tras una derrota nunca presentada como tal durante la presidencia de Gerald Ford (1975), que dejó abiertos los conflictos en Laos y la ya aludida Camboya. Por lo demás, en ese mismo 1979 se materializó el ataque de China Popular a las fronteras septentrionales del Vietnam comu-

---

[22] Allan WILLIAMS (ed.), *Southern Europe Transformed: Political and Economic Change in Greece, Italy, Portugal and Spain*, Harper & Row, Nueva York, 1984; analista «clásico» marxista coetáneo, Nicos POULANTZAS, *Poder político y clases sociales en el Estado capitalista*, Siglo XXI, México, 2001.

[23] Las conversaciones se celebraron en Moscú entre el presidente de Angola, Agostinho Neto —en visita «no oficial y amistosa»— y los dirigentes soviéticos, en vísperas de la conferencia constitucional sobre Zimbabue-Rodesia. Angola, como Mozambique y Zambia, formaba parte de los llamados «Estados del frente» contra el régimen de Rodesia. La presencia de tropas cubanas y asesores soviéticos en Etiopía, sustentantes del régimen de Menghistu Haile Mariam, otorgaba aún mayor interés a la primera visita de un alto dirigente soviético a aquel país desde la guerra de Ogadén: Alexéi Kosyguin, jefe del Gobierno de la URSS, acababa de anunciar su visita a Etiopía con el pretexto del quinto aniversario de la revolución que derrocó al *negus* Haile Selassie. Proseguía sin embargo la rebelión separatista eritrea, junto al dato de que la guerra de Ogadén había supuesto unos mil millones de dólares de suministros bélicos soviéticos a Menghistu (trasfondo de las conversaciones). Por su parte, en ruta hacia Addis Abeba, llegaba a La Habana el ministro de Asuntos Exteriores del cuestionado régimen kampucheano en el poder, Hun Sen, que asimismo hizo escala en Moscú. Con ayuda de Vietnam éste fue el régimen que derrocó al de Pol-Pot y Ieng-Sary, apoyado por China. Moscú recibió a Hun Sen, que, gracias al apoyo de los países socialistas —con especial compromiso de Fidel Castro— acababa de obtener su primer triunfo diplomático en lograr el reconocimiento de su régimen (o eliminar el del anterior, bien implantado en Naciones Unidas y en el Movimiento de los No Alineados); de hecho, en Moscú se esperaba también al primer ministro de Malasia, Datuk Hussein Bin Onn, representante de uno de los cinco Estados de la ASEAN (Asociación de Naciones del Sureste Asiático: además Tailandia, Indonesia, Singapur y Filipinas), que había condenado la intervención vietnamita, advirtiendo de que el nuevo régimen de Phnom Penh y sus protectores vietnamitas podrían desencadenar una gran ofensiva para terminar con las guerrillas de Pol-Pot tras la estación monzónica. Estupenda crónica: «La URSS intensifica relaciones con sus aliados africanos», *El País*, 9 de septiembre de 1979.

Accesible en línea: elpais.com/diario/1979/09/09/internacional/305676009_850215.html (consulta: 04/05/2013).

[24] Juan Manuel DE FARAMIÑÁN GILBERT y José PARDO DE SANTAYANA, *El conflicto de Afganistán*, Instituto de Estudios Internacionales y Europeos-Escuela de Guerra del Ejército-Ministerio de Defensa, Madrid, 2009.

nista y victorioso, determinado como respuesta a la invasión y ocupación vietnamita de la Camboya-Kampuchea de los Jemeres Rojos[25], respaldados por la propia China comunista.

Por su parte, la floreciente relación de los Estados Unidos con la China de Deng Xiaoping implicaba para los dirigentes soviéticos la percepción de un acoso simultáneo en dos frentes, dado que en Polonia comenzaron a ser visibles movimientos sociales de rebelión abierta contra su hegemonía a través del sindicato Solidaridad (*Solidarność*) que desencadenó los sucesos de Gdansk, dirigidos desde 1976 en adelante por el electricista Lech Walessa y que culminaron en 1980. Lo cierto es que en Europa se evidenciaba una erosión del sistema soviético. El frente abierto por el cardenal Károl Wojtyla, elegido papa como Juan Pablo II, primer pontífice polaco y «papa eslavo», supuso un factor decisivo. De hecho, en aquel año de malas cosechas, economía deprimida y rebelión social que fue 1979 realizó una emotiva visita a su patria. La movilización de los obreros —un desafío en un país del bloque comunista, con algún precedente anterior— mostraba el elemento añadido de una inspiración sindicalista católica. La huelga de Gdansk de 1980 traducía una situación política, social y económica insostenible: carestía de medios básicos de subsistencia, inflación galopante acompañada de un enorme endeudamiento exterior del Estado, prohibición de cualquier forma de organización obrera no estatal... A ello se sumó un endurecimiento de las posiciones ideológicas del gobierno, que restableció el control comunista al imponer la ley marcial el recién designado Primer Ministro y Jefe del Partido, general Wojciech Witold Jaruszelski. Se desencadenaron continuas solicitudes de baja en el Partido comunista polaco. El papa repitió su visita en 1983. En medio de gravísimas tensiones incrementadas por la intensa presión política de Reagan a través de la famosa *Radio Free Europe*[26], entre otros medios, el secuestro, tortura y asesinato del sacerdote Jerzy Popieluzsko por la policía comunista vino a rematar el insoportable dramatismo de la situación. A comienzos de la década de 1980, aparte de ser un auténtico hervidero, Polonia ejerció de ariete a las mismas puertas occidentales del imperio soviético, que ya tenía abierto el frente oriental de Afganistán[27].

Aquella constelación mundial impedía la victoria, pero hacía posible la ganancia. Desde la premisa teórica del juego internacional, las reglas del momento las dictaban los intereses de ambas superpotencias que, oportunistas, los arropaban con añagazas ideológicas que proclamaban sus respectivos

---

[25] Análisis descarnado del régimen de Pol-Pot: HELLER y FEHÉR, *El péndulo...*, *op. cit.*, pp. 197-226.

[26] También como *Radio Liberty* (más tarde: IBB/VOA o *International Broadcasting Bureau/ Voice of America*) emitía desde diversos puntos de Europa; tenía una estación en la Costa Brava gerundense, cerca de Begur, en la playa de Pals.

[27] Los acontecimientos reseñados pueden revisarse en cualquier buen libro de Historia. Aquí he seguido en parte a CALVOCORESSI, *Historia política del mundo contemporáneo..*, *op. cit.*, que cabe completar con el sinfín de bibliografía disponible. Por ejemplo: Charles ZORGBIBE, *Historia de las relaciones internacionales*, 2 vols., Alianza, Madrid, 1997; Marc NOUSCHI, *Historia del siglo XX. Todos los mundos, el mundo*, Cátedra, Madrid, 1996; Juan Carlos PEREIRA, *Historia de las relaciones internacionales contemporáneas*, Ariel, Barcelona, 2009.

y altisonantes valores. La década de 1980 dio comienzo como una especie de involución, término que en este caso señala las tendencias de repliegue que los propios sistemas ideológicos entonces vigentes ejercieron sobre sí mismos. Esta situación fue seguida del irrefrenable despliegue posterior que se expandió con las revoluciones que marcaron su final. A menudo se las calificado de «conservadoras» a causa del carácter de patrocinadores como Reagan, Thatcher, Kohl, Wojtyla, Walessa… Pero, ¿cómo cabría calificar a dirigentes como Jomeini, Jumblad, Asad, Sadam Hussein, Gadafi, Hussein de Jordania…? ¿Y a Bréznev, Jaruszelski, Ceaucescu o Deng Xiao-ping? ¿Y a Sadat, Begin, Kissinger, Mitterrand, González, Carlos Andrés Pérez...? El realismo prevaleciente en la Política Mundial no auspicia las clasificaciones fáciles: los progresistas de un momento son los conservadores del siguiente; vueltas las tornas, sucede al revés, aunque también a veces el tiro sale por la culata de un mundo en el que el poder suele ejercerse con el concurso de las armas, de cualquier tipo.

2. INTERDEPENDENCIA: CORRIENTE DE SÍNTESIS O SÍNTESIS DE CORRIENTES

Dentro de la tipología teórica internacional[28], la corriente transnacional se inscribe en el Tercer Debate[29]; confío en que los grandes rasgos de la contextualización histórica previa hayan servido para situarlo en unas coordenadas que faciliten su comprensión[30]. En cuanto a la innovación teórica transnacionalista, sus inicios se produjeron a comienzos de la década de 1970, derivándose del Funcionalismo, el Behaviorismo y las Teorías de la Integración internacional. Ya entonces el autor de mayor peso fue Robert O. Keohane. Comenzó por reconducir el argumento realista tradicional, al que adaptó a la necesidad de que las grandes potencias cooperasen entre sí a fin de lograr un orden internacional estable. ¿Cómo? Mediante un elemento de orden y también de autoridad denominado «hegemonía»[31]. La evidente pérdida, siquiera relativa, de funciones hegemónicas por parte de los Estados Unidos —en el campo militar y económico, sin olvidar su papel de «faro espiritual de Occidente»— obligaba a replantearse las alternativas posibles. En aquel entonces, un valor principal de Keohane fue su capacidad de sintonizar con el circunstante ambiente político internacional. En éste

---

[28] Véase el correspondiente epígrafe del capítulo II de este libro: «¿Por qué emplear el término “debate”?».

[29] En *Las relaciones internacionales en el siglo* XX*...*, *op. cit.* (elaborado entre 1996 y 1997) fijé 1979 para contextualizar históricamente un Tercer Debate que llega hasta 1989, arranque de Cuarto. Criterios, pp. 235 ss., 191-229. Un panorama general «sistémico»: Jean-Jacques ROCHE, *Le système international contemporain*, Montchrestien, París, 1994.

[30] En línea con el *Zeitgeist*, en perspectiva filosófica y con proyección de futuro: Hans KÖCHLER, *Cultural Self-Comprehension of Nations. Studies in International Cultural Relations*, Erdmann, Tubinga-Basilea, 1978 (actas de la Conferencia Internacional sobre Cooperación Cultural, Innsbruck).

[31] El sentido de esta adjetivación no es, obviamente, el de Gramsci.

primaban factores como las crisis energéticas, el reconocimiento del mayor papel otorgado a ciertas organizaciones internacionales (como la Agencia Internacional de la Energía), el imparable ascenso del elemento económico en las relaciones internacionales y la eventual concurrencia entre los Estados Unidos —gran potencia indiscutible— y otras prósperas y competitivas naciones adscritas a su misma área ideológica: la República Federal de Alemania y Japón, ambas provistas de fuertes monedas (Marco, Yen). Por esas paradojas históricas, estas naciones vencidas y humilladas en 1945, tenaces artífices de sendos milagros económicos, carentes de potencial bélico por expresa determinación de los aliados y exentas por tanto de los desorbitados gastos de una carrera armamentística, ¿podrían acaso disputarle a los Estados Unidos el control exclusivo de la economía mundial, ligado además a otras capacidades políticas en sus zonas regionales de influencia? Esto llevó a que entre bastantes analistas coetáneos fraguara la percepción de «vivir en la incertidumbre»[32], al menos, respecto del hasta entonces incuestionado predominio estadounidense.

Las Teorías de la Interdependencia pueden definirse como el intento del Realismo de finales de los años setenta del siglo XX por integrar en su modelo tanto aquellos fenómenos empíricos observables como aquellas actuaciones políticas significativas provistos de una manifiesta capacidad de influir de modo efectivo en las estructuras que el institucionalismo liberal y las diversas corrientes de corte marxista, más o menos evolucionado, hubieran señalado anteriormente como importantes. Se conjugan en ellas, pues, tres perspectivas: el liberalismo moderado, el marxismo no doctrinario y el realismo evolucionado. Desde una óptica liberal idealista, estas estructuras del sistema se derivarían de la creciente dependencia recíproca entre las diversas sociedades nacionales, proceso que resultaría del visible estrechamiento de sus vínculos cooperativos internacionales. Desde el materialismo histórico, estas estructuras provendrían del considerable aumento de la interconexión transnacional que es parte integrante del proceso general de internacionalización del capital, inherente al propio sistema. Por fin, presidiéndolo todo, la cuestión central e irrenunciable del Realismo es el problema del poder y las modalidades de su ejercicio en el entorno internacional, persiguiéndose determinar en él del modo más preciso posible las relaciones de fuerza existentes en el propio marco de referencia.

A partir de ahí, la noción de interdependencia habría de comprenderse como el referente de una oscilante, variable y multiforme dependencia recíproca entre diversas sociedades nacionales, necesariamente relacionadas entre sí, que eventualmente serviría para definir con cierta precisión la propia entidad o las condiciones reales de esas relaciones. En ese contexto, el Realismo —evolucionado desde los postulados clásicos de otras épocas— trata-

---

[32] Clive CROOK (ed.), «The World Economy. Living With Uncertainty» en: *The Economist. Survey the World Economy*, 26 de septiembre de 1987, pp. 5-56; José VIÑALS, «¿Hacia una menor flexibilidad de los tipos de cambio en el sistema monetario internacional?» en: *Papeles de Economía Española*, n.º 28, 1986, pp. 2-22.

ría de establecer qué porciones de ese poder serían susceptibles de distribuirse a través de esta especie de institucionalización de unas transacciones incesantes entre instancias, agencias, organismos u otras instituciones; transacciones que no siempre serían evidentes, públicas, oficiales y estatales, y que coexistirían con un orden internacional en el que la dimensión estatal, aun socavada, seguiría primando en cierta forma.

Esencial es entonces precisar que el modelo transnacional no cuestiona ni contradice el fundamento de los postulados realistas, aunque sí propone su rectificación, señalando su falta de adecuación a las características reales de un Sistema Internacional que habría evolucionado notablemente dentro de unos márgenes históricos concretos. Así, al emprender modelos, sistemas, parámetros, factores, definiciones, estudios... más complejos, esta corriente aportó a la Teoría Internacional un cierto enriquecimiento analítico, en particular, gracias a haber considerado el papel creciente de otros actores sociales presentes en la Política Mundial, además de los Estados y las organizaciones internacionales de tipo gubernamental. Asimismo, se ocupó de señalar y mostrar los nexos societarios de toda índole que caracterizan al propio Sistema Internacional, proveyéndolo tanto de estructura como de funciones intrínsecas[33]. De ese modo, las relaciones inter-nacionales, sin perder tampoco ese carácter, habrían adquirido además un tono trans-nacional. Su peor defecto teórico, por otro lado, consiste en que el modelo transnacional no brinda apenas una elaboración epistemológica ni metodológica consistente, capaz de definir y explicar verdaderamente la índole de las relaciones internacionales constituidas como su objeto de estudio. Sus postulados pecan de descriptivos y sus análisis tienden a quedarse en lo superficial o fenoménico, sin llegar a determinar fundamentos, estructuras y causas profundas que definan y expliquen los procesos, actuaciones, comportamientos, pautas y funciones del Sistema Internacional. De alguna manera, a modo de metáfora médica, este modelo establece un diagnóstico que describe los síntomas sin ahondar en la naturaleza real, las morfologías profundas y las patologías derivadas del propio funcionamiento del sistema tratado.

Su auge dio lugar a una amplia producción escrita en los Estados Unidos y también en Europa, con especiales repercusiones en la República Federal de Alemania, así como en el ámbito de habla hispana por haberse traducido al español buena parte de sus obras «fundacionales». Su mayor resonancia editorial se adscribe al entorno de la revista *International Organization*[34],

---

[33] Elocuente y reveladora —aunque sólo sea por el título— la obra de Paul R. VIOTTI y Mark V. KAUPPI, *International Relations Theory: Realism, Pluralism, Globalism*, Macmillan, Nueva York, 1993.

[34] Christer JÖNSSON, «La organización internacional y la cooperación: una perspectiva interorganizacional» en: *Revista Internacional de Ciencias Sociales*, n.º 138, diciembre 1993, pp. 541-556; *Idem* y Jonas TALLBERG, «Institutional Theory in International Relations» en: Guy PETERS, Jon PIERRE y Gerry STOKER (eds.), *Institutional Theory in Political Science*, capítulo accesible en: https://lup.lub.lu.se/luur/download?func=downloadFile...534142... (consulta: 07/05/2013); Jonas TALLBERG, Thomas SOMMERER, Theresa SQUATRITO y Christer JÖNSSON, «Explaining the Transnational Design of International Organizations» en: *ECPR Joint Sessions*, 2013.

principal soporte institucional que recogió las seminales orientaciones teóricas de los autores que, emparejados, representan lo más granado de esta corriente: Joseph S. Nye y Robert O. Keohane[35]. En síntesis, sus tesis se traducen en un esquema, llamado paradigma según la moda del momento[36], que se recoge en su denominado Modelo Transnacional de las Relaciones Internacionales. Éste muestra a una Sociedad Internacional en la que los Estados, privilegiados en el modelo realista, se ven paulatinamente despojados de una importancia relativa mediante lo que Keohane y Nye expresan como un proceso complejo de relaciones entre una multiplicidad de actores que de forma incesante efectúan continuas transacciones de objetos, tanto materiales como inmateriales, que atraviesan las fronteras interestatales, sin necesidad de que en éstas quede reflejada una adscripción estatal o gubernamental concreta. Ya a comienzos de la década de 1970 tal planteamiento suscitó el interrogante de si esta condición implicaría que los Estados perdiesen ciertas prerrogativas de su soberanía. Se determinó entonces que en este proceso no cabía señalar un detrimento formal y significativo de competencias estatales, aunque sí era posible advertir cierta limitación de las capacidades de actuación autónoma por parte de los Estados.

James N. Rosenau abordó entonces esta cuestión: centró su atención sobre elemento de la «penetrabilidad» (permeabilidad, vulnerabilidad) de determinados sistemas, señalando que en múltiples sociedades nacionales el poder no lo ejerce solamente el aparato del Estado, a menudo en situación

---

Accesible en línea: papers.ssrn.com/.../papers.cfm%3Fabstract_id%3D21... (consulta 07/05/2013). Asimismo, Jon PIERRE, Guy PETERS y Gerry STOKER, *Debating Institutionalism*, Manchester, Manchester University Press, 2008. Temas y enfoques ilustrativos: Asish RAHMAN, «Interacción entre ciencia, tecnología y sociedad: perspectivas históricas y comparadas» en: *Revista Internacional de Ciencias Sociales*, n.º 3, 1981, pp. 557-571; Andrew ROBERTSON, «La tecnología y los valores culturales» en: *Revista Internacional de Ciencias Sociales*, n.º 3, 1981, pp. 479-483; Gene M. LYONS y Michael MASTANDUNO, «Intervención internacional, soberanía de los Estados y futuro de la sociedad internacional» en: *Revista Internacional de Ciencias Sociales*, n.º 138, diciembre 1993, pp. 595-611; *Idem* e *Idem*, «Humanitarian Intervention and State Sovereignty» en: *The International Journal of Human Rights*, vol. 6, n.º 1, 2002, pp. 81-102.

[35] Cabría elaborar todo un repertorio de disparates referidos a estos dos autores cuando se refieren en los exámenes: desde inconcebibles transcripciones de sus nombres, al modo de la pareja de «Dupond et Dupont/Thomson and Thompson/Hernández y Fernández» de *Tintin*, hasta compendios enteros de sus teorías «versionadas».

[36] Término de Thomas S. KUHN, historiador de la ciencia: *La estructura de las revoluciones científicas* (1962) lo define desde una visión evolutiva [FCE, México, 1987]. La ciencia parte de teorías consistentes dentro de un cuerpo de conocimiento científico que se revisa y pone a prueba en las fases de revolución científica, cuando los problemas sin resolver exceden a las soluciones aportadas por el mismo dando lugar a la aparición de un nuevo *corpus* teórico (ciencia normal) que se mantiene indiscutido durante un período de vigencia, desarrollándose entonces los enigmas que todo paradigma contiene. Keohane y Nye lo adaptaron sólo de un modo relativo al admitir que algunos postulados de su «ciencia normal» podían cuestionarse; sus referencias al neopositivismo de Popper, por ejemplo, no llegaron al fondo del asunto. El debate suscitado con la «moda paradigmática» fue resonante como «plaga» editorial, y además poco profundo: Ray HOLLAND, «The Paradigm Plague: Prevention, Cure and Innoculation» en: *Human Relations*, vol. 43, n.º 1, 1990, pp. 23-48.

precaria, sino que puede responder a instancias o agentes externos provistos de una más que considerable capacidad de influir en los asuntos internos. Esta tesis ya había sido planteada en su *Linkage Politics* (1969), fruto de las indagaciones funcionalistas de las décadas anteriores. La noción de *linkage*, aplicada por lo general a la gestión racional de los conflictos internacionales, ponía de relieve algo tan interesante como es el nexo (*link*) entre la política interna y la Política Internacional.

Ése fue el punto donde las tesis de Rosenau enlazaron con las ideas del Transnacionalismo y de la Interdependencia Compleja, en sí, proyecciones suyas en cierta forma. En un mundo en el que se pondera cada vez más el valor de la información, el comercio, los flujos financieros y la libre circulación de personas e ideas, se asiste a transformaciones básicas de su funcionamiento, aun cuando se mantengan las estructuras básicas que lo sostienen. La Interdependencia Compleja modifica los supuestos del concepto tradicional de «potencia», toda vez que, al quedar integrada en el entorno constituido por el Sistema Internacional, ésta no representa una variable del todo autónoma. Desde esa premisa, la potencia se expresa a través de dos elementos que influyen en las relaciones internacionales. Uno es llamado *sensitivity*, que cabe traducir como receptividad; mostraría, por ejemplo, cuán sensible puede mostrarse un determinado Estado ante las transformaciones o cambios derivados de su relación o interacción con otro, siendo posible medir la velocidad y el alcance con que estas variaciones llegan a penetrar y a extenderse por su interior. Otro es la *vulnerability* o vulnerabilidad, que, en sentido inverso, mediría su capacidad efectiva de resistirse a ese cambio o de rendirse a su influjo. El margen de medición de la potencia —vista como la capacidad de influir en otros, convenciéndoles de cuán valiosos o convenientes pueden ser los propios intereses y objetivos a fin de inducirles a actuar conforme a ellos— se determina como la «capacidad de controlar los resultados» de esa especie de presión, que podría expresarse de un modo políticamente más convencional como cooperación, por ejemplo. La noción de potencia no se restringe al tradicional ámbito del Estado, sino que extiende su alcance y efectos por un medio internacional fluctuante, donde lo sustantivo es establecer y afianzar un ajuste adecuado entre las demandas, exigencias e intereses de las sociedades nacionales y sus condicionamientos o circunstancias externos, todo desde la base de que la totalidad del proceso está interrelacionado.

Este debate, centrado en un principio en el papel de las empresas multinacionales (corporaciones transnacionales) y su indudable relevancia para Estados Unidos o para cualquier otra nación significativa en donde residiera su sede matriz, evolucionó hacia planteamientos y consideraciones más extensos. Por ejemplo, éstos incluyeron una reflexión acerca del papel de las iglesias y las confesiones religiosas, o los diversos movimientos de liberación nacional o de resistencia política, o las organizaciones laborales y sindicales. La noción de «actor» con capacidad de ejercer algún papel en una escena internacional ahora transnacionalizada diversificaba a los sujetos participantes en la propia trama: ya no se trataba solamente de actores o sujetos tradicionales de índole estatal o gubernamental, sino que podía darse una multiplicidad de ellos, tipificables con arreglo a criterios variables, cuya condición común radicaba en su capacidad de influir, de movilizar, de actuar, de ejercer nuevas formas de poder en un escenario mundial. Y ese poder se medía en forma de potencia, es decir, con arreglo a la potencialidad que en un momento dado pudieran exhibir[37]. Tal cuestión volvía aún más compleja y problemática la determinación de la influencia real de una potencia dada en los asuntos mundiales.

Preocupaba mucho a Keohane y Nye lo que percibían como una relativa pérdida de influencia por parte del hasta entonces imbatido *hegemon* que eran los Estados Unidos, no sólo potencia militar y económica, sino modelo cultural para amplias zonas del planeta que de un modo u otro imitaban el *american way of life* (modo de vida americano), aun a pesar del cuestionamiento crítico de que había sido objeto por parte de movimientos sociales surgidos en las propias universidades americanas desde la fecha mítica de 1968, al estallar las principales oleadas de protesta contra la guerra de Vietnam. No extrañará entonces que la obra señera de Keohane se titulase *After Hegemony: Cooperation and Discord in the World Political Economy*. Común a esta época fue la auténtica obsesión por el «cambio» (*change*), apelándose al él continuamente, lo que llevó también a abusar del calificativo de «nuevo» (*new*) para toda suerte de invenciones; a ello se sumó una profusión de «retos» y «desafíos» de toda índole (*challenges*), junto con «dinámicas» sin cuento (*dynamics*). Otros títulos de estos dos autores —principales en esta corriente junto con Robert Gilpin, el ya citado Robert Warburton Cox y Karl Kaiser, profesor alemán activo en la Universidad de Harvard durante casi una década— fueron, por ejemplo, *Transnational Relations and World Politics* (1971, 1973), *Power and Interdependence: World Politics in Transition* (1977)[38]. Esta última obra dio pie al surgi-

---

[37] Aspecto que ya comenzaron a desarrollar en 1953 William BUCHANAN y Hadley CANTRIL, *How Nations See Each Other. A Study in Public Opinion*, Westport Connnecticut, Greenwood Press Publishers, 1972.

[38] Robert Owen KEOHANE, *After Hegemony Cooperation and Discord in the World Political Economy*, Princeton University Press, Princeton, 1984; *Idem*, *International Institutions and State Power. Essays in International Relations Theory*, Boulder, Westview Press, San Francisco y Londres, 1989; *Idem* y Joseph S. NYE, *Power and Interdependence: World Politics in Transition*, Little, Brown and Co., Nueva York, 1989; Joseph S. NYE, *Peace in Parts. Integration and Conflict in International Organization*, University Press of America, Lanham, 1987. Véase asimismo el repertorio de cuestiones en Karl KAISER y Hans-Peter SCHWARZ (eds.), *Die neue Weltpolitik*, Nomos Verlaggesellschaft, Baden-Baden, 1995. Otros: Robert W. COX, *Production, Power and World Order*, Columbia University Press, Nueva York, 1987; *Idem*, *Approaches to World Order*, Cambridge University Press, Cambridge, 1996; *Idem* y Michael G. SCHLECHTER, *The Political Economy of a Plural World: Critical Reflections on Power, Morals, and Civilization*, Routledge, Londres y Nueva York, 2002; Robert GILPIN, *War and Change in International Politics*, Cornell University Press, Cambridge, 1981; *Idem*, *The Political Economy of International Relations*, Princeton University Press, Princeton, 1987 (en cuya portada se conjugan significativamente el yen y el dólar); *Idem*, *US Power and the Multinational Company: The Political Economy of Foreign Direct Investment*, Macmillan, Londres, 1976; *Idem*, *The Challenge of Global Capitalism: The World Economy in the 21st Century*, Princeton University Press, Princeton, 2002. Una parte de esta sección se ha elaborado a partir de los siguientes autores y obras: LIST, BEHRENS, REICHARDT y SIMONIS, *Internationale Politik...*, *op. cit.*, pp. 42-43;

miento de una línea de análisis de las Relaciones Internacionales de gran predicamento teórico a ambas orillas del Atlántico: Teoría de los Regímenes Internacionales (*International Regimes Theory*).

A) Evolución del Transnacionalismo: los Regímenes Internacionales

En 1977, fecha de publicación de *Power and Interdependence: World Politics in Transition*, Keohane y Nye dieron un paso más en contra de las tesis exclusivamente estatocéntricas del Realismo clásico. Subrayaban la creciente importancia de las redes de intereses transnacionales que de algún modo sustraían al Estado el monopolio del poder en la esfera internacional. Tales intereses se habían constituido y organizado en forma de redes de normas, reglas y procedimientos que regulaban los comportamientos de los actores —llamando a este fenómeno «Regímenes» (*Regimes*)— y servían, además, para controlar los resultados de los mismos. En aquella primera aproximación Keohane y Nye destacaban entornos concretos de aplicación de tales Regímenes, es decir, estas redes de normas, reglas y procedimientos que regulaban áreas concretas de la actividad en el escenario mundial. En un primer momento, estas áreas se centraron en los siguientes campos: la ayuda a los países pobres, la protección del medio ambiente, la conservación de recursos ictícolas, la coordinación meteorológica, la regulación de las corporaciones multinacionales y ciertas políticas internacionales como las alimentarias o las relacionadas con la navegación, las telecomunicaciones y el comercio[39].

Dentro del siempre difícil juego de las etiquetas, la Teoría de Regímenes Internacionales es una evolución del Funcionalismo y el Behaviorismo, por un lado, y una adaptación innovadora —semántica al menos— del Realismo, que, por su mediación y con algunas reformas sustantivas añadidas, se convierte luego en Neorrealismo. Muy pronto lo advirtió la perspicaz Susan Strange, que lo relacionó con la pérdida de prestigio de los Estados Unidos bajo la presidencia de Jimmy Carter y con la posterior recuperación de valores nacionalistas auspiciada por la elección de Ronald Reagan. En este contexto, los Regímenes Internacionales representaron un intento de limitar el alcance del perjuicio ocasionado a los Estados Unidos y su red de intereses mundiales en aquellos momentos de relativo declive internacional, proponiéndose mejorarlo mediante una reforma de los mecanismos de gestión multilateral de los asuntos internacionales. Pues esto lo que son, por otro lado, los propios Regímenes. Más allá de las referencias al «paradigma transnacional» —nada revolucionario tampoco— el estudio de los Regímenes se deslizó enseguida hacia derroteros más conservadores y así pasaron a tradu-

---

Van Der Pijl, *Vordenker der Weltpolitik..., op. cit.*, pp. 337-339; Roche, *Théories des relations internationales..., op. cit.*, pp. 67-71, y *Las relaciones internacionales en el siglo* XX*..., op. cit.*, pp. 199-205.

[39] *Las relaciones internacionales en el siglo* XX*..., op. cit.*, pp. 202-203.

cir en cierta forma el propio esquema hegemónico de un Estado. En circunstancias sobrevenidas que demostraban a las claras una pérdida relativa de algunas de las anteriores prerrogativas del poder estatal, el Estado podría aspirar sin embargo a valerse de otras novedosas competencias, quizá no tan manifiestas pero no menos efectivas[40]. De ese modo, las pretensiones hegemónicas de manifestación directa —por ejemplo, mediante las convencionales y costosas exhibiciones de poderío militar[41]— pueden sustituirse ventajosamente con los Regímenes, que representan una manifestación indirecta, pero no menos efectiva: por ejemplo, mediante el ejercicio de una influencia indiscutible en la gestión económica y financiera de sectores estratégicos del dominio mundial. Por lo demás, entonces comenzó a manifestarse el masivo y revolucionario fenómeno de las nuevas tecnologías aplicadas a las redes de información y las comunicaciones, acompañado de sus correspondientes, inmediatas y decisivas repercusiones económicas, estratégicas, sociales y culturales. En su vertiente más evolucionada, las implicaciones y el alcance de esta teoría aumentaron todavía más en la década de 1980 al iniciarse el auge del Neorrealismo[42].

B) Sistemas de autorregulación institucionalizada: la Gobernanza Internacional

La Teoría de Regímenes Internacionales se correlaciona, a su vez, con otros estudios de mayores pretensiones que se desarrollan bajo el lema «*governance without government*», predicado traducible como «gobernabilidad sin gobierno»[43]. Tras una compleja trayectoria semántica no exenta

---

[40] El término «regímenes» proviene de la Teoría de Sistemas que Easton aplicó a la política: los sistemas precisarían de cierto número de elementos o instancias que mantengan su estabilidad. En tal sentido, señala el papel de las autoridades públicas, garantes de la seguridad de las actuaciones en un marco legal determinado, lo que a su vez permite controlar los resultados.

[41] Bradley S. Klein, *Strategic Studies and World Order. The Global Politics of Deterrence*, Cambridge University Press, Cambridge, 1994; Anna Derinova, «The Role of Social Institutions in Shaping Strategic Culture» en: *e-International Relations*, 29 de abril de 2013. Accesible en línea: www.e-ir.info/.../the-role-of-social-institutions-in-sh... (consulta: 07/05/2013).

[42] John G. Ruggie, «Continuity and Transformation in the World Polity: Toward a Neorealist Synthesis» en: *World Politics*, vol. 35, n.º 2, 1983, pp. 260-285; *Idem*, «International Regimes, Transactions, and Change: Embedded Liberalism in the Postwar Economic System» en: *International Organization*, vol. 36, n.º 2, 1982, pp. 379-415. Accesible en línea: www.people.fas.harvard.edu/~plam/.../Ruggie1983... (consulta: 07/05/2013); Jean-François Rioux, Ernie Keenes y Gregg Légaré, «Le néo-réalisme ou la formulation du paradigme hégémonique en relations internationales» en: *Études internationales*, vol. 19, n.º 1, 1988, pp. 57-80. Accesible en línea: http://id.erudit.org/iderudit/702292ar (consulta: 07/05/2013); Pierre de Senarclens, «La teoría de los regímenes y el estudio de las organizaciones internacionales» en: *Revista Internacional de Ciencias Sociales*, n.º 138, diciembre 1993, pp. 529-539. Véase también Josep Ibáñez, *El control de Internet. Poder y autoridad en los mercados electrónicos*, Los Libros de la Catarata, Madrid, 2005.

[43] James N. Rosenau y Ernst Otto Czempiel, *Governance Without Government: Order and Change in World Politics*, Cambridge University Press, Cambridge, 1992; Lawrence S. Fin-

de rusticidad, su primer término ha evolucionado hacia Gobernanza. Su objetivo inicial está centrado en el estudio de la regulación de procesos políticos y sociales y, en él, se preocupa en especial por la manera de obligar a que, en ausencia de una autoridad central o superior, actores egoístas y calculadores cooperen entre sí[44]. Esta última tesis es típica del Realismo; se recuerda que proviene de la filosofía política de Hobbes, que, en tanto que soberano, consideraba al Estado nacional la «comunidad política perfecta», siendo el sistema interestatal un entorno anárquico, carente de un órgano rector supremo (*political superior*) con capacidad para dirimir las diferencias, imponer sanciones y ejercer una violencia que, en la visión de Max Weber, quedaría instituida como «legítima». La Gobernanza es presentada así como un modo de gobierno institucionalizado mediante acuerdos en asuntos o sectores parciales. Éstos permiten lograr una estabilidad relativa en el Sistema Internacional, regulando procesos potencialmente conflictivos a causa de una concurrencia de intereses enfrentados entre unos actores que se auto-limitan en aras de una auto-preservación calculada. Obviamente, el espíritu rector es el del cálculo, tanto de probabilidades como de riesgos y ventajas. La racionalidad es la típica weberiana en el sentido de establecer ajustes constantes entre los medios y los fines, en un ambiente de desconfianza mutua atemperada por un respeto, siquiera formal, hacia mecanismos políticos, legales, jurídicos y también procedimentales que garanticen el «buen fin» de los acuerdos. En sí, los propios Regímenes se conciben como mecanismos especializados que permiten abordar la Gobernanza internacional[45] desde, al menos, tres perspectivas.

Una perspectiva es la Transnacionalista[46]. Según este enfoque —en la versión de Keohane y Nye, pero también de Donald J. Puchala y Raymond F. Hopkins[47]— los Regímenes son acuerdos de gobierno —de gestión, más bien— entre actores egoístas y calculadores, conscientes del hecho de que la falta de coordinación entre sus políticas respectivas sólo les conduce a maximizar los riesgos y a minimizar los beneficios, en la acertada síntesis de Jean-

---

KIELSTEIN, «What is Global Governance?» en: *Global Governance*, vol. 1, n.º 3, 1995, pp. 367-372. Publicado por: *Lynne Rienner Publishers*.

Accesible en línea: http://www.jstor.org/stable/27800120 (consulta: 08/05/2013).

[44] Asoma de nuevo el Dilema del Prisionero estudiado en el Funcionalismo, el Behaviorismo, la Teoría de Juegos, etc.

[45] Peter M. HAAS, «The Enduring Relevance of International Regimes» en: *e-International Relations*, 22 de enero 2013. Accesible en línea: www.e-ir.info/.../the-enduring-relevance-of-internati... (consulta: 09/05/2013).

[46] Robert O. KEOHANE, «The Demand for International Regimes» en: *International Organization*, vol. 36, n.º 2, 1982, pp. 325-355. Accesible en: ir.rochelleterman.com/sites/default/files/Keohane%20198 (consulta: 09/05/2013).

[47] Raymond F. HOPKINS y Richard W. MANSBACH, *Structure and Process in International Politics*, Harper & Row, Nueva York, 1973; Donald J. PUCHALA y Raymond F. HOPKINS, «International Regimes: Lessons from Inductive Analysis» en: *International Organization*, vol. 36, n.º 2, 1982, pp. 245-275. Accesible en línea: http://links.jstor.org/sici?sici=0020-8183%28198221%2936%3A2%3C45%AIRLFIA%3E2.0.CO%3B2-C (consulta: 07/05/2013).

Jacques Roche. Estos Regímenes —o acuerdos institucionales no siempre formales desde un punto de vista estrictamente jurídico— brindan los criterios y el marco de una actuación que queda así legitimada, lo que facilita regular el comportamiento de los actores.

Otra es la Institucionalista[48]. Para Hedley Bull —neorrealista institucionalista— los Regímenes forman un conjunto de principios o normas imperativos que permiten o imponen comportarse a ciertas categorías de personas o de grupos según unas reglas determinadas; esto haría posible definir las reglas del juego internacional, prever las consecuencias y atenerse a los resultados, incluidas las medidas de exclusión o castigo de los contraventores, trátese de una actuación económica, de unas medidas medioambientales, de un acuerdo de paz o del establecimiento de una cadena de televisión por satélite.

Por fin, otra es la Sistémica[49]. Para Stephen D. Krasner —neorrealista sistémico— los Regímenes representan ciertas características distribuidas por el Sistema Internacional que influyen directamente sobre el comportamiento de unos actores realistas que procuran preservar su autonomía e independencia a partir de los beneficios que obtienen de una cooperación internacional creciente. Otros, como Oran R. Young, sostienen que los Regímenes son estructuras sociales con capacidad de intervenir más allá de las fronteras estatales[50]. Estos Regímenes marcan, por lo general, posiciones de partida en un juego de intereses que asegura por un tiempo el predominio en determinado sector. Un ejemplo lo brindarían la navegación aérea, la exploración del espacio ultraterrestre o las redes de comunicación globales, cuya tecnología (*know how*), regulación, legislación y puntos de implantación corresponderían inicialmente a quienes hubieran sido los primeros en fijar su distribución, tendentes a defender sus prerrogativas.

La interacción entre Regímenes y Gobernanza es obviamente muy estrecha, siendo los primeros los que la propician; uno de sus instrumentos es el denominado *soft law*, que opera con fórmulas y modalidades jurídicas

---

[48] Sobre la Escuela Inglesa: Barry BUZAN, «From International System to International Society: Structural Realism and Regime Theory» en: *International Organization*, vol. 47, n.º 3, 1993, pp. 327-352. Publicado por: *The MIT Press*. Accesible en línea: http://www.jstor.org/stable/2706979 (consulta: 09/05/2013).

[49] Stephen D. KRASNER, «Structural Causes and Regime Consequences: Regimes as Intervening Variables» en: *International Organization*, vol. 36, n.º 2, 1982, pp. 185-205. Publicado por: *Cambridge Journals Online*. Accesible en línea: journals.cambridge.org/abstract_S0020818300018920 (consulta: 09/05/2013).

[50] Oran R. YOUNG, *International Governance: Protecting the Environment in a Stateless Society*, Cornell University Press, Cornell, 1994; *Idem*, «Global Environmental Change and International Governance». Publicado por: *Millennium - Journal of International Studies*, vol. 19, n.º 3, 1990, pp. 337-346.

Accesible en línea: mil.sagepub.com/content/19/3/337.refs (consulta: 09/05/2013). Klaus EDER, «Framing and Communicating Environmental Issues. A Discourse Analysis of Environmentalism» en: *Idem*, *Ecological Discourse*, European University Institute, Florencia, 1992; *Idem*, «The Institutionalisation of Environmentalism: Ecological Discourse and the Second Transformation of the Public Sphere» en: Scott LASH, Bronislaw SZERSZYNSKY, Brian WYNNE, *Risk, Environment and Modernity: Towards a New Ecology*, Sage, Londres, 1998, cap. IX.

«suaves»[51] que funcionan con arreglo a cuatro criterios. En primer lugar figuran los principios. Éstos representan conjuntos de creencias o valores comunes y compartidos entre los que podrían señalarse, por ejemplo, determinadas nociones como «soberanía» o «reciprocidad». Se supone que estos principios, bien conocidos, son de dominio público entre todas las partes que intervienen en el juego, que comprenden su significado y contenidos. A éstos les siguen las normas, entendidas como pautas de comportamiento definidas en términos de derechos u obligaciones: por ejemplo, la «no injerencia», la «no intervención en los asuntos internos de un Estado», el «respeto a la integridad territorial». De nuevo, se da por sentado que los actores o participantes en el juego conocen, respetan y siguen un comportamiento preestablecido, ateniéndose a las consecuencias en caso contrario. A continuación irían las reglas, que, en un grado inferior, representan prescripciones particulares respecto del modo de actuación en casos específicos: por ejemplo, abstenerse de emplear armas químicas en caso de conflicto armado —gases letales: «mostaza» por citar uno— cuyo empleo resultaría perjudicial para todas las partes contendientes, sin ventajas reales para ninguna; a ello se agregaría su condena explícita por la legislación internacional (Protocolo de Ginebra, 1925). El uso de minas anti-persona o las denominadas «bombas de racimo» respondería a la misma categoría de infracción de reglas. Por fin, el último elemento son los procedimientos, que se refieren a las prácticas vigentes, habituales y convencionales que conciernen al modo en que se elaboran los procesos de decisión colectiva: tales pueden ser el principio general de consenso o también las reglas de votación unánime o mayoritaria, ya en el entorno preciso de las organizaciones internacionales. A su vez, el alemán Völker Rittberger, el más destacado teórico de Regímenes Internacionales a este lado del Atlántico, completó este sumario con dos criterios más. Uno es el de la efectividad, que se refiere al grado de adecuación del comportamiento de los actores con su Régimen respectivo; se derivaría de ahí una implícita sanción de cualquier desviación respecto de la conducta prescrita en sus parámetros. Otro es la duración, que destaca que los Regímenes no representan sólo meras reglas temporales de mutua conveniencia sino que trascendiéndolo, pueden instituirse como auténticos usos establecidos[52].

---

[51] Kenneth W. Abbott y Duncan Snidal, «Hard and Soft Law in International Governance» en: *International Organization*, vol. 54, n.º 3, 2000, pp. 421-456. Publicado por: *IO Foundation y MIT*.

Accesible en línea: web.efzg.hr/dok/pra/hhorak/Hard%20and%20soft%20law%20in%20international%20governance.pdf (consulta: 09/05/2012).

[52] Oran R. Young, *International Cooperation: Building Regimes for Natural Resources and the Environment*, Cornell University Press, Ithaca, 1989; Völker Rittberger (ed.), *Regime Theory and International Relations*, Clarendon Press, Oxford, 1995; *Idem e.a.*, *International Regimes in East-West Politics*, Pinter, Londres y Nueva York, 1990; Stephen D. Krasner, «Global Communications and National Power» en: *World Politics*, vol. 43, n.º 3, 1991, pp. 336-366; *Idem*, *International Regimes*, Ithaca, Nueva York, 1983. Ryo Oshiba, «International Regimes» en: *Government and Politics*, vol. II, Hitotsubashi University, Japón, capítulos sueltos de UNESCO EOLS (*Encyclopaedia of Life Support Systems*). Accesible en línea: www.eolss.net/Sample-Chapters/.../E6-32-05-04.pdf (consulta: 08/05/2013). Este apartado refleja

Además de la corriente encabezada por Rittberger, en Europa se desarrollaron los estudios de Marie-Claude Smouts que, crítica con la Teoría de Regímenes Internacionales, optó por el enfoque de la Teoría de la Regulación Conjunta. A partir de su relativo escepticismo ante el supuesto de comportamiento racional de los actores, entendió que, a causa de la aceleración derivada de los cambios sociales y tecnológicos que tan intensamente alteran las circunstancias del mundo contemporáneo, los procesos de toma de decisiones internacionales estarían sometidos a una perpetua inestabilidad. Su aplicación de la Teoría de la Regulación Conjunta, oriunda de los estudios de Sociología Industrial, implica revalorizar la noción de cambio en los procesos de negociación internacional; para alcanzar el éxito necesario en su gestión sería preciso que todas las partes implicadas pudieran obtener al menos una respectiva porción de beneficio (juego de suma variable), tanto en las tomas de decisiones como en las conclusiones de acuerdos. Sin embargo, al contrario que en los Regímenes, las reglas no estarían fijadas de antemano: las diversas situaciones a regular se configurarían de forma abierta y elástica, adaptable a las sucesivas variaciones de circunstancias, sobre cuyo curso se irían reelaborando las propias reglas. Lo interesante de esta perspectiva es que no predetermina un comportamiento rígido en tanto que asume que todo proceso negociador implica irracionalidad, improvisación y conflicto.

Smouts distingue entre dos fuentes de regulación, la de control externo, que ejercen quienes tratan de dominar el sistema mediante la imposición de reglas, y la autónoma, que pone el acento en las estrategias de agentes que, mediante renegociaciones, evasivas y rodeos, limitan a los más dominantes o reequilibran las fuerzas dentro del sistema. La Teoría de la Regulación Conjunta advierte de que en el Sistema Internacional prima una serie de reglas mal definidas, eclécticas y oportunistas, fundadas en compromisos frágiles que además se ponen continuamente en entredicho. Por tanto, el compromiso recíproco necesario tendría escasas posibilidades de plasmarse en instituciones y acuerdos, lo que evidencia una continua apelación a un «tercer garante», es decir, al arbitraje de un tercero. El propio Keohane denominó «reciprocidad difusa» a esta circunstancia, una situación en la que todos van repitiendo sus jugadas mientras barajan sus posibilidades de ganancias inciertas. Obviamente, en este «río revuelto» existen posibilidades de «ganancia para los pescadores», pero dado que no se prevén propuestas de cambio estructural, cabe colegir qué «pescadores» serán los más beneficiados[53].

---

algunas líneas de ROCHE, *Théories des relations internationales...*, *op. cit.*, pp. 106-112; VAN DER PIJL, *Vordenker der Weltpolitik...*, *op. cit.*, pp. 347-348; LIST, BEHRENS, REICHARDT y SIMONIS, *Internationale Politik...*, *op. cit.*, p. 44, así como *Las relaciones internacionales en el siglo XX...*, *op. cit.*, pp. 205-210.

[53] Marie-Claude SMOUTS, «Organizaciones internacionales y teorías de la regulación: algunos elementos de reflexión» en: *Revista Internacional de Ciencias Sociales*, n.º 138, diciembre 1993, pp. 519-528 («Organisations internationales et théories de la régulation: quelques éléments de réflexion» en: *Revue internationale des sciences sociales*, n.º 138, noviembre 1993, pp. 517-526); *Idem* (dir.), *Les nouvelles relations internationales. Pratiques et théories*, Fondation Nationale des Sciences Politiques, París, 1998; *Idem*, «Le rôle de la culture dans les institutions culturelles universelles» en: *Pour ou contre une interpretation culturaliste des*

C) Hipótesis de Gobernabilidad global

El entorno general circunstante a estas posiciones y planteamientos responde a la gestión del gobierno de un mundo globalizado, aspecto que ha dado lugar a una amplísima producción editorial de la que el paso de los años determinará su validez: en tal sentido, resulta imprescindible señalar las aportaciones de Michel Foucault en sus cursos del *Collège de France* que determinaron la irrupción de nuevas perspectivas centradas sobre el término «*gouvernementalité*» —*governmentality*— o gobernabilidad, en español, que desbordan a la manida Gobernanza[54]. En mi estricta opinión, parece como si se asistiera a una especie de representación teatral en la que concurriesen actores diversos que reflexionasen con variable acierto sobre situaciones que en sí no son nada nuevas sino que obedecen a la evolución secular del sistema económico, político y cultural universalizado y dominante, surgido en Europa a finales del siglo XV, expandido y consolidado por todo el planeta. La globalización es el comodín semántico de estas reflexiones desde la década de 1980 y sigue adjetivando a situaciones que se presentan fastidiosamente como «nuevas» o como «retos», cuando tal condición se relativiza al efectuar análisis que trasciendan la coyuntura y atiendan a largos ciclos históricos.

Por anotar una serie de temas en una visión de síntesis, las tendencias globales de la Política Mundial se articularían sobre aspectos como: la evolución del desarrollo demográfico ligado a los movimientos y flujos migratorios internacionales; las mutaciones de los Estados nacionales, en los que se reformulan los nacionalismos y el principio de autodeterminación; la irresuelta cuestión de la riqueza y la pobreza mundiales; los problemas medioambientales; la internacionalización del crimen y la delincuencia organizados; la redefinición del papel de la guerra, asociado a cuestiones de seguridad y defensa vinculadas con la proliferación de armamentos de destrucción masiva; el futuro de los procesos políticos ligados a la democratización; la interacción entre Estados y Organizaciones Internacionales asociada a los procesos de regionalización internacional; y, por último, el surgimiento de una anarquía —o desgobierno— internacional, manifiesta en graves cuestiones y conflictos

---

relations internationales, Fondation Nationale des Sciences Politiques en colaboración con el CNRS, París, 1981 (Actas del Congreso mecanografiadas). Si bien el enfoque de Badie es más político, en su día se asoció con Smouts en su producción escrita, bajo los auspicios de Merle: Bertrand Badie, «Le concept de la culture et son utilisation par les sciences sociales» en: *ibidem*; de ambos: *Le retournement du monde - Sociologie de la scène internationale*, Presses de la FNSP & Dalloz, París, 1992. Asimismo, en: *Las relaciones internacionales en el siglo XX..., op. cit.*, pp. 211-215.

[54] Wendy Larner y William Walters (eds.), *Global Governmentality. Governing International Spaces*, Routledge, Londres y Nueva York, 2004; tesis de Michel Foucault, *Le gouvernement de soi et des autres (Cours au Collège de France, 1982-1983)*, Gallimard-Seuil, París, 2008; *Idem, Securité, territoire, population (Cours au Collège de France, 1977-1978)*, Gallimard-Seuil, París, 2004.

regionales[55]. Estos breves apuntes serían, a su vez, indicadores de tendencias a largo plazo que trascienden el planteamiento inicial de este capítulo, centrado en la concepción de un «mundo interdependiente». En cualquier caso, servirían para proponer algunas de las principales hipótesis que cualquier teórico internacional habría de manejar para esbozar proyectos viables de gobernabilidad mundial, caso de que éste fuese el objeto de las Relaciones Internacionales del futuro. Suponiendo que esta frase significase algo.

3. LA ESTRUCTURA INAMOVIBLE: NEORREALISMO

Según se repite desde un comienzo, el denominado Realismo es la corriente teórica dominante en la Teoría Internacional, determinando el Primer Debate fraguado en el período de entreguerras 1919-1939. Como se ha señalado, incluso los llamados idealistas poseían una fuerte base de realismo, al menos en la vertiente filosófica de su nada desdeñable pesimismo antropológico. Estupefactos ante la Primera Guerra Mundial, estos autores no creían vivir en el mejor de los mundos posibles ni tampoco esperaban demasiado de la naturaleza humana. Simplemente consideraban que, en sí mismo, el ejercicio irrestricto de la fuerza no era el mejor modo de conducir los asuntos mundiales. Entendían que tal uso podría sustituirse —o atemperarse, al menos— con la aplicación consistente de un Derecho Internacional que, sin que tampoco nadie pecase de ingenuo en este punto, también expresaba una relación de fuerzas en la escena internacional. Pues a comienzos del siglo XX ese Derecho Internacional, calificado de «clásico», aún ostentaba muchas determinaciones heredadas de un pasado que no le hacía ascos a la guerra, a la que sólo pretendía «humanizar»[56]. El Realismo llamado también «clásico» —vigente a partir de la década de 1930— constituye una adaptación del Realismo político inmemorial: Kautilya, Tucídides, Aristóteles, Hobbes, Maquiavelo, Hegel... Elaborado por la Filosofía Política a lo largo de siglos de historia del pensamiento, fue aplicado a las circunstancias de aquella época, definida en una primera etapa por el ascenso de los totalitarismos en el período de entreguerras, y, después, tras concluir la Segunda Guerra Mundial, por la división del mundo en dos bloques ideológicos hostiles. Durante la Guerra Fría, el Realismo impregnó —según se ha visto antes— una buena parte de las tesis y posiciones relacionadas con el análisis del conflicto, además de otras corrientes afines a la Sociología y la Filosofía de la Historia, muy influidas por la herencia hegeliana.

En ese mismo período, el Realismo sufrió una profunda crítica externa realizada por el matemático Anatol Rapoport (1960, 1969), quien demostró

[55] Sistematización realizada a partir del conjunto de la obra de KAISER y SCHWARZ, *Die neue Weltpolitik…*, *op. cit.*

[56] Alfred VERDROSS, *Derecho Internacional Público*, Aguilar, Madrid, 1972, pp. 344-424; la Sociedad de Naciones, pp. 427-428; Antonio TRUYOL Y SERRA, *Fundamentos de Derecho internacional público*, Tecnos, Madrid, 1970, pp. 152-166.

que el supuesto de actuación racional en casos de crisis internacional podía conducir a imprevistas consecuencias irracionales. Esta crítica fue asumida y desarrollada por los propios autores realistas, lo que no hizo sino reforzar su posición teórica, indiscutida en los entornos académicos estadounidense y británico. El Realismo emprendió entonces una labor crítica interna y examinó su armazón teórico con criterios más rigurosos, modificando, ampliando y completando cuanto se estimó necesario. La crítica fue ejercida ya entonces con lucidez por realistas como Kennan o Morgenthau, en América, y Aron, en Europa, que cuestionaron desde su incontrovertible conservadurismo determinados planteamientos de la Política Exterior de los Estados Unidos, en especial, la participación en la guerra de Indochina (Vietnam, Laos, Camboya); preguntándose: «¿Qué intereses se esconden tras el interés nacional entendido como poder?»[57]. Desde comienzos de la década de 1980 cuajaron posiciones teóricas decisivas, cuya génesis provino de los programas de Política Internacional contenidos en el denominado Proyecto de 1980.

Se trataba de un proyecto de investigación auspiciado por grandes fundaciones privadas —Ford, Mellon, Lilly, Rockefeller— reunidas en el *Council on Foreign Relations*[58]. Se basaba en las investigaciones de la economista Miriam Camps, que fue su directora, acompañada de profesores de Harvard como los ya mencionados Joseph S. Nye y Stanley Hoffmann, nacido en Viena en 1928[59]. A su vez, los antecedentes de esta acción se derivan de la otra gran alianza internacional llamada Comisión Trilateral. Personaje clave a este respecto fue Zbigniew Brzezinski, nacido en Polonia (1928), emigrado a los Estados Unidos en 1953, experto en estudios sobre la Unión Soviética en las universidades de Harvard y Columbia, director del CFR y consejero

[57] Parte de los argumentos provienen de LIST, BEHRENS, REICHARDT y SIMONIS, *Internationale Politik...*, *op. cit.*, p. 38; otras referencias en: *Las relaciones internacionales en el siglo XX...*, *op. cit.*, pp. 83-84, 89-92, 104-105, 118-125. Véase asimismo el trabajo de Randall L. SCHWELLER, «The Progresiveness of Neoclassical Realism», capítulo IX de Colin ELMAN y Miriam FENDIUS ELMAN (eds.), *Progress in International Relations Theory. Appraising the Field*, Cambridge-Mass., Belfer Center for Science and International Affairs-Harvard University, 2003, con prólogo de Kenneth N. Waltz, pp. 311-348. Esenciales: Kenneth N. WALTZ, «International Politics is Not Foreign Policy» en: *Security Studies*, vol. 6, n.º 1, 1996, pp. 54-57. Publicado por: *Routledge Taylor Francis Online*. Accesible en línea: www.tandfonline.com/doi/.../09636419608429298 - (consulta: 12/05/2013); John J. MEARSHEIMER, «Reckless States and Realism» en: *International Relations*, 2009, vol. 23, n.º 2, pp. 241-256. Descargado de: http://ire.sagepub.com at UNIV OF CHICAGO (29/06/2009). Accesible en línea: johnmearsheimer.uchicago.edu/pdfs/A0048.pdf (consulta: 12/05/2013).

[58] Referencias históricas en su propia *web*: www.cfr.org/about/.../second_transformation.html (consulta: 09/05/2013).

[59] Miriam CAMPS y Catherine GWIN, *Collective Management: The Reform of Global Economic Organizations*, vol. 21, *CFR's 1980s Project Series*, McGraw-Hill, Nueva York, 1981. Síntesis laudatoria: *The Friends of Liberty*, David Allen RIVERA, «The CFR and Their Goals», martes, 28 de enero, sin año. Accesible en línea: www.friendsofliberty.com/modules.php?name... (consulta: 09/05/2013). Examen crítico, capítulo 10, *Biblioteca Pleyades*, «The New World Money System». Accesible en línea: www.bibliotecapleyades.net/.../global_tyranny10.ht... (consulta: 09/05/2013). Igualmente críticos, Laurence H. SHOUP y William MINTER, *Imperial Brain Trust. The Council on Foreign Relations and United States Foreign Policy*, iUniverse, Lincoln, 1977, 2004.

de la Secretaría de Estado, autor de varios estudios sobre el totalitarismo y el denominado Bloque del Este. Aficionado a la ciencia-ficción, una de sus fórmulas de mayor éxito fue la de aplicar el adjetivo de «tecnotrónica» a la época coetánea, ante cuyas dificultades proponía adoptar una actitud resuelta y decidida. En este sentido, como modelo de intelectual a la medida de los tiempos concebía la figura de un «generalista integrador» que obrase a modo de ideólogo consejero de quienes ejercen el poder efectivo, una personalidad capaz de relacionar entre sí todos los datos, acontecimientos, noticias, conceptos… para reconducir luego el análisis y formular un denominador común que diagnosticase la situación y pronosticase su evolución. Como consejero privado de la familia Rockefeller, fue rival de Henry Kissinger, próximo a Nelson, en tanto que él se relacionaba con David. De hecho, el plan fundacional de la Comisión Trilateral provenía de este último. Esta Comisión se concibió como un grupo de planificación informal entre América, Europa Occidental y Japón; su director fue el propio Brzezinsky (1977). El Presidente Carter incorporó en su equipo de gobierno a muchos de sus miembros.

A partir de las tesis de Camps (*The Management of Interdependence: A Preliminary View*, 1974)[60] el Proyecto de 1980 definía las líneas rectoras de la Política Exterior estadounidense, propuestas sobre una reformulación del interés nacional que, en vez de articularse en un «autismo» aislacionista, debía buscar un deseable ordenamiento mundial sustentado en los tres pilares aliados —Estados Unidos, Europa Occidental y Japón— que debían coordinarse entre sí para establecer una gestión conjunta de los asuntos internacionales. Ese gobierno de un mundo «trilateralizado» debería ser capaz de detectar y anticiparse a los problemas; hecho esto, podría señalar de inmediato las evoluciones de signo alarmante; luego estaría en condiciones de interrelacionar las diversas cuestiones para, a continuación, decidir qué instituciones —una media docena de ellas— serían las llamadas a intervenir en su caso; y, por último, se encargaría de promover que se incorporaran normas, reglas, procedimientos y ordenamientos novedosos así como que se procediera a las demás reformas institucionales necesarias. Se trataba, en suma, de instituir tanto estructuras rectoras adecuadas como mecanismos de gestión eficientes. Por su parte, este conjunto de acciones no descartaba recurrir a otras antiguas prácticas como las ya conocidas acciones consultivas, de raigambre británica, y también a la ayuda de planificadores informales, no institucionales *sensu stricto*. Su programa contemplaba una revalorización del Occidente mundial, visto como una reserva de valores extensible a todo el planeta, erigido en el modelo que el resto del mundo debería imitar si en algún momento aspiraba a sumarse a él. A este respecto, Stanley Hoffmann se mantuvo al margen del Realismo puro; su propuesta se ciñó a una de sus habituales «revoluciones copernicanas» en tanto que propugnó una

---

[60] BRZEZINSKY, Zbigniew, *Between Two Ages: America in the Technotronic Era*, Viking Press, Nueva York, 1970; Miriam CAMPS, *The Management of Interdependence: A Preliminary View*, Council on Foreign Relations, Nueva York, 1974.

primacía occidental basado en predicados de autoridad moral, en concreto, en la superioridad ética contenida en los postulados universales de los Derechos Humanos. Tal ánimo encajó bastante bien con la personalidad, el programa y la ideología de un demócrata humanitario como Jimmy Carter, pero no en la política de confrontación de su sucesor, Ronald Reagan. En todo caso, Hoffmann no fue un defensor a ultranza de la hegemonía estadounidense en ese nuevo orden mundial; su tesis acerca de la primacía de ciertos valores occidentales de entidad universal se dirigía a combatir la anarquía vigente en un sistema de compuesto por Estados y corporaciones transnacionales de corte neoliberal-neoconservador, a la par que las concepciones del materialismo histórico de cariz marxistizante[61]. Si bien el vínculo entre el Neoliberalismo y el Neorrealismo es estrecho y pasa por el auge de la ideología neoconservadora[62] eso no significa que su alianza discurra lisa y llanamente. En cualquier caso, desde 1979 se asistió a un giro que transformó radicalmente algunos de los planteamientos previos. ¿Significó la elección de Reagan el punto de arranque de un clima de mayor confrontación internacional o fue ese ambiente el que influyó en que Reagan obtuviese el poder?

Lo cierto es que en aquellos momentos se produjo una considerable reviviscencia de algunos de los planteamientos de la Guerra Fría, acompañada de tendencias de creciente unilateralismo. En el terreno económico se impuso un concepto neoliberal de dominio orientado hacia la creación de un sistema productivo mundial sin restricciones —es decir, no limitado por las coerciones de los mercados nacionales— que auspiciaba una ofensiva sin cortapisas del sistema financiero, deseoso de asegurarse un terreno de juego desregulado y libre. La base teórica de estos programas residía en las recomendaciones y dictados de la denominada Escuela de Chicago, con Milton Friedman a la cabeza, cuyo inspirador, entre otros, fue Friedrich Hayek[63]. Ahí radicaría el origen de las tesis monetaristas de gestión de la Política Económica —en contra de las tesis fiscales— junto con la instauración del libre mercado, ya no como condición sino como auténtico axioma, seguido de la privatización y la desregulación de las economías declaradas como intervenidas o planificadas. En resumen, Mercado frente a Estado[64]. Todo esto iba en contra de los postulados keynesianos aún subsistentes, aplicados con

---

[61] Véase VAN DER PIJL, *Vordenker der Weltpolitik...*, *op. cit.*, pp. 340-342, de quien tomo datos y exposición; el análisis de Hoffmann puede ampliarse en: *Las relaciones internacionales en el siglo XX...*, *op. cit.*, pp. 115-117, 126-127, que expone las críticas de un realista «duro» como Waltz. Sobre la Comisión Trilateral puede consultarse su *web*: www.trilateral.org/

[62] David BALDWIN, *Neorealism and Neoliberalism: The Contemporary Debate*, Columbia University Press, Nueva York, 1993; Alexander WHYTE, «Neorealism and Neoliberal Institutionalism: Born of the Same Approach?» en: *e-International Relations*, 11 de junio de 2012.

Accesible en línea: www.e-ir.info/.../neorealism-and-neoliberal-institutio... (consulta: 09/05/2013).

[63] BUNGE, *Economía y filosofía...*, *op. cit.*, y Helmut DUBIEL, *¿Qué es el neoconservadurismo?*, Anthropos, Barcelona, 1993.

[64] Obviamente en sentido crítico, Susan STRANGE, *States and Markets*, Continuum-Pinter, Londres, 1988; *Idem*, *La retirada del Estado*, Icaria-Intermón Oxfam, Barcelona, 2001, en edición de Josep Ibáñez.

éxito en Occidente —Europa y Estados Unidos— para gestionar y amortiguar las crisis económicas de los años treinta del siglo XX y también durante las sucesivas reconstrucciones de postguerra. El modelo keynesiano, moderador del liberalismo económico con intervenciones estatales para mitigar la crudeza de las inexorables leyes del mercado y garantizar un mínimo nivel de vida a millones de personas, parecía agotado en aquellos momentos que se percibían como de estancamiento económico acompañado de inflación: «estanflación». A ello se agregaban las secuelas de una crisis energética mundial apenas superada y repleta de incógnitas de futuro, un incremento del revolucionarismo en el Tercer Mundo, unos inicios de radicalización fundamentalista en amplias zonas de interés geoestratégico esencial, una relativa consolidación del comunismo internacional en sus dos vertientes, la soviética y la china, y, por fin, una generalizada sensación de debilitamiento de los sistemas de valores occidentales[65]. Frente a la opinión pública —la nacional respectiva, concerniente a los electores, y la internacional— los neoconservadores se presentaron como impulsores de nuevas «cruzadas» entusiastas, destinadas a poner orden en los desquiciados asuntos de la Política Mundial. El keynesianismo, que en Occidente había dado grandes resultados para amortiguar y desviar, a modo de colchón, el choque revolucionario de un comunismo potencialmente seductor de las masas mundiales de desfavorecidos, ansiosos de revancha y aun de venganza respecto a sus explotadores, ahora parecía algo anticuado y gris, poco competitivo en las gigantescas economías de escala que advenían, con ritmo trepidante, al compás de una economía profundamente transformada por la aplicación tecnológica intensiva de los avances en la ciencia básica o pura, residenciada en las casi exclusivas manos de Occidente. El impacto de las nuevas tecnologías en el trabajo humano, en la economía, en las comunicaciones, en la información... apenas acababa de comenzar. Las «terceras vías» —socialdemocracia, democracia cristiana, no alineamiento...— empezaron a parecer prescindibles.

Gente inteligente ha habido siempre, con independencia de la ideología que profese. Y mucho lo fueron los miembros de la *Mont Pèlerin Society*, fundada en 1947 por los dos austríacos Friedrich Hayek y Karl Popper, junto con Milton Friedman[66], entre otros. Esta sociedad veía en cada intervención estatal el germen de un socialismo atentatorio contra sus programas económicos liberales, impulsores del libre mercado[67]. La *Open Society* de George Sörös —multimillonario de origen húngaro-judío— asentado en los Estados Unidos, que afirma inspirarse en Popper, sigue sus pasos. Análoga fue la tendencia ideológica de la *Heritage Foundation*, auspiciada desde 1973

[65] Algo después Zbigniew BRZEZINSKI propuso sus soluciones en su *El Gran Tablero mundial: la supremacía estadounidense y sus imperativos geoestratégicos*, Paidós, Barcelona, 1998.

[66] Milton FRIEDMAN, *Capitalism and Freedom*, University of Chicago Press, Chicago. 1962.

[67] Véase su *web*: www.montpelerin.org/, así como la del inspirador de todo, el ya citado Ludwig von Mises: mises.org/ que reproduce el artículo de Robert HIGGS, «The Dream of the Mont Pelerin Society» en: *The Independent Review*, primavera 1997, fecha de inserción: 31/05/2011. Accesible en línea: mises.org/.../The-Dream-of-the-Mont-Pelerin-Societ... (consulta: 09/05/2013).

por el empresario cervecero Coors y por el vástago de la familia Mellon, Richard Mellon Scaife. En 1976 fue refundado el *Committee on the Present Danger* (Comité acerca del Riesgo Contemporáneo), del que formaban parte algunos de los más conspicuos asesores durante la Guerra Fría (Paul Nitze, Edward Teller), así como otros nuevos fichajes como Jeane J. Kirkpatrick, de la Universidad de Georgetown, embajadora ante Naciones Unidas durante la Administración Reagan[68], Seymour Martin Lipset o Robert L. Pfaltzgraff, estos dos últimos bien conocidos como autores de manuales de Relaciones Internacionales, instituidos por una generalidad como «autoridades». Su éxito en la Administración Reagan fue inmediato. Las conexiones entre la Agencia Nacional de Inteligencia (CIA) y el Consejo de Relaciones Exteriores (CFR) eran muy estrechas, siendo George Bush, padre, el director de la primera.

Desde estas instancias se generalizó la percepción social de un pánico nuclear, orquestado en los medios de comunicación e incluso en la cultura popular (ciencia ficción, cinematografía, publicaciones divulgativas, etc.), que sirviera para justificar, entre otras cosas, las inmensas inversiones en la Guerra de las Galaxias (Iniciativa de Defensa Estratégica: *Strategic Defense Initiative* o SDI), una operación que comportaba la definición y compartimentación militares del espacio extra-terrestre como potencial escenario de conflictos bélicos entre quienes fueran capaces de acceder a él. Quedó así declarada una nueva especie de carrera de armamentos entre las superpotencias[69]. Esto impulsó de tal modo a la economía estadounidense que, entre otras cosas, sirvió para arruinar a la Unión Soviética, incapaz de hacer frente a semejante reto sin someter a su sacrificada población de futuros «proletarios unidos de la revolución mundial» a un retroceso insoportable en sus ya precarias condiciones de vida. Por su parte, el auge de la economía de los Estados Unidos dependía en gran medida del empuje prestado por sus empresas militares, generadoras de inversiones estatales, desarrollo tecnológico, comercio de armas y de toda suerte de instrumental bélico, así como de una

---

[68] Y asesora especial para asuntos religiosos en Centroamérica, partidaria de la infiltración de sectas evangélicas y pentecostales como medio de «disuasión» ideológica frente a los partidarios de la Teología de la Liberación. Sólo el asesinato de los seis jesuitas, junto a otro personal de servicio, en la Universidad Centroamericana (UCA) de El Salvador (16 de noviembre de 1989) determinó un giro en la política estadounidense frente a esta terrible realidad.

[69] A fin de proteger a los EEUU de un ataque de misiles balísticos nucleares (23 de marzo de 1983). Se centraba más en la defensa estratégica que en la anterior doctrina ofensiva (MAD: *Mutual Assured Destruction* - Destrucción Mutua Asegurada). Para supervisarlo se creó la SDIO (*Strategic Defense Initiative Organization*: 1984; Departamento de Defensa). Se argumentó que la concepción de un escudo anti-misiles de aquella índole no era realista; incluso se tachó a la iniciativa de acientífica en aquellos momentos, según expuso la Asociación Americana de Física (sobre la base de la tecnología disponible). Bajo el gobierno de Bill Clinton se estableció la BMDO (*Ballistic Missile Defense Organization*, 1993) que limitó sus objetivos globales derivándolos a circunscripciones regionales. Aun así, en parte quedó sin efecto; en 2002 se creó la *Missile Defense Agency*. Sus mayores esfuerzos se centraron en investigaciones de Ciencias Puras volcadas luego hacia la innovación, la tecnología y la industria, en los campos de la Física de la energía de alto rendimiento, la computación y la supercomputación, los ensayos con materiales nuevos y/o avanzados.

sensación de poderío que insuflaba euforia en los mercados sustentantes del dólar como moneda rectora del sistema económico mundial.

Si los partidarios de las Teorías Transnacionalistas y de la Interdependencia ya eran realistas más o menos camuflados, el fin de la Era Carter supuso su desaparición definitiva de las que entonces eran las altas esferas rectoras del poder en Estados Unidos. De modo que se desechó el Proyecto 1980, siendo sustituido por lo que Van der Pijl llama la «contraofensiva neoliberal». Se definió por una dura carrera contrarrevolucionaria en el Tercer Mundo; una estrategia de conflictos de baja intensidad (*low intensity warfare*); una elevación de los tipos de interés que subvirtió desde sus cimientos las bases del Nuevo Orden Económico Internacional (NIEO: *New International World Order*)[70] y desencadenó las que desde entonces se conocen como «crisis de la deuda externa» o imposibilidad material de pagar los préstamos internacionales por parte de los países endeudados; y, por fin, la carrera de armamentos marcada por la Doble Resolución de la OTAN de 1979 (firmada en Roma: 1981) y el programa de la Guerra de las Galaxias (*Star Wars*) de 1983. Destaca Van der Pijl que «todos estos desarrollos fueron aportados y elaborados ideológicamente por los círculos intelectuales antes mencionados»[71].

A) En busca de la estructura «perdida» del poder internacional

Como cabría esperar del contexto político referido, por mucho que Kenneth N. Waltz se empeñase en refundar el Realismo con postulados científicos, lo que se produjo por entonces en el campo teórico de las Relaciones Internacionales fue más una evolución pragmática que una revolución teórica[72]. En todo caso, el hito editorial a este respecto en términos absolutos

---

[70] En su día, un autor clave fue Thierry de Montbrial, «For a New World Economic Order» en: *Foreign Affairs*, octubre 1975. Accesible en línea: www.foreignaffairs.com (consulta: 09/05/2013).

[71] Algunos datos, argumentos e ilación de este apartado, Van Der Pijl, *Vordenker der Weltpolitik...*, *op. cit.*, pp 343-345. Otras reflexiones críticas son propias (Centroamérica y el papel de Kirkpatrick; ironías sobre la Unión Soviética y los Estados Unidos). El argumento sobre el colapso de la economía soviética: Antonio Truyol y Serra, recuerdo de nuestras charlas sobre asuntos internacionales. Sobre la base de las siempre complejas diferencias entre armas estratégicas y tácticas, con la *Double Track Resolution* la OTAN ofreció al Pacto de Varsovia una auto-limitación recíproca de misiles balísticos de alcance medio e intermedio, combinada con la amenaza de que, en caso de desacuerdo, la OTAN desplegaría mayor cantidad de armas nucleares de tipo intermedio por sus bases en suelo europeo occidental; fue precedida de la distensión americano-soviética (1972-1979: SALT I y II) que supuso ciertas reducciones de armamento nuclear, lo que la URSS aprovechó para desarrollar sus famosos SS-20.

[72] Kenneth N. Waltz, *Theory of International Politics*, Random House, Nueva York, 1979; *Idem*, *Man, the State and World: A Theoretical Analysis*, Columbia University Press, Nueva York, 1959. Interesante su *TIP*: profundiza bastante más que sus coetáneos en la definición de una teoría; en la Tesis le critiqué por lo que creí el sesgo posterior de sus argumentos; *Idem*, «Realist Thought and Neorealist Theory» en: *Journal of International Affairs*, vol. 44, n.º 1,

lo marcó la publicación de *Theory of International Politics* en 1979, convertida luego en una especie de «marca de fábrica» bajo el acrónimo de *TIP*. Impulsados por la punzante dialéctica de Waltz se siguieron futuros debates de mayor alcance e interés, emprendidos con otras corrientes, realistas y de otro tipo. Su vigencia epistemológica fue estimada en diez años, es decir, desde 1979 hasta 1989[73]; según señalan los propios neorrealistas, el fin le advino de un modo brusco e inesperado[74].

En Immanuel Kant y Reinhold Niebuhr reconoce Waltz la fuente que inspira su Realismo. De Kant recogió el temor —que ya expresara Grocio— frente a la creación de un omnímodo poder mundial, que, por filantrópico y racionalista que se proclamase, deviniese en despótico. De Niebuhr adoptó la convicción de que un adecuado equilibrio de fuerzas en la escena internacional constituiría una fórmula de gobierno mundial mucho mejor que la concentración absoluta del poder en una sola instancia provista de competencias universales. Como es evidente, Waltz pensaba en Naciones Unidas como ejecutora improbable de esa condición indeseada, según un acendrado debate que ocupó, entre otros, a Hans Kelsen, Stanley Hoffmann, Raymond Aron... y que giraba en torno a las concepciones que, barrocamente, se denominaron «ptolemaica» y «copernicana» de las Relaciones Internacionales. La «ptolemaica» sitúa al Estado como individuo singular, erigido en sujeto y observador principal de un Sistema Internacional que es visto como un antiguo sistema planetario cuya base radica en la Tierra plana, que ve girar a los planetas por el cielo desde su posición estática: esa Tierra estática alude al Estado, según la propia derivación etimológica griega del verbo[75]. La «copernicana» contempla al sistema en perspectiva dinámica, con un Sol en el centro —metáfora la Organización Internacional rectora— y el conjunto de los planetas —los Estados— atrapados en sus órbitas. La visión ptole-

---

1990, pp. 21-37. Publicado por: *EBSCO Publishing 2003*. Accesible en línea: labmundo.org/.../WALTZ_realist_thought_and_neo... (consulta: 11/05/2013). Acerca de sus aceradas críticas a la Teoría Internacional, *Idem*, «Evaluating Theories» en: *American Political Science Review*, vol. 91, n.º 4, diciembre 1997, pp. 913-917.

Accesible en línea: pluto.fss.buffalo.edu/.../WaltzEvaluatingTheories.pd... (consulta: 11/05/2013).

[73] Por eso —entre otras razones— establecí la fecha de 1989 como clave del Cuarto Debate de la Teoría Internacional.

[74] Véase *Las relaciones internacionales en el siglo* XX..., *op. cit.*, p. 286 y nota. Los autores mencionados son Barry Buzan, Charles Jones y Richard Little, artífices de un perfeccionamiento considerable del Neorrealismo posterior.

[75] La raíz «*sten*» corresponde al aoristo (tiempo verbal) del verbo *hístemi* (ἵστημι: erguirse, estar de pie, asentarse firmemente - como intransitivo), a su vez, de la raíz indoeuropea στάω (*stáo*), de la que provienen: *sto* (latín), *estar* (español), *stare* (italiano), *stand* (inglés), *stehen* (alemán)… Obviamente, de ahí: estatus, estatuto, estado, estático… y varios otros cientos de palabras en todas las lenguas indoeuropeas (que comprenden a muchos millones de hablantes asiáticos: Asia Central, Persia y la India, en particular). Tal cosa me fue enseñada a los quince años recién cumplidos por Carmen Calvo, mi verdadera profesora de griego (no el inútil del colegio). Asimismo, me enseñó maravillas sobre la digamma y la eta aspirada. Sea esta nota su homenaje. A ella le debo el ardiente interés por la Filología comparada. Véase Juan SIGNES CODOÑER, *Escritura y literatura en la Grecia arcaica*, Akal, Madrid, 2004, pp. 39-42.

maica —«estatocéntrica»— prioriza al Estado y es llamada individualista; la visión copernicana —«sistémica»— destaca a la Organización y es denominada holista. Por extraño que pueda sonar, este debate afectó hondamente a aquellos autores y sus posiciones teóricas. Desde estas premisas, la obra de Waltz aún ofrece mayor interés[76].

Pese a la resonancia de su *TIP*, una clave esencial reside en su primera gran obra teórica, *Man, the State and War* (1959), inscrita en la Filosofía Política realista[77]. Su realismo es meridiano, orientado a establecer y precisar el papel estructurante de los Estados en la escena internacional, un Teatro del Mundo (*Welttheather*) cuya tramoya es la anarquia internacional: en ningún caso cabría considerarlo una sociedad y menos aún una comunidad, siendo ese escenario un teatro de operaciones que enfrenta a contendientes perpetuos que, si se auto-limitan, lo hacen por espíritu de cálculo. La teoría del Pacto Social lockeana no tiene validez en la esfera internacional descrita por Waltz, que aquí razonaría como un realista clásico. De hecho, su esquema acerca de la posición relativa de los Estados en un escenario político mundial en el que las Organizaciones Internacionales y los demás actores y factores sistémicos concurren para establecer su estructura, por un lado, y sus funciones, por otro, trata de conjugar la representación clásica del individualismo extremo de unos Estados que ejercen como sujetos racionales —al estilo de Hobbes, de Spinoza o de Descartes— que, egoístas, persiguen lograr su interés nacional en medio de un juego agonal (Huizinga) en el que sólo crecientes cuotas de poder garantizan su autonomía, independencia y soberanía, lo que, a su vez, permite el libre ejercicio de su voluntad (decisionismo y positivismo jurídico). En tal sentido, el Derecho se supedita al Poder, del que sería su expresión jurídica según la brutal fórmula: *Right is Might*[78].

Hasta aquí, Waltz —calificado de «arrogante»[79]— no habría aportado demasiadas novedades al conjunto de tópicos relevantes del Realismo clásico. Lo que singulariza su obra es haberse propuesto una demostración razonada, de base epistemológica auténtica y de raíz neopositivista, que su visión

---

[76] Mayor desarrollo, con figuras, en mi libro *El Sistema Mundial...*, *op. cit.*, pp. 147-188.

[77] El título ha sido examinado estructuralmente a causa de su curiosa semántica, pudiendo realizarse los siguientes enlaces dicotómicos: *Man/Woman*; *State/Nation*; *War/Peace*. Tales asociaciones —que también se efectúan entre *Power/Potence*— forman tópicos recurrentes en la Teoría Internacional «sexuada» (de ambas vertientes); a este respecto, Jean BETHKE ELSHTAIN propone una reacción desde un feminismo no «feminoide», en el sentido de que la equiparación de «mujer» y «paz» no es unívoca: *Women and War*, University of Chicago Press, Chicago, 1987: *Idem* y Sheila TOBIAS, *Women, Militarism, and War: Essays in History, Politics, and Social Theory*, Rowman & Littlefield, Lanham, 1990; un compendio en «Feminist Themes and International Relations» en: DER DERIAN, *International Theory...*, *op. cit.*, pp. 340-360; *Idem*, «Freud on War/Politics» en: DER DERIAN y SHAPIRO, *International and Intertextual Relations...*, *op. cit.*, pp. 4-68. Comentarios en: *Las relaciones internacionales en el siglo xx...*, *op. cit.*, pp. 328-332.

[78] *Recht ist Macht*, en alemán.

[79] Partiendo de la base de que no hay arrogancia mayor que la ignorancia, sobre todo, si «sienta cátedra», creo que más arrogantes eran los ignorantes que trataban de pasar por «teóricos» y que fueron vapuleados por Waltz. Hoffmann, uno de los más inteligentes, reaccionó con bastante humor a sus invectivas, que calificó de algo así como de «vivisección».

del Sistema Internacional era más coherente y cierta que cualquiera de las que habían circulado por el entorno académico respectivo hasta entonces, elaboradas a partir de teorizaciones científicamente nulas, impregnadas de prejuicios, creencias o preferencias personales. Otra de sus intenciones estribaba en superar las sandeces funcionalistas del positivismo ingenuo de los años 1950-1960, implantado en las universidades estadounidenses casi como un dogma de fe cientificista frente a los defensores de los estudios humanísticos afincados en la otra orilla del Atlántico. Sus críticas a una mayoría de los teóricos internacionales fueron demoledoras, pero saludables. Como autor centrado en el papel del Estado, Waltz enfocó en su *TIP* la determinación de la estructura del Sistema Internacional; para ello se fijó en los elementos permanentes que definen su invariancia (perdurabilidad en el tiempo)[80]. Sólo después se concentró en los atributos y las relaciones entre esos elementos, primando establecer una definición lo más precisa posible de la auténtica disposición de las partes que componen el Sistema.

Desde esa premisa, su visión tendió a ser más estática que dinámica. Consecuentemente, las únicas partes claramente diferenciadas en su Sistema eran los Estados. Ahora bien, como entidades que no son inmanentes ni eternas las unidades estatales están sometidas a cambio y a evolución, tanto en el plano individual que les es propio como en otro más amplio, ya general e histórico, que responde a las condiciones y transformaciones del medio en el que se asienta la propia estructura interestatal. Por su parte, ese medio —la anarquía internacional— no es ni ordenado ni jerárquico sino desordenado y carente de una autoridad central o superior, con capacidad efectiva de imponer el orden, dirimir los pleitos, arbitrar las soluciones, fijar las sanciones, establecer las reglas, obligar a su cumplimiento. No obstante, esta condición no significa en ningún caso que el crudo recurso a la fuerza irracional sea adecuado para dirimir de modo eficiente las cuestiones internacionales. En este punto es donde la noción de fuerza se asocia con la de potencia: su función es la de organizar esa violencia primariamente inespecífica para encauzarla por vías de racionalidad política. Y ahí, la mera conciencia de que exista esa posibilidad permanente de un recurso al uso de la fuerza constituiría el paradójico elemento capaz de moderar y regular el funcionamiento del Sistema Internacional: esa amenaza latente, susceptible de hacerse explícita en cualquier momento, contribuye a que las unidades del sistema —es decir, los Estados— se auto-limiten por la simple necesidad de calcular sus bazas en el peligroso juego de la anarquía internacional. A partir de ahí, la interacción entre las partes obedecerá a un método racional de cálculo de probabilidades: de éxito, de fracaso o de inanidad. Tales operaciones se realizan sobre una trama que entrelaza el sistema político con el mercado económico; en ella, sus relaciones mutuas se efectúan mediante el

---

[80] Para referencias más precisas, en su contexto: Kenneth N. WALTZ, «Structural Realism After the Cold War» en: *International Security*, vol. 25, n.º 1, 2000, pp. 5-41.

Accesible en línea: www.columbia.edu/.../Waltz_Structural%20Realism... (consulta: 11/05/2013).

juego combinado de unos sistemas coactivos que, por su parte, están asumidos por unas unidades «auto-interesadas», es decir, primordialmente preocupadas por sí mismas (regla de la autoayuda: *self help*).

Como se ha reiterado, en el esquema de Waltz los actores principales son los Estados; de éstos, los principales son los equiparables a potencias, si bien esta particularidad reviste la cualidad de atributo más que de condición estructural. A efectos de determinarlo interesa sobre todo considerar la intrínseca entidad del Estado en cuestión, definida no tanto en los términos clásicos de la vieja soberanía como en los más actuales de independencia y autonomía reales, lo que equivaldría a su capacidad efectiva de ejercer su voluntad política, a su vez, expresión de su interés nacional. Aunque a este respecto Waltz precisa que los atributos son mudables y efímeros, mientras que la estructura permanece[81]. Por último, si en la definición de las unidades configuradoras del Sistema Internacional prima el criterio de diferenciación, en lo que concierne a su posición relativa dentro del Sistema —asociada con sus capacidades reales de negociación, por ejemplo— importaría más el principio de distribución, que sirve para determinar los medios reales de que dispone cada actor del Sistema para realizar sus objetivos. En cualquier caso, Waltz se preocupa sobre todo de definir los elementos fijos o estructurales del Sistema Internacional, es decir, los Estados; sólo después considera a los demás actores concurrentes. Por tanto, en términos analíticos sólo otorga a estos últimos el valor de «variable dependiente»: entiende que siempre serán los Estados quienes en momentos de grave crisis del Sistema hagan o rehagan las reglas del juego internacional. Su visualización del Sistema Internacional es bastante rudimentaria, no obstante: lo muestra en figura de un círculo rodeado por unas unidades que no lo componen ni estructuran en sentido sistémico estricto sino que solamente interactúan en su marco-perímetro, configurando en su interior las situaciones determinadas por sus constreñimientos mutuos[82].

B) Anarquía, Seguridad y Conflicto Internacionales

La Teoría de la Política Internacional (*TIP*) de Kenneth N. Waltz constituyó una respuesta intelectual a un contexto histórico dominado por un sistema político y estratégico basado en una resurrección inducida de la

---

[81] Kenneth N. Waltz, «The Emerging Structure of International Politics» en: *International Security*, vol. 18, n.º 2, 1993, pp. 44-79. Publicado por: *JSTOR-The MIT Press.*
Accesible en línea: http://ir.rochelleterman.com/sites/default/files/Waltz%201993.pdf (consulta: 12/05/2013).

[82] Una base de la disertación en Van Der Pijl, *Vordenker der Weltpolitik...*, *op. cit.*, pp. 345-346; Roche, *Théories des relations internationales...*, *op. cit.*, pp. 93-99 y sobre todo en: *Las relaciones internacionales en el siglo* XX*...*, *op. cit.*, pp. 221-228, 281-289, 115-117, resumen de otros estudios y lecturas más extensos. La figura [5.2] puede verse en la p. 100 de su *Theory of International Politics*; gracias a *Internet*, el *pdf* es accesible en línea: www.polsci.wvu.edu/.../WaltzTheoryInternationalPo... (consulta: 11/05/2013).

Guerra Fría: máxima confrontación ideológica de los Estados Unidos y sus aliados —occidentales y no occidentales— con el bloque comunista, en conjunción con un sistema económico regido por el monetarismo y la asunción del valor del «libre mercado» como su principio axiomático general. Tales fueron las llamadas «*Reaganomics*», híbrido entre *Reagan* y *Economics*. Como se ha señalado, la *TIP* permaneció en vigor durante diez años, en los que Waltz asumió dar adecuada y sistemática respuesta a sus críticos. El debate fue intenso, siendo ésta la mejor prueba de la calidad de su trabajo. Pero, además de una auténtica revolución histórica, la magnitud de lo ocurrido desde el 9 de noviembre de 1989, fecha del derrumbe real del Muro de Berlín, supuso la apertura de un horizonte teórico en el que aún quedaba bastante que desbrozar. Desde ese momento, ninguna corriente teórica de las Relaciones Internacionales con mínimas ambiciones intelectivas podía seguir desarrollando discursos caducos. En un contexto de relativo desconcierto se produjeron movimientos y deslizamientos entre escuelas, paradigmas, autores… Entre otras cosas, viejas referencias de «derechas» y de «izquierdas» dejaron de tener un sentido operativo real. Pues, ¿quién era más «retrógrado» o «reaccionario», un comunista[83] como Mijaíl Gorbachov que predicaba el retorno a la autenticidad de 1917 o un populista que huía hacia un futuro de negocios fáciles e improvisación política como Boris Yeltsin? ¿Qué representaban los fundamentalismos de todo tipo —políticos, religiosos, culturales— que crecían sin cesar e incluso tomaban el poder en diversas naciones en el mundo, predicando revoluciones basadas en tradiciones premodernas, con paradójicos apoyos de una «izquierda intelectual» occidental trasnochada[84]? ¿Qué sucedía con el descontrol de los asuntos mundiales sobrevenido a consecuencia de la pérdida de protagonismo de los Estados, socavados en sus nociones básicas constitutivas —soberanía, legitimidad, competencias...— por toda clase de ideologías dispares? ¿Quién iría a regular los gigantescos tráficos mundiales, legales e ilegales, derivados de la transnacionalización y la globalización?

Dentro del Neorrealismo hubo autores que se propusieron loables ejercicios de madurez intelectual. Algunos de los más destacados fueron los británicos Hedley Bull y Barry Buzan, junto con Charles Jones y Richard Little, renovados formuladores del eterno tema de la «anarquía [internacional]», que, así las cosas, no podía ser más que «madura», ligada al estudio de su «lógica»: *Logic of Anarchy*: contraída en *LoA*[85]. Como teórico consistente,

---

[83] A su vez, ¿«ortodoxo» según las reglas de la creación originaria de la URSS o «heterodoxo» respecto del régimen Stalin-Bréznev? Única en prever no sólo el derrumbe de la URSS sino sus causas: Helène CARRÈRE D'ENCAUSSE, *L'Émpire eclaté*, Flammarion, París, objeto de irrisión por los pretenciosos sovietólogos que tuvieron que agachar la testuz… antes de desaparecer, tragados por la Historia. Tuve ocasión de escucharla una vez, rodeada de sovietólogos frustrados y de otros oportunistas al uso: por eso sé de lo que hablo (más o menos).

[84] Richard LÖWENTHAL, «Ilustración y fundamentalismo como factores de la política mundial» en: *Debats*, n.º 32, junio 1990, pp. 70-73.

[85] Barry BUZAN, Charles JONES y Richard LITTLE, *The Logic of Anarchy: Neorealism to Structural Realism*, Columbia University Press, Nueva York, 1993. Cuando aquí se habla de «anarquía internacional» se piensa en un sistema cuyas unidades interrelacionadas no están

Bull reflexiona sobre la virtualidad de una Sociedad Internacional fraguada en Europa con el Renacimiento, que él concibe como una entidad formada por Estados y definida por su anarquía en tanto en cuanto adolece de la institución de un poder rector, central y superior a los propios Estados o unidades que la constituyen[86]. Como entes soberanos, los Estados conforman una situación «precontractual» en sus relaciones mutuas, es decir, figuradamente previa a cualquier pacto social lockeano, descartado de antemano por la propia naturaleza de esta peculiar sociedad que ellos mismos determinan. Sin embargo, «anárquica» no significa en este caso caótica o desordenada. En ella existiría un orden que, en primera instancia, habría sido impuesto por las diversas potencias con arreglo a su posición y peso relativos a lo largo de la Historia. Le seguiría otro ordenamiento derivado del necesario equilibrio de fuerzas entre esas mismas potencias, susceptible de extenderse y consolidarse mediante determinados principios o reglas de cooperación mutua que, a su vez, se derivarían necesariamente de la propia existencia de relaciones regulares e interesadas entre los Estados. Subyace a este esquema la tesis realista del Derecho Internacional, en sí, concebido como una mera expresión de la voluntad estatal. Tal característica lleva a negar lo principal de su fundamentación iusnaturalista en favor de un positivismo jurídico que traduciría la cristalización del *statu quo* dimanado de determinadas constelaciones políticas mundiales a lo largo de la Historia. Esto conduce a que, en esa Sociedad, el principio político del equilibrio de fuerzas (*balance of power*) se vea elevado a *quasi* supremo mecanismo de regulación de lo que, en sí, se concibe casi en exclusiva como un sistema interestatal (en mayor medida que «internacional»).

No obstante, esta situación sí que contempla una suerte de *consensus iuris* que determina su propia entidad. De ese modo, la formación resultante —es decir, la Sociedad Internacional— tendrá bastante de club o de círculo cerrado en el que un consistorio de potencias —que comparten valores comunes: políticos, económicos, culturales, religiosos, etc.— se otorgan

necesariamente «organizadas» y, sobre todo, carecen de una instancia reguladora central y superior que ejerza de árbitro en sus disensiones y conflictos. La raíz de esta visión es, como se ha mencionado varias veces a lo largo del libro, hobbesiana. Cualquier relación con el movimiento o las ideologías anarquistas de los siglos XIX y sus secuelas posteriores carece de fundamento: sea éste un aviso a lectores demasiado pegados a algunas literalidades (como cierto desenvuelto autor de una larguísima y condescendiente reprimenda epistolar; menos mal que en su día existieron Godwin, Maréchal, Warren, Proudhon, Faure, Bakunin… cuya categoría permite olvidar el presente). Cabría elaborar a partir de aquí toda una teoría sobre el olvido del presente… y aun del futuro.

[86] Los conceptos «Sociedad» y «Comunidad»: clásicos desde Ferdinand TÖNNIES, *Gemeinschaft und Gesellschaft*, Wissenschaftliche Buchgesellschaft, Darmstadt, 1991; revisado por Roberto ESPOSITO, Communitas. *Origen y destino de la comunidad*, Amorrortu, Buenos Aires, 2003; un desarrollo específico en: *El Sistema Mundial…*, *op. cit.*, pp. 97-144; en lengua española, el «clásico» es Antonio POCH, «Comunidad internacional y sociedad internacional» en: *Revista de Estudios Políticos*, n.º 12, noviembre-diciembre 1943, pp. 341-400; en perspectiva iusnaturalista, Juan Antonio CARRILLO SALCEDO, «Algunas reflexiones sobre la noción de Comunidad Internacional» en: *Anales de la Real Academia de Ciencias Morales y Políticas*, LX, n.º 85, 2008, pp. 373-384.

recíprocamente un cuerpo de normas y reglas que contribuye al buen funcionamiento de esa misma asociación, una comunidad imperfecta. A su vez, estas formaciones contingentes evolucionan en el tiempo y en el espacio. Muy interesado por la Historia, Bull se plantea al menos la virtualidad de diversas formas de organización de la Sociedad Internacional a lo largo de los siglos. El examen de las diversas modalidades cristalizadas sobre esa base histórica le permite proponer diversos modelos que obviamente ya han sido experimentados; además, ese mismo factor temporal subraya el componente evolutivo de los procesos[87].

Por su parte, dentro del concepto de una anarquía internacional determinada por la persistente e inherente noción de conflicto, sempiterno y potencial desencadenador de la guerra, un paso siguiente consistiría en definir y establecer los progresos necesarios para fijar los procedimientos de su regulación y también de su ordenamiento. Y esto se plantea en tanto que, *sensu stricto*, no cabría hablar de orden, toda vez que en sentido antropológico el Realismo no contempla la absurda idea de paz, una figuración ideal. El esquema parte del hecho cierto que supone constatar la naturaleza agresiva y violenta del animal humano; tal objetivación impide formular un concepto de paz creíble o efectivo. Sin embargo, el de seguridad sí sería factible. Una de sus ventajas es que la seguridad se orienta a minimizar los daños y riesgos potenciales que acechan a cada individuo, grupo o sociedad humanos. Así, frente a las idealizaciones y las abstracciones de una paz genérica, el concepto de seguridad resultaría bastante más útil. En términos pragmáticos, serviría además entre otras cosas para discernir y fijar los nexos relacionales básicos y principales del Sistema Internacional. ¿Sobre qué base? Si la seguridad es uno de los prerrequisitos fundamentales y constitutivos del Estado —visto como comunidad política perfecta que deriva de garantizar la seguridad el supuesto básico de su legitimidad *ad intra*, es decir, ante sus ciudadanos nacionales— este mismo principio —sólo que ahora *ad extra*: esto es, en sus relaciones mutuas o exteriores— representa que los Estados estén obligados a figurar y a actuar en la escena internacional como unidades políticas fuertes o débiles. Tal condición será siempre inestable, precaria, cambiante y tal vez azarosa, lo que a su vez incrementa la incertidumbre y peligrosidad del ámbito interestatal. A partir de ese medio tan problemático, ¿cómo sobrevivirá en él el Estado que sea —o pase por— débil?[88].

---

[87] Glosa parcial de ROCHE, *Théories des relations internationales...*, *op. cit.*, pp. 118-124; *Las relaciones internacionales en el siglo XX...*, *op. cit.*, pp. 295-300. En esta línea: Hedley BULL, «Hobbes and the International Anarchy»..., *op. cit.*, pp. 717-738; *Idem*, *The Anarchical Society. A Study of Order in World Politics...*, *op. cit.*; *Idem* y Adam WATSON, *The Expansion of International Society*, Clarendon Press, Oxford, 1984; Richard LITTLE y Steve SMITH (eds.), *Belief Systems and International Relations*, Blackwell, Oxford, 1988; Adam WATSON, *The Evolution of International Society. A Comparative Historical Analysis*, Routledge, Londres y Nueva York, 1992.

[88] Oswaldo DE RIVERO, *Los Estados inviables. No-desarrollo y supervivencia en el siglo XXI*, Ediciones de la Catarata-Instituto Universitario de Desarrollo y Cooperación-UCM, Madrid, 2003.

Por lo demás, este asunto ya fue objeto de un admirable análisis por Hugo Grocio en el siglo XVII, a medio camino entre las tesis contractuales de Locke y las anárquicas puras de Hobbes. Otro inteligente teórico ocupado en estas cuestiones es el ya citado Barry Buzan. Como buen británico, no desdeña la Historia, que estudia con detenimiento. En particular le preocupa definir y establecer la influencia de factores evolutivos en las relaciones internacionales. Centrado en la virtual regulación de la anarquía, hipótesis originaria de las propuestas del controvertido antropólogo alemán Christian Sigrist[89], sus investigaciones critican las generalizaciones corrientes de la Teoría Internacional: las «leyes objetivas» de Hans J. Morgenthau o las «necesidades fundamentales» de John W. Burton, que califica de meras constataciones o conjuntos de valores, negándoles una capacidad analítica sustentadora de una construcción teórica consistente[90]. Asimismo, Buzan desdeña las meras nociones simplistas o descriptivas de anarquía. En tal sentido, matiza sus determinaciones adjetivándola como «inmadura» y «madura». La Anarquía Inmadura constituiría precisamente esa primera versión simplificada, representativa además de determinadas situaciones históricas: en sí, constituye una situación caótica y peligrosa. Bajo sus parámetros, las respectivas unidades del Sistema Internacional —en síntesis, los Estados o sus equivalentes— sólo pueden congregarse en forma yuxtapuesta bajo el imperio de una hegemonía que se ejerce por la fuerza, sin revestir ninguna otra clase de autoridad. Esa condición de mero sometimiento priva al sistema de una cohesión real y perdurable. De forma análoga a como sucedería entre elementos inmaduros y antisociales de cualquier comunidad humana, los Estados sujetos a tales condiciones no tienen otro objeto que competir entre sí, enzarzados en continuas luchas. A su vez, en estas querellas sólo se dirime una ostentación de sentimientos de «pundonor» —por ejemplo, continuas y arro-

---

[89] Christian SIGRIST, *Regulierte Anarchie: Untersuchungen zum Fehlen und zur Entstehung politischer Herrschaft in segmentären Gesellschaften Afrikas*, LIT Verlag, Münster, 1994 (edición original en 1967).

[90] John W. BURTON, *World Society*, Cambridge University Press, Cambridge, 1972. Dentro de las corrientes integradoras del período precedente, la Interdependencia de la *World Society* de Burton se planteó como un orden sistémico, si bien tal condición no constituía un fin en sí mismo. Su visión de la integración comprendía nociones como el bienestar y los logros culturales, plasmados en sus resultados tangibles. Formarían parte de un proceso que imaginaba el futuro en términos de una organización política universal integradora: «un solo mundo» (*One World*), constituido por los diversos pueblos que lo componen sobre una base de valores e ideologías compatibles. Su proyecto incluía una integración progresiva, inicialmente de base local y regional. Otras obras: *International Relations*, Cambridge University Press, Cambridge, 1962; *Systems, States, Diplomacy, and Rules*, Cambridge University Press, Cambridge, 1968; *Conflict and Communication*, Macmillan, Londres, 1969. Lecturas más profundas: Barry BUZAN, *From International to World Society: English School Theory and the Social Structure of Globalization*, Cambridge University Press, Cambridge, 2004, pp. 66-69; panorámica de cuestiones relevantes, Kanti Prasad BAJPAI y Harish C. SHUKUL, *Interpreting World Politics*, Sage, Nueva Delhi, Thousand Oaks y Londres, 1995 (L. J. Halle: integración; A. Watson: régimen nuclear; G. Parker: Geopolítica; K. J. Holsti: ideología transatlántica; S. Strange: nueva diplomacia y medios de comunicación; A. Gupta: seguridad, etnicidad y conflicto; R. Chatterji: conflictos fronterizos…).

gantes exhibiciones y pretensiones de legitimidad y soberanía— compitiendo cada uno por ocupar su particular «lugar bajo el Sol»[91]. El orden resultante de esta determinación sería muy precario; a ello se suma que para mantenerlo, la potencia hegemónica está obligada a incesantes, costosas y a menudo inútiles demostraciones de fuerza, que además engendran reacciones de respuesta entre los sometidos tanto como entre los rivales: rechazo, oposición, rebeldía, sedición, enfrentamiento.

La noción de Anarquía Madura incorpora avances para configurar un Sistema Internacional más estable y seguro. Desde sus premisas, los Estados no sólo actuarían como entidades exclusivamente conscientes de sus propios atributos de legitimidad y soberanía, sino que también considerarían los de los demás. Tal disposición favorece la firma de acuerdos, el establecimiento de pactos y la fijación de normas de conducta. Es evidente que subsistirán las viejas posiciones de fuerza, pero éstas se afirmarán sobre otros aspectos suplementarios derivados de la habilidad y la capacidad de convencer a sus socios y rivales que ese Estado demuestre a largo plazo. Más que vencer —lo que, si bien reporta beneficios inmediatos y momentáneos puede ser efímero— se pretendería convencer, en espera de estrechar lazos, que las conductas se tornen predecibles y que las situaciones se estabilicen. A falta de un árbitro o de una instancia política superior sí se podrían auspiciar unas condiciones que mejorasen la regulación y la gestión adecuada de los asuntos internacionales.

Sobre este esquema inicial se entrelaza la influencia decisiva del factor «cambio», especialmente significativo en los análisis estratégicos. ¿Por qué motivo? Cualquier incompetencia a la hora de advertir las transformaciones que afecten sensiblemente al Sistema Internacional obligará a enfrentarse a las peores situaciones imaginables. A fin de prevenirlo, el modelo de la Anarquía Madura predica una operación fundamental consistente en integrar, en un plano tanto cognitivo como pragmático, lo que se estima que pueden ser series o repertorios de acontecimientos significativos; éstos deben resituarse luego en las coordenadas de un horizonte de análisis que se pueda reelaborar con arreglo a la noción de un «orden complejo», una operación que permitirá trazar las líneas esenciales de la cuestión concernida: la propia seguridad. A su vez, ésta se constituye sobre un orden complejo, holísticamente concebido y organizado, según el cual los Estados deberían abstenerse de incurrir en las viejas actitudes centradas exclusivamente en su interés nacional particular para integrarse en un sistema común, más capaz de garantizar la apetecida seguridad: pues sólo como miembros de esa especie de asociación internacional más extensa es cómo se puede salvaguardar la soberanía y la legitimidad, tanto interna como internacionalmente. Este enfoque resulta bastante más penetrante y sutil que otros anteriores. En particular, encarece la necesidad de revisar críticamente el propio concepto de «cambio», comodín semántico que trivializa un sinfín de análisis políticos internacionales,

---

[91] «*Ein Platz an der Sonne*», en expresión del Secretario de Estado del *Reich*, Bernhard von Bülow (1897): debate colonial.

aplicándose banalmente a conjuntos indiscriminados de acontecimientos o situaciones. Pues tan peligroso y erróneo es no advertir los cambios que se suceden continua e inexorablemente como pasmarse ante efemérides carentes de sustancia. Tal sucede cada vez que una hipotética novedad irrumpe en un horizonte de acontecimientos que, inscritos en una adecuada perspectiva histórica o cultural, resultan ser tan añejos como la propia presencia humana en la Tierra. En tal sentido Waltz ya sentó las bases que aconsejaban determinar los elementos estructurales o de invariancia, siquiera relativa. Sin sucumbir al «mito del eterno retorno» implícito en el «*nihil novum sub Sole*» (nada nuevo bajo el Sol), sí es necesario fijar los términos de lo «nuevo» en tanto en cuanto lo sea realmente. Pues, ¿qué sentido, aparte de los instrumentales o utilitarios, tendría tanta referencia tautológica a «cambiantes» o «nuevas» cosas de todo tipo?

Se ha indicado antes que, para desenvolverse, la Anarquía Madura exige que los repertorios de acontecimientos significativos se inscriban en un «orden complejo». Éste se concibe como una especie un tejido o de trama heterogéneos donde se entrelazan las diversas opciones, oportunidades y bazas que cada coyuntura genera dentro del modelo de la propia Anarquía Madura: ahí es donde los Estados lograrían sus mayores ventajas relativas para desenvolverse en el medio internacional. Mediante el complicado y sutil juego en el que sus intereses interdependientes se entrelazan con su soberanía y su legitimidad respectivas, el Estado puede actuar, por ejemplo, dentro de un sistema de alianzas que reduzca tanto los riesgos como los costes de mantenerlas y asegurarlas. Tal sistema se denomina *security complex* (complejo o conjunto de seguridad).

Mientras preparaba uno de sus primeros libros, titulado significativamente *People, States and Fear* (1983), Buzan encabezó la revisión estructural del Neorrealismo a partir de una lectura crítica de la obra de Waltz[92]; tanto él como Charles Jones y Richard Little pretendían averiguar si el Neorrealismo de Waltz se correspondía con una simple rama evolutiva del Realismo tradicional o si por el contrario poseía determinaciones estructurales propias de las que derivar otros desarrollos. Fuese así o no, lo cierto es que desde ese momento las anteriores reticencias realistas hacia todo lo que no fuesen sus temas y enfoques convencionales dieron un giro copernicano, encargado de reconstruir un Realismo estructuralmente consistente. Poco a poco, la condición estructural comenzó a prevalecer sobre la realista. Dentro de estas determinaciones estructurales estos autores subrayaron especialmente las que, por ejemplo, conciernen a los elementos coercitivos de los comportamientos individuales y sociales; por lo general, estos aspectos no suelen ser del todo explícitos, siendo por tanto bastante desconocidos y difíciles de gestionar. Tal escrutinio —en el que el examen y las aplicaciones de la obra de Foucault han desempeñado un papel crucial— sirvió para que el análisis meramente descriptivo de las leyes y normas superficiales que gobiernan el Sistema Interna-

---

[92] Barry BUZAN, *People, States and Fear - An Agenda for International Security Studies in the Post-Cold War Era*, Hemel Hempstead, Harvester-Wheatheaf, 1991.

cional —regularidades y recurrencias— se acompañase de una mayor profundidad explicativa o heurística, capaz de identificar al menos los resortes ocultos de la Política Mundial. Por otro lado, al integrar en sus análisis perspectivas más variadas, Buzan, Jones y Little aportaron un considerable progreso a los postulados realistas. Además de la perspectiva económica, favorita de Waltz, incorporaron la sociológica y la histórica, afines a Aron o Hoffmann, junto con bastantes otras: la psicológica y la semántica, la biológica y la lingüística. Autores tan inusuales como el ya citado Foucault, o Marx, Saussure, Freud, Darwin, Parsons o Skinner... comenzaron a ser leídos, glosados y citados con variable acierto. Un criterio rector consistió en comprender que la realidad *real* de la Sociedad Internacional —o Sistema Mundial— debía ser desvelada, que para ello era imprescindible romper la costra de las apariencias para ahondar en sus estructuras y factores esenciales, y que, en definitiva, convenía desechar los señuelos ideológicos que entorpecían su conocimiento, con independencia de los valores y creencias que el investigador individual profesase[93]. En sí, ésta sería la actitud más realista de todas. Estos autores neorrealistas intentaron profundizar además en la determinación de las estructuras reales que trascienden la semántica y el metalenguaje corriente de la Teoría Internacional. Pues no bastaría con hablar del Estado, la soberanía, la legitimidad, la seguridad, etc., sino que sería necesario precisar lo más exactamente posible a qué cosas —o hechos reales— se refieren esas palabras así como atender a su evolución en el tiempo y en el espacio. De ese modo, cuestiones tan obvias como por ejemplo las diferencias de significado de la palabra «Estado», según de qué contexto o período se trate, son esenciales para entender el verdadero fondo —*the stuff*, en términos de Stanley Hoffmann— de las Relaciones Internacionales. Sólo así es plausible el intento de formalizar teorías, o teorizaciones, o simples conjuntos de hipótesis elaboradas de un modo consistente, que tengan algún fundamento como «predicados de verdad» o lo que Wittgenstein llamó «certeza»[94].

Siendo ambas neorrealistas, la Lógica de la Anarquía (*Logic of Anarchy-LoA*) supone una progresión de la Teoría de la Política Internacional (*Theory of International Politics-TIP*). La *TIP* fue concebida en y por un mundo en el que la Anarquía Inmadura ejercía fuertes presiones bajo el dictado hege-

[93] Este asunto, obvio y rutinario en las Ciencias positivas, es un fastidioso debate de las Relaciones Internacionales, agudizado desde 1950. Irresuelto por interferencias ideológicas de la Guerra Fría, revela hoy la banalidad de un intelectualismo formal que apenas recubre posiciones mucho más pragmáticas. Martin SHAW sintetiza muy bien el pensamiento de Buzan: *Global Society and International Relations. Sociological Concepts and Political Perspectives*, Cambridge University Press, Cambridge, 1994, pp. 85-96; Barry BUZAN, «Change and Insecurity: A Critique of Strategic Studies» en: *Idem* y R. J. BARRY JONES (eds.), *Change and the Study of International Relations. The Evaded Dimension*, Frances Pinter, Londres, 1981, pp. 155-172, esp. pp. 158 y 169-171; Barry BUZAN «New Patterns of Global Security in the Twenty-First Century» en: *International Affairs*, vol. 67, n.º 3, 1991, pp. 431-451. Publicado por: *Wiley-JSTOR*. Accesible en línea: http://www.jstor.org/stable/2621945 (consulta: 12/05/2013); BUZAN, JONES, LITTLE, *The Logic of Anarchy. Neorealism and Structural Realism..., op. cit.*, «Overview» conjunto, pp. 1-17; además, pp. 233-245, 132 ss.

[94] Ludwig WITTGENSTEIN, *Sobre la certeza*, Gedisa, Barcelona, 1987.

mónico de las dos superpotencias durante la Guerra Fría, aun si se debatía en sus estertores finales. La *LoA* nació para hacer frente a una realidad política mundial transformada, donde asomaban aspectos diferentes que auguraban otras posibilidades de innovación teórica, bajo el postulado programático de construir una «teoría coherente del Sistema Internacional»: se suponía que la anarquía había madurado lo suficiente[95]. Aunque aquí la cuestión enlaza con los postulados apuntados al comenzar el capítulo: la noción de una interdependencia que transforma el comportamiento de los actores principales del Sistema Internacional, los Estados[96].

C) Turbulencia Internacional y Fin de la Historia

He sostenido en algún lugar que el siglo XXI —según el cómputo occidental del tiempo: universal por universalizado— comenzó en 1989. Esta aseveración no tiene, por otro lado, nada de original. A pesar de la emoción vivida entonces, como tantos otros fui incapaz de percibir, en toda su hondura y en su alcance real, la cualidad revolucionaria de cuanto aconteció aquel año en el mismo instante en que se producía[97]. Apenas ningún juicio certero es posible desde la cercanía inmediata del presente. Hace falta perspectiva y ésa sólo la da el curso de los años y un análisis más profundo y reposado, con mayores y mejores elementos de juicio, acerca de la evolución de los procesos. Aquel *annus mirabilis* estuvo repleto de acontecimientos notables. Fue uno de ésos que periodistas y cronistas califican de «históricos» con tanta reiteración que se llega a dudar de idoneidad del adjetivo. Porque, a vuela pluma, ¿cómo es posible afirmar que algo será «histórico» cuando

[95] Aunque aquí vino John J. Mearsheimer a disolver fáciles entusiasmos: «The False Promise of International Institutions» en: *International Security*, vol. 19, n.º 3, 1994-1995, pp. 5-49.

Accesible en línea: oliviala u.org/ir/archive/mea3.pdf (consulta: 13/05/2013). Además: Andrew Linklater, «The Question of the Next Stage in International Relations Theory: A Critical-Theoretical Point of View» en: *Millennium Journal of International Studies*, vol. 21, n.º 1, 1992, pp. 77-98. Publicado por: *Sage*.

Accesible en línea: mil.sagepub.com/content/21/1/77.full.pdf (consulta: 13/05/2013).

[96] Modestamente, exposición más detallada en: *Las relaciones internacionales en el siglo XX..., op. cit.*, pp. 281-289. Interesante: Alexander Wendt, «Why a World State is Inevitable: Teleology and the Logic of Anarchy» en: Universidad de Chicago, enero de 2003, 77 pp. Accesible en línea: political-science.uchicago.edu/faculty/.../wendt.pdf (consulta: 12/05/2013); *Idem*, «Anarchy is What States Make of It: The Social Construction of Power Politics» en: *International Organization*, vol. 46, n.º 2, 1992, pp. 391-425. Publicado por: *The MIT Press-JSTOR*. Accesible en línea: http://www.jstor.org/stable/2706858 (consulta: 13/05/2013); una recapitulación (sobre el constructivismo de Wendt), Cynthia Weber, *International Relations Theory. A Critical Introduction*, Routledge, Nueva York, 2010, pp. 66-69.

[97] Los acontecimientos: *Las relaciones internacionales en el siglo XX..., op. cit.*, pp. 265-268. Incorpora a Ágnes Heller y Ferenç Fehér, *ibidem*, pp. 269-273, con aporte bibliográfico. Desde un plano teórico: Andrew Linklater, *Beyond Realism and Marxism: Critical Theory and International Relations*, Macmillan, Londres, 1989, precedido de *Idem*, *Men and Citizens in the Theory of International Relations*, Macmillan, Londres, 1982; Alastair J. H. Murray, *Reconstructing Realism. Between Power Politics and Cosmopolitan Ethics*, Keele University Press, Edimburgo, 1997.

la mayor parte de las noticias se envuelve a diario de la misma retórica? Si sólo se atendiera a determinados analistas políticos, excesivamente pegados a la noticia, el investigador estaría perdido. ¿Cuántas nimiedades cotidianas no se exageran como «acontecimientos históricos»? Por otro lado, este proceder parece encantar a los políticos: quizá creen que refuerza ideológica y un tanto ilusoriamente su posición de «protagonistas de la Historia».

Sin embargo, por mucho que ciertos medios de comunicación masiva ligados a las instancias del poder se empeñen en «fabricar» realidades históricas, la realidad *real* tiende a imponerse, entre otras razones porque existen científicos encargados de estudiarla y de explicarla. Es más, se ocupan de examinar el propio modo en que es presentada. La desconstrucción semántica de los discursos, que alcanza incluso a lo «no dicho» o silenciado —pues hay silencios elocuentes— ayuda a comprender mejor aspectos sustanciales de la Política Internacional. Sólo un adecuado horizonte, no sólo temporal sino de conocimientos, permite establecer la relevancia histórica de algo. En perspectiva realista, la Historia presenta un valor intelectual ambiguo. Por un lado, se aprecia como fuente de conocimientos legitimadores de determinadas posturas y creencias, sobre todo por el Realismo clásico (Primer Debate); por otro, es denostada como «acientífica» en los términos del positivismo ingenuo: la singularidad del acontecer histórico impide que sirva para construir teorías científicas verificables empíricamente (tesis de los Debates Segundo y Tercero). ¿Qué significará entonces *1989* en términos históricos?

a) *Oleadas Mundiales y Turbulencia Internacional: la deriva global*

La noción de «turbulencia» en la Teoría Internacional, que evoluciona a su vez desde 1989, asomó a la palestra mundial envuelta en unas oleadas revolucionarias asimismo mundiales, consecuentes con una deriva global que sumergió a una mayoría de sujetos y actores en un mar de incertidumbre. Como ensayo pretendidamente epistemológico, el empleo de esta noción implica el intento de aplicación aproximada de algunas teorías científicas positivas —ligadas a la Física avanzada, inspirándose, por ejemplo, en algo tan complejo como los análisis de «estructuras disipativas» de Ilya Prigogine— a la teorización de las Relaciones Internacionales[98]. En sí, representa una respuesta al proyecto de estudiar la compleja fenomenología internacional sometiéndola a renovados criterios de objetividad que, aun evadiendo la tentación matematizadora de los años 1950-1960, consiguieran determinar sus rasgos estructurales, establecer sus regularidades observables, definir sus pautas de comportamiento, etc., a fin de lograr un estatuto científico consistente que permitiera formular unos «enunciados proposicionales» sólidos, previos a la construcción de teorías en el estricto sentido positivista del término.

---

[98] Ilya PRIGOGINE e Isabelle STENGERS, *La nueva alianza. Metamorfosis de la ciencia*, Alianza, Madrid, 1990, pp. 139-221, esp. 192-193.

El vértigo sobrevenido en 1989 dio pie a que se entendiera que el proceso social de las relaciones internacionales —vistas en términos globales— podría obedecer a algo semejante a las leyes físicas que rigen las turbulencias de los gases o fluidos. El mundo en su conjunto fue contemplado como un inmenso laboratorio que, a la vez que suministraba los materiales necesarios para la investigación, constituía el propio campo de prueba para verificar las teorías[99]. Sin embargo, en el terreno discursivo, una respuesta oportuna a estas cuestiones la dieron, por ejemplo, Ágnes Heller y Ferenç Fehér al plantearse la que denominaron «cuarta ola» revolucionaria que a finales del siglo XX culminaba el proceso de la Modernidad[100] en unos momentos en los que nadie, excepto la ya aludida Hèlène Carrère d'Encausse, parecía capaz de predecir teóricamente el declive del imperio soviético, quizá la máxima consagración secularizada del historicismo político. El 9 de noviembre de 1989 el pueblo alemán se lanzó a las calles proclamando su cualidad de ser *el* pueblo (*das Volk*) y también la de ser *un* pueblo (*ein Volk*). De este modo, por la vía de los hechos se rompió la lógica ideológica de ciertas formas de entender la Historia; una raíz de esa ruptura radica en la condición de que un pueblo se reconozca a sí mismo como tal y se proyecte políticamente en sentido unitario. Ya antes, Carrère d'Encausse comenzó interesándose por la supervivencia de nacionalidades como Armenia o Azerbaiyán en la Unión Soviética, vislumbradas como factores que habrían de desencadenar su estallido. Tal cuestión, acallada y latente, volvió a poner sobre el tapete la inextinguible necesidad de reflexionar sobre las propias bases constituyentes

---

[99] A este respecto, un problema capital consiste en determinar qué acontecimientos son verdaderamente significativos, así como examinar críticamente el propio proceso de recepción y selección de los mismos. Ocurre que ningún científico social es ajeno al mundo en que vive, inscrito en redes de todo tipo que eventualmente estorban su propio discernimiento. Cualquier teórico de las Relaciones Internacionales que pretenda dictaminar el estado del mundo contemporáneo dependerá por fuerza de las informaciones aportadas por los medios de comunicación, oficinas, agencias, institutos e instancias oficiales, centros de documentación, etc. ¿En qué medida el propio proceso de recepción y distribución de noticias y datos, que, con anterioridad, ha ejercido una previa selección y recopilación, no sesga esas mismas fuentes de información? Todo esto no supone creer en «teorías conspirativas» y análogos: ocurre por la propia naturaleza de las cosas. Además, ¿qué capacidad real tiene cualquier investigador social para discernir adecuadamente entre su propio juicio y las opiniones —o meros criterios de selección— que subyacen a la información que maneja, derivadas del simple hecho editorial de elegir una noticia y no otra? ¿Qué fiabilidad científicamente relevante tienen esas y otras fuentes de información y documentación? Ante el aluvión de información, que suele ser contradictoria, confusa y sesgada, parece obvio que ese científico no pueda verificar por sí mismo cada dato o noticia que maneja. Por ejemplo, ¿cuántos fueron los muertos de la guerra entre hutus y tutsis de Ruanda en 1995: quinientos mil o un millón? ¿De quién fiarse? ¿Quién certifica que los datos de Naciones Unidas sean más veraces que otros, que pueden disponer de otras fuentes directas, tanto al alza como a la baja? Por lo tanto, ¿cuál es la validez *real* de su trabajo?

[100] HELLER y FEHÉR, «La cuarta ola: el lugar histórico de las revoluciones en las sociedades de tipo soviético» en: *Idem* e *Idem*, *El péndulo de la Modernidad…*, *op. cit.*, pp. 7-46. otra reflexión coetánea, Ralf DAHRENDORF, *Reflexiones sobre la revolución en Europa en una carta pensada para un caballero de Varsovia*, Emecé, Barcelona, 1991.

de los Estados, lo que significaba redescubrir a Hegel, por un lado, y a Herder, por otro.

Individuos, pueblos, naciones y Estados recuperaron un espacio que las tesis globalizadoras habían comenzado a arrasar con su cohorte de elementos homogeneizadores: lo que se pretendía liquidar —hacer líquido— comenzó a revelarse —y a rebelarse también— como sólido, esto es, resistente. Nociones tan arcaicas como *éthnos* y *dêmos* —y *laós* en menor medida— fueron objeto de renovado interés por su relación, virtual y real, con las definiciones modernas y sobre todo post-modernas de la nación[101]. Es curioso. En 1989 se conmemoró, por ejemplo, el segundo centenario de la Revolución Francesa, ocasión que el presidente François Mitterrand elevó a grandes fastos estatales que festejaron a su *nation*, sede del capital simbólico que confirió la soberanía, mediante el derrocamiento y ejecución del monarca Luis XVI, a un pueblo articulado en forma de ciudadanía. La atribulada Polonia se entregó también a la denostada «memoria histórica»: de forma conjunta evocó el cincuentenario de sus dos últimas invasiones, la hitleriana y la soviética, asociadas en virtud del pacto del 23 de agosto de 1939, firmado por Von Ribbentrop y Mólotov. A la par que celebraban oficialmente la redonda cifra de sus cuadragésimo «cumpleaños», las «dos» Alemanias asistieron a la desencantada y resignada ceremonia de ejecutar respectivos balances cuya doble balanza se inclinó ese mismo otoño de un solo lado: un número considerable de *Ossis*, o alemanes de la RDA, que se lanzó a franquear las escasas fronteras accesibles para pasar sus vacaciones en los paraísos socialistas de los Montes Metálicos de Bohemia o del lago Balatón en Hungría, dispuso entonces de una condescendencia excepcional por parte de sus huéspedes, lo que unido al favor de Austria, permitió que se establecieran improvisados campos de refugiados, tanto en diversas sedes diplomáticas como en enclaves fronterizos (Zanka, Csilleberc, Zugliget, Mörbisch, Chattendorf o Deutschkreuz)[102]. Pero en 1989 también hacía cien años que en Braunau, un 20 de abril, naciera Adolf Hitler. Poco antes, en marzo, Peter Handke cumplía su promesa de abandonar Austria en el instante en que Kurt Waldheim —un Václavic, en origen[103]— se convirtiera en presidente nacional. Decidido a no regresar jamás, en la localidad jienense de Linares el escritor concluía su *Ensayo sobre el cansancio*[104] en ese mismo mes.

A las once y media de la noche del 9 de noviembre de 1989, grupos de berlineses empezaron a congregarse a ambos lados de la *Friedrichsstraße*, en

---

[101] Lutz HOFFMANN, «Das "Volk". Zur ideologischen Struktur eines unvermeidbaren Begriffs» en: *Zeitschrift für Soziologie*, vol. 20, n.º 3, 1991, pp. 200-204. Ese mismo año vio la luz el texto de Robert B. J. WALKER, «History and the Structure in International Relations» (1989) en: DER DERIAN, *International Theory...*, *op. cit.*, pp. 308-339.

[102] Sobre la unificación de Alemania, Karl KAISER, *Deutschlands Vereinigung. Die internationalen Aspekte*, Gustav Lübbe, Bergisch Gladbach, 1991.

[103] Además de oficial del ejército del Tercer *Reich*, participante en la terrible campaña en Yugoslavia, fue el cuarto Secretario General de Naciones Unidas (1972-1981) y Presidente de Austria (1986-1992).

[104] Peter HANDKE, *Ensayo sobre el cansancio*, Alianza, Madrid, 1990.

el lugar conocido como *Checkpoint Charlie*. Curioso es también que en esa misma fecha, pero de 1938, ocurriera la terrible Noche de los Cristales Rotos (*Reichskristallnacht*) que puso en marcha la Solución Final (*Endlösung*), origen del holocausto del pueblo judío de toda Europa. Cincuenta años después, el 14 de noviembre, un eufórico Helmut Kohl afirmaba en Polonia que la división de Alemania iba en contra de la Historia. Pero, ¿cómo se había llegado hasta allí? Desde lo alto del Mausoleo de Lenin, el 8 de noviembre de 1989, víspera del asalto popular al Muro de Berlín que llevó a que la marea humana se desbordara, Gorbáchov festejaba el septuagésimo segundo aniversario de la Revolución de Octubre en medio de un tenso ambiente dictado por el descontento general de la población soviética, que sentenciaba: «Durante setenta y dos años no hemos ido hacia ninguna parte»[105]. Sí, pero, por ejemplo, ¿hacia dónde se dirigía el pueblo chino? Precisamente entre abril y junio de 1989, los estudiantes se rebelaron en masa y para afirmarse alzaron una inmensa estatua blanca que llamaron la Diosa de la Democracia (*min zhu*: poder del pueblo) en la plaza de Tian'anmen (Plaza de la Paz Celestial) ante la Ciudad Prohibida de Pekín; se parecía bastante a las toscas imágenes populares de Guan Yin, versión del *boddhisatva* Avalokiteshvara que alivia las penalidades con su misericordia. Mediante esta alegoría los jóvenes —pronto aplastados— exigieron libertad, una noción política poco apreciada por la cultura china, tanto la ancestral como la comunista. Ocurría así el denominado «Mayo Chino» de 1989. Setenta años antes hubo otro episodio estudiantil y revolucionario —el del Movimiento del Cuatro de Mayo de 1919— que impulsaron el filósofo Hu Shih y Chen Duxiu, creador de la revista *Nueva Juventud*. Entre sus propósitos figuraba combatir los valores tradicionales de jerarquía y obediencia, defender la lengua vulgar (*pai-hua*) y atacar los excesos literarios de los eruditos; veneraban a Bertrand Russell[106]. Tal habría sido, en resumen, el reflujo dejado por la «cuarta ola» revolucionaria de la Modernidad. Pero, ¿acaso ésta había acabado de verdad con el comunismo? Su supervivencia después de un cuarto de siglo en China Popular, Vietnam, Corea del Norte, Cuba… tal vez podría desmentirlo: aunque, ¿es «comunista» ese comunismo?

En cualquier caso, éste es el contexto en el que James N. Rosenau concibió su resonante obra *Turbulence in World Politics. A Theory of Change in World Politics* (1990)[107], una singularidad en su producción académica, determinada por sus aportaciones a la Teoría del *Linkage*. El propio título

---

[105] HELLER y FEHÉR, «El fin del comunismo» en: *El péndulo de la modernidad...*, *op. cit*, pp. 61-77.

[106] Los «mayos revolucionarios» chinos datan por lo menos del siglo III a.C.: el llamado Fuego de los Ch'in, que sirvió para unificar la lengua y el sistema de escritura tras una quema masiva de libros prohibidos, encarnó la primacía del realismo político del régimen burocrático de los legistas, que logró instaurar y perpetuar un Imperio de más de 2000 años. En su *The Evolution of International Society…*, *op. cit.*, Watson concede un papel primordial a este suceso, pp. 91-93.

[107] James N. ROSENAU, *Turbulence in World Politics. A Theory of Change and Continuity*, Princeton University Press, Princeton, 1992.

encabeza el ascenso del término «turbulencia» para aplicarlo a las Relaciones Internacionales. Como positivista negador de la Historia, Rosenau adoptó la fecha de *1989* como hito histórico de lo que luego derivó a otra empachosa moda académica: la constante agregación del prefijo *post-* a lo «internacional», tal que si se hubiera iniciado una nueva era. Su ambicioso ensayo teórico comportó el manejo de una ingente cantidad de datos, que Rosenau ordenó y clasificó en un intento de mostrar cómo la Política Mundial se articula según diversos parámetros de organización y funcionamiento.

Inscrito ahora en el Realismo Estructural, este teórico había dejado de considerar a los Estados como a los actores principales de la Política Mundial. En tal sentido, consideró que la estructura del Sistema Internacional se «bifurcaba» entre el sistema interestatal tradicional y un sistema multicéntrico en el que intervenían otros muchos actores[108] concurrentes en el internacional, ahora sobrecogido por sucesos insólitos que lo trastornaban hasta sus cimientos. ¿En qué medida podía llamarse «turbulencia» a semejante situación? Para poder calificar así a lo que en un determinado momento puede conmocionar al Sistema Internacional, el cambio sobrevenido habrá de ser estructural, es decir, profundo y definitivo; las transformaciones que sólo sean coyunturales y accesorias no podrían registrarse con ese nombre. Pero, ¿qué pautas sigue este proceso? Las actuales condiciones del Sistema Internacional estarían regidas por un gran dinamismo, desenvuelto sobre una trama de enorme complejidad. Ello determinaría una Política Mundial turbulenta. Decir esto equivale a señalar que los márgenes de incertidumbre que en tales circunstancias afectan a los «parámetros» (micro, macro) del Sistema —o sus variables constantes— aumentan en un grado tal, que el propio Sistema se vuelve incapaz de contenerlos y encauzarlos. En consecuencia, se vuelve inestable, lo que hace extremadamente difícil predecir el rumbo a seguir y aún menos, controlarlo.

Cuando, incapaces de resistir el embate de esas fluctuaciones demasiado intensas, las directrices, pautas, esquemas, relaciones y estructuras que sustentan los pilares de la Política Mundial empezasen a desmoronarse, eso significaría que la turbulencia ya se habría instalado en el Sistema. Cinco serían las fuerzas que, a juicio de Rosenau, intervendrían en ella. 1. Una es, por ejemplo, el efecto de una modernización demasiado acelerada, acompañada de las intensas repercusiones sociales, laborales y culturales concomitantes y previsibles: por ejemplo, el drástico cambio que supone pasar de una sociedad industrial a otra post-industrial. 2. Otra se derivaría de ciertas consecuencias imprevistas de esa modernización excesivamente acelerada, consideradas en tanto que revistan un alcance global y que manifiesten una índole negativa: por ejemplo, si sus secuelas plantean graves problemas medioambientales, o si

[108] Prigogine y Stengers enuncian así de inteligentemente lo que es una bifurcación: «Llamamos bifurcación al punto crítico a partir de cual se hace posible un nuevo estado. Los puntos de inestabilidad alrededor de los cuales una perturbación infinitesimal es suficiente para determinar el régimen de funcionamiento macroscópico de un sistema, son puntos de bifurcación. Éstos son los puntos cuyo papel ya enfatizaba Maxwell cuando meditaba sobre la relación entre, por una parte, el determinismo y los conceptos de selección y decisión, por otra» (*La nueva alianza…*, *op. cit.*, p. 192).

desatan fenómenos como el terrorismo, el narcotráfico y la criminalidad, o si desencadenan agudas crisis financieras, o si obligan a hacer frente a pandemias y catástrofes similares... En tal caso, el único modo de respuesta sería recurrir a medidas transnacionales. 3. La siguiente se deriva de las anteriores: advierte de la incapacidad manifiesta de algunos Estados y gobiernos para responder de modo efectivo a tales problemas, tanto en su plano interno como internacional. A menudo, esta incapacidad se debe a que la autoridad y legitimidad de las instancias gubernamentales/estatales respecto de la gestión de variados asuntos, en diversos planos, bilaterales, multilaterales, etc., se ha visto socavada. 4. Relacionado con ello, el debilitamiento creciente de los sistemas y mecanismos reguladores de la Política Internacional, que conduce a una relativa descentralización de los mismos, lleva a considerar, por ejemplo, los graves problemas institucionales de las grandes organizaciones o instancias que deben ejercer negociaciones, mediaciones, intervenciones o incluso resolución de conflictos y tensiones de toda índole, que a menudo se ven cuestionadas, desasistidas o privadas del apoyo preciso para cumplir su función. 5. Por fin figura el papel concreto que los individuos particulares pueden adoptar frente a estos problemas en un momento dado y que se representarían a través de las crecientes corrientes de opinión pública: por ejemplo, las redes de información —que son transnacionales— favorecen fenómenos de toma de conciencia y de movilización con repercusiones y alcance globales, influyentes a la hora de transformar las propias crisis internacionales.

Pese a sus limitaciones, Rosenau consiguió proponer en esta obra el panorama de un mundo complejo, no aprehensible con categorías simples ni con una visión unilateral de sus problemas. De algún modo, ensayó una teorización «panóptica», esto es, orientada a abarcar la totalidad de las facetas de los fenómenos analizados, en sí, una ambición loable. Sin embargo, en ningún momento pone en cuestión la propia entidad o la validez del Sistema estudiado, asumido plenamente con independencia de los problemas detectados; tal aspecto condiciona de antemano los resultados de su investigación[109].

b) *Fin de* La *Historia, o ¿Fin de* Una *Historia?*

Aunque con diversa metodología, análoga es la actitud de Francis Fukuyama. En su celebérrimo artículo «*The End of History?*», publicado en la

[109] Síntesis extrema basada en los capítulos V, VI, VII, VIII, XII y XIII, así como en referencias de las pp. xviii, 3-20, 91 ss., 243 ss., 297 ss., 333-388, 71-78, *Turbulence in World Politics…*, *op. cit.*; ROCHE, *Théories des relations internationales...*, *op. cit.*, pp. 127-131, y *Las relaciones internacionales en el siglo XX…*, *op. cit.*, pp. 305-315. Arjun APPADURAI, *Modernity at Large. Cultural Dimensions of Globalization*, Minneapolis, University of Minnesotta, 1996, reflexiona sobre la virtualidad de las tesis de Rosenau para predecir la evolución de situaciones de conflicto étnico desatadas en diversas partes del mundo, cuyas repercusiones iniciales a escala global se consideran «micro» —en el orden bifurcado antes planteado— pero cuya capacidad explosiva podría ser determinante, pp. 149-157 (Pakistán, India, Cachemira…).

revista *The National Interest* (1989)[110], planteó que el curso de la Historia habría llegado a su «fin». Tal eventualidad se debería no tanto a una convergencia gradual de los diversos sistemas políticos y económicos en una única síntesis «liberal» como a la incontrovertible victoria del liberalismo. Semejante logro se basaría en el binomio Democracia y Mercado, síntesis perfecta de una evolución histórica lineal que comportaría una unificación y homogeneización ideológicas a escala global, además tendentes hacia un «fin». La ambigüedad semántica de ese fin —*End*, en inglés— designa tanto un «término» o «plazo» final en sentido temporal como a una finalidad, orientación o sentido, esto es, una determinación teleológica y consecuentemente historicista. Una breve semblanza profesional tal vez ayude a entender el trasfondo biográfico de estas tesis. De trabajar en la RAND-Corporation, Fukuyama pasó a asesor de planificación en la Secretaría de Estado —o Ministerio de Asuntos Exteriores— en Washington. En esa etapa concibió su artículo que, convenientemente engrosado, pronto se editó en forma de libro. Su labor intelectual fue sostenida por la neoconservadora Fundación Olin, creada por el fabricante de municiones y financiero John M. Olin, director de la firma Olin Mathieson. Esta fundación, que, entre otros ha estado regida por quien fuera Secretario de Estado del Tesoro de Richard Nixon, William E. Simon, opera según el lema de considerar mucho más práctico que ciertas ideas se propaguen entre intelectuales influyentes —que se consigue que «influyan» aún más, prestándoles apoyo financiero, editorial, institucional, etc.— que actuar directamente sobre las masas. Uno de los directivos de esta empresa afirmó en una entrevista que «las ideas y los intelectuales son muy importantes», agregando que «las cosas que actualmente realiza el gobierno de Reagan fueron ideadas antes en pequeños círculos intelectuales»[111].

Con el mismo tópico con el que comenzó el capítulo —la virtualidad del «universo de Locke»— el Fin de la Historia define el «final» de una de sus secciones: en tal sentido Fukuyama dictamina que se habría llegado a un punto final en la evolución posible de las diversas formas de gobierno históricas. Con el modelo de democracia liberal occidental se habría alcanzado su grado más perfecto, hasta el punto de que el resto de los sistemas políticos sería incapaz de ofrecer alternativas viables. Como pretendido heredero intelectual de un Hegel pasado a su vez por el filtro de su adepto ruso, naturalizado francés, el marxista Alexandre Kojève (Alexander Vladimiróvich Kochefnikof)[112], Fukuyama sostiene que el modelo político occidental osten-

---

110 Francis FUKUYAMA, «¿El fin de la Historia?» en: *Claves de razón práctica*, n.º 1, abril 1990; *Idem*, *El fin de la Historia y el último hombre*, Planeta, Barcelona, 1992.

111 Datos de VAN DER PIJL, *Vordenker der Weltpolitik...*, *op. cit.*, p. 348.

112 Lector crítico de la *Fenomenología del Espíritu* (1807), estableció que el sistema revolucionario inaugurado en 1789 y que culminó con Napoleón constituía una síntesis perfecta en el curso dialéctico de una Historia que llegaría a alcanzar su fin mediante una especie de convergencia entre el liberalismo y el socialismo. El impostado debate Fukuyama-Kojève, que respondió a la ingente difusión de la obra del estadounidense de origen japonés, dio lugar a una serie de publicaciones bastante interesante. Destacan Judith BUTLER, *Subjects of Desire: Hegelian Reflections in Twentieth-Century France*, Columbia University Press, Nueva York,

taría una definitiva validez universal… si bien descuida recordar que el esquema hegeliano sería más próximo a Hobbes que a Locke. Su tesis prosigue estableciendo en tonos proféticos que la preponderancia del sistema democrático liberal llevará a que, despreocupados de inútiles discusiones acerca de cuestiones políticas, los hombres del futuro se consagren casi en exclusiva a desarrollar actividades económicas, orientadas según el modelo de los procesos de creciente integración regional, al estilo de la Europa comunitaria. A partir de ahí, ¿quiénes serían entonces los «enemigos ideológicos» del sistema?

Como resultado de sus propias contradicciones, de ese mismo sistema habrían emergido ya un nacionalismo y un fundamentalismo crecientemente virulentos, que constituirían la mayor incógnita del devenir. A su vez, en los márgenes del sistema permanecería el Tercer Mundo, excluido de la Historia —bajo otra denominación, como es evidente— por el propio Hegel, reducido a mero escenario de los conflictos internacionales. El panorama de futuro «post-histórico» que traza Fukuyama es bastante curioso: en ausencia de los conflictos que según una dialéctica histórica que prescribe un movimiento continuo deberían agitarlo continuamente, el Fin de la Historia determina una tediosa situación de calma y monotonía, acorde con un universo en el que todo habría culminado ya, siendo el «último hombre» el testigo de una era homogénea y estática[113].

Ha pasado el tiempo desde aquellos escritos de 1989. Una obsesión realista es la predicción, en sintonía con una cierta filosofía fáustica de la existencia, que pacta con Mefistófeles una omnisciencia y omnipotencia ilusorias. El mundo del siglo XXI no es post-internacional ni post-histórico; el universo no es el de Locke, ni el de Kant, ni el de Marx. Ni siquiera es el de Stephen Hawking. Aunque esta hipótesis, en su necesaria abstracción, tiene una virtud que considero enorme: no deja a un lado al ser humano.

1999, y Leo STRAUSS, *On Tyranny*, University of Chicago Press, Chicago, 2000 (edición revisada y ampliada).

[113] FUKUYAMA, «¿El fin de la Historia...», *op. cit.*, pp. 85-96; *Idem*, *El fin de la Historia y el último hombre...*, *op. cit.*, capítulos V y VI; HALLIDAY, «International Relations and the "End of History"» en su *Rethinking International Relations...*, *op. cit.*, pp. 216-235. Véase VAN DER PIJL, *Vordenker der Weltpolitik...*, *op. cit.*, pp. 348-350, y *Las relaciones internacionales en el siglo XX...*, *op. cit.*, pp. 273-276. Examen crítico en la reseña de Roger KIMBALL, «Francis Fukuyama and the End of History» en: *The New Criterion*, febrero 1992. Accesible en línea: www.newcriterion.com/.../Francis-Fukuyama-and-th... (consulta: 13/05/2013). Pasado el tiempo, Francis FUKUYAMA, «The Future of History. Can Liberal Democracy Survive the Decline of the Middle Class?» en: *Foreign Affairs*, vol. 91, n.º 1, enero-febrero 2012. Accesible en línea: http://www.ilpolitecnico.org/confronti/confronti_20120314_eng.pdf (consulta: 13/05/2013).

CAPÍTULO VI

¿UNA ANATOMÍA DEL MUNDO?

En su obra *La nouvelle alliance-Métamorphose de la science* (1979), Ilya Prigogine e Isabelle Stengers recuperaron el poema de John Donne, «*An Anatomy of the World*» (1611). En vísperas de que Newton propusiera la Ley de la Gravitación Universal, el poeta lamentaba la destrucción del orden ptolemaico del cosmos, de base aristotélica, conmocionado por el *De revolutionibus orbium coelestium* de Nicolás Copérnico (1543, en edición póstuma). Donne afirma que la «nueva filosofía» pone todo en duda; desolados, los hombres contemplan un cosmos pulverizado en átomos, cuya aparente incoherencia les aterra. Casi coetánea fue, por su parte, la *Anatomía de la melancolía* de Robert Burton (1621), en sintonía con la reflexión iluminada y desencantada que en el siglo XVII europeo auspició los albores del racionalismo y la ciencia moderna. La metáfora de la «anatomía del mundo», entre interrogantes, sirve para emprender en este capítulo una mínima exploración de algunos de los órganos, miembros, partes, elementos… que componen el «cuerpo político» de un mundo virtualmente integrado/desintegrado en las concepciones o teorías formales que, en un presente extenso, articulan su devenir[1].

1. HACIA UNA REESTRUCTURACIÓN DE LA TEORÍA INTERNACIONAL

La actualidad, ésa es la cuestión. Una de las pretensiones del positivismo ingenuo aplicado a la Teoría Internacional consistió en querer dotarla de un carácter científico asimilable a los criterios rectores de las Ciencias positivas

[1] PRIGOGINE y STENGERS, *La nueva alianza…*, *op. cit.*, p. 83; Nicolás COPÉRNICO, *Sobre las revoluciones*, Tecnos, Madrid, 1987; el poema de John Donne es accesible en línea: www.poetryfoundation.org (consulta: 15/05/2013); Robert BURTON, *Anatomía de la melancolía*, Alianza, Madrid, 2008; Paul HAZARD, *La crisis de la conciencia europea (1680-1715)*, Alianza, Madrid, 1988, pp. 17-54; Frances A. YATES, *La filosofía oculta en la Época Isabelina*, FCE, México, 1982, aspectos tratados en las Partes II y III; Ernst H. KANTOROWICZ, *Los dos cuerpos del rey. Un estudio de teología política medieval*, Alianza, Madrid, 1985, aspectos de los capítulos V, VI y VII.

o empíricas, que permitiera realizar predicciones sobre el curso y la evolución de los asuntos mundiales[2]. Obviamente, tal intención es política: siempre dominará el mundo quien mejor conozca su funcionamiento. Aunque para ello es imprescindible, como ya señaló en 1979 el neorrealista Kenneth N. Waltz, una construcción teórica consistente. Sólo desde unas premisas epistémicas y lógicas bien construidas, determinantes de una teoría que merezca tal nombre y de la que puedan derivarse generalizaciones consistentes —como tendencias, leyes y reglas— será posible lograr que la materia académica concernida tenga ese carácter[3]. La realidad de la Teoría de las Relaciones Internacionales es bien distinta, habiéndose congregado en su entorno una serie de géneros teóricos que constituye un tejido discursivo acumulado a lo largo del siglo XX y parte del XXI. Lo que cada cual proyecte, realice y consiga en su empeño de conocer verazmente esa *cosa* llamada Relaciones Internacionales, unido a su capacidad de transmitir su conocimiento, esto es, de hacerlo público para que sea debatido, reconocido, rechazado o verificado [*falsado*], constituirá su aportación al acervo general del conocimiento. Pero éste sólo será científico si las teorías o construcciones teóricas y métodos que lo forman se ajustan a una objetividad necesaria, es decir, la que se deriva de la realidad *real* de las relaciones internacionales que son su objeto de estudio.

Desde esta premisa, parte de lo que se considera Teoría Internacional o Teoría de las Relaciones Internacionales[4] no lo es más que de forma limitada. A partir del momento en que el análisis se halle condicionado por elementos de índole subjetiva —preferencias ideológicas, prejuicios culturales o sociales, dogmatismo religioso, intereses económicos o corporativos, prescripciones doctrinarias, etc.— y esté total o parcialmente supeditado a ellos, quedará invalidado ya en origen. Sobre la base de este juicio crítico, resulta evidente que una parte considerable de lo que convencionalmente se ha propuesto como una teorización de la realidad internacional ha sido claramente deficiente, cuando no falaz. Esto puede comprobarlo cualquier interesado que revise los textos originales producidos por determinados autores, más preocupados de «tener razón» —en contiendas políticas, ideológicas, doctrinales y también corporativo-doctrinarias— que de buscar certezas con vocación analítica, reflexiva y empírica, en términos teóricos y también pragmáticos, algo que trasciende lo utilitario[5]. La cuestión apuntada es, por lo demás, muy antigua: unos piensan en dominar el mundo mediante el cono-

[2] Ciencias y Humanidades: Charles Percy SNOW, *Las dos culturas y un segundo enfoque*, Alianza, Madrid, 1977.

[3] La teoría guía la observación y la experimentación: CHALMERS, *¿Qué es esa cosa llamada ciencia?...*, *op. cit.*, pp. 53-57. Fundamentos generales, Mario BUNGE, *Epistemología*, Ariel, Barcelona, 1985; *Idem*, *Mente y sociedad. Ensayos irritantes*, Alianza, Madrid, 1989, Parte II (fundamentos de Ciencias Sociales); *Idem*, *Filosofía y sociedad*, Siglo XXI, México, 2008.

[4] Política Internacional, Política Mundial (*International Politics*, *World Politics*); Asuntos Exteriores o Política Exterior (*Foreign Affairs*, *Foreign Politics*); Teoría Política: Robert B. J. WALKER, *Inside/Outside: International Relations as Political Theory*, Cambridge University Press, Cambridge, 1993.

[5] BOURDIEU, *Homo Academicus...*, *op. cit*.

cimiento y otros en emanciparlo a través del saber. Implica que la ciencia no sea una actividad neutral, sino comprometida en sentido ético.

Tal como ha quedado expuesto en capítulos previos, existen teóricos internacionales exigentes, capaces de evolucionar y, en su caso, de admitir los errores: son quienes oportunamente rectifican el rumbo. Sabedores de sus limitaciones y constreñimientos ideológicos, los explicitan. Esta operación, muestra inequívoca de honradez intelectual, permite que sus lectores disciernan y deslinden sus opiniones y valores del discurso objetivo para, a partir de ahí, identificarse o discrepar con ellos. En todo caso, lo esencial es la búsqueda de un conocimiento veraz, cuestión siempre abierta que representa el mayor grado de madurez alcanzado por los estudios internacionales a lo largo de su evolución hasta hoy.

A) El sujeto epistémico, éticamente comprometido

En sí, la relevancia del sujeto epistémico —sujeto del conocimiento— para determinar la propia entidad del saber construido es decisiva para que la Teoría Internacional se afirme sobre un estatuto científico que trascienda una valoración derivada tan sólo de su institucionalización académica. A este respecto, no se trata de debatir si son posibles o viables los métodos positivistas aplicados a la materia para que ésta sea «científica», sino de superar la dimensión instrumental de un énfasis excesivo en unas metodologías que, por principio, han de supeditarse a las prescripciones teóricas[6]: sólo mediante construcciones metodológicamente articuladas —típicas del Funcionalismo, Behaviorismo, etc.— no cabe conocer ni dar a conocer la realidad internacional. Como ocurre en cualquier proceso cognitivo es necesario pensar, descubrir, inventar. Sólo dentro de estos parámetros es posible establecer métodos de análisis y de interpretación, así como procedimientos de verificación idóneos. ¿A qué vendrían estas consideraciones? Simplemente, a que tales líneas no deberían depender de variables políticas tan contingentes como que el apoyo a un proyecto de investigación dependa de su conformidad con los criterios ideológicos o los intereses de una determinada instancia poderosa en la escena internacional.

En tal sentido crítico son cada vez más los autores comprometidos, no con una renovación teórica, aspecto circunstancial y frívolo, sino con una auténtica y consistente fundamentación teórica de los estudios internacionales, operación realizada sobre bases epistémicas merecedoras de tal nombre. Porque lo cierto es que una práctica imperante en la más bien mediocre teorización internacional generalizada hasta hace algunas décadas consistía en ir incorporando la sucesión de los hechos de la actualidad internacional a unos esquemas con grados de abstracción variable, haciéndolos encajar en

---

[6] En clave sistémica avanzada, varias reflexiones virtualmente creativas: Edgar Morin, *Ciencia con consciencia*, Kairós, Barcelona, 1984; *Idem*, *El paradigma perdido. Ensayo de bioantropología*, Kairós, Barcelona, 1992.

recuentos o registros a los que se proveía de alguna hipotética capacidad explicativa mediante un sistema semántico que, en términos de Barthes, podría considerarse un «metalenguaje»[7]. Sobre esa trama discursiva más bien endeble, el empleo de repertorios de términos técnicos, adaptados a los usos de la comunidad científica a la que indefectiblemente se suelen dirigir las publicaciones, revestiría de una legitimidad y rigor convencionales a los diversos trabajos que se fuesen produciendo, ideados a partir de unos presupuestos metodológicos destinados de antemano a agotarse en sí mismos. Por su parte, ya en la década de 1940 Orwell señaló con ojo certero las corrupciones «cientificistas» del inglés académico[8].

Según cabe derivar de la exposición histórica referida en capítulos previos, parecería que, más que de resolver unos enigmas que son inherentes al paradigma — tal como señalaba Kuhn a principios de los años 1960 para designar el vector que impulsa la curiosidad científica—, en ciertos círculos académicos internacionales se tendería más bien a sustentar sólo las tesis que refuerzan el *statu quo*, precisamente, las que reciben mayor apoyo institucional y facilidades de publicación y difusión[9]. Sobre la base de un positivismo ingenuo aún generalizado, el lema rector de cierto tipo de producción teórica se inclinaría a afirmarse en la convicción de que «los hechos hablan por sí solos», sin reparar apenas en que los hechos sólo constituyen una variable dependiente de la teoría, objeto de perentoria necesidad al menos en lo que atañe a su significado, a su valoración, a su interpretación. Dicho esto, ¿en qué consistiría una buena teoría?

Irrumpiría aquí la necesidad de elaborar lo que algunos denominan una *metateoría*, es decir, algo que «va más allá de la teoría», según Mark Neufeld: una tarea consistente en efectuar un depurado análisis de las teorías establecidas, destinado a determinar si podría corresponderles un estatuto científico superior o no. Para lograrlo sería preciso desmantelarlas y reestructurar-

---

[7] Roland BARTHES, «Introduction à l'analyse structurale des récits» en: *Idem*, Wolfgang KAYSER, Wayne C. BOOTH, Phillipe HAMON, *Poétique du récit*, París, Éditions du Seuil, 1977, p. 45, pp. 7-57; Michel FOUCAULT, *La arqueología del saber*, Siglo XXI, Madrid, 1991, pp. 50-64; WALLERSTEIN, *Las incertidumbres del saber…*, *op. cit.*, pp. 109-120; Theodor W. ADORNO, *Epistemología y ciencias sociales*, Cátedra-Universitat de València, Madrid, 2001, pp. 37-43, 93-100.

[8] George ORWELL, «Politics and the English Language» en: *Horizon* (1946). Accesible en línea: http://www.resort.com/~prime8/Orwell/patee/html (consulta: 14/05/2013); Noam CHOMSKY, *Language and Politics*, Routledge & Kegan Paul, Londres, 2004; *Idem*, *Estructuras sintácticas*, Siglo XXI, México, 1974, pp. 112-125.

[9] ¿Con qué objetivo? Mediante ejercicios formales, complacientes con las predominantes escuelas de doctrina; orientados a exhibir una conveniente productividad en revistas y grupos editoriales de renombre, se determina un resultado «positivo» en la evaluación de la actividad investigadora. Estas y otras perversiones del sistema se han puesto en evidencia con la polémica generada por Alan D. Sokal: «Asunto Sokal»: artículo-parodia que este profesor de Física de la Universidad de Nueva York publicó con el título «Transgressing the Boundaries: Toward a Transformative Hermeneutics of Quantum Gravity»..., *op. cit*. Consideraciones en mis *La investigación del medio internacional…*, *op. cit.*, pp. 27-76, y *El Sistema Mundial…*, *op. cit.*, pp. 31-94; García Bacca, Bourdieu y Bunge: referencias en otras partes de este libro. Esencial: Luis MARTÍN SANTOS, *Diez lecciones de epistemología*, Akal, Madrid, 1991.

las; esto permitiría realizar ciertos ajustes, más finos y penetrantes, sobre todo en los aspectos fundamentales que indagan acerca de la ontología o índole de las Relaciones Internacionales, contempladas como una rama del conocimiento que se interesa por los conceptos, las ideas, las asunciones y presunciones que conciernen a la propia naturaleza del «mundo», su verdadero objeto. En cualquier caso, a pesar del comprensible rechazo que pueda suscitar esta terminología metafísica, siempre será necesario enfocar la realidad de ese objeto natural que los griegos llamaron *physis* y estudiar además el modo en que su conocimiento ha sido socialmente construido. Esa indagación supone examinar críticamente los hechos empíricos y las construcciones teóricas, así como hacerse preguntas sobre aspectos tan esenciales de la propia sociabilidad humana como la jerarquía o la entidad de las normas, la naturaleza humana o la relación entre razón y verdad[10].

B) Perspectivas y lenguajes de la investigación: mapas cognitivos para orientarse por la realidad

Lo antedicho lleva a considerar además un aspecto epistemo-metodológico tan relevante como el propio hecho o prerrequisito de la perspectiva o hipotética distancia entre el sujeto observador/cognoscente y el objeto observado/conocido. En el caso de las Ciencias Sociales y Humanas ambos forman un conjunto especular, lo que obliga a inventar dispositivos de virtual alejamiento de tipo cartesiano —un imaginario «punto arquimédico» (Ágnes Heller)— para configurar esa anhelada perspectiva[11]. Pero además, en sentido crítico, interesa cuestionar también la apropiación de la verdad que toda comunidad académica tiende a realizar equiparando Saber=Poder y que Ilya Prigogine señala como una vana «omnisciencia», epistemológicamente desfasada. Aquí, un punto de partida se sintetiza mediante dos proposiciones de Ludwig Wittgenstein (*Sobre la certeza*, 1969): «No nos damos cuenta de lo muy especializado que es el uso del "Sé"», seguida de «¿Y si estuviera prohibido decir "Sé" y sólo permitido decir "Creo Saber"?»[12]. Cabe reconsiderar así el propio lenguaje —textual, simbólico— que articula gran parte

[10] Lyotard, *La condición postmoderna…*, *op. cit.*, pp. 52-98. Weber, *International Relations Theory…*, *op. cit.*, propone la siguiente tipología para clasificar las diversas corrientes teóricas internacionales: Realismo, Idealismo, Constructivismo, Género, Globalización, Neo-Marxismo, Modernización y Teorías del Desarrollo. Elucidar su fondo de «verdad» sería objeto de la meta-teoría.

[11] Ágnes Heller, «De la hermenéutica en las ciencias sociales a la hermenéutica de las ciencias sociales» en *Idem* y Ferenç Fehér, *Políticas de la Postmodernidad. Ensayos de crítica cultural*, Península, Barcelona, 1989, pp. 52-100, esp. pp. 53-54.

[12] Mark Neufeld, *The Restructuring of International Relations Theory*, Cambridge University Press, Cambridge, 1995. Repertorio de cuestiones y bibliografía en: *La investigación del medio internacional…*, *op. cit.*, los dos primeros capítulos, y «Caminos que llevan hacia alguna parte: sobre el método en las relaciones internacionales» en: *Empiria. Revista de Metodología de Ciencias Sociales*, n.º 8, 2004, pp. 111-137.
Accesible en línea: e-spacio.uned.es:8080/fedora/get/bibliuned...2004.../Documento.pdf

de la producción teórica internacional más tópica. Inicialmente podría determinarse que:

— La Teoría Internacional convencional adolece a menudo del defecto de ceñirse a una elaboración textual que puede rubricarse como meta-lenguaje: tendencia a revestir de cientificismo aparente lo que viene a ser una suma de tautologías o cosas definidas que entran en la definición. Tal acontece en no pocos textos de vocación «teórica» fundacional.

— En otros casos, la denominada Teoría Internacional establecida sólo ha representado conjuntos de aserciones empíricas y enunciados observacionales, o datos convertidos en hechos y hechos elevados a categorías indiscutibles de la realidad, presentados como sesudos informes sobre el «estado *real* del mundo» acompañados de dictámenes y pronósticos que implícitamente irían destinados a guiar los destinos de la Política Mundial.

— Otras veces, por Teoría Internacional se ha tratado de que pasen compendios de proclamas ideológicas y retóricas, o discursos entreverados de «filosofías» y «valores» ofrecidos como singulares aportaciones de variable exaltación, articuladas sobre el deber ser de la realidad internacional, todo ello expresado en forma solemne aunque con notables vaguedades y sobreentendidos.

— En ocasiones, esos textos de Teoría Internacional recogen digresiones históricas más o menos extensas y mejor o peor documentadas, que frecuentemente se presentan en forma de relatos glorificadores —falsamente compungidos— acerca de la tribu, pueblo, nación, Estado, cultura, religión o civilización con los que se identifique el sujeto enunciador en cuestión.

— Por último, queda la peor de las opciones posibles. Como Teoría Internacional se validan obras y textos que, con apariencia de objetividad, revestidos de un lenguaje técnico formal y de una metodología *ad hoc*, presentan visiones parciales y subjetivas de la realidad internacional aunque formalmente adscritas a criterios y valores universales, cuidando de emplear términos que respondan a la calificación de «políticamente correctos».

Pese a todo, hace unas décadas que existe una saludable actividad analítica, crítica, sintética y reestructurante que —como se ha intentado mostrar también— han venido realizando diversos autores, preocupados de desentrañar lo esencial de entre la ingente y a menudo instrumental producción académica, entresacándolo del acúmulo textual producido durante un siglo de existencia como rama específica del saber[13]. En tal dirección, la virtualidad de los «mapas cognitivos»[14] sólo representa una fórmula semántica más,

---

[13] A riesgo de repetición, DER DERIAN, *International Theory. Critical Investigations...*, *op. cit.*

[14] Un mapa cognitivo es una representación espacial del mundo exterior tal como se contiene en la mente del sujeto: por lo general responde a una forma dibujada y esquemática (mapa mental). Ese esquema contiene sólo lo esencial de las referencias que un sujeto proyecta sobre el mundo, a su vez, derivadas de su propia experiencia cognitiva, sensible... respecto de ese mundo del que forma parte (integración de sujeto y objeto). En los términos de esta breve disertación, los denominados paradigmas —referencias básicas de una corriente, doctrina, debate... de las Relaciones Internacionales— podrían constituirse también como mapas cognitivos. Si un autor

orientada a desmitificar tendencias pretéritas acerca del logro de categorías absolutas del conocimiento en una materia tan proclive a la ideología y la subjetividad como la Teoría Internacional[15].

2. UN MUNDO DE IDENTIDADES EN UN ESCENARIO MUNDIAL: ENTRE LO REAL Y LO IMAGINARIO

El punto de partida es, pues, ese sujeto pensante que construye la teoría, pero también las prácticas asociadas a la misma. La noción de sujeto —*hypokeimenon*: etimológicamente, el situado por debajo [de la realidad]— conduce a la de individuo: en sentido literal, el que es indivisible. Ésta remite a la de persona, en origen, la máscara del teatro grecolatino que figuraba al personaje[16]. Y esto se cimenta en gran medida sobre otra noción sustantiva como es la identidad: lo que hace que alguien/algo sea él/ello mismo y no otro, provisto de aquello que lo singulariza. En Occidente, la fórmula filosófica de la identidad se expresa desde hace unos veinticinco siglos como «A = A». Era llamada por los griegos «suprema ley del pensar» (Parménides)[17]. Si esto se traslada, por ejemplo, a las autopercepciones y/o definiciones que los sujetos/individuos/personas tienen-proponen-proyectan sobre sí mismos, desde la base de una identidad entre ese «sí mismos» (mente, conciencia, subjetividad) y su dimensión externa o social (persona, personaje, objetividad), las cosas son aún más complejas e interesantes. Por ejemplo, ¿coincide el *Uno Mismo* identitario particular con el *El Mismo* identitario social? Cabe considerarlo además desde una perspectiva individualista u holista. ¿Es la identidad propia —eso que hace que alguien sea quien es y no otro— el resultado de una autodeterminación individual (Yo Soy

---

los explicita de antemano resulta más fácil entender lo que piensa de cualquier asunto (o lo que pretende hacer creer que piensa, o lo que él mismo cree que piensa…).

15 A este respecto, conviene que los investigadores definan de antemano sus referencias y coordenadas de investigación, explicitando los supuestos básicos con los que operan y los propios límites del objeto que estudian: tal ejercicio serviría para que el conjunto de la producción escrita de las Relaciones Internacionales ostentase el título de Teoría —o género teórico o marco teórico de referencia— de un modo más coherente.

16 María ZAMBRANO, *Persona y democracia. La historia sacrificial*, Siruela, Madrid, 1996, pp. 127-133, esp. 130: «La persona es algo más que el individuo; es el individuo dotado de conciencia, que se sabe a sí mismo y que se entiende a sí mismo como valor supremo, como última finalidad terrestre…».

17 Propongo leer a Juan David GARCÍA BACCA, *Infinito, transfinito, finito*, Anthropos, Barcelona, 1984; *Idem, Tres ejercicios literario-filosóficos de moral*, Anthropos, Barcelona, 1984; *Idem, Tres ejercicios literario-filosóficos de lógica y metafísica*, Anthropos, Barcelona, 1986; *Idem, Tres ejercicios literario-filosóficos de dialéctica*, Anthropos, Barcelona, 1983; *Idem, De magia a técnica. Ensayo de teatro literario-filosófico-técnico*, Anthropos, Barcelona, 1989; *Idem, Sobre filantropía. Tres ejercicios literario-filosóficos (Filantropía divina, divino-humana, humana)*, Anthropos-Universidad Pública de Navarra-Gobierno de Navarra, Barcelona-Pamplona, 2001; *Idem, Sobre realismo. Tres ejercicios literario-filosóficos (natural, crítico, integral)*, Anthropos-Universidad Pública de Navarra-Gobierno de Navarra, Barcelona-Pamplona, 2001. Asimismo, Martin HEIDEGGER, *Identidad y diferencia*, Anthropos, Barcelona, 1988; Parménides en Conrado EGGERS LAN (ed.), *Los filósofos presocráticos*, 2 vols., Gredos, Madrid, 1986, tomo I, pp. 401-484, fragmentos 931, 943, 944, 945, pp. 437, 441, 442, 443.

El Que Soy/Yo Soy Lo Que Soy) o de una autodeterminación colectiva (Yo Soy Lo Que Los Demás Dicen Que Soy y Lo Que Los Demás Me Hacen Ser/Yo Soy En Tanto Que Pertenezco A Un Grupo-Sociedad-Nación-Credo)? Desde una perspectiva antropológica o culturalista, la respuesta es ambigua: «Depende». Hay individuos y sociedades que son lo que son (su identidad se determina) por un acto de autodeterminación individual en unos casos, o por uno de autodeterminación colectiva, en otros. Según Lévi-Strauss, las sociedades frías, jerarquizadas, cerradas, con escasa movilidad social, temporalmente detenidas, suelen imponer la identidad holísticamente a sus miembros: es corriente en entornos donde el individuo, sometido a la tradición y al deber, ni siquiera existe como categoría (Pre-Modernidad). Las sociedades calientes, democráticas, abiertas, con acusada movilidad social, temporalmente aceleradas, favorecen la formación de conciencias de identidad individual, con marcado acento en las libertades, los derechos, la responsabilidad, la elección. El sujeto es el artífice de su identidad, susceptible además de evolucionar y variar según lo hagan las circunstancias; la sociedad es una suma de individuos provistos de identidades múltiples (Modernidad y tránsito a la Postmodernidad). El mundo de finales del siglo XX y de comienzos del XXI es sincrónico en lo que se refiere a la civilización hegemónica y tecnológica representada por la globalización: entrópica, caliente; pero es diacrónico en lo que concierne a las culturas particulares de las diversas zonas del planeta, particularizadas y replegadas, en no pocos casos, sobre sí mismas: neguentrópicas, frías[18].

Este mundo complejo, sistémico, está marcado por el tema de las identidades que atraviesa la totalidad de las Ciencias Sociales y Humanas como discurso transversal. Es evidente que las Relaciones Internacionales no se sustraen a ello. En la escena mundial, el aspecto identitario opera en diversas formas. Por un lado, caracteriza a determinados actores: en unos casos, éstos son las personas-personajes individuales relevantes en la gestión de la Política Mundial, como dirigentes y asimilables. Por otro, la identidad se expresa a través de los propios actores internacionales provistos de subjetividad jurídica: los Estados, las organizaciones internacionales y, en menor medida, los pueblos, reconocidos con un estatuto particular ante determinadas instancias. Pero además, la identidad está presente en las denominadas fuerzas internacionales, de protagonismo y diversificación crecientes: movimientos sociales, corrientes de opinión pública, grupos ideológicos, iglesias y confesiones religiosas, etc. Todo esto sin olvidar que en el siglo XXI, en términos tanto sociológicos como antropológicos, un número creciente de seres humanos es pluri- o multi-identitario. Y si aún no lo es, lo será pronto y cada vez más[19]. En este plano analítico (micro),

---

[18] BOBBIO, *Igualdad y libertad…*, *op. cit.*, pp. 97-120; Claude LÉVI-STRAUSS, *El pensamiento salvaje*, FCE, México, 1992, pp. 339-346, 355-390; John R. SEARLE, *Freedom & Neurology. Reflections on Free Will, Language, and Political Power*, Columbia University Press, Nueva York, 2007, pp. 37-78. Frialdad/solidez/resistencia se contraponen a calidez/fluidez/maleabilidad: más adelante se verán otras dimensiones de estos supuestos (Ibáñez; Bauman).

[19] Armand MATTELART, *Diversidad cultural y mundialización*, Paidós, Barcelona, 2006, pp. 95-137; ULF HANNERZ, «¿El declive final de la nación?», *Conexiones transnacionales. Cultura, gentes, lugares*, Cátedra-Universitat de València, Madrid, 1998, pp. 135-164.

la articulación identitaria individual se configura cada vez más con identidades superpuestas, entrecruzadas y amalgamadas, en tanto que, además de ser un sujeto individual, la persona concernida participa como un miembro integrado en diversas instancias de pertenencia. Esto puede significar que ese sujeto identitario sea o se sienta miembro de una localidad o una región, pero también de una nación, de un pueblo, de un Estado, de una organización internacional regional (o varias), de una organización internacional universal... En la Europa actual esa identidad personal, configurada a modo de los «círculos concéntricos» que describió Cicerón, puede constituirse como «soy gantés, flamenco, belga, europeo comunitario, europeo en general, ciudadano del mundo o cosmopolita», a lo que podría añadirse que además podría ser soriano, o genovés, o dublinés… de adopción u honorario, por alguna razón biográfica[20]. A esto se sumarían las pertenencias a las diversas comunidades electrónicas que ofrece la red. Todas estas identidades, que además tienen una entidad real y consistente, definida en términos legales y políticos, no tienen por qué excluirse entre sí, ni tampoco tendrían por qué contradecirse. Bien es verdad que puede variar el grado de identificación personal con cualquiera de ellas; puede ocurrir también que el afectado elija prescindir de uno o de varios escalones de pertenencia, por ejemplo, abdicando de la condición de «belga» en tanto que nacionalista flamenco, o sublimando las identidades menores en favor del cosmopolitismo radical de un «ciudadano del mundo». Y si esto parece complicado, aún cabrían más ingredientes. Pues ese hipotético ciudadano nacional belga y comunitario europeo puede exhibir otras identidades: además de su identidad sexual puede ostentar otra identidad de género (homosexual, transexual), puede ser republicano en una monarquía, bautizado católico, ecuménico por convicción, ecologista, voluntario de protección civil, padrino de varios niños del denominado Tercer Mundo, educador social, representante sindical y nacionalista flamenco de izquierdas… todo sin agotar el repertorio. En tanto que este sujeto integre la proyección de estas identidades en diversas instancias —asociaciones, clubes, partidos políticos, sindicatos, organizaciones…— estará incorporado a diversas fuerzas transnacionales presentes en el Sistema Mundial: el del siglo XXI es un mundo de identidades[21]. De forma histórica, actual o emergente, ¿cómo se manifiestan en él?

A) Individuo

Por principio, todo ser humano es un individuo: una unidad que integra una totalidad indivisible. En términos éticos, morales, filosóficos y jurídicos es una persona humana[22]. Si uno se atiene a las declaraciones formales vi-

---

[20] Un desarrollo acompañado de «mapas cognitivos» en mi *El Sistema Mundial…*, *op. cit.*, pp. 236-241.

[21] Craig CALHOUN (ed.), *Social Theory and the Politics of Identity*, Blackwell, Oxford, 1994.

[22] Algunas propuestas antropológicas: Bertrand RUSSELL, *Autoridad e individuo*, FCE, México, 1992; Kurt SALAMUN, «The Ethos of Humanity in Karl Jaspers Political Philosophy» en: *Man and World*, vol. 23, n.º 2, 1990, pp. 225-229; Karl JASPERS, *Die geistige Situation der*

gentes y universales, todo individuo dispone del estatuto de la plena posesión de una dignidad inherente, proclamada y asegurada como un conjunto de derechos universales e inajenables que hoy se conocen como Derechos Humanos; Derechos del Hombre, Derechos del Hombre y del Ciudadano, desde el siglo XVIII. Sin embargo, pese al acervo de declaraciones y cartas de derechos fundamentales que positivan jurídicamente tal estatuto, en el ámbito internacional la protección del individuo está mediatizada por instancias estatales o, en otros casos —y por referencia a aspectos parciales de esos derechos: tratos inhumanos vejatorios y degradantes, esclavitud, tortura, etc.—, por convenios y organizaciones internacionales específicos; aunque en éstos siempre actúan los Estados como partes constitutivas. La realidad es que, según la zona del mundo en que la persona resida, su dignidad no se considera, ni respeta, ni defiende, ni protege por igual. La pertenencia como ciudadano nacional a un Estado u otro representa una radical diferencia en el estatuto y en las garantías que se posean como individuo. La mayor salvaguardia de esta dignidad a escala global radica en la Europa unida: Convenio Europeo de Derechos Humanos de 1950, única instancia que contempla el derecho de petición individual.

En determinadas culturas y civilizaciones actuales —que pueden comprender a varios miles de millones de personas— el hecho de ser un individuo no representa, en sí mismo, *nada* en absoluto: en múltiples entornos culturales y civilizatorios priman adscripciones colectivas: genérico-sexuales, familiares, tribales, grupales, clientelares, étnicas, raciales, económicas, religiosas, ideológicas y políticas. Éstas se representan en un *Nosotros* que ignora tanto a *Los Otros* como al *Uno*. A partir de ahí, las relaciones sociales se establecen sobre la base de pertenecer a un género u otro, de corresponder a la clase en el poder o a la desposeída, de profesar el credo religioso o la ideología oficial o no, de poseer la nacionalidad (o la tribalidad, etnicidad, raza, etc.) hegemónica o la de los dominados…[23].

Por último, con las derivaciones correspondientes, el individuo consciente de serlo puede llegar a considerarse *sujeto* de las relaciones internacionales; sin embargo, en una inmensa mayoría de las situaciones propias de esas relaciones internacionales —las interacciones que se producen en el sistema internacional— éste será tratado indefectiblemente como *objeto*[24].

Zeit, Walter de Gruyter, Berlín-Nueva York, 1999; Martin BUBER, *¿Qué es el hombre?*, FCE, México, 1986; Bhikku PAREKH, *Repensando el multiculturalismo. Diversidad cultural y teoría política*, Istmo, Madrid, 2005, pp. 177-216.

[23] BALIBAR, «Is There a Neo-Racism?» y «Racism and Nationalism»; WALLERSTEIN, «The Ideological Tensions of Capitalism: Universalism versus Racism and Sexism» y «The Construction of Peoplehood: Racism, Nationalism, Ethnicity» en: *Idem* e *Idem*, *Race, Nation, Class…*, *op. cit.*, pp. 17-28, 37-68, 71-85; BALIBAR, «Is There a Neo-Racism?», capítulo X, Tania DAS GUPTA, Carl E. JAMES, Roger C. A. MAAKA, Grace-Edward GALABUCCI, Chris ANDERSEN (eds.), *Race and Racialization. Essential Readings*, Canadian Scholar's Press, Toronto, 2007, pp. 83-88.

[24] TRUYOL Y SERRA, *La Sociedad Internacional…*, *op. cit.*, pp. 137-171; VERDROSS, *Derecho internacional público…*, *op. cit.*, pp. 78-79; *Idem*, *Los Derechos Humanos…*, *op. cit.*; CARRILLO SALCEDO, *Soberanía de los Estados y Derechos Humanos…*, *op. cit.*; *Idem*, *Dignidad frente a*

B) PUEBLOS

A partir de la catástrofe infligida por el nazismo y sus colaboradores —deliberados y circunstanciales— sobre el pueblo judío mediante el Holocausto, *Shoah* o Solución Final (*Endlösung der Judenfrage*, 1941-1945), la humanidad tomó una conciencia más clara de lo que significa la palabra genocidio, por lo demás, de intensa, prolongada y asidua tradición histórica, con ejemplos anteriores y ulteriores sobre otros pueblos y grupos humanos además del judío[25]. Lo cierto es que la identidad colectiva determina holísticamente la identidad individual de varios miles de millones de personas en el mundo[26]. Una de esas formas de identidad colectiva es la pertenencia a un pueblo concreto. Por varias razones, algunos pueblos se fabrican doctrinas *ad hoc* como «pueblo elegido» —bien por una Divinidad, o por la Historia, o por la Naturaleza, o por el Espíritu del Mundo...— y otros son exterminados y borrados de la faz de la Tierra precisamente bajo el pretexto de ser eso, un pueblo. Esta determinación ostenta una peligrosa deriva orgánica y organicista, que, sometida a las mixtificaciones especulativas del populismo, es susceptible de derivar fácilmente hacia una regresión política, de extrema conflictividad interna e internacional. La ambigua y polisémica determinación del «pueblo» le hace provenir del *populus* romano en su etimología latina. La palabra germánica es *Volk/folk*; la griega, *éthnos*, *laós* o *dêmos*, con diversos sentidos. Roma contempló al *populus* y a la *gens* como realidades diferenciadas de su articulación política.

— *Gens*: en plural, *gentes*. Sin ser equiparables, tiene la particularidad de ser el patronímico del Derecho de Gentes, antecesor del Derecho Internacional: el *ius gentium* romano tampoco era su equivalente. La *gens* describía a una comunidad de parentesco ligada a un origen étnico —lengua, costumbres, historia, ancestro común a veces legendario— marcada por un sentimiento de pertenencia, con vínculos profundos que no eran sólo voluntarios: se «nacía» en ella.

— *Populus*: describe a los miembros de un grupo ligados por leyes e instituciones propias que, a su vez, es lo que define a la *civitas* o comunidad

---

barbarie..., *op. cit.*; Manuel DIEZ DE VELASCO, *Instituciones de Derecho Internacional Público*, Tecnos, Madrid, 2009, pp. 649-712; Antonio BLANC ALTEMIR (ed.), *La protección internacional de los Derechos Humanos a los cincuenta años de la Declaración Universal*, Tecnos, Madrid, 2001; Diana T. MEYERS, *Los derechos inalienables*, Alianza, Madrid, 1988. Este texto propio, como parte de los que siguen, resume y/o reelabora algunas digresiones de *¿Qué es esa cosa llamada Relaciones Internacionales?...*, *op. cit*.

[25] Herbert GRAML, *Reichskristallnacht. Antisemitismus und Judenverfolgung im Dritten Reich*, DTV, Múnich, 1988; Judith BUTLER, *Violencia de Estado, Guerra, Resistencia. Por una nueva política de la izquierda*, Katz, Madrid-Buenos Aires, 2011, pp. 10-46; ARENDT, *Macht und Gewalt...*, *op. cit.*, pp. 36-58; BASTIAN, *Das Jahrhundert des Todes...*, *op. cit*.

[26] En los términos interpretativos del interaccionismo simbólico, Stephen O. MURRAY, «Ethnic Differences in Interpretive Conventions and Reproduction of Inequality in Everyday Life» en: *Symbolic Interaction*, vol. 14, n.º 2, 1991, pp. 187-204. Publicado por: *Wiley Online Library*. Accesible en línea: onlinelibrary.wiley.com (consulta: 20/05/2013).

política, o lo más semejante a un Estado moderno. Los lazos de pertenencia se establecen sobre una base política. Una *gens*, indiferenciada políticamente aunque diferenciable como comunidad étnica, puede comprender en su seno a diversas *civitates*, constituyendo varios *populi*. La *civitas* de Roma —como comunidad política— estaba constituida por varias *gentes* unidas entre sí por los lazos políticos que permitieron consolidar el *populus* romano. En sí, éste era el cuerpo de ciudadanos capaces de ejercer una defensa efectiva de la ciudad, como cuerpo armado. En las Edades Media y Moderna el pueblo adopta la forma política de constituyente del Tercer Estado; en él, la burguesía pronto aspiró a distanciarse del pueblo llano. Su variante degradada se denomina populacho y, por extensión, plebe (*plebs* romana)[27].

La realidad de los pueblos presenta diversas modalidades en las mentalidades actuales. Una de ellas es la de pueblos indígenas, con creciente repercusión en la opinión pública y una participación política cada vez mayor a través de los movimientos llamados «indigenistas». Otra es la de grupos insurgentes, rebeldes y combatientes, que por alguna causa histórica se ven segregados, apartados, excluidos, perseguidos… dentro de la comunidad estatal-nacional en la que residen sin integrarse, siendo las medidas de asimilación, aculturación, inculturación… parte de las más habituales para proceder con las denominadas minorías —étnicas, religiosas, nacionales…— en un sentido u otro[28]; existen además las nacionalidades históricas[29]. Si el Estado de residencia proclama un respeto efectivo a la legislación internacional sobre Derechos Humanos, a los que tutela y garantiza, la situación de estos pueblos puede encauzarse por canales democráticos de participación política, con variables soluciones de su situación. En este caso, la autodeterminación no equivale a secesión de forma necesaria, puesto que puede adoptar la forma de integración o de unión sobre diversas bases (federal, confederal): tal fue la denominada unificación alemana de 1990. Cuando esto no sucede suelen estallar conflictos bélicos internos, acompañados de genocidio

---

[27] GRIMAL, *La civilización romana…*, *op. cit.*; Numa Denys FUSTEL DE COULANGES, *La ciudad antigua*, Barcelona, Iberia, 1987; RODRÍGUEZ, Gens*: una forma de agrupación antigua…*, *op. cit.*; TRUYOL Y SERRA, *Historia del Derecho internacional…*, *op. cit*.

[28] En este caso puede asistirse a la curiosa, paradójica y nada excepcional realidad de Estados cuyas denominadas minorías son «mayoritarias» en cuanto a número de población, quedando excluidas sin embargo de los aparatos representativos de gobierno o de la administración. Esta situación suele reflejar traumas históricos derivados de la conquista por otras minorías que se erigen en clase dominante: la España visigótica, la Inglaterra normanda, los Balcanes bajo dominio turco, la Suráfrica del *apartheid*… Thomas Hylland ERIKSEN, «Ethnicity *versus* Nationalism» en: *Journal of Peace Research*, n.º 28, 3, 1991, pp. 263-278. Publicado por: *JSTOR-Sage*. Accesible en línea: www.u.arizona.edu/~jag/POL596A/errikethnat.pdf (consulta: 20/05/2013); Nathan GLAZER y Daniel P. MOYNIHAN (comps.), *Ethnicity: Theory and Experience*, Harvard University Press, Cambridge, 1975.

[29] Desde el austromarxismo, Ian REIFOWITZ, «Otto Bauer and Karl Renner on Nationalism, Ethnicity and Jews» en: *Journal of Jewish Identities*, vol. 2, n.º 2, 2009, pp. 1-19. Publicado por: *Project Muse*. Accesible en línea: muse.jhu.edu/journals/journal.../2.2.reifowitz.pdf (consulta: 21/05/2013).

y «limpieza étnica» en casos extremos como la desagregación de la antigua República de Yugoslavia[30].

En términos jurídicos internacionales los pueblos son considerados actores que, en el plano de la capacidad, disponen de una personalidad jurídica restringida a ejercer unos derechos específicos y a asumir unas obligaciones concretas, correlativas a esos derechos. El más visible es el de su autodeterminación, que responde a un largo y complejo proceso de elaboración y articulación. Tras diversas vicisitudes en el entorno de la Primera Postguerra Mundial, este derecho sirvió para configurar un nuevo mapa de Europa en el que las nacionalidades sometidas por los Imperios Centrales —Alemán, Austro-Húngaro, Ruso, Otomano— lograron un reconocimiento como Estados de pleno derecho, liberando a muchos pueblos europeos de un destino sujeto al viejo imperativo bélico de la anexión territorial por parte del vencedor. Conceptualmente, este principio fue elaborado por el austro-marxismo (Karl Renner, Viktor Adler, Otto Neurath y Otto Bauer), por el comunismo (Lenin) y por el liberalismo (Thomas W. Wilson). La autodeterminación figura como uno de los Propósitos de la Carta de Naciones Unidas (San Francisco, 1945, artículo 1, apartado 2). Sus contenidos se desarrollan en mayor medida en otras dos Resoluciones, la 1514 (XV) de 16 de diciembre de 1960 y la 2625 (XXV) de 24 de octubre de 1970, ambas de la Asamblea General, que consagran el derecho de autodeterminación como parte del Derecho internacional positivo, integrando el *ius cogens* internacional. Su vigencia principal y aplicaciones se proyectan en el contexto histórico de la descolonización, fundamentalmente desde 1945 hasta 1990, fecha de la constitución de Namibia como Estado independiente. Liquidado el colonialismo, algunos pueblos actuales reclaman todavía su autodeterminación. La Carta de Naciones Unidas, la Resolución 2625 (XXV), los Pactos internacionales de Derechos Humanos (Nueva York, 1966) y el Principio VIII del Acta Final de Helsinki (1975), por citar sólo textos básicos, establecen que ningún pueblo está excluido del derecho a la autodeterminación como principio de valor universal. Sin embargo, el Derecho Internacional afirma que el perfeccionamiento de ese derecho es obra de los Estados soberanos; en consecuencia, ni avala ni respalda a colectividades aspirantes a erigirse en entidades políticas independientes que formen parte de Estados consolidados. La condición es que los Estados de referencia respondan plenamente a un régimen democrático sometido al imperio de la ley, ejercientes de una tutela efectiva de los Derechos Humanos[31].

---

[30] Ivo BANAC, *The National Question in Yugoslavia*, Ithaca, Cornell, 1992; Miguel RODRÍGUEZ ANDREU, *Anatomía serbia*, Embajada de España, Belgrado, 2012. Asimismo, mi «Razones y sinrazones de Europa: una reflexión sobre los Balcanes» en: Ruth FERRERO TURRIÓN (ed.), *Nacionalismos y minorías en Europa Central y Oriental*, Colección Grana-Institut de Ciències Polítiques i Socials, Barcelona, 2004, pp. 302-328 y «Países balcánicos» en: DE BLAS, *Enciclopedia del nacionalismo…*, *op. cit.*, pp. 546-562.

[31] Gregorio GARZÓN CLARIANA, «Los Propósitos y los Principios de las Naciones Unidas», Manuel DIEZ DE VELASCO VALLEJO, «El fomento de las relaciones de amistad entre los pueblos, basados en los principios de autodeterminación»; Concepción ESCOBAR HERNÁNDEZ, «La

C) Nación

La célebre pregunta de Ernest Renan «¿Qué es una nación?» tendría hoy diversas respuestas bastante comprometidas[32]. Su etimología es latina: *natio* está ligada a *nascor* (nacer) y *nascentia* (nacimiento). Análoga a la *gens*, pero no equivalente, describe a la comunidad territorial vinculada a una descendencia común. En la *gens*, la comunidad de descendencia se refiere al origen; en la *natio* ésta se confiere por el territorio: designa a los nacidos en un mismo territorio. Por lo general, la *natio* comprende a un pueblo individual; la *gens* puede hacerlo con un grupo de pueblos. En la *natio* priman siempre la noción territorial y el concepto geográfico sobre el étnico. A menudo, la nación se equipara a patria, la tierra de los padres, *Vaterland*, en el régimen patriarcal, patrilineal y patrimonial de los «padres de la patria» (*patres patriae*). Aunque también se asocia con la lengua materna o primaria: *Muttersprache*, *Mother Tongue*, la lengua *nat*-ural[33]. Cargada de sentimentalismo, se asocia también con el hogar —*Heim*, *Heimat*, *Heimatland*, *Home*, *Homeland*, *Foyer*— vinculado a veces al epíteto de Hogar Nacional, como el Israel de Theodor Herzl y el sionismo, distinto del *Eretz-Israel* místico de los grupos jasídicos de Europa Oriental. En su dimensión de «patria chica» es el terruño. Alude a lazos *nat*-urales. Los *nac*-idos en la *nac*-ión son así los *nat*-urales de un lugar, serán *con*-nacionales y *com*-patriotas[34].

Benedict Anderson define a la nación como una «comunidad política imaginada como inherentemente limitada y soberana». Es imaginada porque, aun tratándose de una nación minúscula e incluso sabiendo que nunca

---

promoción y protección de los Derechos Humanos» en: Diez de Velasco y Sobrino Heredia, *Las Organizaciones Internacionales…*, *op. cit.*, pp. 161-195, 283-294, 295-342, respectivamente. Cualquier referencia a los pueblos en la escena internacional conduce a la reflexión colonial y postcolonial: Geeta Chowdhry y Sheila Nair (eds.), *Power, Postcolonialism and International Relations. Reading Race, Gender and Class*, Routledge, Londres, 2002. Accesible en línea: www.academia.edu/1057479 (consulta: 16/05/2013). Conflictos de base étnica y Estados democráticos: Larry Diamond y Mark F. Plattner (comps.), *Nationalism, Ethnic Conflict and Democracy*, The Johns Hopkins University Press, Baltimore, 1994; Daniel P. Moynihan, *Pandaemonium. Ethnicity in International Politics*, Oxford University Press, Oxford, 1993.

[32] Ernest Renan, *¿Qué es una nación? Cartas a Strauss*, Alianza, Madrid, 1988. En sentido amplio, Kurt Rabl, «Krisis und Zukunft des Nationalgedankens im modernen Europa» en: *Zeitschrift für Politik*, vol. 37, n.º 4, 1990, pp. 404-417; Edward A. Tiryakian y Ronald Rogowsky (eds.), *New Nationalisms of the Developed West. Towards Explanation*, Allen & Unwin, Londres, 1985; Jürgen Habermas, *Identidades nacionales y post-nacionales*, Tecnos, Madrid, 1989.

[33] Umberto Eco, *La búsqueda de la lengua perfecta*, Grijalbo-Mondadori, Barcelona, 1996; Harald Harrmann, *Weltgeschichte der Sprachen. Von der Frühzeit des Menschen bis zur Gegenwart*, C. H. Beck, Múnich, 2006.

[34] Imperecedera: Aspasia de Mileto, *Testimonios y discursos*, Anthropos, Barcelona, 1994, edición de José Solana Dueso; Estudio Introductorio (referencias generales), pp. LXXIII ss.; la autoctonía literal del Epitafio de Pericles en el *Menéxeno* de Platón, pp. 85, 89. Su semblanza (con Hipacia de Alejandría, Hildegarda de Bingen y Leonor de Aquitania) en: «La verdad cuando nos place o retablo de mujeres inspiradas» en: *Revista de Occidente*, n.º 262, marzo 2003, pp. 111-132. Roberto Esposito, Bíos. *Biopolítica y filosofía*, Amorrortu, Buenos Aires, 2006, pp. 272-280.

llegarán a conocerse entre sí, sus miembros pensarán en ellos mismos como si participasen de una comunión. Es limitada porque, aunque elásticas, toda nación tiene fronteras definidas: al otro lado siempre habrá otra nación; además, ninguna podría comprender a la humanidad en su conjunto. Es soberana: la nación siempre sueña con ser libre, pretendiendo ser responsable únicamente ante «Dios», la «Historia», el «Destino»... Es una comunidad: sus miembros se sienten imbuidos de una confraternidad profunda, al estilo de la *Genossenschaft* de la Liga Perpetua de la Confederación Suiza (1291). Idealmente, la nación es una «madre» con muchos «hijos», que, como connacionales, son «hermanos»; en cuanto tal, demanda un amor desinteresado: representa a la tierra en la que uno nace y por la que uno muere[35], suelo nutricio y tumba: *aspasios gê*[36].

Pese a los mitos —cifrados tanto en memorias convenientes como en amnesias oportunas— los orígenes de las naciones no se pierden en las edades oscuras y heroicas que describen las prosopopéyicas Historias Nacionales. La lenta configuración de territorios demarcados por fronteras, al azar de conquistas y de alianzas, tampoco constituye a las naciones; más bien al contrario, esto sólo refleja una crónica de las vicisitudes históricas de los diversos reinos, dominios, dinastías y pueblos. Una nación se forma a partir del momento en que unos individuos declaran que existe y se empeñan en probarlo: representa, pues, un acto de voluntad[37].

En las Edades Media y Moderna las *nationes* de Europa designaban a ciertas partes del Sacro Imperio Romano-Germánico —por ejemplo, en una miniatura de Otón II[38]— y también a las proveniencias de delegados y emisarios en los concilios (Constanza: 1414-1418; Basilea-Ferrara-Florencia: 1431-1445...), por un lado, y de los estudiantes de las universidades, por otro[39]. Esto traduce que, aun existiendo las *nationes*, con anterioridad al siglo XVIII no hubo ejemplos de naciones en estricto sentido moderno. La nación moderna es un concepto secular, opuesto al universalismo. Se concibe como una comunidad extensa, unida por lazos que no dependen de la sujeción al mismo soberano, ni por la misma confesión religiosa, ni por un mismo esta-

---

[35] Por la que uno podría llegar a morir, pero, ¿qué sucede con quienes usan el pretexto nacional —y otros— para matar?

[36] ANDERSON, *Comunidades imaginadas..., op. cit.*; Eustacio DE TESALÓNICA, *Comentario a la Odisea*, X, 233: relaciona a Aspasia con *àspasios gê*: tierra acogedora, DE MILETO, *Testimonios..., op. cit.*, p. 63. Peter FUCHS, «Vaterland, Patriotismus und Moral. Zur Semantik gesellschaftlicher Einheit» en: *Zeitschrift für Soziologie*, vol. 20, n.º 2, 1991, pp. 89-103.

[37] Joel BONNEMAISON, Luc CAMBREZY y Laurence QUINTY-BOURGEOIS (dirs.), *La nation et le térritoire. Le territoire, lien ou frontière?* y *Les territoires de l'identité. Le territoire, lien ou frontière?*, L'Harmattan, París, 1999; THIESSE, *La création des identités nationales..., op. cit.*; PAREKH, «La estructura política de una sociedad multicultural», *Repensando el multiculturalismo..., op. cit.*, pp. 293-352.

[38] Otón II y las cuatro naciones del Imperio: *Registrum Gregorii* (*ca.* 983). Accesible en «Liste der römisch-deutschen Herrscher» Wikipedia.de: File:Otto II. (HRR).jpg (consulta: 18/05/2013).

[39] Hans-Jörg GILOMEN, «Bürokratie und Korporation am Basler Konzil. Strukturelle und prosopographische Aspekte» en: *Academia.edu*. Accesible en línea: www.academia.edu/...' Burokratie_und_Korporation... (consulta: 16/05/2013).

do social. Su realidad no está determinada por el monarca; por ello no depende de sus vicisitudes dinásticas o militares. Sí está unida estrechamente al pueblo, según el concepto filosófico-político del mismo en tanto que signatario del pacto social y depositario del poder legítimo frente al soberano, a quien puede conferírselo pero también retirárselo. Si, en sentido filosófico, el pueblo tiende presentarse de modo impreciso y anodino, la nación suele hacerlo cual «ser animado». En la Francia de los siglos XVII y XVIII la *nation* señalaba a la parte consciente y activa de la población, opuesta al *peuple*, la masa inerte. La Revolución de 1789 otorgó a la nación el título de depositaria de la soberanía e hizo de la República su expresión política. En otros casos la opción fue «nacionalizar» al monarca: bien a través de la conversión de una dinastía foránea, como la alemana Hannover trasmutada en la británica Windsor por Jorge V en señal de patriotismo durante la Primera Guerra Mundial (1917); bien erigiendo a una dinastía autóctona y hegemónica como la prusiana Hohenzollern en la imperial del *Reich* constituido tras la Guerra Franco-Prusiana (1870), proceso similar al de la Italia unificada que coronó como rey a Víctor Manuel II de Saboya.

Particularmente el lenguaje cotidiano anglosajón emplea los términos país (*country*), nación (*nation*) y Estado (*state*) de forma casi indistinta, sobre todo los dos primeros, de connotaciones patrióticas. Al concluir el siglo XVIII *nation* formó el sufijo del neologismo «inter-nacional» que inventó Jeremy Bentham (*Principles of Moral and Legislation*, 1780). Su *Law of Nations* —luego *International Law*— pretendía traducir el Derecho de Gentes —*Droit des Gens*, *Völkerrecht*, *Ius Inter Gentes*— a una concepción que era más bien inter-estatal (*Staatenrecht*). Su éxito posterior fue insólito.

Más allá de estas precisiones históricas, la nación, la nacionalidad y la ciudadanía [nacional] se entrelazan mediante un parentesco que desborda la semántica. La nacionalidad (*nationality*, *nationalité*, *Staatsangehörigkeit*) es un término jurídico-internacional; la ciudadanía (*citizenship*, *citoyenneté*, *Staatsbürgerschaft*) es jurídico-interno. En términos internacionales la nacionalidad se define como pertenencia permanente y pasiva de una persona a un determinado Estado; literalmente es la *Staatsangehörigkeit*, denotativa de que el individuo está mediatizado en la esfera internacional.

Por lo demás, siendo la población un elemento capital en la constitución plena de un Estado, una distinción inmediata concierne al natural o nacional y a quien no lo es: el extranjero. Para algunos, la nacionalidad es un *status* civil otorgado por el ordenamiento de un Estado a un individuo o persona jurídica; para otros, representa un vínculo que liga a un determinado individuo con una organización política de tipo estatal en el que se determina la pertenencia jurídica de esa persona a la población de ese Estado[40]. Corresponde a cada Estado determinar quiénes son sus nacionales y establecer las condiciones de adquisición o pérdida de esa nacionalidad. La desnacionalización por motivos políticos o penales no es un fenómeno raro ni aislado.

[40] Manuel DIEZ DE VELASCO y Concepción ESCOBAR HERNÁNDEZ, *Instituciones de Derecho Internacional Público*, Tecnos, Madrid, 2009, pp. 610-646.

La privación de nacionalidad es una regresión en términos de Derechos Humanos: artículo 15 de la Declaración Universal de 1948. El desvalimiento de millones de personas privadas de ella a lo largo del siglo XX —no reclamadas por ningún Estado «decente» que se hiciera cargo de sus destinos— constituye un testimonio más del horror posible en la condición humana[41].

D) ESTADO

Lo que hoy se denomina Estado, en Grecia se llamó aproximadamente *pólis* y en Roma, *civitas*; en el Renacimiento surge como *lo Stato* con Maquiavelo, sin que equivalga tampoco a su concepción actual[42]. La *civitas* designaba al conjunto de derechos, deberes e instituciones que unen al *populus*. Se trataba de un ordenamiento objetivo que podía otorgarse a otras personas o grupos. Lo formaba un conjunto de ciudadanos (*cives*) que en la *civitas* organizaban su convivencia política dentro de una comunidad propia y diferenciada. Este significado se concretaba en la ciudadanía. Su ejercicio consecuente llevó a identificar la *civitas* con el territorio de su demarcación, al modo del *dêmos* griego dentro de la Ciudad-Estado (*pólis*). Por su parte, la *urbs* o urbe se situaba dentro del *orbs* u orbe. Al extender sus conquistas y ampliar sus dominios con la incorporación de nuevos pueblos, Roma llamó *civitates* a las formas de organización política que estos últimos tuvieran, adaptando sus formas y conceptos[43]. Ya en tiempos bajomedievales, el Estado fue cristalizando embrionariamente como forma de organización política estable provista de caracteres propios, con funciones y competencias específicas, en torno a la figura de un soberano: fueron los *regna* (reinos) frente al *imperium* (imperio). Un criterio primario de su definición fue la soberanía, sobre la base del postulado de no reconocer, en ningún orden, a ninguna instancia superior: *civitates superiorem non recognoscentes*. En aquellos momentos y luego, durante la Edad Moderna, el Estado poseía una concreta cohesión social en la que la determinación nacional de los súbditos representaba un aspecto secundario, no existiendo una correspondencia necesaria entre la nacionalidad del pueblo —o pueblos eventualmente asimilados— y

[41] De nuevo, estas disertaciones se corresponden con *¿Qué es esa cosa llamada Relaciones Internacionales?...*, *op. cit.*; sobre la nación: THIESSE, *La création des identités nationales...*, *op. cit.*

[42] Sobre el Estado absolutista: Roland MOUSNIER, *La monarquía absoluta en Europa. Del siglo V a nuestros días*, Taurus, Madrid, 1986; ANDERSON, *El Estado absolutista...*, *op. cit.*; AZKIN, *Estado y nación...*, *op. cit.*; Leopold VON RANKE, *Pueblos y Estados en la Historia Moderna*, FCE, México, 1986. La clásica visión marxista —Estado como superestructura— luego desautorizada por la práctica de los Estados del socialismo real: Friedrich ENGELS, *El origen de la familia, la propiedad privada y el Estado*, Fundamentos, Madrid, 1987; la capitalización del poder/violencia por parte del Estado —en cualquier sentido— preocupa a ARENDT, *Macht und Gewalt...*, *op. cit.*, pp. 36-58.

[43] GRIMAL, *La civilización romana...*, *op. cit.*; FUSTEL DE COULANGES, *La ciudad antigua...*, *op. cit.*

la de la dinastía reinante. Sin embargo, en el Antiguo Régimen y hasta épocas más recientes de lo que podría parecer a primera vista, la adscripción religiosa sí fue significativa: principio de *cuius regio eius religio* (Paces de Westfalia y Osnabrück, 1648)[44].

En sus parámetros clásicos, el Estado representa una forma de organización política que impone una racionalidad medios-fines articulada sobre el monopolio del ejercicio legítimo/legitimado de la violencia, garantizando una seguridad interior que favorezca el funcionamiento de su maquinaria administrativa, garante a su vez de esos requisitos. Además del gobierno, sus funciones centrales son la Hacienda, la Justicia y el orden interno, la Política Exterior y la Defensa. Se define como una organización de poder independiente sobre una base territorial, con tres elementos: territorio, población y gobierno propio. Este último es principal porque implica el control último de la población en un territorio dado, con el monopolio del uso legal de la fuerza sobre el grupo humano en cuestión y también frente a otros. Con la Modernidad se consolida en Europa la existencia de una pluralidad de Estados independientes, celosos de su soberanía y de su independencia. En sus relaciones recíprocas pueden instituirse como sistema (Sistema de Estados), como sociedad (Sociedad Internacional) o como organización (Organización Internacional) mediante congresos, convenciones, conferencias…, según las diversas modalidades adoptadas a lo largo de los siglos: Concierto, Alianza, Consistorio, Liga...[45].

El modelo de Estado moderno nacido en Europa a finales del siglo XV se equipara a menudo con la nación en sentido moderno, pero ambos no tienen por qué coincidir. En términos hegelianos, cada nación estaría llamada a tener su propio Estado, aunque la realidad europea hasta el final de la Primera Guerra Mundial mostraba que una mayoría de los Estados —imperios, reinos, repúblicas, señoríos, principados…— fueron pluri- o multi-nacionales. Los Estados nacionales son una creación del siglo XIX —hipertrofiada en el XX— que prevé una correspondencia estrecha entre la composición nacional o étnica del pueblo, depositario formal de la soberanía, y el aparato del Estado, visto como su más alta «emanación». El hegelianismo —luego prolongado en determinadas teorías marxistas de modo dialéctico— establece que existiría una especie de progresión entre términos descriptivos de diversas situaciones históricas en las que el *Volksgeist* (espíritu popular) y el *Zeitgeist* (espíritu temporal) se acompasan en el curso de un devenir objetivado cronológicamente y también jerarquizado según etapas de progreso cultural. La carencia de Historia representa la situación más primitiva: «pueblos sin Historia». El siguiente grado, aún atrasado, sería el de constituir un

[44] Andreas OSIANDER, «Sovereignty, International Relations, and the Westphalian Myth» en: *International Organization*, vol. 55, n.º 2, 2001, pp. 251-287. Publicado por: *IO Foundation-The MIT Press*. Accesible en línea: www.labmundo.org/.../OSIENDER_sovereignty_int... (consulta: 16/05/2013).

[45] TRUYOL Y SERRA, *La Sociedad Internacional…*, *op. cit.*, pp. 101-127 (Estados y grandes potencias); otras determinaciones estatales en el medio internacional, VERDROSS, *Derecho internacional público…*, *op. cit.*, pp. 167-247.

pueblo que, mediante un proceso de toma de conciencia de sí mismo, evolucionaría hasta constituir una nación. Y ésta, organizada de un modo superior, lograría el estatuto de Estado. Mediante ese ejercicio de consciencia de sí misma, la población, indeterminada, pasaría del estadio de «objeto» al de «sujeto»: auto-determinada. Desde esta perspectiva, la soberanía entraña una manifestación de poder e independencia, de control absoluto de las esferas internas y externas de la política. A partir de ahí, la simbiosis entre Estado nacional y nacionalismo es explosiva así como un potencial y extremado factor bélico, tanto en el plano interno como exterior. Puede además derivar fácilmente hacia el imperialismo y el fundamentalismo político. Las pretensiones de una correspondencia estricta entre las características (raza, etnia, lengua, nacionalidad, confesión religiosa, credo político, orientación ideológica, determinación partidista…) adscritas a la población comprendida en el perímetro soberano de un Estado y la definición correlativa que éste proclama de sí mismo —por ejemplo, mediante unas condiciones de nacionalidad/ciudadanía determinadas por reglas raciales, étnicas, lingüísticas, nacionales, religiosas, políticas, ideológicas, partidarias…— representa un fenómeno totalitario de amplia representación histórica y también contemporánea.

No obstante, las determinaciones del Estado en la escena internacional en tanto que unidades principales del sistema como sujetos de Derecho Internacional público son positivas cuando se trata de Estados democráticos, sometidos al imperio de la ley y respetuosos con los Derechos Humanos. En este sentido, los Estados pueden constituir esenciales instancias reguladoras de la convivencia internacional sobre bases tanto jurídicas como políticas, sociales, económicas y culturales, definidas por su común adscripción a un eventual espacio público democrático internacional[46]. Desde el último cuarto del siglo XX el sistema estatal se ha visto sometido a fortísimas tensiones y presiones que socavan sus atributos y funciones tradicionales sobre dos líneas esquemáticas: la trans- o supra-nacional, que desborda las fronteras estatales e instituye procesos de integración supra-estatal en marcos regionales o continentales, o incluso trans-continentales; la micro-nacionalista, que desintegra a los Estados desde el interior mediante procesos de secesión, autodeterminación, fragmentación[47].

---

[46] David HELD, *La democracia y el orden global: del Estado moderno al gobierno cosmopolita*, Paidós, Barcelona, 1995; *Idem*, «Democracy, the Nation-State, and the Global System» en: *Economy and Society*, vol. 20, n.º 2, 1991, pp. 138-172. Publicado por *Taylor & Francis Online*. Accesible en línea: http://www.tandfonline.com/ (consulta: 17/05/2013). Montserrat HUGUET, «La mundialización en la experiencia internacional contemporánea» en: *II Jornadas de Historia de las Relaciones Internacionales Contemporáneas*, Universidad Carlos III, Madrid, mayo 2006, 44 pp.

Accesible en: e-archivo.uc3m.es/bitstream/10016/3027/1/Huguet-CEHRI.pdf (consulta: 04/05/2013).

[47] *¿Qué es esa cosa llamada Relaciones Internacionales?...*, *op. cit.*, pp. 49-82. John M. HOBSON, *The States and International Relations*, Cambridge University Press, Cambridge, 2000; autor singular: Michael HOWARD, *The Invention of Peace*, Yale University Press, New Haven, 2000; *Idem*, «Military Power and International Order» en: *International Affairs (Royal Insti-*

3. EL SISTEMA MUNDIAL, LOS ESTADOS Y LA GLOBALIZACIÓN

A estas alturas de la Historia la reflexión sobre el Sistema Mundial, el papel de los Estados y el fenómeno de la globalización representa un ejercicio algo tópico, de dimensiones enciclopédicas, del que existe una ingente producción bibliográfica. Sin embargo, en el contexto de los fenómenos de crisis y reestructuración tanto del Sistema Mundial como de los Estados contemporáneos[48], sometidos a las presiones y tensiones derivadas de la globalización, surgen realidades que, sin ser nuevas, sí cabe señalar como distintivas o características de la actual época. Algunos de los determinantes del Estado se han expuestos apresuradamente en páginas previas, lo que vuelve ocioso insistir en ello. Pese a todo, una mínima reflexión sobre estas cuestiones parece necesaria para ilustrar algunos fundamentos de la Sociedad Internacional vigente[49]. ¿Cabría concebirla como una «comunidad imaginada» formada por Estados? ¿O como una «comunidad imaginada» supresora de la pluralidad de los Estados y figurada como un solo Estado global, según el examen de las diversas formulaciones que realiza Martin Shaw?[50]. Dos nociones principales, enunciadas en sus rasgos básicos, servirían inicialmente a este fin:

— *Sociedad Internacional*: idealmente representa un modelo de unión basado en una asociación entre miembros paritarios o socios jurídicamente equiparados, constituida por los «individuos internacionales» que son los Estados o comunidades políticas diferenciadas, reunidos en forma de *Gesellschaft* (Ferdinand Tönnies), mediante un pacto que define legalmente sus relaciones mutuas, ya como Liga (*Bund*), ya como Federación, el *foedus Am-*

---

tute of International Affairs 1944-), vol. 40, n.º 3, 1964, pp. 397-408. Accesible en línea:http://links.jstor.org/sici?sici=0020-5850%28196407%2940%3A3%3C397%3AMPAIO%3E2.0.CO%3B2-E (consulta: 16/05/2013).

[48] Principales retos actuales: Saskia SASSEN, *Una sociología de la globalización*, Katz, Madrid-Buenos Aires, 2010, pp. 61-123 y 265-280. Antonio TRUYOL Y SERRA, *De una sociedad internacional fragmentada a una sociedad mundial en gestación. (A propósito de la globalización)*, Facultad de Ciencias Políticas y Sociología, UCM, Madrid, 2003.

[49] La Sociedad Mundial o *Weltgesellschaft*, Dirk BAECKER, *Wozu Kultur?*, Kadmos, Berlín, 2001, pp. 18-24; Roberto ESPOSITO, Communitas. *Origen y destino de la comunidad*, Amorrortu, Buenos Aires, 2003; Zygmunt BAUMAN, *Comunidad: en busca de seguridad en un mundo hostil*, Siglo XXI, Madrid, 2006; Ulrich BECK, *Der kosmopolitische Blick oder: Krieg ist Frieden*, Suhrkamp, Fráncfort del Meno, 2004, pp. 29-146.

[50] Dos buenas obras al respecto: Martin SHAW, *Theory of the Global State: Globality as Unifinished Revolution*, Cambridge, Cambridge University Press, 2000; *Idem*, *Global Society and International Relations. Sociological Concepts and Political Perspectives*, *op. cit*. Otras dimensiones: Peter SUTCH, *Ethics, Justice and International Relations: Constructing an International Community*, Routledge Chapman & Hall, Londres y Nueva York, 2001. Mi modesta síntesis: «Sociedad/Comunidad internacional: una comunidad imaginada?» en: Eduardo VILARIÑO PINTOS y Caterina GARCÍA SEGURA (coords.), *Comunidad Internacional y Sociedad Internacional después del 11 de septiembre de 2001*, Universitat Pompeu Fabra, Universidad del País Vasco, Universidad Complutense de Madrid/Gernika Gogoratuz-Munduan, Paz y Desarrollo, Gernika, 2005, pp. 87-102.

phyctionum de Kant. Eventualmente, en un futuro esa Sociedad Internacional podría evolucionar hacia una República Mundial (*Weltrepublik*), sobre la base de que lo societario se definiría por criterios de racionalidad medios-fines, lo que deriva hacia el cálculo y el interés. No obstante, para Bull se trata de un grupo de comunidades políticas independientes que no forman un simple sistema mecánicamente articulado. Desde el momento en que comparten un conjunto de normas, instituciones y reglas asumidas, quedarían establecidas entre ellas unas pautas de conducta que determinarían una modalidad de asociación regida por el diálogo y el consenso.

— *Comunidad Internacional*: de nuevo idealmente, su modelo representa una unión, sólo que ahora en forma de comunión entre miembros reunidos de forma solidaria en tanto que comparten valores y creencias. En principio, todos estarían llamados a amalgamarse y fundirse en un crisol de voluntad afectiva, desarrollando lazos de afinidad orgánica según el modelo de la *Gemeinschaft* (Tönnies, de nuevo). Lo cierto es que si los Estados formasen una comunidad se disolverían en ella. El pensamiento comunitario se adecua mejor a postulados de tipo religioso, como «comunidad de creyentes»: ejemplo de la *umma* musulmana. En perspectiva más moderna, la Comunidad Internacional representaría el conjunto y acervo de valores que comparten unos determinados Estados (reunidos en forma de grupo, alianza, organización…), tanto como fundamento axiológico de sus relaciones mutuas y existencia como tales, como desde una determinación teleológica, esto es, de orientación y sentido de sus actuaciones en la escena internacional. La Comunidad Internacional se entendería, en este caso, como la creencia compartida en unos valores y normas determinados: la Declaración Universal de los Derechos Humanos en lo que atañe a la ONU, o los enunciados del Preámbulo del Tratado de Washington en lo referido a la OTAN, por ejemplo. Tal es el sentido restringido que Bull propone acerca de esta noción.

Parece evidente que en sentido estricto ninguna de estas dos formas se produce en la actual configuración mundial, excepto si se plantean como construcción formal. La Organización de Naciones Unidas es lo más parecido a una Sociedad Internacional, pero está lejos de aproximarse al modelo kantiano. Lo más parecido a una Comunidad Internacional ha sido la Europa unida desde 1957, en tanto que organización fundada sobre valores compartidos, aunque su evolución desde el Tratado de Maastricht (1992) la aleja cada vez más del tipo, dirigiéndose hacia un modelo de unión más laxo[51].

---

[51] Otras referencias en *El Sistema Mundial…*, *op. cit.*, pp. 147-188; Richard LITTLE, «Reassesing the Expansion of International Society» en: *e-International Relations*, 2 de mayo de 2013. Accesible en línea: www.e-ir.info/.../reassessing-the-expansion-of-the-in... (consulta: 16/05/2013); Jens BARTELSON, *Visions of World Community*, Cambridge University Press, Cambridge, 2009. Respecto de la potencial evolución hacia un Sistema Mundial, Seyom BROWN, *International Relations in a Changing Global System. Toward a Theory of the World Polity*, Westview Press, Boulder-San Francisco-Oxford, 1992; Michael MANN, «Has Globalization Ended the Rise and Rise of Nation-State?» en: *Review of International Political Economy*, vol. 4, n.º 3, pp. 472-496. Publicado por *Routledge*. Accesible en línea: www.sscnet.ucla.edu/soc/

A) Estados fallidos, Estados exiguos, Estados inviables

Ya se ha mencionado antes que a escala mundial el proceso de creación de Estados nacionales —pretendidamente homogéneos, integrados, constituidos sobre principios normativos basados en consensos mayoritarios, instituidos democráticamente, etc.— no responde a un modelo unívoco, general, regular y universal. Por el contrario, esta evolución es por lo general traumática, violenta, dispar y singularizada. Desde situaciones de secesión y autodeterminación que incorporan declaraciones de independencia, separatismo, emancipación colonial, beligerancia, por un lado, hasta modelos centralistas de imposición autocrática, autoritaria, dictatorial, hegemónica, totalitaria..., por otro, todas las variaciones son posibles. La «civilizada» Europa tiene aún abiertos varios conflictos de este tipo. La situación en el resto del mundo es explosiva, cuando pueblos y naciones anteriormente colonizados, que, en razón de su viabilidad inicial como Estados respetaron la demarcación territorial del poder colonizador —principio jurídico *uti possidetis iuris*, aceptado en su momento por la Organización de la Unidad Africana (OUA-1963; Unión Africana-2001) para no añadir más combustible al fragor de las luchas por la independencia[52]— ven cómo sus formaciones estatales fracasan irremediablemente, secuestradas por dirigentes corruptos y los dictados de una economía mundial de explotación. Subyace a ello la «superstición hegeliana» ya aludida, según la cual todo pueblo se constituye a lo largo de un proceso histórico lineal en una nación y ésta necesariamente en un Estado, como una de las mayores causas de conflictividad nacional e internacional. Lo cierto es que en la escena internacional —aparte de que unos la denominen Sociedad y otros Comunidad— hay Estados que parece que sólo existen de nombre en virtud de unos aparatos políticos y administrativos que dicen representarlos, en general, ignorando a las poblaciones afectadas[53]. La condición de Estados fallidos, Estados exiguos, Estados in-

---

faculty/mann/Doc2.pdf; http://www.tandfonline.co/ (consulta: 17/05/2013); Paul Hirst y Grahame Thompson, «Globalization and the Future of the Nation State» en: *Economy and Society*, vol. 24, n.º 3, 1995, pp. 408-442. Accesible en línea: http://www.tandfonline.com/ (consulta: 17/05/2013); Mattelart, *Diversidad cultural y mundialización…*, *op. cit.*, pp. 16-53.

[52] Aplicaciones históricas y actuales del principio: Paul. R. Hensel, Michael E. Allison y Ahmed Khanani, «The Colonial Legacy and Border Stability: *Uti Possidetis* and Territorial Claims in the Americas» en: *37th Annual Meeting of the Peace Science Society (International)*, Ann Arbor, noviembre 2003-45th Annual Meeting of the International Studies Association, Montreal, marzo 2004, 35 pp. Accesible en línea: www.paulhensel.org/Research/io05.pdf (consulta: 17/05/2013); Enver Hasani, «*Uti Possidetis Iuris*: from Rome to Kosovo» en: *Tufts Digital Library*. Accesible en línea: dl.tufts.edu/file.../tufts:UP149.001.00054.00008 (consulta: 17/05/2013); Enrico Milano, *Unlawful Territorial Situations in International Law. Reconciling Effectiveness, Legality and Legitimacy*, Leiden, Martinus Nijhoff, 2006. Victor Prescott y Gillian D. Triggs, *International Frontiers and Boundaries. Law, Politics and Geography*, Martinus Nijhoff, Leiden, 2008, pp. 142-146.

[53] VVAA, *Alerta 2011! Informe sobre conflictos, derechos humanos y construcción de paz*, Icaria-Universitat Autònoma de Barcelona-Generalitat de Catalunya, Barcelona, 2011. Este *Informe*, dentro de una serie de publicaciones sobre años consecutivos, estableció para 2010 varios listados de conflictos abiertos. En ellos figuran «demandas de autogobierno» y «cues-

viables, afecta a muchos en la actual escena internacional. En sí, las tres condiciones están interrelacionadas y pueden concatenarse, pero también pueden darse de forma aislada. Un Estado fallido no es necesariamente exiguo, aunque la exigüidad contribuye a veces a que no prospere. El fallo del Estado puede deberse a la incapacidad manifiesta de lograr una forma política estable, por ejemplo, a causa del enfrentamiento interno entre poblaciones heterogéneas o a causa de injerencias de vecinos poderosos interesados en su fracaso. Un Estado inviable no lo es tampoco por su exigüidad: pueden entrar en juego factores como la violencia, la corrupción, el subdesarrollo, las catástrofes naturales… Un Estado exiguo puede ser el resultado de procesos secesionistas debidos a micro-nacionalismos irredentos; su viabilidad, sin embargo, puede lograrse si consigue desempeñar un papel necesario en la escena internacional. Donde a veces «necesario» puede significar convertirse en paraíso fiscal, por ejemplo, lo que tal vez le asegure una existencia… «plácida»[54].

---

tiones identitarias» amalgamadas con aspectos religiosos, entre otras. Datos derivados de referencias del *Informe*: 1. *Conflictos abiertos*: 30. *África*: Nigeria, Etiopía, Somalia, Sudán (Darfur; Sudán meridional: éste resuelto mediante autodeterminación en 2011), Chad, Uganda (Norte), Argelia. *Asia*: Afganistán, India (Assam, Jammu y Cachemira, Manipur), Paquistán, Filipinas (Mindanao, Mindanao-Abu Sayyaf), Myanmar, Tailandia (Sur), Turquía (Sureste), Irak, Israel-Palestina, Yemen. *Europa*: Rusia (Chechenia, Daguestán, Ingusetia). 2. *Tensiones*: 83. *África*: Nigeria, Senegal, Eritrea-Etiopía (diversos escenarios de ambas naciones), Chad, Sudán, Burundi, Ruanda, República Democrática del Congo, Mauritania. *Asia*: Kirguistán, Tayikistán, Uzbekistán, India, Paquistán, Nepal, Sri Lanka, China (Tíbet, Turquestán oriental-Xinjiang, sectas budistas, iglesias católicas), Indonesia (Papúa Occidental, Aceh), Myanmar, Tailandia, Kampuchea, Irán (diversos escenarios), Yemen (gobierno central y Sur), Egipto, Líbano, Siria, Israel, Palestina. *Europa*: Bosnia y Herzegovina, Serbia, Kosovo, Armenia, Azerbaiyán, Georgia (Abjasia, Osetia del Sur), Rusia (Kabardino-Balkaria, Karachaevo-Cherkesia, Osetia del Norte). 3. Junto a estas referencias, adaptadas del *Informe*, se precisan algunas *localizaciones perdurables de tensión y conflictividad religioso-nacional o religioso-étnica*: Irlanda del Norte (católicos y protestantes), Chipre (cristianos ortodoxos y musulmanes), Bielorrusia, Rusia y Ucrania (cristianos ortodoxos e iglesias uniatas), Turquía (cristianos católicos y ortodoxos y musulmanes). 4. *Procesos de paz*: Senegal, Angola, Etiopía, Somalia, República Centroafricana, Colombia, El Salvador, China-Tíbet, Birmania, Filipinas, Kurdistán, Yemen, País Vasco, Chipre. Véase Viçenç Fisas, *Anuario de procesos de paz 2011*, Icaria-Universitat Autònoma de Barcelona-Generalitat de Catalunya, Barcelona, 2011.

[54] De Rivero, *Los Estados inviables…*, *op. cit.*; Monty G. Marshall, «Fragility, Instability, and the Failure of States. Assesing Sources of Systemic Risk», Working Paper, Nueva York, *Council on Foreign Relations* (CFR), octubre 2008, 26 pp. Accesible en línea: i.cfr.org/content/.../CPA_WorkingPaper_1.pdf (consulta: 17/05/2013); Stefan Wolff, «State Failure in a Regional Context», Universidad de Bath. Accesible en línea: www.stefanwolff.com/working.../state-failure.pdf (consulta: 17/05/2013); Robert I. Rotberg, «The New Nature of Nation-State Failure» en: *The Washington Quarterly*, vol. 25, n.º 3, 2002, pp. 85-96. Publicado por: *The Center for Strategic and International Studies and the MIT*.

Accesible en línea: http://www.boell.de/downloads/demokratie/The_New_Nature_of_Nation_State_Failure_Rotberg_2002_en.pd (consulta: 17/05/2013); Marshall R. Singer, *Weak States in a World of Powers: The Dynamics of International Relationships*, Free Press, Nueva York, 1972; Robert O. Keohane, «Lilliputians' Dilemmas: Small States in International Politics» en: *International Organization*, vol. 23 n.º 2, 1969, pp. 291-310. Publicado por: *University of Wisconsin*. Accesible en línea: http://www.jstor.org/stable/2706027 (consulta: 17/05/2013); William Reno, *Warlord Politics and African States*, Lynne Rienner, Boulder y Londres, 1998.

B) La redefinición de los Estados en un escenario internacional evolutivo: integración regional y retos frente a la configuración de un Espacio Público Internacional

El fenómeno de la denominada integración regional no es nuevo. Es más, representa un «clásico» desde David Mitrany, Ernst B. Haas o Karl W. Deutsch. Su interés actual proviene del notable éxito de la integración supranacional-interestatal de la Unión Europea, ampliada a un creciente número de Estados miembros, por un lado, y articulada mediante realidades tan expresivas como son la moneda única —con excepciones— o el Espacio Schengen, por otro. Como hecho político, la Unión Europea carece de precedentes en tanto que incorpora procedimientos de agregación por medios pacíficos, institucionales y democráticos. Aun a pesar de las considerables dificultades internas y externas surgidas en sus varias décadas de evolución, la Unión Europea puede servir de modelo de otros procesos de integración regional en diversas zonas mundiales. En cualquier caso, su singularidad radica en la doble articulación entre el papel de los Estados europeos, sujetos políticos que han ejercido de principal instancia integradora en tanto que titulares de una soberanía jurídica internacional, y la propia organización resultante, algunos de cuyos órganos —la Comisión, en particular— ostentan una índole supranacional. Uno de sus efectos más interesantes se deriva de que, al promover una integración internacional y eventualmente supranacional, los Estados miembros evolucionan en la atribución de sus competencias tradicionales, renunciando en algunos aspectos a determinaciones fundamentales de su soberanía, aspecto que repercute tanto *ad intra* como *ad extra*. Pero, por eso mismo, al integrarse en una institución superior, los Estados adquieren nuevas competencias y una especie de «soberanía ampliada» que les procura la organización supranacional-intergubernamental de la que pasan a formar parte[55].

La integración regional puede referirse a otros ámbitos además del político, en especial, en sectores como la economía y la estrategia, las comunicaciones o el transporte, el medio ambiente y las migraciones, la seguridad y la defensa. Una característica consecuente de la globalización —en sí, resultado de un liberalismo económico llevado a límites insospechados en tanto que se sustenta en la revolución tecnológica de las comunicaciones— es una progresiva pérdida de protagonismo estatal en beneficio de una privatización exhaustiva de la práctica totalidad de las actividades humanas sobre el planeta[56]. La desregulación económica, por ejemplo, sólo representa uno

---

[55] Ernst B. Haas, «The Study of Regional Integration. Reflections on the Joy and Anguish of Pretheorizing» en: *International Organization*, vol. 24, n.º 4, Regional Integration: Theory and Research, 1970, pp. 607-646. Publicado por: *University of Wisconsin Press-JSTOR*. Accesible en línea: http://www.jstor. org/stable/2706149 (consulta: 17/05/2013); Philippe C. Schmitter, «Three Neo-Functional Hypotheses About International Integration» en: *International Organization*, vol. 23, n.º 1, 1969, pp. 161-166. Publicado por: *Cambridge Journals Online*. Accesible en línea: http://journals.cambridge.org (consulta: 17/05/2013).

[56] Phillip Allott, *Eunomia. New Order for a New World*, Oxford University Press, Oxford-Nueva York, 1990; Robert B. J. Walker, *State Sovereignty, Global Civilisation and the Rear-*

de los aspectos más visibles de este proceso, que hace aflorar facetas bastante más siniestras que se indican más adelante. Por lo que hace a sus determinaciones de carácter público, el Estado reviste competencias fundamentales, siendo curioso que países que reclaman el desmantelamiento progresivo de las mismas… en los demás Estados, se reserven celosamente todas estas atribuciones para sí mismos[57]. Por otro lado, desde que el kantiano Presidente estadounidense Wilson proclamara sus famosos Catorce Puntos en el curso de la Primera Guerra Mundial, el énfasis en la publicidad internacional no ha dejado de aumentar, ahora en su vertiente diplomática. No obstante persistir el secretismo característico de la vieja Política Exterior, la publicidad de la vida internacional, ligada a un Derecho Internacional codificado y positivado, provee a las Relaciones Internacionales de un carácter que, sin ser transparente, al menos no resulta tan opaco[58]. La publicidad permite mayores márgenes de control y reduce la discrecionalidad de muchas actuaciones internacionales, al menos desde un punto de vista formal o público en sentido estricto.

Sin embargo, el socavamiento de las instancias estatales y públicas en general, fruto de la transnacionalización, ha conducido a que crecientes sectores de la actividad humana se sustraigan a control y vigilancia por parte de agentes públicos. Su repercusión más inquietante se manifiesta en las actividades criminales y delincuenciales, cuyas manifestaciones son objeto crucial de preocupación estratégica para todas las instancias de seguridad concernidas, a escala nacional, regional y universal. El debilitamiento de los Estados —fuertes unos, pero otros menguados desde su constitución como tales— agrava esta situación toda vez que las redes de criminalidad y delincuencia son globales, cuentan con medios que a menudo superan a los de una mayoría de órganos y aparatos estatales —a los que además procuran corromper— y obviamente carecen de escrúpulos o de convicciones «decentes».

Una de sus ramas más significativas la constituyen los tráficos criminales. Como se acaba de indicar, estos tráficos son privados, están fuertemente capitalizados y convenientemente desregulados. Además, cada vez ostentan

---

ticulation of Political Space, Center of International Studies-Woodrow Wilson School of Public and International Affairs, Princeton University, Occasional Paper, 8, 1988, 48 pp.; *Idem*, «State Sovereignty and the Articulation of Political Space/Time» en: *Millenium. Journal of International Studies*, vol. 20, n.º 3, 1991, pp. 445-461. Publicado por: *Sage Journals*. Accesible en línea: http://mil.sagepub.com/ (consulta: 17/05/2013).

[57] Un ejemplo textual lo brindan los Estados Unidos de América en tanto que en su propio nombre prima lo estatal frente a eventuales naciones, pueblos, gentes… que, unidas hubieran podido o pudieran constituirlos, subrayándose además una América que no diferencia entre Norte, Centro o Sur.

[58] Nicholas J. Cull, «Public Diplomacy Before Gullion. The Evolution of a Phrase» en: Nancy Snow y Phillip M. Taylor (eds.), *Routledge Handbook of Public Diplomacy*, Routledge, Nueva York y Abingdon, 2009, pp. 19-23. Accesible en línea: uscpublicdiplomacy.org/pdfs/gullion.pdf (consulta: 17/05/2013); James Der Derian, *On Diplomacy: A Genealogy of Western Estrangement*, Basil Blackwell, Oxford, 1987; *Idem*, *Anti-Diplomacy: Speed, Spies and Terror in International Relations*, Basil Blackwell, Oxford, 1992. Con carácter general sobre todo para España, Antonio Remiro Brotóns, *La acción exterior del Estado*, Tecnos, Madrid, 1984.

una mejor organización interna, a lo que se suma un decreciente control institucional o público debido en parte al efecto de la corrupción generalizada que ellos mismos promueven. Este aspecto denota una de las crisis más graves del Estado contemporáneo. Análogos en cuanto a su objeto con respecto a cualquier otro tráfico internacional, sólo que en su dimensión más repugnante y moralmente reprobable, estos tráficos conciernen a:

— Personas: atañe a la integridad de niños, trabajadores, esclavos, prostituidos, terroristas, delincuentes, prófugos...

— Bienes: comprende objetos como drogas, armas, componentes tecnológicos, mercancías falsificadas, medicamentos genéricos y específicos, órganos, patentes, obras de arte y patrimonio arqueológico, plantas y animales exóticos, material pornográfico...

— Servicios: incluye asesinatos, secuestros y represalias por encargo, sobornos, asaltos y robos, sabotajes, exacciones y chantajes, acciones terroristas, corrupción, blanqueo de dinero, falsificación y venta de documentos, protección de jefes de la delincuencia, evasión fiscal, comercialización de la prostitución y la pornografía...

Otra de sus vertientes destacadas la forman las organizaciones criminales. Son auténticas corporaciones transnacionales del delito a gran escala, cada vez más provistas de una infraestructura paramilitar. A menudo cuentan con medios, recursos y presupuestos superiores a los de muchos Estados: esos Estados precarios, fallidos, exiguos e inviables enunciados en el epígrafe previo. Éstos, pero también los Estados mayores, viables y consolidados, están sometidos desde hace décadas a masivos procesos privatizadores, liberalizadores y desreguladores que agravan el proceso, deslegitimando ideológicamente sus competencias, adquiridas a través de siglos de lucha por instituir un marco de legalidad democrática que garantice la seguridad y el bienestar de los ciudadanos, que además tributan para que tales funciones se desempeñen adecuadamente. En paralelo, el ámbito público se ve sujeto a una intensa labor de zapa por un sinnúmero de teóricos políticos, economistas, filósofos y publicistas, sin que se registre un movimiento equiparable en favor de las garantías de unos derechos fundamentales para una generalidad de la sociedad, en especial, de los sectores más desprotegidos de la misma. El auge de las compañías privadas de seguridad, la compartimentación desigual y privilegiada de las clases sociales más pudientes, la violencia creciente en las calles y en los entornos de convivencia pública, son sólo algunos ejemplos significativos de lo que sucede en todo el mundo. Una reivindicación del «espacio público internacional», en el que instancias de Derecho Público ejerzan el control, la persecución y la represión de la delincuencia y la criminalidad inter-, trans- y supra-nacionales, representa uno de los asuntos más apremiantes de la investigación internacional[59].

---

[59] Stewart PATRICK, «Weak States and Global Threats: Fact or Fiction?» en: *The Washington Quarterly*, vol. 29, n.º 2, 2006, pp. 27-53. Publicado por: *The Center for Strategic and*

C) Identidad e identidades nacionales en un escenario mundial: el difícil paso de lo local/nacional a lo global/internacional

Una de las articulaciones de la identidad en el escenario mundial se refiere a la «religión secular» constituida por los nacionalismos. Como se ha expuesto antes, la configuración efectiva de una Sociedad Internacional fragmentaria, constituida jurídicamente por Estados soberanos, es un largo, trabajoso y conflictivo proceso iniciado en Europa a finales del siglo XV. La formación de los Estados modernos, que fundamentan su soberanía sobre conceptos como el pueblo o la nación a partir del siglo XVIII, se ha convertido en un fenómeno universal, complejísimo en tanto que estas dos nociones —junto con otras como la patria o la etnia— no responden a modelos o a procesos uniformes de gestación y desarrollo. Si en Europa los nacionalismos del siglo XIX —muchos de ellos irredentos— sirvieron para formar Estados nacionales donde antes sólo había territorios y poblaciones sometidos a dictados e intereses dinásticos (imperiales, reales, señoriales…), los del siglo XX fueron el cauce de la autodeterminación de los pueblos sometidos a dominación colonial, en lugares donde a menudo el concepto de nación era ajeno a sus tradiciones, aunque sí existiesen los de pueblo o tribu, más afines a la romana *gens*, así como dominios, principados, reinos e imperios consuetudinarios, sujetos a diversas formas de gobierno y ejercicio del poder. Más allá del establecimiento de un aparato político, en ninguno de ambos casos se ha llegado a lograr una idea unívoca de Estado en tanto que las sociedades de base ostentan muy diversos grados de cohesión, integración e identidad. Los sentimientos de pertenencia e identificación asoman en la explosión de nacionalismos de variadísima formación y beligerancia en todo el mundo, apoyados, en su caso, en diversas ideologías: seculares, religiosas, míticas.

International Studies-The MIT Press. Accesible en línea: *Naval Postgraduate School*, 1 de enero 2013; www.cfr.org (consulta: 17/05/2013); un estudio «providencial», Peter Joachim Katzenstein, *Small States in World Markets: Industrial Policy in Europe*, Cornell University Press, Cornell, 1985. En términos de seguridad, se recupera aquí al clásico Arnold Wolfers, *Discord and Collaboration. Essays on International Relations*, The Johns Hopkins University, Baltimore, 1962, con prólogo de Reinhold Niebuhr; seguido de Peter Joachim Katzenstein, *The Culture of National Security. Norms and Identity in World Politics*, Columbia University Press, Nueva York, 1996; Rodney Bruce Hall y Thomas J. Biersteker (eds.), *The Emergence of Private Authority in Global Governance*, Cambridge University Press. Cambridge, 2002. Accesible en línea: http://catdir.loc.gov/catdir/samples/cam033/2002023443.pdf (consulta: 17/05/2013); Neil Boister, «Transnational Criminal Law?» en: *European Journal of International Law*, vol. 14, n.º 5, 2003, pp. 953-976. Accesible en línea: http://ejil.oxfordjournals.org/ (consulta: 17/05/2013); Phil Williams, «Transnational Criminal Organizations: Strategic Alliances» en: *The Washington Quarterly*, 1994, vol. 18, n.º 1. Reproducido por: *Transnational Institute*. Accesible en línea: www.tni.org/archives/drugs-docs_williams1 (consulta: 17/05/2013); reproducido en Brad Roberts (ed.), *Order and Disorder after the Cold War*, Cambridge-Mass., MIT Press, 1995, pp. 235-250; *Idem*, «Transnational Criminal Organizations and International Security» en: *Survival*, vol. 36, n.º 1, 1994, pp. 96-113. Publicado por: *Oxford University Press*. Accesible en línea: 192.5.14.43/content/dam/rand/.../MR880.ch14.pdf (consulta: 17/05/2013); *Idem* y Steve Black, «Transnational Threats: Drug Trafficking and Weapons Proliferation» en: *Contemporary Security Policy*, vol. 15, n.º 1, 1994, pp. 127-151.

Hoy en día, los antiguos conceptos de *éthnos* y *dêmos* recuperan relevancia analítica puesto que remiten a la determinación pre-moderna, moderna o postmoderna de la constitución de una sociedad dada. Su dramatismo es la nota dominante en un mundo en el que fenómenos ligados a la globalización económica y cultural —despersonalización, anomia, indiferencia— llevan a una búsqueda de identidades recuperadas y a menudo inventadas y reinventadas para proporcionar calidez y sentimientos de pertenencia a comunidades humanas cada vez más despersonalizadas y desintegradas[60]. Bastantes nacionalismos asoman como una ideología que recuerda en bastantes aspectos a un fervor religioso secularizado. Su génesis difiere mucho según el lugar del mundo o el grupo humano que los sustente. En Europa se tiende a considerarlos «naturales» en tanto que vehículo de una memoria históricamente narrada sobre la base de la existencia de pueblos ancestrales, cuyo registro en diversas crónicas suele corresponderse con las migraciones de pueblos (*Völkerwanderungen*) coincidentes con el derrumbe del Imperio Romano de Occidente (siglo V d.C.). La elaboración de genealogías míticas, legitimadas sobre investigaciones arqueológicas y filológicas masivas a lo largo del siglo XIX, extiende las implicaciones ideológicas de algunos nacionalismos no ya a la Historia sino a la Prehistoria. Por lo demás, desde Friedrich Meinecke —*Weltbürgertum und Nationalstaat* (1908)— suele distinguirse convencionalmente entre nacionalismo «político» y «cultural»; asimismo, existen nacionalismos de «derechas» y de «izquierdas» según complejas evoluciones particulares de cada sociedad concernida.

Trasladado a los países del denominado Tercer Mundo —los colonizados luego descolonizados— el nacionalismo ha servido de fermento ya desde el siglo XIX para emprender un sinfín de luchas por la independencia y la modernización, aunque en muchos Estados, constituidos por pueblos heterogéneos reunidos por la potencia colonizadora bajo una demarcación arbitraria trazada a regla y compás según un interés puramente colonial o imperialista, no haya llegado a fraguar en un sentimiento nacional coherente y unitario. Así, bastantes nacionalismos ostentan curiosas cualidades que, por un lado, remiten a la constitución histórica de los pueblos respectivos —aunque ¿cuál de las comunidades étnicas concernidas?— y, por otro, al proceso de emancipación colonial, a menudo dirigido por una minoría elitista educada por la potencia imperialista, que se expresa en el lenguaje de los dominadores y que en momentos de exaltación independentista conecta con un sector del pueblo, no siempre el más representativo, con el que conjuntamente se instituye en agente político de ese empeño. Más tarde, logrado el poder e instalados como clase dominante, estos dirigentes no siempre traducen los principios nacionales correspondientes a un modelo de nación unitaria sino que instauran —por sí mismos o inducidos por connivente poderes fácticos,

---

[60] Eugene ROOSSENS, *Creating Ethnicity. The Process of Ethnogenesis*, Newbury, Sage, 1989; Walker CONNOR, «From Tribe to Nation» en: *History of European Ideas*, vol. 13, n.os 1-2, 1991, pp. 5-18. Publicados por: *Routledge, Taylor & Francis*. Accesible en línea: http://www.tandfonline.com/ (consulta: 18/05/2013).

promotores de que el nuevo Estado pase a ser fallido— una realidad política fragmentaria, dividida y a menudo enfrentada. La constitución de nuevas naciones en nuevos Estados sobre la base de un nacionalismo moderno desde 1945 es un fenómeno complejo y difícil, y una de las más abstrusas claves de análisis de la Política Internacional contemporánea[61].

4. LO INNATO Y LO ADQUIRIDO: POLÍTICA, BIOPOLÍTICA, METAPOLÍTICA

Con la invención de la Biopolítica (1978-1979) Michel Foucault abrió una brecha en la investigación social, en particular, en el examen profundo de las relaciones entre el poder y los procesos de interiorización psicológica de las normas —legales, morales— por los sujetos concernidos. Previamente, Sigmund Freud, Hans Kelsen o Norbert Elias[62] lo indagaron también por vías ajenas al fáustico irredentismo nietzscheano, desencantado ante la incumplida promesa moderna respecto de la liberación final del cuerpo; un cuerpo sujeto, por lo demás, a la *décadence* que atormentó al filósofo. A su vez, en *The Human Condition* (1958) Hannah Arendt señaló la oscura faceta de la Modernidad que conlleva a despolitizar al individuo. Enfrentado a la radicalidad de ciertas categorías inmanentes de orden biológico, éste puede sentirse impelido a renunciar al ideal clásico de la vida del *zôon politikon* como partícipe activo de un mundo puesto en común; inmediata sería en tal sentido la contraposición entre *bíos* y *zoé*, de ya secular hermenéutica. En sintonía con las sutilezas de la vieja filosofía, Michel Henry precisa sabiamente la no equivalencia entre carne (*sárx*) y cuerpo (*sôma*). Un siglo antes, en el círculo nacionalista en torno a Richard Wagner se propuso la palabra Metapolítica (*Metapolitik*) como vía «metafísica» para trascender las contingentes flaquezas de la política real/realista —*Realpolitik*— en favor de una idealización romántica, expresiva de su rechazo al materialismo utilitario y pragmático del positivismo que, en el contexto de la querella «*Kultur* versus *Zivilisation*» (apuntada *infra*), se atribuía a los «nuevos fenicios» —o británicos y franceses— que estarían supuestamente supeditados a los dictados cosmopolitas de una fabulada «conspiración judía» o «sionismo mundial». Poco antes, el idealismo hegeliano (*Lecciones sobre la estética*, 1817-1829)

---

[61] Hans-Ulrich WEHLER, *Nationalismus. Geschichte, Formen, Folgen*, C. H. Beck, Múnich, 2007, «religion política», pp. 27-35; «invención de la nación y tradiciones históricas de la etnias», pp. 36-40; tipologías, pp. 55-98; Meinecke, nacionalismo político y cultural, p. 51; ejemplo extremo, con un conflicto irresuelto: Sumit GANGULY, «Wars Without End: The Indo-Pakistani Conflict» en: *The Annals of the American Academy of Political and Social Science*, vol. 541, n.º 1, 1995, pp. 167-178. Accesible en línea: ann.sagepub.com/content/541/1/167.refs (consulta: 17/05/2013).

[62] Hans KELSEN, *Contribuciones a la Teoría Pura del Derecho*, Fontamara, México, 1992, «Una teoría "realista" y la teoría pura del Derecho» y «La doctrina del Derecho natural y el positivismo jurídico», pp. 22-46 y 121-137; Sigmund FREUD, *El malestar en la cultura y otros ensayos*, Alianza, Madrid, 1990, pp. 49-88; ELIAS, *El proceso de la civilización...*, *op. cit.*, pp. 32-44, 449-532.

había reinstituido una estricta dicotomía entre cuerpo y espíritu, continuadora de la línea platónica y también paulina según la cual el recipiente corpóreo es la prisión del alma[63]. Foucault invirtió el argumento (*Surveiller et punir*, 1975): las prescripciones represoras y coercitivas del *super-ego* serían las que aprisionarían al cuerpo en la cárcel del alma. ¿De qué «alma»? Una obcecada en imponer la mitología racionalista de una Modernidad instituida en suprema exaltación del afán de enderezar, controlar, vigilar y castigar mediante los más variados dispositivos: desde la violencia física sobre la carne de los cuerpos dóciles hasta la psicológica sobre las mentes conformes de los sempiternos sometidos, súbditos en vez de sujetos emancipados.

Transcurrida una parte del siglo XX, tal predicado se revelaría esencial para reflexionar sobre las condiciones de un mundo que, sin aprender apenas nada de la experiencia, habría traspasado la frontera de la inhumanidad (Auschwitz-Gulag), incapaz de impedir que el horror volviera a repetirse. Dice María Zambrano que

> [...] para comprender la historia en su totalidad [...] hay que admitir lo increíble, hay que constatar lo absurdo y al menos registrarlo [siendo] una de las debilidades del hombre [...] de finales y principios de siglo [...] no creer en el absurdo, en el horror, en el crimen gratuito, en lo diabólico[64].

En tal sentido, la reducción ontológica de individuos y sociedades a meros cuerpos domesticados, autómatas perfectamente obedientes, enlaza con la noción foucaultiana de *gouvernementalité*, que comprende a ambos[65]. Un origen filosófico, pronto derivado a ideológico, reside en algunas tesis de Nietzsche, cuya insistente connotación entre *Züchtung* (cría) y *Zähmung* (doma) es inherente al cuestionamiento de la genealogía de la moral[66]. Fren-

---

[63] Michel HENRY, *Incarnation. Une philosophie de la chair*, Seuil, París, 2000; Ágnes HELLER y Ferenç FEHÉR, *Biopolítica. La modernidad y la liberación del cuerpo*, Península, Barcelona, 1995, pp. 7-21; Peter VIERECK, *Metapolitics: From Wagner and the German Romantics to Hitler*, Alfred Knopf, Nueva York, 2004, pp. 4-9; Anja LOBENSTEIN-REICHMANN, *Houston Stewart Chamberlain-Zur textlichen Konstruktion einer Weltanschauung. Eine sprach-, diskurs- und ideologiegeschichtliche Analyse*, De Gruyter, Berlín, 2008; Manfred RIEDEL, *Metaphysik und Metapolitik: Studien zu Aristoteles und zur politischen Sprache der neuzeitlichen Philosophie*, Suhrkamp, Fráncfort del Meno, 1975; Georg Wilhelm Friedrich HEGEL, *Vorlesungen über die Ästhetik I (Werke 13)*, Suhrkamp, Fráncfort del Meno, 1986; Norman COHN, *El mito de la conspiración judía mundial. Los Protocolos de los Sabios de Sión*, Alianza, Madrid, 1983.

[64] FOUCAULT, *Vigilar y castigar...*, *op. cit.*, pp. 29-37; ZAMBRANO, *Persona y democracia...*, *op. cit.*, p. 95; *Idem*, «El espejo de Atenea», apéndice a *Claros del bosque*, Seix Barral, Barcelona, 1988, pp. 148-156. En tono menor, BUTLER, *Violencia de Estado...*, *op. cit.*, pp. 58-63.

[65] «*Gouvernementalité*»: Michel FOUCAULT, *Dits et écrits, Schriften 3 (1976-1979)*, Suhrkamp, Fráncfort del Meno, 2003, pp. 796-823; *Idem*, *Le gouvernement de soi et des autres...*, *op. cit.*; *Idem*, *Securité, territoire, population...*, *op. cit.*; e *Idem*, *Naissance de la biopolitique. (Cours au Collège de France, 1978-1979)*, Gallimard, Seuil, París, 2004; ESPOSITO, Bíos. *Biopolitica y filosofía...*, *op. cit.*, pp. 125-173, esp. pp. 158-159; 84-87, 235-252; asimismo, *Idem*, *Immunitas. Protezione è negazione della vita*, Einaudi, Turín, 2002.

[66] Friedrich NIETZSCHE, «Zur Genealogie der Moral. Eine Streitschrift» en: *Jenseits von Gut und Böse*, Colonia, Anaconda, 2006, pp. 229-384; revisitado por FOUCAULT, *Dits et écrits, Schriften 3...*, *op. cit.*: «Nietzsche, la généalogie, l'histoire» y en *La verdad y las formas jurídi-*

te a ella, la naturaleza humana elemental —atávica, instintiva, brutal, auténtica— pugna por desembarazarse del fárrago de espejismos de una Modernidad que, en vez de liberar a los cuerpos, los apresa entre las rejas de una nueva prisión: la tiranía del universalismo racionalista de raíces ilustradas. El Panóptico de Bentham y su contra-imagen en los aterradores grabados de Piranesi o de Goya ilustran mejor que nada el diagnóstico romántico de tal situación[67]. Y así, en vez de libres, esos sujetos enajenados de la Modernidad, criados y domesticados, son mantenidos en sus rediles como objetos controlados no ya por leyes o normas sino por simples reglas y reglamentos que terminan por circunscribirles en las atroces topografías de los imperecederos entornos del terror: allí donde la «mera vida» (*nuda vita*) y el «estado de excepción» (*stato di eccezione*)[68] definen la condición existencial, según Giorgio Agamben… o Hannah Arendt, Emmanuel Levinas, Judith Butler. Por su parte, la propia materialidad de lo corpóreo establece las pesadas condiciones de su confinamiento: posición, localización, encadenamiento, necesidad, pasividad, vulnerabilidad, inercia. Cuerpo equivale a desnudez, *nuda vita*, objeto paciente de un sufrimiento inútil. ¿Pues qué, si no, revelan/desvelan las imágenes de los campos de exterminio, registro del fordismo aplicado a fabricar cadáveres en serie?

Un precedente es la ideologización del cuerpo, que lo marca con equívocas/inequívocas señales de identificación/desidentificación. Luego, la maquinaria del poder ensaya en paralelo sus experimentos sobre los grupos «no identificados» —con la norma: los a-normales, sub-normales objeto de los programas eugenésicos/eutanásicos, entre otros[69]— que, en aparente paradoja, se identifican como Los Otros (*Die Anderen*) según los términos de Lo Otro y el Extrañamiento (*Das Andere-Die Entfremdung*). ¿Cómo se identificarán/reconocerán a sí mismos quienes son despojados de identidad/reconocimiento?[70]. La

cas, Gedisa, Barcelona, 1995, pp. 20-33; el surgimiento de las formas punitivas y la sociedad disciplinaria, las tendencias totalitarias hacia el panoptismo benthamiano (y otros), pp. 63-140.

[67] Michel FOUCAULT, *El ojo del poder* y Jeremías BENTHAM, *El Panóptico*, Ediciones de La Piqueta, Madrid, 1989; John DINWIDDY, *Bentham*, Alianza, Madrid, 1995, pp. 11-34 (esp. 19-24), 24-25, 31, 57, 104-107, 122, 124-127, 128-143. Respecto de Giovanni Battista Piranesi (1720-1778) destaca su serie de 16 «*Carceri d'Invenzione*» que presagia lo peor del siglo XX, al igual que las dos series de aguafuertes de Francisco de Goya (1746-1828): «Los Caprichos» y sobre todo «Los desastres de la guerra». Bentham fue su estricto coetáneo: 1748-1832.

[68] Giorgio AGAMBEN, *Stato di eccezione. Homo Sacer II, 1*, Bollati Boringhieri, Turín, 2003, capítulo I, p. 12: el «estado de excepción» como «paradigma de gobierno» es una estructura en la que el Derecho asimila al viviente —sospechoso de implicaciones terroristas, por ejemplo, sustitutivas del viejo crimen de lesa majestad— a través de la propia suspensión del mismo; una forma actual desde 2001 es la *indefinite detention* del procesado por las *military comissions* de los EEUU, que no deben confundirse con los tribunales militares regulares, previstos legalmente; *Idem*, *Homo Sacer: il potere sovrano e la nuda vita. I. 1*, Einaudi, Turín, 1995.

[69] El sinuoso funcionalismo/behaviorismo, como titular de la construcción social de la norma/regla que establece lo normal/regular, habla de disfuncionales, asociales, insociales, dessocializados, desintegrados, desviados, disminuidos, no estructurados, marginales, excluidos, atípicos… Ello permite una temible discrecionalidad dirigista.

[70] Otras referencias básicas: ARENDT, *La condición humana…*, *op. cit.*, en origen Vita activa *oder vom tätigem Leben*, traducida por ella misma y publicada en Estados Unidos como

aniquilación (*annihilation*) comporta etimológicamente *nihil*, la nada, igual que *Vernichtung* lo hace con *Nichts*: una negación/eliminación radical. La «materia prima» la constituyen —la constituimos— unos seres humanos en devenir, sujetos de un proceso de individuación —física, vital, psicosocial— que además de individual es colectiva, según Gilbert Simondon (*L'individu et sa gènese psycho-biologique*, 1964), moldeados/modulados con arreglo a ¿qué intereses y criterios? ¿Formados, in-formados, con-formados, de-formados… para ser *qué* o *quién*? Como un renuevo invertido de la totalitaria metapolítica, la Biopolítica experimenta con el cuerpo; su culminación es el experimento total sobre el cuerpo político que en su día Ágnes Heller y Ferenç Fehér diagnosticaron como la incapacidad de aprender de la experiencia histórica que lleva a concluir en la autopsia del cadáver de la Modernidad, ejemplificado en la Kampuchea de los Jemeres Rojos[71]. A su vez, Hannah Arendt ya señaló en su *On Revolution* (1965) la totalitaria irracionalidad que, en nombre de la Razón, instauró el régimen del Terror durante la Revolución Francesa; su ideología permitió que, en términos modernos, se generalizasen de nuevo las temibles y arcaicas supersticiones acerca de la «inevitabilidad histórica», que atrapa a los seres humanos en un sentimiento de insignificancia frente a la maquinaria de un tiempo que, ineluctable, los tritura. Y que después escupe sus restos por las alcantarillas del devenir[72].

The Human Condition (1958); Emmanuel LEVINAS, «Quelques réflexions sur la philosophie de l'hitlerisme» en: *Ésprit*, n.º 26, noviembre 1934, pp. 199-208 (con un *Post-Scriptum* en 1990); *Idem*, *El Tiempo y el Otro*, Paidós-ICE/UAB, Barcelona, 2004; Judith BUTLER, *Precarious Life. The Powers of Mourning and Violence*, Verso, Londres, 2006. Para Levinas, Michel DELHEZ, «La "Kehre" levinasienne» en: *Revue philosophique de Louvain*, vol. 100, n.os 1-2, 2002, pp. 129-148. Publicado por: *Persée*.

Accesible en línea: http://www.persee.fr/web/revues/home/prescript/article/ phlou_ 0035-3841_2002_num_100_1_7412 (consulta: 26/05/2013). Esencial: Georg SIMMEL, «Exkurs über den Fremden», capítulo de su *Soziologie. Untersuchungen über die Formen der Vergesellschaftung*, Duncker & Humblot, Berlín, 1908, pp. 509-512. Publicado por: Prof. Dr. Hans Geser. Instituto Sociológico, Universidad de Zúrich, Sociology in Switzerland, Simmel Online. Accesible en: socio.ch/sim/soziologie/ (consulta: 27/05/2013); véase asimismo Gernot SAALMANN, «Simmels Bestimmung des Fremden im Exkurs von 1908» en: Universidad Friburgo de Brisgovia, febrero 2007, 7 pp. Accesible en: socio.ch/sim/on_simmel/t_saalmann.pdf (consulta: 27/05/2013).

[71] HELLER y FEHÉR, *El péndulo de la Modernidad…*, *op. cit.*, pp. 197-233.

[72] Gilbert SIMONDON, *L'ndividu et sa gènese psycho-biologique (L'individuation à la lumière des notions de forme et d'information)*, PUF, París, 1964; IBÁÑEZ, *Del algoritmo…*, *op. cit.*, pp. 37, 43, 44, 131, 132, 139, 140, 141, 148, 217, 218, 257, 264, 296. ARENDT, *Essai sur la révolution…*, *op. cit.*, pp. 150-163, 367; las concepciones iusnaturalistas pueden ser peligrosas en tanto que definidoras de unos derechos «naturales» (innatos, inmanentes, indiscutibles) que responden a un proceso social e ideológicamente construido. La frenética *quête de bonheur* convirtió en *enragés* a los *malheureux* de Saint-Just, «hombres originales» que vieron cómo la tiranía jacobina de Robespierre usurpaba el legítimo anhelo de justicia de las sociedades populares; a partir de ahí, la violencia se instituyó en expresión de la necesidad, antítesis de la libertad y artífice de la *Grande Peur*. Mircea ELIADE, «Desdicha e historia» y «El terror a la historia» en: *El mito del eterno retorno*, Alianza, Madrid, 1992, pp. 9-149.

A) Anatomía del Mundo: Biopolítica, Gobernabilidad y Relaciones Internacionales

Como objeto epistémico, el Mundo —Sociedad/Comunidad/Sistema internacional/mundial— significa la más extensa expresión simbólica y material de ese gigantesco cuerpo político que comprende a la totalidad del planeta, hoy sujeto a las condiciones generales del capitalismo neoliberal como resultado de una determinada evolución histórica que proclama la derrota de los totalitarismos clásicos, pero en el que irrumpen explosivos fenómenos de violencia genuinamente totalitaria, no sólo en sus márgenes sino en su verdadero núcleo: ello comporta plantearse numerosos interrogantes acerca de su seguridad-inmunidad[73]. Por su parte, la serie apocalíptica —*Empire-Multitude-Common Wealth*— que Michael Hardt y Antonio Negri proponen en términos neo-marxistas y que Zizek desentraña en irónica clave leninista, trata de describir las coordenadas actuales del mundo[74]. Contrapuesta a la nebulosa figuración del cosmopolitismo liberal y neoliberal, sus líneas maestras trazan la semblanza de una totalidad representada por la formación de lo que llaman Imperio, un sistema compacto que habría eliminado a los viejos Estados nacionales y que estaría cohesionado en torno a una potencia hegemónica, los Estados Unidos, arropada por las restantes que componen el G-8, cuya red se completa y refuerza con el Fondo Monetario Internacional, la Organización Mundial del Comercio y la OTAN. En paralelo, la oligarquía constituida por las grandes empresas y corporaciones multi/transnacionales coexistiría con una especie de democracia basada en las fuerzas y movimientos transnacionales que convergen en las organizaciones no gubernamentales, a modo de una especie de Tercer Estado mundial. Por fin, la denominada multitud —*multitudo* descrita por Baruch Spinoza en su *Tratado político* (1675)— habría sustituido a las descalificadas masas de antaño. Trascendido el concepto de individuo —atomizado, insolidario— esa multitud formada por singularidades conscientes, productivas, creativas y políticamente activas, representaría la única instancia capaz de ofrecer resistencia al dominio totalizador del Imperio mediante actos de voluntad negadores/

---

[73] Un listado de recursos bibliográficos sobre Biopolítica y Seguridad en: *Biopolitics of Security Network*, Universidad de Keele: http://www.keele.ac.uk/bos/resources/health%20and%20bodies.htm (consulta: 13/04/2012); asimismo, una revisión general Mark G. E. Kelly, «International Biopolitics: Foucault, Globalisation and Imperialism» en: *Theoria*, vol. 57, n.° 123, pp. 1-26. Publicado por: *Ingentaconnect*.
Accesible en línea: www.ingentaconnect.com/content/.../art00001 (consulta: 13/04/2013).

[74] Michael Hardt y Antonio Negri, *Empire: Globalization as a New Roman Order Awaiting its Early Christians*, Harvard University Press, Cambridge, 2000; *Idem* e *idem*, *Multitude: War and Democracy in the Age of Empire*, Penguin Press, Nueva York, 2004; *Idem* e *Idem*, *Common Wealth*, Belknap Harvard University Press, Cambridge, 2009; Slavoj Zizek, «Have Michael Hardt and Antonio Negri Rewritten the Communist Manifesto for the Twenty-First Century?» en: *Rethinking Marxism. A Journal of Economics, Culture & Society*, vol. 13, n.os 3-4, 2001. Accesible en línea: www.egs.edu/.../have-michael-hardt-and-antonio-ne... (consulta: 26/05/2013). Un detonante: Ernesto Laclau y Chantal Mouffe, *Hegemony and Socialist Strategy: Towards a Radical Democratic Politics*, Verso, Londres, 1985.

negativos, desafiantes de un poder que, más allá de la espacialidad física, comprende al mundo en su conjunto y compromete a la propia vida. En esas coordenadas vitales, el paso siguiente de esa acción multitudinaria consistiría en instituir un nuevo orden que, consecuentemente, restaurase las condiciones económicas de un sistema en el que la *res publica* ciceroniana se materializase como *Common Wealth*, juego semántico entre «república» y «comunidad de bienes»: tal sería el sentido de una re-apropriación comunitaria de los medios de producción que, además de garantizar un salario social, articulase una ciudadanía del mundo en términos democráticos o políticos, no cosmo-políticos. Clave inspiradora de este esquema habría sido la noción de «rizoma», un dispositivo inventado por Gilles Deleuze y Felix Guattari que permite integrar las multiplicidades y desórdenes aparentes del acontecer en una matriz sustantiva, ilimitadamente compleja, generativa y evolutiva: «un rizoma no cesaría de conectar eslabones semióticos, organizaciones de poder, circunstancias relacionadas con las artes, las ciencias, las luchas sociales». Tal objeto no representa el desorden sino que, entrañándolo, lo ordena según las profundas leyes que internamente gobiernan la realidad de los seres vivos/personas frente a, por ejemplo, «el Estado [que] pretende ser la imagen interiorizada de un orden del mundo y enraizar al hombre»[75].

Según lo conciben las instancias rectoras actuales, hondamente marcadas por un funcionalismo persistente, el Sistema Mundial revela expresivas determinaciones orgánicas u organísmicas, evolucionadas a partir de la parábola sobre el cuerpo de Tito Livio[76]. A partir de ahí, se trataría de explorar cuántos de los términos formalmente neutros, utilizados, instituidos y generalizados en la Política Mundial, comportan un sesgo ideológico tácito, condicionado por asunciones biopolíticas latentes en el propio *establishment*[77]. Pero curiosamente no es aquí donde se aglutina la avanzadilla teórica y también ideológica de las corrientes biopolíticas, proclives al radicalismo político y cultural. Pues una clave, enraizada en el propio núcleo de la Modernidad, radicaría en el conflicto establecido entre el valor de la libertad y el de la vida. Hace décadas que Heller y Fehér señalaron las tendencias apocalípticas inherentes a las diversas corrientes biopolíticas que interpretan el mesianismo libertario de Foucault como medio de articular lo que en gran medida son pulsiones liberadoras legítimas —medio ambiente/ecología, género/sexo, raza/etnia— para encauzarse hacia un activismo coactivo y totalizador fácilmente derivable en fundamentalismos. En virtud de esa exaltación, el cuerpo, como entidad orgánica-corporativa de cualquier índole, se instituye en categoría suprema, excluyente de cuanto no corresponda a sus determinaciones, en sí, expresión reivindicativa de una humillación, un sometimiento, una ignorancia seculares, padecidos como sumamente injustos

[75] Baruch SPINOZA, *Tratado político*, Alianza, Madrid, 1986, capítulo III, §§ 1, 5, capítulo IV, § 6, muy especialmente capítulo V, §§ 6, 7; Gilles DELEUZE y Felix GUATTARI, *Rizoma. Introducción*, Pre-Textos, Valencia, 2010, pp. 18 y 55.

[76] Tito LIVIO, *Ab Urbe Condita*, Libro II, 32.

[77] Según queda apuntado en *El Sistema Mundial*..., *op. cit.*, pp. 120-140.

—algo indudable— pero esgrimidos ahora más como consignas que como argumentos racionales. Las autodefiniciones según categorías holísticas disuelven no ya al Uno en el Otro sino al propio Otro, indiferenciado respecto de las singularidades que serían posibles en su grupo. Pues no se debería olvidar que la categorización originaria —«negros», «judíos», «mujeres»...— proviene de Un Otro que señala a El Otro como tal; esta condición convertiría a gran parte de las posturas biopolíticas en respuestas reactivas más que en propuestas activas. Aparte de que una autodefinición sobre una categoría —étnica, de género, etc.— es una opción cultural, no genética: ¿dónde queda, si no, la libertad? Heller y Fehér critican la profusión de los mini-discursos biopolíticos y su obsesiva fijación en lo «políticamente correcto» que encajona en sus estrechos márgenes lo que podrían y deberían ser opciones de alcance universal: luchar por los derechos de los oprimidos e ignorados secularmente equivale a hacerlo por la humanidad[78].

Con respecto a las Relaciones Internacionales y como revela la creciente literatura, la corriente derivada de las posiciones expuestas previamente constituye una de las líneas actuales con mayor predicamento. Las tesis de Negri y Hardt, asociadas con las de Ernesto Laclau y Chantal Mouffe —tenidos por mentores de la etapa Kirchner en Argentina— ha desencadenado una producción académica tendente al eclecticismo, común en los «tiempos oscuros» (*finstere Zeiten*) que evoca la esclarecida Hannah Arendt[79]. En paralelo se asiste a la quizá no tan paradójica resurrección de Carl Schmitt, recuperado desde hace un par de décadas por una izquierda radicalizada de un modo que recuerda a aquel que ligó a la *gauche* intelectual francesa con Heidegger durante los años 1950-1960. Aparte de estas repercusiones teóricas y pragmáticas en las corrientes sociales más críticas, el interés de la Biopolítica para la Teoría Internacional se ha centrado sobre todo en el entorno de la seguridad mundial, enfrentada al análisis, interpretación y explicación de dos fenómenos apremiantes y concretos, la guerra y el terrorismo globales, asociados al desafío de lograr respuestas democráticas que eviten sucumbir a la tentación de combatir con iguales medios dentro de la espiral o bucle de una violencia irrestricta, vinculada a los esquemas de los Juegos de Suma Cero[80].

---

[78] HELLER y FEHÉR, *El péndulo de la Modernidad...*, *op. cit.*, pp. 171-179; *Idem* e *Idem*, *Biopolítica. La modernidad y la liberación del cuerpo...*, *op. cit.*, pp. 23-59; el debate entre los imperativos parciales y universales, pp. 61-68; el desglose de las principales áreas de interés biopolítico: salud: 69-82; ecologismo: 83-89; género (sexo), 91-109; etnia (raza), 111-118. Incorporé parte de ello en «Racismo y nacionalismo»..., *op. cit.*, pp. 664-675.

[79] Hannah ARENDT, *Menschen in finsteren Zeiten*, Piper, Múnich-Zúrich, 2001: en sentido amplio, precisa, estos tiempos oscuros no equivalen a las *Ungeheuerlichkeiten* (enormidades) del siglo XX; por el contrario, no representan nada nuevo ni inédito, sino la posibilidad consciente de esperar un poco de luz y claridad, no tanto mediante teorías y conceptos sino a través del testimonio vital y efectivo alumbrado por ciertas personas, hombres y mujeres, para esclarecer la oscuridad y dejar su legado a las generaciones posteriores, pp. 9-10.

[80] Nicholas J. KIERSEY y Doug STOKES (eds.), *Foucault and International Relations: New Critical Engagements*, Routledge, Abingdon, 2010: aproximaciones desde la Biopolítica y la *Governmentality* a la *Global War on Terror* (GWOT) en el mundo «Post 9/11»; incluye Jonathan

B) La proyección internacional del Hecho Religioso

Una dimensión intrínseca de la Modernidad es el proceso de secularización del pensamiento y de la sociedad, que en términos generales comporta acometer una progresiva separación del entorno político y el religioso. A partir de los estudios sociológicos sobre la religión de Max Weber, esta secularización responde a un criterio que radica en el denominado «desencantamiento del mundo» (*Weltentzäuberung*)[81] y que marca el paso de una ética transmundana a otra intramundana. Si a mediados del siglo XX se consideraba que el auge de las ideologías seculares —liberalismo, socialismo, anarquismo, nacionalismo, marxismo, materialismo, racismo, cientificismo...— había socavado ancestrales creencias religiosas, segregándolas incluso del discurso público y restringiendo a la religión al ámbito privado, el final del siglo demostró lo contrario: hace décadas que su reviviscencia crece[82].

Joseph, «Governmentality of What? Populations, States and International Organizations» en: *Global Society*, vol. 23, n.º 4, 2009, pp. 413-419; una síntesis sobre las derivaciones críticas de los postulados de Foucault y Schmitt: David Chandler, «War Without End(s): Grounding the Discourse of "Global War"» en: *Security Dialogue*, vol. 44, n.º 2, 2013, pp. 243-262. Publicado por: *Sage Journals*. Accesible en línea: sdi.sagepub.com/content/40/3/243.refs.html (consulta: 28/05/2013).

[81] Max Weber, *La ética protestante y el espíritu del capitalismo*, Península, Barcelona, 1988, p. 261; Daniel H. Nexon, *The Struggle for Power in Early Modern Europe: Religious Conflict, Dynastic Empires, and International Change*, Princeton University Press, Princeton, 2009. He desarrollado estas cuestiones en mis estudios: «Dialéctica de la secularización: una fenomenología de los conflictos en la sociedad internacional» en: Eva Vázquez Gómez, M.ª Dolores Adam Muñoz, Noé Cornago Prieto (eds.), *El arreglo pacífico de controversias internacionales. XXIV Jornadas de la Asociación Española de Profesores de Derecho Internacional y Relaciones Internacionales*, Tirant lo Blanch, Valencia, 2013, pp. 965-1002; «Perspectivas sobre el hecho religioso en el sistema mundial contemporáneo» en: *Revista Española de Derecho Internacional*, 2010, vol. LXII, n.º 2, pp. 111-148; «Religión y cultura en la configuración de la sociedad internacional» en: VVAA, *Iglesia, Estado y Sociedad Internacional. Libro Homenaje a D. José Giménez y Martínez de Carvajal*, Universidad San Pablo-CEU, Madrid, 2003, pp. 351-374; «Religiones y nacionalismo» en: De Blas, *Enciclopedia del nacionalismo…, op. cit.*, pp. 683-691; «Panorámica de los fundamentalismos religiosos, hoy, en las relaciones internacionales» (en colaboración con C. Corral) en: Carlos Corral (ed.), *Los fundamentalismos religiosos, hoy, en las relaciones internacionales*, UPCO, Madrid, 1994, pp. 13-39.

[82] Gilles Lipovetsky y Jean Serroy, *La cultura-mundo. Respuesta a una sociedad desorientada*, Anagrama, Barcelona, 2010, pp. 148-153; Mark Lewis Taylor, *The Theological and the Political: On the Weight of the World*, Fortress Press, Minneapolis, 2011; Mark V. Janis y Caroline Evans (eds.), *Religion and International Law*, Martinus Nijhoff, Leiden, 2004; Elizabeth Shakman Hurd, *The Politics of Secularism in International Relations*, Princeton University Press, Princeton, 2008; Ludwig Gelot, *Religion Confronts Westphalian International Relations Theory*, University of Wales, Aberystwyth, 2006.

Accesible en línea: fws.aber.ac.uk/rec/GELRCW; cadair.aber.ac.uk/dspace/handle/2160/406; gelotludwig (ipm0060).pdf (consulta: 18/05/2013); Jonathan Fox, «The Multiple Impact of Religion on International Relations: Perceptions and Reality» en: Institut Français des Relations Internationales (IFRI).

Accesible en línea: www.ifri.org/files/politique.../4_2006_Fox.pdf (consulta: 18/05/2013); Jack Snyder, *Religion and International Relations Theory*, Columbia University Press, Nueva York, 2011; Jonathan Fox y Shmuel Sandler, *Bringing Religion Back into International Relations*, Palgrave-Macmillan, Nueva York, 2006.

Por su parte, diversas ideologías seculares del siglo XX, incluso proclamadas como progresistas, adoptaron de manera deliberada mucho de la parafernalia religiosa, en concreto, de su dimensión externa y formal, ritual y litúrgica[83]. Todo esto forma parte indiscutible del imaginario colectivo de la política del siglo XX y las primicias del XXI en gran parte del mundo. En cualquier caso, los totalitarismos instrumentalizan la ideología dándole la forma de una religión. Pero, ¿qué significa «religión»? Sociológicamente, el pionero Émile Durkheim propuso definirla como un sistema solidario de creencias y de prácticas, según la versión latina de *re-ligio*, entendida como *religare*: unir a un grupo con ciertos vínculos[84]. El fenómeno de las religiones civiles o políticas es añejo[85]. Visto así, el «hecho religioso» que estudia Jean Delumeau, más que representar la trascendencia, sacralizaría el gregarismo de las diversas sociedades humanas. A lo largo de los dos últimos siglos, merced a los procesos modernizadores, muchas de las sociedades tradicionales se han convertido en agregados de población sometidos a situaciones sin precedentes en su propia trayectoria de tales; la dificultad de encajar las creencias religiosas con las ideologías modernas ha supuesto un considerable trauma para millones de personas, un aspecto irresuelto en amplias zonas del mundo. En paralelo discurre la politización del hecho religioso. De hecho, la equivalencia de múltiples ideologías con «religiones políticas» responde a un fenómeno que se categoriza de forma muy compleja. Puede asociarse con ciertos nacionalismos pero también con el fracaso de los modelos de desarrollo o de modernización, con el faccionalismo político, con los conflictos étnicos o territoriales, con la dramática crisis de legitimidad y soberanía que afecta a Estados y sociedades débilmente articulados[86]. Asoma aquí

---

[83] Desfiles, procesiones y marchas; iconografía; cantos e himnos; celebraciones masivas; profusión de banderas, estandartes y coloridos; instauración de calendarios con fechas «sagradas»; culto a la personalidad del dirigente máximo y sus adláteres; instauración de nuevos «sacerdocios» constituidos por los cuerpos de ideólogos oficiales; imposición de férreos dogmas y cuerpos de doctrina oficial de imposible contestación; persecución de adversarios como nuevos «herejes» y procesos criminales a disidentes; implantación de sistemas de control de las conciencias con escenificaciones de autocrítica equivalentes a las viejas confesiones públicas, ejecuciones ejemplarizantes…

[84] Émile DURKHEIM, *Las formas elementales de la vida religiosa*, Akal, Madrid, 1982, p. 42: iglesia como *ekklesia*, o asamblea de fieles, lo que subraya la dimensión social y colectiva —luego objetivable— de lo religioso, que puede adoptar diversas formas institucionales y organizativas. A partir de ahí, Pierre BOURDIEU desarrolló su teoría del «campo religioso»: «Genèse et structure du champ religieux» en: *Revue française de Sociologie*, vol. XII, n.º 3, 1971, pp. 295-334.

Publicado por: *Persée*. Accesible en línea: www.persee.fr/.../rfsoc_0035-2969_1971_num_12_... (consulta: 18/05/2013).

[85] La religión de Estado romana era una religión civil que rendía culto al emperador y a Roma; al pasar el tiempo su panteón o conjunto de divinidades se hizo cada vez más ecléctico. En este sentido, los cristianos, al igual que los judíos, no fueron perseguidos por razones espirituales sino políticas. Raymond BLOCH, «La religión romana» en: Henri-Charles PUECH (dir.), *Las religiones antiguas III*, Siglo XXI, Madrid, 1984, pp. 224-289.

[86] Klaus KIENZLER, *El fundamentalismo religioso*, Alianza, Madrid, 2000; Juan José TAMAYO, *Fundamentalismos y diálogo entre religiones*, Trotta, Madrid, 2009; Gilles KEPEL, *La revancha de Dios. Cristianos, judíos y musulmanes a la reconquista del mundo*, Anaya-Mario

otra vez el «desencantamiento del mundo» de Weber, sólo que en otro aspecto. La dificultad o incluso la imposibilidad de integrarse en el modelo hegemónico occidental en términos de equiparación —de valores y también de oportunidades— ha llevado a que individuos, grupos, sociedades y culturas de los denominados países «atrasados» hayan visto defraudadas sus principales expectativas de acceder a un bienestar entendido como un derecho humano inherente. Parecería que el desarrollo se hubiera quedado en expectativa aplazada, basada en una promesa que Occidente, titular de la colonización y el imperialismo históricos, hubiera emprendido como forma de compensar sus abusos.

De algún modo, esto figuraba en el cuerpo doctrinal intrínseco de los primeros textos legales de la Organización de Naciones Unidas: Régimen de Administración Fiduciaria inicial; Nuevo Orden Económico Internacional en la década de 1970. El tiempo ha mostrado que el optimista proyecto de desarrollo de los años 1950-1970 era ilusorio, tanto por razones externas a los propios descolonizados, que vieron cómo un neocolonialismo más o menos subrepticio relevaba al colonialismo anterior, como por causas y factores internos de esos mismos procesos descolonizadores, conducidos por agentes autocráticos, corruptos y dictatoriales, como denuncian tantos intelectuales del Tercer Mundo. El generalizado sentimiento de decepción y fracaso constatado ante la creciente brecha existente entre ricos y pobres del escenario mundial —una fisura sostenida con ideologías seculares de casi nulo arraigo en las poblaciones de los Estados descolonizados— ha impulsado el ascenso de formas radicales de entender las tradiciones culturales y religiosas. Frente a unas ideologías seculares de origen foráneo e implantación heterónoma, auspiciadas por gobernantes odiados a causa de su oprobiosa forma de ejercer el poder, las viejas creencias y prácticas religiosas aparecen como valores seguros y propios, con defectos, sí, pero integrados en una población desencantada que regresa así a sus señas de identidad. Ésta es una base principal de los fundamentalismos de índole religiosa, de incuestionable vocación política[87].

Muchnik, Barcelona, 1991; *Idem*, *Terreur et martyre. Relever le défi de civilisation*, París, Flammarion, 2008; Bernard Lewis, *¿Qué ha fallado? El impacto de Occidente y la respuesta de Oriente Próximo*, Siglo XXI, Madrid, 2002; Jonathan Fox y Shmuel Sandler, *Religion in World Conflicts*, Routledge, Londres, 2006; Maurice Torrelli, Pierre Joannon, Joël-Benoît D'Onorio (eds.), *Religions et guerre*, Mame-Éditions Universitaires Niza-Antípolis, Niza, 1992; Jacques Rollet, *Religion et politique. Le christianisme, l'islam, la démocratie*, Bernard Grasset, París, 2001; un trasfondo reflexivo: Erik Peterson, *El monoteísmo como problema político*, Trotta, Madrid, 1999; Vendulka Kubálková, «Toward an International Political Theology» en: Fabio Petito y Pavlos Hatzopoulos (eds.), *Religion in International Relations: The Return from Exile*, Palgrave Macmillan, Nueva York, 2003, pp. 79-105.

[87] Roland Robertson, «Globalization, Theocratization, and Politicized Civil Religion» en: Peter B. Clarke (ed.), *The Oxford Handbook of the Sociology of Religion*, Oxford University Press, Oxford, 2011, Online: septiembre 2009. DOI: 10.1093/oxfordhb/9780199588961.013.0026 (consulta: 20/05/2013). La respuesta de algunas voces árabes: Ajami, *Los árabes en el mundo moderno…*, *op. cit.*: ya denunció hace muchas décadas el fracaso de las políticas occidentalizadoras en el Mundo Árabe. En otro sentido: Filaly-Ansary, *Réformer l'islam?…*, *op. cit.*; Fehti Benslama, *Déclaration d'insoumission à l'usage des musulmans et de ceux qui ne le sont*

Por último, la proyección internacional del hecho religioso se materializa como fuerza transnacional a través de las religiones mundiales en tanto que instituciones más o menos formales: como Iglesia[s]; como comunidades de fieles y creyentes: sectas, grupos, asociaciones, movimientos…; como religiones sin más, contando algunas con millones de adeptos y siendo otras minoritarias[88]. Su representación es diversa: desde el mayor grado de subjetividad jurídica internacional, materializada en su dimensión de Estado —el Vaticano es el ejemplo más acabado para la Iglesia católica, con el papa como cabeza rectora y con una representación diplomática casi universal— hasta otras variantes *quasi*-estatales. Éstas pueden resumirse por ejemplo en la titularidad de la jefatura eclesial por parte de la monarquía británica dentro de la Iglesia anglicana, válida en la *Commonwealth*; la *quasi*-confesionalidad de determinados Estados ligados por una evolución histórica concreta a Iglesias nacionales protestantes y ortodoxas, tanto en Europa como fuera de ella; la teocracia vigente en algunos Estados confesionales como ciertas monarquías musulmanas, constituidas por la única aristocracia que admite el islam en tanto que ligada a alguna rama de parentesco con el Profeta.

Esos elementos y fuerzas religiosos disponen de otras modalidades más informales, aunque no menos efectivas, de actuación e influencia en la escena internacional, con visibles efectos en la opinión pública y gran capacidad de movilización global. El protagonismo de los dirigentes religiosos se ha multiplicado en las últimas décadas. Por ejemplo, destaca la intensa acción desarrollada por el papa Juan Pablo II, reflejada en los medios de comunicación de masas con motivo de sus viajes apostólicos. Es asimismo notable la de los patriarcas de las distintas Iglesias cristianas ortodoxas, «etnarcas» del Imperio Otomano como ejercientes de funciones políticas respecto de la comunidad bajo su tutela, que hoy se desenvuelven en zonas críticas o sometidas a graves tensiones y conflictos, en particular, las surgidas tras el colapso de la Unión Soviética en su área de influencia, así como las subsistentes en zonas de histórica soberanía turca en un Oriente Próximo extenso (*Wide Middle East*)[89]. También figuran aquí los clérigos musulmanes que predican su doctrina por la *umma* o comunidad islámica de creyentes basándose en el principio histórico de su independencia de la figura política del califa. Esta misión, con sus propios medios económicos y de información, locales y globales y una red de agentes, partidarios y seguidores establecida

---

pas, Flammarion, París, 2011; Malek CHEBEL, *Manifeste pour un islam des Lumières*, Arthème Fayard, París, 2011.

[88] Jean DELUMEAU (dir.), *El hecho religioso. Enciclopedia de las grandes religiones*, Alianza, Madrid, 1995; José María CONTRERAS MAZARÍO, *Las Naciones Unidas y la protección de las minorías religiosas. De la intolerancia a la interculturalidad*, Tirant lo Blanch, Valencia, 2004.

[89] Panorámica: Jacques LE GOFF, «El cristianismo medieval en Occidente desde el Concilio de Nicea (325) hasta la Reforma (principios del siglo XVI)»; Jules LEROY, «Las Iglesias orientales no ortodoxas»; Richard STAUFFER, «La Reforma y los protestantismos»; Olivier CLÉMENT, «La Iglesia ortodoxa» en: Henri-Charles PUECH (dir.), *Las religiones constituidas en Occidente y sus contracorrientes I*, Siglo XXI, Madrid, 1984, pp. 61-204, 205-252, 253-375, 376-417; Juan NADAL CAÑELLAS, *Las Iglesias apostólicas de Oriente. Historia y características*, Ciudad Nueva, Madrid, 2000.

en los núcleos de población diseminados por las zonas de establecimiento y emigración preferentes, se reparte por todo el mundo[90].

En lo que atañe a la cultura occidental, desde la «revolución *hippy*» —*ca.* 1968 en adelante— la presencia de gurúes, hinduistas y budistas principalmente, se ha multiplicado. A ellos se suma la influencia de los lamas del budismo tibetano, con el Dalai-Lama como figura preeminente, que encabeza campañas por la paz, el ecumenismo y su propio proyecto de resolución del conflicto del Tíbet. En esencia, el hinduismo no es una religión proselitista: «se nace» en ella en virtud de complejas teorías teológicas —el *karma*, entre otras— y forma parte incluso en una definición nacionalista de la «indianidad», o identidad nacional de la India emancipada de sus dominadores musulmanes y cristianos. Pero su atractivo no ha cesado de aumentar en términos filosóficos y espirituales merced a labores de traducción y difusión: Sarasvati, Ramakrishna, Vivêkânanda, Coomaraswamy, Tagore… Sin ser proselitista tampoco, el budismo —en sus diversas ramas— no cesa de aumentar en todo el mundo, con abrumadora presencia en Extremo Oriente pero con una significativa generalización en Occidente.

Otros fenómenos religiosos destacables provienen de lo que podrían llamarse nuevas o alternativas formas de religiosidad. Por un lado, figuran los movimientos religiosos cristianos de tipo más o menos sectario, desligados de estructuras eclesiales formales o tradicionales, agrupados en torno a predicadores y líderes carismáticos que propician un fuerte proselitismo; por otro, asoman los movimientos religiosos vinculados a diversas formas de religiosidad de tipo ecléctico, sincrético, neopagano o cientificista. Una caja de resonancia principal del hecho religioso en las relaciones internacionales son los medios de comunicación de masas. Su influencia, aparte de sobre las conciencias de millones de personas, inclinadas a seguir creencias que por principio no se discuten, se materializa en poderosas organizaciones activas en la política, la economía, la sociedad y la cultura[91].

---

[90] Giorgio PAOLUCCI y Camille EID, *Entrevista a Samir Khalil Samir, Cien preguntas sobre el islam*, Ediciones Encuentro-Centro di Studi sull'Ecumenismo, Madrid, 2003; Agustín MOTILLA, *Islam y Derechos Humanos*, Trotta, Madrid, 2006.

[91] Un panorama general: Joanne O'BRIEN y Martin PALMER, *Atlas del estado de las religiones*, Akal, Madrid, 2000; Scott M. THOMAS, *The Global Resurgence of Religion and the Transformation of International Relations*, Palgrave-Macmillan, Houndmills, 2005. Propuestas desde una ética religiosa secularizada: Jürgen HABERMAS, Charles TAYLOR, Judith BUTLER, Cornel WEST, *El poder de la religión en la esfera pública*, Trotta, Madrid, 2011; Paul J. WEITHMANN, *Religion and the Obligations of Citizenship*, Cambridge University Press, Cambridge, 2002; Hans KÜNG, *Proyecto de una ética mundial*, Trotta, Madrid, 1992; Hans KÜNG y Karl Josef KUSCHEL, *Hacia una ética mundial. Declaración del parlamento de las religiones del mundo*, Trotta, Madrid, 1993. Una valoración multicultural, PAREKH, «Política, religión y libertad de expresión», *Repensando el multiculturalismo…*, *op. cit.*, pp. 433-490. En sentido hiper-crítico: Sam HARRIS, *The End of Faith: Religion, Terror, and the Future of Reason*, Nueva York, W.W. Norton, 2004 (hay edición española).

C) PERSONA Y GÉNERO EN LAS RELACIONES INTERNACIONALES

El ascenso de la categoría de «género» tanto en la política como en los estudios internacionales se inscribe también en el proceso identitario, aunque lo trasciende. Desde diversas perspectivas, se trata de averiguar si la singularidad de un hecho primariamente biológico e involuntario como es la pertenencia a un determinado sexo —más inmediato que género (*gender*), de mayor alcance antropo-sociológico— comporta una determinación cultural y social que excluye *a priori* a una mitad amplia de la humanidad en la gestión efectiva de los asuntos mundiales[92]. Esta exclusión es además universal en tanto que las mujeres que ostentan algún grado reconocido de competencia —política, económica, social, cultural, intelectual, académica, institucional— son una auténtica minoría a escala planetaria, aun si su visibilidad aumenta poco a poco[93]. Pero la visibilidad sólo es eso. En general, en los estudios sobre las mujeres se enfatiza la reivindicación histórica de la igualdad; sin embargo, tal condición está indisolublemente relacionada con la libertad, de la que no puede disociarse[94]. La reflexión específica desde varias posiciones —desde los radicalismos feministas hasta posturas más eclécticas convergentes con las reivindicaciones de excluidos varios: minorías y víctimas de todo tipo— es una corriente de creciente interés en las Relaciones Internacionales. He aquí algunas de sus posibles vertientes generales:

— Por un lado, los estudios se centran en la determinación ontológica del género en términos tanto filosóficos como antropológicos, sociológicos o culturales. Se aborda su génesis como categoría —de negación y exclusión, principalmente— y también su evolución histórica en diversos entornos mundiales. A partir de ahí se intenta mostrar su contingencia, esto es, su carácter de construcción socialmente determinada en un momento dado;

---

[92] Un ensayo desmitificador: Judith BUTLER, *Deshacer el género*, Paidós, Barcelona, 2006; Julia A. SHERMAN y Evelyn TORTON BECK, *The Prism of Sex: Essays on the Sociology of Knowledge*, University of Wisconsin Press, Madison, 1979. En general: Rebecca GRANT y Kathleen NEWLAND (eds.), *Gender and International Relations*, Open University Press, Milton Keynes, 1991 [Bloomington and Indianapolis, Indiana University Press, 1991].

[93] J. ANN TICKNER, «Why Women Can't Run the World: International Politics According to Francis Fukuyama» en: International Studies Association, 1999. Publicado por Blackwell Publishers, 350 Main Street, Malden, MA 02148, EEUU y 108 Cowley Road, Oxford OX4 1JF, Reino Unido. Accesible en línea: web.centre.edu/lorihm/tickner.pdf (consulta: 18/05/2013). Jill STEANS, *Gender and International Relations: Issues, Debates and Future Questions*, Polity Press, Cambridge, 2006; Laura J. SHEPHERD, «Gender Matters in International Relations» en: *e-International Relations*, 20 de febrero de 2010. Accesible en línea: www.e-ir.info/.../gender-matters-in-international-rela... (consulta: 18/05/2013). *Idem*, *Gender Matters in Global Politics: A Feminist Introduction to International Relations*, Routledge, Londres y Nueva York, 2010; Sandra L. WHITWORTH, *Feminism and International Relations*, Macmillan, Londres, 1994; Cynthia ENLOE, *Bananas, Beaches and Bases: Making Feminist Sense of International Relations*, University of California Press, Berkeley, 1989.

[94] Examen de aspectos parciales, PAREKH, «Igualdad en una sociedad multicultural» y «La lógica de la evaluación intercultural», *Repensando el multiculturalismo...*, *op. cit.*, pp. 353-387, 389-432.

respecto del patriarcado de repercusión occidental éste se fija en Mesopotamia hacia 4.000 a.C. Como señala Gerda Lerner, todo lo construido puede desconstruirse: no es eterno ni inmanente[95].

— En su aspecto teológico, dado que la discriminación de género está presente e incluso forma parte esencial de la dogmática religiosa de las religiones mayoritarias, descuella la aportación de destacadas teólogas —con algunos teólogos— en el sentido de proponer aproximaciones no sexuadas a una idea de Dios y lo sagrado, cuando la «sexualización» de la figura de «Dios» contradice, por lo demás, a una idea de Dios divina (espiritual), o no antropomórfica (material)[96].

— En otros casos, los estudios de género se orientan a una contraposición matriarcal al régimen patriarcal. También analizan las estructuras materiales y formales de la sociabilidad humana en tanto que determinantes de valores, actitudes y comportamientos básicos en relación con el género: régimen familiar y sistemas de parentesco, división y organización del trabajo, funciones de la procreación, modelos legales e institucionales referidos a la situación de los géneros, papeles y funciones sociales adscritos por género, etc.[97].

— Un desarrollo específico lo brindan el análisis del papel y las funciones de las mujeres en el campo científico o intelectual en general, un área de investigación relevante para ciertos aspectos de una Teoría Internacional reestructurada. La asociación entre «conocimiento» y «poder» es tanto intrínseca como extrínseca. La desacreditación, deslegitimación y apartamiento sistemáticos de las mujeres en los centros de investigación, instituciones académicas y sus profesiones asociadas son hechos históricos que se fundan en creencias —más o menos disimuladas en Occidente— como la «inferioridad congénita» femenina para desenvolverse en el terreno científico[98].

---

[95] Gerda LERNER, *La creación del patriarcado*, Crítica, Barcelona, 1990; Elisabeth BADINTER, *Le conflit: la femme et la mère*, Flammarion, París, 2010; un revisionismo ontológico internacional en Gillian YOUNGS, «Feminist International Relations: a Contradiction in Terms?» en: *International Affairs*, vol. 80, n.º 1, 2004, pp. 75-87. Accesible en línea: www.artsrn.ualberta.ca/.../GillianYoungsFeministIRC... (consulta: 18/05/2013).

[96] Elizabeth A. JOHNSON, *La que es. El misterio de Dios en el discurso teológico feminista*, Herder, Barcelona, 2002; Luisa MURARO, L., *El Dios de las mujeres*, horas y Horas, Madrid, 2006.

[97] Fascinante: Marija GIMBUTAS, *El lenguaje de la diosa*, Dove, Madrid, 1996; asimismo Georges DEVEREUX, *Femme et mythe*, Flammarion, París, 1982. Algunas propuestas reflexivas: Eleni VARIKAS, «Lo que no somos. Historicidad del género y estrategias de desidentificación», *Revista Internacional de Filosofía Política*, n.º 25, julio 2005, pp. 77-88; Elisabeth BADINTER, *XY. De l'identité masculine*, Odile Jacob, París, 1992; Judith BUTLER, *Deshacer el género*, Barcelona, Paidós, 2006; *Idem*, *Violencia de Estado…*, *op. cit.*, pp. 64-81; Julia KRISTEVA, «La Surfemme» en: *Seule, une femme*, Éditions de l'Aube, París, 2007, pp. 31-33; Clara CORIA, *El sexo oculto del dinero. Formas de la dependencia femenina*, Argot, Barcelona, 1987; Paula CROCI y Alejandra VITALI (comps.), *Los cuerpos dóciles. Hacia un tratado sobre la moda*, La Marca, Buenos Aires, 2000; Alain TOURAINE, *Le monde des femmes*, Fayard, París, 2006; Pierre BOURDIEU, *La dominación masculina*, Anagrama, Barcelona, 2000.

[98] El testimonio histórico de la escasez de una presencia femenina en la investigación científica avalaría este criterio. Disciplinas técnicas (Ingenierías, Arquitectura, Informática, Robótica…), ciencias positivas o duras (Física, Química, determinadas ramas de la Medicina

Ya en el terreno específico de la investigación internacional, un campo principal son los estudios de género sobre el fenómeno del poder en sus diversas manifestaciones internacionales, emprendidos por Jean Bethke Elshtain en su análisis sobre *Man, the State and War* de Kenneth N. Waltz como ejemplo señero. La dimensión política se concreta en las instancias, estructuras y competencias del Estado y demás poderes públicos, contemplados sobre su trasfondo social, ideológico y cultural[99]. Esta línea investigadora aborda estudios sobre gobierno, representación política, partidos políticos, sufragio y otros procedimientos de elección, formación de élites y liderazgo, empoderamiento (*empowerment*), políticas públicas, legislación, jurisprudencia, administración, movimientos de mujeres, ideologías políticas. Sus parámetros de análisis no son sólo materiales —estadísticas, documentación legal y jurídica, legislación, etc.—, sino también simbólicas, en tanto que persiguen determinar los factores profundos que *a priori* regirían la exclusión femenina[100]. Otra faceta de esta vertiente concierne al fenómeno de la guerra, actividad tradicionalmente masculina contrapuesta a un hipotético e inherente irenismo femenino. Esta dimensión estudia la condición femenina en situaciones límite: «mujeres y/en la guerra», diferenciadas según *women and war, women in war, women at war*[101]. He aquí algunas de sus variantes:

— Un primer paso es estudiar la violencia —estructural, cultural y específica de género— ejercida en sus diversos entornos: íntimo o familiar, social en general e internacional. Se analiza el hecho en sí, en sus determinaciones biológicas y psicológicas, pero además sociológicas, antropológicas y políti-

o la Biología), estudios abstractos (Matemáticas, Filosofía, Lógica...) o sistémicos (Teoría Económica, Cibernética, Electrónica y Redes...), por no hablar de la investigación básica/ciencias puras, serían terrenos donde las mujeres tendrían menos posibilidades de destacar. Dado que la mayoría de estas ciencias forma la base intelectual en sectores de interés estratégico mundial, la exclusión femenina en ellas reviste caracteres estructurales.

[99] Jean BETHKE ELSHTAIN, «Woman, the State and War» en: *International Relations*, vol. 23, n.º 2, 2009, pp. 289-303. Publicado por: *Sage Journals*. Accesible en línea: ire.sagepub.com/content/23/2/289.abstract (consulta: 18/05/2013); J. ANN TICKNER, *Gender in International Relations: Feminist Perspectives in Achieving Global Security*, Columbia University Press, Nueva York, 1992; Laura J. SHEPHERD, *Gender, Violence and Security. Discourse as Practice*, Zed, Londres, 2008; Cynthia ENLOE, *The Morning After: Sexual Politics At The End of the Cold War*, University of California Press, Berkeley, 1993; Dorothy K. BILLINGS, «Cultural Style and Solutions to Conflict» en: *Journal of Peace Research*, vol. 28, n.º 3, 1991, pp. 249-262. Con carácter no específico: Celia AMORÓS, «Dimensiones del poder en la teoría feminista», *Revista Internacional de Filosofía Política*, n.º 25, julio 2005, pp. 11-33.

[100] Exclusión/expulsión del espacio público: reclusión en el gineceo, entorno cerrado/privado. Asigna a la mujer la *cháchara*, la *conversación*, la *charla* (banales, baladíes) frente al *discurso*, la *conferencia*, la *lección*, el *diálogo* y el *sermón* (sustantivos, sustentantes) propios del varón mediante unos criterios proclamados por *una Parte* en nombre y en figurada representación del *Todo*. La cualidad más valorada en una mujer es que sepa *guardar silencio*: lo *no dicho* deviene en *no hecho*, lo *no hecho* en *nada*, la *nada* en *nulidad/aniquilación*.

[101] Jean BETHKE-ELSHTAIN, *Women and War*, Basic Books, Nueva York, 1988/University of Chicago Press, Chicago, 1987.

cas; se indaga en los sistemas y mecanismos que la legalizan, legitiman, perpetúan, sancionan y eternizan[102].

— Además se investiga el desarrollo específico de la violencia en situaciones tanto de crisis y tensiones —o ausencia de conflictos abiertos— como, sobre todo, bélicas, con manifestaciones concretas sobre las mujeres: violaciones masivas y generalizadas (*Rape As a Tool of War*: violación como instrumento bélico), prostitución forzada, torturas y matanzas selectivas (feminicidio), desintegración y destrucción familiar, secuestros, reclutamiento forzado (mujeres soldado y milicianas, esclavas sexuales, sirvientas y mano de obra...), desplazamientos internos e internacionales, hacinamiento en campamentos de refugiados. Estos estudios analizan los procesos de victimización en general y sus posibles soluciones[103].

— En paralelo cabe estudiar el papel y las funciones de las mujeres ya no como víctimas o sujetos pasivos de la guerra sino como miembros regulares de las fuerzas armadas, convencionales o adscritas a formaciones estatales, o informales, dentro de grupos armados, terroristas, rebeldes, insurgentes, etc.

— Por fin, el binomio mujer-guerra —«mujer guerrera» en sentido arcaico— se concreta también en el estudio de mitos, leyendas y relatos ancestrales, sintetizable como una especie de «síndrome de las Amazonas»: «Hipólitas» derrotadas por sus «Hércules» correspondientes, según el mito prevaleciente.

Frente al *Warfare* se situaría el *Welfare*. Y a este respecto, otra área de investigación destacable es la que estudia las que se consideran arquetípicas funciones femeninas en los denominados campos o vocaciones «asistenciales»: desarrollo, sanidad, educación, familia, medio ambiente, Derechos Humanos, infancia, economía de subsistencia (microcréditos, en particular), refugiados y desplazados, minorías de indígenas, grupos marginales y desclasados, delincuencia menor... Esto es, el amplio repertorio de las llamadas *soft* o *low politics*, coyunturales, sujetas a las decisiones de las *hard* o *high*

[102] Modestas síntesis propias: «Un estudio sociológico de la violencia de género» en: Nicolás MARCHAL ESCALONA (dir.), *Manual de lucha contra la violencia de género*, Aranzadi-Thomson Reuters, Madrid, 2010, pp. 65-96 (capítulo II del libro); «*Europeas*: la violencia contra las mujeres en el marco de la Recomendación REC (2002 5) del Consejo de Europa» en: Pablo Antonio FERNÁNDEZ SÁNCHEZ (ed.), *La obra jurídica del Consejo de Europa (en conmemoración del 60 Aniversario del Consejo de Europa)*, Sevilla, Gandulfo-Junta de Andalucía-AEPDIRI, 2010, pp. 189-212; «La Violencia de Género desde la Filosofía y la Psiquiatría (Violencia de género: reflexiones en torno a algunos tópicos de la dominación masculina)» en: Fernando REVIRIEGO PICÓN (coord.), *Más allá de la Ley: Enfoques sobre la Violencia de Género, Jornadas Fundación Aequitas-UNED*, Fundación *Aequitas*-Caja Madrid-Obra Social, Madrid, 2009, pp. 60-108. Edición digital: www.aequitas.org/?do=filetools. getDocument&id=3124

[103] Paul KIRBY, «How is Rape a Weapon of War? Feminist International Relations, Modes of Critical Explanation and the Study of Wartime Sexual Violence» en: *European Journal of International Relations*, vol. 0, n.º 0, pp. 1-25, 2012. Publicado por: *EJIR-Sage*. Accesible en línea: ejt.sagepub.com (consulta: 19/05/2013); repertorio de inhumanidades en Christine OCKRENT (dir.), *Le livre noir de la condition des femmes*, Saint-Amand-Montrond, XO Éditions, 2007; la contrapartida positiva, Nikki VAN DER GAAG, *The No-Nonsense Guide to Women's Rights*, Verso, Londres, 2004.

politics —estructurales— que suelen ejercer los varones que determinan sus líneas rectoras, su alcance y sus presupuestos[104]. Por fin, otra faceta de los estudios de género en clave internacional presenta un carácter histórico, diplomático e institucional. Se centra en personajes concretos en tanto que ejercientes de relevantes papeles y funciones, ya como gobernantes y dirigentes, ya como figuras que simbolizan determinados valores, mediante series de trabajos sobre «grandes mujeres» que por circunstancias no se quedaron en la sombra. Su carácter *excepcional* no hace sino confirmar del modo más rotundo la regla de la exclusión, que es sistemática[105].

D) CULTURAS Y CIVILIZACIONES, GRANDES MAGNITUDES MUNDIALES: CUESTIONES ACERCA DEL VIRTUAL COSMOPOLITISMO DEL SIGLO XXI

Si el hecho religioso parecía arrumbado en el cajón de sastre de la Historia, otro tanto sucedía con el hecho cultural y el civilizatorio. La determinación de los conceptos *cultura* y *civilización* apasionó a los intelectuales europeos del período del cambio de siglo XIX al XX, politizándose por ejemplo su proyección real y simbólica mediante la ideología secular de la «sagrada misión civilizadora» propia del colonialismo e imperialismo[106]. Sus promotores fueron intelectuales de primer orden como Alfred Weber, Werner Sombart, Georg Simmel, Ernst Cassirer, Alfons Dopsch, Thomas S. Eliot, Christopher Dawson...[107]. En la etapa de entreguerras, Oswald Spengler con-

---

[104] Parecería que las mujeres estuviesen condicionadas para estas funciones, síntoma de un «maternalismo» de base biológica. Varias autoras cuestionan esta tendencia —Gerda Lerner, Jean Bethke Elsthain, Elisabeth Badinter...— que, sólo porque sí, otorgaría a las mujeres un infundado capital de bondad, altruismo y paz y a los varones el de la crueldad, el egoísmo y la guerra: en mi modesta opinión, ésta es una estupidez más de las que forman los tópicos corrientes de sectarios/as en general.

[105] Apunta lo que hace años llamé el «síndrome de Hatshepsut», la Mujer-Faraón egipcia (1499-1457 a.C.) que portaba una barba para poder gobernar: Begoña DEL CASAL ARETXABALETA, *Hatshepsut. La primogénita del dios Amón*, Alderabán, Madrid, 1998 (título elocuente: «primogénita de un dios»). Por lo demás, basta con mirar las fotos oficiales de cualquier órgano, organización, institución... poderosa: las mujeres, «frívolamente» ataviadas con «colorines», destacan entre la preponderante «seriedad» de los oscuros trajes de chaqueta varoniles.

[106] Una síntesis en mi estudio ya aludido «Totalidad y fragmentación...», *op. cit.* (bibliografía y referencias). Imprescindible por su entidad y por su evolución vital —de origen judío emancipado, nacido en una zona de Alemania que hoy es Polonia, estudiante de medicina convertido en sociólogo, emigrado a Inglaterra por causa del nazismo, ejerciente como profesor en Gran Bretaña; tras jubilarse, emigrado a Ghana por falta de medios económicos y por curiosidad intelectual, fallecido en Alemania— es Norbert ELIAS, *El proceso de la civilización*, FCE, México, 1989.

[107] Alfred WEBER, *Historia de la cultura*, FCE, México, 1960; Werner SOMBART, «Technik und Kultur» en: *Archiv für Sozialwissenschaft und Sozialpolitik*, vol. 33, n.º 2, 1911, pp. 305-347; Georg SIMMEL, *Sobre la aventura. Ensayos filosóficos*, Península, Barcelona, 1988; Ernst CASSIRER, *Versuch einer Philosophie der menschlichen Kultur*, W. Kohlhammer, Stuttgart, 1960; Alfons DOPSCH, *Fundamentos económicos y sociales de la cultura europea. De César a Carlomagno*, FCE, Madrid, 1982; Thomas Stearns ELIOT, *Notas para la definición de la cultura*,

tribuyó a intensificarlo mediante la enorme influencia editorial e ideológica de su *La decadencia de Occidente* (1918-1923)[108].

Su significación se ha trasladado a los debates contemporáneos, en especial, en lo concerniente a las discusiones y cuestiones coloniales y post-coloniales; también se manifiesta en los análisis acerca de los términos de universalidad y globalidad contrapuestos a los discursos locales, particulares y relativos[109]. Las nociones de cultura y civilización presiden los estudios internacionales de base antropológica y sociológica que analizan las redes de comunicación, abordadas desde perspectivas semánticas, semióticas y de juegos del lenguaje; o como fenómenos asociados a las diversas modalidades de construcción social de la realidad en los aspectos que atañen a la virtualización (Hilary Putnam, Anatol Rapoport, Ludwig von Bertalanffy…). En su vertiente global, ambas nociones resultan imprescindibles para enfocar las denominadas conexiones transnacionales y cuanto se relaciona con el multiculturalismo y la sociedad global[110]. Asimismo son decisivas en los estudios sobre migraciones internacionales, tanto en lo referente a la comunidad de acogida como a la de la «diáspora», metáfora predilecta actualmente que se verá más adelante. A este respecto, hechos y fenómenos como la multiculturalidad y la interculturalidad, la integración y la asimilación, la guetoización y la marginación de las poblaciones afectadas se analizan y comprenden mejor si se enfocan bajo un prisma cultural y civilizatorio, dimensión que comprende las reflexiones sobre el cosmopolitismo[111].

Bruguera, Barcelona, 1983; Christopher DAWSON, *La religión y el origen de la cultura occidental*, Encuentro, Madrid, 1995.

[108] La ya mencionada obra de SPENGLER, *La decadencia de Occidente…, op. cit.*; habla en ella de la morfología de ocho «altas culturas»: india, babilonia, egipcia, china, mexicana (maya-azteca), árabe, clásica (greco-romana) y europea occidental. Cuestionado por: STERN, *The Politics of Cultural Despair…, op. cit.*, por ADORNO, «Spengler tras el ocaso» en: *Prismas. Crítica de la cultura y de la sociedad*, Ariel, Barcelona, 1962, pp. 46-72, por VON BERTALNFFY, «Las culturas en cuanto sistemas: Spengler y más allá de Spengler» en: *Perspectivas…, op. cit.*, pp. 69-78. John FARRENKOPF, *Prophet of Decline. Spengler on World History and Politics*, Lousiana State University Press, Louisiana, 2001.

[109] PAREKH, «La comprensión de la cultura», *Repensando el multiculturalismo…, op. cit.*, pp. 217-268. Una síntesis: Remo BODEI, «L'unitá della ragione nella molteplicitá delle culture» en: *Problemi del socialismo*, n.º 3, 1991, pp. 35-54. Un balance en mi estudio «Las relaciones internacionales y la cultura: entre el particularismo y la universalidad» en: *Papeles y Memorias de la Real Academia de Ciencias Morales y Políticas. Tribuna Joven. Temas de Relaciones Internacionales y Derecho Internacional*, n.º X, mayo 2001, pp. 53-66. Divulgativo: Kenneth CLARK, *Civilización. Una visión personal*, Alianza, Madrid, 1987; ecléctico: HELL, *La idea de cultura…, op. cit.*

[110] Manuel Castells, Ulf Hannerz, Armand Mattelart, Zygmunt Bauman, Saskia Sassen, Gilles Lipovetsky, Jean Serroy…

[111] Buena síntesis sobre diversas dimensiones de la cultura, BAECKER, *Wozu Kultur…, op. cit.*: globalización, violencia, sociedad, cronologías/tipologías culturales, trabajo, sociología, juego, concepto/s, códigos culturales, medio, estética, memoria, sentido, moral, valores… Barry BUZAN y Richard LITTLE, *International Systems in World History: Remaking the Study of International Relations*, Oxford University Press, Oxford, 2000; Étienne BALIBAR, «Cultura e identitá» en: *Problemi del socialismo*, 3/1991, pp. 13-34; Anthony D. KING (ed.), *Culture, Globalization and the World-System. Contemporary Conditions for the Representation of Identity*, Universidad de Nueva York, Binghampton, 1991; Armand MATTELART, *La mondialisation de*

En sentido específico, las primeras investigaciones de carácter cultural en el campo de las Relaciones Internacionales constituyeron un fenómeno aislado y bastante minoritario. Respondió principalmente a la iniciativa de autores europeos emigrados a los Estados Unidos —como Pitirim A. Sorokin— que andaban en busca de elementos para configurar marcos teóricos de integración social y cultural que sirvieran de base a las propuestas funcionalistas en boga por entonces. Su fundamentación fue primordialmente antropológica y sociológica; destaca por ejemplo que Ruth Benedict cooperara con los mandos militares estadounidenses para comprender las peculiaridades del Japón vencido: *The Chrysanthemum and the Sword* (1946)[112]. En Europa, el realista Arnold J. Toynbee realizó una singular y monumental aportación desde una óptica histórica dirigida a determinar la influencia de la cultura y la civilización en la progresiva formación axiológica y espiritual constitutiva de una Sociedad Internacional compuesta por las diversas magnitudes que la integran, que no sólo serían los Estados e Imperios, formaciones contingentes, sino también otros grupos humanos culturalmente definidos, lo que incluye a las grandes religiones[113]. En parecida línea, otros británicos como Martin Wight o Adam Watson desarrollaron eruditos y muy interesantes estudios al respecto[114]. Por su parte, ya se ha mencionado el papel magistral de Norbert Elias, que abordó una sociogénesis de la civilización que comprende el examen de la formación y estructuración de la específica Sociedad Internacional de raíz occidental que se expandió desde Occidente por el resto del globo con la Modernidad. A su vez, Ludwig von Bertalanffy realizó algunas aportaciones fundamentales desde la Teoría General de los Sistemas, ahondando en las modalidades de interacción entre culturas contempladas como sistemas vivos, evolutivos y abiertos[115]. En

la communication, PUF, París, 1996. Aparte de la obra ya citada (*Cultura e imperialismo*), Edward W. SAID, *The World, the Text, and the Critic*, Harvard University Press, Cambridge-Mass., 1983; *Idem*, *Orientalismo*, De Bolsillo, Barcelona, 2007.

112 SOROKIN, *Social and Cultural Mobility*..., *op .cit.* Enfoque sociológico general: Abraham S. MOLES, *Sociodinámica de la cultura*, Paidós, Barcelona, 1978. La obra de Benedict se ha citado *supra*, p. 141, nota 22.

113 Arnold J. TOYNBEE, *A Study of History*, 12 vols., Oxford University Press, Oxford, 1934-1961. Identifica una veintena de grandes civilizaciones, sujetas a una evolución similar a la que en su día propuso Oswald Spengler, que determina incluso con «generaciones»: génesis, crecimiento-florecimiento, decadencia, desintegración. Se enumeran como: egipcia, andina, sínica, minoica, sumeria, maya, india, hitita, helénica, occidental, ortodoxa cristiana (rusa), extremo oriental, ortodoxa cristiana (general), persa, arábiga, hindú, mexicana, yucateca, babilonia. Además hay cuatro civilizaciones fracasadas (cristianas extremo occidentales, cristianas extremo orientales, escandinavas, siria) y cinco detenidas o en suspenso (polinesia, esquimal, nómadas, otomana, espartana). Esta enumeración es bastante *sui generis*; subyace un componente narrativo e ideológico que se desarrolla con arreglo a varias ideas centrales constitutivas de su concepción del mundo, plasmada en metáforas. Noción esencial es la de libertad, que remite al destino histórico.

114 Ian HALL, «Challenge and Response: The Lasting Engagement of Arnold J. Toynbee and Martin Wight» en: *International Relations*, vol. 17, n.º 3, 2003, pp. 389-404. Publicado por: *Sage*. Accesible en línea: ire.sagepub.com/content/17/3/389.full.pdf (consulta: 20/05/2013).

115 VON BERTALANFFY, «Las culturas en cuanto sistemas...», *op. cit.*; «Perspectivas en arte y ciencia» en: *Perspectivas en la Teoría General de Sistemas*..., *op. cit.*, pp. 32-36; Anatol RA-

Francia, otro impulsor —éste funcionalista *sui generis*— fue Marcel Merle, que consignó a la cultura como «factor cultural de las Relaciones Internacionales»: a su sombra, autores como Bertrand Badie o la propia Marie-Claude Smouts realizaron tempranas aportaciones en este terreno[116]. A partir de la obra del historiador Fernand Braudel, autores neo-marxistas como Immanuel Wallerstein o Étienne Balibar han desarrollado las suyas propias, proyectando bajo una lente cultural una parte de sus estudios sobre el Sistema Mundial[117]. Por fin, no escasean los teóricos internacionales que hallan inspiración en los trabajos de filósofos e historiadores de la cultura. Nombres como los de Frederick C. Copleston, Émile Callot, Hans-Georg Gadamer, Karl Jaspers, Peter Burke, Silvio Vietta, Peter Rietbergen, Lucien Febvre... no agotan un repertorio virtualmente universal[118].

Sin embargo, desde el comienzo de la década de 1990 se asiste a una resonante dimensión polémica derivada de la instrumentalización ideológica de los estudios civilizatorios por asesores políticos como Samuel P. Huntington, autor del tópico «choque de civilizaciones»[119]. Toda vez que su esquema parte de la premisa de que determinadas civilizaciones serían incompatibles y recíprocamente excluyentes, las zonas de fractura en el orbe mundial, efec-

---

POPORT, «Methodology in the Physical, Biological and Social Science» en: *General Systems*, vol. XIV, 1969, pp. 179-186; *Idem*, «General Systems Theory: A Bridge Between Two Cultures. Third Annual Ludwig von Bertalanffy Memorial Lecture» en: *Behavioral Science*, vol. 21, n.º 4, 1976, pp. 228-239. Accesible en línea: www.ncbi.nlm.nih.gov/pubmed/793579 (consulta: 22/05/2013); el artículo de Othmar F. ANDERLE, «Arnold J. Toynbee und die Problematik der geschichtlichen Sinndeutung» en: *Die Welt als Geschichte. Zeitschrift für universalgeschichtliche Forschung*, vol. 20, 1960, p. 143 formaba parte de las lecturas de Ludwig von Bertalanffy.

[116] Marcel MERLE, «Les approches culturalistes dans les relations internationales» en: *Pour ou contre une interpretation culturaliste des relations internationales*, Fondation Nationale des Sciences Politiques (FNSP)-Centre National de la Recherche Scientifique (CNRS), París, 1981 (Actas del Congreso mecanografiadas); de Badie y Smouts hay referencias *supra*. A saber por qué, cierta rutina académica impulsaba a mencionar en este campo a Silviu BRUCAN, *La disolución del poder: sociología de las relaciones internacionales y políticas*, Siglo XXI, México, 1974, hoy «disuelto» en su propio país, donde nació como Samuel Bruckner.

[117] De ellos se ofrecen registros bibliográficos a lo largo de todo el libro, que sería ocioso repetir.

[118] Frederick C. COPLESTON, *Filosofías y culturas*, FCE, México, 1984; Émile CALLOT, *Civilisation et civilisations. Recherche d'une philosophie de la culture*, Editions Berger-Levrault, París, 1954; Hans-Georg GADAMER, «Erhöhte Wirklichkeit der Kultur» en: *Sinn und Form*, vol. 50, n.º 1, 1998, pp. 23-29 (Berlin-Brandenburgische Akademie der Künste); Karl JASPERS, *Psicología de las concepciones del mundo*, Gredos, Madrid, 1967; Peter BURKE, *¿Qué es la historia cultural?*, Paidós, Barcelona, 2006; *Idem*, *Formas de historia cultural*, Alianza, Madrid, 2006; Silvio VIETTA, *Europäische Kulturgeschichte. Eine Einführung*, Wilhelm Fink, Paderborn, 2007; Peter RIETBERGEN, *Europe. A Cultural History*, Routledge, Londres y Nueva York, 2006; Lucien FEBVRE, *Europa. Génesis de una civilización*, Crítica, Barcelona, 2001.

[119] Samuel P. HUNTINGTON, «The Clash of Civilizations?» en: *Foreign Affairs*, vol. 72, n.º 3, 1993, pp. 22-49. Publicado por: *Foreign Affairs*. Accesible en línea: www.foreignaffairs.com; www.polsci.wvu.edu/.../huntingtonclashofcivilizatio...; http://www.polsci.wvu.edu/faculty/hauser/PS103/Readings/HuntingtonClashOfCivilzationsForAffSummer93.pdf (consulta: 19/05/2013). Le respondió Edward SAID, «The Clash of Ignorance» en: *The Nation*, 22 de octubre de 2001, tras el atentado del 11 de septiembre. Accesible en línea: www.thenation.com/article/clash-ignorance (consulta: 19/05/2013). Crítico asimismo, BAUMAN, *Múltiples culturas...*, *op. cit.*, pp. 35-36.

to de tales choques, serían las geopolíticamente más propensas a tensiones, conflictos y guerras. Con posterioridad, conjeturalmente de forma reactiva, las propuestas políticas iraníes de «diálogo de civilizaciones» (1998) seguidas de la «alianza de civilizaciones» hispano-turca (2004), formalizadas de modo institucional en la ONU, representarían por su lado unos referentes para concebir un orden mundial en el que Occidente y un genérico Mundo Árabe-Islámico —que inicialmente dejaría fuera a otras áreas mundiales tan influyentes como China, lo que no dejó de rectificar el presidente Hu Jintao, que reclamó para su milenaria nación la parte correspondiente ya en 2005— podrían establecer unas bases de entendimiento sobre un clima de pacificación general deseable[120]. En lo que atañe al debate generado por Huntington —orquestado en medios de comunicación universales convenientemente alineados en sentidos varios— la espuria asociación de su concepto de civilización con determinaciones nacionalistas, religiosas, económicas y estratégicas rebajó el debate a una dimensión tópica y vulgar, lo que no impediría, sin embargo, que su interés y relevancia abrieran feraces vías de investigación. Pero a este respecto sería necesario erradicar las mixtificaciones conceptuales del propio Huntington, que asocia el hecho civilizatorio con elementos tradicionales o religiosos de un modo tan banal, tan estereotípico, tan sinuoso, que ofende a la inteligencia[121]. Para disipar tales confusiones basta con examinar el debate doctrinal aludido al comienzo: supuso que a principios del siglo XX franceses y británicos optasen ideológicamente por el término de civilización, que equipararon con la cultura, y que los alemanes y germanoparlantes en general se inclinasen hacia la cultura, a la que diferenciaron de la civilización[122], efectuándose después por ambas partes las deseables síntesis que favorece una auténtica cultura. Pues más allá del trasfondo político de esta querella, entablada en pleno imperialismo, late un fondo filosófico, histórico, antropológico y sociológico de primera magnitud, cuyo interés alcanza al inmediato presente[123].

Y es que, íntimamente ligado a las facetas de lo identitario expuestas antes, emerge el debate actual sobre el cosmopolitismo, en sí, otro lugar común con más de veinte siglos de antigüedad[124]. Definido y configurado

---

[120] Realicé una crítica en «Alianza de civilizaciones: ¿una tentativa de pacificación mundial? Algunas reflexiones desde una perspectiva de género» en: *Tiempo de Paz*, n.º 81, verano 2006, pp. 51-59; una contraposición de «civilización» y «guerra» en: «De la guerra perenne a una paz precaria…, *op. cit*., pp. 15-48; incluye el virtual papel de China.

[121] El artículo de *Foreign Affairs* se publicó como libro, *The Clash of Civilizations and the Remaking of World Order*, Simon & Schuster, Nueva York, 1996. En su obra cabe ver «civilización musulmana» confundida con islam o «civilización cristiana» con cristianismo; «civilización confuciana», con civilización o cultura china, «civilización árabe» con civilización musulmana, «civilización occidental» con civilización judeo-cristiana… Sus generalizaciones acerca de las grandes civilizaciones no resisten la comparación con las aportaciones de Weber, Spengler, Toynbee, Braudel, Eliot, Callot, Copleston, Febvre…

[122] Norbert Elias realiza una maravillosa síntesis.

[123] LIPOVETSKY y SERROY, *La cultura-mundo…*, *op. cit*., pp. 180-192.

[124] Max MÜHL, *Die antike Menschheitsidee in ihrer geschichtlicher Entwicklung*, Wissenschaftliche Buchgesellschaft, Darmstadt, 1975; Francis Henry SANDBACH, *The Stoics*, Gerald

ya en sus rasgos sustantivos con los primeros estoicos griegos, recorre como singular hilo discursivo el completo pensamiento político occidental hasta hoy, con destacados valedores situados en todas las moderaciones intelectuales representativas del racionalismo o, según el tópico hoy de moda, el «republicanismo» político. La articulación multi- o pluri-identitaria del individuo del siglo XXI propicia una reflexión de corte cosmopolita que proyecta sus razones sobre el fenómeno planetario de la globalización junto a las propias respuestas que genera[125]. En la medida en que atienden a los crecientes fenómenos de trans-nacionalización sobre un escenario de libertad de movimientos y transacciones de toda índole, presidido por la universalización de dos postulados, la democracia global y la economía de mercado, las tesis cosmopolitas ostentan una vertiente liberal que es tanto política como económica. Desde sus parámetros, cualquier ciudadano «decente» —calificativo común del utilitario John Rawls— de un Estado democrático y liberal sería potencialmente un cosmopolita o ciudadano del mundo; de hecho, como requisito básico para que la economía global funcione, se le garantizarían plena libertad de movimientos, de residencia, de ejercicio profesional por todo el orbe «civilizado», que, de un modo nada «accidental», es anglófono. En paralelo, se aspiraría universalmente a una homogeneización creciente de las condiciones de vida y de las expectativas de desarrollo personal y profesional... siempre y cuando los interesados formasen parte del segmento cualificado que el propio sistema requiere. En consecuencia, la determinación del «enclasamiento» de las élites cosmopolitas constituyentes de esa sociedad transnacional —semejante a la *societas eruditorum* de los *philosophes* ilustrados que durante el siglo XVIII recorrían las cortes y universidades europeas disertando en latín y francés— es horizontal. Sin embargo, esa determinación es vertical en tanto que incluye una diferenciación jerárquica frente a los grupos que *a priori* no cabe encuadrar en el segmento: individuos diferentes, ajenos, extraños, foráneos, inasimilables por diversas causas a las exigencias de un cosmopolitismo que, a fuerza de tibieza y homogeneidad, termina rigiéndose por la in-diferencia[126]. Autores como Gilles Lipovetsky y Jean Serroy diagnostican la situación señalando el hiper-capitalismo, la hiper-tecnología y el hiper-consumo como tres de sus rasgos esenciales, lo que origina un mundo homogeneizado, americanizado y sin alma[127].

Ahí arraigan las contraposiciones de sólido/líquido a las que nos ha acostumbrado recientemente el éxito editorial de Bauman, si bien estas metáforas datan de antes... además de que integran variantes como las de

---

Duckworth-Hackett Publishing, Londres-Cambridge, Mass., 1994; John FERGUSON, *Utopias of the Classical World*, Thames and Hudson, Londres, 1975.

[125] HANNERZ, «Lo local y lo global: continuidad y cambio» y «Cosmopolitas y locales en la cultura mundial», *Conexiones transnacionales...*, *op. cit.*, pp. 33-53, 165-180.

[126] He tratado este aspecto en *El Sistema Mundial...*, *op. cit.*, pp. 191-241, 275-288.

[127] LIPOVETSKY y SERROY, *La cultura-mundo...*, *op. cit.*, pp. 35 ss., 47 ss., 62 ss., 124 ss., 135 ss., 148 ss. SASSEN, *Una sociología de la globalización...*, *op. cit.*, pp. 205-233 analiza las nuevas clases sociales globales.

gaseoso-etéreo. Jesús Ibáñez escribió al respecto en 1985: «… el poder mantiene en estado sólido la red de circulación, a la vez que acelera la fluidez de lo que circula por ella». Por su parte, en el capitalismo de producción y acumulación…

> […] el capital trans*forma* la materia-energía incorporada y la in*forma* para que pueda acumularse en el capital —ser asimilada— (reduciéndola al estado líquido) —haciéndola liquidable o solvente— y/o al estado gaseoso —sublimándola o dándole sentido—: aplicación respectivamente del valor de cambio económico y/o semántico. […] El capital no tolera los restos: lo sólido ofrece resistencia y tiene memoria, es finitamente deformable y, por tanto, informable; lo fluido no ofrece resistencia ni tiene memoria, es infinitamente deformable y, por tanto, no informable. El capital construye una red sólida de caminos y paredes por la que deben circular —reducidos al estado fluido— las cosas y las personas. Mediante un estriaje del espacio-tiempo erige la red sólida, mediante la aplicación a las personas y las cosas del valor de cambio, aplicando el sistema numeral de la moneda o valor de cambio económico y/o el sistema nominal de la lengua y/o valor de cambio semántico, reduce al estado fluido, líquido bajo la aplicación del sistema numeral de la moneda y gaseoso bajo el sistema nominal de la lengua, logrando que esas personas y cosas se acumulen al capital y circulen con fluidez (liquidadas y/o sublimadas)[128].

En los virtuales términos de una teorización internacional, los postulados cosmopolitas ostentan una acusada vertiente normativa y filosófica de origen estoico, según se ha indicado, con especial repercusión en los iusnaturalismos renacentistas y barrocos, cuyos representantes máximos son los teólogos católicos de la Escuela de Salamanca —Francisco de Vitoria y Francisco Suárez, en particular— o los protestantes Hugo Grocio, Jean de Barbeyrac o Samuel Pufendorf, seguidos por la cohorte de filósofos de la Ilustración europea y americana. De éstos, el más citado es, con diferencia, Immanuel Kant, revisitado de continuo[129]. Más allá de la dimensión filosófico-jurídica, el cosmopolitismo ha derivado en sentido politológico y sociológico hacia derroteros bastante pragmáticos en busca de formulaciones un tanto eclécticas para afrontar los desafíos intelectuales y también ético-morales del mundo contemporáneo. En todo caso, la reflexión sobre el binomio cultura-civilización exige plantearse las diversas formas de «barbarie»: éstas obligan

---

[128] Llega a ser fastidioso: Zygmunt BAUMAN, *La modernidad líquida*, FCE, Buenos Aires, 1999; *Idem*, *Vida líquida*, Paidós, Barcelona, 2006; *Idem*, *Tiempos líquidos*, Tusquets, Barcelona, 2007; *Idem*, *Miedo líquido: La sociedad contemporánea y sus temores*. Paidós, Barcelona, 2007; IBÁÑEZ, *Del algoritmo al sujeto…*, *op. cit.*, pp. 37 (cita), 42, 50, 56-57 (cita), 101 (cita), 192, 248-250, 260, 291, 293; algunas notas en mi libro *El Sistema Mundial…*, *op. cit.*, pp. 199-209, 215-219, 229-236. Esenciales las obras de Gaston BACHELARD. *La tierra y las ensoñaciones del reposo. Ensayo sobre las imaginaciones de la intimidad*, FCE, México, 2006; *El aire y los sueños. Ensayo sobre la imaginación del movimiento*, FCE, México, 1995; *La poética del espacio*, FCE, México, 1986; *El agua y los sueños. Ensayo sobre la imaginación de la materia*, FCE, México, 1988.

[129] Celestino DEL ARENAL, «La visión de la Sociedad Mundial en la Escuela de Salamanca» en: Araceli MANGAS MARTÍN (ed.), *La Escuela de Salamanca y el Derecho internacional en América. Del pasado al futuro*, Salamanca, Ediciones de la Universidad de Salamanca, 1993, pp. 27-48; el pensamiento de los clásicos, las referencias respectivas en TRUYOL Y SERRA, *Historia de la Filosofía del Derecho y el Estado 2…*, *op. cit.*

a reconsiderar la que reside en medio de la supuesta cultura-civilización; en tal sentido, Michel Henry ha escrito páginas memorables[130].

La reflexión cosmopolita actual se congrega a la sombra de autores como Ulrich Beck y Jürgen Habermas, David Held y John Rawls, erigidos en una especie de «gurúes» de la tendencia[131]. En este terreno se van desarrollando las virtualidades de una hipotética reestructuración constituyente del orden mundial. ¿Sobre qué raíces filosóficas y sociológicas? A mediados de la década de 1970, la Escuela de Fráncfort —Adorno y Horkheimer, seguidos algo después por Habermas— señaló que los flujos comunicativos controlados por medios masivos representaban un sucedáneo de las estructuras de comunicación necesarias para sustentar una discusión pública entre ciudadanos, prerrequisito de la democracia en tanto que debate en el ágora. Esta condición se habría agigantado con la irrupción de la Sociedad de la Información y el Conocimiento, cuyos parámetros introducen nuevas modalidades, códigos, lenguajes y procedimientos, que volverían aún más cuestionable la hipótesis de «ágora mundial» asignada a tal espacio virtual, quizá un mero receptáculo de «cháchara globales». Desde estas premisas cabría interrogarse si la humanidad se halla ante una revolución tecnológica que democratiza el acceso a una Sociedad del Conocimiento en términos emancipadores o si por el contrario se somete a los dictados de nuevas formas de control, enajenación o manipulación: críticas al «capitalismo cognitivo» por Armand Mattelart. Los gastados tópicos de la Aldea Global y la Galaxia Gutenberg, establecidos desde mediados de la década de 1960, se cuestionarían en tanto que metáforas de un mundo ilusorio, en el que resulta difícil discernir entre lo que se sabe y se conoce realmente y lo que se cree saber y conocer, un fenómeno aplicable a personas, situaciones y acontecimientos, vehiculados mediante imágenes y textos que necesariamente re-transmiten visiones o versiones parciales y/o interesadas de la realidad, no la realidad misma, según códigos estereotípicos seleccionados bajo criterios no siempre imparciales ni desinteresados, ni tampoco fáciles de descifrar. Slavoj Zizek habla del ciberespacio como de la «intolerable cerrazón del ser»...[132].

Llegados al punto de ser conscientes de las virtualidades de manipulación informativa y cognitiva derivadas de hechos tan concretos como las retransmisiones reiteradas y en directo —«series de imágenes/imágenes en serie»— de actos terroristas, escenas bélicas, conflictos y tensiones varios... Habermas recupera el proyecto kantiano de «paz perpetua» para proponer una especie de refundación constituyente del orden internacional mediante el impulso originario latente en la Carta de Naciones Unidas y que en principio estaría destinado a configurar una auténtica Comunidad Internacional. Lo

---

[130] Michel HENRY, *La barbarie*, Caparrós, Madrid, 1996, esp. pp. 97-118 y 119-141.

[131] HELD, *La democracia y el orden global. Del Estado moderno al gobierno cosmopolita...*, *op. cit.*; John RAWLS, *El Derecho de Gentes y «Una revisión de la idea de razón pública»*, Paidós, Barcelona, 2001; Luigi BONANATE, *El pensamiento internacionalista de Norberto Bobbio*, Fontamara, México, 2009, pp. 15-84.

[132] Estos aspectos se desarrollan con mayor detalle en *El Sistema Mundial...*, *op. cit.*, pp. 193 ss.; Slavoj ZIZEK, *El acoso de las fantasías*, Siglo XXI, Madrid, 2010, pp. 148-173.

cierto es que Kant ideó una «federación voluntaria de repúblicas independientes»; su *ius cosmopoliticum* trascendía al *ius gentium* anterior en tanto que propugnaba un principio democrático orientado a instituir un régimen que sancionara un sistema de paz, acompañado de una liberalización y pacificación progresivas de una Sociedad Mundial en la que las formaciones estatales se disolvieran progresivamente, configurándose una «política interior mundial transnacional» asociada a un «gobierno mundial»[133]. En la Carta de la ONU Habermas destaca tres elementos que apoyarían este objetivo: asegurar la paz mundial mediante una política basada en los Derechos Humanos; correlacionar la prohibición del uso de la fuerza con la adopción de sanciones y castigos en caso de infracción; crear una organización mundial efectiva que comporte universalizar el Derecho dimanado de ella. Como es obvio, las circunstancias mundiales variaron mucho entre 1945 y 1990, fecha que determina el colapso del comunismo en Occidente y el comienzo de las guerras en el Golfo, culminadas en la intervención sobre Irak (2003). En consecuencia, ¿seguirían siendo igualmente válidos los principios constitutivos de la Carta?

Sobre la base de los tres elementos constituyentes indicados han reflexionado Ulrich Beck, Hans Küng, Christian Tomuschat o Benno Fassbender, integrados o no en la *International Community School*. Frente a las derivaciones pragmáticas, prevalecientes en el entorno liberal —que proponen un orden, una regulación y una gobernabilidad de los asuntos mundiales mediante sistemas de equilibrio a través de una regionalización del planeta en sistemas compartidos de valores, reglas y procedimientos homologables, según refería el capítulo previo— estos otros autores revalorizan lo común-comunitario orientado a configurar un sistema universal enunciado institucional y jurídicamente y comprometido con un espíritu cosmopolita que sirva para instituir comunidades de entendimiento intercultural: Segunda Modernidad y similares. En síntesis, esta corriente establece que toda constitución internacional debería orientarse hacia un ordenamiento del mundo asociado a determinados valores consensuados como, por ejemplo, afirmar la salvaguardia de la necesaria capacidad genérica del planeta para albergar la vida o para mantener un mínimo grado de respeto recíproco entre las unidades constituyentes, según la Carta de Naciones Unidas y los demás textos legales fundamentales que pudieran reflejar acuerdos colectivos al respecto. Idealmente al menos, la perspectiva de una Comunidad Internacional constituida podría contribuir a una redefinición actual del ordenamiento internacional, un aspecto que no debe ignorar las dificultades jurídico-constitucionales que atañen a las funciones de creación, aplicación y garantía del Derecho, así como al postulado democrático o a los principios de igualdad o seguridad jurídica, lo que limita un tanto unas expectativas que deben positivarse mediante ordenamien-

[133] Immanuel KANT. *Lo bello y lo sublime. La paz perpetua*, Espasa-Calpe, Madrid, 1984 (*Über den Gemeinspruch: Das mag in der Theorie richtig sein, taugt aber nicht für die Praxis. Zum ewigen Frieden*, Felix Meiner, Hamburgo, 1992).

tos concretos para ser efectivas; en los términos sociológicos de Beck tal dimensión se reduce a cosmopolitización sufragánea[134].

5. VIOLENCIA ESTRUCTURAL Y CONFLICTOS INTERNACIONALES

El concepto de violencia estructural, desarrollado principalmente por Johan Galtung, tiene ya varias décadas. Alude a una violencia inscrita en los fundamentos de sociedades y culturas que propician comportamientos de exterminio real y/o simbólico de cuanto no se ajusta a sus escalas de valores, modelos de gestión política, económica y social, sistemas de creencias, esquemas de configuración del orden, prácticas de organización social... y que, en razón de esa implantación histórica y culturalmente retroalimentada, resulta casi imposible desarraigar. La infraestructura de tal violencia sería, en primer término, cultural[135]. El trasfondo cultural —que forma parte de las reflexiones de Foucault referidas antes— es el de la violencia primaria

[134] Cosmopolitismo kantiano, BOUCHER, *Political Theories…*, *op. cit.*, pp. 268-284. Jürgen HABERMAS, «Hat die Konstitutionalisierung des Völkerrechts noch eine Chance?» en: *Der gespaltene Westen*, Suhrkamp, Fráncfort del Meno, 2004, pp. 117-125 (esquema kantiano), 154-155, 158-159 (Kant, Wilson, Sociedad de Naciones), la deriva histórica, pp. 160-165; ambigüedades de la Guerra Fría-años 1990, pp. 165-171; Sadam Hussein, pp. 32-40. Remite a Fassbender: ocho posibles elementos constituyentes. Christian TOMUSCHAT, «La Comunidad internacional», Benno FASSBENDER, «La protección de los derechos humanos como contenido central del bien común internacional», pp. 93-119, 121-172, esp. pp. 121-134 y 152-162 en: Anne PETERS, Mariano J. AZNAR, Ignacio GUTIÉRREZ (eds.), *La constitucionalización de la comunidad internacional*, Tirant lo Blanch, Valencia, 2010, pp. 93-119, 121-172; Erhard DENNINGER y Dieter GRIMM, *Derecho constitucional para la sociedad multicultural*, Trotta, Madrid, 2007; Anne PETERS, «The Merits of Global Constitutionalism» en: *Indiana Journal of Global Legal Studies*, vol. 16, n.º 2, 2009, pp. 397-411. Accesible en línea: muse.jhu.edu/journals/... of.../16.2.peters01.pdf (consulta: 23/05/2013). La línea anglosajona no es unívoca: ALKER, «The Presumption of Anarchy in World Politics. On Recovering the Historicity of World Society» y «The Return of Practical Reason to International Theory» en: *Rediscoveries and Reformulations…*, *op. cit.*, pp. 355-393 y 394-421; SHAW, *Global Society…*, *op.cit.*, «Towards Global Responsibility», pp. 168-189; BECK, *Der kosmopolitische Blick…*, *op. cit.*, pp. 112 ss.,151 ss. El más claro es FERRAJOLI, *Razones jurídicas…*, *op. cit.*, pp. 81-150. Contrastarlo con Danilo ZOLO, *Los señores de la paz: una crítica del globalismo jurídico*, Dykinson, Madrid, 2005.

[135] Semántica, simbólica y pragmáticamente se instituye sobre escisiones binarias como Nosotros/Los Otros; Amigo/Enemigo; Bueno/Malo; Virtud/Pecado; Puro/Impuro/; Verdad/Error, etc. Se adjudica el polo negativo a los sectores menos dominantes de la sociedad. Por ejemplo, Adulto (+)/niño (-). Luego, sobre una gama amplísima de modelos de discriminación real y potencial que comprende a todos los modelos de persecución política, religiosa e ideológica, incluida la de los ateos intolerantes sobre personas de condición religiosa y también las recíprocas matanzas de militantes extremistas de izquierda-derecha y viceversa, de ello se seguirían secuencias como: Hombre/mujer, Joven/viejo, Mayor/inmaduro, Normal/discapacitado, Nacional/extranjero, Rico/pobre, Ortodoxo/heterodoxo, Casado/soltero, Heterosexual/homosexual, Noble/plebeyo, Amo/sirviente, Jefe/subordinado, Urbano/rústico, Militante/apolítico, Dirigente/seguidor, Mando/tropa, Acreedor/deudor, Creyente/descreído, Élite/masa, Enclasado/desclasado, Alfabetizado/iletrado, Empleado/parado, Donante/mendigo... A lo largo del libro ya se han aportado referencias bibliográficas al respecto: ocioso sería repetirlas aquí.

que el individuo ejerce sobre sí mismo mediante su *super-ego* vigilante (*homo clausus*) que controla sus impulsos primarios a los que encauza hacia una finalidad de carácter superior (moral o normativa: sublimación represiva freudiana). Tal disposición se transforma en la violencia legítima como base cohesiva del pacto social, tanto para Hobbes, en la vertiente pesimista, como para Locke, en su dimensión eufémica. Esa violencia —que Kelsen ya destacó al examinar la interiorización de las normas legales y morales— constituye un hecho social indiscutible. Las sociedades carentes de un monopolio estable de la violencia física estarían poco estructuradas; por el contrario, si ese monopolio de la coacción se institucionaliza establemente, esas sociedades se volverían más organizadas y complejas. En términos generales, el control sistemático de los impulsos lleva a incrementar la seguridad: idealmente, *Leviatán* gobernaría así el estado de naturaleza de forma legítima. Desde esa perspectiva, el pesimismo antropológico auspiciaría un cierto optimismo respecto de las instituciones, que, sin ser perfectas, sí favorecerían la virtualidad de un mundo perfectible en tanto en cuanto las reglas predeterminadas del comportamiento —lícito/ilícito/punible— instituyen conductas predecibles, ajustadas a sistemas de coacciones mutuas entre los seres humanos, que al interiorizarse se convierten en auto-coacciones. De ahí se derivaría una ilusoria —aunque formalmente efectiva— sensación generalizada de paz, orden y armonía. Respecto del orden internacional, las tesis de Norbert Elias se centran en las determinaciones originarias del Estado moderno, superestructura genérica del esquema anterior. Su elucidación sociológica y cultural mejora a las de bastantes teóricos internacionales:

> Como siempre que hay una situación de equilibrio con una tensión competitiva creciente y sin un monopolio central, los Estados poderosos, los ejes principales de este sistema de equilibrio, están inmersos en un movimiento infinito en espiral, que les fuerza a un proceso imparable de expansión y engrandecimiento de su poder. El forcejeo para asegurarse la supremacía y, en consecuencia, para constituir consciente o inconscientemente centros monopolistas en territorios más extensos no puede detenerse. Y si por ahora sólo se trata de averiguar quién ejercerá la hegemonía sobre algunas partes del mundo, el aumento de interdependencias en zonas más y más extensas hace que ya se perfilen en el horizonte las luchas por la hegemonía en un sistema de interdependencia que abarcará a toda la tierra habitada. [...] Y hoy, al igual que antaño, el impulso originario de estas transformaciones no parte sólo de los objetivos y coacciones «económicas» ni tampoco de los motivos y agentes políticos también aislados. [...] Los monopolios regulares o irregulares del poder político y los de los medios de consumo y de producción económicos están inseparablemente unidos sin que uno de ellos constituya la base real y el otro exclusivamente una «superestructura». Las dos conjuntamente, de acuerdo con su respectiva posición, producen tensiones en el entramado social que llevan a un cambio del mismo. [...] Y hoy día, las relaciones interestatales, que no están reguladas por un monopolio internacional de la fuerza, tienden de nuevo a la creación de monopolios particulares de violencia, y, en consecuencia, a la constitución de unidades de dominación superior[136].

[136] Norbert ELIAS, *La sociedad cortesana*, FCE, México, 1993; *Idem*, *El proceso de la civilización…*, *op. cit.*, pp. 521-522.

Capital es, por tanto, considerar por enésima vez —si es que eso es posible— la verdadera índole de la naturaleza humana en tanto que artífice milenaria de diversos sistemas políticos y sociales destinados a limitar los efectos de su salvajismo intrínseco y potencial. Tal sería la fuerza coercitiva de la denominada violencia legítima, ejercida por instituciones competentes para ello según el esquema del Leviatán, árbitro de un pacto social capaz de asegurar unos márgenes de libertad negativa —se permite lo que no está prohibido: «*liberty from*»— orientados a instituir los fundamentos de un orden político y social dentro de ciertos límites preestablecidos, más allá de los cuales no existirían ley, paz o seguridad algunas. Pero aun con estos criterios —que llevan a justificar ciertas guerras como un mal menor, efecto ineludible de una escalada conflictiva que concluye al imponer por la fuerza un orden coactivo— debería resultar inadmisible tolerar despreocupadamente situaciones que, como tantas de las actuales, comportan un grado de inhumanidad y de perversidad tan inmenso que roza lo más abyecto de la condición humana[137].

A) CONFLICTOS ETERNIZADOS: GUERRAS OLVIDADAS, ASIMÉTRICAS, PRIVADAS

A lo largo del siglo XX, algunos de los principales conflictos —abiertos y latentes— extendidos a las denominadas «zonas de tensión internacional» no se han resuelto ni tienen trazas de hacerlo. Como afirma Dan Smith, los conflictos se eternizan: se instalan en un medio favorable y, como una fatalidad asumida, se integran en un hipotético «imaginario colectivo» internacional. Desde ese esquema parecería que ciertas personas estarían condenadas de antemano a experimentar el infierno en la Tierra por el simple hecho de haber nacido en una determinada parte del globo; y no sólo ellas sino las generaciones precedentes y posteriores, sin la menor esperanza de que su situación pudiera variar. El denominado Conflicto de los Grandes Lagos africano, que produjo un millón estimado de muertos en 1995 sólo con armas de las denominadas convencionales —en sí, más rudimentarias: machetes, piedras, palos, neumáticos ardientes...— llevaba más de treinta años en activo, sólo que no interesaba ni a los medios de comunicación ni a los poderes mundiales. Otro tanto sucedió con el asunto de Darfur, epifenómeno de la perpetua guerra en Sudán, o también con Somalia, Liberia, Chad... Producido el daño, se recurre al repulsivo híbrido semántico de llamarlo «catástrofe humanitaria» cuando ésta nunca puede serlo: sólo es humanitaria su solución. Ésta moviliza a personas heroicas y aporta recursos materiales, pero normalmente no erradica el problema para resolverlo de forma definitiva. Se instituyen

[137] Hannah ARENDT, *La condición humana*, Paidós, Barcelona, 2005; BUTLER, *Violencia de Estado...*, *op. cit.*, pp. 9-42.

entonces los tristemente pertinaces campos de refugiados y desplazados... que también se eternizan[138].

En las partes del mundo en las que existen discriminación étnica, intransigencia religiosa, explotación económica, persecución política, odio racial... el conflicto está servido. Lo notable es que estas circunstancias pueden darse *todas* a la vez, combinadas de diversa forma, con variopinta y extrema fenomenología. Unas veces ocupan las portadas de los servicios informativos globales, pero otras no. Si no se mencionan entonces se llaman «guerras olvidadas»; surgen entonces a menudo de forma inopinada y circunstancial, con cualquier otro pretexto. La asistencia internacional a los damnificados por el *tsunami* de diciembre de 2004 en el Océano Índico destapó la existencia de un conflicto en Banda Aceh, Indonesia, enquistado desde hacía décadas. Menos olvidado que éste, el conflicto interétnico —pero también religioso, interclasista, económico, político, ideológico...— que atormenta a Sri Lanka desde hace décadas irrumpió en los medios de comunicación al socaire de este mismo maremoto.

El hecho nada raro de que en la guerra concurran fuerzas armadas regulares, bandas de terroristas, comandos paramilitares y parapoliciales, cuerpos armados por particulares, tropas de mercenarios y soldados de fortuna, ejércitos de delincuentes, bandoleros y antisociales en general... la convierte una «guerra asimétrica»[139], semejante en todo a las «guerras privadas» que eran corrientes, por ejemplo, en la Europa medieval: en sí, se trataba de banderías de «señores de la guerra» (*warlords*) practicantes de una violencia irrestricta, a los que las viejas Órdenes de Caballería intentaron imponer un mínimo código de honor hasta que ellas mismas sucumbieron a su propia decadencia. La guerra asimétrica se desarrolla sin reglas ni convenciones. La tipifi-

[138] SMITH, *Atlas de la guerra y la paz*..., *op. cit*., pp. 14-15. J. L. HOLZGREFE y Robert O. KEOHANE (eds.), *Humanitarian Intervention. Ethical, Legal, and Political Dilemmas*, Cambridge University Press, Cambridge, 2003. Accesible en línea: www.loc.gov/catdir/samples/.../2003269355.pdf (consulta: 23/05/2013). Por su carácter definitorio de líneas teóricas: A. B. FETHERSTON, «Peacekeeping, Conflict Resolution and Peacebuilding: A Reconsideration of Theoretical Frameworks» en: *International Peacekeeping*, vol. 7, n.º 1, 2000, pp. 190-218; Michael PUGH, «Peacekeeping and Critical Theory» en: *International Peacekeeping*, vol. 11, n.º 1, 2004, pp. 39-58; David CHANDLER, «The Responsibility to Protect? Imposing the "Liberal Peace"» en: *International Peacekeeping*, vol. 11, n.º 1, 2004, pp. 59-81. Publicados por: *Routledge, Taylor & Francis*. Accesibles en línea: http://www. tandfonline/com (consulta: 23/05/2013). Cesáreo GUTIÉRREZ ESPADA, «Uso de la fuerza, intervención humanitaria y libre determinación (La «guerra» de Kosovo), en: *Anuario de Derecho Internacional*, n.º 16, 2000, pp. 93-132. Publicado por: *Universidad de Navarra*. Accesible en línea: dspace.unav.es/dspace/bitstream/10171/22109/.../ADI_XVI_2000_04.pdf (consulta: 20/05/2013). Alexander BETTS y Gil LOESCHER (eds.), *Refugees in International Relations*, Oxford, Oxford University Press, 2010; Walter KÄLIN, *Guiding Principles on Internal Displacement. Annotations. Studies in Transnational Legal Policy*, n.º 38, Washington, American Society for International Law-The Brookings Institution-University of Bern, 2008. Accesible en línea: www.asil.org/pdfs/stlp.pdf (consulta: 23/05/2013).

[139] Andreas PAULUS y Vindia VASHAKMAZDE, «Assymetrical War and the Notion of Armed Conflict – A Tentative Conceptualization» en: *International Review of the Red Cross*, vol. 91, n.º 873, marzo 2009. Accesible en línea: www.icrc.org/.../irrc-873-paulus-vashakmadze.pdf (consulta: 23/05/2013).

cación del enemigo es aún más lábil que en las guerras convencionales. Ante esta clase de guerras, el viejo Derecho Internacional, dividido entre *ius ad bellum*, o condiciones justificativas del recurso a la guerra, y *ius in bello*, o métodos con los que ésta se conduce, proscrito por Naciones Unidas desde 1945, parece «civilizado» por comparación[140].

Una vez más se manifiesta aquí el aspecto aludido anteriormente que es la incesante y tal vez programada pérdida de legitimidad de los Estados, aunque quepa señalar que la estatalidad tampoco garantiza nada en ciertos casos. Pues en nombre de la legitimidad estatal del Irak de Sadam Hussein se cometieron los genocidios de la población kurda y las matanzas de los chiíes, al amparo de la intangibilidad que asegura el denominado «respeto a la integridad y soberanía de los Estados» que sanciona el orden internacional de 1945. En virtud del mismo principio, se ignora lo que sucede en Chechenia, por ejemplo, o en Siria, o en la propia China… En cualquier caso, además de la internalización de los conflictos —modo de sustraerlos al control internacional— algo muy llamativo es constatar la creciente privatización de la guerra, puesta en manos de particulares. De ese modo se elude aún más cualquier tipo de control, penalización, sanción o regulación públicos, con lo que el Derecho Internacional vigente queda vacío de contenido. En tal dirección, las tradicionales tropas de mercenarios o de soldados de fortuna se complementan con las que trabajan a las órdenes de empresas y corporaciones de seguridad que ejercen funciones militares: desde labores de control, represión, custodia de prisioneros, interrogatorio, misiones *ad hoc*… hasta la vigilancia y el mantenimiento de los cuarteles y las instalaciones[141]. ¿Cómo cabe articular en ese esquema el orden de la cadena de mando para gestionar un conflicto armado interno o internacional? ¿Qué desempeños de creación, construcción, mantenimiento e imposición de la paz por parte de las fuerzas armadas regulares, titulares legítimas del uso internacional de la fuerza, se

---

[140] Autores del *establishment*: Michael WALZER, *Guerras justas e injustas. Un razonamiento moral con ejemplos históricos*, Paidós, Barcelona, 2001; BECK, *Der kosmopolitische Blick…*, *op. cit.*, conflictos, pp. 128-130, capítulo IV (guerra post-nacional), pp. 197-244. Más profundos: FERRAJOLI, *Razones jurídicas del pacifismo…*, *op. cit.*, pp. 27-35, 37-49, 65-77; BONANATE, *El pensamiento internacionalista de Norberto Bobbio…*, *op. cit.*, pp. 85-92; BOBBIO, *El problema de la guerra…*, *op. cit.*, «El problema de la guerra y las vías de la paz», pp. 21-94, «Derecho y guerra», pp. 95-116, «La idea de la paz y el pacifismo», pp. 157-185; «¿Es una alternativa a la no violencia?, pp. 187-204. HUIZINGA, *Homo ludens…*, *op. cit.*, pp. 115-123, analiza el embellecimiento retórico y lúdico de la guerra como un juego de honor y virtud (*wage war*), y las porfías caballerescas, pp. 123-127; Jean FLORI, *La caballería*, Alianza, Madrid, 2001, pp. 46-60, 61-76, 77-88, 117-130; *Idem*, *La guerra santa. La formación de la idea de cruzada en el Occidente cristiano*, Trotta-Universidad de Granada, Madrid, 2003.

[141] Araceli MANGAS, *Conflictos armados internos y Derecho Internacional humanitario*, *op. cit.*, esp. pp. 17-35, 55-65, 81-84, 93-101, 103-137; Joseph S. NYE, «The Privatization of War» en: *Project Syndicate*, 11 de enero de 2003. Accesible en línea: www.project-syndicate.org/…/the-privatization-of-w... (consulta: 23/05/2013); Peter W. SINGER, *Corporate Warriors: The Rise of the Privatized Military Industry*, Cornell University Press, Cornell, 2003; *Idem*, «The Rise of the Privatized Military Industry and Its Ramifications for International Security» en: *International Security*, vol. 26, n.º 3, 2001, pp. 186-220. Publicado por: *MIT Press Journals*. Accesible en línea: www.mitpressjournals.org/…/016228801753399763 (consulta: 23/05/2013).

efectúan desde tales parámetros (*peacemaking*, *peacebuilding*, *peacekeeping, peace inforcing*)?

Norberto Bobbio distingue cuatro tipos de guerra que cabe complementar con la clasificación de Raymond Aron (*Paix et guerre entre les nations*, 1962): 1. Interestatal o externa entre Estados soberanos; 2. Infra-estatal o interna-civil en el interior de un Estado; 3. Super-estatal-Imperial o colonial-imperialista; 4. Infra-imperial o de liberación nacional. A esta síntesis del repertorio inacabable de guerras posibles, cabe añadirle tres de los rasgos propios de la guerra: 1. Es un conflicto; 2. Se desarrolla entre grupos políticos mutuamente independientes o considerados así; 3. Su solución se encomienda a la violencia organizada. Constituyendo su base la violencia, ya en términos bélicos esta condición implica varios aspectos: 1. El uso de la fuerza física, lo que excluye la psicológica o manipulación de la voluntad; 2. La intención del sujeto activo en dirigirla con vistas a un efecto deseado, lo que excluiría considerar el sufrimiento causado sin deliberación; 3. La ausencia de consentimiento por parte del sujeto pasivo-paciente, lo que excluye a los sufrimientos infligidos con consentimiento[142]. Las tres clases principales de conflictos internacionales serían hoy:

— *Conflictos residuales originarios de la Guerra Fría (1949-1989)*: son consecuencia de lo que se llamó en su día «guerras por delegación» adscritas a la rúbrica de «conflictos de baja intensidad», destinados a dirimir las tensiones y crisis de las dos superpotencias sin llegar a la confrontación nuclear. Afganistán y Somalia son un ejemplo; la «guerra civil» encubierta de Colombia lo es en cierta forma. La situación en Angola, formalmente pacificada, también.

— *Conflictos de ámbito estatal*: técnicamente, «internos», responden a un «reordenamiento» o «realineamiento» post-colonial (de 1945 en adelante) debido en muchos casos a lo arbitrario del trazado de las fronteras en época colonial y, en otros, a la pervivencia de situaciones de dominio e influencia por parte de comunidades históricas luego transformadas. Son, por ejemplo, diversos conflictos del Sureste asiático (Indonesia), Cachemira, Tíbet, Sri Lanka, o en África (Liberia, Ruanda, Sudán…), el eternizado problema kurdo (repartida la población entre Turquía, Irak y Siria principalmente).

— *Conflictos de la denominada Post Guerra Fría (desde 1989 o mejor desde 1990-1991)*: son fruto de la disolución del régimen comunista y del desmembramiento de Estados como la Unión Soviética y la República Federativa de Yugoslavia. Constituyen las guerras y tensiones del Cáucaso, Asia Central y los Balcanes, así como los derivados de la transformación geoestratégica de Oriente Próximo (guerras del Golfo en 1991, de Irak en 2003, de

---

[142] Bobbio, «La idea de la paz y el pacifismo» en: *El problema de la guerra…*, *op. cit.*, pp. 162-164.

Siria en 2011… *sine die*). Zonas formalmente pacificadas como el Líbano o Kosovo son altamente representativas también[143].

B) Terrorismo global y Sociedad de Riesgo mundial

Los atentados del 11 de septiembre de 2001 en Nueva York y Washington determinaron una inflexión radical en la Política Mundial, ya trastornada por acciones precedentes allí mismo y en otras partes del mundo. La inédita espectacularidad de aquella violencia condujo a que muchos se preguntasen por una globalización que habría llegado también al terrorismo, fenómeno que por otro lado cuenta con un notable arraigo histórico en amplias regiones del mundo, ya como actividad siniestra auspiciada por la vieja razón de Estado, ya como expresión de diversos grados de rebelión política canalizada en forma de atentados, asesinatos (selectivos o indiscriminados), sabotajes, secuestros, extorsiones, sedición, agitación social, golpes de mano, subversión, conspiración, etc. Un objetivo del denominado terrorismo global es mostrarle al sector dominante del mundo actual que por mucho que los sistemas de control se esfuercen en garantizarlas no cuenta con «zonas seguras»… por supuesto, para los privilegiados que aspiren a ello[144]. Aparte de Nueva York —rubricado como vulnerable desde 2001— Moscú, Madrid, Londres... han sido víctimas de ese tipo de terrorismo en diversas fechas, bajo distintos pretextos. A esto se une la resistencia de los países o ciudades afectados a reconocer que han sufrido un atentado terrorista, entre otras razones por las pérdidas económicas que acarrea el desprestigio de no ser considerados «zonas seguras». Por eso, incidentes que técnicamente podrían calificarse de terroristas —¿las algaradas otoñales de 2005 en Francia...?— eluden ese término vergonzante[145].

Otra característica concierne a la pericia manipulativa del terrorismo global en la gestión simbólica y semántica de la violencia. Cuidadosamente

---

[143] Tipología sumaria que cabe ampliar, completar y perfeccionar: Sylvain Vité, «Typology of Armed Conflicts in International Humanitarian Law: Legal Concepts and Actual Situations» en: *International Review of the Red Cross*, vol. 91, n.º 873, marzo 2009. Accesible en línea: www.icrc.org/eng/assets/files/other/irrc-873-vite.pdf (consulta: 23/05/2013).

[144] Lo que no es el caso de una mayoría de la humanidad sometida a diversas formas de terrorismo, institucionalizado en su vida cotidiana como parte intrínseca de ella: las imágenes de Bagdad, Kerbala, Mosul, Alepo, Damasco, Beirut, El Cairo, Kabul, Islamabad, Ankara, Tel Aviv, Jerusalén, Mumbay, Haiderabad, Anaradhapura, Grozni, Lagos, Monrovia, Kidal, Dar-es-Salaam, Nairobi, Tijuana, Ciudad Juárez… se han convertido en algunos de sus terribles iconos.

[145] Su génesis fue apuntada por Alain Touraine, *¿Cómo salir del liberalismo?*, Paidós, Barcelona, 1999, pp. 53-80; Vincenzo Cicchelli, «Retour sur les violences urbaines de l'automne 2005. Émeutes et émeutiers à Aulnay-sous-Bois» en: *Horizons stratégiques*, vol. 1, n.º 3, 2007, pp. 98-119.

Accesible en línea: www.cairn.info/resume.php?ID_ARTICLE=HOR... (consulta: 24/05/2013). Madrid lo ha sufrido con motivo de una de sus candidaturas a sede olímpica.; Bauman, *Múltiples culturas…*, *op. cit.*, pp. 13-22; 46-47; Butler, *Violencia de Estado…*, *op. cit.*, pp. 53-56.

escenificada se orquesta y retransmite por medios de comunicación globalizados, invadiendo los lugares ajenos al escenario donde se produce mediante un mensaje instantáneo en tiempo real, que acrecienta su eficacia. El hecho de que esta violencia terrorista se visualice en *series de imágenes*, que por mera acomodación del espectador se programan como *imágenes en serie*, redunda en una banalización de la muerte, la destrucción, el sufrimiento. Se inmuniza y anestesia así a los destinatarios a la vez que en cierta forma se «impuniza» a los autores, que persiguen el dominio a través del terror en tanto que el ser humano es susceptible de adaptarse a condiciones infrahumanas y sobrevivir, como han demostrado los campos de exterminio y los centros de detención ajenos a cualquier noción de civilización. La actualización de los viejos lemas terroristas —«como pez en el agua», en términos maoístas— supone una existencia discreta, en simbiosis con la normalidad, materializada en las «células durmientes» que se mimetizan con el entorno social hasta el punto de pasar inadvertidas. Ante sus vecinos el terrorista es un trabajador, un estudiante, un turista... que de repente recibe una orden y la cumple, de un modo tan coherente como el de Hitler, cuyo *Mein Kampf* fue ignorado en su día. El hecho de incorporar el suicidio ritual a la acción terrorista —con un hondo simbolismo ideológico— convierte a los agentes en bombas humanas o armas vivientes, provistas del mejor ordenador disponible: una mente provista de voluntad, con *chips* que no son de sílice, sino orgánicos[146].

Con todo, en sentido literal la asociación más inquietante radica en combinar el peligro real del terrorismo organizado, por ejemplo, con la denominada Sociedad de Riesgo (*Risikogesellschaft*) que acuñó Ulrich Beck (1986) coincidiendo con la catástrofe nuclear de Chernóbil. En sí, el riesgo es una condición necesaria, inherente al desarrollo científico y tecnológico de las sociedades avanzadas. Aunque exija tomar decisiones al respecto, sus consecuencias son en gran medida incalculables; sin embargo, eso mismo las volvería —hipotéticamente al menos— previsibles y controlables en cierta forma[147]. A su vez, la «ciencia del peligro» es la cindínica (del griego *kindynos*: peligro): estudia los procesos encadenados y aleatorios, aparentemente fortuitos y caóticos, capaces de paralizar o incluso destruir los complejos siste-

---

[146] Adaptado de mi «Reflexiones sobre el terrorismo en Europa: entre el 11-S y el 11-M» en: *Tiempo de Paz*, n.º 72, primavera 2004, pp. 7-19. Cabe ampliar lecturas, obviamente: Noam CHOMSKY, *La cultura del terrorismo*, Ediciones B, Barcelona, 1989; Ulrich BECK, *Das Schweigen der Wörter. Über Terror und Krieg*, Suhrkamp, Fráncfort del Meno, 2002; Jean BAUDRILLARD, *L'ésprit du terrorisme*, Galilée, París, 2002; Hans-Magnus ENZENSBERGER, *El perdedor radical. Ensayo sobre los hombres del terror*, Anagrama, Barcelona, 2007; FERRAJOLI, *Razones jurídicas del pacifismo…*, *op. cit.*, pp. 51-64.

[147] Por ejemplo, la construcción de una presa representaría una actividad típica: exige cuantiosas inversiones, da trabajo a empresas con sus ingenieros y operarios, incorpora avances tecnológicos y recursos materiales y técnicos, suministra beneficios tangibles: energía eléctrica, eventual regulación del cauce de un río, reservas hídricas a largo plazo, irrigación de terrenos áridos, etc. Pero también supone un enorme riesgo si no se prevén y controlan las consecuencias: deficiente construcción o trazado, cambio de régimen climático, atentados o accidentes, sucesos aleatorios como terremotos, etc.

mas de todo tipo que determinan la cotidianidad de millones de personas en los lugares donde, con diversa entidad, impera la forma de vida occidental. Aparte de otras grandes capitales, Singapur, Hong Kong, Sâo Paulo, México D. F., Johannesburgo, Shanghái, Mumbay, El Cairo... son metrópolis que no se sitúan geográficamente en un Occidente mundial, pero su compleja estructura tecnológica las convierte en enclaves representativos de ciertas dimensiones de su civilización. Tanto éstas como cualquier otra capital cosmopolita —París, Tokio, Los Ángeles, Londres, Nueva York, Pekín, Sydney…— son un terreno abonado para estudiar la cindínica: cualquier fallo fortuito de un sistema vital imposible de prever o controlar en un momento dado producirá efectos en cadena capaces de colapsar sus centros neurálgicos, sumiendo en masa a las poblaciones afectadas —locales y globales— en situaciones de máximo peligro[148].

6. ECOLOGÍA Y ECONOMÍA EN EL ECÚMENE GLOBAL

Estas tres palabras —*eco*-logía, *eco*-nomía y *ec*-umene— incorporan el prefijo griego alusivo a la «casa»: *oíkos*. En 1945 el antropólogo Alfred Kroeber definió el ecúmene como «una manera conveniente de designar un entramado de hechos y productos que son significativos tanto para el historiador de la cultura como para el antropólogo teórico»; más tarde, Hannerz agregó el epíteto de «global» para aludir a la interconexión mundial a través de las interacciones, intercambios y desarrollos que afectan a la evolución y la organización de la cultura[149]. La cuestión, abierta y aún más amplia, se dirige a preguntarse por las condiciones de habitabilidad real del planeta Tierra[150], si es que eso significa algo para quienes, como Zbigniew Brzezinski, por ejemplo: *The Grand Chessboard: American Primacy and Its Geostrategic Imperatives* (1997), conciben un mundo reducido a un campo de ten-

---

[148] BECK, *Der kosmopolitische Blick…*, *op. cit.*, pp. 221-233; *Idem*, *La sociedad del riesgo…*, *op. cit.*, Parte I, pp. 25-92; BALANDIER, *El desorden…*, *op. cit.*, pp. 143, 154, 166-167, 175-182. El fenómeno de las ciudades globales es objeto preferente de análisis: SASSEN, *Sociología de la globalización…*, *op. cit.*, pp. 125-164; HANNERZ, *Conexiones transnacionales…*, *op. cit.*, pp. 205-225; BAUMAN, *Múltiples culturas…*, *op. cit.*, pp. 27-38; Klaus SEGBERS y Conny BEYER (eds.), *Global Risks. Eine Bestandsaufnahme*, Instituto Europeo Oriental de la Universidad Libre de Berlín (Osteuropa-Institut der Freien Universität Berlin), cuaderno 35, Berlín, 2001: define el concepto, la construcción, la comprensión, las implicaciones, la jerarquización, los territorios del riesgo (nuevas guerras; demografía, economía y exclusión social; energía, clima y medioambiente; pandemias; tecnología; terrorismo y ciberterrorismo; finanzas, flujos y corrientes de capital; flujos masivos de comunicación; políticas y construcción de las identidades; medios de comunicación globales como actores políticos; nueva política; el papel de los Estados). 116 pp. Accesible en línea: www.oei.fu-berlin.de/politik/publikationen/AP35.pdf (consulta: 23/05/2013).

[149] Una posible lectura al respecto: Edgar MORIN y Anne-Brigitte KERN, *Tierra-Patria*, Barcelona, Kairós, 1993; HANNERZ, *Conexiones transnacionales…*, *op. cit.*, pp. 17-30, citas de las pp. 21-22.

[150] Clásico: James LOVELOCK, *Las edades de Gaia. Una biografía de nuestro planeta vivo*, Barcelona, Tusquets, 1993.

siones entre fuerzas contrapuestas enzarzadas por su dominio. Éste sería uno de los objetos de la Geopolítica, rama del conocimiento que reúne un conjunto de saberes que desde finales del siglo XIX estudia la disponibilidad de recursos, la fijación de la territorialidad, la definición de las fronteras adecuadas que lo aseguren... Las concepciones geopolíticas tienden a ser genuinamente globales: conjugan un máximo de factores y elementos de toda índole para articular el trazado de sus visiones, plasmadas en mapas, diagramas, gráficos, etc. que desarrollan sus análisis de la realidad. Aunque provista en origen de un sesgo conservador, la Geopolítica sería en principio formal e ideológicamente neutra; hoy disfruta de un auge relativo en razón de haber perdido algunas de sus más rancias querencias imperialistas[151].

A) Los recursos y el modelo de explotación del planeta

Una obsoleta definición de la Economía consiste en decir que es «la ciencia que se ocupa de los bienes escasos». Literalmente, significa el «gobierno [normativo] de una casa», pudiendo extenderse el significado a «bienes y propiedades» en sentido genérico. Desde Malthus, una apremiante percepción generalizada se refiere a la sobrepoblación de la Tierra que avalaría un crecimiento exponencial del número de habitantes del planeta, consecuente con la progresiva aceleración científica y tecnológica[152]. A este respecto, una razón instrumental minimalista extraería de inmediato la siguiente razón o proporción (*ratio*): ¿a cuánto *toca* cada uno? La operación parece sencilla: consistiría en dividir los recursos existentes —actuales y estimados— entre el número de personas[153]. Según algunos, la cifra resultante daría que si el

---

[151] Previamente se han dado otras referencias bibliográficas, que no reitero. MATTELART, *Diversidad cultural y mundialización..., op. cit.*, pp. 139-161. Sin ser geopolítico, el euroescéptico Gideon RACHMAN, *Zero-Sum World. Politics, Power and Prosperity after the Crash*, Atlantic Books, Londres, 2011, traza las grandes tendencias que se auspician para el logro de un gobierno mundial (*Financial Times*, 2008); colabora en *The Economist*, *Financial Times*.

[152] Robert MALTHUS, *Primer ensayo sobre la población* y John Maynard KEYNES, *Robert Malthus, 1766-1834*, Alianza, Madrid, 1993; Jacques VALLIN, *La población mundial*, Alianza, Madrid, 1997; un balance de la «vida buena» y la solidaridad, LIPOVETSKY y SERROY, *La cultura-mundo..., op. cit.*, pp. 192-215; MATTELART, *Diversidad cultural y mundialización..., op. cit.*, pp. 75-93.

[153] Aspectos históricos globales: Angus MADDISON, «The West and the Rest in the World Economy: 1000-2030. Maddisonian and Malthusian Interpretations» en: *World Economics*, vol. 9, n.º 4, octubre-diciembre 2008, pp. 75-99. Accesible en línea: www.relooney.fatcow.com/00_New_2733.pdf (consulta: 20/05/2013); *Idem*, «A Comparison of Levels of GDP Per Capita in Developed and Developing Countries, 1700-1980» en: *The Journal of Economic History*, vol. 43, n.º 1, pp. 27-41 en: 42nd Annual Meeting, Economic History Association. Publicado por: *Cambridge University Press-Cambridge Journals*.

Accesible en línea: journals.cambridge.org/abstract_S0022050700028965 (consulta: 20/05/2013); Pierre CHAUNU, *Un futur sans avenir. Histoire et population*, Calmann-Lévy, París, 1979; Walter Whitman ROSTOW, *The Stages of Economic Growth: A Non-Communist Manifesto*, Cambridge University Press, Cambridge, 1960; Paul BAIROCH, *Révolution industrielle et sous-développement*, SEDES, París, 1969; Kenneth POMERANZ, *The Great Divergence: China, Europe, and the Making of the Modern World Economy*, Princeton University Press, Princeton, reparto de recursos mundiales fuese, no ya justo y equitativo, sino proporcional entre toda la población planetaria, el promedio de nivel de vida a escala mundial sería, más o menos y en términos comparativos, el de una clase media-baja de un país como Portugal. Es evidente que para los millonarios de la Tierra representaría una catástrofe, pero, ¿qué pensarían unos más que amplios cuatro mil millones de personas que tratan de sobrevivir en los umbrales —o incluso por debajo— de la pobreza?

Este asunto es susceptible de diversos tratamientos, sin ser tampoco nada nuevo: es otra de las cuestiones que se eternizan en la Teoría Internacional porque nadie las resuelve. Como alguna de sus dimensiones relativamente novedosas cabe introducir el componente ecológico o medioambiental. Sus enfoques —según Vicente Bellver Capella— se pueden sistematizar como Ecofilosofías: tecnocráticas, biologistas y humanistas. A su vez, éstas se proyectan en campos tan decisivos como las religiones en su relación con el paradigma ecológico; las diversas éticas ecológicas; la política ecológica y la ecología social; emerge el Derecho Humano al Medio Ambiente, ligado al Derecho del Medio Ambiente[154]. Una de sus derivaciones con mayor compromiso geopolítico es la gestión mundial de la energía, genuino bastión del modelo civilizatorio vigente. Si un combustible relativamente barato y abundante como el carbón, base de la caldera de vapor, condicionó la primera Revolución Industrial, el petróleo usado en los motores de explosión lo hizo con la Segunda. Después llegó la electricidad, obtenida de los dos primeros (centrales térmicas) y de otras fuentes (instalaciones hidrológicas, campos eólicos, centrales nucleares). Hoy, todo un conjunto de recursos energéticos concurre a mover un mundo cada vez más recalentado en todos sus órdenes[155]. Gran parte de los conflictos internacionales se origina en querellas

---

2001; Edward A. WRIGLEY, *Poverty, Progress, and Population*, Cambridge University Press, Cambridge, 2004; *Idem*, *Continuity, Chance and Change: The Character of the Industrial Revolution in England*, Cambridge University Press, Cambridge, 1990.

[154] Vicente BELLVER CAPELLA, *Ecología: de las razones a los derechos*, Comares, Granada, 1994; José JUSTE RUIZ, *Derecho internacional del medio ambiente*, McGraw-Hill, Madrid, 2000; John VOGLER y Mark F. IMBER (eds.), *The Environment and International Relations*, Routledge, Londres, 1996; Eric LAFERRIÈRE y Peter J. STOETT, *International Relations Theory and Ecological Thought. Towards a Synthesis*, Routledge, Nueva York, 1999; Karen T. LITFIN, «Constructing Environmental Security and Ecological Interdependence» en: *Global Governance*, n.º 5, 1999, pp. 359-377. Accesible en línea: faculty.washington.edu/litfin/.../litfin-constructing.p... (consulta: 20/05/2013). La preferencia ideológica hacia el uso de «ecología» o «medio ambiente» es significativa. El segundo suena a más inocuo: tranquiliza a los bien pensantes mediocres en tanto que «suaviza» los desastres mundiales, resultado de una explotación insensata de los recursos que permiten la vida humana sobre la Tierra. De «economía» esto no tiene nada más que el nombre.

[155] Miriam SOLERA UREÑA, «La política exterior alemana de diversificación energética: principios y líneas de acción (1998-2012)» en: Real Instituto Elcano, *Documento de Trabajo DT 11/2012 - 18/9/2012*. Accesible en línea: www.realinstitutoelcano.org/wps/portal/.../Energia-Cambio-Climatico (fecha de consulta: 18/05/2013); Roland DANNREUTHER, «International Relations Theories: Energy, Minerals and Conflict» en: *Polinares Working Paper*, n.º 8, septiembre 2010, 24 pp. Accesible en línea: www.polinares.eu/.../polinares_wp1_ir_theories.pdf (consulta: 20/05/2013); por su relevancia geoestratégica, siempre es crucial observar la evolución de China en este terreno: Maximilian MAYER y Jost WÜBEKKE, «Understanding China's International Energy Strategy» en: *The Chinese Journal of International Politics*, 14 de marzo

por la propiedad, el uso, el dominio, el control, la gestión, de las fuentes de energía, además del reparto de sus beneficios[156]. Residuos, contaminación, despilfarro, ligados a la propia inviabilidad del modelo... harían el resto, asunto que no intimida a los políticos ni a las corporaciones interesados en mantenerlo. Por otro lado, la investigación de energías limpias o alternativas —no equivalentes a inocuas— ostenta un enorme valor geopolítico; mentes incluso tan parciales como la de George W. Bush señalaron cuán «adictivo» resulta el petróleo, proponiendo durante su segundo mandato presidencial un replanteamiento general de una cuestión con un alcance tan hondo que lleva a reconsiderar la propia vida humana en el planeta. ¿En qué sentido? No «todo» se reduce a energía, pero un fondo principal del asunto reside ahí. El que fuera el temido maquinismo decimonónico sirvió para sustituir el abundante y generalizado empleo de mano de obra humana, junto con la tracción animal, por la mecánica eficiente de sus diversos aparatos, artefactos e instalaciones. De hecho, parece demostrado que la configuración de una parte de las instituciones sociales, legales y políticas de las diversas sociedades humanas —europeas, asiáticas, americanas, africanas…— responde a la necesidad de proveer de energía —combustible en forma de alimentos— a los animales de carga que realizaban lo más arduo del trabajo productivo: hombres y animales por igual. El uso del pesado arado de hierro con vertedera, apto para arar las húmedas tierras en la Europa que se nutría de centeno, cebada y avena, implicaba el uso de caballerías, yuntas de bueyes y labriegos fuertes y relativamente bien alimentados. Por su parte, las determinaciones en Asia con el cultivo extensivo e intensivo del arroz, o de los huertos de los oasis asociados con el pastoreo de los pueblos árabes nómadas, implicaron otras formas de establecer la propiedad de la tierra, los vínculos de parentesco y la estructura familiar, los sistemas de gobierno, las recaudaciones fiscales y los modos de gobierno[157]. Esto, que tal vez suene a pretérito, está de actualidad. Pues la revolución tecnológica ha hecho aflorar una crisis social que inopinadamente también es energética: la crisis de recursos energéticos «no renovables» ha llevado a que los alimentos sirvan para fabricar combustibles[158].

---

de 2013. Publicado por: *Oxford University Press*. Accesible en línea: cjip.oxfordjournals.org/content/.../cjip.pot005.full (consulta: 20/05/2013).

[156] Que no sean étnicos, religiosos, nacionalistas… aunque este sustrato se refuerza y retroalimenta con exigencias de propiedad y/o de uso de recursos vitales: agua, tierras, energía, comunicaciones…

[157] Ferdinand SEIBT, *Die Begründung Europas. Ein Zwischenbericht über die letzten tausend Jahre*, Fischer, Fráncfort de Meno, 2004, pp. 209-221; Michael MITTERAUER, *Warum Europa? Mittelalterliche Grundlagen eines Sonderwegs*, C. H. Beck, Múnich, 2004, pp. 17-41; Philippe MINARD, «Révolution industrielle et divergence Orient-Occident» en: *Revue de synthèse*, tomo 131, serie 6.ª, n.º 3, 2010, pp. 454-464. Accesible en línea: repositorio.ufsc.br/bitstream/handle/.../Minard.pdf?... (consulta: 20/05/2013).

[158] Millones de personas se mueren de hambre: ya no interesan como las «máquinas» vivientes que fueron durante el esclavismo y el industrialismo. Combustibles obtenidos de alimentos aptos para el consumo humano alimentan ahora a las máquinas: se dice que son «ecológicos» —o «renovables» o «limpios»— porque no provienen del petróleo…

B) Migraciones: ¿el arca sobrecargada?[159]

Para una mayoría de la gente de este mundo la *ratio* entre recursos y población tiene un saldo evidente: pobreza. Define así al «pobre» el medievalista Michel Mollat:

> es aquel que, de manera permanente o temporal, se encuentra en una situación de debilidad, de dependencia, de humillación, caracterizada por estar privado de los medios, variables según las épocas y las sociedades, de potencia y de consideración social: dinero, relaciones, influencia, poder, ciencia, calificación técnica, honorabilidad del nacimiento, vigor físico, capacidad intelectual, libertad y dignidad personales. Viviendo al día no tiene ninguna oportunidad de levantarse sin la ayuda ajena[160].

Con ser esto una verdadera aberración, la pobreza no es sólo hambre, sino mucho más. Es malnutrición crónica e imposibilidad de alimentarse. Es enfermedad e imposibilidad de curarse. Es carencia de educación e imposibilidad de formarse. Es explotación laboral e imposibilidad de emanciparse. Es falta de vivienda e imposibilidad de lograrla. Es mortandad infantil e imposibilidad de eliminarla. Es ausencia de horizontes e imposibilidad de abrirlos. Pobreza es violencia, desesperación e impotencia y así vive la mayoría de la humanidad, enfrentada, por primera vez en la Historia, a la visión de mundos imaginarios ofrecidos por medios de comunicación globalizados en los que todas estas cosas no existen, como por arte de magia. A esto, los tecnócratas de los países occidentales lo llaman «efecto llamada», por ejemplo. Resulta que los pobres del mundo no quieren conformarse con las condiciones en las que viven. Exactamente igual que los ricos y acomodados, ellos también querrían serlo, cosa que los emulados deberían comprender muy bien. De hecho, algunos lo comprenden y tal vez temen que sus riquezas y bienestar les vayan a ser arrebatados por la multitud que asalta las barreras interpuestas entre unos mundos y otros.

En medio de tales temores y esperanzas de una vida mejor crece el submundo de los traficantes de personas. ¿Alguien se creyó alguna vez que con la legislación internacional para la abolición de la esclavitud ésta desapare-

---

[159] Paráfrasis de Gerald DURRELL, *El arca sobrecargada*, Alianza, Madrid, 1995. Su primera edición data de 1952-1953 y narra una expedición a Camerún en busca de animales exóticos. ¿Qué consideran que es una patera o un cayuco los traficantes de personas? Ni siquiera eso. Adaptación de mis: «Migraciones: entre la intolerancia y la utopía. Sobre la globalización de la "cultura de la pobreza"», *Revista Electrónica de Estudios Internacionales*, n.º 11, 2006: http://www.reei.org/reei%2011/reei11.htm; «Conflictos armados, migraciones y cooperación internacional» en: Enrique MADRAZO RIVAS y Francisco Javier DE LA TORRE DÍAZ (coords.); *Cooperación internacional y movimientos migratorios*, Dykinson-Universidad San Pablo-CEU, Madrid, 2005, pp. 185-228; Iván MILANS DEL BOSCH PORTOLÉS, Enrique MADRAZO RIVAS, Francisco Javier DE LA TORRE DÍAZ (coords.), *Migraciones y Desarrollo Humano*, Dykinson-Universidad San Pablo-CEU, Madrid, 2003.

[160] Michel MOLLAT, *Pobres, humildes y miserables en la Edad Media*, FCE, México, 1998, pp. 9 ss.

cería de la faz de la Tierra?[161]. En primer lugar, tener esclavos dejó de ser tan rentable a partir de la Primera Revolución Industrial, cuando la fuerza de las máquinas a vapor reemplazó con ventaja —era más barata y no se sublevaba cada cierto tiempo— a la de los músculos del «animal humano». Pero hay cosas que las máquinas *todavía* no pueden hacer, pese a los avances científicos y tecnológicos. La reserva mundial de mano de obra no ya barata, sino de remuneración ínfima, sigue siendo inagotable[162]. Y esto está al alcance no ya sólo del explotador occidental, que actúa con «manos asépticas» y una conciencia lavada a fuerza de donaciones a instituciones benéficas —que desgravan fiscalmente y contribuyen a una buena imagen publicitaria—, sino muy principalmente del explotador tercermundista, que tiene igual de pocos escrúpulos a la hora de exprimir al trabajador esclavizado disponible: millones, en todo el mundo. Se le puede categorizar además por sexo y edad: varones/mujeres y adultos/niños. Sin excluir a los hombres, a mujeres y niños cabe extraerles una tasa adicional de beneficio, pagándoles salarios aún inferiores y sometiéndolos a explotación sexual[163].

Como masivo fenómeno transnacional de alcance mundial, las migraciones ofrecen un campo ilimitado de exploración a los investigadores internacionales. De novedad, los movimientos migratorios no tienen absolutamente nada, aunque han adquirido características y determinaciones diferentes a las de otras épocas: es más, la historia de la humanidad podría escribirse como una historia de las migraciones. Su determinación básica es la búsqueda individual de una mejora de las condiciones de vida; como tal, representaría una fuerza motora decisiva del desarrollo humano, según Steffen Angenendt. A veces la terminología empleada a este respecto es genérica; sin embargo, hay e-migrantes, los que «se van» (*Auswanderer*) e in-migrantes, los que «vienen» (*Zuwanderer*), constituyéndose a menudo migraciones circulares[164]. El derecho a migrar fue defendido por los teólogos españoles de la

---

[161] En Inglaterra: Ley del Comercio de Esclavos, 1807; Ley de Abolición de la Esclavitud, 1834; primera propuesta internacional a solicitud de Inglaterra: Congreso de Viena, 1814. Varios enfoques: Dave PACKER, «Why did Britain Abolish Slavery?» en: *Socialist Outlook*, n.º 12, verano 2007. Accesible en línea: www.isg-fi.org.uk (consulta: 20/05/2013); George M. FREDERICKSON, *The Arrogance of Race. Historical Perspectives on Slavery, Racism, and Social Inequality*, Hanover, Wesleyan University Press, 1988; Joel QUIRK, «Ending Slavery in all its Forms: Legal Abolition and Effective Emancipation in Historical Perspective» en: *The International Journal of Human Rights*, vol. 12, n.º 4, 2008, pp. 529-554. Publicado por: *Routledge-Taylor & Francis*. Accesible en línea: www.tandfonline.com (consulta: 20/05/2013).

[162] Imperecedera: Simone WEIL, *Reflexiones sobre las causas de la libertad y de la opresión social*, Premiá, México, 1982.

[163] Jessica BELL, «Contemporary Slavery and International Law» en: *Topical Research Digest-Human Rights & Human Welfare*, pp. 35-42, sin fecha. Accesible en línea: www.du.edu/korbel/hrhw/.../slavery/law.pdf (consulta: 20/05/2013).

[164] Steffen ANGENENDT (ed.), *Migration und Flucht. Aufgaben für Deutschland, Europa und die internationale Gemeinschaft*, R. Oldenburg, Múnich, 1997; *Idem*, «Labor Migration Management in Times of Recession. Is Circular Migration a Solution?» en: *Transatlantic Academy Paper Series*, mayo 2009, 23 pp. Publicado por: *Stiftung Wissenschaft und Politik. Deutsches Institut für Internationale Politik und Sicherheit*. Accesible en línea: www.swp-berlin.org/en/.../steffen_angenendt.ht... (consulta: 25/05/2013); *Idem*, «Irreguläre Migration: Begriffe, Konzep-

Escuela de Salamanca como *ius communicationis* universal. Pero en una mayoría de las sociedades históricas —occidentales o no— el extranjero, forastero o peregrino ha sido contemplado con desconfianza, temor o la aversión específica llamada xenofobia que, aunque puede asociarse, no equivale a racismo. Las migraciones nunca han estado libres de tensiones. Sobre todo en los casos de inmigración, uno de sus efectos ha sido el de romper a menudo ciertas jerarquías sociales existentes en las sociedades receptoras, situando a algunos sectores afectados en una posición relativa menos ventajosa; cuando se trata de migraciones transnacionales este efecto se agudiza aún más, con connotaciones añadidas entre las que las raciales, étnicas, religiosas y culturales son las más llamativas: es la migración «visible» en la que el «forastero» ostenta caracteres diferenciados/diferenciadores[165]. Lo cierto es que la globalización está redefiniendo el movimiento de los seres humanos por el mundo[166]. El número de personas que ha emigrado hacia los países de ingresos altos ha aumentado, pero a la par lo ha hecho también el de quienes desean conservar sus lazos con el lugar de origen. Algunos de estos aspectos se sintetizan así:

— *Cambio demográfico*: desde 1990 una de cada diez personas que viven en países occidentales prósperos nació en otro lugar.

— *Inmigración indocumentada*: varias decenas de millones de personas se encuentran en esta situación, siendo creciente esta tendencia.

— *Movimientos migratorios circulares*: el abaratamiento de las comunicaciones hace que los emigrantes se desplacen a terceros países o regresen al suyo en vez de permanecer en aquel al que emigraron en primer lugar.

— *Redes de inmigrantes*: en los países de destino se crean núcleos de acogida que facilitan la llegada e instalación de los recién llegados.

— *Remesas*: la cuantía de las remesas que los emigrantes envían a su país de origen representa una parte cada vez mayor de su PIB.

— *Refugiados y solicitantes de asilo*: casi una décima parte de los expatriados de todo el mundo son refugiados. Europa acoge una cantidad cuatro veces mayor que los Estados Unidos.

— *Feminización*: frente a las tendencias históricas, es cada vez más frecuente la emigración de mujeres solas, que dejan a su familia en su país de origen, a la que sustentan.

---

te und Entwicklungstrends» en: *Berlin Institut für Bevölkerung und Entwicklung*, Berlín, septiembre de 2008. Accesible en línea: www.berlin-institut.org/.../Angenendt_Irregulaere_/...; *Idem*, «Irreguläre Migration als internationales Problem. Risike und Optionen», Informe. Publicado por: *Stiftung Wissenschaft und Politik. Deutsches Institut für Internationale Politik und Sicherheit*, Berlín, diciembre de 2007, pp. 10-17.

Accesible en línea: http://www.swp-berlin.org/common/get_document.php?asset_id=4591 (consulta: 25/05/2013).

[165] Julia Kristeva, *Extranjeros para nosotros mismos*, Plaza y Janés, Barcelona, 1991; Javier de Lucas, *El desafío de las fronteras. Derechos Humanos y xenofobia frente a una sociedad plural*, Ensayo, Madrid, 1994.

[166] Sassen, *Sociología de la globalización…*, *op. cit.*, pp. 165-204.

Una tipología actual de los inmigrantes podría enunciarse como:

— *Inmigrantes*: aquellos a los que un Estado receptor concede un derecho de residencia por un tiempo determinado o incluso permanente. Suelen obtener un tratamiento especial los familiares reclamados para reunirse con ellos.

— *Ciudadanos étnicos*: son los que en determinados Estados —como Alemania o Israel— se reconocen en virtud del principio del *ius sanguinis* (filiación étnica) por encima del *ius soli* (carta de ciudadanía por nacimiento en el territorio). Poseen constitucionalmente el derecho de integrarse en el Estado que actualmente constituye y representa a su nación, históricamente dispersa.

— *Inmigrantes temporales*: son quienes emigran por un tiempo determinado y bajo ciertas condiciones mediante un contrato o convenio laboral. Una variante son los «temporeros» tradicionales encargados de trabajos estacionales.

— *Inmigrantes de alta calificación*: representan a los que el Estado receptor demanda como privilegiados residentes. Suelen ser científicos, técnicos, empresarios, artistas, estudiantes o profesores destacados.

— *Inmigrantes «ilegales», irregulares o indocumentados*: acceden a los Estados sin ningún permiso de residencia, trabajo, visado, etc. Carecen de derechos y protección y suelen ser sometidos a todas las arbitrariedades y abusos imaginables. Algunos Estados les garantizan unos derechos humanos elementales hasta su repatriación.

Más allá de la ya tópica contraposición entre *citizen/denizen*, una noción clave hoy es *diáspora*: Steven Vertovec y Robin Cohen (1998)[167]. Describe cualquier población que pueda considerarse «des-territorializada» o transnacional, o que tenga su origen en un país distinto a aquel donde reside de forma habitual. Sus redes sociales, económicas y políticas atraviesan las fronteras de los Estados y a veces se extienden por todo el planeta. Históricamente, la diáspora sólo señalaba la dispersión del pueblo judío con la destrucción y el saqueo del Templo de Jerusalén por orden de Tito (70 d.C.). Hoy sirve para diferenciar grupos étnicos transnacionales, junto a los activistas, dirigentes e intelectuales que han ideado un medio de constituir una identidad cultural y política «híbrida» bajo esta expresión. *Diáspora* empieza a sustituir a «minorías». Se estima que sirve para designar a unos treinta y ocho grupos humanos actuales, cifra sujeta a una lógica evolución. Tres son sus rasgos constitutivos:

---

[167] Steven VERTOVEC y Robin COHEN, *The International Library of Studies on Migration*, Edward Elgar, Cheltenham, 1999 (10 vols.), de esta colección, *Idem* e *Idem*, *Migration, Diasporas, and Transnationalism*, Edward Elgar, Cheltenham, 1999; Ira A. GLAZIER y Luigi DE ROSA (eds.), *Migrations Across Time and Nations. Population Mobility in Historical Contexts*, Holmes & Meier, Nueva York-Londres, 1986. Nigel RAPPORT y Andrew DAWSON, *Migrants of Identity. Perceptions of Home in a World of Movement*, Berg, Oxford-Nueva York, 1998.

— *Forma social*: comprende al grupo étnico que se auto-identifica colectivamente como tal, junto con el contexto territorial y/o estatal donde éste reside y la patria originaria de donde procede.

— *Tipo de conciencia*: su índole es paradójica en tanto que responde a un ambivalente sentimiento de rechazo y discriminación unido a otro de identificación con un determinado legado histórico o cultural. Implica una «multi-localidad», esto es, una «división» entre «estar aquí» y «ser de allí». Incorpora una fragmentación de la memoria (antes/ahora) y una necesidad imperiosa de hacerse visible y audible como identidad consciente.

— *Modo de producción cultural*: se manifiesta en especial en el flujo de creaciones transnacionales dentro de las corrientes alternativas, mestizas, híbridas, sincréticas, que persiguen lograr diversas fusiones culturales. Como tal, aporta sus singulares objetos, imágenes y significados y los introduce en la sociedad global.

El mundo actual, acelerado y en rápida transformación, ofrece ilimitadas posibilidades de cambio y movilidad, incluso a personas con pocos recursos materiales. La desterritorialización mencionada afecta a un número creciente de seres humanos, que inventan nuevas patrias simbólicas, a veces tan volátiles y efímeras como una página de *Internet*. Éstas están repletas de «paisajes» por los que hay que aprender a viajar como nuevos peregrinos, a ser posible, ligeros de equipaje. Una última cuestión intrigante —que sólo enuncio a título propio— ostenta un carácter «detectivesco», como las novelas policíacas que recomiendan «*cherchez la femme*!» para desenmascarar al sospechoso. En el caso de las migraciones del último cuarto del siglo XX y el primero del XXI habría que preguntarse por la regla del beneficio (no ya por la ley)[168]. ¿A quién beneficia la regla de estas migraciones masivas? La División Internacional del Trabajo[169] responde a la estructura auspiciada por

---

[168] BUNGE, *Economía y filosofía…*, *op. cit.*, pp. 42-43: «Las reglas son normas de conducta adoptadas por las personas que creen que ayudan a alcanzar ciertos objetivos. Puesto que nosotros mismos (o nuestros ancestros o superiores) elaboramos todas las reglas, también podemos renunciar a ellas. Esto no significa que todas las reglas sean arbitrarias. Ante todo se supone, con razón o sin ella, que *toda regla beneficia a alguien* (aun cuando de hecho perjudique a todo el mundo como sucedía con las reglas de parentesco estudiadas por Margaret Mead en Nueva Guinea). En segundo lugar, incluso las reglas más estúpidas deben ser compatibles con las leyes; si no lo fueran no sería posible ponerlas en vigor. (Por ejemplo, no sería posible poner en vigor una regla que obligara a comer 10 kg. de pan por persona y por día). En tercer lugar, aun cuando todas las reglas deben ser compatibles con las leyes, algunas reglas son más eficaces que otras. En particular, las más eficaces son las que se fundan explícitamente en leyes. Por ejemplo, las reglas más eficientes para la explotación de pesquerías son las fundadas sobre las leyes ecológicas de tales sistemas; en primer lugar, si la tasa de pesca excede la tasa de crecimiento, el sistema se destruye.» Subrayado mío; no debemos confundir reglas, leyes y tendencias. Una ley económica universal es la del rendimiento decreciente: llegado a un punto todo sistema de rendimientos crecientes alcanza un grado de saturación en el que la curva se invierte. Un gráfico: *ibidem*, p. 39, pp. 39-50.

[169] Ahora es *New International Division of Labour* (*NIDL*). Folker FRÖBEL, Jürgen HEINRICHS, Otto KREYE, *The New International Division of Labour. Structural Unemployment in Industrialised Countries and Industrialisation in Developing Countries*, Cambridge University

grandes corporaciones transnacionales —occidentales en principio aunque financiadas con notables aportaciones de capital no occidental— que está siendo emulada por unas denominadas «economías emergentes»[170] que no cesan de crecer en busca de rentabilidades especulativas extraordinarias así como de un mayor protagonismo en la gestión de unos intereses propios escenificados como mundiales. A tenor de los flujos observables y del interés con que se promueven —según los momentos del ciclo económico y según las ramas productivas— sería plausible que ciertas instancias considerasen provechoso inducir que la reserva mundial de mano de obra en estado precario se desplace temporalmente a los países desarrollados (migraciones circulares); ese asentamiento podría resultar más rentable que el derivado de mantenerla en origen, donde escasean los núcleos productivos para desempeñar un trabajo calificado que genera mayor valor añadido y produce más beneficios. Esto ocasiona varias consecuencias. Una principal consiste en desmantelar de hecho los sistemas de Bienestar Social, conseguidos por los trabajadores occidentales a través de más de un siglo de lucha laboral y sindical, tan difícil como desesperada[171]. Otra consiste en la posibilidad de rentabilizar lo ya invertido en las costosas estructuras e infraestructuras, instalaciones, centros productivos, etc. de los lugares donde todo esto ya está establecido, sin tener que trasladarlo a países inestables o inseguros, en los que esas inversiones podrían retrasarse en dar beneficios. Las deslocalizacio-

---

Press, Cambridge, 1981; Nicolas GRINBERG, «The New International Division of Labour and the Differentiated Evolution of Poverty at World Scale» en: *London School of Economics*, Documento de Trabajo (investigador en formación), Departamento de Historia Económica, 22 pp., sin fecha. Accesible en línea: www.sed.manchester.ac.uk/research/.../grinberg.pdf (consulta: 20/05/2013); Jane HARDY, «New Divisions of Labour in the Global Economy» en: *International Socialism*, n.º 137, 9 de enero de 2013. Accesible en línea: www.isj.org.uk/?id=868 (consulta: 20/05/2013).

170 Que emergen en virtud de bastante de lo que sumergen.

171 Se alega que las «economías competitivas» deben desregularse y liberalizarse; se aduce que los derechos sociales «encarecen» la producción y menguan los beneficios de empresas «condenadas a ir a la ruina» por esa razón: no porque sus gestores sean ineptos, o porque acometan políticas de inversión descabelladas, o porque no promueven la investigación, la innovación y el desarrollo… Los trabajadores occidentales son presentados como «improductivos», «aprovechados» y «vagos» por no querer cobrar salarios mínimos estipulados mediante contratos precarios que fijan jornadas interminables, rebajando sus derechos sociales. Se aduce además la falacia de la «gratuidad» de las prestaciones sociales cuando es evidente que éstas son todo, menos gratuitas: se pagan fiscalmente y también con vidas humanas. Las instituciones del Bienestar Social, que datan de la Alemania bismarckiana, son un factor decisivo en la amortiguación de las crisis económicas: permiten mantener unas tasas de demanda interna que evitan un colapso definitivo del sistema perjudicial para todos. Como estable fuente de ingresos, proveen de recursos económicos a los propios Estados y sus administraciones para hacer frente a determinados gastos corrientes que repercuten en el flujo general de la economía. Otra cosa es que se administren y gestionen adecuadamente por las instancias competentes y que los beneficiarios respeten las reglas del juego. Véase Claus OFFE, *La gestión política*, Ministerio de Trabajo, Madrid, 1992, «Ataduras o frenos. Aspectos institucionales y morales de una autolimitación inteligente» y «¿El corporatismo como un sistema de estructuración global, no político, de la sociedad?», pp. 321-358 y 359-391. El dilema ubicuo «seguridad-libertad», BAUMAN, *Múltiples culturas…*, *op. cit.*, pp. 49-52; *Idem*, *Archipiélago de excepciones*, Katz, Madrid-Buenos Aires, 2008, pp. 74-106.

nes son rentables aunque sólo en determinados niveles y en ciertos procesos productivos. La mano de obra barata atraída a Occidente permite tasas de beneficio suplementarias extraídas del factor trabajo —menores salarios y mayores jornadas, con contratos más baratos y flexibles: libre despido sin indemnizaciones— a lo que se suman ahorros en gastos sociales. Un gran lucro proviene de los contingentes de ilegales, irregulares e indocumentados, los más desvalidos e invisibles[172]: una jugada maestra y perversa de quienes mueven los peones —nunca mejor dicho— del tablero mundial[173].

La tercera es «ontológica»: representa la posibilidad de tratar a los seres humanos como objetos o números o como lo que significa *robot* en checo. Tal posibilidad no es un fin en sí mismo —no se trata de una novela de ciencia ficción— sino un medio instrumental de dominio eficaz —por efectivo— de personas reducidas a algoritmos en vez de instituidas como sujetos[174]. La explotación —económica, pero también existencial, ejercida en primer y último término por individuos responsables que deberían ser legalmente imputables— ni ve ni le importan el color de la piel, la religión, la historia, la memoria, los sentimientos, la familia, las expectativas, los sueños de una vida mejor. Quienes la ejercen son personas físicas con nombres y apellidos, que poseen nacionalidades varias, pertenecen a cualquier raza, religión, credo político… y siempre se reconocen entre sí[175]. Sin embargo, los explotados no pueden hacerlo: el sistema imperante les adiestra para que, al mirar a su igual, cada uno de ellos vea sólo a un competidor en la terrible lucha por las migajas. La atomización, el aislamiento, la despersonalización, la insolidaridad, son condiciones que propician que los seres humanos del siglo XXI pierdan la peor de todas las guerras: la de los pobres, humildes y miserables contra los pobres, humildes y miserables[176]. Por fin, la cuarta consecuencia es la creación de minorías diversas asentadas en determinados enclaves occidentales que pasan a ser barrios o zonas «deprimidos». Esto afecta tanto a los inmigrantes como a los presionados sectores de población de la sociedad de acogida; estos últimos se ven compelidos a mirar a los inmigrantes como a elementos perturbadores de la convivencia y como a competidores por los recursos sociales y las oportunidades laborales[177].

---

[172] ¿Será ésa una causa principal de las resistencias a las regularizaciones de inmigrantes? ¿O lo será también de las regularizaciones masivas? ¿O irán ambas a la par, considerando la conjetural índole de los beneficiarios fácticos del proceso?

[173] Lo peor es la manipuladora hipocresía del proceso, en el que cooperan no sólo las fuerzas tradicionalmente defensoras del asunto, que al menos lo dicen a las claras mientras algunos de ellos se dan golpes de pecho en las instituciones «caritativas», sino la cohorte de «progres» oportunistas que corean el enjuague «multicultural» en nombre del viejo «Tercer Mundo».

[174] IBÁÑEZ, *Del algoritmo al sujeto…*, *op. cit.*

[175] Como al Tío Gilito-Scrooge McDuck de Walt Disney: ven símbolos del dólar en sus encandilados ojos…

[176] Tomado del título de MOLLAT, *Pobres, humildes y miserables en la Edad Media…*, *op. cit.*

[177] A menudo habitantes de viejos barrios obreros, constituidos en origen sobre una estructura previa de explotación y discriminación a base de inmigrantes nacionales internos, trasva-

Zygmunt Bauman sentencia a este respecto con tonos sombríos:

> Uno de los resultados más letales (posiblemente el más letal de todos) del triunfo global de la modernidad es la acuciante crisis de la industria de tratamiento del desecho (humano), ya que el volumen de población humana residual crece a un ritmo superior al de la capacidad de gestión existente, por lo que resulta perfectamente posible que la modernidad (que hoy es planetaria) se ahogue en sus propios productos de desecho, que ya no puede reasimilar ni expulsar. [...] sin embargo, no hemos llegado aún a vislumbrar y comprender más que una pequeña parte de los efectos de largo alcance que la creciente masa de «seres humanos de desecho» tendrá sobre el equilibrio político y el equilibrio social de la convivencia humana a nivel planetario[178].

El repertorio de cuestiones expuestas en las páginas precedentes no es —ni tampoco lo pretende— exhaustivo, original o definitivo. Los debates están todos abiertos y pendientes de que investigadores honrados, competentes, capaces, se hagan cargo de realizar la ingente tarea de conocer el mundo en que viven, de intentar explicarlo —al menos, en parte— a sus coetáneos y de dejar expuesta para las generaciones posteriores una auténtica Teoría de las Relaciones Internacionales.

Este libro, que comenzaba con el *Tratado breve* de Spinoza, concluye con su *Tratado político*:

> Por lo demás, aquella sociedad cuya paz depende de la inercia de unos súbditos que se comportan como ganado, porque sólo saben actuar como esclavos, merece más bien el nombre de soledad que de sociedad[179].

sados desde zonas depauperadas a áreas florecientes a lo largo de las revoluciones industriales de los siglos XIX y XX. Las tensiones sociales, religiosas, culturales, étnicas... son un factor explosivo y un malestar añadido a las de por sí malas condiciones de vida de los sectores más amplios y menos pudientes de la sociedad. Pero tal cosa sólo le preocupa al explotador económico en tanto que le suponga incrementar un «plus» en fuerzas de seguridad... con cargo al erario público, sobre la base de intereses convinventes entre ciertos sectores de la administración y ciertos sectores de la economía privada.

[178] HANNERZ, *Conexiones transnacionales...*, *op. cit.*, pp. 243-257, 111-131; BAUMAN, *Archipiélago de excepciones...*, *op. cit.*, pp. 9-46, 59-60 (cita), 78 ss.; cabe completarlo con la «tanatopolítica» referida por ESPOSITO, *Bíos...*, *op. cit.*, pp. 175-234.

[179] SPINOZA, *Tratado político...*, *op. cit.*, capítulo V, párrafo 4, p. 120.

EPÍLOGO

¿POST-TEORÍAS O PRE-TEORÍAS INTERNACIONALES?

«*Achtung! Sie verlassen jetzt West Berlin!*»[1].

Querido lector, usted también abandona ahora una especie de «Berlín», no sé si occidental u oriental. Olvidado por un momento de referencias espaciales o temporales, se adentra en una «tierra de nadie», *terra nullius* que en los mapas políticos del siglo XIX solía aparecer en blanco. Nadie la había descubierto oficialmente ni plantado su bandera en su suelo. Nadie había logrado completar su demarcación, ni trazar su extensión, ni describir su orografía, ni contabilizar sus recursos, ni determinar el número de sus habitantes. A los exploradores de antaño les ilusionaba pensar en esos territorios blancos de los mapas, un lugar en el que proyectar proezas, cumplir heroicidades y conseguir un reconocimiento universal. Eran sitios, por otra parte, en los que uno podía desaparecer sin dejar rastro, como el legendario poeta Arthur Rimbaud. Su mejor obra poética fue, en todo caso, ese *desaparecer*, convertido en el misterio de una existencia de la que se ignora hasta la extinción.

Ya no quedan zonas blancas en los mapas políticos del planeta Tierra. Aunque siempre persisten incógnitas. El agotamiento del espacio real no acaba con la potencialidad del espacio imaginario. El tiempo, por lo demás, ofrece posibilidades de progresión, si bien nunca ilimitadas, como se desprende de las teorías sobre el *Big Bang* que prevén un *Big Crunch* o encogimiento de un mundo cuya expansión concluye en un momento dado, conjetura más bien preocupante para aquéllos muy atados a la determinación antrópica de la evolución del cosmos.

Teorizar no es otra cosa que «mirar», ver el horizonte del mundo, de los acontecimientos, con una disposición especial de la mente. Este epílogo, texto totalmente prescindible para cualquier lector guiado por un espíritu prác-

[1] «¡Atención! ¡Abandona usted ahora Berlín Occidental!»: advertencia de todos los pasos de frontera entre Berlín Occidental y Oriental. El más famoso fue el llamado *Checkpoint Charlie*.

tico, es una reflexión autorreferente, incompleta, incierta y relativa[2], sobre algunos aspectos de la Teoría Internacional. Le pido, pues, amable lector, que cierre usted este libro y se vaya a dar un paseo. Si es alumno y lo que quiere es aprobar una asignatura, no necesita de este texto para nada, pues no le servirá para nada en absoluto. Si es otro tipo de persona, existen otras cosas que leer, más sustanciosas y menos inquietantes. Quizás.

Este epílogo no representa nada más que ese momento de incertidumbre en el que usted «abandona Berlín Occidental», es decir, las referencias vitales, cognitivas y empíricas que le resultan conocidas y con las que está, quizás, acostumbrado a desenvolverse. Pero no entra usted en los dominios de la *Stasi* —abreviatura de la *Staatssicherheitspolizei* o policía estatal de la República Democrática Alemana— ni del Pacto de Varsovia; de eso me encargo yo. Más bien este territorio se parece a las dunas infinitas del desierto de Namib, en África Suroccidental, que amo tanto y en el que mi mente todavía se pierde tan a menudo para reencontrarse con la realidad.

1. LA LECCIÓN DEL FUTURO

Lo maravilloso de escribir un texto que no sirve para nada y que no le interesa a nadie es que uno es libre para decir lo que quiera, dentro de lo que sea capaz de decir porque hable de cosas que sepa realmente (o que crea que sabe). Su capacidad reside sólo en factores objetivos, derivados del conocimiento que tenga de las cosas sobre las que escribe, cosas que ha pensado con anterioridad, cosas que ha asimilado como parte de su tránsito por el mundo. Y ese conocimiento, por una vez, puede dejar de ser libresco. Y al dejar de ser libresco, es posible que ese conocimiento se aproxime a la *esencia de las cosas*. Este libro está dedicado, precisamente, a aquellos que supieron guardarla.

Como los epitafios de las tumbas, repletos de epítetos laudatorios, los epílogos tienen a veces una molesta cualidad amonestatoria y solemne. Parecería que «el que se va» señalara con un inquisitivo dedo acusador a «los que se quedan», exhortándoles a hacer cosas que, en primer lugar, debería haber hecho él mismo. El que se va tuvo ya su oportunidad de obrar o de cruzarse de brazos; si ha de recriminar a alguien, que lo haga consigo mismo[3]. Suele ser detestable esa mayor parte de moralistas que encomiendan a herederos a quienes dejan el pesadísimo legado —que les es achacable a ellos, además— de actuar con probidad, decencia y responsabilidad. Por eso pretendo que este epílogo no tenga nada de esto y exprese, por un momento siempre fugaz y contingente, lo que considero una *esencia de las cosas* de la realidad internacional del presente.

---

[2] Postulados de Jesús Ibáñez aplicados al prefacio de *¿Qué es esa cosa llamada Relaciones Internacionales?...*, *op. cit.*, pp. 11-15.

[3] El acervo cultural popular ha acuñado el irónico dictamen coloquial «mientes más que un epitafio».

Una obsesión del pensamiento político realista es predecir con acierto. Muy inteligente fue, al respecto, Maquiavelo, al referirse a la *fortuna* y la *virtud* como cualidades óptimas para sostener un gobierno venturoso, en tanto que, si la fortuna, cuando es buena, es fruto de un azar favorable, dado que es tornadiza y veleidosa sólo compensa sus mudanzas mediante un ejercicio continuado de la virtud por parte de los gobernantes y los gobernados. Maquiavelo es así —a pesar de su siniestra reputación, como demuestra Quentin Skinner— una antítesis de lo «maquiavélico», atribuido a él más por conveniencia e ignorancia que por conocimiento verdadero. Interesante a este respecto fue el desdeñoso rechazo de Henry Kissinger a este calificativo, que fue aplicado a su gestión como consejero del gobierno de los Estados Unidos, dato que revela suspicacias y prejuicios poco recomendables en alguien que reclama tanta talla[4]. Una virtud principal, común a la predilección de realistas e idealistas, es la de la prudencia. En origen, es *pro-videntia*, es decir, la cualidad que señala a la capacidad de ver de antemano, con justeza, lo por-venir. Sede de la prudencia —ligada a la razón y la sabiduría— es la cabeza, la parte menor y más alta del cuerpo social y político. Como tal, se supone que domina a las pasiones y rige el comportamiento. Es así cualidad prescrita a los magistrados o antiguos arcontes, encargados del conocimiento general de los asuntos concernientes a la *res publica*, y rectores en último término de su gobierno. Como tal, la prudencia ha gozado de gran predicamento intelectual y moral a lo largo de los siglos. Pero, al igual que la templanza, no es virtud de gran popularidad pues de alguna manera escapa a las determinaciones de esa generalidad plebeya —calificativo donde no prima el estrato social de origen, sino lo a ras de suelo del destino— que achaca a prudentes y templados sus vicios contrarios. Y es que la virtud, en su acepción positiva de punto medio o *mediocritas* entre extremos, es la antítesis de ambos. La prudencia es tan contraria a la temeridad como a la indiferencia; la templanza es tan opuesta a la desmesura como al apocamiento. Pero un paso más en la positividad de la virtud es trascender su condición de punto medio para acceder a su cualidad *superlativa*, de afirmación en su propia determinación. Será virtud entonces, no con cualidad de oro (*aurea mediocritas*), sino con esencia de platino y aun de diamante, por su prístina pureza, por su cercanía a lo divino[5].

Sólo del cultivo de la prudencia es posible extraer lo que propongo aquí, enunciado como una «lección del futuro». Según la fórmula de Cicerón (*historia magistra vitae*) existe la convención de considerar a la Historia «maestra de la vida». Además de la Historia, reivindico el papel de la Memoria, entendida como un saber iluminado por el entendimiento de las cosas de un

---

[4] SKINNER, *Maquiavelo…*, *op. cit.*, pp. 70-86; la mención a Kissinger en la Introducción, p. 11.

[5] Sobre las virtudes antiguas la bibliografía es extensísima. Clásicos irrenunciables son PLATÓN, *La República*, Espasa-Calpe, Madrid, 1991, pp. 131-138; ARISTÓTELES, *La Política*, Espasa-Calpe, Madrid, 1989, Libro IV. Especial interés GARCÍA BACCA, *Sobre vicios y virtudes…*, *op. cit*. Asimismo, Norberto BOBBIO, *Elogio de la templanza y otros escritos morales*, Temas de Hoy, Madrid, 1997.

modo en el que el intelecto juega un papel considerable pero sin desdeñar otras facultades del alma como la intuición, afín a la ya mencionada *esencia de las cosas*, un término que poetas, iluminados y místicos comprenden sin necesidad de que se les explique nada. Tanto la Historia como la Memoria enseñan cosas muy valiosas. En especial, ayudan a conocer los aciertos y errores del pasado para ponderarlos y aplicar la lección extraída a la adecuada gestión del presente. No hay nada de retrógrado en lo que digo, en tanto que limito de antemano su alcance a postulados de mero sentido común, sin llegar a la ciencia, que va siempre más allá de un conocimiento corriente.

Pondré un ejemplo. En ninguna aldea —de montaña, de valle, de llanura...—, poblada por gentes rústicas y muchas veces iletradas —aunque siempre cultas, es decir, poseedoras de una cultura a veces milenaria y a menudo ágrafa— se construyen edificios en lugares donde la experiencia, que acumula el registro de los desastres pretéritos, muestra que son potencialmente recurrentes las crecidas de ríos, el desbordamiento de aguas torrenciales, el derrumbe de piedras, los vientos arrasadores, los incendios devastadores y otras catástrofes de este género. Saben por experiencia estas personas tan listas disponer sus viviendas y graneros, sus establos y talleres, sus templos y cercados, sus caminos y vados, del modo más correcto para resistir la intemperie más corriente en la región que habitan. Sus precisas estadísticas residen en la memoria, transmitida por la tradición y sustentada en la lógica de hechos comprobables empíricamente. Además, conocen qué plantas y animales les convienen y cuál es su ciclo biológico; qué estación es la propicia para casarse y engendrar hijos que vengan al mundo cuando el sustento de la madre sea abundante; qué alimentos prueban a sanos y enfermos, a débiles y forzudos; cuál es la recurrencia meteorológica de determinados fenómenos y cuáles son sus asociaciones con otros, como, por ejemplo, el excesivo calor del verano y la aparición de la «gota fría» otoñal... La ciencia y la tecnología modernas deben tener en cuenta esta sabiduría acumulada y enriquecer así sus postulados y actuaciones. Observar el vuelo de ciertos pájaros y actuar en consecuencia —como hicieron algunos de los habitantes de la costa del Océano Índico, salvándose así de lo más mortal de la devastación del maremoto y el *tsunami* de diciembre de 2004— no es ninguna tontería ni superstición. Es notable que las culturas tradicionales japonesa, peruana y mexicana sepan cómo construir edificios resistentes a los terremotos, por razones y vías coincidentes y diferentes a la vez. Los japoneses asocian saberes ancestrales con la tecnología más moderna, centrándose en la cimentación adecuada, la flexibilidad y el escaso peso relativo de los materiales[6]. Los peruanos y mexicanos actuales han olvidado prácticamente todo de las viejas civilizaciones inca o azteca —o maya, o tolteca, u olmeca, o chichimeca, etc.—, que construyeron las murallas de Sacsayhuamán o los templos de Chichen Itzá ensamblando inmensos sillares de modo prodigioso,

[6] Pero, ¿qué decir de la catástrofe de Fukushima (11 de marzo de 2011) que combinó un terremoto-maremoto y su correspondiente *tsunami* con una catástrofe nuclear?

resistente a siglos de devastaciones. Ahora, sus dirigentes someten a sectores de su población a vivir sumergidos en una subcultura que ni siquiera es proletaria. Es el submundo de las chabolas de las laderas de Lima, por ejemplo, donde, cuando sobreviene el fenómeno de «El Niño», conocido desde siempre, mueren las gentes a miles y otras se empobrecen aún más.

La «lección del futuro» consiste, muy simplemente, en aprender de los errores del pasado y en prever los desastres del futuro a partir de considerar las catástrofes del presente. La supeditación de la ciencia y el saber a intereses que se presentan como «económicos» —¡qué pobre noción de la noble ciencia de la economía, o «ley que rige el gobierno de la casa», entendiendo por «casa» la vida humana!— no conduce a nada de valor perdurable para la humanidad en su conjunto. Un economista en sentido verdadero es siempre alguien con conciencia ética y moral, que se preocupa de lograr —al menos según el más escueto pragmatismo benthamiano— «la mayor felicidad para el mayor número». ¿Optimismo? Sí. ¿Por qué no, si es legítimo? La búsqueda de la felicidad es un postulado expreso tanto en los textos constitucionales americanos y en los ideales del humanismo marxista como en los antiguos textos chinos confucianos y taoístas, por poner sólo tres ejemplos que puede conocer una mayoría. Es posible que la felicidad sea una ilusión, pero a la vez es un motor que impulsa a que las sociedades humanas progresen y no se resignen a aplazar la plena realización de sus miembros, hipotecándola en un incierto futuro transmundano del que nadie ha dado noticias empíricas[7]. La ideología del progreso es una respuesta pragmática a esta confianza en la capacidad humana de emanciparse de los constreñimientos impuestos por una naturaleza que es un medio a la vez favorable y hostil. El progreso es algo tan simple como conseguir que las energías y las facultades de cada individuo, al menos en potencia, no se dediquen en su totalidad al mero hecho de sobrevivir. ¿Qué habrían logrado Aristóteles o Einstein, Leonardo o Beethoven, si su existencia hubiera discurrido en medio de una selva, dedicados a defenderse de las fieras mientras cazaban para lograr el sustento como si de especímenes de Neandertal se trataran?

Este razonamiento tan primario sirve, no obstante, para enjuiciar el presente. Porque cinco sextas partes de la humanidad de hoy viven de un modo que supera en poco los niveles básicos de supervivencia. Quizá aparezca ahora un estadístico puntilloso que diga que mis cifras son exageradas y esgrima los famosos Índices de Desarrollo Humano (IDH)[8] —bastante mal

---

[7] La felicidad transmundana o ultramundana *no es de este mundo* y por eso no puede condicionar las circunstancias objetivas de la vida de la gente en este mundo: felicidad intramundana. Por lo tanto, aquí no hay contradicción teológica con ninguna de las religiones de salvación, que prometen una felicidad en el Más Allá. Políticamente, sí ha interesado durante siglos que la gente se resignara y aceptara con mansedumbre cuantas arbitrariedades, injusticias y desatinos se le antojaran a los poderosos sobre la base de presentar a la existencia terrenal como un infierno o un purgatorio anticipados. Otro recurso consiste en decir que tal «es la voluntad de Dios». ¿De qué «dios»? Desde luego, no del verdadero Dios, que *ama* a sus criaturas.

[8] Indicadores por país, elaborados por el PNUD (Programa de Naciones Unidas para el Desarrollo): vida larga y saludable, educación y nivel de vida digno. Se basa en las ideas de

hechos, por lo que sé— para intentar demostrar que el contraste entre el mundo rico y el mundo pobre no es tan agudo y que los indicadores de bienestar matizan las aseveraciones que se puedan realizar sobre las condiciones generales de vida de nuestros *semejantes* o *prójimos*, tan distantes y tan próximos. Pues bien, incluso sometiendo cuanto digo a una corrección ponderada, ¿qué resulta de ello? ¿Que, en vez de cinco mil millones de personas estamos hablando de tres mil? ¿Es ése un argumento que permita eximir de culpa a los poderosos de este mundo, es decir, las personas con capacidad *real* de decisión para aliviar los sufrimientos y mejorar las condiciones de vida de la gente? Me da igual si los poderosos son liberales, comunistas o socialistas; musulmanes, judíos, hinduistas, cristianos, animistas o ateos; occidentales o tercermundistas; autoritarios o demócratas; militares o civiles. Sólo sé que son *poderosos* y que, las más de las veces, ejercen el poder haciendo gala de estupidez y maldad.

A quien me lea en este momento le digo que, cada día, al despertarme, al acostarme, pienso con compasión[9], angustia e impotencia infinitas en los miles de millones de seres humanos exactamente iguales a mí, que se despiertan y se acuestan cada día, como yo, pero a la intemperie de casuchas infectas, con los estómagos vacíos o rellenos de inmundicias, enfermos, solos, sometidos al terror de cuerpos policiales y militares[10] que los acosan y exter-

---

Amartya SEN, por ejemplo, *Development as Freedom*, Oxford University Press, Oxford, 2001; un contexto mundial: Blanca AZCÁRATE LUXÁN, M.ª Victoria AZCÁRATE LUXÁN, José SÁNCHEZ SÁNCHEZ, *Geografía regional del mundo. Desarrollo, subdesarrollo y países emergentes*, UNED, Madrid, 2010. Propongo leer a BUNGE, *Economía y filosofía*..., *op. cit.*; Willy BRANDT, *La locura organizada. Carrera armamentística y hambre en el mundo*, Círculo de Lectores, Barcelona, 1988; Alan B. MOUNTJOY, *Industrialization and Developing Countries*, Hutchinson University Library, Londres-Melbourne-Sydney-Auckland-Johannesburgo, 1982; Gita SEN y Caren GROWN, *Development, Crises and Alternative Visions (Third World Women's Perspectives)*, Earthscan Publications, Londres, 1988.

[9] La palabra «compasión» tiene bastante mala prensa, justificada en razón del mal uso que se ha hecho de ella, en sentido paternalista, inoperante o incluso resignado. Sin embargo, significa «padecer con», «compartir el padecimiento» de alguien. La capacidad individual de luchar contra las injusticias es limitada, pero eso no impide participar de un sentimiento de empatía-simpatía con quienes sufren, siquiera para adoptar unas coordenadas tanto vitales, como intelectuales, como afectivas, acordes con la realidad de un mundo en el que una mayoría moral de humanidad vive en la indigencia y la violencia. Véase: Ignacio MARTÍN BARÓ, *Poder, ideología y violencia*, Trotta, Madrid, 2003; Enrique DUSSEL, *Política de la liberación. Historia mundial y crítica*, Trotta, Madrid, 2007; Jon SOBRINO, *Cartas a Ellacuría, 1989-2004*, Trotta, Madrid, 2004.

[10] A este respecto, dado que este libro está «vivo» —en tanto que sus lectores efectivos, o los lectores de los «resúmenes» y «apuntes» de autor anónimo que se confeccionan a base de combinar sus ingredientes, me escriben para comentarlo— debo consignar algo tan elemental como que cuando me refiero a «cuerpos policiales y militares» estoy pensando en los que ejercen en países *no democráticos*, las más de las veces como sicarios de dictadores, tiranos, oligarcas, plutócratas, etc., y que en ningún caso aludo a los Cuerpos y Fuerzas de Seguridad del Estado o los diversos Cuerpos de Ejército (Tierra, Mar y Aire) de España, que, hasta donde sabemos sus ciudadanos, sí es un país democrático, miembro de la Unión Europea y otras organizaciones internacionales que exigen, para formar parte de ellas, que ello figure de forma expresa en su Constitución. Quién se dé por aludido a causa de una expresión tan sencilla y pura, plasmada en un texto provisto de tanto compromiso personal, además de situada en el

minan, viendo cómo sus hijos son y serán, desde que nacen hasta que mueren, esa masa informe de una historia que no les pertenece, porque *no pueden salir de su condición*. Para ellos no hay progreso ni justicia ni presente. ¿Cómo va a haber futuro?

Y todavía hay quien, al escuchar o leer esto, lo llame «demagogia» y se retrepe en su sillón pensando que la «mano invisible» de Adam Smith que rige el imaginario libre mercado mundial lo solucionará todo. O que la «dialéctica de la Historia» llevará al colapso final del sistema y se instaurará un nuevo «mundo feliz». Estos personajes justificarán el sacrificio de millones de existencias humanas al destino de misteriosas fuerzas profundas que, según ellos, rigen el devenir y que convierten a estas cosas en inevitables. Apelarán al sentido común de personas «racionales» —o no sentimentales— para argumentar que el mundo no es una Casa de Caridad. Cargarán sobre los pobres la culpa de su destino —bien porque consideran que son «inferiores», bien porque creen que carecen de «conciencia de clase»— como han hecho siempre los poderosos de este mundo, coreados por sus lacayos y festejados por sus verdugos.

Hablaba yo antes de prudencia. Los pacatos convencionales pensarán que estoy siendo «imprudente» por expresarme del modo en que lo hago, cuando no hacerlo sería cometer un grave pecado de imprudencia. Sólo los imprudentes callan y aplauden la injusticia; sólo ellos son incapaces de darse cuenta de la realidad del mundo en el que viven y en el que habitarán sus descendientes. Sólo los imprudentes abogan por una explotación de la naturaleza que la agote y elimine la viabilidad biológica de las especies, la humana y las demás. Sólo los imprudentes son favorables a las guerras para dirimir los conflictos mundiales. Sólo los imprudentes sancionan la impunidad fáctica de la creciente criminalidad transnacional. Sólo los imprudentes propagan una cultura enajenante y de masas, ofuscadora de la inteligencia y negadora de los valores esenciales de la persona humana. Sólo los imprudentes confían en la inestable fortuna de los negocios fáciles y desdeñan la virtud del trabajo, el esfuerzo y el mérito. Sólo los imprudentes manipulan el sagrado código de la vida para engrosar los dividendos de su materialidad inerte. Sólo los imprudentes se olvidan de que las estultas leyes que —por ignorancia, por egoísmo, por mezquindad— imponen a los demás, pueden volverse sobre ellos mismos, con la inexorable crueldad de lo que, ya en origen, está mal hecho.

---

contexto que la envuelve... podría consultar a un especialista en salud mental. Gracias, por lo demás, a los alumnos efectivamente pertenecientes a los estamentos aludidos, que *siempre* han entendido este término con la inteligencia necesaria y presumible en su valerosa profesión. Véase Inmaculada MARRERO ROCHA, *La participación de las Fuerzas Armadas españolas en misiones de paz*, Plaza y Valdés-Ministerio de Defensa-Universidad de Granada, Madrid, 2007; Helena SOLETO MUÑOZ y Milagros OTERO PARGA (eds.), *Mediación y solución de conflictos. Habilidades para una necesidad emergente*, Tecnos, Madrid, 2007.

2. EDUCAR EN LOS LÍMITES DE UNA CIVILIZACIÓN: LAS FRONTERAS CULTURALES

A finales del siglo XVIII, Malthus propuso una «lección del futuro» consistente en achacar los males previsibles del mundo por venir a un exceso de población mundial, que crecía en proporción geométrica respecto a la disponibilidad de recursos materiales[11]. Lo cierto es que el avance tecnológico ligado al progreso de las ciencias ha difuminado en cierta forma aquellos siniestros presagios. Hoy se sabe que, de momento, existen recursos materiales para subvenir las necesidades de toda la humanidad. La catástrofe del hambre mundial proviene de una pésima distribución, en la que intervienen múltiples factores perturbadores y aun destructivos: factores políticos, económicos, sociales y culturales. Pero resolver el hambre del mundo significa no resolver casi nada si no se emprenden otras actuaciones que no son complementarias sino tan esenciales y decisivas como acabar con la inanición material de millones de personas. Me refiero a la educación y este factor no sólo tiene que ver con una cuantificación de conocimientos y habilidades que permitan a los individuos ganarse el sustento de un modo que trascienda a la mera supervivencia, sino con actitudes básicas de la vida. Este concepto de educación comprende y compromete a la sexualidad y la procreación responsable, al ejercicio de la paternidad y la maternidad como actividades esenciales de la persona humana[12], a la transmisión de valores éticos, morales

[11] MALTHUS, *Primer ensayo sobre la población…*, *op. cit.*

[12] Por ejemplo, Alfred Jules AYER, *El concepto de persona*, Seix Barral, Barcelona, 1969; sobre todo, María ZAMBRANO, *Persona y democracia…*, *op. cit.*, pp. 145-167. De nuevo como condición de un libro «vivo» vayan ciertas precisiones sobre esta expresión que conmociona/conmueve a ciertos lectores, en varios sentidos. Hay quien se escandaliza y hace bromas sobre el término «persona humana»: «Jo [con perdón], ¿acaso hay otra?» Pues sí: hay personas jurídicas, por ejemplo, esa «sociedad anónima» que quizá le cause a usted tantos desvelos, formada a su vez por «personas físicas», sí, las del IRPF... En origen, *persona* (en latín) es la máscara del teatro que sirve para identificar al *personaje*. Respecto de la «paternidad y la maternidad responsable» que cada cual lo entienda según sus criterios religiosos, morales, éticos, filosóficos, ideológicos; yo tengo los míos. Eso no significa que vaya a ocultarlos pero tampoco que vaya a imponerlos: sería inmoral e indigno. No obstante, enmascarar lo que uno piensa equivale a cometer un fraude con los lectores. Vaya este ejemplo, del que cualquiera puede discrepar, según lo antedicho. Para mí, «responsable» significa anteponer *siempre* el bienestar y la felicidad de la criatura —que no viene a este mundo por decisión propia sino porque dos adultos la engendran— a los de sus progenitores/sociedad circundante. Junto con otras cuestiones que obvio, sociológicamente eso puede significar algo como «cumplir la ilusión» de ser madres y padres fisiológicos (no de otro tipo) sin reunir las condiciones (de todo tipo) para ello, como quien «redecora» su vida. En el mundo nacen millones de niños, paridos en medio del abandono por madres apenas púberes, que están condenados a la miseria de antemano: *ontológicamente* son *iguales* a cualquier otro ser humano. La responsabilidad corresponde en este caso a los progenitores directos, pero también a las sociedades y los dirigentes (nacionales, mundiales) que no sólo lo toleran sino que promueven tanto ciertas experimentaciones como la violencia del mundo. Escribo esta nota (mayo 2013) en el momento en que la FAO, la Organización de Naciones Unidas para la Agricultura y la Alimentación y la Red Alerta por el Hambre (Fews-Net) informan de que unos 260.000 somalíes murieron de hambre entre octubre de 2010 y abril de 2012: la mitad eran niños menores de cinco años. La carestía derivó de una sequía en el Cuerno de África, agravada por la guerra y el desorden

y culturales consistentes, a la conservación del patrimonio material e inmaterial de las diversas culturas, grupos y sociedades. Tranquiliza la conciencia de todos los ciudadanos bien pensantes el saber que existen organizaciones en el mundo que distribuyen alimentos, sanean las instalaciones urbanas y medioambientales, mejoran la asistencia sanitaria, construyen infraestructuras básicas de transportes y comunicaciones, ayudan a celebrar elecciones democráticas, median en los conflictos internos e internacionales, protegen a los migrantes y desplazados, denuncian las violaciones de los derechos humanos... Y esto, que es muchísimo —es «todo», en realidad, cuanto se puede hacer— no es «nada» si uno no va más lejos y se atreve a hundir el dedo en la llaga de los males de este mundo, como santo Tomás[13], el que dudaba, y que así *conoció* y *supo*.

Hace ya muchos años, Erwin Schrödinger, uno de los físicos más importantes del siglo XX, hablaba de esto. Su discurso no es fácil ni sensiblero; no halaga a mentalidades confusas y conformistas, que creen que el ser humano sólo necesita un estómago lleno para ser feliz y realizarse existencialmente[14]. Un niño hambriento y sucio de los que asoman en las campañas de los medios de comunicación para despertar la conciencia solidaria de la gente es un «icono», es decir, una imagen sagrada que compendia cuánto hay de potencialmente puro, santo e incontaminado en el corazón del ser humano psicológicamente «normal». Sin embargo, «ese mismo niño», ya no como representación concreta sino como símbolo abstracto, es la persona adulta a la que vemos, en el reportaje o noticiario siguientes, con un fusil o un machete en la mano derecha y un despojo humano sangrante en la izquierda, sonriente por efecto de drogas artificiales, o de esa droga embriagadora y espontánea que es el mal, en términos absolutos. Sólo han pasado unos años entre una imagen y la otra; a veces, ni siquiera eso, pues hay, cada vez más, ejércitos enteros de «niños soldados». Lo que nos conmueve y enternece en un momento, nos repugna y repele en el siguiente. El intervalo —artificialmente «construido» por efecto del proceso de la comunicación— es el que cuenta. Y eso es a lo que yo me refiero: no basta con alimentar a las personas, con evitar que mueran en la infancia, con darles vivienda y medicinas. Es necesario *educar*. Sólo la educación transforma de verdad las condiciones de vida. Sólo la educación impide —al menos, tiene alguna probabilidad de ello,

---

permanente somalíes desde 1991: derrocamiento del dictador Mohamed Siad Barré. El país, en manos de señores de la guerra adscritos a un clan y de otras bandas de delincuentes armados, ha carecido durante 22 años de un gobierno regular. Ahora vive una transición política auspiciada por la ONU, con un presidente electo (Hasan Cheik Mohamed) desde septiembre de 2012.

[13] Apóstol de la India, con comunidades como los «cristianos de santo Tomás» en torno a Kerala desde los primeros siglos; una parte llegó de Persia. Con eurocéntrica arrogancia, ciertas personas actuales se arrogan la evangelización de los «paganos indios» cuando, según la crónica apostólica, santo Tomás y Santiago el Mayor representan *lo mismo*.

[14] Erwin SCHRÖDINGER, *Mente y materia*, Tusquets, Barcelona, 1990. Este librito, que no llega a las cien páginas, es un monumento a la inteligencia humana sin más. Otras obras: *Idem*, *Mi concepción del mundo*, Tusquets, Barcelona, 1988; *Idem*, *Ciencia y humanismo*, Tusquets, Barcelona, 1985. A su lado, gran parte de los libros —como éste— parece prescindible.

a lo largo de *por lo menos* un par de generaciones— que nazcan niños para ser abandonados, para ser explotados y vendidos, para ser convertidos en soldados o en esclavos.

De esto, en la bárbara Europa, asolada por guerras durante siglos, sometida a crueles dictaduras e imperios, condenada a la explotación económica y a genocidios históricos, se sabe mucho. Han hecho falta muchos muertos y muchas revoluciones y muchos textos didácticos para que los europeos —una mayoría— hayan llegado a ser —o a creerse— más o menos humanitarios y a convencerse de que muchas de las viejas cosas que los hombres han hecho como lo más natural del mundo son un delito contra la humanidad. El concepto de «infancia», no se olvide, es muy reciente; data de la Ilustración, a partir de las tesis de Jean-Jacques Rousseau o de Johann Heinrich Pestalozzi, entre otros[15]. La esclavitud fue abolida formalmente en 1815-1830, aunque perdura. La proscripción de la guerra se realizó, en términos universales, en 1945, con la creación de las Naciones Unidas, pero continúa. La Declaración Universal de los Derechos Humanos es de 1948 y, aunque ampliada y crecientemente positivada en textos legales, está bastante lejos de constituir en términos efectivos un código ético de competencia planetaria uniforme. Amplias zonas del mundo la rechazan por «logocéntrica», entendiendo que «atenta» contra sus creencias y hábitos, muchos de ellos auténticamente salvajes. Alegan la preservación de un patrimonio cultural o religioso que, sin embargo, sólo se materializa en ese punto concreto, que es el que podría emancipar y beneficiar realmente a las poblaciones. Por su parte, en un plano universal, son muy pocos los regímenes que aplican, tutelan y respetan *de verdad* los contenidos de la Declaración Universal de los Derechos Humanos, fundamento de un auténtico bienestar… que sólo significa «estar bien»[16].

Pero, ¿qué es «estar bien»? El bienestar material, aun complicadísimo de lograr, es, por así decirlo, un acto de consecución inmediata. Sólo hacen falta medios económicos y una voluntad de imponerlo. Esto es muchísimo, pero no es suficiente si lo que se persigue es lograr una vida humana íntegra y completa, armónica con el entorno natural. Algunos creen que basta con hacer llegar a donde se precisan víveres, medicamentos, materiales de construcción, infraestructuras eléctricas, telefónicas o viarias, técnicos y expertos, instalaciones de todo tipo. En el mundo contemporáneo sobran estas cosas, por mucho que determinados economistas hablen de la administración de los bienes escasos como de la justificación de su ciencia. Lo que falta son los educadores. Falta la aplicación efectiva de proyectos de desarrollo humano que vean más allá de la supervivencia contingente y sean capaces de establecer las condiciones reales de la vida de la especie humana en el planeta. Se trata además de inculcar la conciencia de los deberes más que la de los de-

---

[15] Jean-Jacques ROUSSEAU, *Emilio, o de la educación*, Alianza, Madrid, 2005; Johann Heinrich PESTALOZZI, *Cartas sobre la educación infantil*, Tecnos, Madrid, 1996.

[16] Una visión monádica: Alan S. ROSENBAUM (ed.), *The Philosophy of Human Rights: International Perspectives*, Greenwood Press, Londres, 1980.

rechos. A los que proponen que una justa distribución de los recursos materiales del planeta permitiría mantener a una humanidad de diez mil millones de personas habría que preguntarles: ¿qué nueva clase de estupidez visionaria es ésa? ¿Qué sentido tiene? ¿Qué sentido tiene explotar, hasta extenuarla, a una naturaleza limitada? ¿Qué fantasía totalitaria es ésa que pretende trasplantar la humanidad de un planeta Tierra exhausto a otro del mismo —o de otro— sistema solar por pura soberbia fáustica? ¿Por qué no ser «realistas», en el verdadero sentido de la palabra, y abordar la *realidad* concreta del mundo en que vivimos?

Desde la caída del Muro de Berlín —que no se cayó sino que lo derribaron— y el final del enfrentamiento entre los bloques ideológicos antagónicos durante la Guerra Fría, la gestión del bienestar y el desarrollo humanos ha adquirido rasgos diferentes. Ya no se trata de competir entre dos modelos de sociedad ni de debatir sobre las vías de acceso a ellos. No sirve de nada el esquema de Primer, Segundo y Tercer Mundo, pues ninguna de estas cosas significa nada en este momento. Sólo quedan *The West* y *The Rest*, Occidente y El Resto. Sin que Occidente responda tampoco a una demarcación territorial específica. Occidente es una especie de estadio de progreso logrado en forma de bienestar generalizado (necesidades materiales básicas, además de educación, sanidad, seguridad y libertades), de acceso garantizado a bienes y servicios a su vez garantizados, de difusión de la tecnología y de la ciencia, en suma, de pertenencia al círculo privilegiado de los que están incluidos en una civilización hegemónica en términos de dominio prácticamente absolutos. Ser occidental es ser «rico» en términos existenciales, obviamente con diversos grados de fortuna. El pobre o marginado occidental *en* Occidente posee unos derechos básicos garantizados que representan, por principio, un *Eldorado* para una mayoría de los desfavorecidos del mundo; ésa es la causa principal de las migraciones actuales. Ser occidental no es ya tampoco ser blanco, o caucasoide, o europeo, o norteamericano, o australiano, o argentino… o japonés. Son «occidentales» —o están occidentalizadas— *todas* las élites mundiales, de cualquier etnia o raza, nacionalidad, religión, cultura, siempre que dispongan de los medios materiales para acceder a los beneficios de Occidente. Las clases de ricos, potentados, dirigentes, tecnócratas, gobernantes… de cualquier país del mundo «pertenecen» a Occidente en tanto que forman una especie de «clase alta» transnacional que es aceptada universalmente y que no tiene problemas de ingreso en ningún país «civilizado», entre otras cosas, porque puede «pagárselo». En vez de inmigrante, ese miembro de las élites es turista o residente temporal privilegiado (expatriado); en un momento dado, por intereses particulares, puede incluso nacionalizarse como ciudadano del Estado de residencia. Da igual si es árabe, indio, chino, congoleño, maorí, maya o esquimal. La cuestión estriba en preguntarse por qué esa minoría puede occidentalizarse y la mayoría de las poblaciones de sus naciones de origen es condenada a integrar los miles de millones de personas que conforman *The Rest*. Pero esto no es todo. ¿Qué sucedería con los recursos del planeta si la humanidad en su conjunto viviera según los esquemas de un Occidente despilfarrador, insolidario e inconsciente? En el presente ya asoman algunos de los rasgos de esa situación y, de nuevo, la carga de la culpa se achaca a los pobres, por su deseo de emular a los ricos…

Hoy existe, en exclusiva, un modelo de sociedad determinado por los criterios de la civilización occidental en lo que ésta tiene de generalización de un bienestar material, moderación y homogeneización de las costumbres, implantación de un sistema político democrático, aplicación de un sistema económico liberalizado y adopción de un sistema legal fundado en los principios del Derecho común occidental, con referencias normativas a la ideología de los Derechos Humanos. A este modelo, cristalizado en un *The West* genérico, las culturas y civilizaciones comprendidas en *The Rest* —algunas de ellas, anteriores a la occidental e incluso superiores a ella en otros períodos históricos— le contraponen débiles esquemas que no pueden competir en sus determinaciones más profundas. El progreso es lo que es[17]. Sin ser lineal —esto es, sin estar exento de retrocesos e interrupciones— lo cierto es que constituye un fenómeno global que, para colapsarse, necesitaría de una catástrofe irreversible e irreparable —como una conflagración nuclear sumada a un desastre natural impredecible (terremoto, impacto de meteorito, cambio climático acelerado, etc.)— que supusiera algo semejante a la hipótesis sobre la extinción de los grandes saurios[18]. Frente a Occidente, otras áreas de civilización aspiran a proponer modelos de sociedad conformes con otros principios. Ulrich Beck y Jürgen Habermas —además de otros autores que se plantean la virtualidad de un cosmopolitismo del siglo XXI, como Arjun Appadurai— presentan un nuevo esquema. En él, además del modelo de Modernidad que es la base de Occidente como civilización mundial, se darían las circunstancias —generadas de forma autónoma en vez de la heterónoma hasta ahora vigente— para hacer frente a una Segunda Modernidad (*Zweite Moderne*)[19]. Esto implicaría que civilizaciones que no son la occidental realizaran por sí mismas un proceso de transformación creativa que les permitiera, desde sus propios códigos y convencionalismos culturales, abordar con éxito los retos de integrar el saber científico y tecnológico —que es indispensable para desenvolverse en un mundo que no puede retroceder a la Edad Media— en su propio entorno. Por supuesto, estas civilizaciones tendrían que desmantelar algunas cosas, empezando por todo el fárrago de supersticiones —no sus auténticos valores y creencias— que les impiden de antemano aceptar que la ciencia es una forma superior de conocimiento y

---

[17] «Sobre todo, lo que en sí tiene el progreso es que siempre parece mucho mayor de lo que es en realidad» (*überhaupt hat der Fortschritt das an sich, daβ er viel gröβer ausschaut, als er wirklich ist*): este versito irónico del famoso actor vienés Johann Nestroy encabeza las *Investigaciones filosóficas* de Ludwig WITTGENSTEIN, Crítica, Barcelona, 1988.

[18] La hipótesis (década de 1980) es de Walter Álvarez, hijo de Luis Álvarez, Premio Nobel de Física. Los grandes saurios dominaron en el Jurásico (hace 220-140 millones de años), disminuyeron en el Cretácico (141 millones de años) y se extinguieron en el límite del Cretácico-Terciario (65 millones de años). Se supone que entonces cayó un asteroide de 6 a 15 kilómetros de diámetro. Hubo extinciones masivas de otros animales característicos.

[19] BECK, *Der kosmopolitische Blick…*, *op. cit.*; HABERMAS, *Der gespaltene Westen…*, *op. cit.*

que la dignidad de la persona humana —por sí misma, con independencia de su adscripción sexual, religiosa, tribal, familiar, nacional, racial, étnica— es un valor esencial e inajenable de una vida *en este mundo* —no en el Más Allá— que merezca tal nombre.

El cuestionamiento más visible y definido de la civilización occidental proviene del fundamentalismo islámico, que aúna los valores religiosos tradicionales y un uso congruente de los beneficios de la civilización occidental, en especial, en la vertiente tecnológica: medicina y sanidad, información y comunicación, desarrollo militar y estratégico, gestión económica y financiera, transportes e instalaciones, urbanismo y arquitectura, bienes de consumo, alimentación, todo ello adaptado a los preceptos del Corán y su normativa derivada. Su propósito, tal como se desprende de sus manifestaciones públicas, es, primero, suplantar a Occidente como rector hegemónico del mundo, y eliminarlo después para imponer su ideal teocrático en todo el planeta. Como religión de salvación[20] propugna una conversión universal a su credo, que no excluye *a priori* a ningún ser humano. Ya en el Medioevo el mundo musulmán realizó su propio debate interno sobre las relaciones entre fe y razón a través del aristotelismo de Averroes, en momentos de auge cultural que no descartaba asimilar otras formas de pensamiento ajenas a sus orígenes en la Península Arábiga; la labor, en todo caso, fue iniciada por Al-Fârâbi en la Bagdad del siglo X[21]. La Segunda Modernidad propuesta por Beck tal vez tuviera aquí un campo de desarrollo potencial nada desdeñable. La filosofía de Aristóteles, traducida por Averroes y difundida y debatida en las universidades occidentales en la propia Edad Media —la Sorbona en particular— marca el arranque del pensamiento racionalista que es la matriz del conocimiento científico contemporáneo, característico de Occidente. Ésta y no otra es la pauta evolutiva de la difusión cultural y civilizatoria, sin determinismo, aunque ligada a causalidades definidas por hechos históricos.

En cualquier caso, el retorno a supuestas fuentes incontaminadas de cualquier tradición es ontológicamente imposible. Una vez que éste se produce, ninguna civilización actual es capaz de resistir el desafío de la ciencia y la tecnología avanzadas, de raíz occidental[22]. De hecho, civilizaciones tan antiguas, perfectas y sabias como la china, la japonesa, la coreana, la india... han

---

[20] Es sabido que existen religiones de salvación —sobre todo, las tres monoteístas denominadas «del Libro»: judaísmo, cristianismo, islam— y de liberación, que necesariamente no comportan creer en un Dios personal salvador.

[21] Abu Nasr al-FÂRÂBI, *La Ciudad Ideal*, Tecnos, Madrid, 1995, con una presentación de Manuel Cruz Hernández.

[22] No hablo en ningún caso de «choque de civilizaciones» y tampoco de «alianza». Las civilizaciones —remito a Fernand Braudel, Arnold J. Toynbee, Alfred Weber, Ludwig von Bertalanffy, Pitirim A. Sorokin, Karl Jaspers, Frederick C. Copleston, Ernst Cassirer...— son grandes magnitudes de la sociabilidad humana, dilatadas en el espacio y en el tiempo, que conviven en mutua simbiosis, siendo mucho más frecuentes las mezclas, contagios, emulaciones e imitaciones, interacciones e intercambios, transformaciones... que los choques o enfrentamientos, obra de los pueblos y sus dirigentes, los belicistas en especial. Determinados contextos culturales, civilizatorios y religiosos sancionan positivamente el uso de la fuerza y el empleo de la violencia en sus relaciones políticas y sociales —internas y exteriores—, pero, como tales,

sabido conciliar sus valores milenarios y la asimilación de la ciencia occidental. El proceso no ha sido nada fácil; es más, ha sido muy traumático y ha comportado millones de víctimas, imputables tanto a la insensatez de una tradición mantenida a ultranza como a la de una modernización impuesta de forma dictatorial. Estos procesos no han concluido y quizá haya que esperar siglos a que se completen, produciendo el apasionante fenómeno de las síntesis culturales y civilizatorias, uno de los medios que la especie humana en su conjunto posee para evolucionar como tal. No se trata, pues, de patrimonializar nada sino de ver con mirada atenta, asombrada y, en el fondo, esperanzada, cómo los seres humanos desarrollan su vida en el ecúmene global[23].

Podemos ver en la televisión a mujeres vestidas con *burka* que trabajan en un laboratorio y podemos pensar lo que queramos sobre su emancipación real o supuesta. Podemos escandalizarnos de que no conduzcan automóviles o de que sean lapidadas los viernes en cualquier plaza pública del mundo musulmán por una sospecha de adulterio. Podemos creernos que las poquísimas que llevan la cabeza al descubierto son más libres y felices que las que van tapadas hasta los pies... Las mujeres occidentales no llevamos velo, pero seguimos comportándonos como imbéciles en nuestra vida cotidiana. La tiranía de la moda[24], ligada a cosas tan sutiles como la autoestima y los afectos, nos lleva a utilizar prendas de vestido que limitan y constriñen nuestra capacidad de actuar en el mundo. ¿Alguien es capaz de pensar y desenvolverse bien encaramado sobre unos tacones de más de seis centímetros, atrapado en una falda estrecha y socialmente obligado a practicar una anorexia

---

las culturas y las civilizaciones ni «luchan» ni se «alían», porque, entre otras cosas, carecen de titulares jurídico-político-institucionales que las representen en su totalidad.

[23] A título personal, soy una «occidental» muy consciente de la suerte que tiene de serlo en el plazo de vida que se le ha concedido para habitar en este planeta. Pero, con la mirada puesta en la evolución de la especie, me tiene sin cuidado qué civilización sea la que prepondere en el futuro. Lo único que me preocupa, en consonancia con la literatura de ciencia-ficción, es que los terrícolas del futuro sean hormigas, cucarachas, ratas o aun bacterias, y que haya que esperar unos cuantos cientos de milenios más a que éstas atraviesen, si es que ello es posible, el estadio de pez, anfibio, ave, mamífero... hasta llegar al simio y luego al hombre. ¡Eso sin contar con las insospechadas posibilidades especulativas que brindan los impactos de meteoritos y demás!

[24] No es asunto nada trivial en términos políticos internacionales: se asocia a cosas tan serias como los acuerdos de textiles del GATT, que mueven estructuralmente economías decisivas en la gestión global del planeta. De hecho, Colbert, Marx y Gandhi coincidieron en examinar de forma exhaustiva el papel del «aliño indumentario» —por su vinculación con las industrias afines— en procesos políticos y económicos de tanta envergadura como el mercantilismo, el capitalismo y la descolonización. Piénsese por un momento en el volumen de actividad y gestión que esto comporta a escala mundial, desde los cultivos y la invención de fibras y materiales sintéticos hasta el procesamiento industrial, la confección, la distribución, la venta, la publicidad, la cultura... Seguir el trasiego de la «ropa usada» occidental por los circuitos de su comercialización y distribución planetarias es un proceso revelador de las estructuras de todo tipo —tácitas y explícitas— que gobiernan las transacciones mundiales. Por otro lado, los pormenores de este tráfico deberían figurar en la información que las organizaciones «humanitarias» y «caritativas» —según «talante» de cada cual— difunden entre sus donantes. ¡Habría más de una sorpresa!

encubierta? Esta tiranía fuerza a millones de mujeres a dedicar energías enormes a su aspecto físico para alcanzar el dudoso privilegio de algo tan elemental como es trabajar en un medio no doméstico, el único sistema efectivo en términos sociales para salir de la condición «eterna» de subordinadas[25]. ¿Están emancipadas realmente? ¿Acaso no están tan enajenadas como las musulmanas que vitorean a sus dominadores? Calificadas las mujeres como «hijas de la Ilustración», el progreso en sentido auténtico es la mejor baza para lograr que una mayoría amplia de la humanidad —en torno al 52 por 100 demográfico— alcance la realización de un potencial de valor incalculable en beneficio de una transformación básica de supuestos generalizados en la mayor parte, en términos absolutos, de las civilizaciones mundiales vigentes. La denigración del género femenino es, hoy por hoy, un hecho —no un mero fenómeno— universal en el planeta Tierra. Dentro del debate «Occidente-El Resto» y los modelos de civilización posibles, ¿ofrece el fundamentalismo —islámico, judío, cristiano, hinduista... además de todos los demás[26]— un modelo de civilización que haya que temer? En principio, parece tan poco atractivo para, por lo menos, la mitad de la humanidad representada por el género femenino que no cabría augurarle un futuro prometedor a largo plazo. Eso no significa que en la inmediatez del presente la cólera no inflame a unos patriarcados enfurecidos que, sintiéndose amenazados, reaccionan con una violencia proporcional a su impotencia. En su favor lo único que se puede decir es que su furia es explícita y clara, mientras que la de algunos dirigentes pretendidamente liberales o progresistas es mucho más perversa por ser más sutil, enmascarada en un lenguaje «políticamente correcto» que encubre situaciones de discriminación real y efectiva.

Lo cierto es que ni pasado ni presente pertenecen a las mujeres, secuestradas por sistemas religiosos, políticos, sociales y culturales que no les favorecen en nada como género, y que, por otro lado, ellas mismas contribuyen a eternizar si no emprenden una revisión completa de sus supuestos. La ciencia y la técnica van a favor de las mujeres; las liberan de tener que demostrar fuerza física, les regalan tiempo y energía que pueden dedicar a perfeccio-

---

[25] Sin que por ello se produzcan, en muchas mujeres, las condiciones psicológicas (mentales, intelectuales, afectivas) de una emancipación real. Son demasiadas las profesionales competentes que siguen atadas a los convencionalismos de la «protección» patriarcal, uno de los cuales es la «cooptación». Esto incluye, en determinadas ocasiones, la utilización de las denominadas «armas de mujer» —en diversos sentidos: desde el «sentimental-maternal» hasta el «calculador-oportunista»— para llevar adelante una carrera «prometedora». El remedio de los males del mundo está en la inteligencia, masculina, femenina... y «neutra». Panorama general objetivamente definido: OCKRENT, *Le livre noir de la condition des femmes...*, *op. cit.*, VAN DER GAAG, *The No-Nonsense Guide to Women's Rights...*, *op. cit.* Propuestas reflexivas: BADINTER, *XY. De l'identité masculine...*, *op. cit.*; BUTLER, *Deshacer el género...*, *op. cit.*; CORIA, *El sexo oculto del dinero. Formas de la dependencia femenina...*, *op. cit.*; CROCI y VITALI, *Los cuerpos dóciles. Hacia un tratado sobre la moda...*, *op. cit.*; TOURAINE, *Le monde des femmes...*, *op. cit.*; BOURDIEU, *La dominación masculina...*, *op. cit.*

[26] El fundamentalismo va más allá de la religión: vital, cultural y político, por lo menos. Disertación con referencias bibliográficas precisas en mi «Perspectivas sobre el hecho religioso en el sistema mundial contemporáneo...», *op. cit.* y «El presente distante. Fundamentalismos y multiculturalidad en un mundo globalizado...», *op. cit.*

narse, facilitan su incorporación al denominado «mercado laboral»[27]. ¿Por qué son tan pocas las que se dedican a ellas? Los sociobiólogos y otros investigadores sociales ofrecen la siguiente respuesta: el organismo femenino no está fisiológicamente capacitado para ello, así como tampoco para determinados deportes y actividades que exigen fuerza… y agresividad (testosterona, entre otras hormonas)[28]. Según este esquema, las hormonas interactúan de forma contundente con los procesos cognitivos, estando además el sistema neurológico femenino condicionado de antemano para cumplir con funciones primordialmente reproductivas. Así ha sido la evolución de los primates, animales sociales de los que descendemos… ¿o *ascendemos*?[29].

---

[27] Palabra de por sí elocuente de la degradación de la sociedad.

[28] Michael RUSE, *Sociobiología*, Cátedra, Madrid, 1989; Edward O. WILSON, *Sobre la naturaleza humana*, FCE, México, 1991; Louann BRIZENDINE, *El cerebro femenino*, RBA, Barcelona, 2007.

[29] La locomoción bípeda, el aumento del tamaño del cerebro, el desarrollo de la denominada «estrategia [reproductora] K» (menor tasa de natalidad + mayor espaciamiento de la reproducción + mayor incremento en el cuidado de la prole) caracterizan a los antropoides modernos. El factor a tener en cuenta es que durante todo el Cenozoico (desde *ca.* 70 millones de años hasta el Mioceno) los primates mostraron una tendencia creciente hacia K en su estrategia reproductora. A medida que las madres antropoides evolucionaban y podían ofrecer cuidados maternales mejores, el porcentaje de supervivencia de sus hijos (comparado con el de los de otras madres menos solícitas), aumentaba. Se trata de un complejo circuito retroalimentario. En términos evolutivos los cuidados maternales son un factor selectivo que aumenta la probabilidad de que madres mejores críen mejor a sus hijos: la tendencia genética de la población se inclina a «producir» madres «mejores». Pero esta solicitud exige otras cosas además. Demanda un coeficiente de inteligencia mayor en la madre, que no puede incrementar los cuidados a sus hijos si no está intelectualmente capacitada para ello. Esto implica un mayor desarrollo cerebral, no sólo en la madre, sino sobre todo en la hija que también lo será. Dar a luz un niño de cerebro grande exige mucho oxígeno y el paso de una cantidad considerable de energía a través de la placenta: esto supone una gran inversión por parte de la madre, pues un hijo de gran cerebro no puede desarrollarse fuera del útero. ¿Por qué? El sistema neurológico de un niño así debe estar lo bastante maduro en el momento del parto. Por otro lado, un niño no puede aprender si no tiene un cerebro ya bien formado en el momento de nacer; en caso contrario, sucumbirá ante las primeras pruebas de la vida. Ello conduce a que la madre deba asumir gran parte de ese desarrollo dentro de su propio cuerpo. Pero su capacidad de transferir energía a su hijo es también limitada. El resultado de perseguir evolutivamente como especie un cerebro tan grande es que se tengan menos hijos que otros animales (ostras, ranas, peces...). Por lo tanto, si uno ha de tener menos hijos es preferible tener un cerebro grande y así poder cuidar de ellos. Y el circuito sigue envolviéndose. Además de circular es multipolar, con muchos rasgos que se refuerzan entre sí. Si un hijo ha de tener un cerebro grande hay que darle tiempo para que pueda utilizarlo antes de que tenga que enfrentarse él solo con el mundo: esto supone una niñez prolongada. La mejor forma de aprender en la infancia es jugar: esto implica tener compañeros de juego y también un sistema de grupos sociales que los aporten y aseguren las condiciones para realizar esta actividad. Vivir así supone aprender un comportamiento social aceptable y éste sólo se logra si uno es inteligente. De manera que el comportamiento social se relaciona con el coeficiente de inteligencia. La «estrategia K» se contrapone a la «estrategia r» que siguen otros animales, simplificada como «producción máxima de huevos sin cuidados parentales» (anfibios, peces, etc.). Otras especies (algunos pájaros, los lobos…) se reparten las tareas del cuidado de la prole de un modo más paritario que los primates. Véase la obra de los paleo-antropólogos Donald JOHANSON y Maitland EDEY, *El primer antepasado del hombre. Lucy, el esqueleto del homínido más antiguo conocido hasta hoy*, Planeta, Barcelona, 1990, pp. 284-288.

Si *ascendemos*, el determinismo quedaría descartado o, al menos, podría rectificarse. ¿O no? En un plano ideológico, los sistemas conservadores tienden a presentar como *natural* —luego, inmanente, inamovible, eterno— lo que es *social* —esto es, variable, amovible, contingente— para eludir explicaciones sobre usos, costumbres, leyes, convenciones, que sirven para perpetuar un orden —o expresión de poder y dominio— que les convienen, tanto para producirse como para reproducirse y perpetuarse. Lo que no se puede ignorar —ni nosotros los occidentales, ni aquellos que no lo son— es que las estructuras caducas pueden tardar más o menos en desaparecer, que sus estertores y agonía serán dolorosos y prolongados, pero que terminarán al fin. Los procesos de cambio cultural son lentísimos. Lo único que podría terminar con la civilización occidental en este momento sería un colapso inducido por ella misma, si es que también ella misma no es capaz de generar las instancias positivas —individuales y colectivas— que lo impidan. Y estas instancias positivas son, por ejemplo, los fenómenos de respuesta social a las catástrofes que recurrentemente asolan a diversas partes del mundo, naturales unas veces y humanas, otras. Por mucho que sus sistemas ideológicos utilicen los medios de comunicación de masas para disfrazar cuanto emprenden, los dirigentes de la política mundial disponen de amplios márgenes para actuar mal, como, de hecho, lo hacen. Pero también existen, cada vez más y como resultado de unos programas educativos en vigor desde la Ilustración, sectores de la población mundial que no sólo es que *crean* en el concepto de humanidad, sino que están dispuestos a *defenderlo*. Su acción es dispersa e imperfecta, está sujeta a oscilaciones y desafecciones, pero existe y se manifiesta. En términos numéricos es seguro que comprende a una cantidad de personas muy limitada, pero significativa. Estas personas se adhieren a dos principios fundamentales, que sintetizo como esperanza y responsabilidad. El Principio Esperanza, acuñado por el filósofo humanista y marxista Ernst Bloch, puede reformularse de forma más abierta y menos ceñida al dogmatismo del materialismo histórico como posibilidad cierta de una vida mejor gracias a los propios esfuerzos de la especie humana. El otro, el Principio Responsabilidad, enunciado por el filósofo moralista y liberal Hans Jonas, es susceptible también de una reelaboración más positiva y menos condicionada por el pesimismo antropológico de una parte del judaísmo demasiado apegada a la figura de Job. Implica la noción de conciencia y de deber, actitud mucho más constructiva que la mera asunción de la culpa y el castigo por los desmanes cometidos[30]. En cualquier caso, ambos principios están ligados a la noción de «tiempo histórico». Y éste al de «caducidad».

---

[30] Ernst BLOCH, *El principio esperanza*, 2 vols., Aguilar, Madrid, 1979; Hans JONAS, *Das Prinzip Verantwortung. Versuch einer Ethik für die technologische Zivilisation*, Suhrkamp, Fráncfort del Meno, 1984. Ambos son de origen judío y alemán, con un elevadísimo compromiso intelectual, moral y ético con el mundo. Sus obras, abstrusas y de difícil lectura, son referencias básicas de la filosofía del siglo XX. No hacen concesiones al vigente ensayismo fácil.

3. FECHAS DE CADUCIDAD

Las concepciones del mundo configuran al propio mundo en gran medida. Un mundo natural, dejado a sí mismo, evoluciona de un modo diferente a un mundo culturalmente determinado. La cultura es el predicado más extenso de cuantos se pueden realizar sobre la existencia humana, pues el hombre lo es en tanto que da el paso de *natura* a *cultura*: ésa es su hominización. Esto no significa una oposición entre ambas, sino un grado entre una condición y otra. Las concepciones del mundo, llamadas en alemán *Weltanschauungen*, tienen períodos de vigencia que dependen del grado de conocimientos que una época y una cultura tienen sobre el mundo circundante. Hay concepciones del mundo ideadas y construidas por individuos aislados, conocidos por ser grandes filósofos, sabios, científicos o ideólogos, que impregnan con su sentido a épocas y sociedades completas. Y hay concepciones del mundo que responden a sistemas culturales generales, a los que traducen mediante complejos códigos simbólicos, y que sirven a los individuos para formarse, a partir de ellos, sus propias concepciones particulares. Las concepciones del mundo sintetizan los conjuntos de ideas, conceptos, teorías, valores, suposiciones, creencias... que un individuo o una sociedad proyectan sobre el mundo en el que viven y que constituyen su marco cognitivo general de referencias, tanto para interpretarlo, como para conocerlo, como para actuar sobre él. Hay concepciones del mundo con un marcado carácter religioso, aunque no deben confundirse con las religiones. Hay concepciones del mundo fuertemente volcadas hacia el saber científico, pero no deben considerarse equivalentes a las ciencias. Hay concepciones del mundo que elevan a categoría superior el cultivo de las artes y la belleza, si bien no son equiparables a estilos artísticos o a modelos estéticos. Hay concepciones del mundo cuya determinación es en todo política o ideológica, aunque no son asimilables a sistemas políticos o ideológicos en sí mismos. Las concepciones del mundo son las visiones generales y de síntesis que las religiones, las ciencias, la estética, la política o la ideología, a su vez conjugadas en otra síntesis, proyectan de forma sistemática como conjunto de predicados realizables sobre el mundo. Muy bien recogido está su esquema en el estudio de Jakob Burckhardt sobre la cultura del Renacimiento en Italia (*Die Kultur der Renaissance in Italien*, 1860). En él se vislumbra perfectamente cuál era la *Weltanschauung* de las gentes principales que configuraron aquel período extraordinario.

Ahora no está de moda hablar de *Weltanschauungen*, lo que sí era corriente en los textos filosóficos, incluso divulgativos, del siglo XX ya concluido. Entre los teóricos de las Relaciones Internacionales esta moda no ha existido nunca, quizá con las excepciones de Raymond Aron y Arnold J. Toynbee, dos pesimistas realistas provistos de una excepcional formación intelectual. En el fondo, lo que hace una gran parte de los teóricos internacionales es proponer meras concepciones del mundo en el que viven, eso sí, en general con escasas calificaciones filosóficas para hacerlo[31]. En términos históricos —como cabría

[31] Por otro lado y en vista de los resultados, casi es mejor que sea así. Cuando Kissinger, Huntington, Brzezinsky, Fukuyama... se ponen a «filosofar» es como para echarse a llorar.

conjeturar por la lectura de este libro— los teóricos de las Relaciones Internacionales han sido más bien poco teóricos y, en lo que se refiere a la práctica, a menudo la han confundido con la empiricidad de unos datos seleccionados mediante un criterio ideológico, que, como mínimo, ha demostrado alcances más bien cortos. Esto se debe a que un gran número de teóricos internacionales ha estado supeditado a sistemas políticos y a aparatos tecnocrático-administrativos que financiaban sus estudios e investigaciones. Tal servidumbre conduce a fabricar «metalenguajes» con los que revestir de respetabilidad académica lo que en gran medida son consignas políticas destinadas a defender las concepciones del mundo construidas en su momento por los ideólogos de la Guerra Fría. Y también de lo que tenemos ahora, *West-Rest*. Y así salvar el expediente: por lo menos, el suyo. Hay, no obstante, excelentes teóricos actuales de las Relaciones Internacionales. La revolución proviene —se ha visto en el libro— del serio intento de Kenneth N. Waltz, quien la emprendió desde el Realismo a finales de los años setenta del siglo XX. Fue el primer teórico internacional que se planteó de forma deliberada lo que debería ser una construcción formal del conocimiento calificable como una Teoría de la Política Internacional (*TIP*) y cómo podía y debía aplicarse este concepto a una formulación consistente de la materia. Sus logros fueron limitados pero su obra sirvió de punto de partida de otras empresas más acabadas, una vez que los propios realistas le perdieron el miedo a algunas palabras: psicoanálisis, semántica, complejidad, estructura, género, revolución, sistémico, ecología..., habituales entre los marxistas evolucionados —estructuralistas y otros— y que sonaban a extremadamente peligrosas. Estas palabras empezaron a ser consideradas y utilizadas como herramientas teóricas, lo que ha repercutido en una mejora generalizada de la Teoría Internacional.

1989 es una de las «fechas de caducidad» más relevante para seguir este progreso de la Teoría Internacional. A partir de aquel momento, ciertos teóricos se adhirieron al prefijo «post-» para añadirlo a sus concepciones de la realidad internacional. Además del recurso a la post-modernidad, se empleó también el término «post-internacional» para calificar el mundo advenido tras la caída del Muro de Berlín. En términos cotidianos y prácticos, desde 1990 ya nadie fue advertido por estar «abandonando Berlín Occidental»; ya no era necesario. *1989* señala el fin de una época y la aparición de concepciones del mundo distintas, no necesariamente nuevas. Sólo distintas. Por ese motivo es necesario que la Teoría Internacional efectúe ajustes epistemológicos y metodológicos consistentes, no vaya a quedarse atrapada en nuevas fechas de caducidad aún por llegar. Y por eso este epílogo se enuncia entre interrogantes, como disyuntiva teórica entre post-teorías y pre-teorías internacionales.

4. DESAPRENDER: EL DISCURSO TÁCITO

Si en estricta aplicación del neopositivismo lógico se conviene que la condición de «teoría», como tal, es una empresa imposible en el contexto de las

Ciencias Humanas y Sociales, no se estará ante post-teorías internacionales sino en los preliminares de unas teorías incompletas e imperfectas que cabría calificar de pre-teorías. O de «géneros teóricos». En el contexto de este texto el debate es prescindible. Lo que no se puede desdeñar, sin embargo, es la constatación ya referida de una mejora sustancial de la teorización proyectada sobre la realidad internacional en su conjunto desde hace unas décadas. Existen avances, tanto en la formulación de tesis e hipótesis como en la acuñación de conceptos más precisos. Existen progresos en el lenguaje y en la articulación lógica de los argumentos. Existe una mayor indagación histórica, filosófica y crítica, que afecta incluso a los que querrían prescindir de ella por todos los medios[32]. Resulta de ello que gran parte de las obras generales de Teoría Internacional publicadas a lo largo del siglo XX se ha quedado obsoleta. Estas obras tienen una apariencia cuando menos *naïf* o ingenua, dicho esto en el sentido de que su sustentación intelectual parece superficial. Ningún teórico contemporáneo serio admite sin criticarlo un discurso meramente ideológico, por muy bien pensante y filantrópico que sea. Esto es, de por sí, un gran avance. Las «buenas causas» tienen sus destinatarios y finalidad propios; en ningún caso la Teoría Internacional recoge su repertorio ni es su depósito inespecífico, tanto en lo referido a lo bueno como a lo malo. Ya no sirven las meras denuncias genéricas de la guerra; hay que averiguar sus raíces y establecer qué pensadores, de lo más variopintos, han reflexionado al respecto, a menudo con autoridad superior a la de los contemporáneos. Se trataría de lograr una ciencia o un conocimiento lo más objetivos posible, por lo menos acordes con los postulados metodológicos de Max Weber en el sentido preciso de establecer una distinción entre las preferencias y valoraciones personales y lo que sucede en realidad. Esto se resume en la frase: «para ser verdadero, algo no necesita ser ni bueno ni bello»[33].

Un convencionalismo inducido por los sistemas vigentes de evaluación del conocimiento promueve la necesidad permanente de estar «actualizado». Se supone que es preciso leer de un modo suficiente la plétora inabarcable de publicaciones que cada año inundan el ámbito editorial, redactadas en las principales lenguas vehiculares de la ciencia «normal». La empresa requeriría de capacidades sobrehumanas que, incluso si se dispusiera de ellas y se emplearan a fondo, volverían imposible ninguna función creativa o inventiva en los investigadores de la realidad internacional. El resultado es kafkiano. Mientras se lee, se toma nota, se resume, se interpreta, se correlaciona, se debate… lo vertido en semejante masa escrita recogida en forma

---

[32] Iver B. NEUMANN y Ole WAEVER *[Masters in the Making] The Future of International Relations*, Routledge, Londres y Nueva York, 1997, 2005; lista de autores: John Vincent, Kenneth N. Waltz, Robert O. Keohane, Robert Gilpin, Bertrand Badie, John G. Ruggie, Hayward Alker, Nicholas G. Onuf, Alexander Wendt, Jean Bethke Elshtain, R. B. J. Walker, James Der Derian. Accesible en línea: www.academia.edu/.../John_G._Ruggie_transformation_and_institutionaliz... (consulta: 11/05/2013).

[33] Como texto elemental, Max WEBER, *La acción social: ensayos metodológicos*, Barcelona, Península, 1984.

de libros, revistas, anuarios, informes... sin descartar su progresión exponencial en *Internet*, la *realidad real* pasa por delante y, ¿quién sería el sujeto capaz de averiguar su funcionamiento? ¿Cómo discernir, además, los plagios, reiteraciones, composiciones según diversas artes combinatorias de las que el «cortar y pegar» es la más inocente, aliños de compromiso, trabajos de «negros» y encomiendas varias para congresos, algunos ignotos y otros no tanto? Se supone, por lo demás, que la publicación asegura que el investigador es «productivo», un valor economicista imposible de aceptar como criterio de investigación. Por otro lado, ¿en qué medida se sabe, a ciencia cierta, que el trabajo seleccionado por evaluadores formalmente académicos —cuya tarea depende de instituciones, organizaciones y corporaciones que a menudo comercializan sus índices y registros— es el mejor en términos científicos en vez de ser el mejor en términos instrumentales o de interés corporativo? Los buenos científicos son los que, además de hacer bien su trabajo, crean, inventan, hacen que el conocimiento avance, aportan cosas nuevas. Los buenos científicos no trabajan para complacer las expectativas de las empresas, las administraciones, las universidades, los partidos políticos, los centros de poder. Son éstos quienes, si son verdaderamente inteligentes, colaborarán para que los científicos puedan hacer bien su trabajo: descubrir qué es la *realidad* en realidad.

Un recurso para eludir el fárrago del aluvión publicístico es leer a los clásicos[34]. Entre otras cosas se descubre que una gran parte de lo que se publica es prescindible, más que nada porque ya fue dicho hace muchos siglos, de manera más concisa. El papiro, la vitela, el pergamino, el papel, eran raros y caros. El invento de la imprenta abarató las ediciones y difundió el saber, pero éste siguió ocupando un estatuto de excelencia. De otra forma, la Inquisición no se habría tomado la molestia de perseguirlo. Antaño —algunas décadas en realidad— no existían las fotocopiadoras, ni los ordenadores con sus «rincones del vago» correspondientes, más o menos disimulados. La gente que leía lo hacía bien. La memoria era fundamental y se adiestraba porque era una herramienta de trabajo imprescindible: se cultivaba mediante el *ars memorativa*, tradición que discurre desde Simónides de Ceos, pasando por Cicerón, hasta el siglo XX, como refiere Frances A. Yates[35]. Y en ese pasado que tantos desdeñan por pura ignorancia se escrutaba a conciencia a quienes pretendían pasar por instruidos: sin piedad. En el caso de los profesores eran los propios estudiantes quienes ejercían esa crítica. Y todo el mundo sabe que para poder hacerlo es necesario haber estudiado mucho. Por puro prurito profesional, los profesores valoraban más el favor de esos estudiantes críticos e instruidos que el de otras instancias de su oficio. De entrada, ser profesor suponía ejercer un oficio en el que vocación y profesión se supone que coincidían (*Beruf*: Max

[34] Hayward R. ALKER, *Rediscoveries and Reformulations. Humanistic Methodologies for International Studies*, Cambridge University Press, 1996.

[35] Frances A. YATES, *El arte de la memoria*, Taurus, Madrid, 1974.

Weber)[36]. Ningún mundo pasado fue mejor, no obstante. Pero, por esa misma regla, el presente tampoco lo es.

Una parte sustancial de la mejor Teoría Internacional que se realiza en el presente pasa por el conocimiento de los clásicos. Aunque en este terreno también se han dado abusos que llegan a ser risibles. ¿Se imaginan ustedes, los improbables lectores de este epílogo, cuántos tópicos se han publicado reiteradamente sobre el ubicuo Diálogo Meliano de la *Historia de la Guerra del Peloponeso* de Tucídides, relacionándolo con unos no menos tópicos fundamentos del realismo político en general? No, no se lo imaginan, pero ya son quizá algunos cientos, en versiones variopintas[37]. En España, que va un poco retrasada en esta empresa, se acaba de empezar, pero el asunto promete. Algo así sucedía en mi adolescencia con *El Capital* de Marx, o, aún mejor, con los *Grundrisse*, que se mencionaban así, «a pelo», en alemán cacofónico, para mostrar lo «concienciado» que estaba uno en plena dictadura de Franco. La ventaja es ésa, que es imposible leer todo lo que se publica.

Una condición actual de la renovación teórica es que Agustín de Hipona o Tomás de Aquino —¿quién osará llamarles «santos»?— ya no son autores yacentes en sepulcros bibliográficos empolvados, por los que los «progresistas» de antes de ayer —concienciados o, mejor aún, «concientizados»— pasaban de puntillas, de modo vergonzante y como pidiendo disculpas, citándolos sólo para desacreditarles como «reaccionarios». Haciendo gala de sus prejuicios, ¿cómo un «progresista», abreviado en «progre», podía vincularse con tanta y tan rancia vetustez? Hoy, sin embargo, ambos autores son apreciados de nuevo a causa de la sutil elaboración de sus criterios sobre cosas tan imperecederas como, por desgracia, la «guerra justa», asunto que la repugnante y terca actualidad ha vuelto a poner sobre el tapete[38]. Al decir «afinados y sutiles» se dice lo que se dice, lo que no significa que uno esté de acuerdo, total o parcialmente con ellos, ni que sus argumentos sean un dogma que haya que creer a pies juntillas, ni que ostenten el título absoluto de una verdad revelada. Lo único que es cierto es que desconocer la obra de Agustín de Hipona y de Tomás de Aquino equivale a ser un ignorante en Teoría Internacional. Y también que conocer su obra no significa que uno ya sepa todo cuanto debe saber.

---

[36] Max WEBER, *El político y el científico*, «La ciencia como vocación», Alianza, Madrid, 1969, pp. 180-231; *Idem*, *La ética protestante y el espíritu del capitalismo…*, *op. cit.*, pp. 81 ss. El capítulo final de *La investigación del medio internacional…*, *op. cit.*, desarrolla esta cuestión con datos y argumentos de mayor fondo.

[37] TUCÍDIDES, *Historia de la Guerra del Peloponeso*, V, 84: «Conquista de Melos. Diálogo de los melios», Akal, Madrid, 1989, pp. 398-405; BOUCHER, «Thucydides' Peloponnesian War» en su *Political Theories of International Relations…*, *op. cit.*, pp. 67-89; Gregory CRANE, *Thucydides and the Ancient Simplicity. The Limits of Political Realism*, University of California Press, Berkeley y Los Ángeles, 1998.

[38] Resuenan editorialmente WALZER, *Guerras justas e injustas…*, *op. cit.*, o RAWLS, *El Derecho de Gentes…*, *op. cit.*, aunque prefiero a FERRAJOLI, *Razones jurídicas del pacifismo…*, *op. cit.* Inteligentes: Jean BETHKE ELSHTAIN, *Augustine and the Limits of Politics*, Notre-Dame University Press, 1996; Hannah ARENDT, *El concepto de amor en San Agustín*, Encuentro, Madrid, 2001.

Hay autores clásicos en Teoría Internacional, pero sobre todo hay temas clásicos. Uno de ellos, que para muchos es el principal y central, es la guerra. O su contrario, la paz. Pero, ¿qué decir del Derecho de Gentes cuando la denominada multiculturalidad y los mestizajes derivados de las migraciones internacionales lo redescubren? Ahí asoma no sólo lo que los sabios teólogos y juristas españoles de Salamanca —Vitoria, Suárez, De Soto, Sepúlveda, Las Casas... cada uno con tesis propias— dijeron sobre la sociedad del género humano y los «bárbaros», sino lo que era corriente en el Imperio Romano para regular la convivencia entre ciudadanos y forasteros o peregrinos. Y esto se deriva del estoicismo, con sus diversas escuelas. Y resulta que Beck y Habermas hablan de estos asuntos ahora mismo y los ponen «de moda», con el aplauso de la prensa divulgativa y especializada, y de los papanatas varios que corean consignas, tanto a favor como en contra, según les dictan sus patrones. Así que, para juzgar las cosas por uno mismo, conviene leer y estudiar a los clásicos, antiguos y también contemporáneos. Aunque sólo a los que merezca la pena. Filósofos, teólogos, juristas... antiguos y medievales, renacentistas y barrocos, ilustrados y románticos, vuelven a deambular por los corredores de una Teoría de las Relaciones Internacionales al fin expuesta a la ventilación, al aire libre de una teorización abierta y discursiva. Resulta que los anaqueles de la Filosofía Moral y Política estaban repletos de teóricos internacionales... y sólo algunos se daban cuenta. ¿Será posible convencer alguna vez a los tecnócratas que, de verdad, hacer las cosas *bien* está *bien*? Por eso hablo de desaprender, no como de una acción destructiva y negadora sino como de una empresa constructiva y afirmativa.

Lo han dicho otros, mucho más célebres —además de no españoles— e importantes que yo, sólo que de forma distinta. Por eso hablo también del discurso tácito, que es el que ha estado silenciado durante tanto tiempo aunque siempre fuese elocuente para quienes supieran entender sus señales. Tácito fue un autor muy apreciado en la Holanda de Grocio, con Justus Lipsius a la cabeza de sus admiradores y estudiosos. Él es quien me impone, tras tantas páginas de verbosidad, que calle y ponga fin a este epílogo. Así sea.

BIBLIOGRAFÍA

FUENTES DE INVENTARIO/FUENTES DE INVENCIÓN (Jesús Ibáñez): La bibliografía reseñada no pretende representar un «estado de la cuestión» de la Teoría Internacional. Las referencias consignan las obras que figuran en las notas a pie de página a modo de compendio para iniciarse en el estudio, además de como forma de acreditar las fuentes.

Las menciones de otras obras de la autora se realizan *en exclusiva* como medio de indicar trabajos en los que caben contenidos más extensos, profundos o específicos, además de bibliografía adicional. *En ningún caso tienen carácter de auto-cita.*

ABBOTT, K. W. y SNYDAL, D., «Hard and Soft Law in International Governance» en: *International Organization*, vol. 54, n.º 3, 2000, pp. 421-456. Publicado por: *IO Foundation* y *MIT*. Accesible en línea: web.efzg.hr/dok/pra/hhorak/Hard%20and%20soft%20law%20in%20 international%20governance.pdf (consulta: 09/05/2013).

ADORNO, T. W., *Studien zum autoritären Charakter*, Suhrkamp, Fráncfort del Meno, 1973.

— *Epistemología y ciencias sociales*, Cátedra-Universitat de València, Madrid, 2001.

AGAMBEN, G., *Stato di eccezione. Homo Sacer II, 1*, Bollati Boringhieri, Turín, 2003.

— *Homo Sacer: il potere sovrano e la nuda vita. I. 1*, Einaudi, Turín, 1995.

AGUIRRE DE CÁRCER, M., «La Conferencia de Examen del TNP (ARI)» en: *Real Instituto Elcano*, Área de Seguridad y Defensa, ARI 81/2010 (05/05/2010).

Accesible en línea: www.realinstitutoelcano.org/wps/portal/rielcano/ (consulta: 26/04/2013).

AJAMI, F., *Los árabes en el mundo moderno*, México, FCE, 1983.

ALCAIDE FERNÁNDEZ, J., *Las actividades terroristas ante el Derecho internacional contemporáneo*, Tecnos, Madrid, 2000.

AL-FÂRÂBI, A. N., *La Ciudad Ideal*, Tecnos, Madrid, 1995.

ALLEN, W., *Cómo acabar de una vez por todas con la cultura*, Tusquets, Barcelona, 1991.

ALLOT, Ph., *International Law and International Revolution: Reconceiving the World*, Hull University Press, Hull, 1989.

— Eunomia. *New Order for a New World*, Oxford University Press, Oxford-Nueva York, 1990.

ALKER, H. R., *Rediscoveries and Reformulations. Humanistic Methodologies for International Studies*, Cambridge University Press, 1996.

ALMOND, G. y VERBA, S., *The Civic Culture*, Princeton University Press, Princeton, 1963.

AMIN, S., *El fracaso del desarrollo en África y en el Tercer Mundo. Un análisis político*, IEPALA, Madrid, 1994.

— *Maldevelopment. Anatomy of a Global Failure*, Pambazuka, Ciudad de El Cabo-Dakar-Nairobi-Oxford, 2011.

— *Miradas a un medio siglo: 1945-1990. Itinerario intelectual*, Plural-IEPALA, Madrid, 1999.

— *La accumulation à l'échelle mondiale*, Anthropos, París, 1988.

— *Le développement inégal - Essai sur les formations sociales du capitalisme périphérique*, Éditions de Minuit, París, 1973.

AMORÓS, C., «Dimensiones del poder en la teoría feminista», *Revista Internacional de Filosofía Política*, n.º 25, julio 2005, pp. 11-33.

ANDERLE, O. F., «Arnold J. Toynbee und die Problematik der geschichtlichen Sinndeutung» en: *Die Welt als Geschichte. Zeitschrift für universalgeschichtliche Forschung*, vol. 20, 1960, p. 143. Registro accesible en: www.fordham.edu/magazinestacks/wag1.html (consulta: 22/05/2013).

ANDERSON, B., *Comunidades imaginadas. Reflexiones sobre el origen y la difusión del nacionalismo*, FCE, México, 1993, 2007.

ANDERSON, M., *Frontiers, Territory and State Formation in the Modern World*, Polity Press, Cambridge, 1996.

ANDERSON, P., *El Estado absolutista*, Siglo XXI, Madrid, 1994.

ANDRÉS SÁENZ DE SANTAMARÍA, P., «El Consejo de Seguridad en la guerra contra Irak: ¿ONG privilegiada, convalidador complaciente u órgano primordial?» en: *Revista Española de Derecho Internacional*, vol. LV, 1, 2003, pp. 205-222.

ANGENENDT, S. (ed.), *Migration und Flucht. Aufgaben für Deutschland, Europa und die internationale Gemeinschaft*, R. Oldenburg, Múnich, 1997.

— «Labor Migration Management in Times of Recession. Is Circular Migration a Solution?» en: *Transatlantic Academy Paper Series*, mayo 2009, 23 pp. Publicado por: *Stiftung Wissenschaft und Politik. Deutsches Institut für Internationale Politik und Sicherheit*. Accesible en línea: www.swp-berlin.org/en/.../ steffen_angenendt.ht... (consulta: 25/05/2013).

— «Irreguläre Migration: Begriffe, Konzepte und Entwicklungstrends» en: *Berlin Institut für Bevölkerung und Entwicklung*, Berlín, septiembre de 2008. Accesible en línea: www.berlin-institut.org/.../Angenendt_Irregulaere_...

— «Irreguläre Migration als internationales Problem. Risike und Optionen», Informe. Publicado por: *Stiftung Wissenschaft und Politik. Deutsches Institut für Internationale Politik und Sicherheit*, Berlín, diciembre de 2007, pp. 10-17.

Accesible en línea: http://www.swp-berlin.org/common/get_document.php?asset_id=4591 (consulta: 25/05/2013).

ANN TICKNER, J., *Gender in International Relations: FeministPerspectives in Achieving Global Security*, Columbia University Press, Nueva York, 1992.

— «Why Women Can't Run the World: International Politics According to Francis Fukuyama» en: *International Studies Association*, 1999. Publicado por: *Blackwell Publishers*, 350 Main Street, Malden, MA 02148, EEUU y 108 Cowley Road, Oxford OX4 1JF, Reino Unido.

Accesible en línea: web.centre.edu/lorihm/tickner.pdf (consulta: 18/05/2013).

APPADURAI, A., *Modernity at Large. Cultural Dimensions of Globalization*, University of Minnesotta, Minneapolis, 1996.

ARENDT, H., *Los orígenes del totalitarismo*, 3 vols., Alianza, Madrid, 1987.

— *Essai sur la révolution*, Gallimard, París, 1967.

— *El concepto de amor en San Agustín*, Madrid, Encuentro, 2001.

— *Macht und Gewalt*, Piper, Múnich-Zúrich, 2009.

— *Menschen in finsteren Zeiten*, Piper, Múnich-Zúrich, 2001, edición de Ursula Ludz.

— *La condición humana*, Paidós, Barcelona, 2005.

ARISTÓTELES, *La Política*, Espasa-Calpe, Madrid, 1989.

ARON, R., *Los últimos años del siglo*, Espasa-Calpe, Madrid, 1984.

— *Paz y guerra entre las naciones*, 2 vols., Alianza, Madrid, 1985.

— *Ensayo sobre las libertades*, Alianza, Madrid, 1990.

ASPASIA DE MILETO, *Testimonios y discursos*, Anthropos, Barcelona, 1994, edición de José Solana Dueso.

ASSMANN, J., *Das kulturelle Gedächtnis. Schrift, Erinnerung und politische Identität in frühen Hochkulturen*, C. H. Beck, Múnich, 2007.

AYER, A. J., *El concepto de persona*, Seix Barral, Barcelona, 1969.

AZCÁRATE LUXÁN, B., AZCÁRATE LUXÁN, M. V. y SÁNCHEZ SÁNCHEZ, J., *Geografía regional del mundo. Desarrollo, subdesarrollo y países emergentes*, UNED, Madrid, 2010.

AZKIN, B., *Estado y Nación*, FCE, México, 1983.

BACHELARD, G., *El compromiso racionalista*, Siglo XXI, Buenos Aires, 1976.

— *La tierra y las ensoñaciones del reposo. Ensayo sobre las imaginaciones de la intimidad*, FCE, México, 2006.

— *El aire y los sueños. Ensayo sobre la imaginación del movimiento*, FCE, México, 1995.
— *La poética del espacio*, FCE, México, 1986.
— *El agua y los sueños. Ensayo sobre la imaginación de la materia*, FCE, México, 1988.
BADIE, B., «Le concept de la culture et son utilisations par les sciences sociales» en: *Pour ou contre une interpretation culturaliste des relations internationales*, Fondation Nationale des Sciences Politiques (FNSP)-Centre National de la Recherche Scientifique (CNRS), París, 1981 (Actas del Congreso mecanografiadas).
— y SMOUTS, M.-C., *Le retournement du monde - Sociologie de la scène internationale*, Presses de la FNSP & Dalloz, París, 1992.
BADINTER, E., *XY. De l'identité masculine*, Odile Jacob, París, 1992.
— *Le conflit: la femme et la mère*, Flammarion, París, 2010.
BAECKER, D., *Wozu Kultur?*, Kadmos, Berlín, 2001.
BAILEY, P. J., *China in the Twentieth Century*, Blackwell, Oxford, 2001.
BAIROCH, P., *Révolution industrielle et sous-développement*, SEDES, París, 1969.
BAJPAI, K. P. y SHUKUL, H. C., *Interpreting World Politics*, Sage, Nueva Delhi, Thousand Oaks y Londres, 1995.
BALANDIER, G., *El desorden. La teoría del caos y las ciencias sociales*, Gedisa, Barcelona, 1994.
— *L'Anthropologie appliquée aux problêmes des pays sous-developpés*, Universidad de París-Institut d'études politiques, París, 1955.
BALDWIN, D., *Neorealism and Neoliberalism: The Contemporary Debate*, Columbia University Press, Nueva York, 1993.
BALIBAR, É., «Cultura e identità» en: *Problemi del socialismo*, n.º 3, 1991, pp. 13-34.
— y WALLERSTEIN, I., *Race, Nation, Class: Ambiguous Identities*, Verso, Londres, 1991.
BANAC, I., *The National Question in Yugoslavia*, Cornell, Ithaca, 1992.
BARBÉ, E., *Relaciones internacionales*, Tecnos, Madrid, 2007.
— «El papel del realismo en las relaciones internacionales (La teoría de la política internacional de Hans Morgenthau)» en: *Revista de Estudios Políticos*, n.º 57, julio-septiembre 1987, pp. 149-176.
— «El "equilibrio del poder" en la Teoría de las Relaciones Internacionales» en: *Afers Internacionals*, n.º 11, 1987, pp. 5-17.
— «El Estado como actor internacional: crisis y consolidación del sistema de Estados» en: *Papers*, 41, 1993, pp. 33-54.
BARTELSON, J., *A Genealogy of Sovereignty*, Cambridge University Press, Cambridge, 1996.
— *Visions of World Community*, Cambridge University Press, Cambridge, 2009.
BARTHES, R., KAYSER, W., BOOTH, W. C. y HAMON, Ph., *Poétique du récit*, Éditions du Seuil, París, 1977.
BASTIAN, T., *Das Jahrhundert des Todes. Zur Psychologie von Gewaltbereitschaft und Massenmord im 20. Jahrhundert*, Vandenhoeck & Ruprecht, Gotinga, 2000.
BAUDRILLARD, J., *L'ésprit du terrorisme*, Galilée, París, 2002.
BAUMAN, Z., *Múltiples culturas, una sola humanidad*, Katz, Buenos Aires-Madrid-Barcelona, 2008.
— *Archipiélago de excepciones*, Katz, Madrid-Buenos Aires, 2008.
— *Comunidad: en busca de seguridad en un mundo hostil*, Siglo XXI, Madrid, 2006.
— *La modernidad líquida*, FCE, Buenos Aires, 1999.
— *Vida líquida*, Paidós, Barcelona, 2006.
— *Tiempos líquidos*, Tusquets, Barcelona, 2007.
— *Miedo líquido: La sociedad contemporánea y sus temores*, Paidós, Barcelona, 2007.
BEAUCLERK, J., NARBY, J. y TOWNSEND, J., *Indigenous Peoples. A Fieldguide for Development*, Oxfam, Oxford, 1988
BECCARIA, C., *De los delitos y de las penas*, Tecnos, Madrid, 2008.
BECK, U., *¿Qué es la globalización? Falacias del globalismo, respuestas a la globalización*, Paidós, Barcelona, 1998.
— *Das Schweigen der Wörter. Über Terror und Krieg*, Suhrkamp, Fráncfort del Meno, 2002.
— *La sociedad del riesgo. Hacia una nueva modernidad*, Paidós, Barcelona, 1998.
— *Der kosmopolitische Blick oder: Krieg ist Frieden*, Suhrkamp, Fráncfort del Meno, 2004 (hay edición española reciente).

BELL, J., «Contemporary Slavery and International Law» en: *Topical Research Digest-Human Rights & Human Welfare*, pp. 35-42, sin fecha. Accesible en línea: www.du.edu/korbel/hrhw/.../slavery/law.pdf (consulta: 20/05/2013).

BELLVER CAPELLA, V., *Ecología: de las razones a los derechos*, Comares, Granada, 1994.

BENEDICT, R., *El crisantemo y la espada*, Alianza, Madrid, 1974.

BENSLAMA, F., *Déclaration d'insoumission à l'usage des musulmans et de ceux qui ne le sont pas*, Flammarion, París, 2011.

BENZ, W. y GRAML, H. (comps.), *El siglo XX. I y II. Europa después de la Segunda Guerra Mundial (1945-1982)*, Siglo XXI, Madrid, 1986, 2 tomos.

— *El siglo XX. III. Problemas mundiales entre los dos bloques de poder*, Siglo XXI, Madrid, 1987.

BERNECKER, W. L., *Europa zwischen den Weltkriegen 1914-1945*, Eugen Ulmer, Stuttgart, 2002.

BERGER, S., *Notre première mondialisation. Leçon d'un échec oublié*, Éditions du Seuil, París, 2003.

BERTAUX, P., *África, desde la prehistoria hasta los Estados actuales*, Siglo XXI, Madrid, 1984.

BETHKE ELSHTAIN, J., *Women and War*, Basic Books, Nueva York, 1988/University of Chicago Press, Chicago, 1987.

— *Augustine and the Limits of Politics*, Notre-Dame University Press, 1996.

— «Woman, the State and War» en: *International Relations*, vol. 23, n.º 2, 2009, pp. 289-303. Publicado por: *Sage Journals*. Accesible en línea: ire.sagepub.com/content/23/2/289.abstract (consulta: 18/05/2013).

— y Sheila TOBIAS, *Women, Militarism, and War: Essays in History, Politics, and Social Theory*, Rowman & Littlefield, Lanham, 1990.

BETTS, A. y LOESCHER, G. (eds.), *Refugees in International Relations*, Oxford University Press, Oxford, 2010.

BETZ, H.-G., «*Mitteleuropa* and Post-Modern European Identity» en: *New German Critique*, n.º 50, 2, 1990, pp. 173-192.

BEYHAUT, G. y H., *América Latina III. De la independencia a la Segunda Guerra Mundial*, Siglo XXI, Madrid, 1986.

BHAGHWATI, J. N. (ed.), *The New International and Economic Order: The North-South Debate*, MIT Press, Cambridge-Mass., 1977.

BIANCO, L. (comp.), *Asia Contemporánea*, Siglo XXI, Madrid, 1984.

BIBLIOTECA PLEYADES, Capítulo 10, «The New World Money System». Accesible en línea: www.bibliotecapleyades.net/.../global_tyranny10.ht... (consulta: 09/05/2013).

BIDELEUX, R. y JEFFRIES, I., *A History of Eastern Europe. Crisis and Change*, Routledge, Londres y Nueva York, 1998.

BIERSTEKER, T. J. y WEBER, C. (eds.), *State Sovereignty as Social Construct*, Cambridge University Press, Cambridge, 1999.

BILLINGS, D. K., «Cultural Style and Solutions to Conflict» en: *Journal of Peace Research*, vol. 28, n.º 3, 1991, pp. 249-262.

BLANC ALTEMIR, A. (ed.), *El proceso de reforma de Naciones Unidas*, Tecnos-Asociación para las Naciones Unidas de España-Universitat de Lleida, Madrid, 2009.

— *La herencia soviética. La Comunidad de Estados Independientes y los problemas sucesorios*, Tecnos, Madrid, 2003.

— (ed.), *Europa Oriental: en la encrucijada entre la Unión Europea y la Federación Rusa*, Universitat de Lleida, Lleida, 2008.

— (ed.), *La protección internacional de los Derechos Humanos a los cincuenta años de la Declaración Universal*, Tecnos, Madrid, 2001.

BLOCH, E., *El principio esperanza*, 2 vols., Aguilar, Madrid, 1979.

BLOCH, M., *Introducción a la Historia*, FCE, México, 1985.

BOBBIO, N., *Igualdad y libertad*, Paidós, Barcelona, 1993.

— *El problema de la guerra y las vías de la paz*, Gedisa, Barcelona, 1982.

— *Elogio de la templanza y otros escritos morales*, Temas de Hoy, Madrid, 1997.

BODEI, R., «L'unitá della ragione nella molteplicità delle culture» en: *Problemi del socialismo*, n.º 3, 1991, pp. 35-54.

BOHM, D. y PEAT, F. D., *La totalidad y el orden implicado*, Kairós, Barcelona, 1988.

BOISTER, N., «Transnational Criminal Law?» en: *European Journal of International Law*, vol. 14, n.º 5, 2003, pp. 953-976. Accesible en línea: http://ejil.oxfordjournals.org/ (consulta: 17/05/2013).

BOLÍVAR MANAUT, L., «El dilema de las Malvinas: colonialismo *vs.* soberanía», *Deutsche Welle*, 2 de abril 2007. Accesible en línea: http://www.dw-world.de/ dw/article/0,2144,2425598,00. html 1 (consulta: 13/05/2013).

BONANATE, L., *El pensamiento internacionalista de Norberto Bobbio*, Fontamara, México, 2009.

BONDÍA GARCÍA, D. y RAMIRO MUÑOZ, M., *Víctimas invisibles, conflicto armado y resistencia civil en Colombia*, Huygens, Barcelona, 2009.

BONET, P., «Manifestaciones alternativas compiten con Gorbachov en los actos conmemorativos de la Revolución de octubre» en: *El País*, 8 de noviembre de 1989, p. 3.

— «Proletarios del mundo entero, perdonadnos» en: *El País*, 8 de noviembre de 1989. Accesible en línea: elpais.com/diario/1989/11/08/internacional/626482802_850215.html (consulta: 01/05/2013).

BONNEMAISON, J., CAMBREZY, L. y QUINTY-BOURGEOIS, L. (dirs.), *La nation et le térritoire. Le territoire, lien ou frontière?* y *Les territoires de l'identité. Le territoire, lien ou frontière?*, L'Harmattan, París, 1999.

BORN, M. y H., *Ciencia y conciencia en la era atómica*, Alianza, Madrid, 1971.

BOUCHER, D., *Political Theories of International Thought*, Oxford University Press, Oxford, 1998.

BOURDIEU, P., *Homo Academicus*, Siglo XXI, Madrid, 2008.

— *La dominación masculina*, Anagrama, Barcelona, 2005.

— «Genèse et structure du champ religieux» en: *Revue française de Sociologie*, vol. XII, n.º 3, 1971, pp. 295-334. Publicado por: *Persée*. Accesible en línea: www.persee.fr/.../ rfsoc_0035-2969_1971_num_12_... (consulta: 18/05/2013).

BRAILLARD, P., *Theories des relations internationales*, PUF, París, 1977.

— y DE SENARCLENS, P., *El imperialismo*, FCE, México, 1981.

— y REZA-DJALILI, M., *Tiers Monde et Relations Internationales*, Masson, Friburgo, 1984.

BRANDT, W., *La locura organizada. Carrera armamentística y hambre en el mundo*, Círculo de Lectores, Barcelona, 1988.

— y SAMPSON, A. (eds.), *North-South: A Program for Survival. Report of the Independent Comission on International Development Issues* (Brandt Comission), Cambridge Massachussets, MIT Press, 1980 [COMISIÓN BRANDT (Comisión Independiente sobre Problemas Internacionales), *Diálogo Norte/Sur. Informe de la Comisión Brandt*, México, Nueva Imagen-Nueva Sociedad, 1981].

BRAUDEL, F., *La dinámica del capitalismo*, Alianza, Madrid, 2006.

— *Los juegos del intercambio*, Alianza, Madrid, 1984.

— *Civilisation matérielle, économie et capitalisme: XVe-XVIIIe siècle*, Armand Colin, París, 1967, 1979 [hay edición española].

— *La Historia y las Ciencias Sociales*, Alianza, Madrid, 1990.

BREUILLY, J., *Nacionalismo y Estado*, Pomares-Corredor, Barcelona, 1990.

BRIEVA, M., *Dinero. Revista de Poética Financiera e Intercambio Espiritual*, Mondadori, Barcelona, 2008 (recoge los 5 números, Ediciones Clismón y Doble Dosis, 2001-2005).

— *Bienvenido al mundo*, Enciclopedia Universal Clismón, Mondadori, Barcelona, 2007.

BRITTAN, S., «A Very Painful World Adjustment» en: *Foreign Affairs. America and the World*, 1972. Accesible en línea: www.foreignaffairs.com (consulta: 09/05/2013).

BRIZENDINE, L., *El cerebro femenino*, RBA, Barcelona, 2007.

BRODIE, B., DUNN, F. S., WOLFERS, A., CORBETT, P. E., THORNTON, W. y FOX, R., *The Absolute Weapon: Atomic Power and World Order*, Harcourt, Brace and Company, Nueva York, 1946.

BROWN, S., *International Relations in a Changing Global System. Toward a Theory of the World Polity*, Westview Press, Boulder-San Francisco-Oxford, 1992.

BRUCAN, S., *La disolución del poder: sociología de las relaciones internacionales y políticas*, Siglo XXI, México, 1974.

BRUGMANS, H., *Historia de la idea europea (1920-1970)*, Moneda y Crédito, Madrid, 1972.

BRZEZINSKI, Z., *El Gran Tablero mundial: la supremacía estadounidense y sus imperativos geoestratégicos*, Paidós, Barcelona, 1998 [*The Grand Chessboard: American Primacy and Its Geostrategic Imperatives*, Basic Books, Nueva York, 1997.

— *Between Two Ages: America in the Technotronic Era*, Viking, Nueva York, 1970.
BUBER, M., *¿Qué es el hombre?*, FCE, México, 1986.
BUCHANAN, W. y CANTRIL, H., *How Nations See Each Other. A Study in Public Opinion*, Greenwood Press Publishers, Westport-Conn., 1972.
BULL, H., *The Anarchical Society. A Study of Order in World Politics*, Macmillan, Londres, 1977 [*La sociedad anárquica. Un estudio sobre el orden en la política mundial*, Los Libros de la Catarata, Madrid, 2005].
— «Hobbes and the International Anarchy» en: *Social Research*, vol. 48, n.º 4, 1981, pp. 717-738.
— y WATSON, A., *The Expansion of International Society*, Clarendon Press, Oxford, 1984.
BUNGE, M., *Filosofía y sociedad*, Siglo XXI, México, 2008.
— *Mente y sociedad. Ensayos irritantes*, Alianza, Madrid, 1989.
— *Economía y filosofía*, Tecnos, Madrid, 1985.
— *Epistemología*, Ariel, Barcelona, 1985.
BURGOS, B., *Culturas africanas y Desarrollo. Intentos africanos de renovación*, Fundación Sur-Cooperación de la Ciudad de Madrid, Madrid, 2007.
BURKE, P., *¿Qué es la historia cultural?*, Paidós, Barcelona, 2006 [*Was ist Kulturgeschichte?*, Suhrkamp, Fráncfort del Meno, 2005].
— *Formas de historia cultural*, Alianza, Madrid, 2006.
BURTON, J. W., *World Society*, Cambridge University Press, Cambridge, 1972.
— *Conflict and Communication*, Macmillan, Londres, 1969.
— *International Relations*, Cambridge University Press, Cambridge, 1962.
— *Systems, States, Diplomacy, and Rules*, Cambridge University Press, Cambridge, 1968.
BURTON, R., *Anatomía de la melancolía*, Alianza, Madrid, 2008.
BURY, J., *La idea del progreso*, Alianza, Madrid, 2009.
BUTLER, J., *Deshacer el género*, Paidós, Barcelona, 2006.
— *Violencia de Estado, Guerra, Resistencia. Por una nueva política de la izquierda*, Katz, Madrid-Buenos Aires, 2011.
— *Subjects of Desire: Hegelian Reflections in Twentieth-Century France*, Columbia University Press, Nueva York, 1999.
— *Precarious Life. The Powers of Mourning and Violence*, Verso, Londres, 2006.
BUTROS GHALI, B., *Un programa de paz. Diplomacia preventiva, establecimiento de la paz y mantenimiento de la paz*, Naciones Unidas, Nueva York, 1992.
BUTTERFIELD, H. y WIGHT, M. (eds.), *Diplomatic Investigations: Essays in the Theory of International Politics*, George Allen & Unwin, Londres, 1966.
BUZAN, B., «From International System to International Society: Structural Realism and Regime Theory» en: *International Organization*, vol. 47, n.º 3, 1993, pp. 327-352. Publicado por: *The MIT Press*. Accesible en línea: http://www.jstor.org/stable/2706979 (consulta: 09/05/2013).
— «New Patterns of Global Security in the Twenty-First Century» en: *International Affairs*, vol. 67, n.º 3, 1991, pp. 431-451. Publicado por *Wiley-JSTOR*. Accesible en línea: http://www.jstor.org/stable/2621945 (consulta: 12/05/2013).
— *People, States and Fear - An Agenda for International Security Studies in the Post-Cold War Era*, Hemel Hempstead, Harvester-Wheatheaf, 1991.
— *From International to World Society: English School Theory and the Social Structure of Globalization*, Cambridge University Press, Cambridge, 2004.
— y JONES, Ch., LITTLE, R., *The Logic of Anarchy. Neorealism and Structural Realism*, Columbia University Press, Nueva York, 1993.
— y BARRY JONES, R. J. (eds.), *Change and the Study of International Relations. The Evaded Dimension*, Frances Pinter, Londres, 1981.
— y LITTLE, R., *International Systems in World History: Remaking the Study of International Relations*, Oxford University Press, Oxford, 2000.
CALHOUN, C. (ed.), *Social Theory and the Politics of Identity*, Blackwell, Oxford, 1994.
CALLOT, E., *Civilisation et civilisations. Recherche d'une philosophie de la culture*, Editions Berger-Levrault, París, 1954.
CALVOCORESSI, P., *Historia política del mundo contemporáneo*, Akal, Madrid, 1987, 1999.

Campos Serrano, A., (ed.), *Ayuda, mercado y buen gobierno. Los lenguajes del desarrollo en África en el cambio del milenio*, Icaria, Barcelona, 2005.
Camps, M., *The Management of Interdependence: A Preliminary View*, Council on Foreign Relations, Nueva York, 1974.
— y Gwin, C., *Collective Management: The Reform of Global Economic Organizations*, vol. 21, *CFR's 1980s Project Series*, McGraw-Hill, Nueva York, 1981.
Camus, A., *Lettres à un ami allemand*, Gallimard, París, 1972.
— *Crónicas argelinas (1938-1958)*, Alianza, Madrid, 2006.
Canetti, E., *Masse und Macht*, Fischer, Fráncfort del Meno, 1990 [hay edición española].
Caracciolo, L. (ed.), *La democracia en Europa*, Alianza, Madrid, 1993.
Cardozo, F. H. y Faletto, E., *Dependency and Development in Latin America*, University of California Press, Berkeley, 1979.
Carneiro, R. L. (ed.), *The Evolution of Society. Selections from H. Spencer's Principles of Sociology*, University of Chicago Press, Chicago, 1967.
Carr, E. H., *La revolución rusa de Lenin a Stalin, 1917-1929*, Alianza, Madrid, 1988.
— *La crisis de los veinte años (1919-1939). Una introducción al estudio de las Relaciones Internacionales*, Los Libros de la Catarata, Madrid, 2004.
Carré, O., *L'Islam et l'État dans le monde d'aujourd'hui*, PUF, París, 1982.
— *Le nationalisme arabe*, Arthème Fayard, París, 1993.
Carrère d'Encausse, H., *L'Émpire eclaté*, Flammarion, París, 1978.
Carrillo Salcedo, J. A., *El Derecho internacional en perspectiva histórica*, Tecnos, Madrid, 1991.
— *Soberanía de los Estados y Derechos Humanos en el Derecho internacional contemporáneo*, Madrid, Tecnos, 1995.
— *Dignidad frente a barbarie. La Declaración Universal de los Derechos Humanos, cincuenta años después*, Trotta, Madrid, 1999.
— «Algunas reflexiones sobre la noción de Comunidad Internacional» en: *Anales de la Real Academia de Ciencias Morales y Políticas*, LX, n.º 85, 2008, pp 373-384.
— «Algunas reflexiones sobre el valor jurídico de la Declaración universal de Derechos Humanos» en: VVAA, *Hacia un nuevo orden internacional y europeo. Estudios en homenaje al profesor Don Manuel Díez de Velasco*, Tecnos, Madrid, 1993.
— «Droit international et souveraineté des États», *Récueil des Cours de l'Académie de Droit International de La Haye*, vol. 257, 1996, pp. 35-222.
Carrington Goodrich, L., *Historia del pueblo chino*, FCE, México, 1978.
Carroll, L., *El juego de la lógica y otros escritos*, Alianza, Madrid, 1990.
Cassese, A., *Los derechos humanos en el mundo contemporáneo*, Ariel, Barcelona, 1991.
Cassirer, E., *Versuch einer Philosophie der menschlichen Kultur*, W. Kohlhammer, Stuttgart, 1960.
Castañeda, P. y Cociña, M. J. (coords.), *Los milenarismos en la Historia*, Obra Social y Cultural Caja Sur, Córdoba, 1996.
Castells, M., *La era de la información. Economía, sociedad, cultura*, 3 vols., Alianza, Madrid, 1997. (*La era de la información. Volumen 1. La sociedad red*, Alianza, Madrid, 2001; *La sociedad de la información. Volumen 2. Economía, sociedad y cultura. El poder de la identidad*, Alianza, Madrid, 2001; *La era de la información. Volumen 3. Fin de milenio*, Alianza, Madrid, 2001.)
Catholic Institute for International Relations, *The Lomé Negotiations*, CHR, Nottingham, 1984.
Ceadel, M., *Pacifism in Britain 1914-1945: The Defining of a Faith*, Clarendon Press, Oxford, 1980.
— *Thinking About Peace and War*, Oxford University Press, Oxford, 1987.
Césaire, A., *Discours sur le colonialisme. Suivi de Discours sur la Négritude*, Présence africaine, París, 2004.
Chalmers, A. F., *¿Qué es esa cosa llamada ciencia?*, Siglo XXI, Madrid, 1987.
Chandler, D., «Critiquing Liberal Cosmopolitanism? The Limits of the Biopolitical Approach en: *International Political Sociology*, n.º 3, 2009, pp. 53-70. Publicado por: *International Studies Association*. Accesible en línea: www.david.chandler.org.../IPS%20-%20 Global... (consulta: 15/04/2012).

— «War Without End(s): Grounding the Discourse of "Global War"» en: *Security Dialogue*, vol. 44, n.º 2, 2013, pp. 243-262. Publicado por: *Sage Journals*.
Accesible en línea: sdi.sagepub.com/content/40/3/243.refs.html (consulta: 28/05/2013).
— «The Responsibility to Protect? Imposing the "Liberal Peace"» en: *International Peacekeeping*, vol. 11, n.º 1, 2004, pp. 59-81. Publicado por: *Routledge, Taylor & Francis*. Accesible en línea: http://www.tandfonline/com (consulta: 23/05/2013).
CHAUNU, P., *Un futur sans avenir. Histoire et population*, Calmann-Lévy, París, 1979.
— *Histoire et imagination*, PUF, París, 1980.
— «Croissance ou développement. A propos d'une véritable histoire économique de l'Amérique latine aux XIXe et XXe siècles» en: *Revue historique*, n.º 496, octubre-diciembre 1970, pp. 357-374.
CHEBEL, M., *Manifeste pour un islam des Lumières*, Arthème Fayard, París, 2011.
CHOMSKY, N., *Language and Politics*, Routledge & Kegan Paul, Londres, 2004.
— *Estructuras sintácticas*, Siglo XXI, México, 1974.
— *La cultura del terrorismo*, Ediciones B, Barcelona, 1989.
CHOWDHRY G. y NAIR, S. (eds.), *Power, Postcolonialism and International Relations. Reading Race, Gender and Class*, Routledge, Londres, 2002.
Accesible en línea: www.academia.edu/1057479/ (consulta: 16/05/2013).
CICCHELLI, V., «Retour sur les violences urbaines de l'automne 2005. Émeutes et émeutiers à Aulnay-sous-Bois» en: *Horizons stratégiques*, vol. 1, n.º 3, 2007, pp. 98-119.
Accesible en línea: www.cain.info/resume.php?ID_ARTICLE=HOR... (consulta: 24/05/2013).
CLARK, K., *Civilización. Una visión personal*, Alianza, Madrid, 1987.
Código de Hammurabi, Tecnos, Madrid, 2008 (edición de Federico Lara Peinado).
COHEN, R., *Negotiating Across Cultures: International Communication in an Interdependent World*, US Institute of Peace, Washington DC, 1991.
COHN, N., *El mito de la conspiración judía mundial. Los Protocolos de los Sabios de Sion*, Alianza, Madrid, 1983.
CONNOR, W., «From Tribe to Nation», *History of European Ideas*, vol. 13, n.os 1-2, 1991, pp. 5-18. Accesible en línea:http://tandfonline.com/ (consulta: 18/05/2013).
CONTRERAS MAZARÍO, J. M., *Las Naciones Unidas y la protección de las minorías religiosas*, Tirant lo Blanch, Valencia, 2004.
— «Conversación entre Stalin y Mao Zedong en diciembre de 1949» en: *Crítica marxista leninista*, viernes, 1 de febrero de 2013.
Accesible en línea: www.criticamarxista-leninista.blogspot.com/.../conversacion-stalin-mao-moscu... (consulta: 29/04/2013).
COPÉRNICO, N., *Sobre las revoluciones*, Tecnos, Madrid, 1987.
COPLESTON, F., *Filosofías y culturas*, FCE, México, 1984.
CORIA, C., *El sexo oculto del dinero. Formas de la dependencia femenina*, Argot, Barcelona, 1987.
CORRAL, C. (ed.), *Los fundamentalismos religiosos, hoy, en las relaciones internacionales*, UPCO, Madrid, 1994.
— *Moral internacional*, Dykinson, Madrid, 2013.
COUDENHOVE-KALERGI, R. N., *De la guerra permanente a la paz universal*, Editorial Hispano Europea, Barcelona, 1958.
COX, R. W., *Production, Power and World Order*, Columbia University Press, Nueva York, 1987.
— *Approaches to World Order*, Cambridge University Press, Cambridge, 1996.
— y SCHLECHTER, M. G., *The Political Economy of a Plural World: Critical Reflections on Power, Morals, and Civilization*, Routledge, Londres y Nueva York, 2002.
CRANE, G., *Thucydides and the Ancient Simplicity. The Limits of Political Realism*, University of California Press, Berkeley y Los Ángeles, 1998.
CRAWFORD, R. M. A., *Idealism and Realism in International Relations. Beyond the Discipline*, Routledge, Londres, 2000.
CROCI, P. y VITALI, A. (comps.), *Los cuerpos dóciles. Hacia un tratado sobre la moda*, La Marca Editora, Buenos Aires, 2000.
CROOK, C. (ed.), «The World Economy. Living With Uncertainty» en: *The Economist. Survey the World Economy*, 26 de septiembre de 1987, pp. 5-56.

DAHRENDORF, R., *Reflexiones sobre la revolución en Europa en una carta pensada para un caballero de Varsovia*, Emecé, Barcelona, 1991.

DANNREUTHER, R., «International Relations Theories: Energy, Minerals and Conflict» en: *Polinares Working Paper*, n.º 8, septiembre 2010, 24 pp.
Accesible en línea: www.polinares.eu/.../polinares_wp1_ir_theories.pdf (consulta: 20/05/2013).

DARWIN, Ch., *El origen de las especies*, Espasa-Calpe, Madrid, 1987.

DAS GUPTA, T., JAMES, C. E., MAAKA, R. C. A., GALABUCCI, G. E. y ANDERSEN, Ch. (eds.), *Race and Racialization. Essential Readings*, Canadian Scholar's Press, Toronto, 2007.

DAVID SINGER, J. (ed.) y LEAR, J. B., MACAULAY, D. y REID SARKEES, M., *Advancing Peace Research. Leaving Traces, Selected Articles*, Routledge, Nueva York, 2012.

DAVIES, P. C. W. y BROWN, J., *Supercuerdas ¿una teoría de todo?*, Alianza, Madrid, 1990.

DAWSON, Ch., *La religión y el origen de la cultura occidental*, Encuentro, Madrid, 1995 [*Religion and the Rise of Western Culture*, Sheed and Ward, Nueva York, 1950].

DE ANDRÉS, J., *El voto de las armas. Golpes de Estado en el sistema internacional a lo largo del siglo XX*, Los Libros de la Catarata, Madrid, 2000.

DE BLAS, A. (dir.), *Enciclopedia del nacionalismo*, Alianza, Madrid, 1999 [1.ª ed., Tecnos, Madrid, 1997].

DE FARAMIÑÁN GILBERT, J. M. y PARDO DE SANTAYANA Y GÓMEZ DE OLEA, J., *El conflicto de Afganistán*, Instituto de Estudios Internacionales y Europeos Francisco de Vitoria-Escuela de Guerra del Ejército-Ministerio de Defensa, Madrid, 2009.

DE GAULLE, Ch., *Memorias de esperanza*, Taurus, Madrid, 1971.

DE LAS CASAS, B., *Brevísima relación de la destruición de las Indias*, Tecnos, Madrid, 1992.

DE LUCAS, J., *El desafío de las fronteras. Derechos Humanos y xenofobia frente a una sociedad plural*, Ensayo, Madrid, 1994.

DE MONTBRIAL, Th., «For a New World Economic Order» en: *Foreign Affairs*, octubre 1975. Accesible en línea: www.foreignaffairs.com (consulta: 09/05/2013).

DE RIVERO, O., *Los Estados inviables. No-desarrollo y supervivencia en el siglo XXI*, Los Libros de la Catarata, Madrid, 2003.

DE SENARCLENS, P., «El paradigma realista y los conflictos internacionales» en: *Revista Internacional de Ciencias Sociales*, n.º 127, marzo 1991, pp. 5-19.

— «La teoría de los regímenes y el estudio de las organizaciones internacionales» en: *Revista Internacional de Ciencias Sociales*, n.º 138, diciembre 1993, pp. 529-539.

— *Yalta*, FCE, México, 1988.

DE TOCQUEVILLE, A., *La democracia en América*, Alianza, Madrid, 1985, 2 vols.

DEL ARENAL, C., *Introducción a las Relaciones Internacionales*, Tecnos, Madrid, 2007.

DEL CASAL ARETXABALETA, B., *Hatshepsut. La primogénita del dios Amón*, Alderabán Madrid, 1998.

DEL VECCHIO, G., *El Derecho internacional y el problema de la paz*, Bosch, Barcelona, 1959.

DELEUZE, G. y GUATTARI, F., *Rizoma. Introducción*, Pre-Textos, Valencia, 2010.

DELHEZ, M., «La "Kehre" levinasienne» en: *Revue philosophique de Louvain*, vol. 100, n.ºs 1-2, 2002, pp. 129-148. Publicado por: *Persée*. Accesible en línea: http:www.persee.fr/web/revues/home/prescript/article/phlou_0035-3841_2002_num_100_1_7412 (consulta: 26/05/2013).

DELUMEAU, J. (ed.), *El hecho religioso. Enciclopedia de las grandes religiones*, Alianza, Madrid, 1995.

DENNINGER, E. y GRIMM, D., *Derecho constitucional para la sociedad multicultural*, Trotta, Madrid, 2007.

DER DERIAN, J., *On Diplomacy: A Genealogy of Western Estrangement*, Basil Blackwell, Oxford, 1987.

— *Anti-Diplomacy: Speed, Spies and Terror in International Relations*, Basil Blackwell, Oxford, 1992.

— (ed.), *International Theory. Critical Investigations*, Macmillan Press, Houndmills y Londres, 1995.

— y SHAPIRO, M. J. (eds.), *International/Intertextual Relations. Postmodern Readings of World Politics*, Nueva York-Toronto, Lexington Books, 1989.

DERINOVA, A., «The Role of Social Institutions in Shaping Strategic Culture» en: *e-International Relations*, 29 de abril 2013. Accesible en línea: www.e-ir.info/.../the-role-of-social-institutions-in-sh... (consulta: 07/05/2013).

DESCHAMPS, H., *Las instituciones políticas del África negra*, Oikos-Tau, Barcelona, 1971.
DEUTSCH, K. W., *Las naciones en crisis*, FCE, México, 1981.
— *Nationalism and Social Communication - An Inquiry Into the Foundations of Nationality*, MIT Press, Cambridge, 1966.
DEVEREUX, G., *Femme et mythe*, Flammarion, París, 1982.
DIAMOND, L. y PLATTNER, M. F. (comps.), *Nationalism, Ethnic Conflict and Democracy*, The Johns Hopkins University Press, Baltimore, 1994.
DIEBOLD, Jr., W., «The Economic System at Stake» en: *Foreign Affairs*, octubre, 1972. Accesible en línea: www.foreignaffairs.com (consulta: 09/05/2013).
DIEZ DE VELASCO, M., *Instituciones de Derecho Internacional Público*, Tecnos, Madrid, 2009.
— y SOBRINO HEREDIA, J. M., *Las Organizaciones Internacionales*, Tecnos, Madrid, 2013.
DILLON, M. y REID, J., «Global Liberal Governance: Biopolitics, Security and War» en: *Millenium. Journal of International Studies*, vol. 30, n.º 1, 2001, pp. 41-66. Publicado por: *Mendeley*. Accesible en línea: http://www.mendeley.com/research/global-liberal-governance-biopolitics-security-war/ (consulta: 13/04/2012).
DINWIDDY, J., *Bentham*, Alianza, Madrid, 1995.
DOMENACH, J.-L., *¿A dónde va China?*, Paidós, Barcelona, 2006.
DONNE, J., «An Anatomy of the World» (1611). Accesible en línea: www.poetryfoundation.org (consulta: 15/05/2013).
DOPSCH, A., *Wirtschaftliche und soziale Grundlagen der europäischen Kulturentwicklung von Cäsar bis auf Karl den Großen*, Seidel, Viena, 1918-1920 [*Fundamentos económicos y sociales de la cultura europea. De César a Carlomagno*, FCE, Madrid, 1982].
DOUGHERTY, J. E. y PFALTZGRAFF, R. L. Jr., *Contending Theories of International Relations*, Harper & Grow, Nueva York, 1990.
DUBIEL, H., *¿Qué es el neoconservadurismo?*, Anthropos, Barcelona, 1993.
DURKHEIM, É., *Las formas elementales de la vida religiosa*, Akal, Madrid, 1982.
DUROSELLE, J.-P., *Histoire diplomatique de 1919 à nos jours. Études politiques, économiques et sociales*, Dalloz, París, 1974.
— y KASPI, A., *Histoire des relations internationales de 1919 à 1945*, tomo 1, Armand Colin, París, 2000.
— y KASPI, A., *Histoire des relations internationales de 1945 à nos jours*, tomo 2, Dalloz-Sirey, París, 2002.
DURRELL, G., *El arca sobrecargada*, Alianza, Madrid, 1995.
DUSSEL, E., *Política de la liberación. Historia mundial y crítica*, Trotta, Madrid, 2007.
DUVERGER, M., *La Europa de los hombres. Una metamorfosis inacabada*, Alianza, Madrid, 1994.
DUVIGNAUD, J., *El juego del juego*, FCE, México, 1982.
EASTON, D., *A Framework for Political Analysis*, Prentice Hall, Englewood Cliffs, 1965.
ECHEVERRÍA JESÚS, C., *Paz, seguridad y defensa en la Sociedad Internacional*, UNED, Madrid, 2011.
— «La reconfiguración del orden mundial a comienzos del siglo XX» en GARCÍA PICAZO, P. (coord.), *La Sociedad Internacional en el cambio de siglo: 1885-1919*, UNED, Madrid, 2003 (marzo 2009, 3.ª reimpr.), pp. 141-162.
ECO, U., *La búsqueda de la lengua perfecta*, Grijalbo-Mondadori, Barcelona, 1996.
EDER, K., *Ecological Discourse*, European University Institute, Florencia, 1992.
EGGERS LAN, C. (ed.), *Los filósofos presocráticos*, 2 vols., Gredos, Madrid, 1986.
EINSTEIN, A. y FREUD, S., *¿Por qué la guerra?*, Editorial Minúscula, Barcelona, 2008.
ELIADE, M., *El mito del eterno retorno*, Alianza, Madrid, 1992.
ELIAS, N., *El proceso de la civilización*, FCE, México, 1989.
— *La sociedad cortesana*, FCE, México, 1993.
ELIOT, T. S., *Notes Towards the Definition of Culture*, Brace and Company, Nueva York, Harcourt, 1949 [*Notas para la definición de la cultura*, Bruguera, Barcelona, 1983].
ELMAN, C. y FENDIUS ELMAN, M. (eds.), *Progress in International Relations Theory. Appraising the Field*, Cambridge-Mass., Belfer Center for Science and International Affairs-Harvard University, 2003.
ENGELS, F., *El origen de la familia, la propiedad privada y el Estado*, Fundamentos, Madrid, 1987.

ENLOE, C., *The Morning After: Sexual Politics At The End of the Cold War*, University of California Press, Berkeley, 1993.
— *Bananas, Beaches and Bases: Making Feminist Sense of International Relations*, University of California Press, Berkeley, 1989.
ENZENSBERGER, H.-M., *El perdedor radical. Ensayo sobre los hombres del terror*, Anagrama, Barcelona, 2007.
— *Mediocridad y delirio*, Anagrama, Barcelona, 1991.
ERHARD, L., *Economía social de mercado. Su valor permanente*, Rialp, Madrid, 1994.
ERIKSEN, T. H., «Ethnicity *versus* Nationalism» en: *Journal of Peace Research*, n.º 28, 3, 1991, pp. 263-278. Publicado por: *JSTOR-Sage*.
Accesible en línea: www.u.arizona.edu/~jag/POL596A/errikethnat.pdf (consulta: 20/05/2013).
ESPOSITO, R., *Communitas. Origen y destino de la comunidad*, Amorrortu, Buenos Aires, 2003.
— *Bíos. Biopolítica y filosofía*, Amorrortu, Buenos Aires, 2006.
— *Immunitas. Protezione è negazione della vita*, Einaudi, Turín, 2002.
FALLACI, O., *Entrevista con la historia*, Noguer, Barcelona, 1986.
— *Nada y así sea*, Círculo de Lectores, Barcelona, 1973.
FARRENKOPF, J., *Prophet of Decline. Spengler on World History and Politics*, Lousiana State University Press, Louisiana, 2001.
FEBVRE, L., *Europa. Génesis de una civilización*, Crítica, Barcelona, 2001.
FERGUSON, J., *Utopias of the Classical World*, Thames and Hudson, Londres, 1975.
FERGUSON, Th. S., «Game Theory» en: Zero-Sum Game Theory - UCLA Department of Mathematics. Accesible en línea: www.math.ucla.edu/~tom/ Game_Theory/mat.pdf (consulta: 26/04/2013).
FERKISS, V. C., *África, en busca de una identidad*, Uteha, México, 1967.
FERRAJOLI, L., *Razones jurídicas del pacifismo*, Trotta, Madrid, 2004.
FETHERSTON, A. B., «Peacekeeping, Conflict Resolution and Peacebuilding: A Reconsideration of Theoretical Frameworks» en: *International Peacekeeping*, vol. 7, n.º 1, 2000, pp. 190-218. Publicado por: *Routledge, Taylor & Francis*. Accesible en línea: http://www.tandfonline/com (consulta: 23/05/2013).
FIELDHOUSE, D. K., *Los imperios coloniales desde el siglo XVIII*, Siglo XXI, Madrid, 1987.
FIERKE, K. M. y JORGENSEN, K. E. (eds.), *Constructing International Relations: The Next Generation*, M. E. Sharpe, Armonk, Nueva York, 2001.
FILALY-ANSARY, A., *Réformer l'islam? Une introduction aux débats contemporains*, Éditions La Découverte, París, 2003.
FINKIELKRAUT, A., *Die Niederlage des Denkens*, Hamburgo, Rowohlt, 1989 [*La derrota del pensamiento*, Barcelona, Anagrama, 1988].
— *La humanidad perdida. Ensayo sobre el siglo XX*, Anagrama, Barcelona, 1998.
FINKIELSTEIN, L. S., «What is Global Governance?» en: *Global Governance*, vol. 1, n.º 3, 1995, pp. 367-372. Publicado por: *Lynne Rienner Publishers*. Accesible en línea: http://www.jstor.org/stable/27800120 (consulta: 08/05/2013).
FISAS, V., *Introducción al estudio de la paz y de los conflictos*, Lerna, Barcelona, 1987.
— *Anuario de procesos de paz 2011*, Icaria-Universitat Autònoma de Barcelona-Generalitat de Catalunya, Barcelona, 2011.
FISCHER, L., *Gandhi. La vida del líder espiritual más grande del siglo XX*, Buenos Aires, Vergara, 1983.
FLORI, J., *La caballería*, Alianza, Madrid, 2001.
— *La guerra santa. La formación de la idea de cruzada en el Occidente cristiano*, Trotta-Universidad de Granada, Madrid, 2003.
FOSTER-CARTER, A., «From Rostow to Gunder Frank: Conflicting Paradigms in the Analysis of Underdevelopment» en: *World Development*, vol. 4, n.º 3, marzo 1976, pp. 167-180. Publicado por: *Elsevier-ScienceDirect*. Accesible en línea: http://dx.doi.org/10.1016/0305-750X(76)90025-5 (consulta: 03/05/2013).
FOUCAULT, M., *Vigilar y castigar. Nacimiento de la prisión*, Siglo XXI, Madrid, 1994.
— *La arqueología del saber*, Siglo XXI, Madrid, 1991.
— *La verdad y las formas jurídicas*, Gedisa, Barcelona, 1995.
— *El ojo del poder* y BENTHAM, J., *El Panóptico*, Ediciones de La Piqueta, Madrid, 1989.

— *Le gouvernement de soi et des autres (Cours au Collège de France, 1982-1983)*, Gallimard-Seuil, París, 2008.
— *Securité, territoire, population (Cours au Collège de France, 1977-1978)*, Gallimard-Seuil, París, 2004.
— *Naissance de la biopolitique (Cours au Collège de France, 1978-1979)*, Gallimard, Seuil, París, 2004.
— *Dits et écrits, Schriften 3 (1976-1979)*, Suhrkamp, Fráncfort del Meno, 2003.
FOX, J., «The Multiple Impact of Religion on International Relations: Perceptions and Reality» en: *Institut Français des Relations Internationales (IFRI)*.
Accesible en línea: www.ifri.org/files/politique.../4_2006_Fox.pdf (consulta: 18/05/2013).
— y SANDLER, S., *Religion in World Conflicts*, Routledge, Londres, 2006.
— *Bringing Religion Back into International Relations*, Palgrave-Macmillan, Nueva York, 2006.
FRÈCHES, J., *Érase una vez China. Desde la Antigüedad al siglo XXI*, Espasa-Calpe, Madrid, 2006.
FREDERICKSON, G. M., *The Arrogance of Race. Historical Perspectives on Slavery, Racism, and Social Inequality*, Wesleyan University Press, Hanover, 1988.
FREUD, S., *Psicología de las masas. Más allá del principio del placer. El porvenir de una ilusión*, Alianza, Madrid, 1994.
— *El malestar en la cultura y otros ensayos*, Alianza, Madrid, 1990.
FRIEDMAN, M., *Capitalism and Freedom*, University of Chicago Press, Chicago, 1962.
FRITSCH, B., *Die Vierte Welt. Modell einer neuen Wirklichkeit*, DTV, Múnich, 1973.
FRÖBEL, F., HEINRICHS, J. y KREYE, O., *The New International Division of Labour. Structural Unemployment in Industrialised Countries and Industrialisation in Developing Countries*, Cambridge University Press, Cambridge, 1981.
FROMM, E., *El miedo a la libertad*, Paidós, Barcelona, 1989.
FUCHS, P., «Vaterland, Patriotismus und Moral. Zur Semantik gesellschaftlicher Einheit» en: *Zeitschrift für Soziologie*, vol. 20, n.º 2, 1991, pp. 89-103.
FUKUYAMA, F., «¿El fin de la historia?» en: *Claves de razón práctica*, n.º 1, abril 1990.
— *El fin de la historia y el último hombre*, Planeta, Barcelona, 1992.
— «The Future of History. Can Liberal Democracy Survive the Decline of the Middle Class?» en: *Foreign Affairs*, vol. 91, n.º 1, enero-febrero 2012. Accesible en línea: http://www.ilpolitecnico.org/confronti/confronti_20120314_eng.pdf (consulta: 13/05/2013).
FURTADO, C., *Teoría y política del desarrollo económico*, Siglo XXI, Barcelona, 1974.
FUSTEL DE COULANGES, N. D., *La ciudad antigua*, Iberia, Barcelona, 1987.
GADAMER, H.-G., «Erhöhte Wirklichkeit der Kultur» en: *Sinn und Form*, vol. 50, n.º 1, 1998, pp. 23-29 (Berlin-Brandenburgische Akademie der Künste).
GALLIÉ, M., «Les théories tiers-mondistes du droit international (TWAIL): Un renouvellement?» en: *Études internationales*, vol. 39, n.º 1, marzo 2008, pp. 17-38. Accesible en línea: www.erudit.org/revue/ei/2008/v39/.../018717ar.html (consulta: 26/04/2013).
GALTUNG, J., *50 Years. 100 Peace & Conflict Perspectives*, Kolofon, Bergen, 2008.
— *A Structural Theory of Imperialism*, Universidad de Berkeley, California, 1971.
— *¡Hay alternativas! Cuatro caminos hacia la paz y la seguridad*, Tecnos, Madrid, 1984.
— *Peace by Peaceful Means: Peace and Conflict, Development and Civilization*, Sage, Londres, 1996.
— «Cultural Violence» en: *Journal of Peace Research*, vol. 27, n.º 3, 1990, pp. 291-305.
— «Violence, Peace and Peace Research» en: *Journal of Peace Research*, vol. 6, n.º 3, 1969, pp. 167-191.
GANGULY, S., «Wars Without End: The Indo-Pakistani Conflict» en: *The Annals of the American Academy of Political and Social Science*, vol. 541, n.º 1, 1995, pp. 167-178. Accesible en línea: ann.sagepub.com/content/541/1/167.refs (consulta: 17/05/2013).
GARAY VERA, C., «El tema de la seguridad en la comprensión internacional de Susan Strange» en: *Revista de Estudios Internacionales*, n.º 168, 2011, pp. 7-23.
Accesible en línea: www.revistaei.uchile.cl/index.php/REI/article/.../12770/16469 (consulta: 12/05/2013).
GARCÍA, R., CORDERO, F. e IZQUIERDO, A., *Economía y geografía del desarrollo en América Latina*, FCE, México, 1987.

García Bacca, J. D., *Infinito, transfinito, finito*, Anthropos, Barcelona, 1984.
— *Sobre vicios y virtudes*, Anthropos, Barcelona, 1993.
— *De magia a técnica. Ensayo de teatro literario-filosófico-técnico*, Anthropos, Barcelona, 1989.
— *Sobre filantropía. Tres ejercicios literario-filosóficos (Filantropía divina, divino-humana humana)*, Anthropos-Universidad Pública de Navarra-Gobierno de Navarra, Barcelona-Pamplona, 2001.
— *Sobre realismo. Tres ejercicios literario-filosóficos (natural, crítico, integral)*, Anthropos-Universidad Pública de Navarra-Gobierno de Navarra, Barcelona-Pamplona, 2001.
— *Tres ejercicios literario-filosóficos de dialéctica*, Anthropos, Barcelona, 1983.
— *Tres ejercicios literario-filosóficos de moral*, Anthropos, Barcelona, 1984.
— *Tres ejercicios literario-filosóficos de lógica y metafísica*, Anthropos, Barcelona, 1986.
— *Confesiones. Autobiografía íntima y exterior*, Anthropos, Barcelona, 2000.
García Cantalapiedra, D., «Afganistán, EEUU y el "síndrome de Vietnam"» en: *Política Exterior*, n.º 132, 2009. Accesible en línea: www.politicaexterior.com/?limit=pe&s=relaciones+transatlanticas (consulta 07/05/2013).
— «EEUU, China y Rusia: la lógica inevitable de la militarización del espacio (ARI)» (ARI n.º 46/2008 - 13/05/2008). Publicado por: *Real Instituto Elcano*. Accesible en línea: www.realinstitutoelcano.org/wps/portal/rielcano/Imprimir?...es/... (consulta 07/05/2013).
García Picazo, P., *La investigación del medio internacional. Fundamentos teóricos y conceptuales, métodos y técnicas*, Tecnos, Madrid, 2012.
— *El Sistema Mundial: perspectivas políticas y sociológicas*, UNED, Madrid, 2010.
— *La Idea de Europa: Historia, Cultura, Política*, Tecnos, Madrid, 2008.
— *¿Qué es esa cosa llamada «Relaciones Internacionales»? Tres lecciones de autodeterminación y algunas consideraciones indeterministas*, Marcial Pons, Madrid-Barcelona, 2000.
— *Las Relaciones Internacionales en el siglo* xx*: la contienda teórica. Hacia una visión reflexiva y crítica*, UNED, Madrid, 1998 (4.ª reimpr., 2007).
— «Dialéctica de la secularización: una fenomenología de los conflictos en la sociedad internacional» en: Eva Vázquez Gómez, M.ª Dolores Adam Muñoz y Noé Cornago Prieto (eds.), *El arreglo pacífico de controversias internacionales. XXIV Jornadas de la Asociación Española de Profesores de Derecho Internacional y Relaciones Internacionales*, Tirant lo Blanch, Valencia, 2013, pp. 965-1002.
— «Una idea dialéctica de Europa: un ensayo crítico metodológico. Arte y cultura popular en una pintura de Brueghel» en: *Boletín de la Real Academia de la Historia*, tomo 209, cuaderno II, mayo-agosto 2012, pp. 197-239.
— «Perspectivas sobre el hecho religioso en el sistema mundial contemporáneo» en: *Revista Española de Derecho Internacional*, 2010, vol. LXII, n.º 2, pp. 111-148.
— «Un estudio sociológico de la violencia de género» en: Marchal Escalona, N. (dir.), *Manual de lucha contra la violencia de género*, Aranzadi-Thomson Reuters, Madrid, 2010, pp. 65-96 (capítulo II del libro).
— «*Europeas*: la violencia contra las mujeres en el marco de la Recomendación REC (2002 5 del Consejo de Europa» en: Fernández Sánchez, P. A. (ed.), *La obra jurídica del Consejo de Europa (en conmemoración del 60 Aniversario del Consejo de Europa)*, Sevilla, Gandulfo-Junta de Andalucía-Asociación Española de Profesores de Derecho Internacional y Relaciones Internacionales (AEPDIRI), 2010, pp. 189-212.
— «La Violencia de Género desde la Filosofía y la Psiquiatría (Violencia de género: reflexiones en torno a algunos tópicos de la dominación masculina)» en: Fernando Reviriego Picón (coord.), *Más allá de la Ley: Enfoques sobre la Violencia de Género, Jornadas Fundación Aequitas-UNED*, Fundación *Aequitas*-Caja Madrid-Obra Social, Madrid, 2009, pp. 60-108. Edición digital: www.aequitas.org/?do=filetools.getDocument&id=3124
— «China en la escena internacional: la civilización china como factor armonizador de la política mundial (Cultura, política, pensamiento, sociedad)» en: Arribas Macho, J. M. y García de Paadín y Ahumada, A. (dirs.), *I Experto Profesional en Cultura y Sociedad Chinas*, UNED-Fundación UNED-ACEC, Madrid, 2007-2008, pp. 150-192.
— «Migraciones: entre la intolerancia y la utopía. Sobre la globalización de la cultura de la pobreza», *Revista Electrónica de Estudios Internacionales*, n.º 11, 2006. Accesible en línea: http://www.reei.org/reei%2011/reei11.htm

— «Alianza de civilizaciones: ¿una tentativa de pacificación mundial?», *Tiempo de Paz*, n.º 81, verano 2006, pp. 51-59.
— «De la guerra perenne a una paz precaria: las relaciones internacionales y el proceso de la civilización», *Revista Española de Derecho Internacional*, vol. LVII, 1, 2005 (2006), pp. 15-48.
— «El presente distante. Fundamentalismos y multiculturalidad en un mundo globalizado» en: Suárez Pertierra, G. y Contreras Mazarío, J. M. (eds.), *Interculturalidad y educación en Europa*, Tirant lo Blanch, Valencia, 2005, capítulo I, pp. 15-76.
— «Sociedad/Comunidad internacional: una comunidad imaginada?» en: Vilariño Pintos, E. y García Segura, C. (coords.), *Comunidad Internacional y Sociedad Internacional después del 11 de septiembre de 2001*, Universitat Pompeu Fabra, Universidad del País Vasco, Universidad Complutense de Madrid/Fundación Gernika Gogoratuz-Munduan, Paz y Desarrollo, Gernika, 2005, pp. 87-102.
— «Globalización y comercio internacional en su perspectiva cultural e histórica» en: VVAA, *Globalización y comercio internacional*, BOE, 2005, Madrid, pp. 435-446.
— «Conflictos armados, migraciones y cooperación internacional» en: Madrazo Rivas, E. y De la Torre Díaz, F. J. (coords.), *Cooperación internacional y movimientos migratorios*, Dykinson-Universidad San Pablo-CEU, Madrid, 2005, pp. 185-228.
— «Razones y sinrazones de Europa: una reflexión sobre los Balcanes» en: Ferrero Turrión, R. (ed.), *Nacionalismos y minorías en Europa Central y Oriental*, Colección Grana-Institut de Ciències Polítiques i Socials, Barcelona, 2004, pp. 302-328.
— «Caminos que llevan hacia alguna parte: sobre el método en las relaciones internacionales», *Empiria. Revista de Metodología de Ciencias Sociales*, n.º 8, 2004, pp. 111-137. Accesible en línea: e-spacio.uned.es:8080/fedora/get/bibliuned...2004.../Documento.pdf
— «Reflexiones sobre el terrorismo en Europa: entre el 11-S y el 11-M», *Tiempo de Paz*, n.º 72, primavera 2004, pp. 7-19.
— «La verdad cuando nos place o retablo de mujeres inspiradas» en: *Revista de Occidente*, n.º 262, marzo 2003, pp. 111-132.
— «Historia y memoria: la reflexividad crítica en las relaciones internacionales» en: García Picazo, P. (coord.), *La sociedad internacional en el cambio de siglo (1885-1919)*, UNED, Madrid, 2003 (marzo 2009, 3.ª reimpr.), pp. 21-49.
— «La ampliación de la Unión Europea. ¿Integración o reintegración de Europa? Algunas cuestiones del debate ideológico, en: VVAA, *La Unión Europea ante el siglo XXI: los retos de Niza*, BOE, Madrid, 2003, pp. 319-338.
— «Religión y cultura en la configuración de la sociedad internacional» en: VVAA, *Iglesia, Estado y Sociedad Internacional. Libro Homenaje a D. José Giménez y Martínez de Carvajal*, Universidad San Pablo-CEU, Madrid, 2003, pp. 351-374.
— «Razones y sinrazones de Europa: una reflexión sobre los Balcanes» en: Ferrero Turrión, R. (ed.), *Nacionalismos y minorías en Europa Central y Oriental*, Institut de Ciències Polítiques i Socials-UAB, Barcelona, 2004, pp. 302-328. Versión anterior: «Campo minado: una reflexión sobre los Balcanes», *Papeles del Este*, n.º 3, enero 2002: http://www.ucm.es/BUCM/cee/papeles/03/index.htm
— «Las relaciones internacionales y la cultura: entre el particularismo y la universalidad», *Papeles y Memorias Tribuna Joven de la Real Academia de Ciencias Morales y Políticas*, Madrid, n.º X, mayo 2001, pp. 52-66.
— «África y panafricanismo», pp. 14-27; «Asia», pp. 44-51; «China», pp. 100-108; «India, Paquistán y Bangladesh», pp. 353-364; «Países balcánicos», pp. 546-562; «Panarabismo», pp. 563-574; «Panislamismo», pp. 581-585; «Racismo y nacionalismo», pp. 664-675; «Religiones y nacionalismo», pp. 683-691; «Sureste asiático», pp. 743-752 en: De Blas, A. (dir.), *Enciclopedia del nacionalismo*, Alianza, Madrid, 1999 (edición anterior en Tecnos, 1997).
— «Diálogo cultural *vs.* dialéctica política: la dimensión intercultural en el pensamiento internacional del Mediterráneo. Tres enfoques teóricos» en: VV AA, *Derecho Internacional y Relaciones Internacionales en el mundo mediterráneo*, BOE, Madrid, 1999, pp. 245-259.
— «Panorámica de los fundamentalismos religiosos, hoy, en las relaciones internacionales» (en colaboración con C. Corral) en: Carlos Corral (ed.), *Los fundamentalismos religiosos, hoy, en las relaciones internacionales*, UPCO, Madrid, 1994, pp. 13-39.

— «Totalidad y fragmentación. El mundo de la cultura, el universo de la civilización», *Revista Española de Investigaciones Sociológicas*, n.º 64, octubre-diciembre 1993, pp. 81-104. Accesible en línea: www.reis.cis.es/REIS/jsp/ REIS.jsp?opcion...PALOMA...PICAZO
— «Willy Brandt: personaje y persona» en: *Tiempo de Paz*, n.ºs 29-30, otoño 1993, pp. 112-121.
— «Jesús Ibáñez», *El Mundo*, 11 de agosto 1992, p. 4.
— «La unidad alemana, clave de la nueva arquitectura europea» en: *CISS/Noticias CEE*, n.º 93, octubre, 1992, pp 19-30.
GARCÍA SEGURA, C. y RODRIGO, A. J. (eds.), *La seguridad comprometida. Nuevos desafíos, amenazas y conflictos armados*, Tecnos-Universitat Pompeu-Fabra, Barcelona, 2008.
— *El Imperio inviable. El orden internacional tras el conflicto de Irak*, Tecnos, Madrid, 2004.
GARELLI, P., *El Próximo Oriente asiático desde los orígenes hasta las invasiones de los Pueblos del Mar*, Labor, Barcelona, 1987.
— y Valentin NIKIPROWETZKY, *El Próximo Oriente asiático. Los imperios mesopotámicos. Israel*, Labor, Barcelona, 1985.
GAY, P., *La cultura de Weimar*, Argos Vergara, Madrid, 1984.
GEERTZ, C., *La interpretación de las culturas*, Gedisa, Barcelona, 1990.
— *Cultura, identidad y política. El nacionalismo y los nuevos cambios sociales*, Gedisa, Barcelona, 1993.
GELLNER, E., *Naciones y nacionalismo*, Alianza, Madrid, 1988.
GELOT, L., *Religion Confronts Westphalian International Relations Theory*, University of Wales, Aberystwyth, 2006. Accesible en línea: fws.aber.ac.uk/rec/GELRCW; cadair.aber.ac.uk/dspace/handle/2160/406; gelotludwig (ipm0060).pdf (consulta: 18/05/2013).
GERVILLA, E., *Valores del cuerpo educando. Antropología del cuerpo y la educación*, Herder, Barcelona, 2000.
GESER, H., «Kleinstaaten im internationalen System» en: *Kölner Zeitschrift für Soziologie und Sozialpsychologie,* vol. 44, n.º 4, 1992, pp. 627-654.
GILL, S. (ed.), *Gramsci, Historical Materialism and International Relations*, Cambridge University Press, Cambridge, 1993.
GILOMEN, H.-J., «Bürokratie und Korporation am Basler Konzil. Strukturelle und prosopographische Aspekte» en: *Academia.edu*. Accesible en línea: www. academia.edu/.../Burokratie_und_Korporation... (consulta: 16/05/2013).
GILPIN, R., *US Power and the Multinational Company: The Political Economy of Foreign Direct Investment*, Macmillan, Londres, 1976.
— *War and Change in International Politics*, Cornell University Press, Cambridge, 1981.
— *The Political Economy of International Relations*, Princeton University Press, Princeton, 1987.
— *The Challenge of Global Capitalism: The World Economy in the 21st Century*, Princeton University Press, Princeton, 2002.
GIMBUTAS, M., *El lenguaje de la diosa*, Dove, Madrid, 1996.
GITTINGS, J., *The Changing Face of China. From Mao to Market*, Oxford University Press, Oxford, 2005.
GLAZER, N. y MOYNIHAN, D. P., *Ethnicity, Theory and Experience*, Harvard University Press, Cambridge, 1975.
GLAZIER, I. A. y DE ROSA, L. (eds.), *Migrations Across Time and Nations. Population Mobility in Historical Contexts,* Holmes & Meier, Nueva York, 1986.
GLUCKSMAN, A., *La estupidez. Ideologías del postmodernismo*, Península, Barcelona, 1985.
GOODCHILD, P., *Oppenheimer*, Salvat, Barcelona, 1988.
GORKI, M., *Lenin*, Aguilar, Madrid, 1988.
GRACIÁN, B., *El Arte de la Prudencia. Oráculo manual*, Temas de Hoy, Madrid, 1993, edición de José Ignacio Díez Fernández.
GRAML, H., *Reichskristallnacht. Antisemitismus und Judenverfolgung im Dritten Reich*, DTV, Múnich, 1988.
GRANT, R. y NEWLAND, K. (eds.), *Gender and International Relations*, Open University Press, Milton Keynes, 1991 [Indiana University Press, Bloomington and Indianapolis, 1991].
GRAVES, R., *Adiós a todo eso*, Edhasa, Barcelona, 1985.
GREENWOOD ONUF, N., *The Republican Legacy in International Thought*, Cambridge University Press, Cambridge, 1998.

GRIFFITHS, M., ROACH, S. C. y SCOTT SOLOMON, M., *Fifty Key Thinkers in International Relations*, Routledge, Nueva York, 2009.

GRIMAL, P., *La civilización romana*, Editorial Juventud, Barcelona, 1965.

GRINBERG, N., «The New International Division of Labour and the Differentiated Evolution of Poverty at World Scale» en: *London School of Economics*, Documento de Trabajo, Departamento de Historia Económica, 22 pp., sin fecha. Accesible en línea: www.sed.manchester.ac.uk/research/.../grinberg.pdf (consulta: 20/05/2013).

GROCIO, H., *De la libertad de los mares*, Centro de Estudios Constitucionales, Madrid, 1979.

— *Del Derecho de presa. Del Derecho de la guerra y de la paz*, Centro de Estudios Constitucionales, Madrid, 1987, edición del P. Primitivo Mariño Gómez.

GROSSER, A., *Diez años de Alemania 1945-1954*, Artola, Madrid, 1955.

GROTIUS COMMITTEE, *The World of Hugo Grotius (1583-1645)*, APA University Press, Amsterdam y Maarsen, 1984.

GUNDER FRANK, A., «The Underdevelopment of Development. From a Personal Preface to the Author's Intentions». Accesible en línea: www.druckversion.studien-von-zeitfragen.net/The%... (consulta: 02/05/2013).

— *Crisis in the Third World*, Holmes & Meyer, Nueva York, 1981.

GUTIÉRREZ ESPADA, C., «Uso de la fuerza, intervención humanitaria y libre determinación (La "guerra" de Kosovo)» en: *Anuario de Derecho Internacional*, n.° 16, 2000, pp. 93-132. Publicado por: *Universidad de Navarra*. Accesible en línea: dspace.unav.es/dspace/bitstream/10171/22109/.../ADI_XVI_2000_04.pdf (consulta: 20/05/2013).

— y BERMEJO GARCÍA, R., «El programa nuclear iraní en el ojo del huracán» en: *Revista Española de Derecho Internacional*, vol. LVII, n.° 1, 2005, pp. 105-119.

— (dir.) y CERVELL HORTAL, M. J. (coord.), *Nosotros y el islam*, Diego Marín, Murcia, 2012.

HAAS, E. B., «The Study of Regional Integration. Reflections on the Joy and Anguish of Pretheorizing» en: *International Organization*, vol. 24, n.° 4, Regional Integration: Theory and Research, 1970, pp. 607-646. Publicado por: *University of Wisconsin Press-JSTOR*.
Accesible en línea: http://www.jstor.org/stable/2706149 (consulta: 17/05/2013).

— y WHITING, A. S., *Dynamics of International Relations*, Greenwood Press Publishers, Westport Connecticut, 1975.

HAAS, P. M., «The Enduring Relevance of International Regimes» en: *e-International Relations*, 22 de enero de 2013. Accesible en línea: www.e-ir.info/.../the-enduring-relevance-of-internati... (consulta: 09/05/2013).

HABERMAS, J., *Der gespaltene Westen*, Suhrkamp, Fráncfort del Meno, 2004 [hay edición española].

— *Identidades nacionales y postnacionales*, Tecnos, Madrid, 1989.

— y TAYLOR, C., BUTLER, J. y WEST, C., *El poder de la religión en la esfera pública*, Trotta, Madrid, 2011.

HALL, I., «Challenge and Response: The Lasting Engagement of Arnold J. Toynbee and Martin Wight» en: *International Relations*, vol. 17, n.° 3, 2003, pp. 389-404. Publicado por *Sage*. Accesible en línea: ire.sagepub.com/content/17/3/389.full.pdf (consulta: 20/05/2013).

HALL, R. B. y BIERSTEKER, Th. J. (eds.), *The Emergence of Private Authority in Global Governance*, Cambridge University Press, Cambridge, 2002. Accesible en línea: http://catdir.loc.gov/catdir/samples/cam033/2002023443.pdf (consulta: 17/05/2013).

HALLIDAY, F., *Rethinking International Relations*, Macmillan, Houndmills y Londres, 1994.

— *Revolution and World Politics. The Rise and Fall of the Sixth Great Power*, Macmillan, Houndmills y Londres, 1999.

HANDKE, P., *Ensayo sobre el cansancio*, Alianza, Madrid, 1990.

HANKE, L., *La humanidad es una*, FCE, México, 1974.

HANNERZ, U., *Conexiones transnacionales. Cultura, gente, lugares*, Cátedra-Universitat de València, Madrid, 1998.

HARDT, M. y NEGRI, A., *Empire. Globalization as a New Roman Order Awaiting its Early Christians*, Harvard University Press, Cambridge, 2000.

— *Multitude: War and Democracy in the Age of Empire*, Penguin Press, Nueva York, 2004.

— *Common Wealth*, Belknap Harvard University Press, Cambridge, 2009.

HARDY, J., «New Divisions of Labour in the Global Economy» en: *International Socialism*, n.° 137, 9 de enero 2013. Accesible en línea: www.isj.org.uk/?id=868 (consulta: 20/05/2013).

HARRIS, S., *The End of Faith: Religion, Terror, and the Future of Reason*, Nueva York, W. W. Norton, 2004 [hay edición española].

HARRMANN, H., *Weltgeschichte der Sprachen. Von der Frühzeit des Menschen bis zur Gegenwart*, C. H. Beck, Múnich, 2006.

HASANI, E., «*Uti Possidetis Iuris*: from Rome to Kosovo» en: *Tufts Digital Library*. Accesible en línea: dl.tufts.edu/file.../tufts:UP149.001.00054.00008 (consulta: 17/05/2013).

HASEK, J., *Die Abenteuer des braven Soldaten Schwejk*, 2 vols., Rowohlt, Hamburgo, 1988.

HASSOUNA, H. A., *The League of Arab States and Regional Disputes*, Oceana-A. W. Sitjhoff, Nueva York-Leiden, 1975.

HAUSHOFER, K., *De la géopolitique*, Fayard, París, 1986.

HAWKING, S., *El universo en una cáscara de nuez*, Crítica-Planeta, Barcelona, 2004.

HAYEK, F. A., *Camino de servidumbre*, Alianza, Madrid, 1976.

HAZARD, P., *La crisis de la conciencia europea (1680-1715)*, Alianza, Madrid, 1988.

HEADRICK, D. R., *Los instrumentos del Imperio. Tecnología e imperialismo europeo en el siglo XIX*, Alianza, Madrid, 1989.

HEARTFIELD, J., *Guerra en la paz*, Gustavo Gili, Barcelona, 1976.

HEGEL, G. W. F., *Vorlesungen über die Philosophie der Geschichte*, Suhrkamp, Fráncfort del Meno, 1986 [*Lecciones de filosofía de la historia*, Madrid, Alianza, 1982].

— *Vorlesungen über die Ästhetik I (Werke 13)*, Suhrkamp, Fráncfort del Meno, 1986.

HEIDEGGER, M., *Identidad y diferencia*, Anthropos, Barcelona, 1988.

HEISTER, M. y SCHWARZ, R., «Kritik der Biopolitik-Kritik der Souveränität. Zur politischen Philosophie Giorgio Agambems und Antonio Negris» en: www.episteme.de/.../Heister-Schwarz-Agambem-... (consulta: 13/04/2012).

HELD, D., *La democracia y el orden global. Del Estado moderno al gobierno cosmopolita*, Paidós, Barcelona, 1995.

— «Democracy, the Nation-State, and the Global System» en: *Economy and Society*, vol. 20, n.º 2, 1991, pp. 138-172. Publicado por *Taylor & Francis Online*. Accesible en línea: http://www.tandfonline.com/ (consulta: 17/05/2013).

HELL, V., *La idea de cultura*, FCE, México, 1986.

HELLER, A. y FEHÉR, F., *El péndulo de la modernidad. Una lectura de la era moderna después de la caída del comunismo*, Península, Barcelona, 1994.

— *Políticas de la Postmodernidad. Ensayos de crítica cultural*, Península, Barcelona, 1989.

— *Biopolítica. La modernidad y la liberación del cuerpo*, Península, Barcelona, 1995.

HELLER, H., *La soberanía. Contribución a la teoría del derecho estatal y del derecho internacional*, FCE, México, 1995.

HENNING, O., «Die Weltgeschichte ist das Weltgericht» en: *Hegel-Jahrbuch 1995*, Akademie Verlag, Berlín, 1996, pp. 204-209.

HENRY, M., *La barbarie*, Caparrós, Madrid, 1996.

— *Incarnation. Une philosophie de la chair*, Seuil, París, 2000.

HENSEL, P. R., ALLISON, M. E. y KHANANI, A., «The Colonial Legacy and Border Stability: *Uti Possidetis* and Territorial Claims in the Americas» en: 37th Annual Meeting of the Peace Science Society (International), Ann Arbor, noviembre 2003 y 45th Annual Meeting of the International Studies Association, Montreal, marzo 2004, 35 pp. Accesible en línea: www.paulhensel.org/Research/io05.pdf (consulta: 17/05/2013).

HEPP, C., *Avantgarde. Moderne Kunst, Kulturkritik und Reformbewegungen nach der Jahrhundertwende*, DTV, Múnich, 1987.

HERDER, J. G., *Ideen zur Philosophie der Geschichte*, 2 vols., Aufbau Verlag, Berlín-Weimar, 1965.

HERMAND, J. y TROMMLER, F., *Die Kultur der Weimarer Republik*, Fischer, Fráncfort del Meno, 1988.

HERNÁNDEZ LOSADA, J. M., *El retrato de un dios mortal. Estudio sobre la filosofía política de Thomas Hobbes*, Anthropos, Barcelona, 2002.

HERRERO DE CASTRO, R., *La realidad inventada. Percepciones y proceso de toma de decisiones en Política Exterior*, Plaza y Valdés, Madrid, 2006.

HESSE, H., *Escritos políticos (1914-1932)*, Bruguera, Barcelona, 1981.

HIGGS, R., «The Dream of the Mont Pelerin Society» en: *The Independent Review*, primavera 1997 (fecha de inserción: 31/05/2011). Accesible en línea: mises.org/.../The-Dream-of-the-Mont-Pelerin-Societ... (consulta: 09/05/2013).

HIRIGOYEN, M.-F., *El acoso moral. El maltrato psicológico en la vida cotidiana*, Paidós, Barcelona, 2002.

HIRST, P. y THOMPSON, G., «Globalization and the Future of the Nation State» en: *Economy and Society*, vol. 24, n.º 3, 1995, pp. 408-442. Accesible en línea: http://www.tandfonline.com/ (consulta: 17/05/2013).

HOBBES, Th., *Leviatán*, Alianza, Madrid, 1992.

HOBSBAWN, E. J., *Naciones y nacionalismo desde 1780*, Crítica, Barcelona, 1991.

HOBSON, J. A., *Estudio del imperialismo*, Alianza, Madrid, 1981.

HOBSON, J. M., *The States and International Relations*, Cambridge University Press, Cambridge, 2000.

HODGKIN, Th. H., *Nationalism in Colonial Africa*, New York University Press, Nueva York, 1957.

HOFFMANN, L., «Das "Volk". Zur ideologischen Struktur eines unvermeidbaren Begriffs» en: *Zeitschrift für Soziologie*, vol. 20, n.º 3, 1991, pp. 191-208.

HOFFMANN, S. H., *Jano y Minerva. Ensayos sobre la guerra y la paz*, GEL, Buenos Aires, 1991.

— *Duties Beyond Borders. On the Limits and Possibilities of Ethical International Politics*, Syracuse University Press, Nueva York, 1981.

— *Contemporary Theory in International Relations*, Prentice Hall, Englewood Cliffs, New Jersey, 1960 [*Teorías contemporáneas sobre las relaciones internacionales*, Tecnos, Madrid, 1963].

HOLLAND, R., «The Paradigm Plague: Prevention, Cure and Innoculation» en: *Human Relations*, vol. 43, n.º 1, 1990, pp. 23-48.

HOLSTI, K. J., *The Dividing Discipline: Hegemony and Diversity in International Theory*, Allen & Unwin, Boston, 1985.

HOLZGREFE, J. L. y KEOHANE, R. O. (eds.), *Humanitarian Intervention. Ethical, Legal, and Political Dilemmas*, Cambridge University Press, Cambridge, 2003. Accesible en línea: www.loc.gov/catdir/samples/.../2003269355.pdf (consulta: 23/05/2013).

HOPF, T., «The Promise of Constructivism in International Relations Theory» en: *International Security*, vol. 23, n.º 1, 1998, pp. 171-200. Publicado por: *The MIT PRESS Journals*. Accesible en línea: http://www.mitpressjournals.org/ (consulta: 13/05/2013).

HOPKINS, R. F. y MANSBACH, R. W., *Structure and Process in International Politics*, Harper & Row, Nueva York, 1973.

HORRIE, Ch. y CHIPPINDALE, P., *¿Qué es el islam?*, Alianza, Madrid, 1994.

HOWARD, M., *The Invention of Peace*, Yale University Press, New Haven, 2000.

— «Military Power and International Order» en: *International Affairs (Royal Institute of International Affairs 1944-)*, vol. 40, n.º 3, 1964, pp. 397-408. Accesible en línea: http://links.jstor.org/sici?sici=0020-5850%28196407%2940%3A3%3C397%3AMPAIO%3E2.0.CO%3B2-E (consulta: 16/05/2013).

HUGUET, M., «La mundialización en la experiencia internacional contemporánea» en: *II Jornadas de Historia de las Relaciones Internacionales Contemporáneas-Comisión Española de Historia de las Relaciones Internacionales*, Facultad de Humanidades, Universidad Carlos III de Madrid, Madrid, mayo 2006, 44 pp. Accesible en: e-archivo.uc3m.es/bitstream/10016/3027/1/Huguet-CEHRI.pdf (consulta: 04/05/2013).

HUIZINGA, J., *Homo ludens*, Alianza, Madrid, 1987.

— *El otoño de la Edad Media. Estudios sobre la forma de la vida y del espíritu durante los siglos XIV y XV en Francia y en los Países Bajos*, Alianza, Madrid, 1985.

HUNTINGTON, S. P., «The Clash of Civilizations?» en: *Foreign Affairs*, vol. 72, n.º 3, 1993, pp. 22-49. Publicado por: *Foreign Affairs*. Accesible en línea: www.foreignaffairs.com›; www.polsci.wvu.edu/.../huntingtonclashofcivilizatio...; http://www.polsci.wvu.edu/faculty/hauser/PS103/Readings/HuntingtonClashOfCivilzationsForAffSummer93.pdf (consulta: 19/05/2013).

— *El choque de civilizaciones y la reconfiguración del orden mundial*, Paidós, Barcelona, 1998.

HURD, E. S., *The Politics of Secularism in International Relations*, Princeton University Press, Princeton, 2008.

IBÁÑEZ, J., *Del algoritmo al sujeto. Perspectivas de la investigación social*, Siglo XXI, Madrid, 1985.

— «Autobiografía (Los años de aprendizaje de Jesús Ibáñez)» en: *Anthropos*, n.º 113, noviembre 1990, pp. 9-25.

IBÁÑEZ, J[osep], *El control de Internet. Poder y autoridad en los mercados electrónicos*, Los Libros de la Catarata, Madrid, 2005.

JALÉE, P., *Le pillage du Tiers Monde*, Maspero, París, 1965.

— *Le tiers monde dans l'économie mondiale*, Maspero, París, 1967.

JANIS, M. W. y EVANS, C. (eds.), *Religion and International Law*, Martinus Nijhoff, Leiden, 2004.

JASPERS, K., *Psicología de las concepciones del mundo*, Gredos, Madrid, 1967 [*Psychologie der Weltanschauungen*, Springer, Berlín, 1991].

— *Die geistige Situation der Zeit*, Walter de Gruyter, Berlín-Nueva York, 1999.

— *Die Atombombe und die Zukunft des Menschen*, Piper, Múnich-Zúrich, 1957.

JERVIS, R., *The Logic of Images in International Relations*, Princeton University Press, Princeton, 1970.

— «Cooperation under the Security Dilemma» en: *World Politics*, vol. 30, n.º 2, enero 1978, pp. 167-174.

— *Perception and Misperception in International Politics*, Princeton University Press, Princeton, 1976.

— *System Effects. Complexity in Political and Social Life*, Princeton University Press, Princeton, 1997.

JOHANSON, D. y EDEY, M., *El primer antepasado del hombre. Lucy, el esqueleto del homínido más antiguo conocido hasta hoy*, Planeta, Barcelona, 1990.

JOHNSON, E. A., *La que es. El misterio de Dios en el discurso teológico feminista*, Herder, Barcelona, 2002.

JOHNSTON, W. M., *Österreichische Kultur- und Geistesgeschichte: Gesellschaft und Ideen im Donauraum 1848 bis 1938*, Böhlau, Viena-Colonia-Graz, 1980.

JONAS, H., *Das Prinzip Verantwortung. Versuch einer Ethik für die technologische Zivilisation*, Suhrkamp, Frankfurt del Meno, 1984 [hay edición española].

JONES, Ch. y LITTLE, R., *The Logic of Anarchy: Neorealism to Structural Realism*, Columbia University Press, Nueva York, 1993.

JONES, E. L., *El milagro europeo. Entorno, economía y geopolítica en la historia de Europa y Asia*, Alianza, Madrid, 1990.

JÖNSSON, Ch., «La organización internacional y la cooperación: una perspectiva interorganizacional» en: *Revista Internacional de Ciencias Sociales*, n.º 138, diciembre 1993, pp. 541-556.

— y TALLBERG, J., «Institutional Theory in International Relations» en PETERS, G., PIERRE, J. y STOKER, G. (eds.), *Institutional Theory in Political Science*, capítulo. Accesible en línea: https://lup.lub.lu.se/luur/download? func=downloadFile...534142... (consulta 07/05/2013).

JOSEPH, J., «Governmentality of What? Populations, States and International Organizations» en: *Global Society*, vol. 23, n.º 4, 2009, pp. 413-419.

JÜNGER, E., *In Stahlgewittern*, DTV, Múnich, 2001 [*Tempestades de acero: la memoria de un siglo*, Tusquets, Barcelona, 2005].

JUSTE RUIZ, J., *Derecho internacional del medio ambiente*, McGraw-Hill, Madrid, 2000.

KADARE, I., *El año negro*, Alianza, Madrid, 2001.

— *El Expediente H.*, Alianza, Madrid, 2001.

KAISER, K., *Deutschlands Vereinigung. Die internationalen Aspekte*, Gustav Lübbe, Bergisch Gladbach, 1991.

— y SCHWARZ, H.-P. (eds.), *Die neue Weltpolitik*, Nomos Verlag, Baden-Baden, 1995.

KÄLIN, W., *Guiding Principles on Internal Displacement. Annotations. Studies in Transnational Legal Policy*, n.º 38, American Society for International Law-The Brookings Institution-University of Bern, Washington, 2008. Accesible en línea: www.asil.org/pdfs/stlp.pdf (consulta: 23/05/2013).

KANT, I., *Hacia la paz perpetua. Un esbozo filosófico*, Biblioteca Nueva, Madrid, 1999.

— *Lo bello y lo sublime. La paz perpetua*, Espasa-Calpe, Madrid, 1984.

— *Über den Gemeinspruch: Das mag in der Theorie richtig sein, taugt aber nicht für die Praxis. Zum ewigen Frieden*, Felix Meiner, Hamburgo, 1992.

— *Filosofía de la Historia*, FCE, México, 1979.
KANTOROWICZ, E. H., *Los dos cuerpos del rey. Un estudio de teología política medieval*, Alianza, Madrid, 1985.
KAPLAN, M. A., *System and Process in International Politics*, John Wiley & Sons, Nueva York, 1957.
— *Strategic Thinking and Its Moral Implications*, The University of Chicago Center of Policy Study Chicago, 1973.
— «Balance of Power, Bipolarity and Other Models of International Systems» en: *The American Political Science Review*, vol. 51, n.º 3, 1957, pp. 684-695. Accesible en línea: http://www.jstor.org/stable/1951855 (consulta: 28/04/2013).
KAPUSCINSKY, R., *The Other*, Verso, Londres-Nueva York, 2008.
KATZENSTEIN, P. J., *The Culture of National Security. Norms and Identity in World Politics*, Columbia University Press, Nueva York, 1996.
— *Small States in World Markets: Industrial Policy in Europe*, Cornell University Press, Cornell, 1985.
KAUPPI, M. V. y VIOTTI, P. R., *The Global Philosophers. World Politics in Western Thought*, Lexington-Maxwell Macmillan, Nueva York-Toronto, 1992.
KELLY, M. E. G., «International Biopolitics: Foucault, Globalisation and Imperialism» en: *Theoria*, vol. 57, n.º 123, pp. 1-26. Publicado por: *Ingentaconnect*. Accesible en línea: www.ingentaconnect.com/content/.../art00001 (consulta: 13/04/2013).
KELSEN, H., *Derecho y paz en las relaciones internacionales*, FCE, México, 1986.
— *La paz por medio del Derecho*, Trotta, Madrid, 2008.
— *Contribuciones a la Teoría Pura del Derecho*, Fontamara, México, 1992.
KENNAN, G. F., *The Cloud of Danger. Current Realities of American Foreign Policy*, Little Brown & Co., Boston-Toronto, 1977.
KENNEDY, P., *The Rise and Fall of the Great Powers - Economic Change and Military Conflict from 1500 to 2000*, Random House, Nueva York, 1988 [hay edición española].
KEOHANE, R. O., *After Hegemony: Cooperation and Discord in the World Political Economy*, Princeton University Press, Princeton, 1984.
— *International Institutions and State Power. Essays in International Relations Theory*, Westview Press, Boulder, San Francisco y Londres, 1989 [*Instituciones internacionales y poder estatal. Ensayos sobre teoría de las relaciones internacionales*, GEL, Buenos Aires, 1993].
— y NYE, J., *Power and Interdependence: World Politics in Transition*, Little, Brown and Co., Nueva York, 1989 [*Poder e interdependencia. La política mundial en transición*, GEL, Buenos Aires, 1988].
— «The Demand for International Regimes» en: *International Organization*, n.º 36, n.º 2, 1982, pp. 325-355. Accesible en línea: ir.rochelleterman.com/sites/default/files/Keohane%20198 (consulta: 09/05/2013).
— «Lilliputians' Dilemmas: Small States in International Politics» en: *International Organization*, vol. 23, n.º 2, 1969, pp. 291-310. Publicado por: *Universidad de Wisconsin*. Accesible en línea: http://www.jstor.org/stable/2706027 (consulta: 17/05/2013).
KEPEL, G., *Faraón y el Profeta*, Muchnik, Barcelona, 1988.
— *La revancha de Dios. Cristianos, judíos y musulmanes a la reconquista del mundo*, Anaya-Mario Muchnik, Barcelona, 1991.
— *Fitna. Guerra en el corazón del islam*, Paidós, Barcelona, 2004.
— *La Yihad. Expansión y declive del islamismo*, Península, Barcelona, 2001.
— *Terreur et martyre. Relever le défi de civilisation*, Flammarion, París, 2008.
KEYNES, J. M., *Las consecuencias económicas de la paz*, Gedisa, Barcelona, 1987.
KIENZLER, K., *El fundamentalismo religioso*, Alianza, Madrid, 2000.
KIERSEY, N. J. y STOKES, D. (eds.), *Foucault and International Relations: New Critical Engagements*, Routledge, Abingdon, 2010.
KIMBALL, R., «Francis Fukuyama and the End of History» en: *The New Criterion*, febrero 1992. Accesible en línea: www.newcriterion.com/.../Francis-Fukuyama-and-th... (consulta: 13/05/2013).
KING, A. D. (ed.), *Culture, Globalization and the World-System. Contemporary Conditions for the Representation of Identity*, Universidad de Nueva York, Binghampton, 1991.

KIRBY, P., «How is Rape a Weapon of War? Feminist International Relations, Modes of Critical Explanation and the Study of Wartime Sexual Violence» en: *European Journal of International Relations*, vol. 0, n.º 0, pp. 1-25, 2012. Publicado por: *EJIR-Sage*. Accesible en línea: ejt.sagepub.com (consulta: 19/05/2013).
KISSINGER, H., *A World Restored: Metternich, Castlereagh and the Problems of Peace, 1812-1822*, Peter Smith, Gloucester-Mass., 1973 [hay edición española].
— *Diplomacy*, Simon & Schuster, Nueva York, 1994 [hay edición española].
— *China*, Debate, Barcelona, 2012.
KITCHEN, M., *El período de entreguerras en Europa*, Alianza, Madrid, 1992.
KI-ZERBÓ, J., *Historia del África negra*, Alianza, Madrid, 1980, 2 vols.
KLEIN, B. S., *Strategic Studies and World Order. The Global Politics of Deterrence*, Cambridge University Press, Cambridge, 1994.
KRASNER, S. D., «Global Communications and National Power» en: *World Politics*, vol. 43, n.º 3, 1991, pp. 336-366.
— *International Regimes*, Ithaca, Nueva York, 1983.
— *Structural Conflict: The Third World Against Global Liberalism*, University of California Press, Berkeley, 1985.
— «Structural Causes and Regime Consequences: Regimes as Intervening Variables» en: *International Organization*, vol. 36, n.º 2, 1982, pp. 185-205. Publicado por: *Cambridge Journals Online*. Accesible en línea: journals.cambridge.org/abstract_S0020818300018920 (consulta: 09/05/2013).
KÖCHLER, H. (ed.), *Cultural Self-Comprehension of Nations. Studies in International Cultural Relations*, Erdmann, Tubinga-Basilea, 1978 (actas de la Conferencia Internacional sobre Cooperación Cultural, Innsbruck).
KOESTLER, A., *Le zéro et l'infini*, Calmann-Lévy, París, 1945.
— *Euforia y utopía*, Emecé, Buenos Aires, 1955.
— *En busca de la utopía*, Kairós, Barcelona, 1983.
KOHN, H., *Historia del nacionalismo*, México, FCE, 1984.
— y SOKOLSKY, W., *El nacionalismo africano en el siglo XX*, Paidós, Buenos Aires, 1968.
KOSELLECK, R., *Futuro pasado. Para una semántica de los tiempos históricos*, Paidós, Barcelona, 1993.
— *historia/Historia*, Trotta, Madrid, 2004.
— y GADAMER, H. G., *Historia y hermenéutica*, Paidós, Barcelona, 2002.
KRIEGEL, A., *Los grandes procesos en los sistemas comunistas*, Alianza, Madrid, 1973.
KRIPPENDORFF, E., *El sistema internacional como historia*, FCE, México, 1985.
— *Las Relaciones Internacionales como ciencia*, FCE, México, 1985.
KRISTEVA, J., *Seule, une femme*, Éditions de l'Aube, París, 2007.
— *Extranjeros para nosotros mismos*, Plaza y Janés, Barcelona, 1991.
KUBÁLKOVÁ, V., ONUF, N. y KOWERT, P. (eds.), *International Relations in a Constructed World*, M. E. Sharpe, Nueva York, 1998.
KUHN, T. S., *La estructura de las revoluciones científicas*, FCE, México, 1987.
KÜNG, H., *Proyecto de una ética mundial*, Trotta, Madrid, 1992.
— y KUSCHEL, K.-J., *Hacia una ética mundial. Declaración del parlamento de las religiones del mundo*, Trotta, Madrid, 1993.
KURT, R., «Die ästhetische Dimension des parsonschens Voluntarismus» en: *Zeitschrift für Soziologie*, vol. 20, n.º 1, 1991, pp. 64-76.
KYNGE, J., *China Shakes the World. The Rise of a Hungry Nation*, Phoenix, Londres, 2006.
LACLAU, E. y MOUFFE, Ch., *Hegemony and Socialist Strategy: Towards a Radical Democratic Politics*, Verso, Londres, 1985.
LACOUTURE, J. y BAUMIER, J., *Le poids du Tiers Monde*, Artaud, París, 1962.
LAFERRIÈRE, E. y STOETT, P. J., *International Relations Theory and Ecological Thought. Towards a Synthesis*, Routledge, Nueva York, 1999.
LAMOUCHI, N., *Jean-Paul Sartre et le Tiers Monde. Rhétorique d'un discours anticolonialiste*, L'Harmattan, París, 1996.
— «La URSS intensifica relaciones con sus aliados africanos» en: *El País*, 9 de septiembre de 1979. Accesible en línea: elpais.com/diario/1979/09/09/internacional/305676009_850215.html (consulta 04/05/2013).

LARNER, W. y WALTERS, W. (eds.), *Global Governmentality. Governing International Spaces*, Routledge, Londres y Nueva York, 2004.
LASH, S., SZERSZYNSKY B. y WYNNE, B., *Risk, Environment and Modernity: Towards a New Ecology*, Sage, Londres, 1998.
LE GOFF, J., *Los intelectuales en la Edad Media*, Gedisa, Barcelona, 1990.
— y NORA, P., *Faire de l'Histoire*, Gallimard, París, 1974. [*Constructing the Past: Essays in Historical Methodology*, Cambridge University Press, Cambridge, 1985].
LEJEUNE, R., *Robert Schuman. Padre de Europa (1886-1962)*, Palabra, Madrid, 2000.
LENIN, V. I., *Textos sobre el imperialismo*, Miguel Castellote, Madrid, 1976.
— *Obras escogidas*, Progreso, Moscú, 1976 (12 tomos).
LERNER, G., *La creación del patriarcado*, Crítica, Barcelona, 1990.
LÉVI-STRAUSS, C., *El pensamiento salvaje*, FCE, México, 1992.
LEVINAS, E., «Quelques réflexions sur la philosophie de l'hitlerisme» en: *Ésprit*, n.º 26, noviembre 1934, pp. 199-208.
— *El Tiempo y el Otro*, Paidós-ICE/UAB, Barcelona, 2004.
LEWIS, B., *El lenguaje político del islam*, Taurus, Madrid, 1990.
— *Kultur und Modernisierung im Nahen Osten*, Passagen Verlag, Viena, 2001.
— *¿Qué ha fallado? El impacto de Occidente y la respuesta de Oriente Próximo*, Siglo XXI, Madrid, 2002.
LIBERMAN, E., *Plan y beneficio en la economía soviética*, Ariel, Barcelona, 1969.
LINKLATER, A., *Beyond Realism and Marxism: Critical Theory and International Relations*, Macmillan, Londres, 1989.
— *Men and Citizens in the Theory of International Relations*, Macmillan, Londres, 1982.
— «The Question of the Next Stage in International Relations Theory: A Critical-Theoretical Point of View» en: *Millennium Journal of International Studies*, vol. 21, n.º 1, 1992, pp. 77-98. Publicado por: *Sage*. Accesible en línea: mil.sagepub.com/content/21/1/77.full.pdf (consulta: 13/05/2013).
LIPOVETSKY, G. y SERROY, J., *La cultura-mundo. Respuesta a una sociedad desorientada*, Anagrama, Barcelona, 2010.
LIST, M., BEHRENS, M., REICHARDT, W. y SIMONIS, G., *Internationale Politik. Probleme und Grundbegriffe*, Leske + Budrich, Opladen, 1995.
LITFIN, K. T., «Constructing Environmental Security and Ecological Interdependence» en: *Global Governance*, n.º 5, 1999, pp. 359-377. Accesible en línea: faculty.washington.edu/litfin/.../litfin-constructing.p... (consulta: 20/05/2013).
LITTLE, R., *The Balance of Power in International Relations: Metaphors, Myths, and Models*, Cambridge, Cambridge University Press, 2007.
— «Reassesing the Expansion of International Society» en: *e-International Relations*, 2 de mayo de 2013. Accesible en línea: www.e-ir.info/.../reassessing-the-expansion-of-the-in... (consulta: 16/05/2013).
— «The English School's Contribution to the Study of International Relations» en: *European Journal of International Relations*, vol. 6, n.º 3, septiembre 2000, pp. 395-422. Publicado por: ejt.sagepub.com/content/6/3/395.short. Accesible en línea: reinhardmeyers.uni-muenster.de/.../english%20scho... (consulta: 12/05/2013).
— y SMITH, S. (eds.), *Belief Systems and International Relations*, Oxford, Blackwell, 1988.
LOBENSTEIN-REICHMANN, A., *Houston Stewart Chamberlain-Zur textlichen Konstruktion einer Weltanschauung. Eine sprach-, diskurs- und ideologiegeschichtliche Analyse*, De Gruyter, Berlín, 2008.
LOCKE, J., *Segundo Tratado sobre el gobierno civil*, Alianza, Madrid, 1994.
LONG, D. y WILSON, P. (eds.), *Thinkers of the Twenty Year's Crisis. Interwar Realism Reassessed*, Clarendon Press, Oxford, 2003.
LOVELOCK, J., *Las edades de Gaia. Una biografía de nuestro planeta vivo*, Tusquets, Barcelona, 1993.
LÖWENTHAL, R., «Ilustración y fundamentalismo como factores de la política mundial» en: *Debats*, n.º 32, junio 1990, pp. 70-73.
LOZANO, J., PEÑA-MARÍN, C. y ABRIL, G., *Análisis del discurso. Hacia una semiótica de la interacción textual*, Cátedra, Madrid, 1986.

LUXEMBURG, R., *Cartas a Karl y Luise Kautsky*, Galba Edicions, Barcelona, 1970, con un proemio de Dominique Dessanti «La obra y la vida de Rosa Luxemburg».
LYONS, G. M. y MASTANDUNO, M., «Intervención internacional, soberanía de los Estados y futuro de la sociedad internacional» en: *Revista Internacional de Ciencias Sociales*, n.º 138, diciembre 1993, pp. 595-611. [«Humanitarian Intervention and State Sovereignty» en: *The International Journal of Human Rights*, vol. 6, n.º 1, 2002, pp. 81-102].
LYOTARD, J.-F., *La condición postmoderna*, Cátedra, Madrid, 1989.
MADDISON, A., *La economía mundial. Una perspectiva milenaria*, Mundi-Prensa, Madrid-Barcelona-México, 2002.
— «The West and the Rest in the World Economy: 1000-2030. Maddisonian and Malthusian Interpretations» en: *World Economics*, vol. 9, n.º 4, octubre-diciembre 2008, pp. 75-99.
Accesible en línea: www.relooney.fatcow.com/00_New_2733.pdf (consulta: 20/05/2013).
— «A Comparison of Levels of GDP Per Capita in Developed and Developing Countries, 1700-1980» en: *The Journal of Economic History*, vol. 43, n.º 1, pp. 27-41 en: 42nd Annual Meeting Economic History Association. Publicado por: *Cambridge University Press-Cambridge Journals*. Accesible en línea: journals.cambridge.org/abstract_S0022050700028965 (consulta: 20/05/2013).
MADRAZO CUÉLLAR, J. (ed.), *Aspectos nacionales e internacionales sobre Derecho Indígena*, Instituto de Investigaciones Jurídicas-Universidad Nacional Autónoma de México, México, 1991.
MADRAZO RIVAS, E., *La soberanía. La evolución del concepto hacia una perspectiva internacional*, Madrid, Dykinson, 2010.
— y DE LA TORRE DÍAZ, F. J. (coords.), *Cooperación internacional y movimientos migratorios*, Dykinson-Universidad San Pablo-CEU, Madrid, 2005.
MAGHROORI, R., RAMBERG, B., *Globalism versus Realism: International Relations Third Debate*, Westview, Boulder, 1982.
MALTHUS, R., *Primer ensayo sobre la población* y KEYNES, J. M., *Robert Malthus, 1766-1834*, Alianza, Madrid, 1993.
MANGAS MARTÍN, A., *Conflictos armados internos y Derecho Internacional humanitario*, Universidad de Salamanca, Salamanca, 1992.
— (ed.), *La Escuela de Salamanca y el Derecho internacional en América. Del pasado al futuro*, Ediciones de la Universidad de Salamanca, Salamanca, 1993.
— y LIÑÁN NOGUERAS, D. J., *Instituciones y Derecho de la Unión Europea*, Tecnos, Madrid, 2002.
MANN, M., «Has Globalization Ended the Rise and Rise of Nation-State?» en: *Review of International Political Economy*, vol. 4, n.º 3, pp. 472-496. Publicado por *Routledge*. Accesible en línea: www.sscnet.ucla.edu/soc/faculty/mann/Doc2.pdf (consulta: 17/05/2013).
MAO ZEDONG (Mao Tse Tung), *Escritos sociológicos y culturales*, Laia, Barcelona, 1974.
MAQUIAVELO, N., *El príncipe*, Alianza, Madrid, 1990.
MARKOFF, J., *Olas de democracia. Movimientos sociales y cambio político*, Tecnos, Madrid, 1999.
MARRERO ROCHA, I., *Armas nucleares y Estados proliferadores*, Universidad de Granada, Granada, 2004.
— *La participación de las Fuerzas Armadas españolas en misiones de paz*, Plaza y Valdés-Ministerio de Defensa-Universidad de Granada, Madrid, 2007.
MARSHALL, M. G., «Fragility, Instability, and the Failure of States. Assesing Sources of Systemic Risk», Working Paper, Nueva York, Council on Foreign Relations (CFR), octubre 2008, 26 pp. Accesible en línea: i.cfr.org/content/.../CPA_WorkingPaper_1.pdf (consulta: 17/05/2013).
MARTÍN BARÓ, M., *Poder, ideología y violencia*, Trotta, Madrid, 2003.
MARTÍN SANTOS, L., *Diez lecciones de epistemología*, Akal, Madrid, 1991.
«Marxist Ideology»: *Economicae. An Illustrated Encyclopedia of Economics*. Accesible en línea: www.unc.edu/depts/econ.../marxistideology.html (consulta: 30/04/2013).
MATTELART, A., *La mondialisation de la communication*, PUF, París, 1996.
— *Diversidad cultural y mundialización*, Paidós, Barcelona, 2006.
MATURANA, H. y VARELA, F., *El árbol del conocimiento*, Debate, Madrid, 1990.

MAWBY, S. (ed.), *Discussion Papers on Diplomacy*, Netherlands, Institute of International Relations «Clingendael», 2002, 32 pp. Accesible en línea: www.clingendael.nl/.../20020300_cli_paper_dip_iss... (consulta: 07/05/2013).

MAYER, M. y WÜBEKKE, J., «Understanding China's International Energy Strategy» en: *The Chinese Journal of International Politics*, 14 de marzo de 2013. Publicado por: *Oxford University Press*. Accesible en línea: cjip.oxfordjournals.org/content/.../cjip.pot005.full (consulta: 20/05/2013).

MCCARTHY, N., «A Critical Analysis of the "Great Debates" That Structured Traditional International Relations Theory» en: *e-International Relations*, 26 de octubre de 2009. Accesible en línea: www.e-ir.inf/.../a-critical-analysis-of-the-'great-deb... (consulta: 07/05/2013).

MEARSHEIMER, J. J., «Reckless States and Realism» en: *International Relations*, 2009, vol. 23, n.º 2, pp. 241-256. Descargado de http://ire.sagepub.com at UNIV OF CHICAGO (29/06/2009). Accesible en línea: johnmearsheimer.uchicago.edu/pdfs/A0048.pdf (consulta: 12/05/2013).

— «The False Promise of International Institutions» en: *International Security*, vol. 19, n.º 3, 1994-1995, pp. 5-49. Accesible en línea: olivialau.org/ir/archive/mea3.pdf (consulta: 13/05/2013).

MENDELSSOHN, M., *Jerusalem o acerca del poder religioso y judaísmo*, Anthropos, Barcelona, 1991.

MENDO, C., «El hijo de Indira Gandhi, muerto al estrellarse la avioneta que tripulaba» en: *El País*, 24 de junio de 1980. Accesible en línea: elpais.com/diario/1980/06/24/internacional/330645613_850215.html (consulta: 04/05/2013).

MERLE, M. (ed.), *Pacifisme et internationalisme XVII-XXe siècles*, Armand Colin, París, 1966.

— *Les acteurs dans les relations internationales*, Economica, París, 1986.

— *Forces et enjeux dans les relations internationales*, Economica, París, 1985.

— *La vida internacional*, Tecnos, Madrid, 1965.

— *Sociología de las Relaciones Internacionales*, Alianza, Madrid, 1986 y 1991.

— «Les approches culturalistes dans les relations internationales» en: *Pour ou contre une interpretation culturaliste des relations internationales*, Fondation Nationale des Sciences Politiques (FNSP)-Centre National de la Recherche Scientifique (CNRS), París, 1981 (Actas del Congreso mecanografiadas).

— *Idem* y MESA, R., *El anticolonialismo europeo. Desde Las Casas a Marx*, Alianza, Madrid, 1972.

MERTENS, P., *L'imprescriptibilité des crimes de guerre et contre l'humanité. Étude de droit international et de droit pénal comparé*, Éditions de l'Université, Bruselas, 1974.

MEYER, Th., «Fundamentalismo: la otra dialéctica de la Ilustración», *Debats*, n.º 32, junio 1990, pp. 67-69.

MILANO, E., *Unlawful Territorial Situations in International Law. Reconciling Effectiveness, Legality and Legitimacy*, Martinus Nijhoff, Leiden, 2006.

MILANS DEL BOSCH PORTOLÉS, I., MADRAZO RIVAS, E. y DE LA TORRE DÍAZ, F. J. (coords.), *Migraciones y Desarrollo Humano*, Dykinson-Universidad San Pablo-CEU, Madrid, 2003.

MILLER, A., *Por tu propio bien. Raíces de la violencia en la educación del niño*, Tusquets, Barcelona, 1985.

— *El cuerpo nunca miente*, Tusquets, Barcelona, 2005.

MINARD, Ph., «Révolution industrielle et divergence Orient-Occident» en: *Revue de synthèse*, tomo 131, serie 6.ª, n.º 3, 2010, pp. 454-464. Accesible en línea: repositorio.ufsc.br/bitstream/handle/.../Minard.pdf?... (consulta: 20/05/2013).

MITRANY, D., *A Working Peace System*, Quadrangle Books, Chicago, 1966.

MITTERAUER, M., *Warum Europa? Mittelalterliche Grundlagen eines Sonderwegs*, C. H. Beck, Múnich, 2004.

MOLES, A. S., *Sociodinámica de la cultura*, Paidós, Barcelona, 1978.

— *El kitsch. El arte de la felicidad*, Barcelona-Buenos Aires-México, 1990.

MOLINA, M. (ed.), *La ley más antigua. Textos legales sumerios*, Trotta-Universitat de Barcelona, Madrid-Barcelona, 2000.

MOLLAT, M., *Pobres, humildes y miserables en la Edad Media*, FCE, México, 1998.

MOMMSEN, W. J., *La época del imperialismo. Europa 1885-1918*, Siglo XXI, Madrid, 1987.

MONOGRAFÍAS DEL CESEDEN, Centro Superior de Estudios de la Defensa-Ministerio de Defensa, Madrid: *Las nuevas guerras y la polemología, n.º 111*, Ministerio de Defensa, Madrid, 2009.
— *La violencia del siglo XXI. Nuevas dimensiones de la guerra*, n.º 112, Ministerio de Defensa, Madrid, 2009.
— *Evolución del concepto del interés nacional*, n.º 115, Ministerio de Defensa, Madrid, 2010.
MONTANELLI, I., *Personajes*, Plaza y Janés, Barcelona, 1966.
MONTAÑO, J., *Las Naciones Unidas y el orden mundial, 1945-1992*, FCE, México, 1992.
MONTGOMERY WATT, W., *Islamic Fundamentalism and Modernity*, Routledge, Londres-Nueva York, 1988.
MORGENTHAU, H. J., *Escritos sobre política internacional*, Tecnos, Madrid, 1990, con Estudio Preliminar de Esther Barbé.
— *Politics Among Nations. The Struggle for Power and Peace*, McGraw-Hill, Boston-Nueva York, 1993, ed. abreviada, revisada por Kenneth N. Thompson [*Política entre las naciones*, GEL, Buenos Aires, 1986].
— y THOMPSON, K. W., *Principles and Problems of International Politics. Selected Readings*, Alfred Knopf, Nueva York, 1956.
MORIN, E., *Introducción al pensamiento complejo*, Gedisa, Barcelona, 1994.
— *Culture et barbarie européennes*, Bayard, Montrouge, 2009.
— *Penser l'Europe*, Gallimard, París, 1990 (hay otras ediciones revisadas posteriores).
— *Ciencia con consciencia*, Kairós, Barcelona, 1984.
— *El paradigma perdido. Ensayo de bioantropología*, Kairós, Barcelona, 1992.
— y KERN, A. B., *Tierra-Patria*, Kairós, Barcelona, 1993.
MOSSE, G. L., *Die Geschichte des Rassismus in Europa*, Fischer, Fráncfort del Meno, 1990.
MOTILLA, A., *Islam y Derechos Humanos*, Trotta, Madrid, 2006.
MOUNTJOY, A. B., *Industrialization and Developing Countries*, Hutchinson University Library, Londres-Melbourne-Sydney-Auckland-Johannesburgo, 1982.
MOUSNIER, R., *La monarquía absoluta en Europa. Del siglo V a nuestros días*, Taurus, Madrid, 1986.
MOYNIHAN, D. P., *Pandaemonium. Ethnicity in International Politics*, Oxford University Press, Oxford, 1993.
MROZEK, S., *El elefante*, Seix Barral, Barcelona, 1962.
MÜHL, M., *Die antike Menschheitsidee in ihrer geschichtlicher Entwicklung*, Wissenschaftliche Buchgesellschaft, Darmstadt, 1975.
MUHLMANN, G. (ed.), *Histoire des idées politiques*, PUF, París, 2012.
MUMFORD, L., *Técnica y civilización*, Alianza, Madrid, 1994.
MURARO, L., *El Dios de las mujeres*, horas y Horas, Madrid, 2006.
MURRAY, A. J. H., *Reconstructing Realism. Between Power Politics and Cosmopolitan Ethics*, Keele University Press, Edimburgo, 1997.
MURRAY, S. O., «Ethnic Differences in Interpretive Conventions and Reproduction of Inequality in Everyday Life» en: *Symbolic Interaction*, vol. 14, n.º 2, 1991, pp. 187-204. Publicado por: *Wiley Online Library*. Accesible en línea: onlinelibrary.wiley.com › ... › (consulta: 20/05/2013).
MYTELKA, L. K. (ed.), *South-South Cooperation in a Global Perspective*, OCDE, París, 1994.
NADAL CAÑELLAS, J., *Las Iglesias apostólicas de Oriente. Historia y características*, Ciudad Nueva, Madrid, 2000.
NEEDHAM, J., *La Gran Titulación. Ciencia y sociedad en Oriente y Occidente*, Alianza, Madrid, 1972.
— *Dentro de los Cuatro Mares. Diálogo entre Oriente y Occidente*, Siglo XXI, Madrid, 1975.
NEUMANN, I. B., «The English School on Diplomacy» en: MAWBY, S. (ed.), *Discussion Papers on Diplomacy*, Netherlands Institute of International Relations Clingendael, 2002, 32 pp. Accesible en línea: www.clingendael.nl/.../20020300_cli_paper_dip_iss... (consulta 07/05/2013).
— y WAEVER, O. *[Masters in the Making] The Future of International Relations*, Routledge, Londres y Nueva York, 1997, 2005. Accesible en línea: www.academia.edu/.../John_G_Ruggie_transformation_and_institutionaliz... (consulta: 11/05/2013).

NICOLIS, G. y PRIGOGINE, I., *La estructura de lo complejo*, Alianza, Madrid, 1994.

NIEBUHR, R., *Ideas políticas*, Editorial Hispano Europea, Barcelona, 1965.

NIETZSCHE, F., *Jenseits von Gut und Böse*, Anaconda, Colonia, 2006.

NISBET, R., *Historia de la idea de progreso*, Gedisa, Barcelona, 1981.

NEUFELD, M., *The Restructuring of International Relations Theory*, Cambridge University Press, Cambridge, 1995.

NEXON, D. H., *The Struggle for Power in Early Modern Europe: Religious Conflict, Dynastic Empires, and International Change*, Princeton University Press, Princeton, 2009.

NOLTE, E., *El fascismo. De Mussolini a Hitler*, Plaza y Janés, Barcelona, 1975.

— y FURET, F., *Fascismo y comunismo*, FCE, México, 2007.

NOUSCHI, M., *Historia del siglo XX. Todos los mundos, el mundo*, Cátedra, Madrid, 1996.

NYE, J. S., *Peace in Parts. Integration and Conflict in International Organization*, University Press of America, Lanham, 1987.

— «The Privatization of War» en: *Project Syndicate*, 11 de enero de 2003. Accesible en línea: www.project-syndicate.org/.../the-privatization-of-w... (consulta: 23/05/2013).

OCKRENT, Ch. (dir.), *Le livre noir de la condition des femmes*, XO Éditions, Saint-Amand-Montrond, 2007.

OFFE, C., *La gestión política*, Ministerio de Trabajo, Madrid, 1992.

OPITZ, R. (comp.), *Europa Strategien des deutschen Kapitals 1900-1945*, Pahl Rugenstein, Colonia, 1977.

ORTEGA Y GASSET, J., *La rebelión de las masas*, Espasa-Calpe, Madrid, 1994.

ORWELL, G., «Politics and the English Language» en: *Horizon* (1946). Accesible en línea: http://www.resort.com/~prime8/Orwell/patee/html (consulta: 14/05/2013).

OSHIBA, R., «International Regimes» en: *Government and Politics*, vol. II, Hitotsubashi University, Japón, capítulos sueltos de UNESCO EOLS (*Encyclopaedia of Life Support Systems*): Accesible en línea: www.eolss.net/Sample-Chapters/.../E6-32-05-04.pdf (consulta: 08/05/2013).

OSIANDER, A., «Sovereignty, International Relations, and the Westphalian Myth» en: *International Organization*, vol. 55, n.º 2, 2001, pp. 251-287. Publicado por: *IO Foundation-The MIT Press*. Accesible en línea: www.labmundo.org/.../OSIENDER_sovereignty_int... (consulta: 16/05/2013).

O'BRIEN, J. y PALMER, M., *Atlas del estado de las religiones*, Akal, Madrid, 2000.

Ó TUATHAIL, G., DALBY, S. y ROUTLEDGE, P., *The Geopolitics Reader*, Routledge, Londres, 1998.

PACKER, D., «Why did Britain Abolish Slavery?» en: *Socialist Outlook*, n.º 12, verano 2007. Accesible en línea: www.isg-fi.org.uk› (consulta: 20/05/2013).

PAOLUCCI, G. y EID, C., *Entrevista a Samir Khalil Samir, Cien preguntas sobre el islam*, Ediciones Encuentro-Centro di Studi sull'Ecumenismo, Madrid, 2003.

PAREKH, B., *Repensando el multiculturalismo. Diversidad cultural y teoría política*, Istmo, Madrid, 2005.

PARKER, R. A. C., *El siglo XX. Europa 1918-1945*, Siglo XXI, Madrid, 1984.

PARRY, J. H., *Europa y la expansión del mundo, 1415-1715*, FCE, México, 1992.

PATRICK, S., «Weak States and Global Threats: Fact or Fiction?» en: *The Washington Quarterly*, vol. 29, n.º 2, 2006, pp. 27-53. Publicado por: *The Center for Strategic and International Studies* y *The MIT Press*. Accesible en línea: *Naval Postgraduate School*, 1 de enero de 2013; www.cfr.org (consulta: 17/05/2013).

PAULUS, A. y VASHAKMAZDE, V., «Assymetrical War and the Notion of Armed Conflict - A Tentative Conceptualization» en: *International Review of the Red Cross*, vol. 91, n.º 873, marzo 2009. Accesible en línea: www.icrc.org/.../irrc-873-paulus-vashakmadze.pdf (consulta: 23/05/2013).

PEARSON, F. S. y MARTIN ROCHESTER, J., *Relaciones internacionales. Situación global en el siglo XXI*, McGraw-Hill, Santa Fe de Bogotá, 2000.

PEREIRA, J. C., *Historia de las relaciones internacionales contemporáneas*, Ariel, Barcelona, 2009.

PESTALOZZI, J.-H., *Cartas sobre la educación infantil*, Tecnos, Madrid, 1996.

PETERS, A., «The Merits of Global Constitutionalism» en: *Indiana Journal of Global Legal Studies*, vol. 16, n.º 2, 2009, pp. 397-411. Accesible en línea: muse.jhu.edu/journals/...of.../16.2.peters01.pdf (consulta: 23/05/2013).

— y AZNAR, M. J. y GUTIÉRREZ, I. (eds.), *La constitucionalización de la comunidad internacional*, Tirant lo Blanch, Valencia, 2010.
PETERSON, E., *El monoteísmo como problema político*, Trotta, Madrid, 1999.
PETITO, F. y HATZOPOULOS, P. (eds.), *Religion in International Relations: The Return from Exile*, Palgrave Macmillan, Nueva York, 2003.
PFETSCH, F. R., *Negotiating Political Conflicts*, Palgrave-Macmillan, Basingstoke-Nueva York, 2007.
— y BUBNER, R., *Konflikt*, Springer, Berlín-Heidelberg, 2005.
PIERRE, J., PETERS, G. y STOKER, G., *Debating Institutionalism*, Manchester University Press, Manchester, 2008.
PIÑUEL, I., *Neomanagement: jefes tóxicos y sus víctimas*, Aguilar, Madrid, 2004.
— *Mi jefe es un psicópata: por qué la gente normal se vuelve perversa al alcanzar el poder*, Alienta, Barcelona, 2008.
PLATÓN, *La República*, Espasa-Calpe, Madrid, 1991.
POCH, A., «Comunidad internacional y sociedad internacional» en: *Revista de Estudios Políticos*, n.º 12, noviembre-diciembre 1943, pp. 341-400.
POMERANZ, K., *The Great Divergence: China, Europe, and the Making of the Modern World Economy*, Princeton University Press, Princeton, 2001.
POPPER, K. R., *En busca de un mundo mejor*, Paidós, Barcelona, 1994.
— *La miseria del historicismo*, Alianza, Madrid, 1987.
— *Sociedad abierta, universo abierto (conversación con Franz Kreuzer)*, Tecnos, Madrid, 1988.
POTOCKI, J., *Viaje al imperio de China*, Laertes, Barcelona, 1998.
POULANTZAS, N., *Poder político y clases sociales en el Estado capitalista*, Siglo XXI, México, 2001.
PRESCOTT, V. y TRIGGS, G. D., *International Frontiers and Boundaries. Law, Politics and Geography*, Leiden, Martinus Nijhoff, 2008.
PRIGOGINE, I. y STENGERS, I., *La nueva alianza. Metamorfosis de la ciencia*, Alianza, Madrid, 1990.
PRINI, P., *Historia del existencialismo: de Kierkegaard a hoy*, Herder, Barcelona, 1992.
PUCHALA, D. J. y HOPKINS, R. F., «International Regimes: Lessons from Inductive Analysis» en: *International Organization*, vol. 36, n.º 2, 1982, pp. 245-275. Accesible en línea: http://links.jstor.org/sici?sici=0020-8183%28198221%2936%3A2%3C45%AIRLFIA%3E2.0.CO%3B2-C (consulta: 07/05/2013).
PUECH, H.-C. (dir.), *Las religiones antiguas III*, Siglo XXI, Madrid, 1984.
— *Las religiones constituidas en Occidente y sus contracorrientes I*, Siglo XXI, Madrid, 1984.
PUFENDORF, S., *De los deberes del hombre y del ciudadano según la ley natural, en dos libros*, Centro de Estudios Políticos y Constitucionales, Madrid, 2002.
PUGH, M., «Peacekeeping and Critical Theory» en: *International Peacekeeping*, vol. 11, n.º 1, 2004, pp. 39-58. Publicado por: *Routledge, Taylor & Francis*. Accesible en línea: http://www.tandfonline/com (consulta: 23/05/2013).
PUTNAM, H., *Repräsentation und Realität*, Suhrkamp, Fráncfort del Meno, 1999.
PYENSON, L., *El joven Einstein. El advenimiento de la relatividad*, Alianza, Madrid, 1990.
QUIRK, J., «Ending Slavery in all its Forms: Legal Abolition and Effective Emancipation in Historical Perspective» en: *The International Journal of Human Rights*, vol. 12, n.º 4, 2008, pp. 529-554. Publicado por: *Routledge-Taylor & Francis*. Accesible en línea: www.tandfonline.com › (consulta: 20/05/2013).
RABL, K., «Krisis und Zukunft des Nationalgedankens im modernen Europa» en: *Zeitschrift für Politik*, vol. 37, n.º 4, 1990, pp. 404-417.
RACHMAN, G., *Zero-Sum World. Politics, Power and Prosperity after the Crash*, Atlantic Books, Londres, 2011.
RAHMAN, A., «Interacción entre ciencia, tecnología y sociedad: perspectivas históricas y comparadas» en: *Revista Internacional de Ciencias Sociales*, n.º 3, 1981, pp. 557-571.
RANA, A. P., *The Imperatives of Non-Alignment*, Macmillan, Delhi, 1976.
RAPOPORT, A., «Methodology in the Physical, Biological and Social Science» en: *General Systems*, vol. XIV, 1969, pp. 179-186.
— «General Systems Theory: A Bridge Between Two Cultures. Third Annual Ludwig von Bertalanffy Memorial Lecture» en: *Behavioral Science*, vol. 21, n.º 4, 1976, pp. 228-239. Accesible en línea: www.ncbi.nlm.nih.gov/pubmed/793579 (consulta: 22/05/2013).

RAPPORT, N. y DAWSON, A., *Migrants of Identity. Perceptions of Home in a World of Movement*, Berg, Oxford-Nueva York, 1998.

RAWLS, J., *El Derecho de Gentes y «Una revisión de la idea de razón pública»*, Paidós, Barcelona, 2001.

RECURSOS BIBLIOGRÁFICOS sobre Biopolítica y Seguridad en: *Biopolitics of Security Network*, Universidad de Keele: http://www.keele.ac.uk/bos/resources/ health%20and%20 bodies.htm (consulta: 13/04/2012).

REICH, W., *Listen, Little Man!*, Nueva York, Farrar, Straus, and Giroux, 1974 (ilustrado por William Steig).

REIFOWITZ, I., «Otto Bauer and Karl Renner on Nationalism, Ethnicity and Jews» en: *Journal of Jewish Identities*, vol. 2, n.º 2, 2009, pp. 1-19. Publicado por: *Project Muse*. Accesible en línea: muse.jhu.edu/journals/journal.../2.2.reifowitz.pdf (consulta: 21/05/2013).

REINA, M. F., *El plagio como una de las bellas artes*, Ediciones B, Madrid, 2012.

REMIRO BROTÓNS, A., *La acción exterior del Estado*, Tecnos, Madrid, 1984.

RENAN, E., *¿Qué es una nación? Cartas a Strauss*, Alianza, Madrid, 1988.

RENO, W., *Warlord Politics and African States*, Lynne Rienner, Boulder y Londres, 1998.

RENOUVIN, P., *Historia de las relaciones internacionales*, 2 vols., Aguilar, Madrid, 1969.

REVES, E., *The Anatomy of Peace*, Harper, Nueva York, 1946.

RICHMOND, O. P., *Peace in International Relations: A New Agenda*, Routledge, Nueva York, 2008. Accesible en línea: xa.yimg.com/kq/groups/22143767/1886580169/.../gwDBtzjCFfxU.pdf (consulta: 21/05/2013).

RIEDEL, M., *Metaphysik und Metapolitik: Studien zu Aristoteles und zur politischen Sprache der neuzeitlichen Philosophie*, Suhrkamp, Fráncfort del Meno, 1975.

RIETBERGEN, P., *Europe, a Cultural History*, Routledge, Londres y Nueva York, 2006.

RIOUX, J.-F., KEENES, E. y LÉGARÉ, G., «Le néo-réalisme ou la formulation du paradigme hégémonique en relations internationales» en: *Études internationales*, vol. 19, n.º 1, 1988, pp. 57-80. Accesible en línea: http://id.erudit.org/ iderudit/702292ar (consulta 07/05/2013).

RITTBERGER, V. (ed.), *Regime Theory and International Relations*, Clarendon Press, Oxford, 1995.

— *e.a.*, *International Regimes in East-West Politics*, Pinter, Londres y Nueva York, 1990.

RIVERA, D. A., «The CFR and Their Goals», martes, 28 de enero, sin año. Accesible en línea: www.friendsofliberty.com/modules.php?name... (consulta: 09/05/2013).

ROBERTS, B. (ed.), *Order and Disorder after the Cold War*, Cambridge-Mass., MIT Press, 1995.

— «Transnational Criminal Organizations and International Security» en: *Survival*, vol. 36, n.º 1, 1994, pp. 96-113. Publicado por: *Oxford University Press*. Accesible en línea: 192.5.14.43/content/dam/rand/.../MR880.ch14.pdf (consulta: 17/05/2013).

— y BLACK, S., «Transnational Threats: Drug Trafficking and Weapons Proliferation» en: *Contemporary Security Policy*, vol. 15, n.º 1, 1994, pp. 127-151.

ROBERTSON, A., «La tecnología y los valores culturales» en: *Revista Internacional de Ciencias Sociales*, n.º 3, 1981, pp. 479-483.

ROBERTSON, R., «Globalization, Theocratization, and Politicized Civil Religion» en: CLARKE, P. B. (ed.), *The Oxford Handbook of the Sociology of Religion*, Oxford University Press, Oxford, 2011. Online: septiembre 2009. DOI: 10.1093/oxfordhb/9780199588961.013.0026 (consulta: 20/05/2013).

ROBLES, G., «Dispersión» en: *La Razón*, 6 de junio de 2003, p. 20.

ROCHE, J.-J., *Théories des relations internationales*, Montchrestien, París, 1994.

— *Le système international contemporain*, Montchrestien, París, 1994.

— «Raymond Aron: un démi-siècle après "Paix et guerre entre les nations"» en: *Cahiers de la Revue de Défense nationale*. Publicado por: *Chaos international*, Centre de Études et des Recherches Transnationalistes, Universidad de la Sorbona, París, pp. 736-737, 2011. Accesible en línea: www.chaos-international.org/index.php?...aron...pai... (consulta: 28/04/2013).

ROCKER, R., *Nacionalismo y cultura*, Ediciones de la Piqueta, Madrid, 1977.

RODINSON, M., *La fascinación del islam*, Júcar, Madrid, 1989.

RODRÍGUEZ, P., *Gens: una forma de agrupación antigua mal conocida*, Universidad del País Vasco, Vitoria-Gasteiz, 1996.

RODRÍGUEZ ANDREU, M., *Anatomía serbia*, Embajada de España, Belgrado, 2012.
ROLLET, J., *Religion et politique. Le christianisme, l'islam, la démocratie*, Bernard Grasset, París, 2001.
ROOSSENS, E., *Creating Ethnicity. The Process of Ethnogenesis*, Sage, Newbury, 1989.
RÖPKE, W., *La crisis social de nuestro tiempo*, El Buey Mudo, Madrid, 2010.
ROSECRANCE, R. N., *La expansión del Estado comercial*, Alianza, Madrid, 1987.
ROSENAU, J. N. (ed.), *Linkage Politics*, Free Press, Nueva York, 1969.
— *Turbulence in World Politics. A Theory of Change and Continuity*, Princeton University Press, Princeton, 1992.
— y CZEMPIEL, E. O., *Governance Without Government: Order and Change in World Politics*, Cambridge University Press, Cambridge, 1992.
ROSENBAUM, A. S. (ed.), *The Philosophy of Human Rights: International Perspectives*, Aldwych Press, Londres, 1981.
ROSTOW, W. W., *The Stages of Economic Growth: A Non-Communist Manifesto*, Cambridge University Press, Cambridge, 1960.
ROTBERG, R. I., «The New Nature of Nation-State Failure» en: *The Washington Quarterly*, vol. 25, n.º 3, 2002, pp. 85-96. Publicado por: *The Center for Strategic and International Studies and the MIT*. Accesible en línea: http://www. boell.de/downloads/demokratie/The_New_Nature_of_Nation_State_Failure_Rotberg_2002_en.pdf (consulta: 17/05/2013).
ROUSSEAU, J.-J., *Emilio, o de la educación*, Alianza, Madrid, 2005.
RUGGIE, J. G., «Continuity and Transformation in the World Polity: Toward a Neorealist Synthesis» en: *World Politics*, vol. 35, n.º 2, 1983, pp. 260-285.
— «International Regimes, Transactions, and Change: Embedded Liberalism in the Postwar Economic System» en: *International Organization*, vol. 36, n.º 2, 1982, pp. 379-415. Accesible en línea: www.people.fas.harvard.edu/~plam/.../ Ruggie1983... (consulta: 07/05/2013).
RUIZ BRAVO, C., *La controversia ideológica nacionalismo árabe/nacionalismos locales*, IHAC, Madrid, 1976.
RUSE, M., *Sociobiología*, Cátedra, Madrid, 1989.
RUSSELL, B., *Autoridad e individuo*, FCE, México, 1992.
SAID, E. W., *Cultura e imperialismo*, Anagrama, Barcelona, 1996.
— *The World, the Text, and the Critic*, Harvard University Press, Cambridge, 1983.
— *Orientalismo*, De Bolsillo, Barcelona, 2007.
— «The Clash of Ignorance» en: *The Nation*, 22 de octubre de 2001. Accesible en línea: www.thenation.com/article/clash-ignorance (consulta: 19/05/2013).
SAALMANN, G., «Simmels Bestimmung des Fremden im Exkurs von 1908» en: Universidad Friburgo de Brisgovia, febrero 2007, 7 pp. Accesible en: socio.ch/sim/on_simmel/t_saalmann.pdf (consulta: 27/05/2013).
SALAMUN, K., «The Ethos of Humanity in Karl Jaspers' Political Philosophy» en: *Man and World*, vol. 23, n.º 2, 1990, pp. 225-229.
SALTER, M. B., *Barbarians and Civilization in International Relations*, Pluto Press, Londres y Sterling, 2002.
SAMUELSON, P. A., *Curso de Economía Moderna*, Aguilar, Madrid, 1950.
SANDBACH, F. H., *The Stoics*, Gerald Duckworth-Hackett Publishing, Londres-Cambridge, Mass., 1994.
SANTAYANA, G., *Personas y lugares. Fragmentos de autobiografía*, Trotta, Madrid, 2002.
SARQUÍS, D. J., *Relaciones Internacionales: una perspectiva sistémica*, Porrúa, México, 2005.
SARTRE, J.-P., *Colonialismo y neocolonialismo. Situations V*, Buenos Aires, 1968.
SASSEN, S., *Una sociología de la globalización*, Katz, Madrid-Buenos Aires, 2010.
SAVINIO, A., *El destino de Europa*, Bruguera, Barcelona, 1984.
SCHMITT, C., *El* Nomos *de la Tierra en el Derecho de Gentes del* "Ius Publicum europaeum", Comares, Granada, 2002.
— *Tierra y mar. Consideraciones sobre la historia universal*, Instituto de Estudios Políticos, Madrid, 1952.
SCHMITTER, P. C., «Three Neo-Functional Hypotheses About International Integration» en: *International Organization*, vol. 23, n.º 1, 1969, pp. 161-166. Publicado por: *Cambridge Journals Online*. Accesible en línea: http://journals.cambridge.org (consulta: 17/05/2013).

SCHRÖDINGER, E., *Mente y materia*, Tusquets, Barcelona, 1990.
— *Mi concepción del mundo*, Tusquets, Barcelona, 1988.
— *Ciencia y humanismo*, Tusquets, Barcelona, 1985.
SCHUMAN, R., *Por Europa*, Encuentro-San Pablo CEU, Madrid, sin fecha.
SCHUMPETER, J. A., *Imperialismo. Clases sociales*, Tecnos, Madrid, 1986.
SEARLE, J. R., *Freedom & Neurology. Reflections on Free Will, Language, and Political Power*, Columbia University Press, Nueva York, 2007.
SEGBERS, K. y BEYER, C. (eds.), *Global Risks. Eine Bestandsaufnahme*, Instituto Europeo Oriental de la Universidad Libre de Berlín (Osteuropa-Institut der Freien Universität Berlin), cuaderno 35, Berlín, 2001, 116 pp. Accesible en línea: www.oei.fu-berlin.de/politik/publikationen/AP35.pdf (consulta: 23/05/2013).
SEIBT, F., *Die Begründung Europas. Ein Zwischenbericht über die letzten tausend Jahre*, Fischer, Fráncfort del Meno, 2004.
SEN, A., *Development as Freedom*, Oxford University Press, Oxford, 2001.
SEN, G. y GROWN, C., *Development, Crises and Alternative Visions (Third World Women's Perspectives)*, Earthscan Publications, Londres, 1988.
SERVAN-SCHREIBER, J.-J., *El desafío americano*, Plaza y Janés, Barcelona, 1968.
SERVIER, J., *La utopía*, FCE, México, 1995.
SHAW, M., *Global Society and International Relations. Sociological Concepts and Political Perspectives*, Cambridge University Press, Cambridge, 1994.
— *Theory of the Global State: Globality as Unifinished Revolution*, Cambridge University Press, Cambridge, 2000.
— y HOBDEN, S. (eds.), *Historical Sociology of International Relations*, Cambridge University Press, Cambridge, 2002.
SHARP, P., *Diplomatic Theory of International Theory*, Cambridge University Press, Cambridge, 2009.
SHEPHERD, L. J., *Gender, Violence and Security. Discourse as Practice*, Zed, Londres, 2008.
— *Gender Matters in Global Politics: A Feminist Introduction to International Relations*, Routledge, Londres y Nueva York, 2010.
— «Gender Matters in International Relations» en: *e-International Relations*, 20 de febrero de 2010. Accesible en línea: www.e-ir.info/.../gender-matters-in-international-rela... (consulta: 18/05/2013).
SHERMAN, J. A. y TORTON BECK, E., *The Prism of Sex: Essays on the Sociology of Knowledge*, University of Wisconsin Press, Madison, 1979.
SHILLIAM, R. (ed.), *International Relations and Non Western Thought. Imperialism, Colonialism and Investigations of Global Modernity*, Routledge, Londres, 2011.
SHOUP, L. H. y MINTER, W., *Imperial Brain Trust. The Council on Foreign Relations and United States Foreign Policy*, Lincoln, iUniverse, 1977, 2004.
SIEYÈS, E., *¿Qué es el Tercer Estado? Ensayo sobre los privilegios*, Alianza, Madrid, 2008.
SIGNES CODOÑER, J., *Escritura y literatura en la Grecia arcaica*, Akal, Madrid, 2004.
SIGRIST, Ch., *Regulierte Anarchie: Untersuchungen zum Fehlen und zur Entstehung politischer Herrschaft in segmentären Gesellschaften Afrikas*, LIT Verlag, Münster, 1994.
SIMMEL, G., *Sobre la aventura. Ensayos filosóficos*, Península, Barcelona, 1988.
— *Soziologie. Untersuchungen über die Formen der Vergesellschaftung*, Duncker & Humblot, Berlín, 1908. Publicado por: Prof. Dr. Hans Geser y equipo, Instituto Sociológico, Universidad de Zúrich: Sociology in Switzerland, Simmel Online. Accesible en: socio.ch/sim/soziologie/ (consulta: 27/05/2013).
SIMONDON, G., *L'individu et sa genèse psycho-biologique (L'individuation à la lumière des notions de forme et d'information)*, PUF, París, 1964.
SINGER, J. D. (ed.) y LEAR, J. B., MACAULAY, D. y REID SARKEES, M., *Advancing Peace Research. Leaving Traces, Selected Articles*, Routledge, Nueva York, 2012.
— y SMALL, M., *The Wages of War 1816-1965: A Statistical Handbook*, John Wiley, Nueva York, 1972.
SINGER, M. S., *Weak States in a World of Powers: The Dynamics of International Relationships*, Free Press, Nueva York, 1972.
SINGER, P. W., *Corporate Warriors: The Rise of the Privatized Military Industry*, Cornell University Press, Cornell, 2003.

— «The Rise of the Privatized Military Industry and Its Ramifications for International Security» en: *International Security*, vol. 26, n.º 3, 2001, pp. 186-220. Publicado por: *MIT Press Journals*. Accesible en línea: www.mitpressjournals.org/.../016228801753399763 (consulta: 23/05/2013).

SKINNER, Q., *Maquiavelo*, Alianza, Madrid, 1995.

SMITH, A., *La riqueza de las naciones*, Alianza, Madrid, 2002, edición de Carlos Rodriguez Braun.

SMITH, A. D., *Las teorías del nacionalismo*, Península, Barcelona, 1976.

SMITH, D., *Atlas de la guerra y la paz*, Akal, Madrid, 1997.

SMITH, T. W., *History and International Relations*, Routledge, Londres y Nueva York, 1999.

SMOUTS, M.-C., «Organizaciones internacionales y teorías de la regulación: algunos elementos de reflexión» en: *Revista Internacional de Ciencias Sociales*, n.º 138, diciembre 1993, pp. 519-528.

— (dir.), *Les nouvelles relations internationales. Pratiques et théories*, Fondation Nationale des Sciences Politiques, París, 1998.

— «Le rôle de la culture dans les institutions culturelles universelles» en: *Pour ou contre une interpretation culturaliste des relations internationales*, Fondation Nationale des Sciences Politiques (FNSP)-Centre National de la Recherche Scientifique (CNRS), París, 1981 (Actas del Congreso mecanografiadas).

SNOW, C. P., *Las dos culturas y un segundo enfoque*, Alianza, Madrid, 1977.

SNOW, N. y TAYLOR, Ph. M. (eds.), *Routledge Handbook of Public Diplomacy*, Routledge, Nueva York y Abingdon, 2009.

SNYDER, J., *Religion and International Relations Theory*, Columbia University Press, Nueva York, 2011.

SOBRINO, J., *Cartas a Ellacuría*, 1989-2004, Trotta, Madrid, 2004.

SOKAL, A. D., *Más allá de las imposturas intelectuales. Ciencia, filosofía y cultura*, Paidós, Barcelona, 2008.

— «Transgressing the Boundaries: Toward a Transformative Hermeneutics of Quantum Gravity», *Social Text* 46/47, primavera-verano 1996, pp. 217-252. Accesible en línea: http://www.physics.nyu.edu/faculty/sokal/

SOLERA UREÑA, M., «La política exterior alemana de diversificación energética: principios y líneas de acción (1998-2012)» en: Real Instituto Elcano, *Documento de Trabajo DT 11/2012 - 18/9/2012*. Accesible en línea: www.realinstitutoelcano.org/wps/portal/.../Energia-Cambio-Climatico (fecha de consulta: 18/05/2013).

SOLETO MUÑOZ, H. y OTERO PARGA, M. (coords.), *Mediación y solución de conflictos. Habilidades para una necesidad emergente*, Tecnos, Madrid, 2007.

SOMBART, W., *Händler und Helden: patriotische Besinnungen*, Duncker & Humblot, Múnich, 1915.

— «Technik und Kultur» en: *Archiv für Sozialwissenschaft und Sozialpolitik*, vol. 33, n.º 2, 1911, pp. 305-347.

SPENGLER, O., *La decadencia de Occidente. Bosquejo de una morfología de la historia universal*, Espasa-Calpe, Madrid, 1983, 2 vols.

SPINOZA, B., *Tratado breve*, Alianza, Madrid, 1990.

— *Tratado político*, Alianza, Madrid, 1986.

STEANS, J., *Gender and International Relations: Issues, Debates and Future Questions*, Polity Press, Cambridge, 2006.

STERN, F., *The Politics of Cultural Despair: A Study in the Rise and Fall of the Germanic Ideology*, University of California Press, Berkeley-Los Ángeles-Londres, 1974.

STRANGE, S., *States and Markets*, Continuum, Londres, 1988.

— *La retirada del Estado. La difusión del poder en la economía mundial*, Icaria-Intermón-Oxfam, Barcelona, 2001.

— «The Dollar Crisis 1971» en: *International Affairs*, vol. 48, n.º 2, abril 1972, pp. 191-216. Publicado por: *Wiley-The Royal Institute of International Affairs*. Accesible en línea: http://www.jstor.org/stable/2613437 (consulta: 12/05/2013).

STRAUSS, L., *On Tyranny*, University of Chicago Press, Chicago, 2000 (edición revisada y ampliada).

STRAUSZ-HUPÉ, R. y HAZARD, H. W. (eds.), *The Idea of Colonialism*, Praeger, Nueva York, 1958.
STROMBERG, R. N., *Historia intelectual europea desde 1789*, Debate, Madrid, 1991.
SUTCH, P., *Ethics, Justice and International Relations: Constructing an International Community*, Routledge Chapman & Hall, Londres y Nueva York, 2001.
TALLBERG, J., SOMMERER, Th., SQUATRITO, Th. y JÖNSSON, Ch., «Explaining the Transnational Design of International Organizations» en: *ECPR Joint Sessions*, 2013. Accesible en línea: papers.ssrn.com/.../papers.cfm%3Fabstract_id%3D21... (consulta: 07/05/2013).
TAMAYO, J.-J., *Fundamentalismos y diálogo entre religiones*, Trotta, Madrid, 2009.
TAPIÉ, A. (dir.), *Les vanités dans la peinture au XVIIe siècle*, Museo de Bellas Artes-Caën/Museo del Petit Palais-París, julio 1990-enero 1991 (catálogo de la exposición).
TAYLOR, M. L., *The Theological and the Political: On the Weight of the World*, Fortress Press, Minneapolis, 2011.
THIESSE, A.-M., *La création des identités nationales. Europe. Europe XVIIIe-XXe siècle*, París, Seuil, 1999.
THOMAS, S. M., *The Global Resurgence of Religion and the Transformation of International Relations*, Palgrave-Macmillan, Houndmills, 2005.
THOMPSON, K. W., *Masters of International Thought: Major Twentieth Century Theorists and the World Crises*, Louisiana State University Press, Baton Rouge, 1980.
TIBI, B., *Arab Nationalism. A Critical Inquiry*, Macmillan, Londres, 1990.
TIRYAKIAN, E. A. y ROGOWSKY, R. (eds.), *New Nationalisms of the Developed West. Towards Explanation*, Allen & Unwin, Londres, 1985.
TODOROV, T., *Frente al límite*, Siglo XXI, Madrid, 1998.
TOLLER, E., *Eine Jugend in Deutschland*, Rowohlt, Hamburgo, 1988.
TÖNNIES, F., *Gemeinschaft und Gesellschaft*, Wissenschaftliche Buchgesellschaft, Darmstadt, 1991.
TORRECUADRADA GARCÍA-LOZANO, S., *Los pueblos indígenas en el orden internacional*, Dykinson, Madrid, 2001.
TORRELLI, M., JOANNON, P. y D'ONORIO, J.-B. (eds.), *Religions et guerre*, Mame-Éditions Universitaires Niza-Antípolis, Niza, 1992.
TOURAINE, A., *Le monde des femmes*, Fayard, París, 2006.
— *¿Cómo salir del liberalismo?*, Paidós, Barcelona, 1999.
TOYNBEE, A. J., *A Study of History*, 12 vols., Oxford University Press, Oxford, 1934-1961.
TORROJA MATEU, H. (dir.) y GÜELL PERIS, S. (coord.), *Los retos de la seguridad y la defensa en el nuevo contexto internacional*, Universitat de Barcelona, Barcelona, 2007.
TORRELLI, M., JOANNON, P. y D'ONORIO, J.-B., *Religions et guerre*, Éditions Universitaires et Éditions Mame, Niza, 1992.
TOURAINE, A., *¿Cómo salir del liberalismo?*, Paidós, Barcelona, 1999.
TROUSSON, R., *Historia de la literatura utópica. Viajes a países inexistentes*, Península, Barcelona, 1995.
TRUYOL Y SERRA, A., *Historia de la Filosofía del Derecho y del Estado 1. De los orígenes a la Baja Edad Media*, Alianza, Madrid, 1989.
— *Historia de la Filosofía del Derecho y del Estado 2. Del Renacimiento a Kant*, Alianza, Madrid, 1988.
— *Fundamentos de Derecho Internacional público*, Tecnos, Madrid, 1970.
— *La Sociedad Internacional*, Alianza, Madrid, 1993.
— *Historia del Derecho Internacional Público*, Tecnos, Madrid, 1998.
— *La integración europea I*, Tecnos, Madrid, 1999.
— *Los Derechos Humanos*, Tecnos, Madrid, 2000.
— *Dante y Campanella. Dos visiones de una sociedad mundial*, Tecnos, Madrid, 1968.
— «Francia y la geopolítica alemana: una "reconsideración" de Haushofer», *Anales de la Real Academia de Ciencias Morales y Políticas*, XLVI, n.º 71, 1994, pp. 125-141.
— «El Padre Tomás Pereira y la negociación del primer Tratado internacional de China con una potencia occidental (el de Nerchinsk, con Rusia, 1689)» en: *Academia Internacional de Cultura Portuguesa*, Boletín n.º 25, Lisboa, 1998, pp. 239-257.
— «Ética y Sociedad Internacional» en: *Anales de la Real Academia de Ciencias Morales y Políticas*, año XLVIII, n.º 73, 1995-1996, pp. 89-101.

— *De una sociedad internacional fragmentada a una sociedad mundial en gestación. (A propósito de la globalización)*, Departamento de Derecho Internacional Público y Relaciones Internacionales (Estudios Internacionales), Facultad de Ciencias Políticas y Sociología, Universidad Complutense de Madrid, Madrid, 2003.

TUCHOLSKY, K., *Deutschland, Deutschland über alles*, Rowohlt, Hamburgo, 1990.

— *Politische Briefe*, Rowohlt, Hamburgo, 1986.

TUCÍDIDES, *Historia de la Guerra del Peloponeso*, Akal, Madrid, 1989.

TURING, A. M., PUTNAM, H. y DAVIDSON, D., *Mentes y máquinas*, Tecnos, Madrid, 1985.

TWINING, W., *Issues of Self-Determination*, Aberdeen University Press, Aberdeen, 1991.

USCATESCU, J. (dir.), *Creadores de Europa*, Ediciones de la Universidad Complutense, Madrid, 1990.

VALLIN, J., *La población mundial*, Madrid, Alianza, 1997.

VAN DER GAAG, N., *The No-Nonsense Guide to Women's Rights*, Verso, Londres, 2004.

VAN DER PIJL, K., *Vordenker der Weltpolitik. Einführung in die internationale Politik aus ideengeschichtlicher Perspektive*, Leske + Budrich, Opladen, 1996.

VAN LANGENHOVE F., *Consciences tribales et nationales en Afrique noire*, Martinus Nijhoff, La Haya, 1960.

VARIKAS, E., «Lo que no somos. Historicidad del género y estrategias de desidentificación», *Revista Internacional de Filosofía Política*, n.º 25, julio 2005, pp. 77-88.

VASQUEZ, J. A. (ed.), *Relaciones Internacionales. El pensamiento de los clásicos*, Limusa, México, 1994.

— *The War Puzzle*, Cambridge University Press, Cambridge, 1993.

VATTIMO, G. *et. al.*, *En torno a la Posmodernidad*, Anthropos, Barcelona, 1990.

VERDROSS, A., *Derecho Internacional Público*, Aguilar, Madrid, 1972 (versión española de Antonio Truyol y Serra).

VERTOVEC, S. y COHEN, R., *The International Library of Studies on Migration*, Edward Elgar, Cheltenham, 1999 (10 vols.).

VICENS VIVES, J., *Tratado general de geopolítica*, Vicens-Vives, Barcelona, 1981.

VIERECK, P., *Metapolitics: From Wagner and the German Romantics to Hitler*, Alfred Knopf, Nueva York, 2004.

VIETTA, S., *Europäische Kulturgeschichte. Eine Einführung*, Wilhelm Fink, Paderborn, 2007.

VILLIERS, J., *Asia sudoriental antes de la época colonial*, Siglo XXI, Madrid, 1987.

VIÑALS, J., «¿Hacia una menor flexibilidad de los tipos de cambio en el sistema monetario internacional?» en: *Papeles de Economía Española*, n.º 28, 1986, pp. 2-22.

VIOTTI, P. R. y KAUPPI, M. V., *International Relations Theory: Realism, Pluralism, Globalism*, Macmillan, Nueva York, 1993.

VITÉ, S., «Typology of Armed Conflicts in International Humanitarian Law: Legal Concepts and Actual Situations», *International Review of the Red Cross*, vol. 91, n.º 873, marzo 2009. Accesible en línea: www.icrc.org/eng/assets/files/other/irrc-873-vite.pdf (consulta: 23/05/2013).

VOGLER, J. y IMBER, M. F. (eds.), *The Environment and International Relations*, Routledge, Londres, 1996.

VON BERTALANFFY, L., *Perspectivas en la Teoría General de Sistemas*, Alianza, Madrid, 1986.

— *Teoría General de los Sistemas*, FCE, México, 1993.

VON FOERSTER, H., «Bases epistemológicas» en: *Anthropos*, suplemento n.º 22, octubre 1990, pp. 85-89.

VON HORVÁTH, Ö., *Jugend ohne Gott*, Suhrkamp, Fráncfort del Meno, 1983.

VON RANKE, L., *Pueblos y Estados en la Historia Moderna*, FCE, México, 1986.

VVAA, *El nuevo sistema del mundo*, Actuel Marx/Instituto Italiano para los Estudios Filosóficos de Nápoles/Kohen y Asociados, Buenos Aires, sin fecha [*Le nouveau système du monde*, PUF, París, 1993].

— *Alerta 2011! Informe sobre conflictos, derechos humanos y construcción de paz*, Icaria-Universitat Autònoma de Barcelona-Generalitat de Catalunya, Barcelona, 2011.

WAGNER, G., «Parsons, Hobbes und das Problem sozialer Ordnung. Eine theoriegeschichtliche Notiz in systemischer Absicht», en: *Zeitschrift für Soziologie*, vol. 20, n.º 2, 1991, pp. 115-123.

WALKER, R. B. J., *Inside/Outside: International Relations as Political Theory*, Cambridge University Press, Cambridge, 1993.
— *State Sovereignty, Global Civilisation and the Rearticulation of Political Space*, Center of International Studies, Woodrow Wilson School of Public and International Affairs, University Princeton University World Order Studies Program, Occasional Paper, 8, Princeton, 1988, 48 pp.
— «State Sovereignty and the Articulation of Political Space/Time» en: *Millenium. Journal of International Studies*, vol. 20, n.º 3, 1991, pp. 445-461. Publicado por: *Sage Journals*. Accesible en línea: http://mil.sagepub.com/ (consulta: 17/05/2013).
WALLERSTEIN, I., *El moderno sistema mundial. I. La agricultura capitalista y los orígenes de la economía-mundo europea en el siglo XVI*, Siglo XXI, Madrid, 1991.
— *El moderno sistema mundial. II. El mercantilismo y la consolidación de la economía-mundo europea, 1600-1750*, Siglo XXI, Madrid, 1984.
— *El moderno sistema mundial. III. La segunda era de gran expansión de la economía-mundo capitalista, 1730-1850*, Siglo XXI, Madrid, 1999.
— *The Modern World-System IV: Centrist Liberalism Triumphant, 1789-1914*, California University Press, California, 2011.
— *Geopolitics and Geoculture: Essays on the Changing World-System*, Cambridge University Press, Cambridge, 1991.
— *The Politics of the World Economy: the States, the Movements and the Civilisations*, Cambridge University Press, Cambridge, 1985.
— *Las incertidumbres del saber*, Gedisa, Barcelona, 2004.
WALTERS. F. P., *A History of the League of Nations*, Oxford University Press, Londres, 1969 [*Historia de la Sociedad de Naciones*, Tecnos, 1971].
WALZER, M., *Guerras justas e injustas. Un razonamiento moral con ejemplos históricos*, Paidós, Barcelona, 2001.
— *Moralidad en el ámbito local e internacional*, Alianza, Madrid, 1996.
WALTZ, K. N., *Man, the State and World: A Theoretical Analysis*, Columbia University Press, Nueva York, 1959.
— *Teoría de la política internacional*, GEL, Buenos Aires, 1988.
— «Structural Realism After the Cold War» en: *International Security*, vol. 25, n.º 1, 2000, pp. 5-41. Accesible en línea: www.columbia.edu/.../Waltz_Structural%20Realism... (consulta: 11/05/2013).
— «Evaluating Theories» en: *American Political Science Review*, vol. 91, n.º 4, diciembre 1997, pp. 913-917. Accesible en línea: pluto.fss.buffalo.edu/.../WaltzEvaluatingTheories.pd... (consulta: 11/05/2013).
— «International Politics is Not Foreign Policy» en: *Security Studies*, vol. 6, n.º 1, 1996, pp. 54-57. Publicado por: *Routledge Taylor Francis Online*. Accesible en línea: www.tandfonline.com/doi/.../09636419608429298 - (consulta: 12/05/2013).
— «The Emerging Structure of International Politics» en: *International Security*, vol. 18, n.º 2, 1993, pp. 44-79. Publicado por: *JSTOR-The MIT Press*. Accesible en línea: http://ir.rochelleterman.com/sites/default/files/Waltz%201993.pdf (consulta: 12/05/2013).
— «Realist Thought and Neorealist Theory» en: *Journal of International Affairs*, vol. 44, n.º 1, 1990, pp. 21-37. Publicado por: *EBSCO Publishing 2003*. Accesible en línea: labmundo.org/.../WALTZ_realist_thought_and_neo... (consulta: 11/05/2013).
WATSON, A., *The Evolution of International Society. A Comparative Historical Analysis*, Routledge, Londres y Nueva York, 1992.
WEBER, C., *International Relations Theory. A Critical Introduction*, Routledge, Nueva York, 2010.
WEBER, A., *Historia de la cultura*, FCE, México, 1960 [*Kulturgeschichte als Kultursoziologie*, Piper, Múnich, 1951].
WEBER, M., *El político y el científico*, Alianza, Madrid, 1969.
— *La ética protestante y el espíritu del capitalismo*, Península, Barcelona, 1988.
— *La acción social: ensayos metodológicos*, Península, Barcelona, 1984.
WEHLER, H.-U., *Nationalismus. Geschichte, Formen, Folgen*, C. H. Beck, Múnich, 2007.
WEIDENFELD, W. y ZIMMERMANN, H. (eds.), *Deutschland-Handbuch. Eine doppelte Bilanz*, Bundeszentrale für Politische Bildung, Bonn, 1989.

WEIL, S., *Reflexiones sobre las causas de la libertad y de la opresión social*, Premiá, México, 1982.
WEILER, J. H. H., *The Constitution of Europe*, Cambridge University Press, Cambridge, 2002.
WEITHMAN, P. J., *Religion and Obligations of Citizenship*, Cambridge University Press, Cambridge, 2002.
WENDT, A., *Social Theory of International Politics*, Cambridge University Press, Cambridge, 1999.
— «The Agent-Structure Problem in International Relations Theory» en: *International Organization*, n.º 41, 3, 1987, pp. 335-370. Publicado por: *The MIT Press-JSTOR*. Accesible en línea: http://www.jstor.org/stable/2706749 15/10/2011 (consulta: 26/04/2013).
— «Why a World State is Inevitable: Teleology and the Logic of Anarchy» en: Universidad de Chicago, enero de 2003, 77 pp. Accesible en línea: political-science.uchicago.edu/faculty/.../wendt.pdf (consulta: 12/05/2013).
— «Anarchy is What States Make of It: The Social Construction of Power Politics» en: *International Organization*, vol. 46, n.º 2, 1992, pp. 391-425. Publicado por: *The MIT Press-JSTOR*. Accesible en línea: http://www.jstor.org/stable/2706858 (consulta: 13/05/2013).
WHITNEY HALL, J., *El imperio japonés*, Siglo XXI, Madrid, 1973.
WHITWORTH, S. L., *Feminism and International Relations*, Macmillan, Londres, 1994.
WHYTE, A., «Neorealism and Neoliberal Institutionalism: Born of the Same Approach?» en: *e-International Relations*, 11 de junio de 2012. Accesible en línea: www.e-ir.info/.../neorealism-and-neoliberal-institutio... (consulta: 09/05/2013).
WIGHT, M., *International Theory. The Three Traditions*, Leicester University Press y Royal Institute of International Affairs, Londres, 1991.
— *Systems of States*, Leicester University Press, Leicester, 1977 (edición de Hedley Bull).
— *Power Politics*, Leicester University Press, Leicester, 1978 (edición original de Hedley Bull y Carsten Holbraad en el Royal Institute of International Affairs, 1946).
WILKINSON, J. D., *La resistencia intelectual en Europa*, FCE, México, 1989.
WILLIAMS, A. (ed.), *Southern Europe Transformed: Political and Economic Change in Greece, Italy, Portugal and Spain*, Harper & Row, Nueva York, 1984.
WILLIAMS, Ph., «Transnational Criminal Organizations: Strategic Alliances» en: *The Washington Quarterly*, 1994, vol. 18, n.º 1. Publicado por: *Transnational Institute*. Accesible en línea: www.tni.org/archives/drugs-docs_williams1 (consulta: 17/05/2013) [reproducido en Brad ROBERTS (ed.), *Order and Disorder after the Cold War*, MIT Press, Cambridge-Mass., 1995, pp. 235-250].
— «Transnational Criminal Organisations and International Security» en: *Survival*, vol. 36, n.º 1, 1994, pp. 96-113. Publicado por: *Oxford University Press*. Accessible en línea: 192.5.14.43/content/dam/rand/.../MR880.ch14.pdf (consulta: 17/05/2013).
— y Steve BLACK, «Transnational Threats: Drug Trafficking and Weapons Proliferation» en: *Contemporary Security Policy*, vol. 15, n.º 1, 1994, pp. 127-151.
WILSON, E. O., *Sobre la naturaleza humana*, FCE, México, 1991.
WITTGENSTEIN, L., *Investigaciones filosóficas*, Crítica, Barcelona, 1988.
— *Sobre la certeza*, Gedisa, Barcelona, 1987.
WOLF, E. R., *Europe and the People Without History*, University of California Press, Berkeley-Los Ángeles-Londres, 1982.
WOLFERS, A., *Discord and Collaboration. Essays on International Relations*, The Johns Hopkins University, Baltimore, 1962.
WOLFF, S., «State Failure in a Regional Context», Universidad de Bath. Accesible en línea: www.stefanwolff.com/working.../state-failure.pdf (consulta: 17/05/2013).
WRIGLEY, E. A., *Continuity, Chance and Change: The Character of the Industrial Revolution in England*, Cambridge University Press, Cambridge, 1990.
— *Poverty, Progress, and Population*, Cambridge University Press, Cambridge, 2004.
YATES, F. A., *El arte de la memoria*, Taurus, Madrid, 1974.
— *La filosofía oculta en la Época Isabelina*, FCE, México, 1982.
YOUNG, O. R., *International Governance: Protecting the Environment in a Stateless Society*, Cornell University Press, Cornell, 1994.
— *International Cooperation: Building Regimes for Natural Resources and the Environment*, Cornell University Press, Ithaca, 1989.

— «Global Environmental Change and International Governance» en: *Millennium - Journal of International Studies*, vol. 19, n.º 3, 1990, pp. 337-346. Accesible en línea: mil.sagepub.com/content/19/3/337.refs (consulta: 09/05/2013).
YOUNGS, G., «Feminist International Relations: a Contradiction in Terms?» en: *International Affairs*, vol. 80, n.º 1, 2004, pp. 75-87. Accesible en línea: www.artsrn.ualberta.ca/.../GillianYoungsFeministIRC... (consulta: 18/05/2013).
ZAMBRANO, M., *Persona y democracia. La historia sacrificial*, Siruela, Madrid, 1996.
— *Claros del bosque*, Seix Barral, Barcelona, 1988.
ZEHFUSS, M., *Constructivism in International Relations. The Politics of Reality*, Cambridge University Press, Cambridge, 2002.
— «Constructivism and Identity: A Dangerous Liaison» en: *European Journal of International Relations*, 7, 2001, pp. 315-348. Publicado por: *EJIL-Sage*. Accesible en línea: ejt.sagepub.com/content/7/3/315.abstract (consulta: 19/05/2013).
ZIEGLER, J., *Sociologie de la nouvelle Afrique*, Gallimard, París, 1964.
— *Saqueo en África*, Siglo XXI, México, 1979.
ZIMMERN, A. E., *The Study of International Relations*, Clarendon Press, Oxford, 1931.
ZIZEK, S., *El sublime objeto de la ideología*, Siglo XXI, Madrid, 2009.
— *El acoso de las fantasías*, Siglo XXI, Madrid, 2010.
— «Have Michael Hardt and Antonio Negri Rewritten the Communist Manifesto for the Twenty-First Century?» en: *Rethinking Marxism*, vol. 3, n.º 4, 2001. Accesible en línea: www.egs.edu/.../have-michael-hardt-and-antonio-ne... (consulta: 26/05/2013).
ZOLO, D., *Los señores de la paz: una crítica del globalismo jurídico*, Dykinson, Madrid, 2005.
ZORGBIBE, C., *Histoire de la construction européenne*, PUF, París, 1993.
— *La Paix*, PUF, París, 1984.
— *Historia de las relaciones internacionales*, 2 vols., Alianza, Madrid, 1997.

APÉNDICE DE LECTURAS RECOMENDADAS EN UN MEDIO ANGLÓFONO

Lecturas básicas de Teoría Internacional que se habrían de manejar alguna vez (listado que no es el propio).

BULL, H., *The Anarchical Society*, Columbia University Press, Londres, Macmillan y Nueva York, 1977.
BULL, H. y WATSON, A. (eds.), *The Expansion of International Society*, Oxford University Press, Oxford, 1984.
BUTTERFIELD, H. y WIGHT, M. (eds.), *Diplomatic Investigations*, Allen & Unwin, Londres, 1966.
CARR, E. H., *The Twenty Year's Crisis*, Macmillan, Londres, 1966.
CEADEL, M., *Thinking About Peace and War*, Oxford University Press, Oxford, 1987.
DONELAN, M., *Elements of International Political Theory*, Clarendon Press, Oxford, 1990.
HINSLEY, F. H., *Power and the Pursuit of Peace*, Cambridge University Press, Cambridge, 1963.
KENNAN, G. F., *American Diplomacy*, Secker & Warburg, Londres, 1952.
LINKLATER, A., *Men and Citizens in the Theory of International Relations*, Macmillan, Londres, 1990.
LUARD, E. (ed.), *Basic Texts in International Relations*, Macmillan, Basingstoke, 1992.
MOMMSEN, W., *Theories of Imperialism*, Weidenfeld & Nicholson, Londres, 1980.
WIGHT, M., *Systems of States*, Leicester University Press, Leicester, 1977.

ANEXO

FILMOGRAFÍA DE CINE POLÍTICO-RELACIONES INTERNACIONALES*[1]

A) *COLONIZACIÓN E IMPERIALISMO*: «NUEVO MUNDO», «LA CONQUISTA»-GUERRAS COLONIALES, «TERCER MUNDO», «*THE WEST* Y *THE REST*», LA MIRADA COLONIAL Y POST-COLONIAL, MIGRACIONES, SOCIEDADES MULTICULTURALES

Ridley Scott
1492, conquista del paraíso (1992) [*1492. The Conquest of Paradise*]

Werner Herzog
Aguirre, la cólera de Dios (1972) [*Aguirre, der Zorn Gottes*]

Roland Joffé
La misión (1986) [*La mission, The Mission*]

Mel Gibson
Apocalypto (2006)

Carlos Saura
El Dorado (1988)

Elliot Silverstein
Un hombre llamado Caballo (1970) [*A Man Called Horse*]
Basado en un cuento de *Indian Country* de Dorothy M. Johnson.

Kevin Kostner
Bailando con lobos (1990) [*Dancing With Wolves*]

---

* Selección propia, como tal, ampliable *ad infinitum*. A efectos docentes, de ella sólo se enfatizarían los aspectos internacionales, tanto de tipo político como filosófico, jurídico, histórico, sociológico, antropológico, periodístico, psicológico, ideológico, cultural, en los elementos que se relacionen de forma directa con temas propios de las asignaturas/materias internacionales.

Sidney Pollack
Jeremías Johnson (1972) [*Jeremiah Johnson*]
Según la obra *Mountain Man* de Vardis Fisher.

John Ford, Henry Hathaway, George Marshall, Richard Thorpe
La conquista del Oeste (1962) [*How the West Was Won*]

David W. Griffith
El nacimiento de una nación (1915)
Según la novela de Thomas Dixon *The Clansman* (1915).

John Wayne
El Alamo (1960) [*The Alamo*]

John Lee Hancock
The Alamo (2003)

Sam Peckinpah
Mayor Dundee (1965) [*Major Dundee*]

Michael Mann
El último mohicano (1992) [*The Last of the Mohicans*]
Según la novela homónima de James Fenimore Cooper.

Marvin J. Chomsky, John Erman
Raíces (1977) [*Roots: The Saga of An American Family*]
Serie de televisión ABC.

Harry A. Pollard
La cabaña del Tío Tom (1927) [*Oncle Tom's Cabin*]
Basada en la novela homónima de Harriet Beecher Stowe (1852).

Géza von Radványi
La cabaña del Tío Tom (1965) [*Onkel Toms Hütte*]
Basada en la novela homónima de Harriet Beecher Stowe (1852).

Richard T. Heffron
Norte y Sur (1985) [*North and South*]
Basada en la obra de John Jakes.
Serie de televisión.

Michael Apted
Amazing Grace (2006)

Gillo Pontecorvo
Queimada (1969) [*Burn!*]

Martin Scorsese
Gangs of New York (2002)

Lewis Milestone
Rebelión a bordo (*Motín a bordo*) (1960) [*Mutiny in the Bounty*]
Según la novela homónima de Charles Nordhoff y James Norman Hall.

Peter Weir
Master and Commander. Al otro lado del mundo (2003) [*Master and Commander. The Far Side of the World*]
Basada en la novela homónima de Patrick O'Brian (*Capitán de mar y guerra*).

Nicholas Roeg
El corazón de las tinieblas (1993)
Adaptación al cine de la novela de Joseph Conrad *El corazón de las tinieblas* (*Heart of Darkness*).

Bob Rafelson
Las montañas de la Luna (1990) [*Mountains of the Moon*]

Zoltan Korda
Las cuatro plumas (1939) [*The Four Feathers*]
Según la novela homónima de Alfred Edward Woodley Mason.

Shekhar Kapur
Las cuatro plumas (2002) [*The Four Feathers*]
Según la novela homónima de Alfred Edward Woodley Mason.

Basil Dearden, Eliot Elisofon
Khartum (1966)

Sydney Pollack
Memorias de África (1985) [*Out of Africa*]
Adaptación del libro homónimo de Karen Blixen (Isak Dinesen).

John Huston
La Reina de África (1951) [*The African Queen*]

Fred Zinnemann
Historia de una monja (1959) [*The Nun's Story*]
Según la novela homónima de Kathryn Hulme (1956).

Michael Caton-Jones
Disparando a perros (2005) [*Shooting Dogs*]
Según la historia de Richard Alwyn.

Terry George
Hotel Ruanda (2004) [*Hotel Rwanda*]

Phillip Noyce
Atrapa el fuego (2006) [*Catch a Fire*]

Raoul Peck
Siempre en abril (2005) [*Sometimes in April*]

Edward Zwick
Diamante de sangre (2006) [*Blood Diamond*]

Akira Kurosawa
Dersu Uzala: el cazador (1975) [*Dersu Uzala*; *Dersu Uzala: The Hunter*]

Richard Brooks
Lord Jim (1965)
Según la novela homónima de Joseph Conrad.

David Lean
Pasaje a la India (1984) [*A Passage to India*]
Según la novela homónima de E. M. Forster.
Lawrence de Arabia (1962) [*Lawrence of Arabia*]
Epopeya basada en la vida de T. E. Lawrence.

Christopher Morahan y Jim O'Brien
La joya de la Corona (1984) [*The Jewel in the Crown*]
Serie de televisión (Granada) basada en la tetralogía de Paul Scott.

Neten Chokling
Milarepa (2006)

Liliana Cavani
Milarepa (1974)

John Huston
El hombre que pudo reinar (1975) [*The Man Who Would Be King*]
Sobre la novela homónima de Rudyard Kipling.

Jean-Jacques Annaud
Siete años en el Tíbet (1997) [*Seven Years in Tibet*]
Sobre la historia autobiográfica de Heinrich Harrer.

John Cromwell
Ana y el rey de Siam (1946) [*Anna and the King of Siam*]

Walter Lang
El rey y yo (1956) [*The King and I*]

Andy Tennant
Anna and the King (1999) [*Anna and the King*]

Régis Wargnier
Indochina (1992) [*Indochine*]

Alain Resnais
Hiroshima, mon amour (1959)
Según la novela homónima de Marguerite Duras.

Nicholas Ray
55 días en Pekín (1963) [*55 Days in Peking*]

Roger Spottiswoode
Los niños de Huang Shi (2008) [*The Children of Huang Shi*]
Sobre la historia real del periodista George Hogg.

Gianni Amelio
La estrella ausente (2006) [*La stella che non c'e*; *The Missing Star*]

John Curran
El velo pintado (2006) [*The painted veil*]

Tian Zhuangzhuang
La cometa azul (1993) [*Lan feng zheng*; *The Blue Kite*]

Florian Gallenberger
John Rabe (2009)

Chen Kaige
El rey de los niños (1987) [*Hai Zi Wang*]

Lou Ye
Summer Palace (2006) [*Yihé Yuán*]

Lu Chuan
Ciudad de Vida o Muerte (2009) [*Nánjïng! Nánjïng!*; *City of Life and Death*]

Peter Weir
El año que vivimos peligrosamente (1983) [*The Year of Living Dangerously*]

Ben Russell
Let Each One Go Where He May (2009)
Serie documental de trece tomas largas en Surinam.

José Luis Sáenz de Heredia
Raza (1942)
Según la novela homónima de Francisco Franco (Jaime de Andrade).

Joseph von Sternberg
Morocco (1930)
Basada en la novela *Amy Jolly* de Benno Vigny.

William A. Wellman
Beau Geste (1939)
Basada en la novela homónima de Percival Christopher Wren (1924).

Lucchino Visconti
El extranjero (1967) [*Lo straniero*]
Basada en la novela homónima de Albert Camus.

Bernardo Bertolucci
El cielo protector (1990) [*The Sheltering Sky*]
Basada en la novela homónima de Paul Bowles.

Luis Puenzo
La peste (1991) [*The Plague*]
Según la novela homónima de Albert Camus.

Anthony Minghella
El paciente inglés (1996) [*The English Patient*]
Según la novela homónima de Michael Ondaatje.

Gillo Pontecorvo
La batalla de Argel (1965) [*La battaglia di Algerí*]

Bob Swaim
La calle de la Media Luna (1986) [*Half Moon Street*]

Völker Schlöndorff
La falsedad (1981) [*Die Fälschung*]
Según la novela homónima de Nicolas Born (1979).

François Dupeyron
El Señor Ibrahim y las flores del Corán (2003) [*Monsieur Ibrahim et les fleurs du Coran*]
Según la novela homónima de Eric Emmanuel Schmitt.

Hany Abu-Hassan
Paradise Now (2005)

Mohsen Makhmalbaf
Kandahar (2001) [*Safar é Gandahar*]

Bahman Ghobadi
Las tortugas también vuelan (2004) [*Lâkposthâ ham parvâz*]
Songs of my Motherland (2002) [*Gomgashtei dar Aragh*; *Marooned in Iraq*]
Nadie sabe nada de gatos persas (2009) [*Kasiaz gorbehaye irani khabar hadareh*]

Sergei Dvortsevoy
Tulpan (2008) [*Tiul'pan*]

Larry Charles
Borat: aprendizajes culturales de América para beneficio de la gloriosa nación de Kazajistán (2006) [*Borat: Cultural Learnings of America for Make Benefit Glorious Nation of Kazakhstan*]
Serie televisiva Channel 4 del Reino Unido.

Damian O'Donnell
East is East (1999)

Jörg Gförer
Abajo del todo (1986) [*Ganz unten*]
Según el libro y documental de Günter Wallraff *Abajo del todo-Cabeza de turco.*

Rainer Werner Fassbinder
Todos nos llamamos Alí (1974) [*Angst ißt die Seele auf*]

Mathieu Kassowitz
La haine (1995)

Fernando Meirelles
El jardinero fiel (2005) [*The Constant Gardener*]
Basada en la novela de John Le Carré.

Ousmane Sembène
Moolaadé (2004)

Alejandro González de Iñárritu
Babel (2006)

Fatih Akin
Al otro lado (2007) [*Auf der anderen Seite; Yasamin Kiyisinda*]

Konstantinos Costa-Gavras
Edén al Oeste (2008) [*Eden à l'Ouest*; *Eden is West*]

Michale Boganin
Odessa, Odessa (2006)
Documental.

Franklin J. Schaffner
Papillon (1973)
Basada en la novela autobiográfica homónima de Henri Charrière, con Dalton Trumbo como colaborador en el guión.

Marco Kreuzpaintner
Trade. El precio de la inocencia (2007) [*Crimen sin perdón*; *Trade*]
Según la obra de Peter Landesmann, *The Girls Next Door.*

B) *LIBERACIÓN Y REVOLUCIÓN*: REVOLUCIONES, LIBERTAD, LUCHAS DE LIBERACIÓN, UTOPÍAS

John Huston
Paseo por el amor y la muerte (1969) [*A Walk With Love and Death*]
Según la novela homónima de Hans Koningsberger [Koning] (1961).

André Delvaux
Opus nigrum (1993) [*L'oeuvre au noir*]
Según la novela homónima de Marguerite Yourcenar.

Michael Caton-Jones
Rob Roy (1995)
Según la novela homónima de *sir* Walter Scott (1817).

José Luis Garci
Sangre de Mayo (2008)

Metodi Andonov
Cuerno de cabra (1972) [*Kozijat rog*]

Eric Rohmer
La marquesa de O… (1976) [*La Marquise d'O…/Die Marquise von O…*]
Según la novela homónima de Heinrich von Kleist.

Paolo y Vittorio Taviani
Allonsanfan (1973)

Roberto Rosellini
Viva l'Italia (1961)

Lucchino Visconti
Il gattopardo (1963)
Según la novela de Giuseppe Tomasi di Lampedusa.

Paolo y Vittorio Taviani
La masseria delle allodale (2007)
Según la novela homónima de Antonia Arslan.

Bernardo Bertolucci
Novecento (1976)

Serguéi M. Eisenstein
El acorazado Potémkin (1925) [*Bronenosets Potyomkin*]
Octubre (1927) [*Octyabr*]

Vsevolod Ilarionovich Pudovkin
La madre (1926) [*Matj*]
Según la novela homónima de Máxim Gorki.

David Lean
Doctor Zhivago (1965)
Basada en la novela de Boris Pasternak.

Goffredo Alessandrini
Los que vivimos (1942)
Según la novela homónima de Ayn Rand.

Warren Beatty

Reds (1981)

Basada en la obra de John Reed *Ten Days that Shook the World (Diez días que conmovieron el mundo)*.

Roland Emmerich

El patriota (2000) [*The Patriot*]

Neil Jordan

Michael Collins (1996)

Ken Loach

El viento que agita la cebada (2006) [*The Wind that Shakes the Barley*]

Jim Sheridan

En el nombre del padre (1993) [*In the Name of the Father*]

Según el relato autobiográfico de Gerry Conlon *Proved Innocent*.

The Boxer (1997)

Joel Schumacher

Veronica Guerin (2003)

Alan J. Pakula

La sombra del diablo (1997) [*The Devil's Own*]

Alf Brustellin, Rainer Werner Fassbinder, Alexander Kluge, Maximiliane Mainka, Edgar Reitz, Katja Rupé/Hans Peter Cloos, Völker Schlöndorff, Bernhard Sinkel

Alemania en otoño (1977) [*Deutschland im Herbst*]

Escrita por Heinrich Böll y Peter Steinbach.

Patricio Guzmán

La batalla de Chile (1973-1979)

Documental en forma de trilogía.

Konstantinos Costa-Gavras

Estado de sitio (1972) [*État de siège*]

Con música de Mikis Theodorakis interpretada por Los Calchakis.

Serguéi Eisenstein

¡Que viva México! (1932) [*Za zdravstvuyet Meksika!*]

Elia Kazan

¡Viva Zapata! (1952) [*Viva Zapata!*]

Glauber Rocha

Antônio das Mortes (1969) [*O Dragâo de Maldade contra o Santo Guerreiro*]

Dios y el Diablo en la tierra del sol (1964) [*Deus e o Diabo na terra do sol; White God, Black Devil*]

Cabezas cortadas (1970) [*Cabeças cortadas; O Leâo de Sete Cabeças*]

Terra em transe (1967)

Peter Weir
La costa de los mosquitos (1986) [*The Mosquito Coast*]
Según la novela homónima de Paul Theroux.

C) *La hostilidad*: militarismo, agresividad, violencia, conflictos, la guerra y la paz (incluye «carrera espacial»)

Jean-Jacques Annaud
En busca del fuego (1981) [*La guerre du feu; Quest for Fire*]
Según la novela homónima de J.-H. Rosny Aisné; con la participación de Anthony Burgess en la recreación del lenguaje prehistórico del período Musteriense.

Michael Chapman
El clan del oso cavernario (1986) [*The Clan of the Cave Bear*]
Basada en la primera parte de la trilogía *Los Hijos de la Tierra* de Jean-Marie Auel.

Wolfgang Petersen
Troya (2004) [*Troy*]
Versión libre de *La Ilíada* de Homero.

Ridley Scott
El gladiador (2000) [*Gladiator*]

Boris Sagal
Masada (1981)
Serie de televisión basada en *The Antagonists* de Ernest K. Gann y Joel Oliansky.

Hrafn Gunnlaugsson
Ojo por ojo (1984) [*Hrafninn flygur/When the Raven Flies*]

Akira Kurosawa
Los siete samurai (1954) [*Sichinin no samurai*]
Ran (1985) [*Chaos*]
Adaptación del drama *El Rey Lear* de William Shakespeare.

Kenji Mizoguchi
Los 47 samurais (*Los leales 47 ronin*) (1941-1942) [*The Loyal Forty Seven Ronin of the Genroku Era*]
Sobre la obra de Seika Mayama.

Jerry London
Shôgun (1980)
Serie de televisión basada en la novela homónima de James Clavell.

Fritz Lang
Die Nibelungen: Siegfried (1924)
Die Nibelungen: Kriemhilds Rache (1924)
Según la epopeya germánica: *Das Nibelungenlied; Volsunga Saga.*

Uli Edel

El reino del anillo (2004) [*Ring of the Nibelungs; Dark Kingdom: the Dragon King; Curse of the Ring; The Sword of Xanten; Die Nibelungen*]

Para la televisión, según la epopeya germánica: *Das Nibelungenlied; Volsunga Saga.*

Ridley Scott

El reino de los cielos/Cruzada (2005) [*Kingdom of Heaven*]

Franklin J. Schaffner

El señor de la guerra (1965) [*The War Lord*]

Según la obra *The Lovers* de Leslie Stevens.

Ingmar Bergmann

El séptimo sello (1957) [*Det spinde inseglet*]

Paul Verhoeven

Los señores del acero (1985) [*Flesh and Blood*]

J. Lee Thompson

Taras Bulba (1962)

Según la novela homónima de Nikolái Gogol.

Fritz Umgelter

El aventurero Simplicissimus (1975) [*Der abenteuerliche Simplicissimus*]

Serie de televisión alemana basada en la novela homónima de Hans Jakob Christoffel von Grimmelshausen, guión de Leopold Ahlsen.

Stanley Kubrick

Barry Lyndon (1975)

Según la novela de William Makepeace Thackeray, *The Luck of Barry Lyndon* (1844).

Oleg Ryaskov

La espada del rey (2005) [*Sluga Gosudarev*; *The Sovereign's Servant*]

Película televisiva - Beta Film TV (batalla de Poltava).

Serguéi Bondarchuk

Guerra y paz (1968)

Dividida en *Austerlitz*, *Natacha*, *La batalla de Borodino*, *El incendio de Moscú.*

Según la novela homónima de León Tolstoi.

King Vidor

Guerra y paz (1956) [*War and Peace*]

Según la novela homónima de León Tolstoi.

Tony Richardson

La carga de la brigada ligera (1968) [*The Charge of the Light Brigade*]

Ang Lee
Cabalga con el diablo (1999) [*Ride With the Devil*]

Max Ophüls
De Mayerling a Sarajevo (1940) [*De Mayerling à Sarajevo*]

François Truffaut
Jules et Jim (1962)
Según la novela homónima de Henri-Pierre Roché.

Jean Renoir
La gran ilusión (1937) [*La grande illusion*]
Escrita por Jean Renoir y Charles Spaak.

Georg Wilhelm Pabst
Cuatro de Infantería (1930) [*Westfront 1918*]
Según la novela homónima de Ernst Johannsen.
La calle sin alegría (1925) [*Die freudlose Gasse*]
Según la novela homónima de Hugo Bettauer.

Lewis Milestone
Sin novedad en el frente (1930) [*All Quiet in the Western Front*]
Basada en la novela homónima de Erich Maria Remarque (1929).

King Vidor
El gran desfile (1925) [*The Big Parade*]

Joseph Losey
King and Country (1964)
Según la obra dramática de John Wilson *Hamp*.

Stanley Kubrick
Senderos de gloria (1957) [*Paths of Glory*]
Según la novela homónima de Humphrey Cobb (1935).

Dalton Trumbo
Johnny cogió su fusil (1971) [*Johnny Got His Gun*]
Según la novela homónima de Dalton Trumbo.

Wolfgang Liebeneiner
Las aventuras del bravo soldado Schweik (1972) [*Die Abenteuern des braven Soldaten Schwejk, Osudy dobrého vojáka Svejka za svétové valky*: *Los destinos del valiente soldado Schweik durante la guerra mundial*]
Según la novela homónima de Jároslav Hásek.
Serie de televisión de la ORF (Österreichischer Rundfunk) en 13 capítulos.
Versión de Bertolt Brecht, adaptada a la II Guerra Mundial, *Schwejk im Zweiten Weltkrieg* (1943).
Versión cinematográfica checa de **Karel Stekly** (1955).

Frank Borzage
Adiós a las armas (1932) [*A Farewell to Arms*]
Según las memorias de Ernest Hemingway sobre la I Guerra Mundial.

André Delvaux
Le rendez-vous à Bray (1971)
Según la novela homónima de Julien Gracq.

Sam Wood
Por quién doblan las campanas (1943) [*For Whom the Bell Tolls*]
Según la obra homónima de Ernest Hemingway.

Vicente Aranda
Libertarias (1996)

Basilio Martín Patino
Canciones para después de una guerra (1970)
Retablo de la guerra civil española (1980)

Jaime Chávarri
El año del diluvio (2004)
Según la novela homónima de Eduardo Mendoza.

J. Lee Thomson
Los cañones de Navarone (1961) [*The Guns of Navarone*]
Sobre la novela de Alistair MacLean (y Carl Foreman).

Anthony Mann
Los héroes de Telemark (1965) [*The Heroes of Telemark*]

Sam Peckinpah
La Cruz de Hierro (1977) [*The Cross of Iron*]
Basada en la obra de Willi Heinrich *The Willing Flesh.*

Jean-Jacques Annaud
Enemigo a las puertas (2001) [*Enemy at the Gates*]
Según la obra de William Craig, *Enemy at the Gates: The Battle for Stalingrad* (1973) y David L. Robbins, *The War of the Rats* (1999) (parcialmente).

Olli Saarela
Emboscada (1999) [*Ruka*]
Según la novela de Antti Tuuri *Rukajärven tie.*

Pekka Parikka
Talvisota (1989) [*Talvisota, The Winter War*]
Según la novela homónima de Antti Tuuri.

John Sturges
La gran evasión (1963) [*The Great Escape*]

Sobre el libro homónimo de Paul Brickhill.
Ha llegado el águila (1976) [*The Eagle Has Landed*]
Basada en la novela homónima de Jack Higgins.

Richard Marquand
El ojo de la aguja (1981) [*The Eye of the Needle*]
Según la novela *Storm Island* de Ken Follet (1978).

Ken Annakin, Andrew Morton, Bernhard Wicki
El día más largo (1962) [*The Longest Day*]
Sobre el libro homónimo de Cornelius Ryan (1959).

Steven Spielberg
Salvad al soldado Ryan (1998) [*Saving Private Ryan*]
El imperio del Sol (1987) [*Empire of the Sun*]
Basada en la autobiografía de J. G. Ballard.

David Lean
El puente sobre el río Kwai (1957) [*The Bridge on the River Kwai*]
Según la novela homónima de Pierre Boulle.
Guión de Carl Foreman y Michael Wilson (objetivos del macarthysmo).

David. L. Cunningham
Más allá del deber (2001) [*To End All Wars*]
Según las obra autobiográficas de Ernest Gordon *Through the Valley of the Kwai* (1963); *Miracle on the River Kwai* (1965).

Raoul Walsh
Objetivo Birmania (1945) [*Objective Burma!*]

Richard Fleischer
¡Tora! ¡Tora! ¡Tora! (1970) [*Tora! Tora! Tora!*]

Michael Bay
Pearl Harbor (2001)

Frank Capra
Por qué luchamos (1942-1945) [*Why We Fight*]
Documentales:
Prelude to War (1942); *The Nazi's Strike* (1943); *Divide and Conquer* (1943); *The Battle of Britain* (1943); *The Battle of Russia* (1943); *The Battle of China* (1944); *War Comes to America* (1945)

Clint Eastwood
Banderas de nuestros padres (2006) [*Flags from Our Fathers*]
Cartas desde Iwo-Jima (2006) [*Letters from Iwo-Jima*]

Jack Smight
La batalla de Midway (1976) [*Midway*]

Wolfgang Petersen
El submarino (1981) [*Das Boot*]

Frank Beyer
La última misión (1993) [*Das Boot 2*; *Das letzte U-Boot*]
Serie de televisión.

Joseph Vilsmaier
Stalingrado (1992) [*Stalingrad*]

George Schaefer
The Bunker (1981)

René Clément
¿Arde París? (1966) [*Paris brûle-t-il?*]
La batalla del ferrocarril (1945) [*La bataille du rail/The Battle of the Rails*]

Stanley Kramer
El secreto de Santa Vittoria (1969) [*The Secret of Santa Vittoria*]

Elem Klimov
Masacre: ven y mira (1985) [*Come and See; Idi i smotri*]

Roland Suso Richter
Dresden, el infierno (2006) [*Dresden, das Inferno*]
Serie de televisión Zweites Deutsches Fernsehen (ZDF).

Oliver Hirschbiegel
El hundimiento (2004) [*Der Untergang*]
Guión del historiador Joachim Fest.

Georg Wilhelm Pabst
Sucedió en julio (1955) [*Es geschah am 20. Juli*]
El último acto (1955) [*Der letzte Akt/The Last Ten Days/Ten Days to Die*]

Roberto Rosellini
Roma, città aperta (1945)
Paisà (1946)
Il generale della Rovere (1959)

Vittorio de Sica
La puerta del Cielo (1945) [*La porta del Cielo*]
Los girasoles (1969) [*I girasoli*]

Veljko Bulajic
La batalla del río Neretva (1969) [*Bitka na Neretvi*]

Liliana Cavani
La pelle (1981)
Según la novela homónima de Curzio Malaparte.

Andrzej Wajda
Kanal (1957)
Katyn/Post Mortem. Opowiese Katynska (2007)

James Ivory
Lo que queda del día (1993) [*The Remains of the Day*]
Según la novela homónima de Kazuo Ishiguro.

Werner Herzog
Die beispiellose Verteidigung der Festung Deutschkreuz (1967) [*The Unprecedented Defence of the Fortress Deutschkreuz*]

Alexander Kluge
Guerra y Paz (1970) [*Krieg und Frieden*]

Andrzej Wajda
Paisaje después de la batalla (1970) [*Krajobraz po bitwie*]
Basada en la novela de Tadeusz Borowski.

Víctor Erice
El espíritu de la colmena (1973)

Otto Preminger
Éxodo (1960) [*Exodus*]
Según la novela homónima de Leon Uris.

Vanessa Redgrave
The Palestinian (1977)

Billy Wilder
Uno, dos, tres (1961) [*One, Two, Three*]
Basada en la obra de teatro homónima de Ferenç Molnár (*Egy, kettö, három*).

Stanley Kubrick
Teléfono rojo, volamos hacia Moscú (1964) [*Dr. Strangelove or: How I Learned to Stop Worrying and Love the Bomb*]
Según la novela *Red Alert* de Peter George.

Fred Zinnemann
Chacal (1973)
Según la novela homónima de Frederick Forsyth.

Tony Scott
Spy Game (2001)

Wim Wenders
El cielo sobre Berlín (1987) [*Der Himmel über Berlin, Wings of Desire*]
Guión del novelista Peter Handke.

Hardy Martins
Hasta donde los pies me lleven (2001) [*So weit die Füße tragen*]
Primera versión de Fritz Umgelter, serie televisiva homónima (1959).
Según la novela homónima de Josef Martin Bauer (1955).

Zhang Yimou
Sorgo Rojo (1987) [*Hong gao liang; Red Sorghum*]

John Wayne, Ray Kellogg, John Gaddis
Los boinas verdes (1968) [*The Green Berets*]

Stanley Kubrick
La chaqueta metálica (1987) [*Full Metal Jacket*]
Basada en la novela de Gustav Hasford.

Terrence Malick
La delgada línea roja (1998) [*The Thin Red Line*]
Adaptación de la novela de James Jones sobre Guadalcanal, en la Segunda Guerra Mundial.

Brian de Palma
Corazones de hierro (1989) [*Casualties of War*]

Oliver Stone
Platoon (1986)
Nacido el 4 de julio (1989) [*Born in the Fourth of July*]
Según la novela homónima de Ron Kovic.

Michael Cimino
El cazador (1978) [*The Deer Hunter*]

Barry Levinson
Buenos días, Vietnam (1987) [*Good Morning, Vietnam!*]

John Irvin
La colina de la hamburguesa (1987) [*Hamburger Hill*]

Roland Joffé
The Killing Fields (1984)
Basada en la obra de los periodistas Dith Pran, Sydney Shanberg, John Swain.
Con música de Mike Oldfield.

Francis Ford Coppola
Apocalypse Now (1979)
Reelaboración de la novela de Joseph Conrad El *corazón de las tinieblas* (*Heart of Darkness*).

Joshua Oppenheimer, Christine Cynn, Anónimo
The Act of Killing (2012)

Michael Moore
Fahrenheit 9/11 (2004)
Bowling for Columbine (2002)
Documentales.

Andrei Tarkowsky
Solaris (1972) [*Solyaris*]
Basada en la novela homónima de Stanislaw Lem.

Steven Soderbergh
Solaris (2002)
Basada en la novela homónima de Stanislaw Lem.

Stanley Kubrick
2001, una odisea espacial; *2001, una odisea del espacio* (1968) [*2001 A Space Odyssey*]
Basada en la novela homónima de Arthur Clarke.

D) *TOTALITARISMOS*: IDEOLOGÍAS TOTALITARIAS, RACISMO, DICTADURAS, CONTROL Y MANIPULACIÓN DE MASAS, OPRESIÓN, PERSECUCIÓN,DEPORTACIONES, GENOCIDIO, HOLOCAUSTOS

Liliana Cavani
Más allá del bien y del mal (1977) [*Al di là del bene è del male*]

Völker Schlöndorff
El joven Törless (1963) [*Der junge Törless*]
Según la novela de Robert Musil, *Die Verwirrungen des Zöglings Törless.*

Dennis Gansel
Napola (2004) [*Napola. Elite für den Führer*]

Michael Haneke
La cinta blanca (2009) [*Das weiße Band*]

Fritz Lang
Metrópolis (1926) [*Metropolis*]
Según la novela homónima de Thea von Harbou.

Charles Chaplin
El gran dictador (1940) [*The Great Dictator*]

Werner Herzog
Woyzech (1979)
Según la obra homónima de Georg Büchner (1836), versión de Karl Emil Französ.

Orson Welles
El proceso (1963) [*The Process*]
Según la novela homónima de Franz Kafka.

Michael Radford
Orwell 1984 (1984)
Según la novela *1984* de George Orwell (1949).

François Truffaut
Fahrenheit 451 (1966)
Según la novela homónima de Ray Bradbury.

Ridley Scott
Blade Runner (1982)

Richard Fleischer
Cuando el destino nos alcance (1973) [*Soylent Green*]
Según la novela de Harry Harrison.

The Wachowsky Brothers
The Matrix (1999)

Stanley Kubrick
La naranja mecánica (1971) [*The Clockwork Orange*]
Según la novela homónima de Anthony Burgess.

Michael Haneke
El castillo (2007) [*Das Schloss*]
Según la novela homónima de Franz Kafka.

Bernardo Bertolucci
El conformista (1970) [*Il conformista*]
Según la novela homónima de Alberto Moravia.

Völker Schlöndorff
El tambor de hojalata (1979) [*Die Blechtrommel*]
Según la novela homónima de Günter Grass.

Fred Haines
El lobo estepario (1974) [*Der Steppenwolf*]
Según la novela homónima de Hermann Hesse.

Henri-Georges Clouzot
El cuervo (1943) [*Le corbeau*]

Leni Riefenstahl
El triunfo de la voluntad (1935) [*Triumph des Willens*]
Olympia (1938) [*Olympia 1. Fest der Völker; Olympia 2. Fest der Schönheit*]

Veit Harlan
El judío Süss (1940) [*Jud Süß*]
Según la novela homónima de Wilhelm Hauff (1827) y de Lion Feuchtwanger (1925).

Fritz Hippler
Der Ewige Jude (1940) [*The Eternal Jew*]

Völker Schlöndorff
El ogro (1996) [*The Ogre; Der Unhold*]
Según la novela de Michel Tournier *El rey de los alisos*. Música de Michael Nyman.

Stefan Ruzowitzky
Operación Bernhard (2007) [*Die Fälscher*; *The Counterfeiters*]

Henri Verneuil
La hora veinticinco (1966)
Según la novela homónima de ConstantinVirgil Georghiu.

Alan J. Pakula
La decisión de Sophie (1982) [*Sophie's Choice*]
Sobre la novela homónima de William Styron.

Pier Paolo Pasolini
Salò o los 120 días de Sodoma (1975) [*Salò o le 120 giornate di Sodoma*; *Salò or The 120 Days of Sodom*]
Adaptación de la obra homónima del marqués de Sade a una «crónica» de la «República de Salò».

Marvin J. Chomsky
Holocausto (1978) [*Holocaust*]
Serie de televisión.

Claude Lanzmann
Shoah (1985)
Película documental.

Robert Dornhelm
Ana Frank: The Whole Story (2001)
Serie de televisión (Touchstone).

Yurek Bogayevicz
Hijos de un mismo Dios (2001) [*Edges of the Lord*]

Robert Enrico
En nombre de todos los míos (1983) [*Au nom de tous les miens*]
Según la novela homónima de Martin Gray.

Werner Herzog
Invencible (2001) [*Invincible*]

Mathieu Kassowitz
Jakob the Liar (1999)
Según la novela homónima de Jurek Becker, *Jakob der Lügner.*

Alain Resnais
Noche y niebla (1956) [*La nuit et le brouillard*]
Título original: *Resistencia y Deportación*
Según el libro de Jean Cayrol, *Poèmes de la nuit et du brouillard* (1945).
Sobre el decreto nazi «*Nacht und Nebel*».

Roman Polanski
El pianista (2002) [*The Pianist*]

Steven Spielberg
La lista de Schindler (1993) [*Schindler's List*]

Roberto Benigni
La vida es bella (1997) [*La vita è bella*]

Lucchino Visconti
La caída de los dioses (1969) [*La caduta degli dei*]

Jirí Menzel
Trenes rigurosamente vigilados (1966) [*Ostre sledované vlaky*]
Según la novela homónima de Bohumil Hrabal.

Ernst Lubitsch
Ser o no ser (1942) [*To Be or Not to Be*]
Sobre la obra de Melchior Lengyel.

Thomas Carter
Rebeldes del swing (1993) [*Swing Kids*]

Marc Rothemund
Sophie Scholl: los últimos días (2005) [*Sophie Scholl: die letzten Tage; Sophie Scholl: the Final Days*]

Vittorio de Sica
El jardín de los Finzi-Contini (1971) [*Il giardino dei Finzi-Contini*]
Según la novela homónima de Giorgio Basani (1962).

Andrzej Wajda
Un amor en Alemania (1983) [*Eine Liebe in Deutschland*]
Basada en la obra de Rolf Hochhuth.

André Delvaux
Mujer entre perro y lobo (1979) [*Femme entre chien et loup/Vrouw tussend houd en wolf*]

Fred Zinnemann
Julia (1977)
Sobre la novela de Lillian Hellman *Pentimento*.

Liliana Cavani
Portero de noche (1974) [*Il portiere di notte*]

Liev Schreiber
Todo está iluminado (2005) [*Everything is Illuminated*]

Louis Malle
Lacombe Lucien (1974)
Au revoir les enfants (1987)

Konstantinos Costa-Gavras
Section spéciale (1975)
La caja de música (1989) [*The Music Box*]
Amen (2002)
Según la obra de Rolf Hochhuth *Der Stellvertreter. Ein christliches Trauerspiel.*

Andrzej Wajda
Cenizas y diamantes (1958) [*Popiol i diament*]
Basada en la novela de Jerzy Andrzejwski.
El hombre de mármol (1977) [*Czlowiek z marmuru*]
El hombre de hierro (1981) [*Czlowiek z zelaza*]

Konstantinos Costa-Gavras
La confesión (1970) [*L'aveu*]
Según la novela homónima de Artur London.
Z, il est vivant (1969)
Con música de Mikis Theodorakis.

Roberto Rosellini
Germania, anno zero (1948)

Max Färberböck
Anónima. Una mujer en Berlín (2008) [*Anonyma-Eine Frau in Berlin*]

Stephen Daldry
El lector (2009) [*Der Vorleser*; *The Reader*]
Según la novela de Bernhard Schlink, *Der Vorleser* (1995).

Carol Reed
El tercer hombre (1949) [*The Third Man*]
Basada en la obra homónima de Graham Greene.

Kai Wessel
El gran éxodo (2007) [*Die Flucht, March of Millions*]
Serie de televisión de la ARD. Basada en el escrito de Gabriele Sperl.

Philip Kaufman
La insoportable levedad del ser (1987) [*The Unbearable Lightness of Being*]
Según la novela homónima de Milan Kundera.

Jirí Menzel
I Served the King of England (2006) [*Oblushoval jsem anglického krále*]
Según la novela homónima de Bohumil Hrabal.

Völker Schlöndorff
Strajk-Die Heldin von Danzig (2007) [*Strike*]
Sobre la heroína de *Solidarnósc* Anna Walentynowicz.

Florian Henckel von Donnersmarck
La vida de los otros (2006) [*Das Leben der Anderen*]

Dennis Gansel
La ola (2008) [*Die Welle*]
Basada en el experimento de Palo Alto/Cubberley High School - *The Third Wave* (1967), material filmado.
Según la novela de Morton Rhue *The Wave* (1981).

Wolfgang Becker
Good Bye, Lenin! (2003)

Rachid Benhadj
Mirka (2000)

Paul Schrader
Mishima, a Life in Four Chapters (1985)
Con música de Philip Glass.

Tony Kaye
American History X (1998)

Geoffrey Wright
Romper Stomper (1992)

Henry Hampton
Eyes on the Prize: America at the Racial Crossroads (1965-1985)
Eyes on the Prize II: America's Civil Rights Years (1954-1965)
Serie de televisión documental (14 horas) (PBS at Blackside, Inc.).

Konstantinos Costa Gavras
Missing (1982)
Basada en el libro de Thomas Hauser *The Execution of Charles Horman: An American Sacrifice* (1978), reeditado en 1982 con el título *Missing*.

Bille August
La casa de los espíritus (1993) [*The House of the Spirits*]
Según la novela homónima de Isabel Allende.

Roman Polansky
La muerte y la doncella (1994) [*Death and the Maiden*]
Basada en la obra dramática homónima de Ariel Dorfman.

Hector Babenco
El beso de la mujer araña (1985) [*Kiss of the Spider Woman*]
Según la novela homónima de Manuel Puig.

Luis Puenzo
La historia oficial (1984)

Egidio Eronico
My Father o *My Father - Rua Alguem 5555* (2005)
Según el libro *Papa* de Robert Schneider.

E) *Sociedad y «cuestión social»*: CLASES SOCIALES, DESIGUALDAD, POBREZA, INJUSTICIA, EXPLOTACIÓN, CONTROL DE MEDIOS DE COMUNICACIÓN

Richard Boleslawski
Los Miserables (1935) [*Les misérables*]

Bille August
Los Miserables (1998) [*Les misérables*]
Según la novela homónima de Victor Hugo (1862).

Claude Lelouch
Los Miserables (1995) [*Les misérables*]
Según la novela homónima de Victor Hugo (1862).

Claude Berri
Germinal (1993)
Según la novela homónima de Émile Zola (folletón Revista *Gil Blas*, 1884-1885 en la serie *Les Rougon-Macquart*).

Luis Buñuel
Diario de una camarera (1964) [*Journal d'une femme de chambre*]
Según la novela homónima de Octave Mirbeau.
Nazarín (1959)
Tristana (1970)
Según la novela homónima de Benito Pérez Galdós.
Las Hurdes, tierra sin pan (1932)
Con música de Johannes Brahms.
Los olvidados (1950)
Viridiana (1961)

Bertrand Tavernier
El juez y el asesino (1975) [*Le juge et l'assasin*]

Roman Polanski
Oliver Twist (2005)
Según la novela homónima de Charles Dickens.

Gabriel Axel
El festín de Babette (1987)
Según un cuento de Karen Blixen (Isak Dinesen).

Ermanno Olmi
El árbol de los zuecos (1978) [*L'albero degli zoccoli*]
Con música de Johann Sebastian Bach.
La leyenda del santo bebedor (1988) [*La leggenda del santo bevitore*]
Según la novela homónima de Joseph Roth.

John Boorman
Leo, el último (1970) [*Leo, The Last*]

Josef von Sternberg
Crimen y castigo (1935) [*Crime and Punishment*]
Según la novela homónima de Fiódor Dostoiewski.

Mauro Bolognini
La herencia Ferramonti (1976) [*L'eredità Ferramonti*]

John Ford
Qué verde era mi valle (1941) [*How Green Was My Valley*]
Según la novela homónima de Richard Llewellyn.

Alan Parker
Las cenizas de Ángela (1999) [*Angela's Ashes*]
Sobre el relato autobiográfico de Frank Mc Court (1996), con música de John Williams.

Bruce Beresford
Evelyn (2002)
Según la obra de Paul Pender.

Aisling Walsh
Los niños de San Judas (2003) [*Song for a Raggy Boy*]
Según la obra homónima de Patrick Galvin, *The Raggy Boy Trilogy* (2002).

Joseph Strick
Ulises (1967) [*Ulysses*]
Según la novela homónima de James Joyce.

Friedrich Wilhelm Murnau
El último (1924) [*Der letzte Mann*]
Guión de Carl Mayer.

Wolfgang Staudte
Der Untertan (1951)
Basada en la novela homónima de Heinrich Mann.

Josef von Sternberg
El ángel azul (1930) [*Der Blaue Engel*]
Según la novela de Heinrich Mann *Professor Unrath*.

Walter Ruttmann
Berlín, sinfonía de una gran ciudad (1927) [*Berlin, die Symphonie der Grossstadt/ Berlin: Symphony of a Great City*]

Rainer Werner Fassbinder
Berlin Alexanderplatz (1980)
Serie de televisión según la novela homónima de Alfred Döblin.

Charles Chaplin
Tiempos modernos (1936) [*Modern Times*]

Jean Vigo
Cero en conducta (1933) [*Zéro de conduite*]
Influida por Alfred Jarry, *Ubu Roi* (1896).
L'Atalante (1934)

Vittorio de Sica
Ladrón de bicicletas (1948) [*Ladri di biciclette*]
Según la novela homónima de Luigi Bertolini (1945).
Milagro en Milán (1951) [*Miracolo a Milano*]
Según la novela homónima de Cesare Zavattini.
Umberto D (1952)
Según el relato homónimo de Cesare Zavattini.

Lucchino Visconti
Rocco y sus hermanos (1960) [*Rocco è i suoi fratelli*]

François Truffaut
Los cuatrocientos golpes (1959) [*Les quatre cents coups*]

Paolo y Vittorio Taviani
Padre, padrone (1977)
Según la novela homónima de Gavino Leda.

Renaud Bertrand
La nodriza (2004) [*La nourrice*]
Película televisiva.

Basilio Martín Patino
Queridísimos verdugos (1973)
Nueve cartas a Berta (1965)

Bernardo Bertolucci
La commare secca (1962)
Según una historia de Pier Paolo Pasolini.

La estrategia de la araña (1970) [*La strategia del ragno*]
Según un relato de Jorge Luis Borges.

Pier Paolo Pasolini
Pajarracos y pajaritos (1966) [*Uccelacci e uccellini; Hawks and Sparrows; Des oiseaux petits et gros*]

Marco Bellocchio
I pugni in tasca (1965)
La Cina è vicina (1967)

Mario Camus
Los santos inocentes (1984)
Según la novela homónima de Miguel Delibes.

Peter Mullan
Las hermanas de la Magdalena (2002) [*The Magdalene' Sisters*; *En el nombre de Dios* (México)]

Vicente Aranda
Tiempo de silencio (1986)
Según la novela homónima de Luis Martín Santos.

Leopoldo Torre Nilsson
Boquitas pintadas (1974)

Lautaro Murúa
La Raulito (1975)

Jirí Menzel
Mi dulce pueblecito (1985) [*Vesnicko mà strediskovà*]

Jan Sverák
Escuela primaria (1991) [*Obecná skola*; *The Elementary School*]
Según la comedia de Zdeněk Svěrák; Jirí Menzel y Karel Kachyna interpretan pequeños papeles.

Mira Nair
Salaam Bombay! (1988)
Mississipi Masala (1991)

Alan J. Pakula
Todos los hombres del Presidente (1976) [*All the President's Men*]
Basada en el libro de Bob Woodward y Carl Bernstein.
El Informe Pelícano (1993) [*The Pelican Brief*]
Según la novela homónima de John Grisham.

Sydney Pollack
Los tres días del cóndor (1975) [*Three Days of the Condor*]
Basada en la novela homónima de James Grady, *Six Days of the Condor.*

Orson Welles
Ciudadano Kane (1941) [*Citizen Kane*]

George Clooney
Buenas noches y buena suerte (2005) [*Good Night and Good Luck*]

Ron Howard
Una mente maravillosa (2001) [*A Beautiful Mind*]

F) *El poder, la religión*: a través de figuras, situaciones y personajes históricos

Pier Paolo Pasolini
El evangelio según san Mateo (1964)
Con música de Johann Sebastian Bach, Serguéi Prokófiev, pasajes de la *Misa Luba*.

Franco Zefirelli
Jesús de Nazareth (1977)
Serie de televisión.

Mel Gibson
La Pasión de Cristo (2004) [*The Passion of Christ*]

Cecil B. DeMille
Rey de Reyes (1927) [*King of Kings*]
Los Diez Mandamientos (1956) [*The Ten Commandements*]
Según las novelas de J. H. Ingraham *Pillar of Fire*, A. E. Southon *On Eagle's Wing*

Nicholas Ray
Rey de Reyes (1961) [*King of Kings*]
Escrita por Philip Yordan y Ray Bradbury.

George Stevens
La historia más grande jamás contada (1965) [*The Greatest Story Ever Told*]
Según la obra homónima de Fulton Oursler (1949).

Bernardo Bertolucci
El pequeño Buda (1993) [*Little Buddha*]

Mervin LeRoy
Quo Vadis (1951)
Según la novela homónima de Henryk Sinkiewicz (1895).

William Wyler
Ben-Hur (1959)
Según la novela del general Lew Wallace *Ben-Hur: A Tale of Christ* (1880).

Henry Koster (Hermann Kosterlitz)
La túnica sagrada (1953) [*The Robe*]
Según la novela homónima de Lloyd C. Douglas.

Herbert Wise
Yo, Claudio (1976) [*I Claudius*]
Serie de televisión según las novelas de Robert Graves *Yo, Claudio* y *Claudio, el dios, y su esposa Mesalina*.

Joseph L. Mankiewicz
Julio César (1953) [*Julius Caesar*]
Según el drama homónimo de William Shakespeare.
Cleopatra (1963)

Stuart Burge
Julio César (1970) [*Julius Caesar*]
Según el drama homónimo de William Shakespeare.

Uli Edel
Julius Caesar (2002)

Stanley Kubrick
Espartaco (1960) [*Spartacus*]
Según la novela de Howard Fast.

Robert Rossen
Alejandro Magno (1956)

Theo Angelopoulos
Alejandro el Grande (1981) [*Omegalexandros*]

Oliver Stone
Alejandro Magno (2004) [*Alexander the Great*]
Con música de Vangelis.

Anthony Mann
La caída del Imperio Romano (1964) [*The Fall of the Roman Empire*]

John Milius, William Macdonald, Bruno Heller, Michael Apted, Allen Coulter, Julian Farino, Jeremy Podeswa, Alan Poul, Mikael Salomon, Steve Shill, Alan Taylor, Timothy Van Patten
Roma (2005-2007) [*Rome*]
Serie de televisión HBO-BBC.
Creada por John Milius, William Macdonald y Bruno Heller.

Alejandro Amenábar
Ágora (2009) [*Agora*]

Mustapha Akkad
Mahoma, el mensajero de Dios (1976) [*The Message*; *The Messenger of God*]

Anthony Mann
El Cid (1961)

Clive Donner
Alfredo el Grande (1969) [*Alfred the Great*]

Anthony Harvey
El león en invierno (1968) [*The Lion in Winter*]

Liliana Cavani
Francesco (1989)

Roberto Rosellini
Francesco, giullare di Dio (1950)

Carl Theodor Dreyer
La pasión de Juana de Arco (1928) [*La passion de Jeanne D'Arc*]
Basada en las actas del proceso a Juana de Arco.

Robert Bresson
El proceso de Juana de Arco (1962) [*Le procès de Jeanne d'Arc*]

Otto Preminger
Saint Joan (1957)

Luc Besson
Juana de Arco (1999) [*The Messenger: The Story of Joan of Arc*]

Christian Duquay
Juana de Arco (1999) [*Jeanne d'Arc*]

Gustav Ucicky
Santa Juana de Arco (1935) [*Das Mädchen Johanna*]

Roberto Rosellini
Giovanna d'Arco al rogo (1954)
Según el Oratorio *Jeanne d'Arc au bûcher* de Paul Claudel.
Francesco, giullare di Dio (1950)

Serguéi M. Eisenstein
Alexander Newsky (1938) [*Aleksandr Nevskij*]
Sobre la obra musical homónima de Serguéi Prokófiev.

Serguéi Josifovich Yutkevich
Skanderbeg (1954) [*Velikiy voin Albanii Skanderbeg/Nouveaux horizons*]

Peter Glenville
Becket (1964)
Según texto de Jean Anouilh y Lucienne Hill.

Vicente Aranda
Juana la Loca (2001)

Eric Till
Lutero (2003) [*Luther*]

Mel Gibson
Braveheart (1995)

Alexander Korda
La vida privada de Enrique VIII (1933) [*The Private Life of Henry VIII*]

Charles Jarrott
Ana de los Mil Días (1969) [*Anne of the Thousand Days*]

Justin Chadwick
Las hermanas Bolena (2008) [*The Other Boleyn Girl*]

Fred Zinnemann
Un hombre para la eternidad (1966) [*A Man for All Seasons*]
Según la obra homónima de Robert Bolt.

Agustín Díaz Yanes
Alatriste (2006)
Según la serie de novelas de Arturo Pérez Reverte.

Antonio del Real
La conjura de El Escorial (2008)

Josefina Molina
Teresa de Jesús (1984) [*St. Teresa of Avila*]
Serie de Televisión Española (guión de Carmen Martín Gaite y Víctor García de la Concha).

Antonio Hernández
Los Borgia (2006)
Serie de televisión Antena 3.

Brian Farnham
Los Borgia (1981) [*The Borgias*]
Serie de televisión BBC.

Neil Jordan
Los Borgia (2011-) [*The Borgias, Flesh and Blood*]
Serie de televisión Showtime/Bavol.

Tom Fontana, Oliver Hirschbiegel
Borgia (2011) [*Borgia: Faith and Fear*]
Serie de televisión Canal +, ZDF.

André Delvaux
Opus nigrum (1993)
Según la novela *L'oeuvre au noir* de Marguerite Yourcenar.

Patrice Chéreau
La Reina Margot (1994) [*La Reine Margot*]

Serguéi M. Eisenstein
Iván el Terrible (1944) [*Ivan Groznyj*]
La conjura de los boyardos (1945) [*Ivan Groznyj II: Boyarsky zagovor*]

Michael Hirst
Los Tudor (2007-2010) (*The Tudor's*]
Serie de televisión Showtime.

Shekhar Kapur
Elizabeth, la Reina Virgen (1998) [*Elizabeth I, the Virgin Queen*]
Elizabeth, la Edad Dorada (2007) [*Elizabeth. The Golden Age*]

Roderick Graham y Richard Martin
Elizabeth R. (1971)
Serie de televisión BBC.

Abel Gance
Marie Tudor (1966)

Charles Jarrott
Mary, Queen of Scots (1972)
Según la obra de Friedrich Schiller, la ópera de Gaetano Donizetti, guión de John Hale.

Rouben Mamoulian
La reina Cristina de Suecia (1933) [*Queen Christina*]

Marvin J. Chomsky
Pedro, el Grande (1986) [*Peter the Great*]
Serie de televisión NBC.

Ken Hughes
Cromwell (1970)

Joseph Losey
Galileo (1975)
Según el drama homónimo de Bertolt Brecht (1937-1939, 2ª versión 1945-1947).

Liliana Cavani
Galileo (1968)

Ewa Petelska, Czeslaw Petelski
Copérnico (1973) [*Kopernik*, *Copernicus*]

Roberto Rosellini
L'età di Cosimo di Medici (1973)
Serie de televisión.
Concerto per Michelangelo (1977)
Serie de televisión.
Blaise Pascal (1972)
Serie de televisión.
Cartesius (1974)
Serie de televisión.
La prise du pouvoir par Louis XIV (1966)
Serie de televisión.

Jean Delannoy
Marie Antoinette, reine de France (1955)

Sofia Coppola
Marie Antoinette (2006)

Ernst Lubitsch
La pasión de Madame Dubarry (1919) [*Madame Dubarry*]

Abel Gance
Napoléon (Napoléon vu par Abel Gance) (1927)
Austerlitz (1960)
J'accuse! (1919; nueva versión 1938)
Basada en la obra de Émile Zola.

Sacha Guitry
Napoléon (1954)

Ives Simoneau
Napoleón (2003) [*Napoléon*]
Serie de televisión.

Clarence Brown
Maria Walewska (1937)
Según la novela de Waclaw Gosiorowski *Pani Walewska.*

Jean-Marc Vallée
La reina Victoria (2009) [*The Young Victoria*]

Lucchino Visconti
Ludwig (1972)

Henry Hathaway
Rommel, el zorro del desierto (1951) [*Rommel: The Desert Fox*]

Hans Jürgen Syberberg
Hitler, un film de Alemania (1978) [*Hitler, ein Film aus Deutschland*]

William A. Graham
Mussolini, the Untold Story (1985)
Serie de televisión, adaptada desde las memorias de Vittorio Mussolini.

Basilio Martín Patino
Caudillo (1974)

Eric Hill
Bonhoeffer, Agent of Grace (1999)

Krzysztof Zanussi
Maximilian Kolbe (1991) [*Zycie za Zycie*]

Rafal Wieczynski
Popieluszko: la libertad está en nosotros (2009) [*Popieluszko. Wolnosc jest w nas*]

Michael Anderson
Las sandalias del pescador (1968) [*The Shoes of the Fisherman*]

Franklin J. Schaffner
Patton (1970) [*Patton, Lust for Glory*]
Basada en las obras de Omar N. Bradley, *A Soldier's Story* y Ladislas Farago, *Patton: Ordeal and Triumph.*

Oliver Stone
Nixon (1995)
JFK: caso abierto (1991) [*JFK*]
Basada en la obra de Jim Marrs, *Crossfire: the Plot that Killed Kennedy.*

Richard Attenborough
Gandhi (1982)

Steven Soderbergh
Ché, el argentino (2008) [*Che, The Argentine*]
Basado, entre otros, en las *Memorias* de Ernesto Che Guevara (*Recuerdos de la guerra revolucionaria cubana*).

Bernardo Bertolucci
El último emperador (1987) [*The Last Emperor*]